D1690236

Robert Meier

Die Aktiengesellschaft

Robert Meier
Dr. iur., Rechtsanwalt

Die Aktiengesellschaft

Ein Rechtshandbuch für die praktische Arbeit
in der schweizerischen Aktiengesellschaft

Dritte, vollständig überarbeitete und erweiterte Auflage

Schulthess § 2005

Bibliografische Information ‹Der Deutschen Bibliothek›
Die Deutsche Bibliothek verzeichnet diese Publikation in der Deutschen Nationalbibliografie;
detaillierte bibliografische Daten sind im Internet über ‹http://dnb.ddb.de› abrufbar.

Alle Rechte, auch die des Nachdrucks von Auszügen, vorbehalten. Jede Verwertung ist ohne Zustimmung des Verlages unzulässig. Dies gilt insbesondere für Vervielfältigungen, Übersetzungen, Mikroverfilmungen und die Einspeicherung und Verarbeitung in elektronische Systeme.

© Schulthess Juristische Medien AG, Zürich · Basel · Genf 2005
ISBN 3 7255 5013 1

www.schulthess.com

Vorwort

Mit der vorliegenden 3. Auflage erscheint ein mittlerweile etwas schwer einzuordnendes Rechtshandbuch: Was in der 1. Auflage 1990 noch mit dem Ziel geschrieben wurde, «... dem Praktiker und Nichtjuristen die Rechtsverhältnisse in der kleinen bis mittleren AG in einer ihm einigermassen verständlichen Art und Weise näherzubringen», wurde offenbar recht schnell auch zu einem Arbeitsinstrument von Anwaltskollegen, Unternehmensjuristen und Treuhändern. Schmunzelnd stellte der Autor in seiner praktischen Arbeit fest, wie «stilbildend» die in der 2. Auflage enthaltenen Beispiele geworden waren, und überrascht nahm er zur Kenntnis, dass sein Leitfaden sogar Eingang in die bundesgerichtliche Rechtsprechung gefunden hatte. In der 3. Auflage wird nun versucht, den Erwartungen dieses um juristische Praktiker erweiterten Leserkreises ebenfalls gerecht zu werden.

Aber auch aus andern Gründen drängte sich elf Jahre nach der letzten Auflage eine vollständige Überarbeitung und Neugestaltung des Texts und der Anhänge auf: Zum einen hat das bei Erscheinen der 2. Auflage noch jungfräuliche, am 1. Juli 1992 in Kraft getretene revidierte Aktienrecht durch Gerichtspraxis und Rechtswissenschaft inzwischen feste Konturen erhalten und ist der Verfasser um elf weitere Jahre Anwalts- und Ausbildungstätigkeit erfahrener geworden. Zum andern – und vor allem – wurde das schweizerische Gesellschafts- und Kapitalmarktrecht in dieser Zeit von einem wahren Reformschub erfasst, dessen Ende nicht abzusehen ist: Am 1. Februar 1997 trat das Börsengesetz und am 1. Juli 2004 das Fusionsgesetz in Kraft, 2007 soll das revidierte, auch aktienrechtliche Belange regelnde Revisions- und GmbH-Recht in Kraft treten, eine Revision des materiellen Rechnungslegungsrechts ist pendent und noch in diesem Jahr soll die nächste umfassende Teilrevision des Aktienrechts in die Vernehmlassung gehen – alles begleitet und in Gang gehalten von Bestrebungen nach einer Formalisierung des unternehmerischen Anstands und einer gewissen Regulierungs- und Kontrollgläubigkeit. Was dabei an kasuistischer Aktualität des Rechts gewonnen wird, droht an dessen Handhabbarkeit verloren zu gehen: War das Aktienrecht bis anhin in ein verlässliches gesellschaftsrechtliches System eingebettet, dessen allgemeine Prinzipien sicherstellten, dass sich der seinem «Rechtsgefühl» folgende Unternehmer meist automatisch rechtskonform verhielt, so verdichtet sich in jüngerer Zeit der Eindruck, das Aktienrecht löse sich in eine im unternehmerischen Alltag kaum mehr zu bewältigende Vielzahl von kapitalmarkt- und steuerrechtlichen, buchhalterischen und betriebswirtschaftlichen Sonderdisziplinen auf.

Wo Gesetzgeber und private Regulatoren fortwährend neuen Entwicklungen des Wirtschaftslebens hinterhereilen, kann es für die Publikation einer aktienrechtlichen Gesamtschau keinen richtigen Zeitpunkt mehr geben, weil immer noch das Resultat einer anstehenden Revision abzuwarten wäre. Dem steht das Bedürfnis des Praktikers gegenüber, auch in Zeiten, in denen «alles fliesst», über ein – wenn auch in einzelnen Teilen schnell veraltendes, so doch wenigstens wieder einmal aktualisiertes – Handbuch für den aktienrechtlichen Alltag zu verfügen.

Im Aktienrecht dürften zwei Bedürfnisse nach juristischem Rat zu lokalisieren sein: Zum einen kann man sich mit der Frage konfrontiert sehen, wie eine streitige Rechtsfrage zu entscheiden ist; diesbezüglich ist das Aktienrecht durch zwei monumentale Grundlagenwerke (N 1.47) sowie eine unüberschaubare Flut von Monografien und Aufsätzen wissenschaftlich bestens erschlossen. Zum andern sollte man im formalisierten Leben einer AG immer wieder schnell wissen, «wie man es macht»; dafür möchte das vorliegende Handbuch Antworten bereithalten, indem es dem Praktiker einen ersten Überblick zur Einordnung eines konkreten Problems gibt und erste praktische Hinweise zu dessen möglicher Lösung aufzeigt. Dementsprechend will das vorliegende Werk im akademischen Diskurs ganz bewusst ein «Leichtgewicht» bleiben, was weiterhin durch den Verzicht auf einen wissenschaftlichen Apparat dokumentiert wird.

Alle diese Rahmenbedingungen führten zu folgenden Veränderungen gegenüber der Vorauflage: Einem Bedürfnis juristischer Praktiker und Studierender folgend, wurden die grafischen Übersichten, Checklisten, Beispiele und praktischen Hinweise erheblich ausgeweitet und konsequenter auf die private AG ausgerichtet. Die Entwicklung des Rechts (und des Autors) machte auch eine vollständige Überarbeitung des Texts erforderlich. Bei allem Streben nach juristischer Verlässlichkeit wurden dabei zugunsten des ursprünglichen Zielpublikums unverändert Allgemeinverständlichkeit und Knappheit höher gewertet als rechtswissenschaftliche

Präzisierung, Terminologie und Vollständigkeit. Einlässlicher und praxisbezogener behandelt werden neu insbesondere die im Zusammenhang mit der Unternehmensgründung auftauchenden Fragen – einschliesslich der Wahl der Unternehmensform – sowie alle den Verwaltungsrat betreffenden Belange. Auch das mit dem Fusionsgesetz geschaffene Umstrukturierungsrecht bedingte natürlich eine wesentliche Ergänzung der Vorauflage. Schliesslich wurde durch konsequente interne Verweisungen und eine Überarbeitung des Sachregisters die Verwendbarkeit als Nachschlagewerk verbessert.

Abschliessend hofft der Verfasser, dass das vorliegende, über den ursprünglichen «Unternehmer-Leitfaden» hinausgewachsene Rechtshandbuch sein Ziel erreichen wird, durch eine Darstellung der gelebten Praxis sowie viel Anschauungs- und Arbeitsmaterial das Aktienrecht für Unternehmer, Verwaltungsratsmitglieder, Anwälte, Rechtsberater, Anleger und Studierende erlebbar zu machen.

Dübendorf, 22. Mai 2005   Robert Meier

Inhaltsübersicht

1. **Einführung** *(Randnoten 1.1-1.49)* 1
2. **Die Statuten** *(Randnoten 2.1-2.38)*....................... 37
3. **Die Firma** *(Randnoten 3.1-3.18)*.......................... 63
4. **Die Gründung** *(Randnoten 4.1-4.44)*...................... 71
5. **Aktien und andere Beteiligungspapiere** *(Randnoten 5.1-5.87)* 123
6. **Die Rechtsstellung des Aktionärs** *(Randnoten 6.1-6.65)*.... 169
7. **Der Aktionärbindungsvertrag** *(Randnoten 7.1-7.18)*....... 207
8. **Die Generalversammlung** *(Randnoten 8.1-8.44)*........... 221
9. **Der Verwaltungsrat** *(Randnoten 9.1-9.82)*................. 263
10. **Die Revisionsstelle** *(Randnoten 10.1-10.15)* 327
11. **Die Verantwortlichkeit der Verwaltungsratsmitglieder, Revisoren, Gründer, Prospektverfasser und Liquidatoren** *(Randnoten 11.1-11.36)*..................................... 337
12. **Vermögen und Rechnungslegung** *(Randnoten 12.1-12.42)*.. 359
13. **Die Kapitalerhöhung** *(Randnoten 13.1-13.25)* 383
14. **Die Kapitalherabsetzung** *(Randnoten 14.1-14.14)*.......... 403
15. **Unternehmensgliederungen (Zweigniederlassung und Konzern)** *(Randnoten 15.1-15.15)*......................... 421
16. **Die Auflösung** *(Randnoten 16.1-16.29)*..................... 431
17. **Umstrukturierungen** *(Randnoten 17.1-17.47)*.............. 443
18. **Der Unternehmenskauf** *(Randnoten 18.1-18.11)*........... 505

Inhaltsverzeichnis

Verzeichnis der Anhänge (Übersichten und Beispiele) XXV
Abkürzungsverzeichnis... XXX

1.	**Einführung** *(Randnoten 1.1–1.49)*	1
A)	Vorbemerkung...	1
B)	Was ist eine Aktiengesellschaft?	3
C)	Weshalb eine Aktiengesellschaft gründen? – Die Wahl der Unternehmensform.........................	6
D)	Die private AG (insbesondere die Familien-AG)..............	16
	a) Die Einpersonen-AG	16
	b) Die Zweipersonen-AG............................	19
	c) Die Familien-AG................................	20
E)	Literatur zum Aktienrecht	30
	Anhang 1 Personengesellschaften und juristische Personen....	33
	Anhang 2 Unternehmensformen..........................	34
	Anhang 3 Wahl der Unternehmensform...................	35
2.	**Die Statuten** *(Randnoten 2.1–2.38)*	37
A)	Die Bedeutung der Statuten	37
B)	Der absolut notwendige Statuteninhalt	38
	a) Die Firma (OR 626 Ziff. 1)	38
	b) Der Sitz (OR 626 Ziff. 1)	38
	c) Der Zweck (OR 626 Ziff. 2)	40
	d) Die Höhe des Aktienkapitals und der Betrag der darauf geleisteten Einlagen (OR 626 Ziff. 3)	42
	e) Anzahl, Nennwert und Art der Aktien (OR 626 Ziff. 4).....	42
	f) Die Einberufung der Generalversammlung (OR 626 Ziff. 5)...................................	43

		g)	Das Stimmrecht der Aktionäre (OR 626 Ziff. 5)	44
		h)	Die Verwaltungs- und Revisionsorgane (OR 626 Ziff. 6)	44
		i)	Die Form der von der Gesellschaft ausgehenden Bekanntmachungen (OR 626 Ziff. 7)	45
	C)		Der bedingt notwendige Statuteninhalt	45
	D)		Der fakultative Statuteninhalt	48
	E)		Die Änderung der Statuten	48
		Anhang 4	*Statuten*	50
		Anhang 5	*Statutenändernder Generalversammlungsbeschluss*	61

3. Die Firma *(Randnoten 3.1-3.18)* ... 63

A)	Formelles	63
B)	Täuschungsverbot	65
C)	Firmengebrauchspflicht	67
D)	Ausschliesslichkeit	67
E)	Praktisches Vorgehen bei der Firmenwahl	69
F)	Firmaänderung	70

4. Die Gründung *(Randnoten 4.1-4.44)* ... 71

A)	Vorbemerkungen		71
B)	Die einfache Gründung oder Bargründung		73
	a)	Die Vorbereitung des Errichtungsakts	73
	b)	Der Errichtungsakt	75
	c)	Anmeldung beim Handelsregisteramt, Handelsregistereintrag und Veröffentlichung im Schweizerischen Handelsamtsblatt	77
C)	Die qualifizierte Gründung: Sacheinlagen, Sachübernahmen, besondere Vorteile und Verrechnung		78
	a)	Die Sacheinlagegründung (Apportgründung)	78
	b)	Die Sachübernahmegründung	80
	c)	Besondere Vorteile	81
	d)	Liberierung durch Verrechnung	82
D)	Die Rechtsverhältnisse vor der Gründung		82
E)	Gründungsmängel		84

Anhang 6	Übersicht über den Ablauf einer Bargründung	86
Anhang 7	Checkliste Gründungsdokumente	87
Anhang 8	Gründungsurkunde einer Bargründung mit Teilliberierung	89
Anhang 9	Kapitaleinzahlungsbestätigung	93
Anhang 10	Vollmacht für die Gründungsversammlung	94
Anhang 11	Annahmeerklärung für ein Verwaltungsratsmandat	95
Anhang 12	Annahmeerklärung der Revisionsstelle	96
Anhang 13	Domizilbestätigung	97
Anhang 14	Handelsregisteranmeldung	98
Anhang 15	Stampa-Erklärung	102
Anhang 16	Lex-Friedrich-Erklärung	104
Anhang 17	Treuhandvertrag für Gründer	107
Anhang 18	Gründungsurkunde mit Sacheinlage, beabsichtigter Sachübernahme und Vollliberierung	108
Anhang 19	Gründungsurkunde bei Vermögensübertragung durch eine eingetragene Einzelfirma	112
Anhang 20	Sacheinlagevertrag (Vermögensübertragung gem. FusG 69 ff.)	116
Anhang 21	Gründungsbericht (Sacheinlage)	118
Anhang 22	Prüfungsbestätigung des Gründungsprüfers	119
Anhang 23	Protokoll der konstituierenden Verwaltungsratssitzung	120

5. Aktien und andere Beteiligungspapiere *(Randnoten 5.1-5.87)*

A)	Vorbemerkung	123
B)	Die Aktie und ihre Verurkundung	123
	a) Was ist eine Aktie?	123
	b) Wertpapier und Beweisurkunde	124
	c) Die AG ohne Aktienurkunden	125
C)	Die Unterscheidung der Aktien nach der Art ihrer Verurkundung	127
	a) Inhaberaktien	127
	b) Namenaktien	128
	c) ...und Aktienbuch	130

		d)	Rektaaktien	131
		e)	Aktienzertifikate	132
		f)	Historische Relikte: Interimsscheine und Dividendencoupons	133
	D)	Die Unterscheidung der Aktien nach andern Kriterien		133
		a)	Vorzugsaktien	133
		b)	Stimmrechtsaktien	134
		c)	Weitere «Aktienarten»	137
	E)	Die Vinkulierung von Namenaktien		138
		a)	Allgemeines	138
		b)	Die Vinkulierung bei nicht börsenkotierten Aktien	140
		c)	Die Vinkulierung bei börsenkotierten Aktien	142
		d)	Einführung von Vinkulierungsbestimmungen	145
	F)	Der Trend zur Einheitsaktie		146
	G)	Exkurs: Offenlegung von Beteiligungen und Pflicht zur Unterbreitung eines Kaufangebots		147
	H)	Andere Beteiligungspapiere		148
		a)	Genussscheine	148
		b)	Partizipationsscheine	149
		c)	Exkurs: Anleihensobligationen, namentlich Wandel- und Optionsanleihen	153
	I)	Zusammenlegung und Split von Aktien		154
	J)	Die Kraftloserklärung		154
	Anhang 24		*Zession (Abtretung von Aktien, für die keine Titel ausgestellt wurden)*	156
	Anhang 25		*Inhaberaktie*	157
	Anhang 26		*Namenaktie*	158
	Anhang 27		*Statutenklausel für Namenaktien mit aufgeschobenem Titeldruck*	160
	Anhang 28		*Statutenklausel für Namenaktien ohne Anspruch auf Titeldruck*	161
	Anhang 29		*Aktienbuch*	162
	Anhang 30		*Aktienzertifikat (Inhaberaktien)*	163
	Anhang 31		*Vorzugsaktie*	164
	Anhang 32		*Statutenbestimmung für die Vinkulierung kotierter Namenaktien*	165

Inhaltsverzeichnis

Anhang 33	*Offenlegung von Beteiligungen (SHAB-Inserate)...*	166
Anhang 34	*Einladung zur Versammlung der Partizipanten.....*	167
Anhang 35	*Amortisationsverfahren: Aufruf und Kraftloserklärung (SHAB-Publikation)...........*	168

6. Die Rechtsstellung des Aktionärs *(Randnoten 6.1-6.65)*

A)	Allgemeine Umschreibung der aktienrechtlichen Mitgliedschaft	169
B)	Die Liberierungspflicht................................	173
C)	Die vermögensmässigen Rechte des Aktionärs................	174
	a) Übersicht	174
	b) Das Recht auf Dividende..........................	175
	c) Das Recht auf einen Anteil am Liquidationserlös	177
D)	Mitwirkungsrechte	178
	a) Übersicht	178
	b) Das Stimmrecht..................................	178
	c) Das Teilnahmerecht	180
	d) Das Antrags- und Meinungsäusserungsrecht	180
	e) Das Einberufungs- und Traktandierungsrecht	181
	f) Einspruchs- und Anfechtungsrecht bei Teilnahme Unbefugter	182
E)	Schutzrechte...	182
	a) Übersicht	182
	b) Die Kontrollrechte	183
	c) Insbesondere: Die Sonderprüfung	185
	d) Die Klagerechte	188
	e) Das Recht auf Revision	189
	f) Das Recht auf einen Gruppenvertreter im Verwaltungsrat	190
F)	Quotenschutzrechte	190
	a) Vorbemerkung....................................	190
	b) Das Bezugsrecht	190
	c) Das Vorwegzeichnungsrecht	193
G)	Der Entzug und die Aufgabe der Aktionärseigenschaft.........	194
	Anhang 36 *Übersicht über die Aktionärsrechte...............*	196
	Anhang 36a: Nachliberierung (statutenändernder Verwaltungsratsbeschluss)	197

Anhang 37	Gewinnverwendung (Dividenden und Reserven) ...	200
Anhang 38	Inserat «Dividendenzahlung»	202
Anhang 39	Inserat «Einladung zur Einreichung von Traktandierungsbegehren»....................	203
Anhang 40	Einleitung des Sonderprüfungsverfahrens (Übersicht)................................	204
Anhang 41	Inserat «Squeeze-out nach öffentlichem Kaufangebot» (BEHG 33)....................	205

7. Der Aktionärbindungsvertrag   (Randnoten 7.1-7.18)

A)	Grundsätzliches	207
B)	Stimmbindungen	210
C)	Rechte und Pflichten bezüglich des Aktienerwerbs	211
D)	Durchsetzung der aktionärbindungsvertraglichen Pflichten	213
	Anhang 42 Aktionärbindungsvertrag......................	215

8. Die Generalversammlung   (Randnoten 8.1-8.44)

A)	Die drei Organe der AG	221
B)	Die Kompetenzen der Generalversammlung	222
C)	Die Einberufung	224
D)	Die Universalversammlung	226
E)	Die Beschlussfassung	227
F)	Vertretung und gemeinsame Berechtigung an Aktien	229
	a) (Individuelle) Stellvertretung	230
	b) Depotvertretung	230
	c) Organvertretung und unabhängige Stimmrechtsvertreter	230
	d) Bekanntgabe der institutionellen Stimmrechtsvertretung............................	231
	e) Gemeinschaftliches Eigentum, Nutzniessung und Pfandrecht	232
G)	Die Anfechtung von Generalversammlungsbeschlüssen	232
H)	Die Nichtigkeit von Generalversammlungsbeschlüssen.........	234
I)	Die Vorbereitung der Generalversammlung	235

J)	Die Durchführung der Generalversammlung	236
	Anhang 43 Checkliste für die Vorbereitung einer Generalversammlung	241
	Anhang 44 Einladung zur ordentlichen Generalversammlung einer Publikumsgesellschaft (Inserat)	244
	Anhang 45 Zutrittskarte mit Vollmacht.	248
	Anhang 46 Einladung zur ordentlichen Generalversammlung einer kleineren Gesellschaft	250
	Anhang 47 Drehbuch für die Leitung einer Generalversammlung	252
	Anhang 48 Protokoll der ordentlichen Generalversammlung einer kleineren Gesellschaft	254
	Anhang 49 Protokoll einer ausserordentlichen Generalversammlung: Universalversammlung mit nur einem Teilnehmer (vgl. auch die weiteren Universalversammlungsprotokolle in den Anhängen 5, 77, 82, 87, 89, 96, 97, 105, 106 und 110)	258
	Anhang 50 Vollmacht für eine Universalversammlung.	260
	Anhang 51 Statutenbestimmung zur Beschränkung des Stimmrechts	261

9. Der Verwaltungsrat *(Randnoten 9.1-9.82)*

A)	Die Aufgaben des Verwaltungsrats		263
	a)	Der Verwaltungsrat als Exekutivorgan der AG	263
	b)	Insbesondere: Die Aufgaben des Verwaltungsrats bei Kapitalverlust und Überschuldung.	264
	c)	Die Delegation der Geschäftsführung	269
	d)	Die undelegierbaren und unentziehbaren Verwaltungsratskompetenzen	271
B)	Die vom Verwaltungsrat zu beachtenden Grundsätze		273
	a)	Sorgfalts- und Treuepflicht.	273
	b)	Beachtung des Gleichbehandlungs-, Sachlichkeits- und Erforderlichkeitsgebots sowie des Prinzips der schonenden Rechtsausübung.	275
	c)	Corporate Governance.	276
	d)	Armer Verwaltungsrat	279

C)	Interne Organisation des Verwaltungsrats		280
	a)	Verwaltungsratssitzungen	280
	b)	Beschlüsse	282
	c)	Besondere Funktionen innerhalb des Verwaltungsrats	283
D)	Insbesondere: Die Vertretung der Gesellschaft		286
E)	Wahl und Zusammensetzung des Verwaltungsrats		288
	a)	Vorschriften zur Zusammensetzung	288
	b)	Der persönliche Entscheid über die Annahme eines Verwaltungsratsmandats	291
	c)	Wahl	293
	d)	Amtsdauer und Vakanzen	293
F)	Abberufung und Rücktritt		294
G)	Die Rechtsstellung des Verwaltungsratsmitglieds		295
	a)	Pflichten	295
	b)	Informationsrechte	296
	c)	Geschäftsführungsrecht	298
	d)	Entschädigung	298
	Anhang 52	*Die Aufgaben des Verwaltungsrats (gesetzliche Grundordnung)*	302
	Anhang 53	*Undelegierbare Kernaufgaben des Verwaltungsrats (OR 716a)*	303
	Anhang 54	*Bilanzbeispiele zu Unterbilanz, hälftigem Kapitalverlust und Überschuldung*	304
	Anhang 55	*Rangrücktritt*	305
	Anhang 56	*Organisationsreglement (Checkliste)*	307
	Anhang 57	*Organisationsreglement (Beispiel)*	308
	Anhang 58	*Protokoll einer Verwaltungsratssitzung (Vollprotokoll; vgl. auch die weiteren Verwaltungsratsprotokolle in den Anhängen 23, 36a, 80, 94 und 98)*	313
	Anhang 59	*Protokoll einer Verwaltungsratssitzung (Kurzprotokoll)*	316
	Anhang 60	*Protokoll einer Verwaltungsratssitzung (einziges Mitglied des Verwaltungsrats)*	318
	Anhang 61	*Zirkulationsbeschluss des Verwaltungsrats*	319
	Anhang 62	*Zeichnungsmuster*	322
	Anhang 63	*Mandatsvertrag für ein fiduziarisches Verwaltungsratsmandat*	323

Anhang 64	*Rücktrittsschreiben Verwaltungsrat*...............	325
Anhang 65	*Selbstanmeldung des Ausscheidens aus dem Verwaltungsrat beim Handelsregisteramt*..........	326

10. Die Revisionsstelle *(Randnoten 10.1-10.15)*

A)	Die Revision des Revisionsrechts.........................	327
B)	Wählbarkeitsvoraussetzungen............................	328
C)	Beginn und Ende des Mandats	330
D)	Aufgaben und Pflichten	330
	a) Abschlussprüfung und Berichterstattung	330
	b) Besondere Prüfungen...............................	332
	c) Weitere Pflichten..................................	332
	Anhang 66 Ausblick auf die mögliche künftige Revisionspflicht.	334
	Anhang 67 Revisionsbericht zuhanden der ordentlichen Generalversammlung..........................	335

11. Die Verantwortlichkeit der Verwaltungsratsmitglieder, Revisoren, Gründer, Prospektverfasser und Liquidatoren
(Randnoten 11.1-11.36)

A)	Übersicht	337
B)	Die öffentlichrechtliche Verantwortlichkeit von Organpersonen	338
C)	Die aktienrechtliche Verantwortlichkeit	339
	a) Allgemeines.....................................	339
	b) Wer haftet?	340
	c) Für welche Schäden wird gehaftet?	342
	d) Wie müssen die Schäden verursacht worden sein?.......	344
	e) Wer kann klagen?................................	345
	f) Wie haften mehrere Verantwortliche?.................	348
	g) Untergang des Klagerechts	349
	h) Hinweise zum Verantwortlichkeitsprozess	350
D)	Die Vermeidung der persönlichen Haftung..................	351
	Anhang 68 Übersicht über die persönliche Haftung von Organen	355
	Anhang 69 Decharge: Übersicht über Wirkungen des Entlastungsbeschlusses........................	356

		Anhang 70	*Verantwortlichkeitsklage gegen ein Organ (Übersicht)*	357
		Anhang 71	*5 Faustregeln zur Vermeidung der persönlichen Haftung als Organperson*	358

12. Vermögen und Rechnungslegung *(Randnoten 12.1-12.42)*

A)	Buchführung und Geschäftsbericht	359
	a) Die Buchführungspflicht und ihr Zweck	359
	b) Die Rechnungslegungs-Regeln.....................	360
	c) Insbesondere: Die aktienrechtlichen Rechnungslegungsvorschriften......................	361
	d) Insbesondere: Die aktienrechtlichen Bewertungsvorschriften............................	363
	e) Bilanz	365
	f) Erfolgsrechnung	367
	g) Anhang...	367
	h) Konzernrechnung	367
B)	Das Aktienkapital..	368
	a) Bedeutung	368
	b) Kapitalschutz..	369
	c) Höhe des Aktienkapitals	370
C)	Die Reserven...	371
	a) Allgemeines...	371
	b) Gesetzliche Reserven...............................	372
	c) Freiwillige Reserven................................	373
	d) Stille Reserven......................................	374
	Anhang 72 *Begriffliches zum Geschäftsbericht*...............	376
	Anhang 73 *Bilanz (Mindestgliederung gem. OR)*.............	377
	Anhang 74 *Erfolgsrechnung (Mindestgliederung gem. OR)*	378
	Anhang 75 *Anhang (Mindestinhalt gem. OR 663b)*	380
	Anhang 76 *Reserven (Übersicht)*..........................	382

13. Die Kapitalerhöhung *(Randnoten 13.1-13.25)*

A)	Grundlagen	383
B)	Die ordentliche Kapitalerhöhung..........................	386
C)	Die genehmigte Kapitalerhöhung..........................	389

Inhaltsverzeichnis								XXI

D)   Die bedingte Kapitalerhöhung 391
    Anhang 77   *Kapitalerhöhungsbeschluss der General-*
                      versammlung (ordentliche Kapitalerhöhung mit
                      Barliberierung; OR 650)....................... 394
    Anhang 78   *Zeichnungsschein (ordentliche Kapitalerhöhung*
                      mit Barliberierung; OR 652) 396
    Anhang 79   *Kapitalerhöhungsbericht des Verwaltungsrats*
                      (ordentliche Kapitalerhöhung mit Barliberierung;
                      OR 652c)...................................... 398
    Anhang 80   *Feststellungs- und Statutenänderungsbeschluss*
                      des Verwaltungsrats (ordentliche Kapitalerhöhung
                      mit Barliberierung; OR 652g) 399
    Anhang 81   *Handelsregisterbelege*
                      (ordentliche Kapitalerhöhung; HRV 80)........... 402

14.   Die Kapitalherabsetzung   *(Randnoten 14.1-14.14)*

A)   Grundlagen 403
B)   Konstitutive Kapitalherabsetzung........................ 405
C)   Deklarative Kapitalherabsetzung 406
D)   Kapitalschnitt... 407
E)   Kapitalherabsetzungen unter richterlicher Mitwirkung......... 408
    Anhang 82   *Kapitalherabsetzungsbeschluss der General-*
                      versammlung (OR 732; konstitutive Kapitalherab-
                      setzung mit Nennwertreduktion) 410
    Anhang 83   *Schuldenruf bei Kapitalherabsetzung im Schweize-*
                      rischen Handelsamtsblatt (OR 733; konstitutive
                      Kapitalherabsetzung mit Nennwertreduktion)...... 412
    Anhang 84   *Feststellungen der Urkundsperson im Kapital-*
                      herabsetzungsverfahren (OR 734; konstitutive
                      Kapitalherabsetzung mit Nennwertreduktion)...... 413
    Anhang 85   *Handelsregisterbelege (Kapitalherabsetzung;*
                      HRV 84)....................................... 415
    Anhang 86   *Einladung zur Generalversammlung einer Publi-*
                      kumsgesellschaft (konstitutive Kapitalherabsetzung
                      mit Aktienrückkauf und Nennwertreduktion) 416

Anhang 87   *Kapitalherabsetzungsbeschluss der General-*
versammlung (OR 732 i.V.m. 735; deklarative Kapital-
herabsetzung mit Aktienvernichtung) 418

15. Unternehmensgliederungen (Zweigniederlassung und Konzern) *(Randnoten 15.1-15.15)*

A) Grundsätzliches 421
B) Die Zweigniederlassung (Filiale) 423
C) Der Konzern 424
    a) Das Wesen des Konzerns 424
    b) Das Konzernrecht 426
Anhang 88   *Handelsregisterbelege für die Eintragung*
einer Zweigniederlassung 430

16. Die Auflösung *(Randnoten 16.1-16.29)*

A) Das Ende der AG 431
B) Die Auflösungsgründe 432
    a) Auflösungsbeschluss (OR 736 Ziff. 2) 432
    b) Statutarischer Auflösungsgrund (OR 736 Ziff. 1) ... 433
    c) Konkurseröffnung (OR 736 Ziff. 3) 433
    d) Auflösungsklage (OR 736 Ziff. 4) 433
    e) Übrige vom Gesetz vorgesehene Fälle (OR 736 Ziff. 5) .. 435
C) Die Liquidation 435
Anhang 89   *Auflösungsbeschluss (OR 736 Ziff. 2)* 439
Anhang 90   *Schuldenruf bei Auflösung der AG im*
Schweizerischen Handelsamtsblatt (OR 742 II) 441

17. Umstrukturierungen *(Randnoten 17.1-17.47)*

A) Das Fusionsgesetz 443
B) Die Fusion 444
    a) Wesen und Arten 444
    b) Durchführung 446
    c) Gläubiger- und Arbeitnehmerschutz 449

Inhaltsverzeichnis   XXIII

C)   Die Spaltung. 450
     a)   Wesen und Arten 450
     b)   Durchführung 451
     c)   Gläubiger- und Arbeitnehmerschutz 453
D)   Die Umwandlung 454
     a)   Wesen 454
     b)   Durchführung 454
     c)   Gläubiger- und Arbeitnehmerschutz 455
E)   Die Vermögensübertragung. 455
     a)   Wesen 455
     b)   Durchführung 456
     c)   Gläubiger- und Arbeitnehmerschutz 457
F)   Die Klagen des FusG 458

Anhang 91   *Fusion: Übersicht über Kombination und Absorption*   459
Anhang 92   *Mindestinhalt des Fusionsvertrags (FusG 13)*   461
Anhang 93   *Fusionsvertrag (FusG 12 f.; Absorption der*
              Tochtergesellschaft).   462
Anhang 94   *Verwaltungsratsbeschluss (FusG 23 f. und HRV*
              105a III; Absorption der Tochtergesellschaft). .   464
Anhang 95   *Bestätigung des besonders befähigten Revisors bei*
              Kapitalverlust oder Überschuldung (FusG 6 II;
              HRV 105a I lit. g)   466
Anhang 96   *Fusionsbeschluss der Generalversammlung der*
              übertragenden Gesellschaft (FusG 18; Absorption).   467
Anhang 97   *Fusionsbeschluss der Generalversammlung der*
              übernehmenden Gesellschaft (FusG 18; Absorption)   469
Anhang 98   *Feststellungsbeschluss des Verwaltungsrats betr.*
              Kapitalerhöhung der übernehmenden Gesellschaft
              (Absorption)   472
Anhang 99   *Handelsregisterbelege (Fusion; HRV 105a)*   475
Anhang 100 *Aufforderung an die Gläubiger bei Fusion im*
              Schweizerischen Handelsamtsblatt (FusG 25)   476
Anhang 101 *Spaltung: Übersicht über Aufspaltung und Abspaltung*   477
Anhang 102 *Mindestinhalt des Spaltungsvertrags bzw. -plans*
              (FusG 37)   481
Anhang 103 *Spaltungsplan (FusG 36 f.)*   482

Anhang 104	Aufforderung an die Gläubiger bei Spaltung im Schweizerischen Handelsamtsblatt (FusG 45)	487
Anhang 105	Spaltungsbeschluss der Generalversammlung der übertragenden Gesellschaft (FusG 43 f.; symmetrische Abspaltung)	488
Anhang 106	Gründungsversammlung der übernehmenden Gesellschaft (FusG 43 f.; symmetrische Abspaltung)	491
Anhang 107	Handelsregisterbelege (Spaltung; HRV 106a)	495
Anhang 108	Umwandlung: Übersicht	496
Anhang 109	Mindestinhalt des Umwandlungsplans (FusG 60)	497
Anhang 110	Umwandlungsbeschluss (FusG 64 f.; Umwandlung AG in GmbH)	498
Anhang 111	Handelsregisterbelege (Umwandlung; HRV 107)	501
Anhang 112	Vermögensübertragung: Übersicht	502
Anhang 113	Mindestinhalt des Übertragungsvertrags (FusG 71)	503
Anhang 114	Handelsregisterbelege (Vermögensübertragung, HRV 108)	504

18. Der Unternehmenskauf *(Randnoten 18.1-18.11)*

A)	Übersicht	505
B)	Der Kauf von Aktiven und Passiven («Purchase of Assets»)	506
C)	Der Aktienkauf («Purchase of Shares»)	506
	a) Der Kauf von Aktien einer privaten AG	506
	b) Der Kauf von Aktien einer börsenkotierten AG	508
Anhang 115	Unternehmenskauf: Übersicht über «Purchase of Shares» und «Purchase of Assets»	511
Anhang 116	Letter of Intent (Aktienkauf)	512
Anhang 117	Geheimhaltungserklärung (Aktienkauf)	514
Anhang 118	Aktienkaufvertrag	516

Sachregister 525

Verzeichnis der Anhänge (Übersichten und Beispiele)

Anhang 1	Personengesellschaften und juristische Personen	33
Anhang 2	Unternehmensformen	34
Anhang 3	Wahl der Unternehmensform	35
Anhang 4	Statuten	50
Anhang 5	Statutenändernder Generalversammlungsbeschluss	61
Anhang 6	Übersicht über den Ablauf einer Bargründung	86
Anhang 7	Checkliste Gründungsdokumente	87
Anhang 8	Gründungsurkunde einer Bargründung mit Teilliberierung	89
Anhang 9	Kapitaleinzahlungsbestätigung	93
Anhang 10	Vollmacht für die Gründungsversammlung	94
Anhang 11	Annahmeerklärung für ein Verwaltungsratsmandat	95
Anhang 12	Annahmeerklärung der Revisionsstelle	96
Anhang 13	Domizilbestätigung	97
Anhang 14	Handelsregisteranmeldung	98
Anhang 15	Stampa-Erklärung	102
Anhang 16	Lex-Friedrich-Erklärung	104
Anhang 17	Treuhandvertrag für Gründer	107
Anhang 18	Gründungsurkunde mit Sacheinlage, beabsichtigter Sachübernahme und Vollliberierung	108
Anhang 19	Gründungsurkunde bei Vermögensübertragung durch eine eingetragene Einzelfirma	112
Anhang 20	Sacheinlagevertrag (Vermögensübertragung gem. FusG 69 ff.)	116
Anhang 21	Gründungsbericht (Sacheinlage)	118
Anhang 22	Prüfungsbestätigung des Gründungsprüfers	119
Anhang 23	Protokoll der konstituierenden Verwaltungsratssitzung	120
Anhang 24	Zession (Abtretung von Aktien, für die keine Titel ausgestellt wurden)	156
Anhang 25	Inhaberaktie	157
Anhang 26	Namenaktie	158

Anhang 27	Statutenklausel für Namenaktien mit aufgeschobenem Titeldruck	160
Anhang 28	Statutenklausel für Namenaktien ohne Anspruch auf Titeldruck	161
Anhang 29	Aktienbuch	162
Anhang 30	Aktienzertifikat (Inhaberaktien)	163
Anhang 31	Vorzugsaktie	164
Anhang 32	Statutenbestimmung für die Vinkulierung kotierter Namenaktien	165
Anhang 33	Offenlegung von Beteiligungen (SHAB-Inserate)	166
Anhang 34	Einladung zur Versammlung der Partizipanten	167
Anhang 35	Amortisationsverfahren: Aufruf und Kraftloserklärung (SHAB-Publikation)	168
Anhang 36	Übersicht über die Aktionärsrechte	196
Anhang 36a:	Nachliberierung (statutenändernder Verwaltungsratsbeschluss)	197
Anhang 37	Gewinnverwendung (Dividenden und Reserven)	200
Anhang 38	Inserat «Dividendenzahlung»	202
Anhang 39	Inserat «Einladung zur Einreichung von Traktandierungsbegehren»	203
Anhang 40	Einleitung des Sonderprüfungsverfahrens (Übersicht)	204
Anhang 41	Inserat «Squeeze-out nach öffentlichem Kaufangebot» (BEHG 33)	205
Anhang 42	Aktionärbindungsvertrag	215
Anhang 43	Checkliste für die Vorbereitung einer Generalversammlung	241
Anhang 44	Einladung zur ordentlichen Generalversammlung einer Publikumsgesellschaft (Inserat)	244
Anhang 45	Zutrittskarte mit Vollmacht	248
Anhang 46	Einladung zur ordentlichen Generalversammlung einer kleineren Gesellschaft	250
Anhang 47	Drehbuch für die Leitung einer Generalversammlung	252
Anhang 48	Protokoll der ordentlichen Generalversammlung einer kleineren Gesellschaft	254
Anhang 49	Protokoll einer ausserordentlichen Generalversammlung: Universalversammlung mit nur einem Teilnehmer (vgl. auch die weiteren Universalversammlungsprotokolle in den Anhängen 5, 77, 82, 87, 89, 96, 97, 105, 106 und 110)	258

Verzeichnis der Anhänge XXVII

Anhang 50	Vollmacht für eine Universalversammlung	260
Anhang 51	Statutenbestimmung zur Beschränkung des Stimmrechts	261
Anhang 52	Die Aufgaben des Verwaltungsrats (gesetzliche Grundordnung)	302
Anhang 53	Undelegierbare Kernaufgaben des Verwaltungsrats (OR 716a)	303
Anhang 54	Bilanzbeispiele zu Unterbilanz, hälftigem Kapitalverlust und Überschuldung	304
Anhang 55	Rangrücktritt	305
Anhang 56	Organisationsreglement (Checkliste)	307
Anhang 57	Organisationsreglement (Beispiel)	308
Anhang 58	Protokoll einer Verwaltungsratssitzung (Vollprotokoll; vgl. auch die weiteren Verwaltungsratsprotokolle in den Anhängen 23, 36a, 80, 94 und 98)	313
Anhang 59	Protokoll einer Verwaltungsratssitzung (Kurzprotokoll)	316
Anhang 60	Protokoll einer Verwaltungsratssitzung (einziges Mitglied des Verwaltungsrats)	318
Anhang 61	Zirkulationsbeschluss des Verwaltungsrats	319
Anhang 62	Zeichnungsmuster	322
Anhang 63	Mandatsvertrag für ein fiduziarisches Verwaltungsratsmandat	323
Anhang 64	Rücktrittsschreiben Verwaltungsrat	325
Anhang 65	Selbstanmeldung des Ausscheidens aus dem Verwaltungsrat beim Handelsregisteramt	326
Anhang 66	Ausblick auf die mögliche künftige Revisionspflicht	334
Anhang 67	Revisionsbericht zuhanden der ordentlichen Generalversammlung	335
Anhang 68	Übersicht über die persönliche Haftung von Organen	355
Anhang 69	Decharge: Übersicht über die Wirkungen des Entlastungsbeschlusses	356
Anhang 70	Verantwortlichkeitsklage gegen ein Organ (Übersicht)	357
Anhang 71	5 Faustregeln zur Vermeidung der persönlichen Haftung als Organperson	358
Anhang 72	Begriffliches zum Geschäftsbericht	376
Anhang 73	Bilanz (Mindestgliederung gem. OR)	377
Anhang 74	Erfolgsrechnung (Mindestgliederung gem. OR)	378
Anhang 75	Anhang (Mindestinhalt gem. OR 663b)	380
Anhang 76	Reserven (Übersicht)	382

Anhang 77	Kapitalerhöhungsbeschluss der Generalversammlung (ordentliche Kapitalerhöhung mit Barliberierung; OR 650)	394
Anhang 78	Zeichnungsschein (ordentliche Kapitalerhöhung mit Barliberierung; OR 652)	396
Anhang 79	Kapitalerhöhungsbericht des Verwaltungsrats (ordentliche Kapitalerhöhung mit Barliberierung; OR 652c)	398
Anhang 80	Feststellungs- und Statutenänderungsbeschluss des Verwaltungsrats (ordentliche Kapitalerhöhung mit Barliberierung; OR 652g)	399
Anhang 81	Handelsregisterbelege (ordentliche Kapitalerhöhung; HRV 80)	402
Anhang 82	Kapitalherabsetzungsbeschluss der Generalversammlung (OR 732; konstitutive Kapitalherabsetzung mit Nennwertreduktion)	410
Anhang 83	Schuldenruf bei Kapitalherabsetzung im Schweizerischen Handelsamtsblatt (OR 733; konstitutive Kapitalherabsetzung mit Nennwertreduktion)	412
Anhang 84	Feststellungen der Urkundsperson im Kapitalherabsetzungsverfahren (OR 734; konstitutive Kapitalherabsetzung mit Nennwertreduktion)	413
Anhang 85	Handelsregisterbelege (Kapitalherabsetzung; HRV 84)	415
Anhang 86	Einladung zur Generalversammlung einer Publikumsgesellschaft (konstitutive Kapitalherabsetzung mit Aktienrückkauf und Nennwertreduktion)	416
Anhang 87	Kapitalherabsetzungsbeschluss der Generalversammlung (OR 732 i.V.m. 735; deklarative Kapitalherabsetzung mit Aktienvernichtung)	418
Anhang 88	Handelsregisterbelege für die Eintragung einer Zweigniederlassung	430
Anhang 89	Auflösungsbeschluss (OR 736 Ziff. 2)	439
Anhang 90	Schuldenruf bei Auflösung der AG im Schweizerischen Handelsamtsblatt (OR 742 II)	441
Anhang 91	Fusion: Übersicht über Kombination und Absorption	459
Anhang 92	Mindestinhalt des Fusionsvertrags (FusG 13)	461
Anhang 93	Fusionsvertrag (FusG 12 f.; Absorption der Tochtergesellschaft)	462
Anhang 94	Verwaltungsratsbeschluss (FusG 23 f. und HRV 105a III; Absorption der Tochtergesellschaft)	464

Verzeichnis der Anhänge   XXIX

Anhang 95	Bestätigung des besonders befähigten Revisors bei Kapitalverlust oder Überschuldung (FusG 6 II; HRV 105a I lit. g)	466
Anhang 96	Fusionsbeschluss der Generalversammlung der übertragenden Gesellschaft (FusG 18; Absorption)	467
Anhang 97	Fusionsbeschluss der Generalversammlung der übernehmenden Gesellschaft (FusG 18; Absorption)	469
Anhang 98	Feststellungsbeschluss des Verwaltungsrats betr. Kapitalerhöhung der übernehmenden Gesellschaft (Absorption)	472
Anhang 99	Handelsregisterbelege (Fusion; HRV 105a)	475
Anhang 100	Aufforderung an die Gläubiger bei Fusion im Schweizerischen Handelsamtsblatt (FusG 25)	476
Anhang 101	Spaltung: Übersicht über Aufspaltung und Abspaltung	477
Anhang 102	Mindestinhalt des Spaltungsvertrags bzw. -plans (FusG 37)	481
Anhang 103	Spaltungsplan (FusG 36 f.)	482
Anhang 104	Aufforderung an die Gläubiger bei Spaltung im Schweizerischen Handelsamtsblatt (FusG 45)	487
Anhang 105	Spaltungsbeschluss der Generalversammlung der übertragenden Gesellschaft (FusG 43 f.; symmetrische Abspaltung)	488
Anhang 106	Gründungsversammlung der übernehmenden Gesellschaft (FusG 43 f.; symmetrische Abspaltung)	491
Anhang 107	Handelsregisterbelege (Spaltung; HRV 106a)	495
Anhang 108	Umwandlung: Übersicht	496
Anhang 109	Mindestinhalt des Umwandlungsplans (FusG 60)	497
Anhang 110	Umwandlungsbeschluss (FusG 64 f.; Umwandlung AG in GmbH)	498
Anhang 111	Handelsregisterbelege (Umwandlung; HRV 107)	501
Anhang 112	Vermögensübertragung: Übersicht	502
Anhang 113	Mindestinhalt des Übertragungsvertrags (FusG 71)	503
Anhang 114	Handelsregisterbelege (Vermögensübertragung, HRV 108)	504
Anhang 115	Unternehmenskauf: Übersicht über «Purchase of Shares» und «Purchase of Assets»	511
Anhang 116	Letter of Intent (Aktienkauf)	512
Anhang 117	Geheimhaltungserklärung (Aktienkauf)	514
Anhang 118	Aktienkaufvertrag	516

Abkürzungsverzeichnis

Abs.	Absatz
ABV	Aktionärbindungsvertrag
AG	Aktiengesellschaft
AHVG	Bundesgesetz über die Alters- und Hinterlassenenversicherung vom 20. Dezember 1946; SR 831.10
AHVV	Verordnung über die Alters- und Hinterlassenenversicherung vom 31. Oktober 1947; SR 831.101
Art.	(Gesetzes-/Statuten-)Artikel
BEHG	Bundesgesetz über die Börsen und den Effektenhandel vom 24. März 1995 (Börsengesetz); SR 954.1
betr.	betreffend
BewG	Bundesgesetz über den Erwerb von Grundstücken durch Personen im Ausland vom 16. Dezember 1983 («Lex Friedrich»/ «Lex Koller»); SR 211.412.41
BGer.	Bundesgericht
BVG	Bundesgesetz über die berufliche Alters-, Hinterlassenen- und Invalidenvorsorge vom 25. Juni 1982; SR 831.40
DBG	Bundesgesetz über die direkte Bundessteuer vom 14. Dezember 1990; SR 642.11
E	Entwurf
EHRA	Eidgenössisches Handelsregisteramt
ev.	eventuell
f. (ff.)	folgende Seite(n)
FusG	Bundesgesetz über Fusion, Spaltung, Umwandlung und Vermögensübertragung vom 3. Oktober 2003 (Fusionsgesetz); SR 221.301
Freizügigkeits-Abkommen	Abkommen zwischen der Schweizerischen Eidgenossenschaft einerseits und der Europäischen Gemeinschaft und ihren Mitgliedstaaten andererseits über die Freizügigkeit vom 21. Juni 1999; SR 0.142.112.681

FZG	Bundesgesetz über die Freizügigkeit in der beruflichen Alters-, Hinterlassenen- und Invalidenvorsorge vom 17. Dezember 1993 (Freizügigkeitsgesetz); SR 831.42
GestG	Bundesgesetz über den Gerichtsstand in Zivilsachen vom 24. März 2000 (Gerichtsstandsgesetz); SR 272
ggf.	gegebenenfalls
GmbH	Gesellschaft mit beschränkter Haftung
GV	Generalversammlung
HRV	Handelsregisterverordnung vom 7. Juni 1937; SR 221.411
IPRG	Bundesgesetz über das Internationale Privatrecht vom 18. Dezember 1987; SR 291
i.S.v.	im Sinne von
i.V.m.	in Verbindung mit
KMU	Kleine und mittlere Unternehmen
lit.	litera (Buchstabe)
MSchG	Bundesgesetz über den Schutz von Marken und Herkunftsangaben vom 28. August 1992 (Markenschutzgesetz); SR 232.11
MWSTG	Bundesgesetz über die Mehrwertsteuer vom 2. September 1999; SR 641.20
N	(Rand-)Note(n)
OR	Schweizerisches Obligationenrecht vom 30. März 1911; SR 220
RAG	Entwurf zum Bundesgesetz über die Zulassung und Beaufsichtigung der Revisorinnen und Revisoren vom 23. Juni 2004 (Revisionsaufsichtsgesetz)
RLCG	«Richtlinie betreffend Informationen zur Corporate Governance» der Schweizer Börse (SWX Swiss Exchange) vom 17. April 2002 (abrufbar unter www.swx.com)
S.	Seite(n)
SchlB	Schlussbestimmungen des Bundesgesetzes über die Revision des Aktienrechts vom 4. Oktober 1991 (im OR; SR 220)
SchKG	Bundesgesetz über Schuldbetreibung und Konkurs vom 11. April 1889/16. Dezember 1994; SR 281.1
SHAB	Schweizerisches Handelsamtsblatt
sog.	sogenannt
SR	Systematische Sammlung des Bundesrechts

StGB	Schweizerisches Strafgesetzbuch vom 21. Dezember 1937; SR 311.0
Swiss Code	«Swiss Code of Best Practice for Corporate Governance» der economiesuisse vom 25. März 2002 (abrufbar unter www.economiesuisse.ch)
u.a.	unter anderem
u.ä.	und ähnliche(s)
u.U.	unter Umständen
UEV-UEK	Verordnung der Übernahmekommission über öffentliche Kaufangebote vom 21. Juli 1997 (Übernahmverordnung-UEK); SR 954.195.1
UWG	Bundesgesetz gegen den unlauteren Wettbewerb vom 19. Dezember 1986; SR 241
v.a.	vor allem
vgl.	vergleiche
VStG	Bundesgesetz über die Verrechnungssteuer vom 13. Oktober 1965; SR 642.21
z.B.	zum Beispiel
ZGB	Schweizerisches Zivilgesetzbuch vom 10. Dezember 1907; SR 210

1. Einführung

A) Vorbemerkung

Soll ich eine AG gründen? Wie macht man das? Was hat das für Vorteile? Soll ich das Angebot annehmen, Mitglied des Verwaltungsrates der AG meiner Kollegin zu werden? Was für Aufgaben und Risiken kämen da auf mich zu? Wie lebt man überhaupt in einer AG? Was müssen wir in der Generalversammlung, was im Verwaltungsrat beschliessen, und wie schreibt man die entsprechenden Protokolle? Wie hätten wir eine Kapitalerhöhung durchzuführen, wie eine Zweigniederlassung zu gründen? Wie kaufe ich eine AG? Was bedeutet es, wenn deren Aktien vinkuliert sind? Weshalb werde ich eingeladen, einen «unabhängigen Stimmrechtsvertreter» zu bevollmächtigen? Was steckt hinter dem eng bedruckten Inserat «Öffentliches Kaufangebot»?

1.1 Zielpublikum

Solche und ähnliche Fragen versucht dieses Buch zu beantworten. Es wendet sich also in erster Linie an Leser, die einen *praktischen Zugang zum «Leben in der AG»* suchen, vor allem auch an Personen, die durch Gründung oder Übernahme einer AG den *Schritt ins Unternehmertum wagen möchten.* Diesem Leserkreis entsprechend sind die folgenden Ausführungen schwergewichtig auf die kleinere bis mittlere AG ausgerichtet, wobei die Rechtsverhältnisse in Publikumsgesellschaften immerhin insoweit erörtert werden, als sie für den durchschnittlichen Anleger von Interesse sind.

Bei einem Leitfaden wie dem vorliegenden lassen sich juristische Halbwahrheiten nicht immer vermeiden. Wer sich als Jurist an den Praktiker wendet, sieht sich genötigt, das sprichwörtliche «Einerseits-andererseits» der Rechtsgelehrten beiseite zu lassen und in möglichst einfacher Form das darzustellen, «was gilt». Eine solche vereinfachte Darstellung erleichtert zwar den Einstieg und gibt

1.2 Warnung

dem Leser eine taugliche Richtschnur für den Alltag in die Hand, doch darf sie nie zur falschen Gewissheit verleiten, man wisse nun, was rechtens sei. Recht muss immer erstritten werden und befindet sich in einem steten Wandel. Wie alle juristische Literatur veraltet auch dieses Handbuch mit jedem neuen Gerichtsentscheid ein bisschen mehr. Oftmals müssen neben den hier dargelegten aktienrechtlichen Grundsätzen auch Rechtsprinzipien aus dem allgemeinen Gesellschaftsrecht, dem Schuld-, Sachen-, Ehe- oder Erbrecht berücksichtigt oder Projekte aus steuer- oder sozialversicherungsrechtlichen Überlegungen anders gestaltet werden, als man dies spontan geplant hat. Bei allem Bemühen des Autors, nichts «rechtlich Falsches» zu schreiben, soll diesem Buch doch kein wissenschaftlicher Anspruch zugemessen werden, den es nicht einzulösen vermag, weshalb alle Hinweise auf Gerichtsentscheide und juristische Lehrmeinungen weggelassen werden (mit Ausnahme ganz weniger jüngerer Grundsatzentscheide, deren Zitat zu unterdrücken etwas gekünstelt erschiene). Ebenso wurden spezifisch juristische Probleme – wie z.B. die Auslegung der Statuten und Ähnliches – ausgeklammert. Dieses Buch vermag daher den Juristen nicht zu ersetzen. Aber vielleicht schärft es den Blick des Unternehmers dafür, wann er den juristischen Fachmann beiziehen sollte und was er mit dem vorliegenden «Leitfaden für den praktischen Alltag in der AG» getrost allein erledigen kann.

1.3 Beispiele

Die in den Anhängen am Ende eines Kapitels abgedruckten Beispiele von Verträgen und Gesellschaftsakten sollen einen möglichst anschaulichen Eindruck vom Leben in einer AG vermitteln und so den Text auch etwas von abstrakten Erläuterungen entlasten. Entsprechend dieser didaktischen Absicht orientieren sich die Beispiele an einfachen, typischen Situationen. Nur schon deshalb ist eindringlich davon *abzuraten, sie als «Muster» zu betrachten* und unbesehen auf den eigenen Fall zu übertragen. Für jedes einzelne Problem muss eine massgeschneiderte Lösung erarbeitet werden. Was durch unbesehenes Abschreiben irgendwelcher «Muster» vermeintlich an Zeit und Kosten gespart wird – weil man ja auskommt miteinander und «das Formelle» eigentlich als überflüssig betrachtet –, ist nichts im Vergleich zum Aufwand, den spätere Auseinandersetzungen oder gar Prozesse verursachen, welche durch eine offen ausdiskutierte, klare Regelung hätten vermieden werden können. Die Beispiele sämtlicher

Einführung

öffentlicher Urkunden (Anhänge 5, 8, 18, 19, 36a, 77, 80, 82, 84, 87, 94, 96 ff., 105 f., 110) basieren auf den vom *Notariatsinspektorat des Kantons Zürich* herausgegebenen *«Textvorlagen von notariellen Urkunden zum Gesellschaftsrecht / Aktiengesellschaft und GmbH (unter Berücksichtigung des FusG)»*, 3. Aufl., Zürich 2004, und geben insofern die gelebte Praxis wieder. Die Verantwortung für das daraus entwickelte Anschauungsmaterial trägt jedoch einzig und allein der Autor; keines dieser Beispiele wurde «behördlich geprüft und abgesegnet». Entsprechendes gilt für die Handelsregisterbelange.

1.4 Didaktischer Aufbau

Die nachfolgenden Ausführungen sind nicht streng systematisch gegliedert, sondern nach *Problemkreisen* gruppiert. Wer beim Lesen auf einen noch unbekannten Begriff stösst, soll daher nicht resignieren, sondern einfach im Vertrauen darauf weiterlesen, dass sich sein Bild vom Aktienrecht von Problemkreis zu Problemkreis mehr abrunden wird. Diese der praktischen Tätigkeit nachempfundene Annäherung an die AG bringt gewisse Wiederholungen mit sich, was mit dem Aktienrecht bereits etwas vertraute Systematiker verzeihen mögen. Die in den Text eingefügten *Querverweisungen* und das *Sachregister* sollen das Buch auch als aktienrechtliches Nachschlagewerk verwendbar machen.

B) Was ist eine Aktiengesellschaft?

1.5 Definition der AG

Das Obligationenrecht umschreibt die AG in Art. 620 Abs. 1 (im Folgenden OR 620 I) als eine Gesellschaft mit eigener Firma, deren zum Voraus bestimmtes Kapital (Aktienkapital) in Teilsummen (Aktien) zerlegt ist und für deren Verbindlichkeiten nur das Gesellschaftsvermögen haftet.

1.6 Einbettung der AG in das Gesellschaftsrecht

Da der Gesetzgeber die AG als «eine Gesellschaft» definiert, wird die volle Tragweite dieser Definition erst nach einem kurzen Streifzug durch das allgemeine Gesellschaftsrecht ersichtlich: Das Gesetz verleiht nicht nur Menschen Rechte und auferlegt nicht nur Menschen Pflichten, sondern es knüpft Rechte und Pflichten auch direkt an bestimmte Gruppen von Personen – die dann als *Körperschaften* bezeichnet werden – oder an ein losgelöstes, verselbständigtes Vermögen an, wie bei der *Stiftung*. Stiftungen und Körperschaften fasst man unter dem Begriff *«juristische Person»* zusammen. Die juristische Person ist also nichts anderes als ein vom Gesetz geschaffener rechtstechnischer Zuordnungspunkt für Rechte und Pflichten, im Gegensatz zum Menschen, den das Gesetz als von der Natur vorgegebene Rechtsperson vorgefunden hat – daher sprechen die Juristen vom Menschen als von einer *natürlichen Person*. Nicht alle Vereinigungen sind juristische Personen. Es gibt Gesellschaften, die nicht so weit verselbständigt sind, dass Rechte und Pflichten direkt an sie, sondern an ihre Mitglieder angeknüpft werden; das sind die *Personengesellschaften*, zu denen man die einfache Gesellschaft (OR 530 ff.), die Kollektiv- (OR 552 ff.) und die Kommanditgesellschaft (OR 594 ff.) rechnet. Zu den Körperschaften – jenen Gesellschaften also, die selbst Träger von Rechten und Pflichten sind – zählt man demgegenüber die Aktiengesellschaft (OR 620 ff.), die Kommanditaktiengesellschaft (OR 764 ff.), die Gesellschaft mit beschränkter Haftung (GmbH; OR 772 ff.), die Genossenschaft (OR 828 ff.) und den Verein (ZGB 60). Diese Zusammenhänge sollen durch die Übersicht im Anhang 1 am Ende dieses Kapitels etwas veranschaulicht werden.

1.7
Die AG als juristische Person; ihre Rechte und Pflichten

Ist die AG eine juristische Person – genauer: eine Körperschaft –, so bedeutet das also, dass sie und nur sie *Trägerin aller Rechte und Pflichten* ist. Kauft sie ein Grundstück, gehört es ihr allein. Es steht also nicht im Mit- oder Gesamteigentum aller Aktionäre, sondern im Alleineigentum der AG. Natürlich können die Aktionäre aber «indirekt» über das Grundstück bestimmen, indem sie in der Generalversammlung oder – wenn sie in den Verwaltungsrat gewählt werden – im Verwaltungsrat den Willen der Eigentümerin bilden. Ebenso wenig wie den Aktionären gehört das Grundstück dem Verwaltungsratsmitglied, welches den Grundstückkaufvertrag als Gesellschaftsorgan – also für die AG – unterzeichnet hat. Gleich verhält es sich mit der Pflicht, den Kaufpreis zu bezahlen: Dieser wird weder von den Aktionären noch vom Verwaltungsrat, sondern ausschliesslich von der AG geschuldet. Als juristische Person ist die AG aller Rechte und Pflichten fähig, die nicht die natürlichen Eigenschaften des Menschen – wie das Geschlecht, das Alter oder die Verwandtschaft – zur notwendigen Voraussetzung haben (ZGB 53). Sie kann daher Eigentum, Pfandrechte, Dienstbarkeiten, andere *dingliche Rechte, Forderungs- und Immaterial-*

Einführung

güterrechte entgeltlich erwerben, sich schenken lassen oder erben. Sie kann sodann über ihr Vermögen verfügen und *Verpflichtungen eingehen*. Sie *haftet* aber auch wie eine natürliche Person, wenn sie jemandem Schaden zufügt, egal, ob dieser aus einer Vertragsverletzung oder aus einer *unerlaubten Handlung* eines ihrer Organe resultiert (ZGB 55 II; OR 722). Schliesslich kann die AG in eigenem Namen *Prozesse führen, betreiben und betrieben werden*. Dagegen ist sie im Allgemeinen für Handlungen ihrer Organe *strafrechtlich nicht verantwortlich;* Ausnahmen hiervon bestehen insbesondere im Verwaltungsstrafrecht oder wenn eine in Ausübung geschäftlicher Verrichtungen begangene Straftat keiner bestimmten natürlichen Person zugerechnet werden kann (vgl. Art. 100^{quater} des Schweizerischen Strafgesetzbuchs; im Folgenden StGB).

Den Gläubigern der AG haftet ausschliesslich das Vermögen der AG. Kann sie in unserem Beispiel den Kaufpreis des Grundstücks nicht bezahlen, darf ihn der Verkäufer grundsätzlich nicht bei einem Aktionär einfordern (vgl. OR 620 II, 680 I). Fehlt somit jegliche Haftung der Aktionäre und haftet nur und ausschliesslich das Gesellschaftsvermögen, so muss dieses einzige Haftungssubstrat in einem bestimmten Umfang gesichert und blockiert werden, damit es die Aktionäre nicht nach Belieben verschwinden lassen können. Nichts anderes als eine solche Sperrquote stellt das *Aktienkapital* dar: Allermindestens in der Höhe des in den Statuten festgesetzten Aktienkapitals muss jederzeit Reinvermögen vorhanden sein (Randnoten 9.4 ff., 12.26 ff.; Anhang 54; im Folgenden wird die Verweisung auf [Rand-]Noten mit «N» abgekürzt). Weil das genau festgesetzte Aktienkapital in fixe Teilsummen zerlegt ist, kann man bei einer AG, anders als z.B. bei einem Verein, auch nicht einfach ein- oder austreten, denn dadurch würden sich ja die Anzahl der Teilsummen und die Höhe des Aktienkapitals laufend verändern. Bei der AG ist ein *Mitgliederwechsel* somit nur möglich, indem die Teilsumme zusammen mit allen anderen Mitgliedschaftsrechten – kurz: die *Aktie* – auf jemand andern *übertragen* wird. Als *Kapitalgesellschaft* ist die AG so sehr von der Persönlichkeit des einzelnen Mitglieds losgelöst, dass weder ein Mitgliederwechsel noch irgendwelche persönliche Eigenschaften oder Belange eines Aktionärs einen Einfluss auf den Bestand der AG haben.

1.8 Die AG als Grundkapitalgesellschaft

1.9
Das Leitbild der AG

Zwar wird gemeinhin gesagt, der Gesetzgeber habe bei der Schaffung des Aktienrechts die *Publikumsgesellschaft* im Auge gehabt, also eine Gesellschaft mit grossem Aktienkapital und Geschäftsvolumen sowie mit vielen Aktionären, die alle hauptsächlich an der Kapitalbeteiligung interessiert sind und denen es gleichgültig ist, wer ihre Mit-Teilhaber sind (daher auch die Begriffe Société anonyme und Società anonima; N 3.6). Das Gesetz ist jedoch keineswegs auf dieses Leitbild fixiert, sondern äusserst elastisch – ja, es wird manchmal gerade als Schwäche des Gesetzes moniert, dass dieses kleinste wie grösste Gesellschaften einheitlich zu regeln versucht («Einheit des Aktienrechts»), statt zumindest für Publikumsgesellschaften einerseits und personalistische Gesellschaften andererseits je spezifische Regeln aufzustellen («Zweiteilung des Aktienrechts»).

1.10
Das Erscheinungsbild der AG

Im Wirtschaftsleben trifft man neben Aktiengesellschaften mit einem einzigen solche mit Hunderten von Aktionären, neben Gesellschaften, welche nur gerade über ein mit 50 000 Franken (teil-)liberiertes Minimalkapital verfügen (vgl. OR 621, 632; N 2.15), solche mit einem Aktienkapital von mehreren hundert Millionen Franken, neben den volkswirtschaftlich bedeutendsten Arbeitgebern Gesellschaften ohne einen Angestellten – oder mit einem einzigen, der dann oftmals zugleich einziger Aktionär und Verwaltungsrat seiner Arbeitgeberin ist. Paradoxerweise erscheint dabei die kleine und mittlere AG, welche im Licht des Leitbilds als die eher atypische erscheinen mag, in der Rechtswirklichkeit gerade als die typische: So sind von den 174 149 Aktiengesellschaften, welche per Ende 2004 im schweizerischen Handelsregister eingetragen waren (Anhang 2), nur gerade ein paar hundert börsenkotiert.

C) Weshalb eine Aktiengesellschaft gründen? – Die Wahl der Unternehmensform

1.11
Die fünf zur Wahl stehenden Unternehmensformen

Wird eine «normale» unternehmerische Tätigkeit angestrebt, reduziert sich die Auswahl von den acht Gesellschaftsformen, welche das schweizerische Privatrecht zur Verfügung stellt (drei Personengesellschaften und fünf Körperschaften; N 1.6), in aller Regel auf vier: Die einfache Gesellschaft scheidet aus, weil sie kein kaufmännisches Unternehmen betreiben darf; die Genossenschaft, weil sie nur konkrete wirtschaftliche Bedürfnisse ihrer Gesellschafter fördern, also nicht gewinnstrebig sein darf; der Verein, weil er nur nichtwirtschaftliche, «ideale» Zwecke verfolgen darf; und die Kommandit-AG, weil sie ausserordentlich wenig verbreitet und gesetzlich wenig attraktiv ausgestaltet ist. Im Normalfall stehen den Unternehmern und Unternehmerinnen somit fünf Organisationsformen zur Wahl: Sie können ihr Geschäft als Einzelfirma (Einzelunternehmen, Einzelkaufmann) betreiben oder aber als Kollektivgesellschaft (OR 552 ff.), Kommanditgesellschaft (OR 594 ff.), Gesellschaft mit beschränkter Haftung (GmbH, OR 772 ff.) oder AG (OR 620 ff.). Eine entsprechende Übersicht findet sich in Anhang 2.

Die Wahl der «richtigen» Unternehmensform wird durch verschiedenste Rahmenbedingungen bestimmt und ist letztlich vielleicht oftmals sogar eine Gefühlssache:

1.12
Allgemeine Kriterien zur Wahl der Unternehmensform

a) Am Anfang steht die Frage, ob man das Unternehmerrisiko *allein* tragen – also eine Einzelfirma, Einpersonen-AG oder Einpersonen-GmbH (N 1.19 ff.) gründen – will, oder ob man *zusammen mit Partnern* unternehmerisch tätig werden möchte und dementsprechend eine der vier am Ende von N 1.11 erwähnten Gesellschaftsformen wählt.

b) Meist drängt sich dann sogleich die Frage der *persönlichen Haftung* in den Vordergrund: Wer für seine Unternehmertätigkeit nicht oder nur beschränkt mit seinem Privatvermögen einstehen will, gründet eine AG oder GmbH oder wird Kommanditär einer Kommanditgesellschaft; wer demgegenüber eine persönliche Haftung in Kauf nimmt – und seinen persönlichen Kredit auch im Geschäft uneingeschränkt ausschöpfen will –, gründet eine Einzelfirma oder Kollektivgesellschaft oder wird unbeschränkt haftender Gesellschafter (Komplementär) einer Kommanditgesellschaft. Diese Zusammenhänge werden in Anhang 3 veranschaulicht. Allerdings ist sogleich vor einer allzu starken Fixierung auf die Haftungsfrage zu warnen: Wer nicht nur Gesellschafter seiner AG oder GmbH ist, sondern auch deren Organ, kann für allfällige Pflichtverletzungen sehr wohl persönlich und unbeschränkt haftbar werden (N 11.1 ff.). Zudem verpflichten sich die persönlich engagierten Gesellschafter einer privaten AG oder GmbH erfahrungsgemäss über ihre Kapitalbeteiligung hinaus durch Gewährung von Darlehen an die Gesellschaft, durch Eingehung von Bürgschaften und kumulativen Schuldübernahmen sowie durch Leisten von Sicherheiten für Schulden der Gesellschaft (z.B. Verpfändung der Privatliegenschaft) – und dies oft gerade in «kritischen Zeiten», um das Unternehmen zu retten. Kommt es dann doch zum Konkurs der Gesellschaft, erweist sich die Beschränkung der Haftung auf das Grundkapital für den mit seinem (Familien-)Unternehmen eng verbundenen Gesellschafter meist als reine Theorie, weil er sich in der Aufbauphase oder im Rahmen von Rettungsmassnahmen eben doch mit seinem ganzen Hab und Gut zugunsten seiner Gesellschaft verpflichtet hat. Bedenkt man schliesslich noch, dass auch dem Einzelkaufmann oder Kollektivgesellschafter gewisse Möglichkeiten zur Einschränkung des Haftungsrisikos offen stehen – etwa durch ehegüter- oder versicherungsrechtliche Vorkehren –, so relativiert sich der bei der AG und GmbH oft überschätzte Vorteil der Haftungsbeschränkung doch erheblich. Immerhin ist aber nicht wegzudiskutieren, dass der Gesellschafter einer solchen juristischen Person über jede sein Aktienkapital (bzw. bei der GmbH seinen Stammanteil und das gesamte nicht liberierte Stammkapital) übersteigende zusätzliche Verpflichtung wenigstens immer selber entscheiden kann.

c) Beeinflusst wird die Wahl der Unternehmensform auch durch *steuerrechtliche Überlegungen,* doch ist auch hier etwas Gegensteuer zu geben: Zwar ist es sicher richtig, dass jede Unternehmensform wieder andere Steuerfolgen auslöst und durch Holdingkonstruktionen (N 15.10) sowie eine geschickte Sitzwahl zusätzlich Steuern eingespart werden können. Nicht selten überwiegen aber die durch solche artifiziellen Konstruktionen verursachten Nachteile – wie zusätzliche Administrationskosten, Rechtsrisiken, Verkomplizierung der Unternehmensabläufe, etc. – den Vorteil einer allfälligen Steuerersparnis bei weitem. So wurden z.B. mehrere der spektakulären Unternehmenszusammenbrüche der jüngeren Zeit dadurch (mit)verursacht, dass rechtzeitige Sanierungsmassnahmen durch die steuerlich begründeten komplexen Unternehmensstrukturen verunmöglicht wurden. In aller Regel empfiehlt es

Einführung

sich, die Dinge *einfach* zu halten und dort, wo man wirtschaftlich tätig ist, das zu gründen, was man braucht.

d) Auch die *Gründungskosten* – welche bei der AG und der GmbH höher liegen als bei der Einzelfirma und den Personengesellschaften – oder das Erfordernis, für die Gründung einer AG oder einer GmbH ein *Grundkapital* aufbringen zu müssen (N 1.8, 2.14 f., 12.26 ff.), mögen den Entscheid beeinflussen.

e) Ausschlaggebend kann manchmal auch sein, dass bei der AG und der GmbH die Freiheit bei der Wahl der *Firma* (des Unternehmensnamens also; N 3.1 ff.) grösser und diese geografisch weitreichender geschützt ist als bei der Einzelfirma und den Personengesellschaften.

f) Die Wahl der Unternehmensform kann im Einzelfall durch eine Vielzahl weiterer Faktoren bestimmt werden: Die Angst vor *administrativen Umtrieben* kann gegen die Gründung einer AG oder – in geringerem Mass – einer GmbH sprechen. Die – gefährliche! – Notwendigkeit, den Unternehmensaufbau mit dem *BVG-Guthaben* finanzieren zu müssen, kann der Gründung einer AG oder GmbH (wo man weiterhin im Rahmen eines Arbeitsverhältnisses – mit der eigenen AG/GmbH – tätig ist) im Wege stehen und den Ausschlag für die Gründung einer Einzelfirma oder Personengesellschaft geben (in welchen Rechtsformen eine selbständige Erwerbstätigkeit ausgeübt wird, womit eine Barauszahlung der Austrittsleistung verlangt werden kann; FZG 5 lit. b). Umgekehrt kann der (Fort-)Bestand eines Arbeitsverhältnisses für kinderreiche Unternehmer mit Blick auf die *Kinderzulagen* von Vorteil sein, weshalb sie eine AG oder GmbH gründen. Auch eine bereits absehbare *Unternehmensnachfolge* oder *Aufnahme weiterer Partner* wird den Entscheid beeinflussen. Oder es bestehen bezüglich der Unternehmensform *Branchengepflogenheiten*. Diese Beispiele mögen illustrieren, wie individuell der Entscheid für eine Unternehmensform zu treffen ist.

1.13 Einige steuerrechtliche Bemerkungen zur AG

Selbstverständlich würde eine Darstellung der für die AG geltenden steuerrechtlichen Rahmenbedingungen den Gegenstand des vorliegenden Buches sprengen – zumal verschiedenste kantonale Regelungen und eine pendente Unternehmenssteuerreform zu berücksichtigen wären. Immerhin seien einige allgemeine steuerrechtliche Hinweise angebracht, welche gleich am praktischen Hauptbeispiel der *Umwandlung einer Einzelfirma bzw. einer Kollektiv- oder Kommanditgesellschaft in eine AG* (N 17.31 ff.) angeknüpft werden: Wird z.B. auf lange Sicht ein *Verkauf* des Unternehmens geplant, kann es durchaus von Vorteil sein, die betreffende Einzelfirma oder Personengesellschaft vorgängig in eine AG umzuwandeln, weil damit im Verkaufsfall die Liquidationsbesteuerung vermieden und allenfalls ein – in den meisten Kantonen – steuerfreier Kapitalgewinn realisiert werden kann.

Andererseits ist aber auch zu bedenken, dass der *Unternehmensgewinn* nach der Umwandlung grundsätzlich *doppelt besteuert* wird, nämlich einerseits als Reingewinn bei der AG und andererseits als Dividendeneinkommen beim Aktionär. Deshalb wird in kleineren Verhältnissen im Sinne der *Gewinnminimierung* danach getrachtet, tendenziell anstelle von Dividenden eher Arbeitslohn und Verwaltungsratshonorare – welche die Gesellschaft als Aufwand vom Reingewinn in Abzug bringen kann – zu beziehen; allerdings ist zu berücksichtigen, dass auf höheren Salärbezügen auch entsprechend höhere Sozialversicherungsabgaben zu entrichten sind. Statt den Gewinn als Dividenden oder Lohn auszuschütten, kann man ihn natürlich auch in der AG ansammeln und dann (allerdings erst im Verkaufsfall) in Form eines entsprechend höheren Kaufpreises steuerfrei realisieren. Kommt es jedoch zu einer Liquidation der AG, werden sämtliche Reserven realisiert und besteuert, wobei auf der Differenz zwischen dem Liquidationserlös und dem Aktiennennwert zusätzlich Verrechnungssteuer geschuldet wird. Keine Steuerfreiheit, sondern nur ein Steueraufschub kann erzielt werden, indem die AG dem Aktionär aus dem Gewinn ein Darlehen gewährt, welches dann später abgeschrieben wird (in welchem Zeitpunkt es als steuerbare Gewinnausschüttung qualifiziert wird).

Die Umwandlung im Hinblick auf einen Unternehmensverkauf ist in steuerrechtlicher Hinsicht sorgfältig und vor allem rechtzeitig zu planen, damit sie nicht eine Besteuerung des Liquidationsgewinns auslöst. Zur Vermeidung der Liquidationsgewinnbesteuerung – genauer: zur Gewährung eines Besteuerungsaufschubs – ist ganz grob zusammengefasst erforderlich, dass (a) die Aktiven und Passiven zu Buchwerten auf die AG übertragen werden und dann während einer Sperrfrist von fünf Jahren (b) das Unternehmen nach der Umwandlung unverändert weitergeführt wird, (c) die Beteiligungsverhältnisse nicht bzw. nur ganz geringfügig geändert werden (was also bedeutet, dass die Aktien während der ersten fünf Jahre nach der Umwandlung nicht veräussert werden dürfen), (d) keine Privatentnahmen stattfinden und (e) der Gesellschaftssitz nicht in einen anderen Kanton verlegt wird.

Diese kurzen Hinweise auf einige steuerrechtliche Aspekte sollen illustrieren, wie wichtig auch in diesem Bereich der rechtzeitige Beizug eines Fachmanns ist.

Neben den für jeden einzelnen Fall sehr sorgfältig zu prüfenden allfälligen steuerlichen Vorteilen können auch folgende Überlegungen für die Gründung einer AG sprechen:

1.14
Vorteile der AG

a) *Haftungsbeschränkung:* Der Aktionär haftet für die Verbindlichkeiten der AG grundsätzlich nicht. Riskiert der Selbständigerwerbende im Geschäftsleben sein gesamtes Vermögen, so setzt der Angestellte einer AG – auch wenn es «seine» AG ist – grundsätzlich nur das Gesellschaftsvermögen aufs Spiel (N 1.12 lit. b).

b) *Erleichterte Kapitalbeschaffung:* An einer AG kann man sich auch nur rein finanziell beteiligen, also ohne mitarbeiten oder Verantwortung tragen zu müssen. Anders als bei Personengesellschaften brauchen Kapitalgeber einer AG nicht zu befürchten, plötzlich solidarisch und unbeschränkt mit den anderen Gesellschaftern für Gesellschaftsschulden haftbar gemacht zu werden. Auch stellt das Aktienrecht Instrumente zur Verfügung, die es den Unternehmeraktionären ermöglichen, ihre beherrschende Stellung trotz grosser Kapitalzuflüsse von dritter Seite zu behalten, sei es, dass sie sich durch Stimmrechtsaktien die Stimmenmehrheit sichern (N 1.38, 5.32 ff.), sei es, dass die Kapitalgeber statt Aktien Partizipationsscheine erhalten (N 1.37, 5.71 ff.). Allerdings dürften solche wenig verlockenden Bedingungen bei Kleingesellschaften auch den Kreis der möglichen Kapitalgeber mehr oder weniger auf den Familien- und Freundeskreis reduzieren. Immerhin kann in manchen Fällen die geringe Attraktivität von Minderheitsaktien dadurch etwas erhöht werden, dass man sie zu Vorzugsaktien mit höherer (Liquidations-)Gewinnbeteiligung ausgestaltet (N 5.28 ff.). Zusammenfassend kann gesagt werden, dass die Rechtsform der AG gesunden Unternehmen zusätzliche Möglichkeiten zur Kapitalbeschaffung eröffnet, aber auch diesbezüglich keine Wunder wirkt: Wer als Einzelkaufmann oder Personengesellschafter keinen Kredit geniesst, dem fliesst auch kein Geld zu, wenn er sich als AG «verkleidet».

c) *Erhöhte Kreditwürdigkeit:* Das feste Aktienkapital dient den Gläubigern als Sicherheit (N 1.8, 2.14 f., 12.26 ff.). Auch von diesem Effekt können aber nur gesunde Unternehmen profitieren. Für die kleinere private AG stellt die Beschränkung der Haftung auf das Aktienkapital bei der Kreditaufnahme meist ein Hindernis dar, welches dann dadurch ausgeräumt wird, dass sich neben der Gesellschaft auch die Aktionäre persönlich verpflichten (N 1.12 lit. b).

d) *Firma:* Im Gegensatz zum Einzelkaufmann und zu anderen Gesellschaften kann die AG völlig frei entscheiden, unter welchem Namen sie im Geschäftsleben auftreten will. Sie kann selbst eine Phantasiebezeichnung wählen (z. B. Novartis, Pegasus etc.; N 3.3). Zudem darf sie die einmal gewählte Firma unabhängig von einem Wechsel im Mitgliederbestand beibehalten, was vor allem für Familienunternehmen von Bedeutung sein kann: Die Schreinerei Fritz Hobel AG muss ihre Firma nicht ändern, wenn Fritz Hobel ausscheidet und sein Schwiegersohn Niklaus Nagel das Unternehmen übernimmt (N 3.8; Anhang 117 Ziff. 13). Ein grosser firmenrechtlicher Vorteil liegt schliesslich darin, dass die Firma der AG in der ganzen Schweiz geschützt ist (OR 951 II; N 3.12), während sich der firmenrechtliche Schutz für Einzelkaufleute und Personengesellschaften auf den Geschäftsort und den unmittelbar dazugehörenden Wirtschaftsraum beschränkt (OR 946 I, 951 I).

e) *Geheimhaltung der Eigentumsverhältnisse:* Aktien können übertragen werden, ohne dass dies im Handelsamtsblatt publiziert werden müsste. Dem Handelsregistereintrag können nur die Namen der formellen Organe (Verwaltungsratsmitglieder, Direktoren, Prokuristen etc.), nicht aber diejenigen der Eigentümer entnommen werden. Anders als in einer Kollektiv- oder Kommanditgesellschaft oder einer GmbH kann man in der AG die Eigentumsverhältnisse also «unter Ausschluss der Öffentlichkeit» umschichten. In einem Familienunternehmen kann dies insbesondere die Lösung von Nachfolgeproblemen erleichtern. Anderes gilt bei Publikumsgesellschaften mit börsenkotierten Aktien (N 5.63 ff.).

f) *Erbrecht:* Entschliesst sich ein Geschäftsinhaber, sein Unternehmen in der Form einer AG weiterzuführen, so kann dies auch erbrechtliche Vorteile haben: Die Aufteilung des Grundkapitals in Aktien ermöglicht nämlich, den Erben anlässlich der Teilung statt Bargeld Titel zu übergeben. Der Aktienbesitz verschafft den Erben einen Anteil am Geschäftsvermögen, von dem sie in Form der Dividenden profitieren können. Denkbar ist auch die Aushändigung von Partizipationsscheinen. Es kann somit eine Erbteilung durchgeführt werden, ohne dass auf Kosten der Kapitalsubstanz des Familienbetriebes Barauszahlungen ausgerichtet oder dann komplizierte und langfristige Darlehensverträge konstruiert werden müssten. Allerdings ist zu beachten, dass der einfache Weg einer verhältnismässigen Aktienzuteilung an die Erben unter Umständen nicht gangbar sein kann, weil der Wertunterschied zwischen Minderheits- und Mehrheitsbeteiligungen gerade in kleinen Verhältnissen oftmals in keiner Proportion zur Grösse der Aktienpakete steht. Die Praxis behilft sich hier häufig mit einem Minderheits- und Mobilitätsabzug vom Kaufpreis von 30% (vgl. zum Ganzen auch N 1.43).

g) *Unternehmensnachfolge, Mitarbeiterbeteiligung, Verkauf:* Die leichte und diskrete Übertragbarkeit der Aktien einerseits sowie die Trennung zwischen Unternehmensführung und vermögensmässiger Beteiligung andererseits können sich auch in zahlreichen anderen Situationen als hilfreich erweisen. So kann die Mitarbeiterbeteiligung sehr einfach durch Aktienzuteilungen verwirklicht werden; der Unternehmer kann das Geschäft «stufenweise» in jüngere Hände geben – eine führungstechnisch und psychologisch allerdings nicht immer unproblematische Lösung –; Geschäftsbereiche können in Tochtergesellschaften ausgegliedert (und dort z.B. dem potenziellen

Nachfolger als «Lehrblätz» überlassen) werden. In Familiengesellschaften wird regelmässig durch zusätzliche Vorkehren in Aktionärbindungsverträgen (N 7.1 ff.) und Statuten (N 2.1 ff.) sichergestellt werden müssen, dass einerseits die «Unternehmeraktionäre» über die erforderliche Stimmenmehrheit verfügen, um die im Unternehmensinteresse liegenden Entscheide fassen und durchsetzen zu können, andererseits die «Anlegeraktionäre» aber dadurch auch nicht schutzlos dem Willen der «Unternehmeraktionäre» ausgeliefert werden.

1.15
Nachteile der AG

Als Nachteil mag den «Inhabern» einer AG erscheinen, dass sie *strengeren formellen und materiellen Buchführungsvorschriften* unterstehen als Einzelkaufleute und Personengesellschaften. Weiter ist auf die *zusätzlichen organisatorischen und administrativen Umtriebe* hinzuweisen: Wer sein Unternehmen in der Form der AG führt, muss – selbst wenn er einziger Aktionär ist! – Generalversammlungen und Verwaltungsratssitzungen abhalten, die entsprechenden Protokolle führen, den Statuten nachleben und diese bei Reformbedarf unter Mitwirkung eines Notars ändern, nebst dem Buchhalter auch noch eine von diesem unabhängige *Revisionsstelle* finanzieren, dieser die Bücher vorlegen und dann den Revisionsbericht entgegennehmen (wobei eine pendente Gesetzesrevision für kleinere Unternehmen Erleichterungen bei der Revisionspflicht vorsieht; N 10.2) usw. Zudem bringt die Rechtsform der AG eine gewisse *Publizität* mit sich, indem z.B. die Statuten, die Zusammensetzung des Verwaltungsrats, die Höhe des Aktienkapitals und dessen Stückelung beim Handelsregisteramt eingesehen werden können. Auch sind der Geschäfts- und Revisionsbericht allen Aktionären zugänglich (vgl. OR 696). Schliesslich kann die AG im Vergleich mit andern Unternehmensformen auch mit *steuerlichen Nachteilen* behaftet sein (N 1.13).

1.16
AG oder GmbH?

Wer nach einer Gesellschaftsform mit einer Beschränkung der persönlichen Haftung sucht, dem steht neben der AG auch die GmbH als Alternative zur Verfügung. Diese wird oft als «AG des kleinen Mannes» bezeichnet, was die Situation im Positiven wie im Negativen ziemlich zutreffend umschreibt: Die GmbH ist einfacher organisiert als die AG (namentlich kann in ihr schon heute auf die Revisionsstelle verzichtet werden); sie kann mit einem niedrigeren Grundkapital als die AG gegründet werden (nämlich mit einem Mindest-Stammkapital von Fr. 20000.–, wovon bei der Gründung nur Fr. 10000.– einbezahlt werden müssen; OR 773, 774 II); viele in «kleinen Verhältnissen» regelmässig auftretende Bedürfnisse können in der GmbH formell einfacher berücksichtigt werden als in der AG (so kennt die GmbH z.B. gesetzliche bzw. statutarische Nachschuss- und Nebenleistungspflichten, Übertragungsbeschränkungen, Austrittsrechte etc., während in der AG solche Anliegen – soweit überhaupt möglich – in einem gesonderten Aktionärbindungsvertrag geregelt werden müssen; N 7.1 ff.). Nach dem Inkrafttreten des revidierten Aktienrechts am 1. Juli 1992 – welches u.a. das Mindest-Aktienkapital von Fr. 50000.– auf Fr. 100000.– anhob, die fachlichen Anforderungen an die Revisionsstelle verschärfte und die Vinkulierungsmöglichkeiten einschränkte – erlebte die GmbH einen eigentlichen Boom (vgl. Anhang 2), der sie auch von ihren früheren Imageproblemen (Vermutung ausländischer Kapitalgeber, geringe Kreditwürdigkeit) befreite. Eine pendente Gesetzesrevision soll die Attraktivität der GmbH für kleinere und mittlere Unternehmen zusätzlich erhöhen. Die GmbH ist somit für KMU eine durchaus valable Alternative zur AG – wenn die Verlockung auch gross bleiben dürfte, mit der AG jene Rechtsform zu wählen, in welcher auch Weltkonzerne am Markt auftreten.

Ein Blick auf die Statistik in Anhang 2 zeigt, dass die meisten Unternehmen ihre Geschäfte einstweilen nach wie vor entweder in der Form der *Einzelfirma* oder dann gleich als *AG* betreiben. Unübersehbar ist aber auch, dass die *GmbH* zu einer rasanten Aufholjagd angesetzt hat, während die AG stagniert. Beim Start in die Unternehmertätigkeit dürfte es sich im Normalfall empfehlen, möglichst einfache Strukturen zu wählen, den Sprung in die Selbständigkeit also zunächst z.B. mit einer Einzelfirma oder Kollektivgesellschaft zu wagen, welche dann, wenn die Geschäfte einen grösseren Umfang anzunehmen beginnen, problemlos in eine AG oder eine GmbH umgewandelt werden kann (N 17.31 ff.). Mit der AG wählt man den «Luxusdampfer», mit allen entsprechenden Vor- und Nachteilen.

1.17
Zusammenfassung

D) Die private AG (insbesondere die Familien-AG)

1.18
Die private AG

Wie bereits erwähnt (N 1.9 f.), bestehen neben relativ wenigen grossen Publikumsgesellschaften relativ viele kleinere Aktiengesellschaften, deren Aktionäre einander kennen und meist durch Geschäftspartnerschaft, Freundschaft oder Verwandtschaft miteinander verbunden sind. Diese Gesellschaften bezeichnet man als «geschlossene», «private» oder «personalistische» Aktiengesellschaften. Die Eigenheiten solcher Aktiengesellschaften sollen im Folgenden unter den drei Gesichtspunkten «Einpersonen-AG», «Zweipersonen-AG» und «Familien-AG» betrachtet werden – wobei diese Gesichtspunkte weder strikt getrennt (auch eine Familien-AG kann eine Zweipersonen-AG sein) noch erschöpfend sind (so werden sich natürlich auch nicht verwandte Geschäftspartner viele der für die Familien-AG vorgestellten Regelungen zunutze machen).

a) Die Einpersonen-AG

1.19
Die Zulässigkeit

Zwar schreibt das Gesetz in OR 625 I vor, dass eine AG *bei der Gründung mindestens drei Aktionäre* zählen muss, doch wird es geduldet, wenn die Zahl der Aktionäre – unmittelbar nach der Gründung oder im Laufe der Zeit – unter dieses Minimum sinkt. Allerdings bestimmt das Gesetz im zweiten Absatz des erwähnten Artikels, dass der Richter eine AG mit weniger als drei Aktionären auf Begehren eines Aktionärs oder eines Gläubigers auflösen kann, sofern die Gesellschaft nicht binnen angemessener Frist den gesetzmässigen Zustand wiederherstellt. Eine solche *Auflösungsklage* (N 16.12) wird jedoch kaum je erhoben, weil in der Regel weder ein ehemaliger Aktionär noch ein Gläubiger an der Auflösung der AG interessiert ist. Man kann also zusammen mit zwei «Strohmännern», welche treuhänderisch z.B. je eine Aktie zeichnen (Anhang 17), eine AG gründen, diese beiden Aktien unmittelbar nach der Gründung übernehmen und ist dann eine Einpersonen-AG oder *Einmann*-AG, wie die ältere, in der Umgangssprache immer noch fest verwurzelte juristische Bezeichnung lautete. Im Rahmen der Revision des GmbH-Rechts soll die Einpersonen-AG nun die gesetzlichen Weihen erhalten, indem dereinst gemäss dem revidierten OR 625 I zur Gründung einer AG ein einziger Aktionär genügen wird.

Einführung

Der Umstand, dass Einpersonen-AG und Alleinaktionär zwei verschiedene Rechtspersonen darstellen, eröffnet die Möglichkeit, ein *«Einzelunternehmen mit beschränkter Haftung»* zu betreiben: Als Eigentümerin des Unternehmens haftet allein die Einpersonen-AG für Schulden aus dem Geschäftsbereich, während der Alleinaktionär für die Schulden der AG grundsätzlich nicht belangt werden kann. Eine solche Risikobeschränkung kann durchaus legitim sein. Auch ist nichts Anrüchiges dabei, wenn eine Einzelfirma zur Vereinfachung einer künftigen Erbteilung oder einer Unternehmensveräusserung in eine Einpersonen-AG umgewandelt wird (N 17.31 ff.). Schliesslich ist daran zu erinnern, dass z.B. jeder Konzern (N 15.8 ff.) aus zahlreichen Einpersonengesellschaften besteht, haben doch alle Tochtergesellschaften häufig nur eine einzige Aktionärin, nämlich die Muttergesellschaft.

1.20
Vorteil der Einpersonen-AG

Es gibt aber auch Fälle, in denen die eigene Rechtspersönlichkeit der Einpersonen-AG vom Alleinaktionär missbraucht wird. Wo die Berufung auf die rechtliche Selbständigkeit der Einpersonen-AG Treu und Glauben widerspricht, beachten die Gerichte die vorgeschobene AG nicht, sondern greifen gleichsam durch diese hindurch direkt auf den Alleinaktionär und dessen Privatvermögen *(Durchgriff)*. Rechtsmissbräuchlich ist z.B. die Gründung einer AG zum ausschliesslichen Zweck, Vermögen des Schuldners dem Zugriff der Gläubiger zu entziehen: Lässt ein Gläubiger bei seinem Schuldner Einrichtungsgegenstände pfänden, und behauptet hierauf die Einpersonen-AG des Schuldners, die Möbel gehörten gar nicht dem Schuldner, sondern ihr, so hat dieser Eigentumsanspruch keinen Erfolg, sofern die *zweck- und funktionswidrige Verwendung* der AG nachgewiesen wird; der Richter ignoriert die vorgeschobene Konstruktion der AG und betrachtet direkt den Alleinaktionär als Eigentümer der gepfändeten, formell der AG gehörenden Gegenstände. Weiter beachten die Gerichte die Selbständigkeit der AG z.B. auch dort nicht, wo sie zur Umgehung von Grundstückgewinnsteuern vorgeschoben wird (indem statt des beabsichtigten Grundstückverkaufs zunächst eine Immobiliengesellschaft gegründet und dann nur deren Aktien übertragen wurden) oder wo sie die Umgehung eines Konkurrenzverbots ermöglichen soll (indem sich der ehemalige Arbeitnehmer «hinter einer AG versteckt», um seine ehemalige Arbeitgeberin zu konkurrenzieren).

1.21
Durchgriff

1.22
«Umgekehrter Durchgriff»

Mit viel grösserer Zurückhaltung bejahen die Gerichte einen *«umgekehrten Durchgriff»* vom Alleinaktionär auf das Vermögen seiner Einpersonen-AG. Die persönliche Haftung des Alleinaktionärs für seine Schulden wird nur in Fällen krassesten Rechtsmissbrauchs auf dessen Einpersonen-AG ausgedehnt, weil das Gesellschaftsvermögen dieser AG eben primär *deren* Gläubigern haften soll (welche dieser Gesellschaft ja im Vertrauen auf deren Vermögen Kredite gewährt oder Leistungen für sie erbracht haben). Es ist also nicht das Gleiche, ob der Alleinaktionär infolge besonderer Umstände für Verbindlichkeiten seiner Gesellschaft mithaften soll (Durchgriff) oder ob umgekehrt die Mithaftung der Einpersonen-AG für Verbindlichkeiten ihres Alleinaktionärs in Frage steht (umgekehrter Durchgriff).

1.23
«Strohmänner»

Auch eine Gesellschaft mit mehreren Aktionären kann dem Durchgriff unterliegen, wenn sich herausstellt, dass sie wirtschaftlich mit einem einzigen Aktionär identisch ist, und die übrigen Aktionäre als dessen blosse Strohmänner erscheinen (vgl. Anhang 17).

1.24
Anonymität

Vater mancher Einpersonen-AG ist auch der Wunsch nach Anonymität. Nimmt der Alleinaktionär nicht selbst im Verwaltungsrat Einsitz, sondern wählt er in dieses Organ eine Vertrauensperson, so bietet ihm die Einpersonen-AG die Möglichkeit, am Geschäftsleben teilzunehmen, ohne dass sein Name im Handelsregister erscheint.

1.25
Beachtung der aktienrechtlichen Vorschriften durch den Alleinaktionär

Festzuhalten ist noch einmal, dass sich eine Einpersonen-AG grundsätzlich wie jede andere AG auf ihre rechtliche Selbständigkeit berufen darf. Nur wenn diese rechtliche Selbständigkeit durch den Alleinaktionär missbräuchlich ausgenützt wird, darf sie ignoriert werden. Die *juristische Selbständigkeit ist jedoch auch vom Alleinaktionär selbst strikte zu beachten.* Auch wenn ihm dies unnötig oder lächerlich erscheint, muss er z.B. jährlich eine ordentliche Generalversammlung abhalten (N 8.6) und die Geschäfte von einem Verwaltungsrat – dem er dann als einziges Mitglied angehört – führen lassen (N 9.1 ff.). Insbesondere muss er das Vermögen der AG streng von seinem eigenen getrennt halten: Alle Verfügungen über das Vermögen der AG müssen in den durch das Gesetz und die Statuten vorgeschriebenen Formen erfolgen und einen gültigen Rechtsgrund haben (N 9.22).

b) Die Zweipersonen-AG

Sind bei einer Zweipersonen-AG die Aktienstimmen ungleich verteilt, ist der Minderheitsaktionär dem Hauptaktionär auf Gedeih und Verderb ausgeliefert. Es bleibt ihm nicht einmal der Notausstieg über einen Verkauf seiner Aktien, wird er doch keinen Käufer finden, der auch nur einen Franken aufwendet, um sich durch einen Erwerb dieses Minderheitspakets selber in diese ausweglose Situation zu bringen. In solchen Situationen ist der rechtzeitige Abschluss eines *Aktionärbindungsvertrages* (N 7.1 ff.) unabdingbar, dessen letztlich wichtigste Klauseln meist in den Verpflichtungen des Hauptaktionärs bestehen dürften, (a) bei einem Ausstiegswunsch des Minderheitsaktionärs dessen Aktienpaket zu einem bestimmten Mindestkaufpreis zu übernehmen (Kaufspflicht; N 7.12; Anhang 42 Ziff. 9) und (b) bei einer Veräusserung seines eigenen Aktienpakets auch für die Mitveräusserung des Minderheitspakets zu den gleichen Bedingungen besorgt zu sein (Mitverkaufsrecht, «tag along»; Anhang 42 Ziff. 8). Ohne solche Absicherung wird der Minderheitsaktionär – vorausgesetzt, er besitzt mindestens 10 % des Aktienkapitals – bei anhaltendem Machtmissbrauch durch den Mehrheitsaktionär nur zum letzten Mittel einer *Auflösungsklage* greifen können, in welchem Verfahren statt der Auflösung der AG z.B. auch die Abfindung des Minderheitsaktionärs angeordnet werden kann (OR 736 Ziff. 4; N 1.27, 16.7 ff.).

1.26 Problem des Minderheitenschutzes

Andere Probleme stellen sich, wenn die Aktien zu gleichen Teilen auf zwei Aktionäre oder Aktionärsgruppen verteilt sind, was nicht nur in «kleinen Verhältnissen» der Fall sein kann, sondern z.B. auch bei einem von zwei Gesellschaften für besondere Zwecke (wie z.B. Forschung und Entwicklung, Vertrieb oder Logistik) gebildeten Gemeinschaftsunternehmen («Joint Venture»): Kommt es in solchen paritätischen Zweipersonen-Gesellschaften zwischen den beiden Aktionären oder Gruppen zu Differenzen, sind die Generalversammlung und – weil sich die Aktionäre oder Gruppenvertreter meist auch dort paritätisch gegenüberstehen – der Verwaltungsrat nicht mehr funktionsfähig: Sei es, dass die Generalversammlung den Verwaltungsrat oder die Revisionsstelle wählen oder einen andern dringlichen Beschluss fassen, sei es, dass der Verwaltungsrat wichtige Geschäftsführungs- oder Sanie-

1.27 Gefahr der Lähmung bei der paritätischen Zweipersonen-AG

rungsentscheide fällen sollte – immer wird die Gesellschaft durch eine unüberwindliche Patt-Situation blockiert sein. Oftmals wird dann auch hier der einzige Ausweg in einer *Klage auf Auflösung* der Gesellschaft aus wichtigen Gründen liegen – in deren Rahmen sich der Richter allenfalls bemühen wird, statt der Auflösung «eine andere sachgemässe und den Beteiligten zumutbare Lösung» anzuordnen (OR 736 Ziff. 4; N 16.9).

1.28
Notwendigkeit von Regelungen für Patt-Situationen

Eine solche Lähmung der AG kann durch präventive Regelungen in den Statuten oder/und in Aktionärbindungsverträgen (N 7.1 ff.; Anhang 42) vermieden werden. Denkbar ist z.B., dass beide Aktionäre einer neutralen Vertrauensperson je eine *Aktie treuhänderisch übertragen* und diese Vertrauensperson auch dem Verwaltungsrat angehört. Eine andere Möglichkeit wäre die vertragliche Bezeichnung eines *Schiedsrichters*, der zwischen den beiden Aktionären zu vermitteln hätte und – wenn keine gütliche Einigung zustande kommt – die Meinungsverschiedenheit durch einen für beide Aktionäre verbindlichen Entscheid erledigen müsste. Ein letzter Lösungsansatz für den Fall ausweisloser Meinungsverschiedenheiten könnte auch die Vereinbarung von *«blind bids»* sein: Jede Partei überreicht der anderen verschlossen ein Kaufangebot für deren Aktienpaket, worauf der Überbotene seine Aktien der Gegenpartei zum von dieser offerierten Preis verkaufen muss (Anhang 42 Ziff. 3). Denkbar ist aber auch ein straff organisiertes mehrrundiges *Versteigerungsverfahren*. Umgekehrt ist zu beachten, dass nicht eine allenfalls unerwünschte gesetzliche Entscheidfindungsregel Platz greift, sieht doch OR 713 I vor, dass der Vorsitzende im Verwaltungsrat den Stichentscheid hat, sofern die Statuten nichts anderes bestimmen. Will sich also der eine Aktionär nicht der Willkür desjenigen ausliefern, der gerade den Vorsitz im Verwaltungsrat hat, darf nicht vergessen werden, den Stichentscheid des Vorsitzenden statutarisch auszuschliessen.

c) *Die Familien-AG*

1.29
Familien-AG und andere Familienunternehmen

Die *Familien-AG* ist eine personalistische Aktiengesellschaft, welche durch die gemeinsame Familienzugehörigkeit ihrer Aktionäre geprägt wird. Natürlich stellt aber die AG nicht die einzige Möglichkeit dar, ein Familienunternehmen zu führen. Gerade in der Gründungsphase sind meist nur wenige Familienangehö-

Einführung

rige beteiligt. Ein solches Unternehmen kann ohne weiteres als *Einzelfirma*, als *stille Gesellschaft* oder als *Kollektivgesellschaft* geführt werden. Sobald sich aber Nachfolgefragen abzuzeichnen beginnen, drängt sich oft eine Änderung der Gesellschaftsform auf. Häufig wählen die Betroffenen dann anstelle der *Kommanditgesellschaft* – an welcher die an der Geschäftsführung nicht interessierten Nachfolger als beschränkt haftende Kommanditäre beteiligt werden können – oder einer *GmbH* wegen der unter N 1.14 erwähnten Vorteile die AG als Unternehmensträgerin.

1.30 Die Problematik der Familien-AG

Weil die Mitgliedschaft oft weder von Unternehmerfähigkeiten noch von einem Interesse am Familienunternehmen, sondern allein von der Familienzugehörigkeit abhängt, ist manch eine Familien-AG durch *persönliche Spannungen* zwischen ihren Aktionären gezeichnet. Hier ist durch gesellschafts-, schuld-, erb- und eheverträgliche Massnahmen rechtzeitig dafür zu sorgen, dass sich das «Familienleben» nicht nachteilig auf die Entwicklung des Unternehmens auswirken kann. Eine andere Problematik kann sich daraus ergeben, dass sich in Familienaktiengesellschaften oftmals das gesamte Aktienkapital und die gesamte Führungsverantwortung auf die gleichen (wenigen) Personen verteilen: Dies hat zwar einerseits den positiven Effekt, dass die Exekutivorgane für ihre Unternehmensentscheide mit ihrem eigenen Vermögen geradestehen. Andererseits ermöglicht die fehlende Verantwortung gegenüber externen Kapitalgebern dem Verwaltungsrat aber auch, in einer Unternehmenskrise vorerst einmal etwas «auf bessere Zeiten zu hoffen», statt rechtzeitig die im Unternehmensinteresse liegenden Massnahmen treffen zu müssen.

1.31 Selbstgeführte und mitgestaltete Familien-AG

In der Rechtswirklichkeit kann man bei den als Familien-AG geführten Fabrikations-, Handels- und Dienstleistungsunternehmen grob zwischen selbstgeführten und mitgestalteten Familienbetrieben unterscheiden. Bei den *selbstgeführten Familienaktiengesellschaften* arbeiten die Familien-Aktionäre in leitenden Funktionen mit, wobei in grösseren Verhältnissen die Ausführungsarbeiten in Produktion, Verwaltung und Vertrieb weitgehend familienfremden Arbeitnehmern übertragen werden. Das bloss *mitgestaltete Familienunternehmen* wird demgegenüber von familienfremden Managern in der Funktion von Verwaltungsratsdelegierten oder Direktoren geführt, während «die Familie» im Verwaltungsrat lediglich einen allgemein gestaltenden Einfluss auf das Unternehmen ausübt. Ob «selbstgeführt» oder «mitgestaltet», dürfte es jedoch zur «Good Governance» (N 9.27 ff.) jedes grösseren Familienunternehmens gehören, ein oder mehrere familienfremde – qualifizierte und kritische – Personen in den Verwaltungsrat zu wählen, welche Gegensteuer geben können, wenn familiäre Belange oder einsame patronale Entscheide das Unternehmen gefährden (N 1.30).

1.32
Die Notwendigkeit einer besonderen rechtlichen Ausgestaltung der Familien-AG

Beschränken sich die Gründer einer Familien-AG darauf, Minimalstatuten mit nur gerade dem vom Gesetz verlangten Mindestinhalt aufzustellen (vgl. zum absolut notwendigen Statuteninhalt N 2.4, 2.6 ff.), so wird dadurch weder die Erhaltung des Familiencharakters gewährleistet, noch wird die Nachfolgefrage zuverlässig und dauerhaft gelöst. Jedem Familienaktionär stünde es nämlich frei, seine Aktien an irgendwelche Dritte zu verkaufen, was letztlich dazu führen könnte, dass plötzlich familienfremde Aktionäre in der AG das Sagen haben. Im Folgenden soll deshalb ein kurzer und notgedrungen unvollständiger Überblick über die gesellschaftsrechtlichen und vertraglichen Möglichkeiten zur Sicherung des Familienbetriebes gegeben werden. Dies gibt zugleich Gelegenheit, einen ersten Eindruck von der praktischen «Arbeit mit dem Aktienrecht» zu vermitteln. Leser ohne aktienrechtliche Vorkenntnisse sollen sich dadurch nicht verwirren lassen, sondern den folgenden Text einfach einmal als punktuelle Vorschau auf die später im Detail erläuterten Themen überfliegen.

1.33
Die Vinkulierung der Aktien

Die Statuten können die Übertragung von Namenaktien von der *Zustimmung des Verwaltungsrats oder der Generalversammlung* abhängig machen, also sogenannte *vinkulierte Namenaktien* schaffen (OR 685a). Allerdings darf die Familien-AG diese Zustimmung nur verweigern, wenn sie dafür einen wichtigen, in den Statuten genannten Grund bekanntgibt oder aber dem Aktienveräusserer anbietet, die Aktien – für Rechnung der AG, anderer Aktionäre oder Dritter – zu ihrem wirklichen Wert zu übernehmen. Dabei ist die Familien-AG auch in der Statuierung solcher wichtiger Gründe keineswegs frei, gelten als solche doch nur Bestimmungen über die Zusammensetzung des Aktionärskreises, welche die Verweigerung entweder im Hinblick auf den *Gesell-*

schaftszweck oder aber auf die *Selbständigkeit des Unternehmens* rechtfertigen (OR 685b). Die früher vor allem in Statuten von Familiengesellschaften verbreitete «Ablehnung ohne Angabe von Gründen» ist unter dem seit 1. Juli 1992 in Kraft stehenden revidierten Aktienrecht nicht mehr zulässig. Solange die Zustimmung nicht erteilt ist, verbleiben alle Rechte beim Veräusserer; lehnt die AG das Gesuch um Zustimmung nicht innert dreier Monate nach Erhalt ab, gilt die Übertragung als genehmigt (OR 685c). Durch die Vinkulierung kann also sichergestellt werden, dass nicht plötzlich jemand Gesellschafter der AG wird, der den übrigen Familienaktionären nicht genehm ist – sofern die AG ihre Ablehnung auf einen in den Statuten genau umschriebenen wichtigen Ablehnungsgrund stützen oder die «Auszahlung» des veräusserungswilligen Aktionärs sicherstellen kann (vgl. zur Vinkulierung auch N 5.43 ff.).

Um das ungewollte Eindringen Aussenstehender in die AG zu verhindern, räumen sich Familienaktionäre häufig auch gegenseitig Erwerbsrechte ein: So können die übrigen Aktionäre für den Fall, dass ein Aktionär seine Aktien an einen Dritten verkauft, berechtigt erklärt werden, diese Aktien zu übernehmen (*Vorkaufsrecht*; N 7.13; Anhang 42 Ziff. 6). Meist wird aber – unter Umständen zusätzlich zu einem Vorkaufsrecht – vereinbart, dass der veräusserungswillige Aktionär seinen Mitaktionären seine Aktien schon vor dem Abschluss eines Kaufvertrags mit einem Dritten, also bereits bei Vorliegen einer blossen Verkaufsabsicht, zur Übernahme anbieten muss (*Vorhandrecht*; N 7.14; Anhang 42 Ziff. 5). Auch kann vereinbart werden, dass die Aktien eines Aktionärs bei Eintritt bestimmter Bedingungen – z.B. bei Ausscheiden aus der Unternehmensleitung – von den übrigen erworben werden dürfen (*Kaufsrecht*; N 7.12). Da rechtlich umstritten ist, wieweit solche Erwerbsrechte in den Statuten rechtsgültig verankert werden können, empfiehlt es sich, sie jedenfalls in einem *Aktionärbindungsvertrag* vorzusehen (N 7.11 ff.). Zu bedenken ist jedoch, dass die verbleibenden Familienaktionäre ihre Erwerbsrechte nur dann ausüben können, wenn ihnen die erforderlichen – unter Umständen beträchtlichen – finanziellen Mittel zur Verfügung stehen, um die angebotenen bzw. zum Verkauf stehenden Aktien zu erwerben.

1.34
Einräumung von Erwerbsrechten

1.35
Erschwerung der
Beschlussfassung

Das Gesetz verlangt für das Zustandekommen bestimmter wichtiger Generalversammlungsbeschlüsse ein qualifiziertes Mehr von zwei Dritteln der vertretenen Stimmen (sowie – zur Ausschaltung der erhöhten Stimmkraft von Stimmrechtsaktien – die Zustimmung der absoluten Mehrheit der vertretenen Aktiennennwerte; OR 704). Oft statuieren Familiengesellschaften ein solches qualifiziertes Mehr aber auch noch für *weitere Beschlüsse* – z.B. für alle Statutenänderungen –, und/oder sie *erhöhen das gesetzliche Mehrheitserfordernis,* unter Umständen bis hin zur Einstimmigkeit (deren Zulässigkeit allerdings ebenso umstritten ist wie die Einführung des Kopfstimmprinzips, gemäss welchem jedem Aktionär unabhängig von der Anzahl seiner Aktien eine Stimme zukommen soll). Auch können in den Statuten Anwesenheits- oder *Präsenzquoren* verankert werden, um zu verhindern, dass ein einziger oder ein paar wenige Aktionäre einen gültigen Generalversammlungsbeschluss fassen können. Solche statutarischen Stimmen- oder Präsenzquoren stellen sicher, dass bestimmte wichtige Beschlüsse z.B. nicht gegen den Willen eines unternehmensleitenden Aktionärs oder eines bestimmten Familienzweigs gefasst werden können, oder verhindern umgekehrt die Dominanz einer bestimmten Aktionärsgruppe sowie Zufallsentscheide. Bei alldem ist jedoch zu beachten, dass solche Erschwerungen der Beschlussfassung zwar der einstweiligen Sicherung bestimmter Interessen dienen können, sie aber immer auch eine flexible Anpassung an veränderte Verhältnisse erschweren oder verunmöglichen. Das kann im Extremfall zu einer Lähmung der Familien-AG führen, weil die dringendsten Beschlüsse nicht mehr gefasst werden können (es wird daher auch von «petrifizierenden» oder «Lock-up»-Klauseln gesprochen). Vor der Statuierung der qualifizierten Mehrheiten ist schliesslich zu bedenken, dass die Beseitigung oder Erleichterung einer einmal eingeführten Erschwerung der Beschlussfassung nur noch mit eben diesem aufzuhebenden «alten» Quorum beschlossen werden kann (OR 704 II analog; vgl. auch N 2.38).

1.36
Vorzugsaktien

Das Gesetz regelt in OR 654 und 656 die Einführung von sogenannten *Vorzugs- oder Prioritätsaktien.* Das sind Aktien, die gegenüber den gewöhnlichen Aktien – den sogenannten Stammaktien – *vermögensrechtlich privilegiert* sind, indem sie z.B. eine höhere Dividende, einen grösseren Anteil am Liquidationsergebnis, ein vorteilhaftes Bezugsrecht oder andere finanzielle Vorteile als die Stammaktien gewähren. Solche Vorrechte können z.B. dazu beitragen, die Unternehmensführung beteiligungsmässig abzusichern, indem einem unternehmerisch nicht interessierten Familienaktionär eine Vorzugsdividende zugesichert werden kann, als Gegenleistung dafür, dass er dem Unternehmer-Familienaktionär die zur erfolgreichen Unternehmensführung erforderliche Stimmenmehrheit überlässt (N 5.28 ff.; Anhang 31).

Vergünstigungen können aber auch in Form von Genuss- oder Partizipationsscheinen gewährt werden. Anders als die Vorzugsaktien verbriefen diese Papiere aber *keine Aktionärsstellung*, insbesondere kein Stimmrecht. Der *Genussschein* kann nur zugunsten von mit der Gesellschaft besonders verbundenen Personen ausgegeben werden und diesen nur vermögenswerte Rechte einräumen, nämlich Ansprüche auf einen Anteil am Reingewinn oder am Liquidationsergebnis oder auf den Bezug neu ausgegebener Aktien (OR 657). Demgegenüber gewährt der *Partizipationsschein* grundsätzlich die gleichen Vermögensrechte wie eine Aktie (OR 656a ff.). Wie diese hat er denn auch einen Nennwert, und wie diese wird er gegen eine Einlage ausgegeben – wobei es sich wie bei der Aktie um eine Risikobeteiligung handelt. Der Partizipationsschein vermittelt auch gewisse Mitgliedschaftsrechte – welche in den Statuten mehr oder weniger grosszügig geregelt werden können –, nie aber ein Stimmrecht. Der Partizipationsschein kann daher als «stimmrechtslose Aktie» bezeichnet werden.

1.37
Genuss- und Partizipationsscheine

Mit Genuss- und Partizipationsschein hat die Familien-AG ein Mittel in der Hand, um nicht an der Unternehmensleitung Interessierten vermögensmässige Beteiligungsrechte ohne Stimmrecht abgeben zu können. Der Partizipationsschein ermöglicht also, den (stimmberechtigten) Aktionärskreis auf die geschäftsführenden Familienmitglieder zu beschränken, ohne dass die übrigen von einer finanziellen Beteiligung am Unternehmen ausgeschlossen werden. Der Partizipationsschein kann aber auch die Erweiterung der Kapitalbasis des Unternehmens erleichtern, indem er fremden Geldgebern eine Beteiligung am Geschäftserfolg in Aussicht stellt, ohne dass sie als Aktionäre Einfluss auf das Unternehmen gewinnen. Schliesslich kann der Partizipationsschein z.B. auch der Beteiligung leitender Angestellter und anderer Mitarbeiter am Unternehmensgewinn dienen – sofern man sie nicht zu Aktionären machen will (vgl. auch N 5.71 ff.).

1.38
Stimmrechtsaktien

Statt das Stimmrecht, wie üblich, vom Nennwert und damit vom Umfang der Kapitalbeteiligung eines Aktionärs abhängig zu machen, kann gemäss OR 693 in den Statuten auch vorgesehen werden, dass *unabhängig vom Nennwert auf jede Aktie eine Stimme* entfällt (N 5.32 ff.). Der Aktionär mit einer Fünfhundertfranken-Aktie hat dann eine Stimme, jener mit fünf Hundertfranken-Aktien bei gleichem Kapitaleinsatz dagegen deren fünf. Durch die Schaffung solcher Stimmrechtsaktien kann den in der Gesellschaft aktiv tätigen Familienaktionären ein verstärktes Mitbestimmungsrecht eingeräumt werden, ohne dass sie ein entsprechendes finanzielles Engagement einzugehen brauchen. Die Einführung von Stimmrechtsaktien kann auch dann sinnvoll sein, wenn familienfremde Geldgeber oder Mitarbeiter Aktionäre werden sollen, «die Familie» aber die Unternehmensleitung in der Hand behalten möchte. Oft empfiehlt sich bei der Einführung von Stimmrechtsaktien der gleichzeitige Abschluss eines *Aktionärbindungsvertrages* (N 7.1 ff.; Anhang 42), in welchem sich die Inhaber von Stimmrechtsaktien verpflichten, diese nur so lange zu behalten, wie sie in der aktiven Unternehmensführung tätig sind.

1.39
Beschränkung der Stimmenzahl

Die Statuten können vorsehen, dass ein Aktionär unabhängig von der Grösse seines Aktienbesitzes nicht mehr als z.B. dreissig Stimmen oder z.B. zwanzig Prozent der in der Generalversammlung vertretenen bzw. sämtlicher Stimmen abgeben darf (vgl. OR 692 II; N 2.31, 2.38, 6.25, 6.32, 8.15; Anhang 51). Durch eine solche Regelung kann die Familien-AG verhindern, dass sie plötzlich von einem unter Umständen familienfremden Grossaktionär dominiert wird. Allerdings ist in manchen Familien-Aktiengesellschaften die Herrschaft eines Grossaktionärs – nämlich des aktiven Leiters des Familienunternehmens – gerade erwünscht.

1.40
Beschränkung der Stellvertretung in der Generalversammlung

Grundsätzlich kann ein Aktionär einen beliebigen Dritten bevollmächtigen, ihn an der Generalversammlung zu vertreten (N 8.19). In den intimen Verhältnissen einer Familien-AG kann es nun aber störend sein, wenn z.B. statt eines Sohnes plötzlich ein Rechtsanwalt als dessen Vertreter an der Generalversammlung teilnimmt. Deshalb schränken die Statuten von Familien-Aktiengesellschaften die Vertretung oft dahingehend ein, dass ein Aktionär in der Generalversammlung nur durch einen anderen Aktionär vertreten werden darf (OR 689 II in Verbindung mit 627 Ziff. 10).

Grundsätzlich steht die Geschäftsführung dem Verwaltungsrat zu (OR 716; N 9.1). Er vertritt die AG auch nach aussen, wobei die Vertretungsbefugnis jedem Verwaltungsratsmitglied einzeln zusteht, sofern die Statuten nichts anderes bestimmen (OR 718; N 9.1, 9.48). Was für alle Gesellschaften gilt, haben in diesem Bereich Familien-Aktiengesellschaften ganz besonders zu beachten: Die Kompetenzen und Zeichnungsberechtigungen sind zu *regeln*. Ein *Organisationsreglement* (N 9.14) hat zu bestimmen, wie die Geschäftsführung und die Vertretung unter die Mitglieder des Verwaltungsrates aufgeteilt sind bzw. in welchem Umfang die Geschäftsführung an eine Geschäftsleitung delegiert wird. Werden die Vertretungsbefugnisse und eine allfällige Delegation der Geschäftsführung nicht durch Statuten und Organisationsreglement geregelt, kann dies einschneidende Folgen haben: Der wegen seiner Fachkenntnisse in den Verwaltungsrat aufgenommene familienfremde Treuhänder nimmt mit Einzelunterschrift namens der AG einen Millionenkredit auf; oder der Vater, der sich nur noch während einer Übergangszeit als im Markt bekannter Unternehmensgründer für ein Verwaltungsratsmandat zur Verfügung stellen und an der Oberaufsicht teilhaben wollte, haftet plötzlich persönlich mit seinem ganzen Vermögen für das Missmanagement seiner Kinder und ihrer Direktoren; usw. (vgl. auch N 9.14 f.; Anhänge 56 und 57). Allenfalls ist die Zusammensetzung des Verwaltungsrats auch mit Hilfe eines *Aktionärbindungsvertrages* sicherzustellen, in welchem sich die Familienaktionäre z.B. verpflichten, jedem Familienzweig einen Sitz im Verwaltungsrat zu gewähren, den einzigen unternehmerisch interessierten Familienaktionär zum Präsidenten und Delegierten des Verwaltungsrats zu wählen etc. (N 7.2 f.; Anhang 42 Ziff. 4).

1.41
Regelung der Geschäftsführung und der Vertretung

Weil die AG eine Kapitalgesellschaft ist (N 1.8), kann sie im Regelfall nur aus sachlichen – also ausserhalb der Person eines Aktionärs liegenden – Gründen aufgelöst werden (N 16.3 ff.). Vereinzelt tragen Familien-AGs der engen persönlichen Verbundenheit ihrer Aktionäre dadurch Rechnung, dass sie in ihren Statuten eine Auflösung auch aus letztlich persönlichen Gründen erlauben

1.42
Auflösung aus persönlichen Gründen

(OR 736 Ziff. 1), was bis hin zu einem eigentlichen Kündigungsrecht gehen kann (dessen Zulässigkeit allerdings umstritten ist). Solche *statutarischen Auflösungsgründe* – durch welche die AG bei Eintritt eines bestimmten Ereignisses also «automatisch» aufgelöst wird – sind in der Praxis jedoch ausgesprochen selten anzutreffen. Hingegen kann die Generalversammlung aus welchen Gründen auch immer – also auch aus persönlichen – jederzeit einen *Auflösungsbeschluss* fassen (OR 736 Ziff. 2) oder wird das mit einer *Auflösungsklage* befasste Gericht bei der Prüfung des «wichtigen Grundes» die konkreten – bei einer Familien-AG auch durch enge persönliche Verbundenheit geprägten – Verhältnisse berücksichtigen (OR 736 Ziff. 4; N 16.8).

1.43
Das Familienunternehmen im Erbgang

Die massgeschneiderte Kombination der eben behandelten, überwiegend gesellschaftsrechtlichen Elemente kann die Rechtsform der AG in ein für Familienunternehmen sehr taugliches Kleid verwandeln. Mit aller Deutlichkeit ist jedoch darauf hinzuweisen, dass durch die Gründung einer AG die Nachfolgeproblematik natürlich noch keineswegs gelöst ist. Dies mag ein Beispiel illustrieren: Lebte der verstorbene Unternehmer mit seinem Ehegatten unter dem ordentlichen Güterstand der Errungenschaftsbeteiligung (ZGB 196 ff.), hatte er das gesamte Betriebskapital während der Ehe selber erworben und stellt der Betrieb zugleich den ganzen Nachlass dar, fallen 75% des Unternehmens an die überlebende Ehefrau und 25% an die Nachkommen. Diesen Viertel muss der als Unternehmensnachfolger ausersehene Nachkomme zudem mit seinen Geschwistern teilen. Er sieht sich also in der unkomfortablen Situation, das Familienunternehmen mit einer marginalen Minderheitsbeteiligung führen zu müssen. An dieser ehe- und erbrechtlichen Konsequenz würde sich auch dadurch allein nichts ändern, dass der Erblasser vor seinem Ableben noch eine Einpersonen-AG gründet. Das Beispiel zeigt, dass die Unternehmensnachfolge nicht nur durch *gesellschaftsrechtliche* (z.B. Stimmrechtsaktien), sondern auch durch *ehevertragliche, testamentarische, erbvertragliche, obligationenrechtliche und versicherungsmässige Vorkehren* sichergestellt werden muss (vgl. auch N 1.14 lit. f und g, 1.44 lit. f). Auch kann der Alleinaktionär seine Aktien im Hinblick auf den künftigen Erbgang in eine Holdinggesellschaft einbringen, deren Aktionäre die künftigen Erben sind (sog. *Erbenholding*).

Oftmals bekunden gerade die stärksten Unternehmerpersönlichkeiten am meisten Mühe, ihr erfolgreich geführtes Unternehmen rechtzeitig loszulassen, worauf dann mit der Zeit z.B. folgende Symptome einer verpassten bzw. zu wenig ernsthaft betriebenen Nachfolgeplanung festgestellt werden können: Der Umsatz stagniert; es werden keine neuen Produkte mehr aufgebaut; die (oft auch immer wieder neu) auserwählten potenziellen Unternehmensnachfolger harren auf irgendwelchen betriebsinternen Wartepositionen aus oder verbringen wohlgemeinte, aber wenig fordernde externe «Stages» bei Geschäftsfreunden des Patrons; mehrere potenzielle Nachfolger arbeiten neben- oder miteinander ohne klare Perspektiven; das Unternehmen schleppt erhebliche nicht betriebsnotwendige Aktiven mit (welche dieses für jeden Übernehmer unerschwinglich machen, dem Patron aber immerhin erlauben, ruhigen Gewissens eine «Erholung des Marktes» oder ein anderes Wunder abzuwarten; vgl. auch unten lit. f); unabhängige Verwaltungsrats- oder Geschäftsleitungsmitglieder beginnen einander in immer schnellerem Rhythmus abzulösen etc. Die Gestaltung der Unternehmensnachfolge ist eine der anspruchsvollsten unternehmerischen Aufgaben, weshalb sie ebenso wenig wie die übrige kreative Führungstätigkeit mit einem Leitfaden angegangen werden kann. Immerhin helfen aber vielleicht einige der folgenden Erfahrungsregeln beim Einstieg in die Problematik:

1.44
Die rechtzeitige Einleitung der Unternehmensnachfolge

a) In aller Regel sollte der Unternehmer seine Nachfolgeplanung deutlich vor dem 60. Altersjahr an die Hand nehmen.

b) Stehen mehrere Nachfolger zur Wahl, ist sorgfältig zu prüfen, ob deren Persönlichkeit und strategische Vorstellungen genügend harmonieren und das Unternehmen die erforderliche Grösse aufweist, damit einer gemeinsamen Unternehmensführung Erfolg beschieden sein kann.

c) Auch während der Nachfolgeplanung ist das Unternehmen konsequent auf Wachstumskurs zu halten und sind den familien-externen Kadern interessante Perspektiven zu bieten.

d) Den potenziellen Nachfolgern ist Gelegenheit zu geben, die ersten unternehmerischen Leistungsausweise ausserhalb des familiären Einflussbereichs zu erwerben.

e) Oftmals ist ein «klarer Schnitt» besser als gut gemeinte Übergangsphasen (während welcher der Patron «noch etwas zum Rechten schaut» und sich der Nachfolger noch nicht getraut).

f) Der Unternehmer hat sich rechtzeitig ein genügend grosses Privatvermögen aufzubauen, aus welchem er seinen Ruhestand finanzieren kann und nach seinem Tod die Erbansprüche der «unternehmensfremden» Erben befriedigt werden können. Es sollte daher – ohne Übergewichtung prima vista nachteiliger Steuerfolgen – eine vernünftige Ausschüttungspolitik verfolgt und von einer übermässigen Thesaurierung von Gewinnen im Unternehmen abgesehen werden.

g) Je nach Unternehmensgrösse und persönlichen Neigungen kann es sich auch als sinnvoll erweisen, einen vom operationellen Geschäft klar getrennten Unternehmensteil auszugliedern (eine wohltätige oder kulturelle Stiftung, eine Organisation zur Betreuung ehemaliger Mitarbeiter, eine Immobiliengesellschaft etc.), dessen Führung sich der Unternehmer nach seinem Ausscheiden widmen kann.

h) Unvoreingenommen ist auch immer die Frage zu prüfen, ob das Familienunternehmen wirklich in der Hand der Familie behalten werden muss oder ob es nicht am besten an Dritte verkauft wird, seien es externe Interessenten oder die bisherige Geschäftsleitung (MBO, Management-Buy-out). Ein Verkauf an Dritte verschafft dem abtretenden Unternehmer bzw. dessen Erben nicht nur den effektiven Marktwert des Unternehmens – mit welchem die Empfänger dann z.B. eigene unternehmerische Ziele verfolgen können –, sondern vermeidet manchmal auch familiäre Spannungen.

Niemand darf als erfolgreicher Unternehmer bezeichnet werden, bevor er nicht seine Nachfolge so geregelt hat, dass sein Unternehmen noch erfolgreicher weiterlebt.

E) Literatur zum Aktienrecht

1.45
Aktienrechtliche Publikationen

Die juristische Literatur zum Aktienrecht ist kaum mehr überblickbar. Der Interessierte findet zu beinahe jedem denkbaren aktienrechtlichen Problem eine Publikation – seien es Aufsätze in

Einführung

juristischen Fachzeitschriften und Festschriften, seien es Dissertationen, Habilitationsschriften, sonstige Monografien oder Entscheidsammlungen. Mit den folgenden fünf – etwas willkürlich gewählten – Hinweisen soll versucht werden, dem Zielpublikum dieses Buches (N 1.1) einen ersten Wegweiser durch die aktienrechtliche Publikationsflut in die Hand zu geben.

Wem das vorliegende Rechtshandbuch nach dem ersten Durchblättern noch als zu komplex erscheint, dem sei die folgende, ebenfalls für Nichtjuristen geschriebene, nur ca. 17 Seiten umfassende, aber trotzdem rechtlich zuverlässige Übersicht über das Aktienrecht empfohlen:

1.46
Kurzübersicht

PETER ISLER: Gesellschaftsrecht, in: Kleiner Merkur, 1. Bd., Recht (8. Auflage Zürich 2003) S. 251 ff.

Wer nach einer über das vorliegende Handbuch weit hinausgehenden juristischen Gesamtdarstellung des schweizerischen Aktienrechts sucht, sei auf die folgenden beiden *grundlegenden rechtswissenschaftlichen Werke* verwiesen (in welchen auch umfassende Hinweise auf Gerichtsentscheide und weiterführende Spezialliteratur zu finden sind):

1.47
Die beiden «Bibeln» des Aktienrechts und der rechtswissenschaftliche Grundriss

PETER BÖCKLI: Schweizer Aktienrecht (3. Auflage Zürich 2004), 2329 Seiten

PETER FORSTMOSER/ARTHUR MEIER-HAYOZ/PETER NOBEL: Schweizerisches Aktienrecht (Bern 1996), 1113 Seiten

Beantworten diese beiden Werke «alle» juristischen Fragen, so bietet der folgende überschaubare Grundriss eine fundierte und mit grafischen Darstellungen ergänzte *rechtswissenschaftliche Übersicht* über das gesamte Aktienrecht:

ROLAND VON BÜREN/WALTER A. STOFFEL/ROLF H. WEBER: Grundriss des Aktienrechts (Zürich 2005), 381 Seiten

Eine *nach den einzelnen Artikeln des OR geordnete, knappe* juristische Erläuterung des Aktienrechts (selbstverständlich ebenfalls mit umfassenden Verweisungen) findet sich in:

1.48
Kommentar zu jedem einzelnen Gesetzesartikel

HEINRICH HONSELL/NEDIM PETER VOGT/ROLF WATTER (Herausgeber): Basler Kommentar zum Schweizerischen Privatrecht, Obligationenrecht II, Art. 530–1186 OR (2. Auflage Basel/Genf/München 2002)

1.49
Umgang mit
juristischer Literatur

Wer immer wieder mit aktienrechtlichen Problemen konfrontiert wird, kann sich im Laufe der Zeit aus diesen und anderen Werken ein seinen Bedürfnissen entsprechendes juristisches Grundwissen zusammenlesen. Es muss jedoch davor gewarnt werden, ohne juristische Vorkenntnisse entscheidende Rechtsprobleme selbst lösen zu wollen: Wer als «Gelegenheitsjurist» nach nächtelangem Blättern meint, nun endlich die Lösung gefunden zu haben, kann niemals sicher sein, dass er sämtliche rechtlich wesentlichen Elemente des Problems erkannt hat, dass nicht neuere Gerichtsentscheide oder Lehrmeinungen eine ganz andere Ansicht vertreten oder dass nicht eine Ausnahmeregel – vielleicht aus einem ganz anderen Rechtsgebiet – zur Anwendung gelangt. Auch ist daran zu erinnern, dass die am 1. Juli 1992 in Kraft getretene Aktienrechtsrevision altrechtliche Literatur und Gerichtsentscheide über weite Strecken zu Makulatur gemacht hat. Wo viel auf dem Spiel steht, lohnt sich der Gang zum Anwalt oder zu einem anderen ausgewiesenen Rechtsberater in jedem Fall.

Anhang 1: Personengesellschaften und juristische Personen

Einzelunternehmen	Personengesellschaften (einfache Gesellschaft, Kollektiv- oder Kommanditgesellschaft)	Juristische Personen (z.B. AG oder GmbH)
Einzelunternehmer A — Alleineigentum	**A – B – C** — Gemeinschaftliches Eigentum	**Gesellschafter** A B C — Mitgliedschaftsrechte **Juristische Person** (z.B. «ABC Consulting AG») — Alleineigentum
Geschäftsvermögen[1]	Geschäftsvermögen[1]	Geschäftsvermögen[1]

[1] z.B. Liegenschaften, Lager, Geschäftsfahrzeuge, Maschinen, Mobiliar, Debitoren etc.

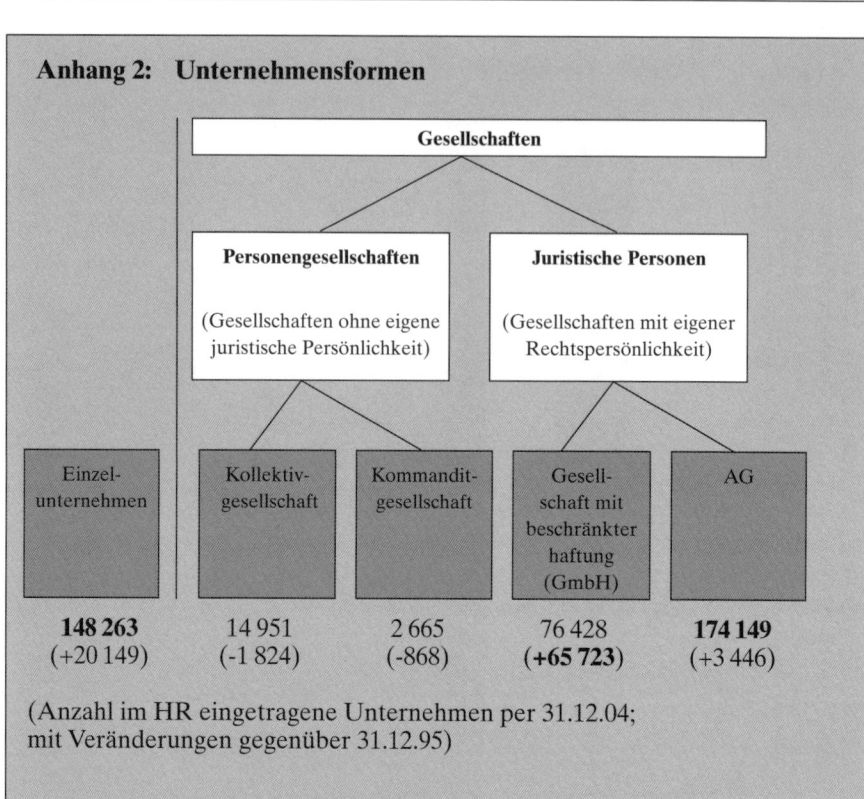

Anhang 2: Unternehmensformen

```
                        Gesellschaften
                       /              \
          Personengesellschaften    Juristische Personen
          (Gesellschaften ohne       (Gesellschaften mit eigener
          eigene juristische          Rechtspersönlichkeit)
          Persönlichkeit)
```

Einzel-unternehmen	Kollektiv-gesellschaft	Kommandit-gesellschaft	Gesellschaft mit beschränkter haftung (GmbH)	AG
148 263	14 951	2 665	76 428	**174 149**
(+20 149)	(-1 824)	(-868)	(**+65 723**)	(+3 446)

(Anzahl im HR eingetragene Unternehmen per 31.12.04; mit Veränderungen gegenüber 31.12.95)

Einführung

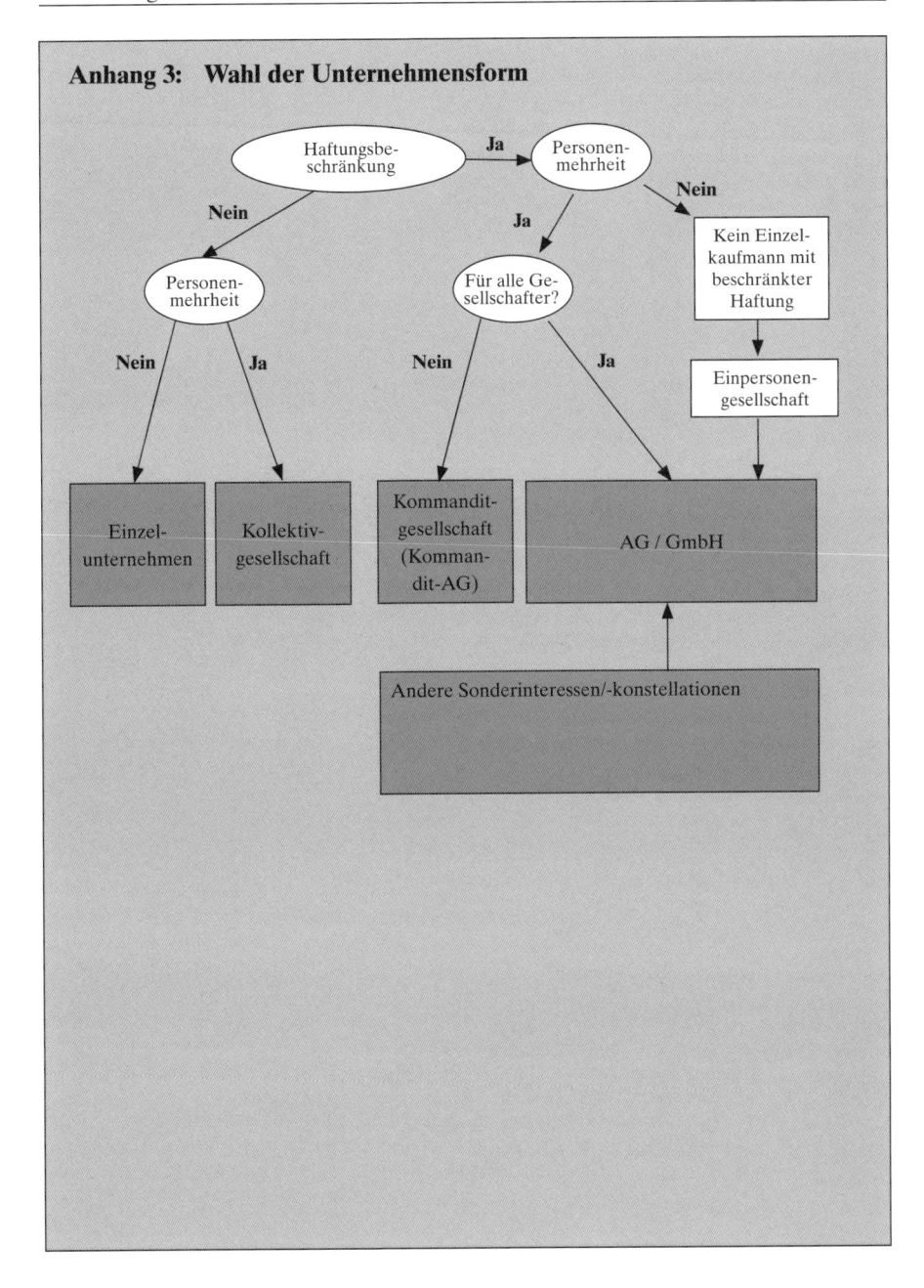

Anhang 3: Wahl der Unternehmensform

```
                    Haftungsbe-      Ja      Personen-
                    schränkung  ─────────▶   mehrheit
                   ╱         ╲                    ╲ Nein
              Nein╱           ╲Ja              ─────────┐
                 ╱             ╲                        ▼
          Personen-         Für alle Ge-         Kein Einzel-
          mehrheit          sellschafter?        kaufmann mit
         ╱        ╲         ╱          ╲         beschränkter
     Nein╱         ╲Ja  Nein╱           ╲Ja      Haftung
        ╱           ╲      ╱             ╲           │
        ▼           ▼      ▼              ▼          ▼
                                                Einpersonen-
                                                gesellschaft
    ┌─────────┐ ┌─────────┐ ┌──────────┐ ┌──────────────┐
    │ Einzel- │ │Kollektiv│ │Kommandit-│ │              │
    │unter-   │ │gesell-  │ │gesell-   │ │  AG / GmbH   │
    │nehmen   │ │schaft   │ │schaft    │ │              │
    │         │ │         │ │(Komman-  │ │              │
    │         │ │         │ │dit-AG)   │ │              │
    └─────────┘ └─────────┘ └──────────┘ └──────────────┘
                                               ▲
                              ┌────────────────┴──────────────┐
                              │ Andere Sonderinteressen/-konstellationen │
                              └───────────────────────────────┘
```

2. Die Statuten

A) Die Bedeutung der Statuten

Die Statuten enthalten die Grundordnung der AG, welche das Leben der Gesellschaft nach innen und nach aussen regelt. Sie bestimmen den Zweck und die Organisation der AG sowie die Rechte und Pflichten der Aktionäre. In diesem Sinn sind die Statuten die *Verfassung der AG*.

2.1 Das Wesen der Statuten

Selbstverständlich können die Statuten aber die *staatliche Rechtsordnung* nicht aufheben oder ändern: Statutenbestimmungen, die gegen *zwingende Gesetzesnormen* verstossen, sind nichtig und werden in offensichtlichen und eindeutigen Fällen vom Handelsregisterführer zurückgewiesen. Nur wo das Gesetz keine zwingende, sondern lediglich eine *dispositive Norm* aufstellt, vermögen Statuten das Gesetz zu ändern.

2.2 Andere Rechtsquellen

Nicht alles muss in den Statuten festgehalten werden. Was nur von untergeordneter Bedeutung ist oder nur das Innenleben eines Gesellschaftsorgans betrifft, wird mit Vorteil in einem *Reglement* geregelt. Jedes Organ hat das Recht, für sich selbst oder ein ihm untergeordnetes Organ Reglemente aufzustellen. Anders als die Statuten müssen Reglemente nicht beim Handelsregisteramt deponiert werden. Rechtlich bedeutsam ist vor allem das vom Verwaltungsrat erlassene *Organisationsreglement,* welches unabdingbar notwendig wird, sobald der Verwaltungsrat die Geschäftsleitung oder Teile davon an einzelne seiner Mitglieder oder an Dritte delegieren will (OR 716b; N 1.41, 9.14; Anhänge 56 und 57).

Verstösst ein *Generalversammlungsbeschluss* gegen statutarische Vorschriften, ist er *anfechtbar* (N 8.27 ff.). Verletzen der *Verwaltungsrat* oder die *Revisionsstelle* die Statuten, kann die betreffende Organperson *schadenersatzpflichtig* werden (N 11.6 ff.).

2.3 Folgen einer Statutenverletzung

Schliesst der Verwaltungsrat einen Vertrag ab, der offensichtlich ausserhalb des statutarischen Gesellschaftszwecks liegt, kann dieses *Geschäft unverbindlich* sein (N 9.48).

2.4 Inhalt der Statuten

In OR 626 zählt das Gesetz jene Bestimmungen abschliessend auf, die unbedingt in den Statuten enthalten sein müssen. Fehlen einzelne davon, darf der Handelsregisterführer die AG nicht in das Handelsregister eintragen. Diese Bestimmungen bezeichnet man deshalb als *absolut notwendigen Statuteninhalt* (N 2.6 ff.). Daneben erwähnt das Gesetz in OR 627 und 628 Vorschriften, die nur in die Statuten aufgenommen werden müssen, wenn damit von der dispositiven (nicht zwingenden) gesetzlichen Ordnung abgewichen werden will. Für solche Bestimmungen hat sich der Begriff «*bedingt notwendiger Statuteninhalt*» eingebürgert (N 2.22 ff.). Wird schliesslich – damit man alle relevanten Regelungen in einem einzigen Dokument findet – auch noch all das in die Statuten aufgenommen, was ohnehin schon von Gesetzes wegen gilt oder auch in einem Reglement rechtsgültig geregelt werden könnte, spricht man vom *fakultativen Statuteninhalt* (N 2.36).

2.5 Formvorschriften

Statuten müssen wegen der grossen Bedeutung, welche ihnen für die AG und deren Geschäftspartner zukommt, *schriftlich* vorliegen. Der Beschluss über die ersten Statuten sowie jeder spätere Änderungsbeschluss (Anhang 5) sind überdies *öffentlich zu beurkunden*. Zudem sind die Statuten und alle Änderungen *beim Handelsregisteramt* zu deponieren.

B) Der absolut notwendige Statuteninhalt

a) Die Firma (OR 626 Ziff. 1)

2.6 Der Name der Gesellschaft

Immer müssen die Statuten den Namen enthalten, unter dem die AG im Geschäftsleben auftreten will (die Firma; Anhang 4 Art. 1; Näheres dazu unter N 3.1 ff.).

b) Der Sitz (OR 626 Ziff. 1)

2.7 Freie Sitzwahl

Wie jede juristische Person – aber anders als z.B. eine Kollektiv- oder Kommanditgesellschaft – kann die AG ihren Sitz innerhalb der Schweiz frei wählen. Sie muss sich jedoch für einen

2. Statuten

bestimmten und festen Sitz entscheiden (Anhang 4 Art. 1). Unzulässig wäre z.B. die Bestimmung, der Gesellschaftssitz befinde sich am Wohnort des jeweiligen Verwaltungsratspräsidenten. Auch wenn in seltenen – Grossgesellschaften betreffenden – Ausnahmefällen schon Doppelsitze toleriert worden sind, wird für die hier interessierenden Verhältnisse (N 1.1) weiterhin davon auszugehen sein, dass die AG nur *einen* Sitz haben kann. Nicht erforderlich ist, dass die AG an ihrem statutarischen Sitz über ein Geschäftslokal verfügt; diesfalls muss eine solche «Briefkastengesellschaft» dem Handelsregisteramt aber angeben, bei wem sich am Gesellschaftssitz ihr Domizil befindet (HRV 43). Während die freie Sitzwahl für Holdinggesellschaften – v.a. aus steuerlichen Gründen – wichtig sein kann, dürfte es sich für kleinere (Familien-)Unternehmen im Rahmen einer gesamtheitlichen Betrachtung kaum je empfehlen, einen vom Ort der Geschäftstätigkeit getrennten Sitz festzulegen (N 1.12):

Nach dem Gesellschaftssitz bestimmt sich nämlich,

2.8
Rechtsfolgen der Sitzwahl

– wo die AG im Handelsregister einzutragen ist und welchem Handelsregisteramt die eintragungspflichtigen Änderungen mitzuteilen sind *(Eintragungsort)*;

– wo die AG einzuklagen ist und wo Verantwortlichkeitsklagen gegen ihre Organe erhoben werden können *(Gerichtsstand)*;

– wo die AG betrieben werden kann *(Betreibungsort)*;

– welchem *anwendbaren Recht* die AG bei internationalen Sachverhalten untersteht;

– unter Umständen auch, wo sie ihre Verpflichtungen zu erfüllen hat *(Erfüllungsort)*.

Weit weniger als gemeinhin angenommen, kann demgegenüber die *Besteuerung* allein mit der Wahl des statutarischen Sitzes beeinflusst werden, da zum einen die Steuerbehörden nach dem Faktizitätsprinzip grundsätzlich auf den «effektiven Sitz» der Gesellschaft – also den Ort der tatsächlichen Geschäftsleitung – abstellen und zum andern Betriebsstätten sowie weitere Tatbestände wirtschaftlicher Zugehörigkeit Nebensteuerdomizile begründen können.

2.9
Sitzverlegung

Soll der Sitz verlegt werden, ist eine *Statutenänderung* erforderlich (N 8.4 lit. a, 8.16 lit. g). Will die AG ihren Sitz ins *Ausland* verlegen, muss sie grundsätzlich in der Schweiz liquidiert und im Ausland neu gegründet werden – sofern sie nicht nachweist, dass die Voraussetzungen nach schweizerischem Recht erfüllt sind, sie nach ausländischem Recht fortbesteht und sie in der Schweiz ein Schuldenruf- und Sicherstellungsverfahren gem. FusG 46 (N 17. 26) durchgeführt hat; sie darf im schweizerischen Handelsregister erst gelöscht werden, wenn durch einen Bericht eines besonders befähigten Revisors (N 10.4) bestätigt wird, dass die Forderungen der Gläubiger sichergestellt oder erfüllt worden sind oder die Gläubiger mit der Löschung einverstanden sind (IPRG 163, 164; HRV 51; zum umgekehrten Fall einer Sitzverlegung aus dem Ausland in die Schweiz vgl. IPRG 161 f.; HRV 50 ff.; N 10.12).

2.10
Domizilverlust

Verfügt die AG an ihrem statutarischen Sitz – z.B. nach Kündigung des Mietvertrags oder der Vereinbarung mit dem domizilgewährenden Treuhänder – über kein gesetzeskonformes Domizil mehr, setzt der Handelsregisterführer unter Androhung ihrer Auflösung eine Frist zur Wiederherstellung des rechtmässigen Zustands an (HRV 88a).

c) *Der Zweck (OR 626 Ziff. 2)*

2.11
Der Gesellschaftszweck

Allen Gesellschaftsformen ist gemeinsam, dass die Beteiligten miteinander einen bestimmten Zweck verfolgen wollen. Auch den Statuten einer AG muss man entnehmen können, welcher Tätigkeit sich diese im Wesentlichen widmen will (Anhang 4 Art. 2). Dabei muss einerseits nicht ins Detail gegangen werden, andererseits sind aber auch allzu unbestimmte Angaben (z.B. «Die Gesellschaft bezweckt das Betreiben von Geschäften aller Art») unzulässig. Bewährt hat sich eine relativ allgemeine Formulierung des Gesellschaftszwecks mit einem konkretisierenden Hinweis (z.B. «Handel mit modischen Konsumgütern, insbesondere Geschenkartikeln»). In der Praxis bedeutet die Formulierung des Gesellschaftszwecks meist eine Gratwanderung zwischen «nicht zu eng» und «nicht zu allgemein»: Wird der Gesellschaftszweck zu eng und konkret umschrieben, drängt sich bei jeder kleinen Erweiterung oder Verlagerung des unternehmerischen Tätigkeitsfelds eine umständliche Statutenänderung auf (mit öffentlich zu beurkundender Generalversammlung, Handelsregisteranmeldung und SHAB-Publikation). Wird der Gesellschaftszweck zu weit und allgemein gefasst, kann dies nicht nur zur Eintragungsverweigerung durch das Handelsregisteramt führen, sondern auch den Vertretungsberechtigten eine unerwünschte Blankovollmacht verschaffen (N 2.12), potenziellen Geschäftspartnern den unvorteilhaften Eindruck eines «Gemischtwarenladens» vermitteln oder sich im Hinblick auf das Vinkulierungsregime als nachteilig erweisen (N 2.12, 5.48).

An der Zweckumschreibung messen sich der Umfang der *Vertretungsmacht* (OR 718a I; N 2.3, 9.48) sowie die internen Rechte und Pflichten der Organe. Der Gesellschaftszweck ist somit letztlich auch massgebend für deren *Verantwortlichkeit* (N 2.3, 11.6 ff.). Von Bedeutung ist die Zweckumschreibung aber auch für die Frage, ob ein *Beschluss der Generalversammlung* wegen Zweckwidrigkeit *anfechtbar* sei (OR 706; N 8.27 ff.). Ist eine AG dauernd zweckwidrig tätig, kann dies Grund für eine *Auflösungsklage* sein (OR 736 Ziff. 4; N 16.7 ff.). Schliesslich kann die Zweckumschreibung bei Gesellschaften mit nicht börsenkotierten Aktien auch Einfluss auf die *Vinkulierung* der Aktien haben: Bestimmen die Statuten, dass Namenaktien nur mit Zustimmung der Gesellschaft übertragen werden dürfen, so müssen sie zugleich auch entsprechende wichtige Gründe für die Zustimmungsverweigerung bekannt geben (OR 685b). Dabei wird ein Grund u.a. dann als wichtig anerkannt, wenn diese Einflussnahme auf die Zusammensetzung des Aktionärskreises im Hinblick auf den Gesellschaftszweck gerechtfertigt erscheint. Deshalb ist bei der Formulierung des Gesellschaftszwecks bereits auch die Vinkulierungsregelung mitzuberücksichtigen (und z.B. anzugeben, in den Dienst welcher Familie [Anhang 4 Art. 2 I i.V.m. Art. 5 II lit. b], politischen oder religiösen Überzeugung, geografischen Region, Branche etc. sich die AG stellen soll; N 5.48).

2.12
Bedeutung der Zweckumschreibung

ZGB 52 III statuiert: «Personenverbindungen und Anstalten zu unsittlichen oder widerrechtlichen Zwecken können das Recht der Persönlichkeit nicht erlangen.» Bezweckte eine AG also z.B. den Menschenhandel, so wäre sie nichtig, d.h. gar nie rechtsgültig entstanden. Entwickelt sich der Zweck einer AG erst im Laufe der Zeit zu einem widerrechtlichen oder unsittlichen, hat der Richter

2.13
Der widerrechtliche oder unsittliche Zweck

die Gesellschaft aufzulösen (N 16.13). Das Vermögen von Aktiengesellschaften mit widerrechtlichem oder unsittlichem Zweck fällt gemäss der bundesgerichtlichen Rechtsprechung gestützt auf ZGB 57 III an das Gemeinwesen. Dabei ist zu beachten, dass die Frage der Widerrechtlichkeit bzw. Unsittlichkeit nicht nur anhand der statutarischen Umschreibung des Gesellschaftszwecks, sondern auch aufgrund der von der AG tatsächlich ausgeübten Tätigkeit und der tatsächlich verfolgten Ziele entschieden wird.

d) *Die Höhe des Aktienkapitals und der Betrag der darauf geleisteten Einlagen (OR 626 Ziff. 3)*

2.14
Mindesthöhe

Jede AG verfügt über ein zum Voraus bestimmtes Aktienkapital (vgl. OR 620 I; N 1.8, 12.26 ff.), welches in den Statuten anzugeben ist und *mindestens Fr. 100 000.–* betragen muss (OR 621; Anhang 4 Art. 3). Einige Kriterien zur Wahl der Kapitalhöhe werden unter N 12.30 erwähnt.

2.15
Mindesteinzahlung

Dieses Aktienkapital muss jedoch nicht vollständig einbezahlt bzw. durch Sacheinlagen gedeckt werden. Gemäss OR 632 I und II genügt es vielmehr, wenn *20%, mindestens aber Fr. 50 000.–* liberiert werden (der noch nicht geleistete Teil des Aktienkapitals wird als «non-versé» bezeichnet). Eine Ausnahme gilt für Inhaber- (N 5.11 ff.) und Stimmrechtsaktien (N 5.32 ff.), die nur gegen Volleinzahlung ausgegeben werden dürfen (OR 683 I und 693 II; vgl. zum Aktienkapital im Übrigen N 12.26 ff.; zur Liberierung 4.11, 6.10 ff.). Die Statuten haben anzugeben, ob das Aktienkapital vollumfänglich (Anhang 4 Art. 3) oder in welchem Umfang es teilweise liberiert worden ist. Jede Nachliberierung zwingt also zu einer öffentlich zu beurkundenden Statutenänderung (N 6.11; Anhang 36a) – und zum Beizug einer Depositenstelle –, weshalb auch in kleinen Verhältnissen jeweils gut zu überlegen sein wird, ob eine Teilliberierung wirklich unumgänglich ist.

e) *Anzahl, Nennwert und Art der Aktien (OR 626 Ziff. 4)*

2.16
Nennwert

Die Statuten müssen sodann über Anzahl, Nennwert und Art der Aktien Auskunft geben (Anhang 4 Art. 3). Der Nennwert jeder Aktie muss *mindestens einen Rappen* betragen (OR 622 IV). Unter geltendem Recht nicht möglich ist die Ausgabe nennwertloser

2. Statuten

Aktien – wenn auch über die Wünschbarkeit einer Zulassung von unechten (Stück- und Quotenaktien) oder gar echten nennwertlosen Aktien (Letzteres unter Verzicht auf ein festgeschriebenes Aktienkapital) diskutiert wird. Der Mindestnennwert betrug im alten Aktienrecht Fr. 100.–, wurde dann im Rahmen der am 1. Juli 1992 in Kraft getretenen Aktienrechtsreform zunächst auf Fr. 10.– und schliesslich – weil die Schweizer Blue Chips immer noch zu den nominell teuersten der Welt gehörten und für die Börse «zu schwer» waren – mit Wirkung ab 1. Mai 2001 auf Fr. –.01 herabgesetzt. Dieser kleinstmögliche Nennwert erleichtert nicht nur den Börsenhandel – wo er u.a. auch Kleinanlegern eine gewisse Diversifikation ihrer Portefeuilles erlaubt –, sondern auch Mitarbeiter-Beteiligungsprogramme und Umstrukturierungen (indem nun z.B. im Rahmen von Fusionen oder Spaltungen Probleme mit Bruchteils-Aktien einfacher gelöst werden können; N 17.1 ff.). Die hier interessierenden privaten Aktiengesellschaften werden ihr Aktienkapital aus Praktikabilitätsgründen aber auch weiterhin mit Vorteil eher in z.B. 100 Aktien à je Fr. 1000.– Nennwert aufteilen als in 10 Mio. Aktien zu je Fr. –.01.

Durch die Ausgabe von Aktien mit verschiedenen Nennwerten können Stimmrechtsaktien geschaffen werden (vgl. OR 693 I; N 1.38, 5.32 ff.). Werden solche Aktien mit verschiedenen Nennwerten oder unterschiedliche Aktienarten (Namen-, Inhaber- oder Rektaaktien; Vorzugs- und Stammaktien; vgl. N 5.11 ff.) geschaffen, sind sie in den Statuten aufzuführen.

2.17
Aktienarten

f) Die Einberufung der Generalversammlung (OR 626 Ziff. 5)

Die Statuten müssen angeben, wie die Generalversammlung einzuberufen ist (OR 700 I; Anhang 4 Art. 9). *Namenaktionäre* sind durch *schriftliche Mitteilung* (OR 696 II) an die im Aktienbuch vermerkte Adresse (OR 686 I) einzuladen (Anhang 4 Art. 9, 21), *Inhaberaktionäre* durch *Publikation im Schweizerischen Handelsamtsblatt* (SHAB; OR 696 II). Es empfiehlt sich nicht, diese gesetzlichen Formvorschriften in den Statuten zu verschärfen und z.B. für Namenaktionäre die Zustellung mit eingeschriebener Post oder für Inhaberaktionäre Inserate in zusätzlichen Publikationsorganen zu verlangen, steht es dem Verwaltungsrat doch ohnehin frei, solche Zusatzmassnahmen zu treffen, wenn

2.18
Form der Einberufung

ihm dies angezeigt erscheint. Eine solche statutarische Minimalregelung eröffnet auch die Möglichkeit, die zusätzlich inserierten Generalversammlungseinladungen in verkürzter Form – z.B. ohne die Anträge des Verwaltungsrats – zu publizieren. Ohnehin bleiben die statutarischen Einberufungsvorschriften in kleinen Gesellschaften oftmals toter Buchstabe, weil diese ihre Generalversammlungen regelmässig als – von Einberufungsformalien befreite – Universalversammlungen durchzuführen pflegen (OR 701; Anhang 4 Art. 9 V; N 8.11 ff.; Anhänge 5, 49, 77, 82, 87, 89, 96 f., 105 f., 110).

g) Das Stimmrecht der Aktionäre (OR 626 Ziff. 5)

2.19 Mindestens eine Stimme

Jedem Aktionär muss zwingend *mindestens eine Stimme* zukommen (OR 692 II; Anhang 4 Art. 11). OR 692 I sieht sodann vor, dass sich das Stimmrecht der Aktionäre nach ihrer *Kapitalbeteiligung* richtet (N 6.5). Wie wir gesehen haben, können die Statuten das Stimmrecht aber auch unabhängig vom Nennwert nach der Zahl der jedem Aktionär gehörenden Aktien festsetzen (Anhang 4 Art. 11) und so – durch Einführung unterschiedlicher Nennwerte – *Stimmrechtsaktien* schaffen (OR 693 I; N 1.38, 5.32 ff.; zum Kopfstimmrecht vgl. N 1.35). Die Statuten haben das Stimmrecht explizit zu regeln – auch wenn diese Regelung in den meisten Fällen der dispositiven gesetzlichen Ordnung (OR 692 I) entsprechen wird.

h) Die Verwaltungs- und Revisionsorgane (OR 626 Ziff. 6)

2.20 Organe

Den Statuten soll weiter entnommen werden können, wie sich *Verwaltungsrat* und *Revisionsstelle* zusammensetzen (Anhang 4 Art. 13, 17). Die Mitgliederzahl dieser Organe kann beliebig festgelegt werden. Es empfiehlt sich jedoch, sie nicht allzu hoch und starr anzusetzen. Auch wenn in der Gründungsphase sieben Verwaltungsratsmitglieder vorhanden sind, kann es angebracht sein, ihre Zahl in den Statuten z.B. mit «einem oder mehreren Mitgliedern» anzugeben. So führt ein späteres Schrumpfen des Verwaltungsrates nicht zu «Vakanzen» oder unnötigen Statutenänderungen.

2. Statuten

i) Die Form der von der Gesellschaft ausgehenden Bekanntmachungen (OR 626 Ziff. 7)

Mit «Bekanntmachungen» sind hier Mitteilungen der AG an Aktionäre oder Gesellschaftsgläubiger gemeint. Da die vom Gesetz vorgeschriebenen Bekanntmachungen immer auch im Schweizerischen Handelsamtsblatt zu erfolgen haben (OR 931 II; vgl. auch OR 733, 742 II, 681 II, 682 I), wird in den Statuten mit Vorteil nur dieses als Publikationsorgan der AG bezeichnet (was freiwillige zusätzliche Publikationen nicht ausschliesst; Anhang 4 Art. 21).

2.21 Bekanntmachungen

C) Der bedingt notwendige Statuteninhalt

OR 627 und 628 zählen jene Bestimmungen auf, die nur dann in die Statuten aufzunehmen sind, wenn sie eine andere Regelung vorsehen als das Gesetz in seinen dispositiven (nicht zwingenden) Normen. Dabei handelt es sich zur Hauptsache um folgende Bestimmungen:

2.22 Von dispositiven Gesetzesnormen abweichende Regelungen

– *«Tantiemen»* – also eine Entschädigung des Verwaltungsrats aus dem Bilanzgewinn – dürfen nur ausgerichtet werden, wenn die Statuten dies vorsehen (OR 627 Ziff. 2), sind heute aber praktisch ausgestorben, weil sie zunächst bei der Gesellschaft als Gewinn besteuert werden, während z.B. ein Verwaltungsratshonorar als Aufwand vom Bruttoertrag abgezogen werden kann (N 6.16, 9.78).

2.23 Tantiemen

– Auch bei der Möglichkeit, in den Statuten *Bauzinsen* vorzusehen (OR 627 Ziff. 3), dürfte es sich mittlerweile um ein historisches Relikt handeln. Weil das Aktienkapital intakt bleiben muss, darf die AG Ausschüttungen an die Aktionäre nur aus dem Reingewinn vornehmen, was eine feste Verzinsung des Aktienkapitals ausschliesst. Für die unter Umständen lange Zeit der Planung und des Aufbaus einer (z.B. Transport- oder Energiegewinnungs-)Anlage erlaubt das Gesetz jedoch ausnahmsweise, den Aktionären statutarisch einen «Bauzins» zu Lasten des Anlagekontos zuzusichern (OR 676), was faktisch einer – sonst verbotenen – Kapitalrückzahlung gleichkommt.

2.24 Bauzinsen

2.25 Dauer und Auflösungsgründe	– *Begrenzung der Dauer des Unternehmens* (OR 627 Ziff. 4) und *Festsetzung besonderer Auflösungsgründe* (OR 736 Ziff. 1) – beides ebenfalls ausgesprochen seltene Statutenklauseln (N 1.43, 16.5). Fehlen entsprechende Bestimmungen, ist die Dauer der AG unbeschränkt (der «traditionelle» letzte Satz in Anhang 4 Art. 1 ist also überflüssig) und kann diese nur aus den vom Gesetz vorgesehenen Gründen aufgelöst werden.
2.26 Konventionalstrafe bei Verletzung der Liberierungspflicht	– Bestimmungen über *Konventionalstrafen* bei nicht rechtzeitiger Erfüllung der Einzahlungspflicht (OR 627 Ziff. 5; 681 III, 682) – auch solche Bestimmungen sind kaum mehr anzutreffen.
2.27 Genehmigte und bedingte Kapitalerhöhung	– Praxisrelevanter sind demgegenüber Bestimmungen über die genehmigte und bedingte Kapitalerhöhung. Will eine Gesellschaft von einer dieser beiden ausserordentlichen Kapitalerhöhungsformen Gebrauch machen, muss sie dies in den Statuten verankern (OR 627 Ziff. 6; Anhang 4 Art. 3a f.): Die Generalversammlung kann eine *genehmigte Kapitalerhöhung* beschliessen, indem sie den Verwaltungsrat ermächtigt, innerhalb eines vorgegebenen Rahmens zu einem ihm günstig scheinenden Zeitpunkt sowie zu ihm günstig scheinenden Bedingungen und Tranchen das Aktienkapital zu erhöhen (OR 651 ff.; Anhang 4 Art. 3a; N 13.4 lit. b, 13.18 ff.). Oder sie kann eine *bedingte Kapitalerhöhung* beschliessen, bei welcher bezugsberechtigte Gläubiger, Mitarbeiter oder Aktionäre über das konkrete Ausmass der Kapitalerhöhung entscheiden, indem das Aktienkapital tropfenweise in dem Umfang erhöht wird, in welchem die Berechtigten ihre Bezugsrechte ausüben (OR 653 ff.; Anhang 4 Art. 3b; N 13.4 lit. c, 13.24 f.).
2.28 Änderung der Aktienart	– Soll eine AG bestehende Namen- in Inhaberaktien oder – für die Aktionäre einschneidender – bestehende Inhaber- in Namenaktien umwandeln dürfen, muss auch dies in einer statutarischen *Umwandlungsklausel* vorgesehen werden (OR 627 Ziff. 7; 622 III), welche mittlerweile in allen Standardstatuten anzutreffen ist (Anhang 4 Art. 4 II). Denkbar ist aber auch ein explizites Umwandlungsverbot. Allerdings können natürlich auch solche Klauseln durch statutenändernde Generalversammlungsbeschlüsse jederzeit aufgehoben oder abgeändert werden.

2. Statuten

- Die Beschränkung der Übertragung von Namenaktien (OR 627 Ziff. 8; Anhang 4 Art. 5; N 1.33, 2.11 f., 5.43 ff.). Will die AG ihre *Vinkulierungsvorschriften* auch gegenüber Personen zur Anwendung bringen, welche aufgrund von Wandel- oder Optionsrechten Aktien beziehen möchten, so muss dies in den Statuten zusätzlich erwähnt werden (OR 653d; Anhang 4 Art. 3b I).

    2.29 Vinkulierung

- *Abweichungen vom Gleichbehandlungsprinzip* durch Vorrechte einzelner Aktienkategorien (Vorzugs- und Stimmrechtsaktien; OR 654 f., 693, 709; N 5.28 ff.), *besondere Beteiligungsformen* wie Partizipationsscheine (OR 656a ff.; Anhang 4 Art. 3c; N 5.71 ff.) und Genussscheine (OR 657; N 5.67 ff.) sowie die Gewährung *besonderer Vorteile* zugunsten von Gründern oder anderen Personen (OR 628 III, 635 Ziff. 3; N 4.31 ff.; OR 627 Ziff. 9).

    2.30 Vorrechte, Partizipations- und Genussscheine

- Die *Beschränkung des Stimmrechts* und des Rechts der Aktionäre, sich in der Generalversammlung *vertreten* zu lassen (OR 627 Ziff. 10, 689 II, 692 II, 693; Anhang 4 Art. 11 II; Anhang 51; N 1.39 f., 6.27, 8.19 f., 18.11).

    2.31 Stimmrechts- und Vertretungsbeschränkungen

- Bestimmungen über die Beschlussfassung in der Generalversammlung, welche von der gesetzlichen Ordnung (OR 703 f., FusG 18 I lit. a, 18 V, 43 II f., 64 I lit. a) abweichen (OR 627 Ziff. 1 und 11; Anhang 4 Art. 12 lit. h bis j; N 1.35, 18.11).

    2.32 Stimmen- und Präsenzquoren

- Die Ermächtigung zur *Übertragung der Geschäftsführung* auf einzelne Mitglieder des Verwaltungsrates oder Dritte (OR 627 Ziff. 12, 716b; Anhang 4 Art. 14 II; N 9.14). Fehlt eine entsprechende Statutenbestimmung, müssen alle Mitglieder des Verwaltungsrates gesamthaft die Geschäfte selber führen und können sie die Geschäftsführung weder teilweise noch vollumfänglich delegieren (OR 716 II, 716b III; N 9.14 f.).

    2.33 Delegationsklausel

Natürlich ist diese Liste nicht abschliessend: Einer statutarischen Grundlage bedürfen namentlich auch Bestimmungen über die *Rechtsstellung der Partizipanten* (OR 656c ff.; Anhang 4 Art. 3c, 8 III, 9 II und III, 11 VII, 13 III; N 5.74 ff.), die Regelung der *Vertretung von Aktionärsgruppen im Verwaltungsrat* (OR 709; N 6.54), die Statuierung zusätzlicher offener *Reserven* (OR 672 ff.; N 12.32, 12.37), die Wahl des *Verwaltungsratspräsidenten* durch

2.34 Weitere aktienrechtliche Statutenbestimmungen

die Generalversammlung (OR 712 II; Anhang 4 Art. 7 lit b, 13 IV; N 9.41), die Einführung des *Stichentscheids* des Vorsitzenden in der Generalversammlung (N 8.14) und die Wegbedingung des gesetzlich vorgesehenen Stichentscheids des Vorsitzenden im Verwaltungsrat (OR 713 I; Anhang 4 Art. 15 II; N 9.38). Bei Vorliegen einer *qualifizierten Gründung* sind sodann die gesetzlich geforderten Angaben über Sacheinlagen oder Sachübernahmen in den Statuten wiederzugeben (Anhang 4 Art. 5a; N 4.20 ff.); diese Klauseln können zehn Jahre nach der Gründung wieder aufgehoben werden (OR 628; N 4.24). Soll die *Amtsdauer des Verwaltungsrats* nicht – wie in OR 710 vorgesehen – drei Jahre betragen, muss dies ebenfalls in den Statuten geregelt werden (Anhang 4 Art. 13 I; N 9.64).

2.35
Börsenrechtliche Statutenbestimmungen

Für börsenkotierte Gesellschaften kann sich aus dem *börsengesetzlichen Übernahmerecht* zusätzlich bedingt notwendiger Statuteninhalt ergeben («opting up» und «opting out», N 5.66, 18.9).

D) Der fakultative Statuteninhalt

2.36
Fakultativer Statuteninhalt

Schliesslich können noch Bestimmungen in die Statuten aufgenommen werden, die auch in anderer Form – nämlich in Reglementen oder durch Generalversammlungsbeschlüsse – verbindlich vereinbart werden könnten oder die nur wiederholen, was das Gesetz ohnehin schon sagt. So hat sich etwa als Standard eingebürgert, die gesetzlichen Kompetenzen von Generalversammlung und Verwaltungsrat in den Statuten wiederzugeben (Anhang 4 Art. 7, 14). Oftmals steht dem Wunsch nach schlanken und übersichtlichen Statuten das Bestreben gegenüber, den Organen und Aktionären mit den Statuten ein einheitliches und möglichst vollständiges Nachschlagewerk für alle gesellschaftsrechtlichen Fragen in die Hand zu geben.

E) Die Änderung der Statuten

2.37
Zuständigkeit und Verfahren

Die Statuten können grundsätzlich jederzeit durch einen *einfachen Generalversammlungsbeschluss* – ohne qualifizierte Anwesenheit und ohne qualifiziertes Mehr – mit der absoluten Mehrheit der vertretenen Stimmen geändert werden (N 8.14). Für gewisse be-

2. Statuten

sonders wichtige statutenändernde Beschlüsse – z. B. eine Sitzverlegung, eine Zweckänderung oder eine Vinkulierung von Namenaktien – verlangt das Gesetz in OR 704 I allerdings eine qualifizierte Mehrheit von zwei Dritteln der an der Generalversammlung vertretenen Aktienstimmen und der absoluten Mehrheit der vertretenen Aktiennennwerte (N 1.35, 8.16). Bei Kapitalerhöhungen (OR 651a, 652g, 653g, 653i; N 13.14, 13.23, 13.25; Anhänge 80 und 98) sowie Nachliberierungen (OR 634a; N 6.11; Anhang 36a) wird die Statutenänderung durch den *Verwaltungsrat* beschlossen. Jeder statutenändernde Beschluss ist *öffentlich* (notariell) zu *beurkunden* (vgl. Anhänge 5, 36a, 80, 82, 87, 98, 105) und dann dem *Handelsregisteramt* zur Eintragung anzumelden (OR 647; vgl. auch N 2.5).

Betrifft eine Statutenänderung nur das *Innenverhältnis* (also die Organisation der AG oder die Rechtsstellung der Aktionäre), gilt sie sofort ab Beschlussfassung – und dies auch für abwesende Aktionäre. Die Generalversammlung kann also z.B. in einem ersten Beschluss eine statutarische Stimmrechtsbeschränkung (Anhang 51) oder ein Quorum aufheben und danach sofort nach Massgabe des neuen Regimes beschliessen und wählen (N 1.35, 1.39). Statutenänderungen, welche (auch) *Dritte* betreffen, erlangen demgegenüber erst mit dem Handelsregistereintrag Gültigkeit (OR 647 III). So kann eine AG z.B. eine Sitzverlegung oder Zweckänderung einem Gläubiger erst entgegenhalten, nachdem diese im Handelsregister eingetragen worden ist.

2.38
Inkrafttreten

Anhang 4: Statuten[1]

Statuten
der
Hobel Möbel AG
mit Sitz in Dübendorf

I. Firma, Sitz, Dauer und Zweck

Artikel 1   Firma und Sitz

Unter der Firma

          Hobel Möbel AG

besteht eine Aktiengesellschaft gemäss Art. 620 ff. des Schweizerischen Obligationenrechts (OR) mit Sitz in Dübendorf. Die Dauer der Gesellschaft ist unbeschränkt.

Artikel 2   Zweck

Die Gesellschaft bezweckt als Familiengesellschaft den Betrieb einer Schreinerei, namentlich die Herstellung und Montage von Wohn- und Geschäftsmöbeln, sowie den Handel mit Möbeln und andern Schreinereiprodukten.

Die Gesellschaft kann im In- und Ausland Zweigniederlassungen errichten, sich an anderen Unternehmen im In- und Ausland beteiligen oder derartige Unternehmen errichten, erwerben oder finanzieren.

Die Gesellschaft kann Grundstücke erwerben, halten und veräussern.

Die Gesellschaft kann auch alle kommerziellen, finanziellen und anderen Tätigkeiten ausüben, welche mit dem Hauptzweck der Gesellschaft in Zusammenhang stehen. Sie kann auch Finanzierungen für eigene oder fremde Rechnung vornehmen sowie Garantien und Bürgschaften für Tochtergesellschaften und Dritte eingehen.

---

[1]   Im Internet können Musterstatuten z.B. ab www.notariate.zh.ch heruntergeladen werden. Zuverlässige Musterstatuten (zugleich in englischer, französischer und italienischer Übersetzung sowie mit zahlreichen Hinweisen und Varianten versehen) finden sich auch bei Zindel/Honegger/Isler/Benz: Statuten der Aktiengesellschaften (2. Aufl., Zürich 1997).

II. Aktienkapital und Aktien

Artikel 3   Aktienkapital

Das Aktienkapital der Gesellschaft beträgt Fr. 100000.– und ist eingeteilt in 100 Namenaktien mit einem Nennwert von je Fr. 1000.–. Die Aktien sind vollständig liberiert.

Artikel 3a   Genehmigtes Aktienkapital[2]

Der Verwaltungsrat ist ermächtigt, das Aktienkapital bis zum [Datum][3] durch Ausgabe von höchstens 50 vollständig zu liberierenden Namenaktien mit einem Nennwert von je Fr. 1000.– im Maximalbetrag von Fr. 50000.–[4] zu erhöhen. Erhöhungen auf dem Wege der Festübernahme sowie Erhöhungen in Teilbeträgen sind gestattet. Die neuen Namenaktien unterliegen nach dem Erwerb den Übertragungsbeschränkungen gemäss Art. 5 dieser Statuten. Der jeweilige Ausgabebetrag, der Zeitpunkt der Dividendenberechtigung und die Art der Einlagen werden vom Verwaltungsrat bestimmt.

Der Verwaltungsrat ist berechtigt, das Bezugsrecht der Aktionäre auszuschliessen und Dritten zuzuweisen, wenn solche neuen Aktien für die Übernahme von Unternehmen durch Aktientausch oder zur Finanzierung des Erwerbs von Unternehmen oder Unternehmensteilen oder neuen Investitionsvorhaben der Gesellschaft oder für die Beteiligung von Mitarbeitern verwendet werden sollen. Aktien, für welche Bezugsrechte eingeräumt, aber nicht ausgeübt werden, sind von der Gesellschaft zu Marktkonditionen zu veräussern.

Artikel 3b   Bedingtes Aktienkapital[5]

Das Aktienkapital der Gesellschaft wird durch Ausgabe von höchstens 50 vollständig zu liberierenden Namenaktien mit einem Nennwert von je Fr. 1000.– im Maximalbetrag von Fr. 50000.–[6] erhöht durch Ausübung von Options- oder Wandelrechten, welche deren Inhabern in Verbindung mit Anleihensobligationen der Gesellschaft oder einer ihrer Tochtergesellschaften eingeräumt wer-

---

[2] Diese Bestimmung statuiert ein genehmigtes Aktienkapital, geht also über den «normalen» Statuteninhalt hinaus.

[3] Maximal zwei Jahre nach der Handelsregister-Eintragung dieser Bestimmung; OR 651 I.

[4] Maximal die Hälfte des bisherigen Aktienkapitals; OR 651 II.

[5] Diese Bestimmung statuiert ein bedingtes Aktienkapital, geht also über den «normalen» Statuteninhalt hinaus und dürfte wohl nur in Statuten von Publikumsgesellschaften anzutreffen sein (mit entsprechend höherem Kapitalbetrag).

[6] Maximal die Hälfte des bisherigen Aktienkapitals; OR 653a I.

den[7]. Das Bezugsrecht ist bezüglich dieser Aktien ausgeschlossen. Der Erwerb von Namenaktien durch die Ausübung von Options- oder Wandelrechten unterliegt den Übertragungsbeschränkungen gemäss Art. 5 dieser Statuten.

Für diejenigen Wandel- oder Optionsanleihen, welche gemäss Beschluss des Verwaltungsrates den Aktionären nicht vorweg zur Zeichnung angeboten werden, gilt Folgendes:

a) Der Emissionserlös solcher Wandel- oder Optionsanleihen darf nur zur Finanzierung des Erwerbs von Unternehmen oder Unternehmensteilen oder neuer Investitionsvorhaben der Gesellschaft oder einer Tochtergesellschaft verwendet werden.

b) Optionsrechte zum Bezug von Aktien dürfen höchstens während fünf Jahren und Wandelrechte höchstens während zehn Jahren ab Emission der betreffenden Anleihe ausübbar sein.

c) Die Options- oder Wandelanleihen müssen zu Marktkonditionen in Bezug auf Zinssatz und Ausübungspreis für den Erwerb der mit der Anleihe verbundenen neuen Aktien ausgegeben werden.

IIbis Partizipationskapital[8]

Artikel 3c

Das Partizipationskapital der Gesellschaft beträgt Fr. 200 000.–[9] und ist eingeteilt in 200 auf den Inhaber lautende Partizipationsscheine mit einem Nennwert von je Fr. 1000.–. Die Partizipationsscheine sind vollständig liberiert.

Die Partizipationsscheine gewähren nach Massgabe des Nennwerts den gleichen Anspruch auf den entsprechenden Anteil am Bilanzgewinn und am Liquidationsergebnis und die gleichen Bezugsrechte wie die Aktien; dagegen verleihen sie kein Stimmrecht und keine mit diesem zusammenhängenden Rechte[10]. Werden das Aktien- und das Partizipationskapital gleichzeitig und im gleichen Verhältnis erhöht, so steht den Aktionären ausschliesslich ein Bezugsrecht auf Aktien und den Partizipanten ausschliesslich ein solches auf Partizipationsscheine zu. Im Übrigen gilt Art. 656g OR.

---

[7] Das bedingte Kapital kann auch zugunsten von Arbeitnehmern der Gesellschaft geschaffen werden; OR 653 I.

[8] Die folgende Bestimmung statuiert ein Partizipationskapital, geht also über den «normalen» Statuteninhalt hinaus.

[9] Das Partizipationskapital darf das Doppelte des Aktienkapitals nicht übersteigen; OR 656b I.

[10] Variante: «…dagegen verleihen sie kein Stimmrecht. Die Partizipanten haben das gleiche Recht auf Auskunft und auf Einsicht wie die Aktionäre.» und Ergänzungen gern. Art. 8 III, 11 VII und/oder 12 III.

2. Statuten

Durch Beschluss der Generalversammlung können Partizipationsscheine in Namenaktien umgewandelt werden.

Die gesetzlichen und statutarischen Bestimmungen über das Aktienkapital, die Aktie und den Aktionär gelten auch für das Partizipationskapital, den Partizipationsschein und den Partizipanten, soweit das Gesetz und die Statuten nichts anderes vorsehen.

Artikel 4   Aktien

Der Verwaltungsrat kann auf die Ausgabe von Aktientiteln verzichten oder anstelle von einzelnen Aktien Aktienzertifikate über mehrere Aktien ausstellen. Die Aktientitel sind nur gültig, wenn sie vom Präsidenten des Verwaltungsrats eigenhändig unterzeichnet sind.

Das Eigentum oder die Nutzniessung an einem Aktientitel oder Aktienzertifikat und jede Ausübung von Aktionärsrechten schliesst die Anerkennung der Gesellschaftsstatuten in der jeweils gültigen Fassung in sich.

Durch Statutenänderung kann die Generalversammlung jederzeit Namenaktien in Inhaberaktien oder Inhaberaktien in Namenaktien umwandeln.

Artikel 5   Aktienbuch und Übertragungsbeschränkungen

Der Verwaltungsrat führt ein Aktienbuch, in welches die Eigentümer und Nutzniesser mit Namen und Adresse eingetragen werden. Im Verhältnis zur Gesellschaft wird als Aktionär oder als Nutzniesser nur anerkannt, wer im Aktienbuch eingetragen ist.

Die Übertragung von Aktien, ob zu Eigentum oder zu Nutzniessung, bedarf in jedem Falle der Genehmigung durch den Verwaltungsrat. Unter Vorbehalt von Art. 685b Abs. 4 OR kann die Zustimmung aus wichtigen Gründen verweigert werden. Als wichtige Gründe gelten:

a) das Fernhalten von Erwerbern, die ein zum Gesellschaftszweck in Konkurrenz stehendes Unternehmen betreiben, daran beteiligt oder dort angestellt sind;

b) die Bewahrung der Gesellschaft als selbständiges Unternehmen unter stimmenmässiger Kontrolle der Familie Hobel;

c) der Erwerb oder das Halten von Aktien im Namen oder im Interesse Dritter.

Die Zustimmung kann ohne Angabe von Gründen verweigert werden, sofern der Verwaltungsrat beschliesst, die Aktien – für Rechnung der Gesellschaft, bestimmter Aktionäre oder Dritter - zum wirklichen Wert im Zeitpunkt des Gesuchs zu übernehmen. Dieselbe Entschädigungspflicht trifft die Gesellschaft, sofern sie die Zustimmung bei Übergang infolge Erbgangs, Erbteilung, ehelichen Güterrechts und Zwangsvollstreckung verweigert.

Die Gesellschaft kann nach Anhörung des Betroffenen Eintragungen im Aktienbuch streichen, wenn diese durch falsche Angaben des Erwerbers zustande gekommen sind. Der Erwerber muss über die Streichung sofort informiert werden.

Artikel 5a   Sacheinlage[11]

Die Gesellschaft übernimmt gemäss Sacheinlagevertrag vom [Datum] vom Gründer Fritz Hobel, von Wettingen AG, in Dübendorf ZH, das gesamte Vermögen seiner Einzelfirma «Schreinerei Fritz Hobel» gemäss Übernahmebilanz per [Datum] (Anlage 1) und Inventar per [Datum] (Anlage 2), wobei die Aktiven Fr. 323 120.15 und die Passiven Fr. 221 217.40 betragen, woraus ein Aktivenüberschuss von Fr. 101 902.75 resultiert. Der Übernahmepreis beträgt Fr. 101 902.75 und wird getilgt durch Zuteilung von 79 voll einbezahlten Namenaktien an Herrn Fritz Hobel, 20 voll einbezahlten Namenaktien an Frau Anna Hobel und 1 voll einbezahlte Namenaktie an Herrn Max Hammer sowie durch Gutschrift des Restbetrages von Fr. 1 902.75 auf Kontokorrent zugunsten von Herrn Fritz Hobel.

III. Organisation der Gesellschaft

Artikel 6   Organe

Die Organe der Gesellschaft sind:

A) die Generalversammlung

B) der Verwaltungsrat

C) die Revisionsstelle

A) Die Generalversammlung

Artikel 7   Kompetenzen

Oberstes Organ der Gesellschaft ist die Generalversammlung. Ihr stehen folgende Befugnisse zu:

a) die Festsetzung und Änderung der Statuten;

b) die Wahl und Abberufung des Präsidenten des Verwaltungsrats, der Mitglieder des Verwaltungsrats und der Revisionsstelle;

---

[11] Die folgende Bestimmung weist auf eine Sacheinlage-Gründung hin, geht also über den «normalen» Statuteninhalt hinaus; vgl. Anhang I 9.

2. Statuten

c) die Genehmigung des Jahresberichts;

d) die Genehmigung der Jahresrechnung sowie die Beschlussfassung über die Verwendung des Bilanzgewinnes, insbesondere die Festsetzung der Dividende;

e) die Entlastung der Mitglieder des Verwaltungsrates;

f) die Beschlussfassung über alle Gegenstände, welche der Generalversammlung durch das Gesetz oder die Statuten vorbehalten sind oder ihr durch den Verwaltungsrat vorgelegt werden.

Artikel 8   Zeitpunkt

Die ordentliche Generalversammlung findet jedes Jahr innerhalb von sechs Monaten nach Abschluss des Geschäftsjahres statt.

Ausserordentliche Generalversammlungen werden einberufen, sooft es notwendig ist, insbesondere in den vom Gesetz vorgesehenen Fällen.

Zu ausserordentlichen Generalversammlungen hat der Verwaltungsrat einzuladen, wenn es von Aktionären, die mindestens zehn Prozent des Aktienkapitals vertreten, *oder von Partizipanten, die mindestens zehn Prozent des Partizipationskapitals vertreten*[12], schriftlich und unter Angabe der Verhandlungsgegenstände sowie der Anträge verlangt wird.

Artikel 9   Einberufung und Universalversammlung

Die Generalversammlung wird durch den Verwaltungsrat, nötigenfalls durch die Revisionsstelle, einberufen. Das Einberufungsrecht steht auch den Liquidatoren zu.

Die Generalversammlung wird mindestens zwanzig Tage vor dem Versammlungstag durch Brief an die Aktionäre einberufen. In der Einberufung sind die Verhandlungsgegenstände sowie die Anträge des Verwaltungsrates und derjenigen Aktionäre bekannt zu geben, welche die Durchführung einer Generalversammlung oder die Traktandierung eines Verhandlungsgegenstandes verlangt haben.

Die Einberufung der Generalversammlung samt den Verhandlungsgegenständen und Anträgen ist den Partizipanten mindestens zwanzig Tage vor dem Versammlungstag durch Veröffentlichung im Schweizerischen Handelsamtsblatt bekanntzugeben. In der Bekanntgabe ist darauf hinzuweisen, dass die von der Generalversammlung gefassten Beschlüsse nach der Generalversammlung am Sitz der Gesellschaft und bei den eingetragenen Zweigniederlassungen zur Einsicht der Partizipanten aufgelegt werden[12].

---

[12] Nur bei Vorhandensein von Partizipationskapital.

Über Gegenstände, die nicht in dieser Weise angekündigt worden sind, können unter dem Vorbehalt der Bestimmungen über die Universalversammlung keine Beschlüsse gefasst werden, ausser über einen Antrag auf Einberufung einer ausserordentlichen Generalversammlung oder auf Durchführung einer Sonderprüfung. Dagegen bedarf es zur Stellung von Anträgen im Rahmen der Verhandlungsgegenstände und zu Verhandlungen ohne Beschlussfassung keiner vorherigen Ankündigung.

Die Eigentümer oder Vertreter sämtlicher Aktien können, falls kein Widerspruch erhoben wird, eine Generalversammlung ohne Einhaltung der für die Einberufung vorgeschriebenen Formvorschriften abhalten (Universalversammlung). Solange die Eigentümer oder Vertreter sämtlicher Aktien anwesend sind, kann in dieser Versammlung über alle in den Geschäftskreis der Generalversammlung fallenden Gegenstände verhandelt und gültig beschlossen werden.

Spätestens zwanzig Tage vor der ordentlichen Generalversammlung sind der Geschäftsbericht und der Revisionsbericht am Sitz der Gesellschaft zur Einsicht der Aktionäre *und Partizipanten*[12] aufzulegen. In der Einberufung zur Generalversammlung ist darauf sowie auf das Recht der Aktionäre *und Partizipanten*[12] hinzuweisen, die Zustellung dieser Unterlagen verlangen zu können.

Artikel 10   Vorsitz und Protokoll

Den Vorsitz der Generalversammlung führt der Verwaltungsratspräsident, bei dessen Verhinderung ein anderes Mitglied des Verwaltungsrates oder ein anderer von der Generalversammlung gewählter Tagespräsident.

Der Vorsitzende bezeichnet den Protokollführer und die Stimmenzähler, die nicht Aktionäre sein müssen.

Der Verwaltungsrat sorgt für die Führung der Protokolle, die vom Vorsitzenden und vom Protokollführer zu unterzeichnen sind.

Artikel 11   Stimmrecht, Vertretung und Beschlussfassung

Jede Aktie berechtigt zu einer Stimme.

Jeder Aktionär kann sich in der Generalversammlung durch einen anderen Aktionär, der sich durch eine schriftliche Vollmacht ausweist, vertreten lassen.

Die Generalversammlung fasst ihre Beschlüsse und vollzieht ihre Wahlen mit der Mehrheit der gültig abgegebenen Aktienstimmen, soweit nicht das Gesetz oder die Statuten abweichende Bestimmungen enthalten.

Kommt bei Wahlen im ersten Wahlgang die Wahl nicht zustande, findet ein zweiter Wahlgang statt, in dem das relative Mehr entscheidet.

2. Statuten

Der Vorsitzende hat keinen Stichentscheid.

Die Wahlen und Abstimmungen finden offen statt, sofern nicht der Vorsitzende oder einer der Aktionäre verlangt, dass sie geheim erfolgen.

Die Partizipanten sind berechtigt, an ordentlichen und ausserordentlichen Generalversammlungen teilzunehmen. Jeder teilnehmende Partizipant kann Anträge im Rahmen der Verhandlungsgegenstände stellen und sich an der Diskussion beteiligen. Ein Stimmrecht kommt ihm hingegen nicht zu.[12]

Artikel 12   Wichtige Beschlüsse

Ein Beschluss der Generalversammlung, der mindestens zwei Drittel der vertretenen Aktienstimmen und die absolute Mehrheit der vertretenen Aktiennennwerte auf sich vereinigt, ist erforderlich für:[13]

a) die Änderung des Gesellschaftszwecks;

b) die Einführung von Stimmrechtsaktien;

c) die Beschränkung der Übertragbarkeit von Namenaktien sowie die Erleichterung oder Aufhebung einer solchen Beschränkung;

d) eine genehmigte oder eine bedingte Kapitalerhöhung;

e) die Kapitalerhöhung aus Eigenkapital, gegen Sacheinlage oder zwecks Sachübernahme und die Gewährung von besonderen Vorteilen;

f) die Einschränkung oder Aufhebung des Bezugsrechts;

g) die Verlegung des Sitzes der Gesellschaft;

h) die Auflösung der Gesellschaft;

i) die Umwandlung von Namenaktien in Inhaberaktien;

j) die Erleichterung oder Aufhebung der Beschränkung der Übertragbarkeit der Namenaktien.

B) Der Verwaltungsrat

Artikel 13   Mitglieder, Amtsdauer und Konstituierung

Der Verwaltungsrat besteht aus einem oder mehreren Mitgliedern. Er wird in der Regel in der ordentlichen Generalversammlung und jeweils für die Dauer eines Jahres gewählt. Die Amtsdauer der Mitglieder des Verwaltungsrates endet mit dem Tag der nächsten ordentlichen Generalversammlung.

---

[13] Lit. a bis g geben – etwas erweitert – den zwingenden Katalog von OR 704 wieder, lit. h bis j sind Beispiele zusätzlicher qualifizierter Beschlüsse.

Vorbehalten bleiben vorheriger Rücktritt oder Abberufung. Neue Mitglieder treten in die Amtsdauer derjenigen ein, die sie ersetzen.

Die Mitglieder des Verwaltungsrates sind jederzeit wieder wählbar.

Die Partizipanten haben Anspruch auf Wahl eines Vertreters in den Verwaltungsrat. Dieser Partizipantenvertreter muss Aktionär sein.[12]

Bis auf den von der Generalversammlung zu wählenden Präsidenten konstituiert sich der Verwaltungsrat selbst. Er bezeichnet seinen Sekretär, der nicht Mitglied des Verwaltungsrats sein muss.

Artikel 14   Kompetenzen und Delegation der Geschäftsführung

Dem Verwaltungsrat obliegen die oberste Leitung der Gesellschaft und die Überwachung der Geschäftsführung. Er vertritt die Gesellschaft nach aussen und besorgt alle Angelegenheiten, die nicht nach Gesetz, Statuten oder Reglement einem anderen Organ der Gesellschaft übertragen sind.

Der Verwaltungsrat kann die Geschäftsführung oder einzelne Teile derselben an eine oder mehrere Personen – Verwaltungsratsmitglieder oder Dritte, die nicht Aktionäre sein müssen – übertragen. Er erlässt diesfalls das Organisationsreglement und ordnet die entsprechenden Vertragsverhältnisse.

Der Verwaltungsrat hat folgende unübertragbare und unentziehbare Aufgaben:

a) die Oberleitung der Gesellschaft und die Erteilung der nötigen Weisungen;

b) die Festlegung der Organisation;

c) die Ausgestaltung des Rechnungswesens, der Finanzkontrolle sowie der Finanzplanung;

d) die Ernennung und die Abberufung der mit der Geschäftsführung und der Vertretung betrauten Personen sowie die Regelung der Zeichnungsberechtigung;

e) die Oberaufsicht über die mit der Geschäftsführung betrauten Personen, namentlich im Hinblick auf die Befolgung der Gesetze, Statuten, Reglemente und Weisungen;

f) die Erstellung des Geschäftsberichts sowie die Vorbereitung der Generalversammlung und die Ausführung ihrer Beschlüsse;

g) die Benachrichtigung des Richters im Falle der Überschuldung;

h) die Beschlussfassung über die nachträgliche Leistung von Einlagen auf nicht vollständig liberierte Aktien;

i) die Beschlussfassung über die Feststellung von Kapitalerhöhungen und daraus folgende Statutenänderungen;

j) die Durchführung der Kapitalherabsetzung;

k) den Abschluss des Fusions- und Spaltungsvertrags und – sofern erforderlich – die Erstellung des Fusions- bzw. Spaltungsberichts;

l) die Prüfung der fachlichen Voraussetzungen der besonders befähigten Revisoren für die Fälle, in welchen das Gesetz den Einsatz solcher Revisoren vorsieht.

Artikel 15   Beschlussfassung und Protokoll

Der Verwaltungsrat ist beschlussfähig, wenn die Mehrheit seiner Mitglieder anwesend ist. Dieses Präsenzquorum entfällt, wenn ausschliesslich die erfolgte Durchführung einer Kapitalerhöhung festzustellen und anschliessend die diesbezügliche Statutenänderung zu beschliessen ist.

Er fasst seine Beschlüsse mit der Mehrheit der abgegebenen Stimmen. Der Vorsitzende hat keinen Stichentscheid.

Beschlüsse können auch auf dem Wege der schriftlichen Zustimmung zu einem gestellten Antrag gefasst werden, sofern nicht ein Mitglied die mündliche Beratung verlangt (Zirkulationsbeschlüsse).

Über die Verhandlungen und Beschlüsse des Verwaltungsrats ist ein Protokoll zu führen. Das Protokoll ist vom Vorsitzenden und vom Sekretär des Verwaltungsrates zu unterzeichnen und vom Verwaltungsrat zu genehmigen. Zirkulationsbeschlüsse sind in das nächste Protokoll aufzunehmen.

Artikel 16   Entschädigung

Die Mitglieder des Verwaltungsrates haben Anspruch auf Ersatz ihrer im Interesse der Gesellschaft aufgewendeten Auslagen sowie auf eine ihrer Tätigkeit entsprechende Entschädigung, die der Verwaltungsrat selbst festlegt.

C) Die Revisionsstelle

Artikel 17   Wahl, Amtsdauer und Aufgaben

Die Generalversammlung wählt jedes Jahr eine oder mehrere natürliche oder juristische Personen als Revisionsstelle im Sinne von Art. 727 ff. OR mit den im Gesetz festgehaltenen Rechten und Pflichten.

Die Revisionsstelle ist gehalten, den Generalversammlungen, für welche sie Bericht zu erstatten hat, beizuwohnen. Durch einstimmigen Beschluss kann die Generalversammlung auf die Anwesenheit der Revisionsstelle verzichten.

IV. Jahresrechnung und Gewinnverwendung

Artikel 18   Jahresrechnung

Das Geschäftsjahr beginnt am 1. Januar und endet am 31. Dezember, erstmals am 31. Dezember [Jahr].

Die Jahresrechnung – bestehend aus der Erfolgsrechnung, der Bilanz und dem Anhang – wird gemäss den Vorschriften des Schweizerischen Obligationenrechts, insbesondere der Art. 662a ff. und 958 ff., sowie nach den allgemein anerkannten kaufmännischen und branchenüblichen Grundsätzen aufgestellt.

Artikel 19   Gewinnverwendung

Unter Vorbehalt der gesetzlichen Vorschriften über die Gewinnverwendung, insbesondere Art. 671 ff. OR, beschliesst die Generalversammlung frei über die Verwendung des Bilanzgewinns.

V. Auflösung und Liquidation

Artikel 20   Kompetenzen und Verfahren

Die Generalversammlung kann jederzeit die Auflösung und Liquidation der Gesellschaft nach Massgabe der gesetzlichen und statutarischen Vorschriften beschliessen.

Die Liquidation wird durch den Verwaltungsrat durchgeführt, sofern die Generalversammlung damit nicht andere Personen betraut.

Die Liquidation der Gesellschaft erfolgt nach Massgabe der Art. 742 ff. OR. Die Liquidatoren sind ermächtigt, Aktiven – einschliesslich Grundstücke – auch freihändig zu veräussern.

Nach erfolgter Tilgung der Schulden wird das Vermögen unter die Aktionäre nach Massgabe der eingezahlten Beträge verteilt.

VI. Mitteilungen und Bekanntmachungen

Artikel 21

Einberufungen und Mitteilungen an die Aktionäre erfolgen durch Brief an die im Aktienbuch verzeichneten Adressen.

Publikationsorgan der Gesellschaft ist das Schweizerische Handelsamtsblatt.

Dübendorf, [Datum]   [Unterschriften der Gründer]

2. Statuten

Anhang 5: **Statutenändernder Generalversammlungsbeschluss**
(Generelle Statutenrevision durch Universalversammlung)

Öffentliche Urkunde
über die Beschlüsse der Generalversammlung
– Firmaänderung und generelle Statutenrevision –
der
Hobel Möbel AG
mit Sitz in Dübendorf.

Im Amtslokal des Notariates Dübendorf hat heute eine ausserordentliche Generalversammlung der oben erwähnten Gesellschaft stattgefunden. Über deren Beschlüsse errichtet die unterzeichnende Urkundsperson nach den Bestimmungen des Schweizerischen Obligationenrechts (OR) diese öffentliche Urkunde.

I.

Fritz Hobel, Tischlerstrasse 8, 8600 Dübendorf, Präsident des Verwaltungsrats, eröffnet die Versammlung und übernimmt den Vorsitz. Als Protokollführerin und Stimmenzählerin amtet Anna Hobel, Tischlerstrasse 8, 8600 Dübendorf, Mitglied und Sekretärin des Verwaltungsrats.

Der Vorsitzende stellt fest:

– Es sind weder Organvertreter noch andere abhängige Stimmrechtsvertreter im Sinne von Art. 689c OR vorgeschlagen, noch üben Depotvertreter im Sinne von Art. 689d OR Mitwirkungsrechte aus.
– Das gesamte Aktienkapital der Gesellschaft von Fr. 100 000.– ist vertreten.
– Die heutige Generalversammlung ist als Universalversammlung im Sinne von Art. 701 OR konstituiert und beschlussfähig.

Gegen diese Feststellungen wird kein Widerspruch erhoben.

II.

Hierauf beschliesst die Generalversammlung einstimmig:

1. Die Firma der Gesellschaft wird geändert und lautet neu Pegasus Ergo-Möbel AG.

2. Die bisherigen Statuten der Gesellschaft werden einer generellen Revision unterzogen. Der Statutenentwurf liegt vor.

Die Generalversammlung verzichtet auf artikelweise Beratung und beschliesst einstimmig, diesen Entwurf unverändert als neue, einzig gültige Statuten der Gesellschaft festzulegen und die bisherigen Statuten ausser Kraft zu setzen.

Die genehmigten neuen Statuten sind Bestandteil dieser Urkunde.

III.

Der Verwaltungsrat muss diese Beschlüsse der Generalversammlung beim Handelsregister anmelden, Art. 647 Abs. 2 OR. Die Generalversammlung ermächtigt den Verwaltungsrat, allenfalls nötige Änderungen formeller Natur von sich aus vorzunehmen.

IV.

Der Vorsitzende stellt fest, dass das Wort nicht mehr verlangt wird und während der ganzen Dauer der Versammlung das gesamte Aktienkapital vertreten war.

Dübendorf, [Datum]

Notariat Dübendorf

[Unterschrift der Urkundsperson]

[Neue Statuten]

3. Die Firma

Oftmals dreht sich ein erheblicher Teil der Diskussionen in der ersten Gründungsphase um die Frage, was für einen Namen die AG haben soll. Deshalb seien dem eigentlichen Gründungsteil (N 4.1 ff.) einige Bemerkungen zur Firma vorangestellt, namentlich zu den für die Firmenwahl wesentlichen drei Grundsätzen des *Täuschungsverbots* (N 3.7 ff.), der *Firmengebrauchspflicht* (N 3.11) und der *Ausschliesslichkeit* (N 3.12 ff.).

3.1 Vorbemerkung

A) Formelles

In der Umgangssprache wird das Wort «Firma» häufig gleichbedeutend mit «Unternehmen» und «Geschäft» verwendet; so gründet oder hat man eben eine «eigene Firma». Der Jurist bezeichnet mit dem Begriff «Firma» jedoch nur den *Namen*, den sich der Träger eines kaufmännischen Unternehmens für sein Auftreten im Handelsverkehr wählt.

3.2 Begriff der Firma

Die Firma darf auch nicht mit der anderen rechtlichen Regelungen unterstehenden *Marke* verwechselt werden, welche das Produkt oder die Dienstleistung eines Unternehmens – und nicht das Unternehmen selbst – kennzeichnet (MSchG 1 I); dies gilt auch dann, wenn Firma und Marke identisch sind (wenn also z.B. die Gesellschaft mit der Firma Coca-Cola AG ein Getränk mit der Marke Coca-Cola vertreibt).

Und schliesslich hat die Firma auch nichts mit dem *Domainnamen* (z.B. «www.hobel.ch») zu tun, welcher dem Unternehmen eine Identität im Internet verleiht und keinen firmenrechtlichen Schutz geniesst (aber umgekehrt z.B. keine vorbestehende Firma verletzen darf).

Die AG kann ihre Firma grundsätzlich frei wählen (OR 950 I). Sie darf ihre Firma aus *Sachbezeichnungen* («Handel», «Bau», «Inkas-

3.3 Freiheit der Firmenwahl

so» usw.), *Phantasiebezeichnungen* («Rivella», «Pegasus» usw.), *Personennamen* oder einer Kombination dieser Firmenarten bilden *(gemischte Firma)*. Wählt sie eine Sachfirma, ist dieser durch Hinzufügung weiterer Elemente eine hinreichende Kennzeichnungs- und Unterscheidungskraft zu verleihen. Solche Zusätze können in Phantasiebezeichnungen, Namen (also statt «Medien AG» z. B. «Schulthess Juristische Medien AG») oder Akronymen (d.h. Abkürzungen wie z.b. «ABV Liegenschaften AG») bestehen. Eine Kombination von Sachbezeichnungen ist als Firma nur zulässig, wenn daraus eine Phantasiebezeichnung mit individualisierender Originalität entsteht (eine AG, welche ein Restaurant betreibt, kann sich also «Speisewerk AG» nennen, nicht aber eine Schraubenproduzentin «Schraubenwerk AG»). Ist die Firma nicht als Firma erkennbar («Speak for Yourself»), ist ein Hinweis auf die Rechtsform beizufügen («Speak for Yourself AG»).

3.4 Schreibweise

Eine Firma darf nicht aus beliebigen Zeichen gebildet werden: Es gilt die etwas museal anmutende Faustregel, dass man sie mit einer *Schreibmaschine* korrekt wiedergeben können soll. Zulässig sind also lateinische Gross- und Kleinbuchstaben, arabische Zahlen und – in Kombination mit solchen Bestandteilen – Interpunktionszeichen («Yahoo! Switzerland GmbH»); unzulässig sind z.B. griechische Buchstaben, Hieroglyphen, Symbole (z.B. «@») und Bildzeichen. Nicht eintragungsfähig ist auch eine besondere grafische Gestaltung der Firma durch Design, Logo, Farbe, Fett- oder Kursivschrift u.Ä.

3.5 Firmenzusätze

Unter geltendem Recht ist die *Angabe der Rechtsform* («AG») nur erforderlich bei der Personenfirma oder bei einer gemischten Firma, die einen Personennamen enthält. Wird die Bezeichnung der Rechtsform dem Personennamen vorangestellt, muss sie ausgeschrieben, wird sie nachgestellt, darf sie abgekürzt werden. Nicht im Handelsregister eingetragen würde also z.B. die Firma «AG F. Hobel», eingetragen würden aber die Firmen «Aktiengesellschaft F. Hobel», «F. Hobel AG» oder «F. Hobel Aktiengesellschaft» (OR 950). Im Zusammenhang mit der Revision des GmbH-Rechts dürfte die – schon heute empfehlenswerte und übliche – Angabe der Rechtsform nun in jeder Firma obligatorisch werden.

Sobald ein Auflösungsgrund eintritt (z.B. ein Auflösungsbeschluss oder die Konkurseröffnung; N 16.3 ff.), muss die AG ihrer Firma überdies den Zusatz *«in Liquidation»* beifügen (OR 739 I; N 16.17). Im Falle eines Nachlassvertrags mit Vermögensabtretung ist die Firma um den Zusatz *«in Nachlassliquidation»* zu ergänzen (SchKG 319 II; N 16.6).

Entsprechend dem Grundsatz der Firmeneinheit (N 3.6) muss auch die im Handelsregister eingetragene *Zweigniederlassung* (N 15.3 ff.) die gleiche Firma wie die Hauptniederlassung aufweisen, doch darf dieser ein spezifischer *Zusatz* beigefügt werden – sofern dieser nur für die Zweigniederlassung zutrifft –, welcher den Bestandteil «Zweigniederlassung» enthalten muss (OR 952 I; HRV 70 I), also z.B. «Hobel Möbel AG, Zweigniederlassung Kloten». Die Firma der Zweigniederlassung eines Unternehmens mit Hauptsitz im Ausland muss nebst der Firma der Gesellschaft den Ort des Hauptsitzes, den Ort der Zweigniederlassung sowie die Bezeichnung als Zweigniederlassung enthalten (OR 952 II; HRV 70 II; z.B. «American Express International, Inc., Wilmington (Delaware), Zweigniederlassung Zürich»).

Anders als dem Einzelkaufmann ist es der AG verboten, für verschiedene Geschäfte mehrere Firmen eintragen zu lassen. Sie muss ihren ganzen Betrieb unter *einem einzigen einheitlichen Namen* führen. Wird eine Firma in *mehrere Sprachen* übersetzt, so sind alle Fassungen, die im Geschäftsverkehr verwendet werden, in das Handelsregister einzutragen (HRV 46). Die Übersetzungen sind der Originalfassung in Klammern beizufügen und müssen inhaltlich mit dieser übereinstimmen, also z.B. «Dudler Ingenieure AG (Dudler Engineers Ltd.) (Dudler Ingénieurs SA)». Die französischen, italienischen und englischen Übersetzungen für «Aktiengesellschaft (AG)» lauten «société anonyme (SA)», «società anonima (SA)» und «Limited (Ltd.)», «Incorporation (Inc.)» oder «Corporation (Corp.)».

3.6
Firmeneinheit und fremdsprachige Firmenfassungen

B) Täuschungsverbot

Die Firma muss der *Wahrheit* entsprechen und darf *keine Täuschungen* verursachen (OR 944 I). So muss z.B. eine Sachfirma (N 3.3) durch den Zweckartikel der Statuten (Anhang 4 Art. 2)

3.7
Wahrheits- und Klarheitsgebot

abgedeckt sein. Zwar darf eine Firma auch *werbewirksame Bestandteile* enthalten (z.b. «Hobel, Der Partner für Möbel AG»), doch darf sie nicht über die Bedeutung des Unternehmens täuschen und dieses gegenüber Konkurrenzunternehmen ungerechtfertigt hervorheben, also z.B. Internationalität, Amtlichkeit oder Unternehmensgrösse vorgaukeln. Fritz Hobel darf seine Bauschreinerei daher nicht in der Hoffnung, ab und zu auch einmal einen lukrativen Möbel-Auftrag zu erhalten, unter der Firma «Internationales Möbelzentrum Hobel AG» eintragen lassen.

3.8 Personennamen

Aus dem Grundsatz der Firmenwahrheit folgt auch, dass die AG, welche einen *Personennamen* in ihrer Firma verwendet, eine Beziehung zu einem Träger dieses Namens haben muss, wobei es auch genügt, wenn es sich z.B. bloss um den Künstlernamen von Aktionären handelt. Fällt diese Beziehung später weg, muss die Firma jedoch nicht geändert werden (vgl. N 1.14 lit. d; Anhang 117 Ziff. 13).

3.9 Geografische Firmenbestandteile

Nationale, regionale oder territoriale Bezeichnungen dürfen in die Firma aufgenommen werden, soweit sie sachlich zutreffen und nicht über die Herkunft von Produkten und Dienstleistungen täuschen (z.B. «Fritz Hobel, Dübendorfer Möbel AG»). Die Verwendung von *amtlichen Bezeichnungen* wie «Eidgenossenschaft», «Bund», «eidgenössisch», «Kanton», «kantonal» oder «kommunal» und von mit solchen Worten verwechselbaren Ausdrücken ist gemäss Art. 6 des Wappenschutzgesetzes (SR 232.21) verboten. Firmenbestandteile wie *«International», «Worldwide», «Mondial»* etc. dürfen nicht verwendet werden, wenn dadurch eine falsche Marktposition oder wirtschaftliche Bedeutung vorgetäuscht wird: Um sich «international» nennen zu dürfen, muss die AG grenzüberschreitende Strukturen aufweisen (z.B. mindestens zwei ausländische Tochtergesellschaften haben) oder entsprechende Leistungen erbringen (z.B. «Hobel Internationale Möbeltransporte AG»).

3.10 Spezialgesetzliche Schranken

Schranken für die Firmenbildung finden sich auch in Spezialgesetzen: So setzen Firmenbestandteile wie «Bank», «Banking», «Bankier» oder «Sparen» eine Bewilligung der Eidgenössischen Bankenkommission zum Betrieb einer Bank voraus (Art. 1 IV und 15 I Bankengesetz; SR 952.0). Ähnliches gilt für die Ausdrücke «Effektenhändler» (BEHG 10 VII), «Anlagefonds» oder «Investmentfonds» (Art. 5 Anlagefondsgesetz; SR 951.31).

3. Die Firma

C) Firmengebrauchspflicht

Die Firma ist im Geschäftsverkehr – z.B. in Briefen, Bestellscheinen, Rechnungen, Verträgen und Bekanntmachungen – genau so zu verwenden, wie sie im Handelsregister eingetragen ist (*Firmengebrauchspflicht*; HRV 47). Die Verwendung einer abweichenden, potenziell irreführenden Firma kann strafbar sein (StGB 326ter). Auch wenn in Inseraten und Werbematerialien Kurzbezeichnungen toleriert werden (HRV 47), macht es keinen Sinn, z.B. eine «FAH Fritz & Anna Hobel Wohn- und Küchenmöbel Design- und Produktions-AG, Dübendorf» im Handelsregister eintragen zu lassen, im Bewusstsein, dass man im Geschäftsverkehr dann ohnehin nur als «FAH AG» auftreten wird. Solche Usanzen können nicht nur zu unklaren Rechtsverhältnissen führen, sondern bergen auch die Gefahr in sich, dass die AG über Jahre hinweg für eine Bezeichnung einen Goodwill aufbaut, die überhaupt keinen oder nur einen sehr schwachen firmenrechtlichen Schutz geniesst. Der pragmatische Ratschlag lautet: Es gibt nicht eine «offizielle» und eine «effektiv verwendete» Firma, sondern nur eine einzige, nämlich die im Handelsregister eingetragene, welche von allem Anfang an so knapp und einprägsam zu gestalten ist, dass sie für den mündlichen und schriftlichen Geschäftsverkehr taugt.

3.11 Firmengebrauchspflicht und Kurzbezeichnungen

D) Ausschliesslichkeit

Die im Handelsregister eingetragene und im Schweizerischen Handelsamtsblatt veröffentlichte Firma steht der AG zum *ausschliesslichen Gebrauch* zu (OR 956 I) – und zwar *in der ganzen Schweiz* (OR 951 II). Dabei gilt das Prinzip der *Alterspriorität*; massgebend ist der Zeitpunkt des Handelsregistereintrags.

3.12 Ausschliesslichkeit und Schutzraum

Aus dem Ausschliesslichkeitsrecht ergibt sich zunächst einmal das *Verbot identischer Firmen,* welches – weil auch im öffentlichen Interesse liegend – von Amtes wegen durchgesetzt wird, indem der Handelsregisterführer die Eintragung einer Firma verweigert, wenn bereits eine identische eingetragen ist. Gegen einen Dritten, der ihre Firma in unbefugter Weise benützt, kann die AG auf Unterlassung, Schadenersatz und allenfalls auch Feststellung der

3.13 Verbot identischer Firmen

Widerrechtlichkeit klagen. Neben diesem spezifisch firmenrechtlichen Schutz ist oft auch eine Berufung auf Schutz vor unlauterem Wettbewerb oder auf Marken-, Namens- oder Persönlichkeitsschutz möglich.

3.14
Erfordernis deutlicher Unterscheidbarkeit

Der Grundsatz der Firmenausschliesslichkeit (N 3.12) ist aber nicht nur dann verletzt, wenn jemand eine identische Firma verwendet, sondern schon dann, wenn eine zwar anderslautende, aber mit einer bereits eingetragenen *verwechselbare* Firma verwendet wird: Eine neue Firma muss sich von jeder in der Schweiz eingetragenen *deutlich unterscheiden* (OR 951 II). Diese deutliche Unterscheidbarkeit ist nicht mehr gewährleistet, sobald sich zwei Firmen so ähnlich sind, dass eine *Verwechslungsgefahr* besteht, was aufgrund des Gesamteindrucks zu beurteilen ist. Um Fragen der Verwechselbarkeit kümmert sich das Handelsregisteramt nicht; vielmehr muss sich der *Firmeninhaber* selber gegen eine nicht genügend unterscheidbare neue Firma zur Wehr setzen. Die Firma «Hobbel Möbel AG» wird also im Handelsregister eingetragen, worauf es dann der «Hobel Möbel AG» überlassen bleibt, gegen diese beim zuständigen Gericht eine Firmenänderungsklage einzuleiten. Auch diese firmenrechtliche Klage wird sich oftmals auf ergänzende Rechtsgrundlagen abstützen können (N 3.13).

3.15
Die Beurteilung der Verwechslungsgefahr

Das Bundesgericht hat eine Vielzahl von Regeln zur Beurteilung der genügenden Unterscheidbarkeit aufgestellt: So ist nicht erst dann Verwechslungsgefahr anzunehmen, wenn die Firma eines Unternehmens für die eines andern Unternehmens gehalten wird, sondern es genügt bereits die Gefahr, dass bei Aussenstehenden der unzutreffende Eindruck entsteht, ein Unternehmen sei mit dem andern *rechtlich oder wirtschaftlich verbunden*. Sodann besteht der firmenrechtliche Unterlassungsanspruch auch dann, wenn die beiden Unternehmen *nicht in der gleichen Branche* tätig sind – wobei allerdings die Anforderungen an die Unterscheidbarkeit in der Regel umso höher sind, je mehr sich die Kundenkreise der beiden Unternehmen überschneiden. Unterscheiden sich zwei Firmen in ihren prägenden Bestandteilen (z.B. «Pegasus») nicht hinreichend, vermögen beschreibende Zusätze, die lediglich auf die Rechtsform (z.B. «AG») oder den Tätigkeitsbereich des Unternehmens («Software») hinweisen, die geforderte Unterscheidungskraft nicht herzustellen. Firmen, die dem

Gemeingut angenähert sind und keine erhöhte Verkehrsgeltung geniessen, haben einen geringeren Schutzumfang. Gegenüber einer älteren Firma, welche gleiche *Sachbezeichnungen* wie die jüngere aufweist, können bereits verhältnismässig kennzeichnungsschwache Zusätze genügend Abstand schaffen. Gestützt auf die letzteren beiden Grundsätze hat das Bundesgericht z.B. befunden, die jüngere «SMP Management Programm St.Gallen AG» sei nicht mit der älteren «MZSG Management Zentrum St.Gallen» verwechselbar. Als verwechselbar erachtete das Bundesgericht demgegenüber z.B. die Firmen «Sodibel SA» neben «Sodip SA» oder «Rubinia AG» neben «Helena Rubinstein S.A.». Diese Beispiele mögen illustrieren, dass die Erzielung eines Lottogewinns oftmals als Kinderspiel erscheint im Vergleich zur Prognose, ob ein Gericht eine Firma als «verwechselbar» oder aber «deutlich unterscheidbar» beurteilen wird.

E) Praktisches Vorgehen bei der Firmenwahl

Aus all diesen Gründen sollte vor jeder AG-Gründung oder Firmaänderung zunächst in der Internet-Datenbank *Zefix* des Eidgenössischen Handelsregisteramts (http://zefix.admin.ch) geprüft werden, ob sich die in Aussicht genommene Firma von den bereits eingetragenen genügend unterscheidet. Glaubt man nach diesen eigenen Vorabklärungen, eine unterscheidungskräftige Firma gefunden zu haben – was mittlerweile kein einfaches Unterfangen mehr darstellt –, empfiehlt es sich, beim Firmenzentralregister eine *Firmenrecherche* in Auftrag zu geben. Ein entsprechendes Formular stellt das Eidgenössische Handelsregisteramt ebenfalls im Internet zur Verfügung (Zugang über «Zefix» oder www.ofj.admin.ch; hier finden sich auch weitere nützliche Hinweise – u.a. die hilfreiche «Anleitung und Weisung an die kantonalen Handelsregisterbehörden betreffend die Prüfung von Firmen und Namen» vom 1. Januar 1998). Zu beachten ist, dass die in Aussicht genommene Firma wettbewerbsrechtlich allenfalls auch in Konflikt mit einer bereits eingetragenen Marke (N 3.2) stehen könnte, weshalb auch eine *Markenabklärung* beim Eidgenössischen Institut für geistiges Eigentum (IGE) in Bern (www.ige.ch) ratsam sein kann.

3.16
Eigene Vorabklärungen und Firmenrecherche

3.17
Leitgedanken

Ziel der Suche sollte eine *eigenständige und unverwechselbare Firma* sein, welche *für den mündlichen und schriftlichen Geschäftsverkehr* taugt (N 3.11). Dabei ist zu berücksichtigen, dass Firmen, die im Wesentlichen aus Sachbegriffen, Branchenbezeichnungen oder Akronymen (N 3.3) bestehen, unter dem Gesichtspunkt der Verwechselbarkeit nur eine schwache Schutzwirkung zukommt.

F) Firmaänderung

3.18
Statutenändernder Generalversammlungsbeschluss

Will die AG ihre Firma ändern, so bedingt dies einen öffentlich zu beurkundenden statutenändernden Beschluss der Generalversammlung. Ein entsprechendes Beispiel findet sich in Anhang 5 hievor.

4. Die Gründung

A) Vorbemerkungen

Mussten die Unternehmensgründer in der Vorauflage noch auf «die freundliche Unterstützung der Urkundsperson und der Handelsregisterbehörden» verwiesen werden, so hat sich seither eine sehr erfreuliche Entwicklung eingestellt: Nicht nur haben die Behörden die Gründungsformalitäten transparenter und ihr Dienstleistungsangebot leichter zugänglich gemacht, sondern es sind auch zahlreiche staatliche, private und gemischtwirtschaftliche *Förderorganisationen* entstanden, die Jungunternehmer in der Start-up-Phase in verschiedenster Weise unterstützen und von denen einige auch *im Internet Vorlagen und Formulare* zur Verfügung stellen, welche die Vornahme einer einfachen Gründung im Do-it-yourself-Verfahren erlauben. Für Gründungen im Kanton Zürich sei hier stellvertretend auf die Gründungsplattform «www.gruenden.ch» hingewiesen, welche nicht nur Links zu den involvierten staatlichen Stellen (hilfreich sind insbesondere «www.notariate.zh.ch» sowie «www.hrazh.ch») und einigen der erwähnten Förderorganisationen, sondern vor allem auch einen eigentlichen Gründungsleitfaden mit Mustervorlagen, Formularen, Checklisten und Merkblättern zugänglich macht. Wenn damit die Gründung heute auch endlich keine Geheimwissenschaft von Treuhändern und Anwälten mehr ist, empfiehlt sich der Beizug eines Rechtsbeistandes doch nach wie vor, sobald etwas komplexere Verhältnisse vorliegen, wie etwa: Vorhandensein mehrerer Gründer(gruppen), deren Interessen und Zusammenwirken in den Statuten, einem Aktionärbindungsvertrag und allenfalls auch Reglementen aufeinander abzustimmen sind; eine Gründung im Hinblick auf eine Nachfolgeregelung; Treuhandverhältnisse; Konzernstrukturen; Vorhandensein oder Aufbau von Immaterialgüterrechten (v.a. Urheber-, Patent- und Markenrechten); grosse Kapitalien; internationale Sachverhalte

4.1
Unterstützung
bei der Gründung

usw. Das Honorar des «routinierten Gründungshelfers» wird in solchen Fällen durch allenfalls vermeidbare Prozesskosten, Steuern, Gebühren, Reorganisationskosten usw. erfahrungsgemäss meist mehr als wettgemacht.

4.2 Arten der Gründung

Neben dem «Normalfall» der *einfachen Gründung* (auch *Bargründung* genannt; N 4.5 ff.; Anhänge 6 und 8 ff.) gibt es verschiedene Formen von *qualifizierten Gründungen* (nämlich die Sacheinlagegründung, die Sachübernahmegründung, die Gründung mit Gewährung besonderer Vorteile an einzelne Gründer oder Dritte sowie die Gründung mit Verrechnungsliberierung; N 4.20 ff.; Anhänge 18 ff.).

Unabhängig von dieser rechtlichen Unterscheidung unterscheidet man sodann in der praktischen Ausgestaltung die Gründung einer *privaten AG* – wo in der Regel die angestrebte Aktienverteilung bereits im Gründungsakt vorgenommen wird – von derjenigen einer *Publikumsgesellschaft*, wo im Rahmen eines *zweistufigen Verfahrens* entweder die Initianten oder deren Hilfspersonen (z.B. eine Bank, eine Finanzgesellschaft oder ein Bankenkonsortium) zunächst sämtliche Aktien übernehmen und diese dann öffentlich zum Kauf anbieten (Festübernahmeverfahren; N 13.7) oder aber die Initianten zunächst eine AG mit kleinem Aktienkapital gründen und danach eine Kapitalerhöhung durchführen, in deren Rahmen dann das Publikum Aktien zeichnen kann.

4.3 Überblick über das Gründungsverfahren

Die Unternehmensgründung wird eingeleitet durch verschiedenste Vorbereitungsarbeiten (N 4.4 ff.). Nach deren Abschluss haben die Gründer zunächst an einer durch einen Notar zu beurkundenden *konstituierenden Generalversammlung* die Statuten zu genehmigen, die Zeichnung und (Teil-)Liberierung aller Aktien festzustellen und die ersten Organe zu wählen (N 4.13 ff.). Danach ist die Gesellschaft *beim Handelsregisteramt zur Eintragung anzumelden* (N 4.16 ff.). Erst mit dem Handelsregistereintrag ist die AG rechtsgültig entstanden. Eine summarische grafische Darstellung dieser Abläufe findet sich in Anhang 6.

4.4 Allgemeine Vorbereitungsarbeiten

Jede Unternehmensgründung bringt eine Vielzahl von Vorbereitungsarbeiten mit sich: Ein *Businessplan* ist auszuarbeiten; die *Finanzierung* ist sicherzustellen; die *Infrastruktur* des Unternehmens ist aufzubauen (Geschäftsräumlichkeiten, Betriebsmittel); *Versicherungs- und Vorsorgefragen* sind zu regeln (1. Säule: AHV/

4. Die Gründung

IV/EO; 2. Säule: BVG; 3. Säule: berufliche und private Vorsorge; Arbeitslosenversicherung; Familienausgleichskasse; Unfallversicherung; Krankentaggeldversicherung; Betriebsversicherungen wie Feuer, Wasser, Betriebs-/Berufshaftpflicht, Betriebsunterbruch etc.); bestimmte Tätigkeiten bedürfen einer *Bewilligung*, welche rechtzeitig einzuholen ist; *Mehrwertsteuer*pflicht und -abrechnungsvarianten sind abzuklären (die Mehrwertsteuernummer kann schon vor dem Handelsregistereintrag beantragt werden); die *Unternehmensorganisation* ist festzulegen; allenfalls sind *Arbeitsbewilligungen* einzuholen etc. Im Folgenden werden alle diese Gründungsarbeiten ausgeblendet und nur die aktienrechtlichen Gründungserfordernisse dargestellt.

B) Die einfache Gründung oder Bargründung

a) Die Vorbereitung des Errichtungsakts

Zur Errichtung einer AG sind – einstweilen noch (N 1.19) – *mindestens drei Gründer* erforderlich (OR 625), die bereit sein müssen, das gesamte Aktienkapital zu übernehmen. Sowohl natürliche wie auch juristische Personen (N 1.6 f.) sowie Kollektiv- und Kommanditgesellschaften können Gründer sein. Als Gründer zählt dabei auch, wer nur treuhänderisch an der Gründung mitwirkt (zur Einpersonen-AG vgl. N 1.19 ff.; vgl. auch Anhang 17). Das Aktienrecht stellt bezüglich der *Nationalität* der Gründer keine Vorschriften auf. Weil aber sämtliche Verwaltungsratsmitglieder Aktionäre sein müssen, dürfen die diesbezüglichen *Nationalitäts- und Wohnsitzvorschriften* nicht übersehen werden (N 9.54).

4.5 Gründer

Sind sich die Gründer über die geplante Gesellschaft im Wesentlichen einig (Firma, Sitz, Gesellschaftszweck, Höhe und Aufteilung des Aktienkapitals, Sacheinlagen, Organisation usw.), müssen sie die Statuten entwerfen (lassen). Mit diesem Statutenentwurf müssen alle Beteiligten einverstanden sein (N 2.1 ff.).

4.6 Einigung über die Statuten

Je nach kantonalrechtlicher Ausgestaltung des Gründungsverfahrens (N 4.13) empfiehlt es sich sodann, die Statuten dem Handelsregisteramt zur *Vorprüfung* einzureichen. Andernfalls riskieren die Gründer, dass ihre Handelsregisteranmeldung nach der Durchführung des aufwändigen Errichtungsverfahrens (mit öffentlich beur-

4.7 Vorprüfung der Statuten

kundeter Gründungsversammlung etc.) zurückgewiesen wird, weil die Statuten unzulässige Bestimmungen enthalten (N 4.16).

4.8
Einigung über die Bestellung der notwendigen Organe

Weiter müssen sich die Gründer darüber verständigen, wen sie in den *Verwaltungsrat* und wen sie als *Revisionsstelle* wählen möchten. In den Verwaltungsrat sind dabei nur Aktienzeichner wählbar. Bei der Bestellung der Organe sind die Wohnsitz-, Nationalitäts- und Unvereinbarkeitsbestimmungen zu beachten (N 9.54, 10.5 f.). Namentlich haben sich die Gründer auch darüber zu vergewissern, ob die in Aussicht genommenen Revisoren fachlich befähigt sind, ihre Aufgabe zu erfüllen (OR 727a; N 10.4). Alle Gewählten müssen sich zur Annahme ihrer Wahl äussern. Von zu wählenden Personen, die am Errichtungsakt nicht anwesend sein können, ist deshalb im Rahmen der Vorbereitungsarbeiten eine schriftliche Annahmeerklärung einzuholen (vgl. Anhänge 11 und 12). Die Annahme der Wahl kann auch durch die Unterzeichnung der Gründungsurkunde oder der Handelsregisteranmeldung erfolgen.

4.9
Zeichnung sämtlicher Aktien

Jeder Gründer muss einen bestimmten Aktienkapitalanteil «zeichnen», d.h., er hat sich gegenüber der künftigen AG zu verpflichten, Aktiven in bestimmter Höhe einzubringen. Die Gründer müssen sämtliche Kapitalanteile (Aktien) unter sich aufteilen und übernehmen. Über diese Aktienaufteilung haben sie sich vorgängig zu verständigen – immer im Bewusstsein, dass die Höhe der Beteiligung für den Einfluss auf die Gesellschaft von entscheidender Bedeutung ist (N 1.26 ff., 6.5, 6.55). Die Zeichnung selber findet dann im Errichtungsakt statt (N 4.14)

4.10
Übernahmepreis: Nennwert und allfälliges Agio

In den allermeisten Fällen entspricht der Übernahmepreis dem Nennwert der Aktie (z.B. Aktienkapital von Fr. 100 000.–, aufgeteilt in 100 Aktien à Fr. 1000.–, Ausgabepreis Fr. 1000.–). Dies nennt man eine Ausgabe *zu pari*. Der Ausgabepreis kann aber auch höher als der Nennwert angesetzt werden (OR 624), sodass ein Mehrerlös – ein sogenanntes *Agio* oder Aufgeld – entsteht (z.B. Nennwert der Aktie Fr. 1000.–, Ausgabepreis Fr. 1200.–, Agio pro Aktie folglich Fr. 200.–; Anhang 106). Man spricht dann von einer Ausgabe *über pari*. Das dabei erzielte Agio darf nur zu den in OR 671 II Ziff. 1 vorgesehenen Zwecken verwendet werden (von denen einzig die Zuweisung an die allgemeine gesetzliche Reserve als sachgerecht, die direkte Verwendung für «Abschreibungen» und Wohlfahrtszwecke jedoch als problematisch erscheint; N 12.33). Keinesfalls

4. Die Gründung

darf der Ausgabepreis aber tiefer als der Nennwert angesetzt werden (OR 624; Verbot der Unter-pari-Emission). Im Rahmen einer gewöhnlichen Gründung ist ein Agio ausgesprochen selten anzutreffen. Anders verhält es sich bei späteren *Kapitalerhöhungen* (N 13.11): Wenn der innere («wirkliche») Wert der bestehenden Aktien über deren Nennwert liegt, schont eine Über-pari-Emission der neuen Aktien zum inneren Wert die bei der Kapitalerhöhung nicht mitziehenden Altaktionäre wenigstens insofern, als deren Kapitalquote zwar reduziert, das Eigenkapital aber entsprechend erhöht wird – und es werden den sich an der Kapitalerhöhung beteiligenden Personen keine Geschenke gemacht. Ähnliche Situationen können auch bei *Umstrukturierungs-Gründungen* zu Über-pari-Emissionen führen (Anhänge 103 und 106).

Jeder Gründer muss auf dem von ihm übernommenen Teil des Aktienkapitals den *gesetzlich vorgeschriebenen Mindestbetrag* (N 2.15) oder einen allenfalls von den Statuten festgesetzten höheren Betrag einzahlen. Diese Einzahlungen müssen bei einer Bank – «einem dem Bundesgesetz über die Banken und Sparkassen unterstellten Institut» (OR 633 I), der sogenannten *«Depositenstelle»* – zugunsten der zu gründenden Gesellschaft auf einem Sperrkonto hinterlegt und dürfen dem Verwaltungsrat erst ausgehändigt werden, nachdem die AG im Handelsregister eingetragen worden ist (OR 633; N 4.19). Die Depositenstelle gibt eine *Kapitaleinzahlungsbestätigung* ab (Anhang 9), welche dann Bestandteil des Errichtungsakts bildet.

4.11
Liberierung

In diese Phase fallen weiter die Abklärungen im Zusammenhang mit der *Firma* (N 3.16). Sodann muss mit der Urkundsperson rechtzeitig ein *Gründungstermin* vereinbart werden und sind dieser die für die Vorbereitung der Gründungsurkunde erforderlichen Informationen sowie alle dazugehörenden Unterlagen zukommen zu lassen (vgl. die Checklist in Anhang 7). Auch ist sicherzustellen, dass alle Gründer die *Gründungsdokumente gelesen haben*.

4.12
Weitere Vorbereitungsarbeiten

b) Der Errichtungsakt

Der Errichtungsakt (die sog. «Gründungsversammlung» oder «konstituierende Generalversammlung») wird anlässlich einer *Zusammenkunft aller Gründer* bzw. ihrer Vertreter im Beisein einer

4.13
Formelles

durch das kantonale Recht bezeichneten *Urkundsperson* durchgeführt, welche die *Gründungsurkunde* errichtet (Anhang 8). Die meisten Kantone haben die *Notare* mit dieser Aufgabe betraut, einige andere die Stadt- oder Gemeindeschreiber, Handelsregisterführer oder andere Beamte. Bei der Unterzeichnung der Gründungsurkunde haben sich die Gründer auszuweisen, weshalb sie einen *Pass* oder eine *Identitätskarte* mitzubringen haben.

4.14 Inhalt

Im von der Urkundsperson erstellten – eventuell von den Parteien vorbereiteten – Errichtungsakt erklären die (mit ihren Personalien genannten; HRV 78 III) Gründer, eine *Aktiengesellschaft zu gründen*, legen sie die *Statuten* fest und bestellen sie die *Organe* der AG (OR 629 I). Weiter zeichnen sie darin die *Aktien* – wozu die Angabe von Anzahl, Nennwert, Art, Kategorie und Ausgabebetrag der Aktien sowie die bedingungslose Verpflichtung zur Leistung einer dem Ausgabebetrag entsprechenden Einlage erforderlich ist (OR 630) –, und stellen sie dann fest, dass sämtliche Aktien gültig gezeichnet sind, die versprochenen Einlagen dem gesamten Ausgabebetrag entsprechen sowie die gesetzlichen und statutarischen Anforderungen an die Leistung der Einlagen erfüllt sind (OR 629 II). Die Urkundsperson muss im Errichtungsakt alle Gründungsbelege einzeln nennen und bestätigen, dass diese den Gründern auch tatsächlich vorgelegen haben (OR 631; HRV 79 I; vgl. zum Ganzen Anhang 8).

4.15 Verwaltungsratsbeschlüsse

Im Zusammenhang mit dem Gründungsakt hat nicht nur die Generalversammlung, sondern auch der *Verwaltungsrat* Beschlüsse zu fassen: So hat dieser seine *Konstituierung* zu beschliessen (also festzulegen, wer Verwaltungsratspräsident – falls dessen Wahl nicht statutarisch der Generalversammlung vorbehalten ist –, Sekretär, allenfalls Delegierter ist etc.; OR 712; N 9.41), die *Zeichnungsberechtigung* zu regeln (OR 716a I Ziff. 4; N 9.48, 9.51) und das *Domizil* zu bestimmen. Auch ist denkbar, dass ein *Organisationsreglement* zu erlassen ist (OR 716b; N 9.14). Sind sämtliche Verwaltungsratsmitglieder am Errichtungsakt anwesend (und sind nur die Standardbeschlüsse «Konstituierung, Zeichnungsberechtigung und Domizil» zu fassen), werden diese Verwaltungsratsbeschlüsse meist gleich in die Gründungsurkunde aufgenommen (Anhang 8 und 18). Andernfalls ist ein gesondertes Protokoll über die Verwaltungsratssitzung zu erstellen (Anhang 23).

4. Die Gründung

c) Anmeldung beim Handelsregisteramt, Handelsregistereintrag und Veröffentlichung im Schweizerischen Handelsamtsblatt

Mit der Beurkundung des Errichtungsaktes ist die AG jedoch noch nicht entstanden (Anhang 6). Zuerst muss der Verwaltungsrat der künftigen AG diese noch persönlich oder schriftlich – im letzteren Fall mit beglaubigten Unterschriften – beim Handelsregisteramt des Gesellschaftssitzes zur Eintragung anmelden (OR 640; Anhang 14). Der Anmeldung sind der *Errichtungsakt samt Beilagen* beizufügen, nebst einer Erklärung, dass keine verheimlichten qualifizierenden Tatbestände (N 4.2, 4.20 ff.) vorliegen («*Stampa-Erklärung*»; HRV 78 I lit. g; N 4.43; Anhang 15). Einstweilen ist zusätzlich auch noch die «*Lex-Friedrich-Erklärung*» abzugeben (Anhang 16), welche im Sinne des Bundesgesetzes über den Erwerb von Grundstücken durch Personen im Ausland vom 16. Dezember 1983 (SR 211.412.41; BewG; «Lex Koller»; «Lex Metzler») verhindern soll, dass Ausländer ohne entsprechende Bewilligung Aktien einer Wohnimmobilien-AG erwerben (dieses Gesetz wurde durch diverse Revisionen und die Abkommen über den freien Personenverkehr in seinen Auswirkungen zunehmend beschränkt und dürfte in absehbarer Zeit ganz aufgehoben werden). Checklisten für die mit der Handelsregisteranmeldung einzureichenden Belege finden sich in HRV 78 sowie in Anhang 7.

4.16 Anmeldung beim Handelsregisteramt

Das Handelsregisteramt überprüft die Anmeldung sowie die beigelegten Dokumente auf ihre formelle Korrektheit. Geprüft wird auch, ob sie nicht offensichtlich zwingendes Recht verletzen.

4.17 Prüfung der Anmeldung

Sind die Voraussetzungen erfüllt, trägt der Handelsregisterführer die AG im *Tagebuch* ein. Darauf stellt er eine Kopie dieser Eintragung dem Eidgenössischen Handelsregisteramt zu, welches nach einer Überprüfung die *Publikation im Schweizerischen Handelsamtsblatt* anordnet. Sowie diese Publikation erfolgt ist, überträgt der Handelsregisterführer den Tagebucheintrag ins *Handelsregister*.

4.18 Veröffentlichung im SHAB und Handelsregistereintrag

Mit der *Eintragung im Tagebuch ist die AG entstanden* und kann sie als Rechtsperson handeln (Anhang 6). Bis dahin dürfen die Gründer die Firma nur mit dem Zusatz «in Gründung» verwenden (z.B. «Hobel Möbel in Gründung»; Anhang 6). Dritten gegenüber kann die Eintragung allerdings erst nach der Publika-

4.19 Wirkungen des Handelsregistereintrags

tion im Schweizerischen Handelsamtsblatt Wirkungen entfalten; erst von diesem Zeitpunkt an können diese nicht mehr behaupten, sie hätten den Eintrag nicht gekannt. Grundsätzlich werden auch die bei der Depositenstelle einbezahlten Liberierungsbeträge (N 4.11) erst nach der SHAB-Publikation freigegeben, doch besteht auf besonderes Verlangen – und gegen eine zusätzliche Gebühr – im Rahmen des «Telegrammverfahrens» die Möglichkeit, dass das Eidgenössische Handelsregisteramt der kantonalen Registerbehörde vorab die Zulässigkeit der Eintragung bestätigt und jene ermächtigt, bereits vor der Publikation einen Handelsregisterauszug auszustellen, mit welchem die frisch gegründete AG dann bei der Depositenstelle das dort hinterlegte Aktienkapital herausverlangen kann (Anhang 14 Ziff. 7). Dieses beschleunigte Verfahren empfiehlt sich bei einem hohen (zinsfrei) deponierten Aktienkapital oder wenn die neu gegründete AG dieses aus andern Gründen dringend benötigt.

C) Die qualifizierte Gründung: Sacheinlagen, Sachübernahmen, besondere Vorteile und Verrechnung

a) Die Sacheinlagegründung (Apportgründung)

4.20 Wesen und Gegenstand der Apportgründung
Manchmal möchten einzelne oder alle Gründer ihre Aktien nicht durch Bargeld liberieren, sondern durch *Einbringung anderer Vermögenswerte in die Gesellschaft*. Solche Vermögenswerte können z.B. Grundstücke, Maschinen, Möbel, Bürogeräte, Lagerbestände, Geldforderungen, Beteiligungen an andern Gesellschaften, Patente, Urheberrechte oder Lizenzrechte sein – kurz: alle Wirtschaftsgüter, welche einen Verkehrswert haben und aktivierbar sind (gefordert werden Bewertbarkeit, Bilanzierungsfähigkeit und Verwertbarkeit). Nicht als Sacheinlage eingebracht werden können dementsprechend also z.B. persönliche Fähigkeiten, erst in Zukunft entstehende Sachen und Rechte, künftige Gewinne oder «Goodwill» (ausser als werterhöhender Faktor eines einzubringenden Unternehmens[-teils]).

4.21 Sacheinlagevertrag
Grundlage einer solchen Apportgründung bildet der *Sacheinlagevertrag* (Anhang 20), der schriftlich abzuschliessen ist; werden Grundstücke eingebracht, muss er öffentlich beurkundet werden (OR 634 Ziff. 1; ggf. FusG 70 II).

4. Die Gründung

Bis anhin diente die Sacheinlagegründung vor allem auch der Umwandlung eines Einzelunternehmens oder einer Kollektivgesellschaft in eine AG. Seit Inkrafttreten des Fusionsgesetzes steht den Kollektivgesellschaften dafür nun das neue Rechtsinstitut der Umwandlung i.S.v. FusG 53 ff. zur Verfügung (N 17.31 ff.). Die Einzelfirmen bleiben zwar auf die Sacheinlagegründung angewiesen, doch kann der Sacheinlagevertrag nun in der Form der Vermögensübertragung gemäss FusG 69 ff. (N 17.36 ff.; Anhang 20) abgeschlossen und vollzogen werden, was aber nicht von der Einhaltung der Sacheinlage-Vorschriften entbindet (Anhang 19).

4.22 Insbesondere die Umwandlung einer Einzelfirma oder Kollektivgesellschaft in eine AG

Weil bei einer Sacheinlage immer die Gefahr besteht, dass die eingebrachten Vermögenswerte überbewertet sind und das Aktienkapital daher nur scheinbar liberiert ist, hat der Gesetzgeber zum *Schutz der übrigen Aktionäre und der Gesellschaftsgläubiger* spezielle Regeln erlassen, die gewährleisten sollen, dass die gefährdeten Personen wenigstens auf die besonderen Verhältnisse aufmerksam gemacht werden und die Bewertung der Sacheinlage zumindest vertretbar ist.

4.23 Erhöhtes Schutzbedürfnis

So bestimmt OR 628, dass die *Statuten* über den Gegenstand, dessen Bewertung sowie die Person des Sacheinlegers und die Zahl der ihm dafür zukommenden Aktien Aufschluss geben müssen (vgl. Anhang 4 Art. 5a; N 2.34). Diese Statutenbestimmung darf die Generalversammlung nach zehn Jahren wieder aufheben (OR 628 IV).

4.24 Offenlegung in den Statuten

Durch die *Eintragung dieser Angaben im Handelsregister* und deren *Veröffentlichung im Schweizerischen Handelsamtsblatt* wird auch das Publikum auf mögliche Risiken aufmerksam gemacht. Zudem sind auch der Sacheinlagevertrag (N 4.21), der Gründungsbericht (N 4.26) und die Prüfungsbestätigung (N 4.27) beim Handelsregisteramt für jedermann einsehbar, weil sie als Belege der Handelsregisteranmeldung beizulegen sind (HRV 78 II; Anhang 7).

4.25 Handelsregistereintrag und Publikation

Gemäss OR 635 haben die Gründer sodann in einem schriftlichen *Gründungsbericht* Rechenschaft über die Sacheinlagen zu geben. Dem Gründungsbericht soll entnommen werden können, welcher Art die Sacheinlagen sind, in welchem Zustand sie sich befinden und weshalb die Gründer die von ihnen vorgenommene Bewertung der Sacheinlagen als angemessen erachten (vgl. Anhang 21).

4.26 Gründungsbericht und Bewertungsgrundsätze

Wegen des Verbots der Unter-pari-Ausgabe (N 4.10) dürfen die Sacheinlagen höchstens zu ihrem tatsächlichen Wert eingesetzt werden. «Nach unten» sind die Gründer in der Bewertung dagegen frei, was ermöglicht, schon bei der Gründung stille Reserven (N 6.16, 12.39 ff.) zu schaffen.

4.27
Prüfungsbestätigung

Danach hat ein Revisor den von den Gründern verfassten Gründungsbericht zu prüfen und in einer sog. *Prüfungsbestätigung* schriftlich zu erklären, dass dieser vollständig und richtig ist (OR 635a; N 10.12; Anhang 22). Zur Abgabe dieser Bestätigung ist befähigt, wer die Anforderungen bezüglich Befähigung und Unabhängigkeit erfüllt, die OR 727a und 727c für die Revisionsstelle aufstellen (N 10.4 f.).

4.28
Errichtungsakt und Handelsregisteranmeldung

Haben die Gründer – nebst der Erledigung der übrigen, in N 4.4 ff. erwähnten Vorbereitungsarbeiten – alle diese Dokumente zusammengetragen (Anhang 7), können sie die Gründungsversammlung durchführen (N 4.13 ff.; Anhänge 18, 19, 106) und danach die Handelsregisteranmeldung vornehmen (N 4.16 ff.).

b) Die Sachübernahmegründung

4.29
Wesen der Sachübernahme

Ähnlichen Gefahren wie bei der Sacheinlagegründung sind Aktionäre und Gläubiger ausgesetzt, wenn schon vor der Handelsregistereintragung vereinbart wird (oder definitiv beabsichtigt ist), dass die *AG nach ihrer Gründung* gegen Bezahlung eines bestimmten Betrages bestimmte *Vermögenswerte* von Aktionären oder Dritten *erwerben wird.* Vor allem wären auf dem Weg der Sachübernahme die für die Sacheinlagegründung aufgestellten Schutzbestimmungen sehr leicht zu umgehen: Statt dass ein Gründer im Rahmen einer Sacheinlage Vermögenswerte einbringt, liberiert er zunächst in bar – z.B. mit einem kurzfristig aufgenommenen Darlehen –, worauf ihm die AG diese Vermögenswerte dann sofort nach Freigabe des Sperrkontos mit dem einbezahlten Aktienkapital abkauft (verschleierte Apportgründung).

4.30
Schutzvorschriften

Das Gesetz sieht daher für die Sachübernahmegründung im Wesentlichen die gleichen Schutzbestimmungen vor wie für die Apportgründung. Insbesondere haben die *Statuten* den zu übernehmenden Vermögenswert, den Namen des Veräusserers sowie die Gegenleistung der AG anzugeben (vgl. OR 628 II). Auch sind ein

4. Die Gründung

Gründungsbericht sowie eine *Prüfungsbestätigung* zu erstellen (OR 635 Ziff. 1, 635a; N 10.12). Alle diese Schutzvorschriften sind schon dann zu beachten, wenn die Gründer eine Sachübernahme auch nur *beabsichtigen*, ohne dass bereits entsprechende Verträge abgeschlossen worden wären (OR 628 II; Anhang 18). Im Einzelnen ist der genaue Anwendungsbereich der Sachübernahmevorschriften jedoch umstritten.

c) *Besondere Vorteile*

Manchmal besteht das Bedürfnis, vom Prinzip der Gleichbehandlung aller Aktionäre abzuweichen und *zugunsten einzelner Gründer oder anderer Personen besondere Vergünstigungen auszubedingen,* sei es, weil man die Begünstigten damit für ihren Einsatz bei der Gesellschaftsgründung entschädigen möchte, sei es, weil dadurch z.B. Familienaktionäre bevorzugt werden sollen.

4.31 Beweggründe

Solche «besonderen Vorteile» im Sinne von OR 628 III sind immer *Privilegien zugunsten einzelner namentlich bestimmter Personen* (Vorzugs- und Stimmrechtsaktien fallen also nicht darunter; N 5.28 ff.) und können z.B. bestehen in der Einräumung von Wohn- oder Benutzungsrechten, in der Verpflichtung zur Lieferung oder Abnahme von Waren, in besonderen Bezugsrechten, in der Einräumung erhöhter Gewinn- oder Liquidationsanteilsrechte, in Anstellungsgarantien oder Konkurrenzverboten zugunsten eines Gründers etc. Soweit die besonderen Vorteile den Anteil am Bilanzgewinn oder Liquidationsergebnis oder das Bezugsrecht betreffen, können sie in einem *Genussschein* (OR 657; N 5.67 ff.) verurkundet und damit übertragbar ausgestaltet werden.

4.32 Art der Vorteile und ihre Verurkundung

Auch für die Gewährung von Gründervorteilen hat das Gesetz aus naheliegenden Gründen Schutzbestimmungen aufgestellt, die jenen für Sacheinlagen weitgehend entsprechen. Insbesondere haben die *Statuten* die begünstigten Personen namentlich aufzuführen und den gewährten Vorteil nach Inhalt und Wert genau zu bezeichnen (OR 628 III; N 2.30), haben sich die Gründer in einem *Gründungsbericht* über die Begründung und die Angemessenheit der besonderen Vorteile zu erklären (OR 635 Ziff. 3) und ist eine *Prüfungsbestätigung* einzuholen (OR 635a; N 10.12).

4.33 Schutzvorschriften

d) Liberierung durch Verrechnung

4.34
Wesen der Verrechnungsliberierung

Steht einem Aktionär im Zeitpunkt der Gründung bereits eine Forderung gegenüber der AG zu, so kann er seine Liberierungsschuld mit seinem Anspruch gegenüber der AG verrechnen. Solche Konstellationen sind eher bei späteren Kapitalerhöhungen (N 13.11, 13.25) oder Nachliberierungen (N 2.15, 6.11; Anhang 36a) als bereits bei der Gründung anzutreffen. Immerhin sind sie auch im Gründungsstadium denkbar, wenn z.B. bei der Umwandlung einer Einzelfirma in eine AG ein Gläubiger der Einzelfirma Aktien zeichnet und seine Liberierungsschuld durch Verrechnung mit seinem (nun von der AG geschuldeten) Guthaben tilgt.

4.35
Schutzvorschriften

Auch wo ein Aktionär seiner Liberierungspflicht statt durch Bareinzahlung durch eine Verrechnungserklärung nachkommt, besteht die Gefahr, dass das Aktienkapital nicht im erklärten Umfang liberiert wird – weil eben die Verrechnungsforderung nicht bzw. nicht im angegebenen Wert besteht. Zudem öffnet die Verrechnungsliberierung Möglichkeiten zur Umgehung der für die qualifizierte Gründung aufgestellten Schutzvorschriften. Deshalb haben sich auch in diesem Fall die Gründer über den Bestand und die Verrechenbarkeit der Schuld in einem *Gründungsbericht* zu äussern (OR 635 Ziff. 2), über dessen Inhalt ein Revisor eine *Prüfungsbestätigung* abzugeben hat (OR 635a; N 10.12). Dagegen verlangt das Gesetz – aus unerfindlichen Gründen – keine Erwähnung der Verrechnungsliberierung in den Gründungsstatuten.

D) Die Rechtsverhältnisse vor der Gründung

4.36
Das Problem

Da die AG erst mit dem Handelsregistereintrag entsteht (N 4.19; Anhang 6), stellt sich die Frage, wie es sich verhält, wenn die Gründer schon vorher *für die künftige Gesellschaft Verträge abschliessen* möchten, um z.B. Geschäftslokalitäten zu mieten, Mitarbeiter anzustellen, Maschinen anzuschaffen, einen Rechtsberater mit der Gründung zu beauftragen usw.

4.37
Die Gründungsgesellschaft

Sobald sich die Gründer rechtlich verbindlich geeinigt haben, miteinander eine AG zu gründen, bilden sie eine einfache Gesellschaft im Sinne von OR 530 ff., die sogenannte *Gründungsgesellschaft, Gründergesellschaft oder Vorgesellschaft* (OR 530 II;

4. Die Gründung

ZGB 62 analog; Anhang 6). Dabei wird das für diese Phase massgebende Recht der einfachen Gesellschaft überlagert durch aktienrechtliche Sonderbestimmungen zur Verantwortlichkeit der Gründer (OR 753; N 4.43) und zur Haftung für im Namen der AG eingegangene Verpflichtungen (OR 645; N 4.39); auch gelten nach dem Errichtungsakt gesellschaftsintern bereits die beschlossenen statutarischen Regelungen.

Zunächst einmal kann natürlich ein *Gründer in seinem eigenen Namen* oder – eventuell zusammen mit anderen Gründern – im *Namen der Gründungsgesellschaft* einen Vertrag abschliessen. Im ersten Fall wird allein der handelnde Gründer gegenüber dem Vertragspartner berechtigt und verpflichtet (OR 543 I), im zweiten Fall treten diese Rechtswirkungen für alle Gründer gemeinsam ein (OR 543 II, III, 32 ff.). Soll dann später die AG Vertragspartei eines solchen Vertrages werden – also z.B. Arbeitgeberin, Mieterin oder Eigentümerin –, so müssen ihr dereinst die Forderungen eigens abgetreten und die Schulden oder das Eigentum speziell übertragen werden, wofür zum Teil das Einverständnis der Gegenpartei – z. B. des Vermieters, Arbeitnehmers, Verkäufers – nötig ist. Die AG muss also die Rechtsverhältnisse nach den *Regeln über die indirekte Stellvertretung* (OR 32 III) vom Gründer bzw. von der Gründungsgesellschaft übernehmen.

4.38 Handeln im Namen eines Gründers oder der Gründungsgesellschaft

OR 645 sieht nun aber vor, dass die Handelnden auch *im Namen der künftigen Gesellschaft* auftreten können. Schliessen sie im Namen der AG einen Vertrag ab, bevor diese im Handelsregister eingetragen ist, so *haften die Handelnden* zunächst *persönlich und solidarisch*. Das bedeutet, dass der Vertragspartner von irgendeinem beliebigen Handelnden die Erfüllung der ganzen Schuld verlangen kann. *Übernimmt aber die AG diese Verpflichtungen* innerhalb von drei Monaten nach der Handelsregistereintragung, so werden die Handelnden befreit und es haftet einzig die Gesellschaft. Für eine solche Befreiung ist also erforderlich, dass (a) die *Verpflichtung ausdrücklich im Namen der zu gründenden AG eingegangen* wurde und (b) die *AG diese Verpflichtung innert dreier Monate nach der Eintragung in das Handelsregister übernimmt*. Kommt die Gründung nicht zustande oder weigert sich die AG (d.h. deren Verwaltungsrat), die Verpflichtungen zu übernehmen, so bleibt es bei der persönlichen und solidarischen

4.39 Handeln im Namen der künftigen AG

Haftung der Handelnden. Um dieses persönliche Risiko zu minimieren, können diese versuchen, das Zustandekommen des Vertrags von der Bedingung abhängig zu machen, dass die AG im Handelsregister eingetragen wird und das Rechtsgeschäft dann innert der gesetzlichen Dreimonatsfrist übernimmt.

E) Gründungsmängel

4.40
Bei Entdeckung vor der Handelsregistereintragung

Entdeckt die Urkundsperson anlässlich der Gründungsversammlung einen Mangel, nimmt sie die Beurkundung nicht vor. Stellt der Handelsregisterführer bei der Prüfung der Anmeldung einen Gründungsmangel fest, verweigert er die Eintragung der AG in das Handelsregister. Er trägt sie erst ein, wenn die Gründer den festgestellten Mangel behoben haben (liegen nicht eigentliche inhaltliche Gründungsmängel, sondern lediglich formelle Unkorrektheiten vor, können diese auch durch den Verwaltungsrat behoben werden; vgl. die entsprechende Ermächtigung in Anhang 18 Ziff. VIII.). Gesellschaften, welche mit ganz krassen Mängeln behaftet sind – die also z.B. offensichtlich lückenhafte Statuten oder nur zwei Gründer haben oder deren Aktienkapital überhaupt nicht liberiert ist –, können daher in aller Regel gar nicht entstehen.

4.41
Heilende Wirkung des Handelsregistereintrags

Nun kann der Handelsregisterführer im Rahmen seiner beschränkten Prüfung aber nicht jeden Mangel entdecken. Trägt er eine mangelhafte AG ein, so ist sie trotz des Mangels entstanden (sogenannte *heilende Wirkung des Eintrags*, vgl. OR 643 II; zur AG mit widerrechtlichem oder unsittlichem Zweck vgl. N 2.13). Das ändert jedoch nichts daran, dass der *Mangel zu beheben* ist. «Geheilt» wird nur der Bestand der juristischen Person, nicht deren Mängel. Ist also z.B. eine Bargründung nur vorgetäuscht worden, ist die AG zwar entstanden, doch bleibt die Liberierungspflicht der Aktionäre bestehen.

4.42
Auflösungsklage

Leidet die eingetragene Gesellschaft an *ganz schwerwiegenden Mängeln* und werden dadurch zudem die *Interessen von Gläubigern oder Aktionären erheblich gefährdet oder verletzt*, können diese Aktionäre oder Gläubiger innert der – sehr kurzen! – Frist von drei Monaten seit der Publikation im Handelsamtsblatt beim

4. Die Gründung

Richter *auf Auflösung der Gesellschaft klagen* (OR 643 III, IV; N 16.11). Meist dürfte den in ihren Interessen verletzten oder gefährdeten Personen mit der Liquidierung der AG allerdings wenig geholfen sein. Auflösungsklagen sind denn in der Praxis auch ausserordentlich selten.

Praktisch relevanter ist die *Gründungshaftung* im Sinne von OR 753, gemäss welcher alle Personen schadenersatzpflichtig sind, die in irgendeiner Weise – sei es als Gründer, Treuhänder, Bank oder Rechtsanwalt – an der Gründung beteiligt waren und dabei ihre Pflichten schuldhaft verletzt haben. Die häufigsten Pflichtverletzungen dürften wohl im Zusammenhang mit *verschleierten Apportgründungen* und *verdeckten Sachübernahmen* stehen (N. 4.29, 4.41). Das Handelsregisteramt verlangt deshalb von den Gründern eine sog. *Stampa-Erklärung,* worin diese explizit bestätigen müssen, dass keine anderen Sacheinlagen, Sachübernahmen, Verrechnungstatbestände oder besonderen Vorteile bestehen als die im Errichtungsakt genannten (HRV 78 I lit. g; Anhang 15). Wer sich im Rahmen einer Gründung an das Publikum wendet (N 4.2), hat zusätzlich die sogenannte *Prospekthaftung* gem. OR 752 zu beachten: Für falsche oder unvollständige Angaben in Emissionsprospekten oder ähnlichen Publikationen haften alle Personen, die bei der Abfassung dieser Urkunden in irgendeiner Weise mitgewirkt haben. Ein Gesamtüberblick über diese aktienrechtliche Verantwortlichkeit der Gründer und Prospektverfasser (und weiterer Personen) findet sich in N 11.6 ff., insb. 11.10 f..

4.43 Gründungs- und Prospekthaftung

Schliesslich können ein Gründungsschwindel oder andere Unkorrektheiten im Rahmen der Gründung – zusätzlich zur eben betrachteten zivilrechtlichen Haftung – auch *strafrechtliche Konsequenzen* haben: Wer gegenüber der Urkundsperson z.B. eine Bargründung vortäuscht, kann sich der Erschleichung einer falschen Beurkundung im Sinne von StGB 253 schuldig machen. Die Unterzeichnung einer unzutreffenden Stampa-Erklärung oder fingierter Dokumente kann eine Falschbeurkundung i.S.v. StGB 251 darstellen. Ohnehin droht eine Verurteilung wegen unwahrer Angaben gegenüber Handelsregisterbehörden i.S.v. StGB 153 (vgl. zum Ganzen auch N 11.3).

4.44 Strafrecht

Anhang 6: Übersicht über den Ablauf einer Bargründung

Vorbereitungsarbeiten	Gründungsgesellschaft
Statuten entwerfen und beim kantonalen Handelsregisteramt (HRA) vorprüfen lassen; Firma finden und beim Eidg. Handelsregisteramt (EHRA) prüfen lassen; VR-Mitglieder und Zeichnungsberechtigung?; Revisionsstelle?; Sitz?; Höhe des Aktienkapitals und Verteilung der Aktien?; mit Notariat Gründungstermin und -urkunde besprechen; ev. Organisationsreglement und Aktionärbindungsvertrag ausarbeiten.	einfache Gesellschaft Firma: «Hobel Möbel AG in Gründung»
Einzahlung der von den Gründern übernommenen AK-Anteile auf ein Sperrkonto bei einer Bank («Depositenstelle») und Erhalt der **Kapitaleinzahlungsbestätigung** von der Depositenstelle.	
Gründungsversammlung auf dem Notariat: Errichtung der öffentlich beurkundeten Gründungsurkunde.	
Handelsregisteranmeldung beim HRA (OR 640).	
HRA prüft und trägt die AG im Tagebuch ein.	**AG ist entstanden** (OR 932 I) Firma: «Hobel Möbel AG»
Prüfung durch das EHRA.	
Publikation im Schweizerischen Handelsamtsblatt und **Eintragung im Handelsregister**.	
Herausgabe der bei der Depositenstelle hinterlegten Beträge an die AG (Variante: Telegrammverfahren, N 4.19).	

4. Die Gründung

Anhang 7: Checklist Gründungsdokumente

A) Für den Errichtungsakt erforderliche Unterlagen (OR 631)

a) Generelle Unterlagen:
   - *Statuten* (Anhang 4);
   - *beglaubigte Vollmachten* derjenigen Gründer, die beim Gründungsakt nicht anwesend sind (Anhang 10);
   - *schriftliche Annahmeerklärungen* derjenigen Verwaltungsratsmitglieder, die bei der Gründung nicht anwesend sind (Anhang 11);
   - *schriftliche Annahmeerklärung der Revisionsstelle* (Anhang 12);
   - *Handelsregisterauszüge* der Gründer und der Revisionsstelle, soweit es sich bei diesen um Gesellschaften handelt;
   - eine *Domizilbestätigung*, sofern die zu gründende AG an ihrem Sitz über keine eigenen Geschäftslokalitäten verfügt (Anhang 13);
   - an der *Gründungsversammlung* haben sich die Gründer sodann gegenüber der Urkundsperson durch *Pass oder Identitätskarte* auszuweisen.

b) Bei Bargründung (zusätzlich zu den generellen Unterlagen):
   - *Kapitaleinzahlungsbestätigung* (Anhang 9).

c) Bei Sacheinlagegründung (zusätzlich zu den generellen Unterlagen und gegebenenfalls einer Kapitaleinzahlungsbestätigung):
   - *Sacheinlagevertrag* (Anhang 19);
   - *Gründungsbericht der Gründer* (Anhang 20);
   - *Prüfungsbestätigung* eines Revisors (Anhang 21);

d) Bei Sachübernahmegründung (zusätzlich zu den generellen Unterlagen und gegebenenfalls einer Kapitaleinzahlungsbestätigung):
   - Sofern vorhanden: *Sachübernahmevertrag*;
   - *Gründungsbericht* der Gründer;
   - *Prüfungsbestätigung* eines Revisors;

e) Bei Verrechnungsliberierung:
   - *Gründungsbericht* der Gründer;
   - *Prüfungsbestätigung* eines Revisors;
   - *Verrechnungsausweis* (Übernahmebilanz).

f) Bei Gewährung besonderer Vorteile zugunsten von Gründern oder Dritten:
   - *Gründungsbericht* der Gründer;
   - *Prüfungsbestätigung* eines Revisors.

B) Für die Handelsregisteranmeldung erforderliche Unterlagen (HRV 78)
- *Handelsregisteranmeldung* (Anhang 14);
- *Öffentliche Urkunde über den Errichtungsakt* (Anhänge 8 und 18; mit allen erforderlichen, in lit. A erwähnten Unterlagen);
- Allenfalls *Verwaltungsratsprotokoll* (Anhang 22), sofern die Verwaltungsratsbeschlüsse betr. Konstituierung, Zeichnungsberechtigung und Domizil nicht in den Errichtungsakt aufgenommen worden sind;
- *Stampa-Erklärung* (Anhang 15);
- *Lex-Friedrich-Erklärung* (Anhang 16);
- Unterlagen betreffend allfällige *geografische Bezeichnungen* in der Firma (z.B. Ausführungen zu Organisation, Konzernverhältnissen, Geschäftsgebiet etc.; N 3.9)

4. Die Gründung

Anhang 8: Gründungsurkunde einer Bargründung mit Teilliberierung

Öffentliche Beurkundung

Gründung
der
Hobel Möbel AG
mit Sitz in Dübendorf

Im Amtslokal des Notariates Dübendorf sind heute erschienen:

1. Fritz Hobel, geb. 10.12.1975, von Wettingen AG, wohnhaft Tischlerstrasse 8, 8600 Dübendorf, handelnd für sich und als Bevollmächtigter gestützt auf die amtlich beglaubigte Vollmacht vom [Datum] für den Gründer
   - Max Hammer, geb. 9.11.1956, von Pfäffikon SZ, wohnhaft Ambossgasse 24, 8305 Dietlikon,
2. Anna Hobel, geb. 4.5.1978, von Wettingen AG, wohnhaft Tischlerstrasse 8, 8600 Dübendorf,

und erklären:

I.

Unter der Firma
Hobel Möbel AG
gründen wir gemäss den Bestimmungen des Schweizerischen Obligationenrechtes (OR) eine Aktiengesellschaft mit Sitz in Dübendorf.

II.

Den uns vorliegenden Statutenentwurf legen wir als gültige Statuten der in Gründung begriffenen Gesellschaft fest. Sie sind Bestandteil dieser Urkunde.

III.

Das Aktienkapital der Gesellschaft beträgt Fr. 100000.– und ist eingeteilt in 100 Namenaktien zu je Fr. 1000.–, welche zum Ausgabebetrag von Fr. 1000.– je Aktie wie folgt gezeichnet werden:

a)   79   Aktien   von Fritz Hobel
b)   20   Aktien   von Anna Hobel
c) __1   Aktie__   von Max Hammer
    100 Aktien   total

Jeder Gründer verpflichtet sich hiermit bedingungslos, die dem Ausgabebetrag seiner von ihm gezeichneten Aktie(n) entsprechende Einlage zu leisten.

IV.

Es sind folgende Einlagen geleistet worden:

Fr. 50 000.– in Geld, durch Hinterlegung bei der Raiffeisenbank Embrach-Kloten-Dübendorf, Wallisellenstrasse 7a, 8600 Dübendorf, als dem Bundesgesetz über die Banken und Sparkassen unterstelltes Institut, gemäss deren vorliegender schriftlicher Bescheinigung vom [Datum], zur ausschliesslichen Verfügung der Gesellschaft.

Dadurch ist das Aktienkapital teilweise liberiert worden, nämlich

a) 79   Aktien des Gründers Fritz Hobel zu 50 %;
b) 20   Aktien der Gründerin Anna Hobel zu 50 %;
c)   1   Aktie des Gründers Max Hammer zu 50 %;

Jeder Gründer verpflichtet sich, auf erstes Verlangen des Verwaltungsrates die restliche und vollständige Leistung seiner Einlage im Sinne von Art. 634a OR sofort zu erbringen.[1]

V.

Wir stellen fest, dass

1. sämtliche Aktien gültig gezeichnet sind;

2. die versprochenen Einlagen dem gesamten Ausgabebetrag entsprechen;

3. die gesetzlichen und statutarischen Anforderungen an die Leistung der Einlagen erfüllt sind.

---

[1] Aus didaktischen Gründen wird hier das Beispiel einer Teilliberierung gezeigt. Diesbezüglich stimmt der Errichtungsakt nicht mit Art. 3 der Statuten (Anhang 4) überein. Bei einer Gründung mit vollständiger Liberierung des Aktienkapitals wären die letzten beiden Absätze zu ersetzen durch den Hinweis: «Dadurch sind die dem Ausgabebetrag aller Aktien entsprechenden Einlagen vollständig erbracht».

VI.

Wir bestellen als:

A. Verwaltungsrat

1. Fritz Hobel, geb. 10.12.1975, von Wettingen AG, wohnhaft Tischlerstrasse 8, 8600 Dübendorf, zugleich als Präsident[2],
2. Anna Hobel, geb. 4.5.1978, von Wettingen AG, wohnhaft Tischlerstrasse 8, 8600 Dübendorf,

welche hiermit die Annahme erklären.

B. Revisionsstelle

Bilanzia Treuhand AG, Dunkelstrasse 7, 8000 Zürich

Die Annahmeerklärung liegt vor.

VII.

Die soeben als Verwaltungsräte ernannten Gründer erklären:

– *Konstituierung und Zeichnungsberechtigung*

Fritz Hobel, Präsident des Verwaltungsrats, hat Einzelunterschrift.

Anna Hobel ist Mitglied und Sekretärin des Verwaltungsrats mit Einzelunterschrift.

– *Domizil*

Das Domizil befindet sich am Sonnenweg 5 in 8600 Dübendorf (c/o Immertreu AG).

---

[2] Im vorliegenden Beispiel erfolgt die Wahl zum Präsidenten des Verwaltungsrats durch die Gründungsversammlung, weil Art. 7 lit. b und 13 IV der Statuten diese Kompetenz – abweichend von der gesetzlichen Regelung – der Generalversammlung zuweisen (N 2.34).

VIII.

Abschliessend erklären wir die Gesellschaft als den gesetzlichen Vorschriften entsprechend gegründet.

Der Verwaltungsrat hat die Gesellschaft zur Eintragung ins Handelsregister anzumelden.

Dübendorf, [Datum]

....
Fritz Hobel   Anna Hobel

Die unterzeichnende Urkundsperson bestätigt im Sinne von Art. 631 Abs. 1 OR, dass den erschienenen Personen alle in dieser Urkunde einzeln genannten Belege vorgelegen haben.

Diese Urkunde (mit Statuten) enthält den mir mitgeteilten Parteiwillen. Sie ist von den in der Urkunde genannten erschienenen Personen gelesen, als richtig anerkannt und unterzeichnet worden.

Dübendorf, [Datum]

[Beurkundung]

4. Die Gründung

Anhang 9: **Kapitaleinzahlungsbestätigung**

Raiffeisenbank Embrach-Kloten-Dübendorf
Wallisellenstrasse 7a
8600 Dübendorf

Hobel Möbel AG in Gründung

8600 Dübendorf

[Ort, Datum]

Einzahlungsbestätigung

Sehr geehrte Damen und Herren

Wir bestätigen Ihnen hiermit, dass bei uns zugunsten der in Gründung begriffenen

Hobel Möbel AG

auf ein auf deren Namen neu eröffnetes Kapitaleinzahlungskonto eingegangen sind:

Fr. 50 000.– (Franken fünfzigtausend 00/00)

Der hinterlegte Betrag wird nach Eintragung der Gesellschaft im Handelsregister und erfolgter Publikation im Schweizerischen Handelsamtsblatt bzw. vorher bei Vorweisen des Original-Tagebuchauszuges zur freien Verfügung ihrer zeichnungsberechtigten Organe stehen.

Freundliche Grüsse
Raiffeisenbank Embrach-Kloten-Dübendorf

[Unterschriften]

Anhang 10: Vollmacht für die Gründungsversammlung

VOLLMACHT

Ich, Max Hammer, geb. 9.11.1956, von Pfäffikon SZ, wohnhaft Ambossgasse 24, 8305 Dietlikon, erteile hiermit

Herrn Fritz Hobel, geb. 10.12.1975, von Wettingen AG, wohnhaft Tischlerstrasse 8, 8600 Dübendorf,

die Vollmacht, mich an der Gründungsversammlung der Hobel Möbel AG mit Sitz in Dübendorf zu vertreten.

Ich ermächtige ihn,
- alle Aktien zu zeichnen und sie vollständig oder teilweise zu liberieren;
- den Verwaltungsrat und die Revisionsstelle zu wählen;
- sämtliche Entscheidungen in meinem Namen auszuführen;
- alle Urkunden und Akten auszustellen und zu unterzeichnen;
- alle Anmeldungen und Bestätigungen vorzunehmen
- sowie generell alles zu unterzeichnen, was für die Gründung der Gesellschaft nützlich und notwendig ist.

Doppelvertretung, Selbstkontrahieren und Substitution eines Dritten sind dem Bevollmächtigten gestattet.

Diese Vollmacht tritt mit ihrer Unterzeichnung in Kraft und erlischt am [Datum].

Dietlikon, [Datum]

[Unterschrift]

[Beglaubigung]

4. Die Gründung

Anhang 11: Annahmeerklärung für ein Verwaltungsratsmandat

Anna Hobel[3]
Tischlerstrasse 8
8600 Dübendorf

                        Hobel Möbel AG in Gründung
                        8600 Dübendorf

                        Dübendorf, [Datum]

Wahlannahmeerklärung

Sehr geehrte Damen und Herren

Gerne bestätige ich Ihnen, dass ich die Wahl als Verwaltungsratsmitglied der zu gründenden Hobel Möbel AG annehme.

                        Mit freundlichen Grüssen

                        [Unterschrift]

---

[3] In unserem Beispiel ist Anna Hobel an der Gründungsversammlung anwesend und erklärt sie die Annahme der Wahl durch Unterzeichnung des Errichtungsakts und der Handelsregisteranmeldung (Anhang 14), weshalb dieses gesonderte Schreiben entbehrlich ist. Es wäre nur dann notwendig, wenn Anna Hobel nicht persönlich an der Gründungsversammlung teilgenommen hätte, doch wäre es diesfalls wiederum nicht möglich gewesen, den Verwaltungsratsbeschluss über Konstituierung, Zeichnungsberechtigung und Domizil in den Errichtungsakt aufzunehmen, sondern hätte jener in einem gesonderten Verwaltungsratsprotokoll festgehalten werden müssen.

Anhang 12: Annahmeerklärung der Revisionsstelle

Bilanzia Treuhand AG
Dunkelstrasse 7, 8000 Zürich

                                      Hobel Möbel AG in Gründung
                                      8600 Dübendorf

                                        Zürich, [Datum]

Annahmeerklärung

Sehr geehrte Damen und Herren

Wir beziehen uns auf Ihre Anfrage und erklären uns gerne bereit, die Wahl als Revisionsstelle gem. OR 727 ff. der zu gründenden Hobel Möbel AG anzunehmen.

Gleichzeitig können wir Ihnen bestätigen, dass wir die gesetzlichen Anforderungen an Befähigung und Unabhängigkeit erfüllen.

                                        Mit freundlichen Grüssen
                                        Bilanzia Treuhand AG

                                        [Unterschriften]

4. Die Gründung

Anhang 13: Domizilbestätigung

Immertreu AG
Sonnenweg 5
8600 Dübendorf

        An die
        Hobel Möbel AG in Gründung

        8600 Dübendorf

        Dübendorf, [Datum]

Domizilbestätigung

Sehr geehrte Damen und Herren

Gerne bestätigen wir Ihnen, dass wir der Hobel Möbel AG, mit Sitz in Dübendorf, an unserer Adresse (Sonnenweg 5, 8600 Dübendorf) Domizil gewähren.

Mit freundlichen Grüssen

Immertreu AG

[Unterschriften]

Anhang 14: Handelsregisteranmeldung

Handelsregisteramt Kanton Zürich

Handelsregisteranmeldung

Aktiengesellschaft, Neueintragung

1. Firmenbezeichnung

Hobel Möbel AG

2. Sitz (politische Gemeinde)

Dübendorf

3. Strasse und Hausnummer

Sonnenweg 5, 8600 Dübendorf

4. Geschäftsräumlichkeiten

Verfügt die Gesellschaft an obiger Adresse über eigene Geschäftsräumlichkeiten (z.B. als Eigentümerin, Mieterin oder Untermieterin)?

[ ] ja   [x] nein

Wenn nein: Vor- und Familienname bzw. Firmenbezeichnung des Domizilhalters:

Immertreu AG

Unterschrift des Domizilhalters:

Immertreu AG

[Unterschrift]..
(oder separate Domizilannahmeerklärung)

4. Die Gründung 99

5. Beigelegte Belege (bitte ankreuzen, allenfalls ergänzen)

[x] Öffentliche Urkunde über den Errichtungsakt
[x] Statuten
[x] Stampa-Erklärung
[x] (evtl.) Lex-Friedrich-Erklärung oder -Bewilligung
[x] (evtl.) Wahlannahmeerklärungen der Verwaltungsratsmitglieder und der Revisionsstelle
[ ] (evtl.) Verwaltungsratsprotokoll über dessen Konstituierung und die Bestimmung der zeichnungsberechtigten Personen
[x] (evtl.) Bescheinigung einer Bank über die Bareinlagen
[ ] (evtl.) Gründungsbericht
[ ] (evtl.) Prüfungsbestätigung
[ ] (evtl.) Sacheinlageverträge mit Beilagen (Inventare, Übernahmebilanzen)
[ ] (evtl.) bereits vorliegende Sachübernahmeverträge mit Beilagen (Inventare, Übernahmebilanzen)
[ ] (evtl.) Übersetzungen

[ ] (evtl.) weitere:

6. Vorprüfungen

Die Belegentwürfe wurden durch unser Amt unter folgender Firmenbezeichnung vorgeprüft:

Hobel Möbel AG

7. Bestellungen

| 2 | Handelsregisterauszüge nach Publikation im Schweizerischen Handelsamtsblatt (Fr. 50.-/Expl.) |
| x | Eintragungsbestätigung vor Publikation im Schweizerischen Handelsamtsblatt (Fr. 50.-/Expl. + Fr. 70.-) |

Lieferadresse: Hobel Möbel AG, c/o Immertreu AG, Sonnenweg 5 in 8600 Dübendorf

8. Gebührenadresse

Hobel Möbel AG, c/o Immertreu AG, Sonnenweg 5 in 8600 Dübendorf

9. Kontaktadresse und -telefon

Hobel Möbel AG, c/o Immertreu AG, Sonnenweg 5 in 8600 Dübendorf; Tel. 044 820 xx xx

10. Persönliche Unterschriften des Präsidenten (oder des Vizepräsidenten) und eines zweiten Mitgliedes des Verwaltungsrates

Name:	Unterschrift:
Fritz Hobel	[Unterschrift]
Anna Hobel	[Unterschrift]

11. Firmaunterschriften aller zeichnungsberechtigten Mitglieder des Verwaltungsrates und aller übrigen Zeichnungsberechtigten (evtl. weitere Blätter anheften)

Firmenbezeichnung (vgl. Ziffer 1):

Hobel Möbel AG

Name:	Unterschrift:
Fritz Hobel	[Unterschrift] ....
Anna Hobel	[Unterschrift] ....
	....
	....
	....

4. Die Gründung

12. Amtliche Beglaubigung aller unter Ziffer 10 und 11 geleisteten Unterschriften

Vorstehende Unterschriften sind bei einem Notariat, bei einem Gemeindeammannamt oder beim Schalter des Handelsregisteramtes des Kantons Zürich beglaubigen zu lassen. In der Beglaubigung müssen folgende Angaben enthalten sein: Vor- und Familienname, Geburtsdatum, allfällige akademische Titel, Heimatort (bei Ausländern Staatsangehörigkeit), Wohnsitz (politische Gemeinde). Für die Beglaubigung ist der Urkundsperson ein zivilstandsregisterlicher anerkannter Identitätsausweis wie Pass, Identitätskarte oder Ausländerausweis vorzulegen; ein Führerausweis genügt nicht. Im Ausland vorgenommene Beglaubigungen sind mit einer Superlegalisation bzw. mit einer Apostille zu versehen.

Anhang 15: Stampa-Erklärung

Handelsregisteramt Kanton Zürich

Stampa-Erklärung

Die Anmeldenden haben dem Handelsregisteramt zu erklären, dass bei der Gründung, der Kapitalerhöhung oder der nachträglichen Liberierung keine anderen Sachwerte im Sinne von Art. 628 Abs. 1 und 2 oder 778 Abs. 1 und 2 oder 833 Ziff. 2 und 3 OR übernommen worden sind oder unmittelbar nach der Gründung, der Kapitalerhöhung oder der nachträglichen Liberierung übernommen werden sollen, dass keine anderen Verrechnungstatbestände bestehen und dass keine anderen besonderen Vorteile im Sinne von Art. 628 Abs. 3 OR ausbedungen worden sind als die in den Handelsregisterbelegen genannten (Art. 78 Abs. 1 lit. g, Art. 80 Abs. 1 lit. d, Art. 81b Abs. 1, Art. 83 Abs. 1 lit. e HRegV).

Alle Eintragungen in das Handelsregister müssen wahr sein (Art. 38 HRegV). Wer eine Handelsregisterbehörde zu einer unwahren Eintragung veranlasst oder ihr eine eintragungspflichtige Tatsache verschweigt, kann bestraft werden (insbesondere Art. 251 und 253 StGB).

Im Hinblick auf die genannten Bestimmungen erklären die Unterzeichnenden bezüglich der nachgenannten Aktiengesellschaft, Gesellschaft mit beschränkter Haftung, Genossenschaft oder Kommanditaktiengesellschaft

Firma und Sitz
Hobel Möbel AG

Folgendes zur Gründung, Kapitalerhöhung, nachträglichen Liberierung, Schaffung eines Genossenschaftskapitals durch Genossenschaftsanteile (Anteilscheine), Nennwerterhöhung von Anteilscheinen, Erhöhung der Mindestanzahl der von den Genossenschaftern zu übernehmenden Anteilscheine:

1. Sacheinlagen und Sachübernahmen

Die Gesellschaft hat weder von Beteiligten noch von Dritten irgendwelche Vermögenswerte (z.B. Grundstücke, Mobilien, Wertpapiere, Patente, Forderungen, Geschäfte oder Vermögen mit Aktiven und Passiven) übernommen oder zu übernehmen sich verpflichtet mit Ausnahme solcher Werte, die in den Statuten aufgeführt sind.

2. Beabsichtigte Sachübernahme

Die Gesellschaft hat nicht die Absicht, von Beteiligten oder Dritten bestimmte Vermögenswerte von einer gewissen Bedeutung zu übernehmen mit Ausnahme solcher Werte, die in den Statuten aufgeführt sind. Eine beabsichtigte Sachübernahme liegt vor, wenn wegen der Umstände die sichere oder fast sichere Aussicht auf Verwirklichung der Absicht besteht.

3. Verrechnung

Es bestehen keine anderen Verrechnungstatbestände als die aus den Handelsregisterbelegen ersichtlichen.

4. Gründervorteile und Sonderrechte (betrifft nur Aktiengesellschaft)

Die Gesellschaft hat weder Beteiligten noch anderen Personen besondere Vorteile gewährt oder zugesichert (z.B. Beteiligungen am Bilanzgewinn oder Liquidationsüberschuss über die Anteile hinaus, die den Aktionären als solchen zukommen, oder Begünstigungen hinsichtlich des Geschäftsverkehrs mit der Gesellschaft), die nicht in den Statuten aufgeführt sind.

Persönliche Unterschriften derjenigen Personen, welche die Handelsregisteranmeldung unterzeichnen:

Datum: [Datum]

[Unterschriften]

Anhang 16: Lex-Friedrich-Erklärung

Handelsregisteramt Kanton Zürich
Lex-Friedrich-Erklärung

Personen im Ausland[1] bedürfen für den Erwerb von Grundstücken einer Bewilligung der zuständigen kantonalen Behörde (Art. 2 Abs. 1 BewG). Als Erwerb eines Grundstückes gelten auch die Beteiligung an der Gründung und, sofern der Erwerber damit seine Stellung verstärkt, an der Kapitalerhöhung von juristischen Personen, deren tatsächlicher Zweck der Erwerb von Grundstücken ist (Art. 4 Abs. 1 lit. e BewG), die nicht nach Art. 2 Abs. 2 lit. a BewG ohne Bewilligung erworben werden können, sowie die Übernahme eines Grundstückes, das nicht nach Art. 2 Abs. 2 lit. a BewG ohne Bewilligung erworben werden kann, zusammen mit einem Vermögen oder Geschäft (Art. 181 OR) oder durch Fusion (Art. 748 ff., 914 OR), Umwandlung oder Aufspaltung von Gesellschaften, sofern sich dadurch die Rechte des Erwerbers an diesem Grundstück vermehren (Art. 1 Abs. 1 lit. a und b BewV).

Kann der Handelsregisterführer die Bewilligungspflicht nicht ohne weiteres ausschliessen, so setzt er das Eintragungsverfahren aus und verweist die Anmeldenden an die Bewilligungsbehörde (Art. 18 Abs. 1 und 2 BewG).

Im Hinblick auf die Bestimmungen des Bundesgesetzes und der Verordnung über den Erwerb von Grundstücken durch Personen im Ausland erklären die Unterzeichnenden bezüglich der Gesellschaft

Firma und Sitz
Hobel Möbel AG

Folgendes zum angemeldeten Eintragungsgeschäft (Zutreffendes ankreuzen; fehlende Angaben können die Verweisung an die Bewilligungsbehörde zur Folge haben):

4. Die Gründung

ja nein

☐ ☒ 1. Personen im Ausland[1] bzw. Personen, die für Rechnung von Personen im Ausland handeln, sind an obgenannter Gesellschaft beteiligt.

☐ ☒ 2. Personen im Ausland[1] bzw. Personen, die für Rechnung von Personen im Ausland handeln, erwerben im Zusammenhang mit dem angemeldeten Eintragungsgeschäft an obgenannter Gesellschaft neu eine Beteiligung.

Folgende Fragen nur beantworten, falls vorausgesetzter Sachverhalt erfüllt:

☐ ☐ 3. Obgenannte Gesellschaft erwirbt im Zusammenhang mit der angemeldeten Sacheinlage, Sachübernahme, Fusion, Umwandlung oder Aufspaltung Nicht-Betriebsstätte-Grundstücke[2] in der Schweiz.

☐ ☐ 4. Personen im Ausland[1] bzw. Personen, die für Rechnung von Personen im Ausland handeln, haben nach der Kapitalherabsetzung an obgenannter Gesellschaft eine beherrschende Stellung gemäss Art. 6 BewG inne.

[1] *Person im Ausland (Art. 5 BewG):*

✓ Ausländer mit Wohnsitz im Ausland;

✓ Ausländer mit Wohnsitz in der Schweiz, die weder Staatsangehörige eines Mitgliedstaates der Europäischen Gemeinschaft (EG) oder der Europäischen Freihandelsassoziation (EFTA) sind noch eine gültige Niederlassungsbewilligung (Ausländerausweis C) besitzen;

✓ juristische Personen und vermögensfähige Gesellschaften ohne juristische Persönlichkeit, die ihren Sitz im Ausland haben;

✓ juristische Personen und vermögensfähige Gesellschaften ohne juristische Persönlichkeit, die ihren rechtlichen und tatsächlichen Sitz in der Schweiz haben, aber von Personen im Ausland beherrscht werden (Art. 5 Abs. 1 Bst. c BewG);

✓ natürliche und juristische Personen sowie vermögensfähige Gesellschaften ohne juristische Persönlichkeit, die grundsätzlich nicht dem BewG unterliegen, wenn sie ein Grundstück auf Rechnung einer Person im Ausland erwerben (Treuhandgeschäft, Art. 5 Abs. 1 Bst. d BewG).

[2] *Betriebsstätte-Grundstück (Art. 2 Abs. 2 lit. a und Abs. 3 BewG):*
Grundstück, das als ständige Betriebsstätte eines Handels-, Fabrikations- oder eines anderen nach kaufmännischer Art geführten Gewerbes, eines Handwerkbetriebes oder eines freien Berufes dient (inkl. durch Wohnanteilvorschriften vorgeschriebene Wohnungen oder dafür reservierte Flächen).

Persönliche Unterschriften derjenigen Personen, welche die Handelsregisteranmeldung unterzeichnen:

Datum: [Datum]

[Unterschriften]

4. Die Gründung

Anhang 17: Treuhandvertrag für Gründer

TREUHANDVERTRAG

zwischen

Fritz Hobel,
Tischlerstrasse 8, 8600 Dübendorf, *Treugeber*

und

Max Hammer,
Ambossgasse 24, 8305 Dietlikon, *Treuhänder*

1. Der Treuhänder bestätigt hiermit, dass er sich treuhänderisch an der Gründung der Hobel Möbel AG beteiligt und die von ihm gezeichnete eine Namenaktie treuhänderisch für den Treugeber hält.
2. Der Treuhänder bestätigt, dass diese Aktie dem Treugeber wirtschaftlich zu unbeschränktem Eigentum gehört, und er erklärt, dass ihm an der Aktie oder gegenüber der Hobel Möbel AG keinerlei Ansprüche gesetzlicher, statutarischer oder vermögensrechtlicher Art zustehen.
3. Der Treuhänder verpflichtet sich, dem Treugeber diese Aktie auf erstes Verlangen zurückzugeben oder auf die von diesem benannte Person zu übertragen.
4. Der Treuhänder verpflichtet sich, dem Treugeber sämtliche Erträgnisse herauszugeben, welche er in seiner Eigenschaft als Aktionär erhält, und die Aktie weder zu verkaufen noch sonstwie auf Dritte zu übertragen noch zu verpfänden oder anderweitig zu belasten.
5. Der Treuhänder erbringt seine Dienste gefälligkeitshalber.
6. Der Treugeber verpflichtet sich, den Treuhänder im Rahmen der Gründungshaftung seinerseits nicht zu belangen und ihn für den Fall, dass er von Dritten diesbezüglich in Anspruch genommen werden sollte, schadlos zu halten – alles unter dem Vorbehalt, dass der Treuhänder nicht aufgrund eigenen schuldhaften Verhaltens einen Schaden verursacht hat. Soweit der Treuhänder auf Angaben des Treugebers vertraut hat, kann ihm dies nicht als schuldhaftes Verhalten angerechnet werden.

Dübendorf, [Datum]

Der Treugeber: Der Treuhänder:

Fritz Hobel Max Hammer

**Anhang 18: Gründungsurkunde mit Sacheinlage,
beabsichtigter Sachübernahme und Vollliberierung**

Öffentliche Beurkundung

Gründung
der
Hobel Möbel AG
mit Sitz in Dübendorf

Im Amtslokal des Notariates Dübendorf sind heute erschienen:
1. Fritz Hobel, geb. 10.12.1975, von Wettingen AG, wohnhaft Tischlerstrasse 8, 8600 Dübendorf,
2. Anna Hobel, geb. 4.5.1978, von Wettingen AG, wohnhaft Tischlerstrasse 8, 8600 Dübendorf,
3. Max Hammer, geb. 9.11.1956, von Pfäffikon SZ, wohnhaft Ambossgasse 24, 8305 Dietlikon,

und erklären:

I.

Unter der Firma

Hobel Möbel AG

gründen wir gemäss den Bestimmungen des Schweizerischen Obligationenrechtes (OR) eine Aktiengesellschaft mit Sitz in Dübendorf.

II.

Den uns vorliegenden Statutenentwurf legen wir als gültige Statuten der in Gründung begriffenen Gesellschaft fest. Sie sind Bestandteil dieser Urkunde.

III.

Das Aktienkapital der Gesellschaft beträgt Fr. 100 000.– und ist eingeteilt in 100 Namenaktien zu je Fr. 1 000.–, welche zum Ausgabebetrag von Fr. 1 000.– je Aktie wie folgt gezeichnet werden.

a)	79	Aktien	von Fritz Hobel
b)	20	Aktien	von Anna Hobel
c)	1	Aktie	von Max Hammer
	100	Aktien	total

4. Die Gründung

Jeder Gründer verpflichtet sich hiermit bedingungslos, die dem Ausgabebetrag seiner von ihm gezeichneten Aktie(n) entsprechende Einlage zu leisten.

IV.

Es sind folgende Einlagen geleistet worden:

a) Fr. 80000.– in Geld, durch Hinterlegung bei der Raiffeisenbank Embrach-Kloten-Dübendorf, Wallisellenstrasse 7a, 8600 Dübendorf, als dem Bundesgesetz über die Banken und Sparkassen unterstelltes Institut, gemäss deren vorliegender schriftlicher Bescheinigung vom [Datum], zur ausschliesslichen Verfügung der Gesellschaft.

b) Die in den Statuten angegebene Sacheinlage[4] gemäss folgenden, uns vorliegenden Unterlagen:

1. Sacheinlagevertrag vom [Datum], welcher von uns genehmigt wird, mit der Bestätigung, dass die Gesellschaft nach ihrer Eintragung in das Handelsregister sofort als Eigentümerin über die Sacheinlage verfügen kann.
2. Gründungsbericht gemäss Art. 635 OR vom [Datum] über die Art und den Zustand der Sacheinlage und die Angemessenheit der Bewertung, welcher von allen Gründern oder ihren Vertretern unterzeichnet worden ist.
3. Prüfungsbestätigung gemäss Art. 635a OR vom [Datum] der Revisorin Bilanzia Treuhand AG, Dunkelstrasse 7, 8000 Zürich, wonach der Gründungsbericht vollständig und richtig ist.

Dadurch sind die dem Ausgabebetrag aller Aktien entsprechenden Einlagen vollständig erbracht.

Ferner beabsichtigt die in Gründung begriffene Gesellschaft die in den Statuten angegebene beabsichtigte Sachübernahme[5] zu tätigen. Darüber besteht noch kein Vertrag. In diesem Zusammenhang liegen uns vor:

1. Gründungsbericht gemäss Art. 635 OR vom [Datum] über die Art und den Zustand der beabsichtigten Sachübernahme und die Angemessenheit der Bewertung, welcher von allen Gründern oder ihren Vertretern unterzeichnet worden ist.

---

[4] Im vorliegenden Beispiel wird davon ausgegangen, Fritz Hobel bringe sein Transportfahrzeug im Wert von Fr. 20 000.- ein.

[5] Zum Beispiel ein elektronisches Holzbearbeitungszentrum.

2. Prüfungsbestätigung gemäss Art. 635a OR vom [Datum] der Revisorin Bilanzia Treuhand AG, Dunkelstrasse 7, 8000 Zürich, wonach der Gründungsbericht vollständig und richtig ist.

V.

Wir stellen fest, dass

1. sämtliche Aktien gültig gezeichnet sind;
2. die versprochenen Einlagen dem gesamten Ausgabebetrag entsprechen;
3. die gesetzlichen und statutarischen Anforderungen an die Leistung der Einlagen erfüllt sind.

VI.

Wir bestellen als:

A. Verwaltungsrat

1. Fritz Hobel, geb. 10.12.1975, von Wettingen AG, wohnhaft Tischlerstrasse 8, 8600 Dübendorf, zugleich Präsident des Verwaltungsrats[6]
2. Anna Hobel, geb. 4.5.1978, von Wettingen AG, wohnhaft Tischlerstrasse 8, 8600 Dübendorf

B. Revisionsstelle

Bilanzia Treuhand AG, Dunkelstrasse 7, 8000 Zürich

Die Annahmeerklärung liegt vor.

VII.

Die soeben als Verwaltungsräte ernannten Gründer erklären:

– *Konstituierung und Zeichnungsberechtigung*

Fritz Hobel, Präsident des Verwaltungsrats, hat Einzelunterschrift.

Anna Hobel ist Mitglied und Sekretärin des Verwaltungsrats mit Einzelunterschrift.

---

[6] Im vorliegenden Beispiel erfolgt die Wahl zum Präsidenten des Verwaltungsrats durch die Gründungsversammlung, weil Art. 7 lit. b und 13 IV der Statuten diese Kompetenz – abweichend von der gesetzlichen Regelung – der Generalversammlung zuweisen (N 2.34).

4. Die Gründung

– *Domizil*

Das Domizil befindet sich an der Bahnhofstrasse 2 in 8600 Dübendorf (eigenes Geschäftsbüro).

VIII.

Abschliessend erklären wir die Gesellschaft als den gesetzlichen Vorschriften entsprechend gegründet.

Der Verwaltungsrat hat die Gesellschaft zur Eintragung ins Handelsregister anzumelden.

Ferner bevollmächtigen wir jeden Gründer einzeln, allfällige wegen Beanstandung durch die Handelsregisterbehörde erforderliche Änderungen an den Statuten oder am Errichtungsakt durch einen öffentlich zu beurkundenden Nachtrag namens aller Gründer vorzunehmen.

Dübendorf, [Datum]

....
Fritz Hobel   Anna Hobel   Max Hammer

Die unterzeichnende Urkundsperson bestätigt im Sinne von Art. 631 Abs. 1 OR, dass den erschienenen Personen alle in dieser Urkunde einzeln genannten Belege vorgelegen haben.

Diese Urkunde (mit Statuten) enthält den mir mitgeteilten Parteiwillen. Sie ist von den in der Urkunde genannten erschienenen Personen gelesen, als richtig anerkannt und unterzeichnet worden.

Dübendorf, [Datum]

[Beurkundung]

Anhang 19: Gründungsurkunde bei Vermögensübertragung durch eine eingetragene Einzelfirma

Öffentliche Beurkundung

Gründung
der
Hobel Möbel AG
mit Sitz in Dübendorf

– infolge Vermögensübertragung durch Schreinerei Fritz Hobel
(Firmennummer CH-…) –

Im Amtslokal des Notariates Dübendorf sind heute erschienen:

1. Fritz Hobel, geb. 10.12.1975, von Wettingen AG, wohnhaft Tischlerstrasse 8, 8600 Dübendorf,
2. Anna Hobel, geb. 4.5.1978, von Wettingen AG, wohnhaft Tischlerstrasse 8, 8600 Dübendorf,
3. Max Hammer, geb. 9.11.1956, von Pfäffikon SZ, wohnhaft Ambossgasse 24, 8305 Dietlikon,

und erklären:

I.

Unter der Firma

Hobel Möbel AG

gründen wir gemäss den Bestimmungen des Schweizerischen Obligationenrechtes (OR) eine Aktiengesellschaft mit Sitz in Dübendorf.

II.

Diese Gründung stützt sich auf folgende, uns vorliegende Belege:

– Übertragungsvertrag gemäss Art. 70 und 71 FusG vom [Datum] mit Schreinerei Fritz Hobel, Tischlerstrasse 8, 8600 Dübendorf, samt Inventar mit der eindeutigen Bezeichnung der zu übertragenden Gegenstände des Aktiv- und Passivvermögens.

4. Die Gründung

- Gründungsbericht gemäss Art. 635 OR vom [Datum] über die Art und den Zustand des zu übertragenden Vermögens und die Angemessenheit der Bewertung, welcher von allen Gründern oder ihren Vertretern unterzeichnet worden ist.
- Prüfungsbestätigung gemäss Art. 635a OR vom [Datum] der Revisorin Bilanzia Treuhand AG, Dunkelstrasse 7, 8000 Zürich, wonach der Gründungsbericht vollständig und richtig ist.

III.

Das Aktienkapital der Gesellschaft beträgt Fr. 100 000.– und ist eingeteilt in 100 Namenaktien zu je Fr. 1000.–, welche zum Ausgabebetrag von Fr. 1000.– je Aktie wie folgt gezeichnet werden.

a) 79 Aktien von Fritz Hobel

b) 20 Aktien von Anna Hobel

c) <u>1 Aktie</u> von Max Hammer

<u>100 Aktien</u> total

Jeder Gründer verpflichtet sich hiermit bedingungslos, die dem Ausgabebetrag seiner von ihm gezeichneten Aktie(n) entsprechende Einlage zu leisten.

IV.

Als Einlagen werden die gemäss Übertragungsvertrag auf die mit diesem Errichtungsakt gegründete Gesellschaft zu übertragenden Vermögenswerte mit Aktiven von Fr. 323 120.15 und Passiven von Fr. 221 217.40 geleistet. Dadurch sind die dem Ausgabebetrag aller Aktien entsprechenden Einlagen vollständig erbracht.

Der Übertragungsvertrag samt Inventar wird von uns ausdrücklich genehmigt.

V.

Wir stellen fest, dass

1. sämtliche Aktien gültig gezeichnet sind;
2. die versprochenen Einlagen dem gesamten Ausgabebetrag entsprechen;
3. die gesetzlichen und statutarischen Anforderungen an die Leistung der Einlagen erfüllt sind.

VI.

Den uns vorliegenden Statutenentwurf legen wir als gültige Statuten der in Gründung begriffenen Gesellschaft fest. Sie sind Bestandteil dieser Urkunde.

VII.

Wir bestellen als:

A. Verwaltungsrat

1. Fritz Hobel, geb. 10.12.1975, von Wettingen AG, wohnhaft Tischlerstrasse 8, 8600 Dübendorf, zugleich Präsident des Verwaltungsrats[7]
2. Anna Hobel, geb. 4.5.1978, von Wettingen AG, wohnhaft Tischlerstrasse 8, 8600 Dübendorf

B. Revisionsstelle

Bilanzia Treuhand AG, Dunkelstrasse 7, 8000 Zürich

Die Annahmeerklärung liegt vor.

VIII.

Wir nehmen zur Kenntnis, dass der Verwaltungsrat beabsichtigt, das Domizil der Gesellschaft an der Bahnhofstrasse 2 in 8600 Dübendorf (eigene Büros) festzulegen.[8]

IX.

Abschliessend erklären wir die Gesellschaft als den gesetzlichen Vorschriften entsprechend gegründet.

Der Verwaltungsrat hat die Gesellschaft (gleichzeitig und zusammen mit der Anmeldung der Vermögensübertragung durch den übertragenden Rechtsträger, vgl. Art. 73 FusG sowie Art. 108 HRV) zur Eintragung ins Handelsregister anzumelden.

---

[7] Im vorliegenden Beispiel erfolgt die Wahl zum Präsidenten des Verwaltungsrats durch die Gründungsversammlung, weil Art. 7 lit. b und 13 IV der Statuten diese Kompetenz – abweichend von der gesetzlichen Regelung – der Generalversammlung zuweisen (N 2.34).

[8] Abweichend von den Anhängen 8 und 18 werden die Verwaltungsratsbeschlüsse im vorliegenden Beispiel nicht direkt anlässlich der Gründungsversammlung, sondern anlässlich einer gesonderten Verwaltungsratssitzung (Anhang 23) gefasst.

Dübendorf, [Datum]

....
Fritz Hobel   Anna Hobel   Max Hammer

Die unterzeichnende Urkundsperson bestätigt im Sinne von Art. 631 Abs. 1 OR, dass den erschienenen Personen alle in dieser Urkunde einzeln genannten Belege vorgelegen haben.

Diese Urkunde (mit Statuten) enthält den mir mitgeteilten Parteiwillen. Sie ist von den in der Urkunde genannten erschienenen Personen gelesen, als richtig anerkannt und unterzeichnet worden.

Dübendorf, [Datum]

[Beurkundung]

Anhang 20: Sacheinlagevertrag
   (Vermögensübertragung gem. FusG 69 ff.)

SACHEINLAGE- UND VERMÖGENSÜBERTRAGUNGSVERTRAG

zwischen

Hobel Möbel AG in Gründung,
mit künftigem Sitz in Dübendorf, *Erwerberin*
vertreten durch ihre Gründer

- Fritz Hobel,
  Tischlerstrasse 8, 8600 Dübendorf,

- Anna Hobel,
  Tischlerstrasse 8, 8600 Dübendorf,

- Max Hammer,
  Ambossgasse 24, 8305 Dietlikon,

einerseits,

und

Fritz Hobel,
Tischlerstrasse 8, 8600 Dübendorf, *Sacheinleger*
andererseits

1. Die Erwerberin übernimmt vom Sacheinleger das gesamte Vermögen mit Aktiven und Passiven von dessen unter der Einzelfirma «Schreinerei Fritz Hobel» (Firmennummer CH-...) betriebenem Geschäft zu den nachstehenden Bedingungen im Sinne von Art. 69 ff. des Fusionsgesetzes.

2. Der Sacheinleger bringt das gesamte Vermögen der Einzelfirma «Schreinerei Fritz Hobel» gemäss Übernahmebilanz per [Datum] (Anlage 1) und Inventar per [Datum] (Anlage 2) ein, welche diesem Vertrag als integrierende Bestandteile beigeheftet sind. Die Aktiven betragen Fr. 323 120.15 und die Passiven Fr. 221 217.40, woraus ein Aktivenüberschuss von Fr. 101 902.75 resultiert.

3. Im Rahmen dieser Vermögensübertragung gehen insbesondere auch alle in der als integrierender Vertragsbestandteil beigehefteten Liste aufgeführten Arbeitsverhältnisse (Anlage 3) vom Einleger auf die Erwerberin über.

4. Die Gründung

4. Der Übernahmepreis beträgt Fr. 101 902.75 und wird getilgt durch Zuteilung von als voll liberiert geltenden Namenaktien der Erwerberin à je Fr. 1000.– Nennwert an folgende Personen und in folgendem Umfang:

- an Fritz Hobel   79 Aktien
- an Anna Hobel   20 Aktien
- an Max Hammer   <u>1 Aktie</u>
Total   <u>100 Aktien</u>

sowie durch Gutschrift des Restbetrages von Fr. 1902.75 auf Kontokorrent zugunsten des Sacheinlegers.

5. Der Sacheinleger gewährleistet der Erwerberin, dass die übertragenen Sachwerte nicht mit Ansprüchen Dritter belastet und gemäss den obligationenrechtlichen Vorschriften bewertet worden sind und dass sämtliche Verbindlichkeiten des einzubringenden Geschäfts in der Übernahmebilanz aufgeführt und Risiken irgendwelcher Art durch entsprechende Rückstellungen voll gedeckt sind.

6. Die Erwerberin kann mit ihrer Entstehung über die gesamte Sacheinlage frei verfügen.

7. Sollte die Gründung der Erwerberin aus irgendwelchen Gründen nicht zustande kommen, fällt dieser Vertrag unter Ausschluss jeder persönlichen Haftung der Gründer dahin.

Dübendorf, [Datum]

Für die Hobel Möbel AG in Gründung
deren Gründer: Der Sacheinleger:

_____ _____ _____   _____
Fritz Hobel   Anna Hobel   Max Hammer   Fritz Hobel

Anlagen: 1   Übernahmebilanz per [Datum]
          2   Inventar per [Datum]
          3   Liste der auf die Erwerberin übergehenden Arbeitsverhältnisse vom [Datum]

Anhang 21: **Gründungsbericht (Sacheinlage)**

> An die
> Gründungsversammlung der
> Hobel Möbel AG

Gründungsbericht

Als Gründer der Hobel Möbel AG bestätigen wir im Sinne von Art. 635 OR, dass sämtliche in der Übernahmebilanz der Einzelfirma «Schreinerei Fritz Hobel» per [Datum] aufgeführten Positionen tatsächlich vorhanden, ihrem Zustand entsprechend bilanziert und nach obligationenrechtlichen Grundsätzen wie auch nach den Prinzipien ordnungsgemässer Buchführung richtig und angemessen bewertet worden sind.

Zu den einzelnen Bilanzpositionen geben wir folgende Erklärungen ab:

I. Aktiven

[Erläuterungen zu den einzelnen Bilanzpositionen]

II. Passiven

[Erläuterungen zu den einzelnen Bilanzpositionen]

Die Einzelfirma «Schreinerei Fritz Hobel» wurde vom unterzeichnenden Gründer Fritz Hobel am [Datum] gegründet. Die Übernahmebilanz wurde in strikter Beachtung des Grundsatzes der Bilanzkontinuität nach denselben Buchführungsprinzipien erstellt, die in den vergangenen [ ] Jahren beachtet worden sind; namentlich wurden auch weder Bilanzpositionen aufgewertet noch stille Reserven aufgelöst.

Dübendorf, [Datum]

Die Gründer:

_____ _____ _____
Fritz Hobel Anna Hobel Max Hammer

4. Die Gründung

Anhang 22: Prüfungsbestätigung des Gründungsprüfers

Bilanzia Treuhand AG
Dunkelstrasse 7, 8000 Zürich

An die
Gründungsversammlung der Hobel Möbel AG

8600 Dübendorf

Prüfungsbestätigung

Sehr geehrte Damen und Herren

Als Gründungsprüfer Ihrer zu gründenden Gesellschaft Hobel Möbel AG haben wir den von Ihnen vorgelegten Gründungsbericht vom [Datum] im Sinne der gesetzlichen Vorschriften geprüft. Unsere Prüfung erfolgte nach anerkannten Grundsätzen des Berufsstandes. Wir bestätigen, dass wir die gesetzlichen Anforderungen an Befähigung und Unabhängigkeit erfüllen.

Aufgrund unserer Prüfung stellen wir fest, dass die Angaben im Gründungsbericht vollständig und richtig sind und den gesetzlichen Vorschriften entsprechen.

Zürich, [Datum]   Bilanzia Treuhand AG

[Unterschriften]

Leitende Revisoren

Beilage: Gründungsbericht

Anhang 23: **Protokoll der konstituierenden Verwaltungsratssitzung**[9]

Protokoll

der 1. Sitzung des Verwaltungsrats der Hobel Möbel AG in Gründung, mit Sitz in Dübendorf

Datum und Zeit:	[...]
Ort:	Hobel Möbel AG in Gründung, Bahnhofstrasse 2, 8600 Dübendorf, Sitzungszimmer
Anwesend:	Fritz Hobel
	Anna Hobel
Vorsitz:	Fritz Hobel
Protokoll:	Anna Hobel
Traktanden:	1. Konstituierung und Zeichnungsberechtigung
	2. Domizil
	3. Organisationsreglement

1. Konstituierung und Zeichnungsberechtigung

Der Verwaltungsrat nimmt Kenntnis davon, dass die heutige Gründungsversammlung Herrn Fritz Hobel zum Präsidenten des Verwaltungsrats gewählt hat, konstituiert sich im Übrigen wie folgt und erteilt folgende Zeichnungsberechtigungen:

– Fritz Hobel: Präsident und Delegierter des Verwaltungsrats mit Einzelunterschrift

– Anna Hobel: Mitglied und Sekretärin des Verwaltungsrats mit Einzelunterschrift

2. Domizil

Das Domizil der Gesellschaft befindet sich an der Bahnhofstrasse 2 in 8600 Dübendorf.

---

[9] Dieses Verwaltungsratsprotokoll ergänzt die in Anhang 19 wiedergegebene Gründungsurkunde.

3. Organisationsreglement

Das vorliegende Organisationsreglement wird durch Unterzeichnung aller Mitglieder des Verwaltungsrats genehmigt und heute in Kraft gesetzt.

———————————— ————————————

Fritz Hobel, Präsident   Anna Hobel, Sekretärin

Anhang: Organisationsreglement

5. Aktien und andere Beteiligungspapiere

A) Vorbemerkung

Nach dem erfolgreichen Abschluss der Gründung sieht sich der frisch gewählte Verwaltungsrat mit der Frage konfrontiert, ob er nun Aktien ausstellen, ein Aktienbuch führen, allenfalls Genuss- oder Partizipationsscheine ausgeben müsse und wie dabei vorzugehen sei. Im Folgenden soll daher all diesen Fragen rund um die Beteiligungspapiere nachgegangen werden, was zugleich Gelegenheit bietet, die damit zusammenhängenden materiellen Rechtsfragen – wie insbesondere die Vinkulierung – zu behandeln. Keinesfalls soll man sich ob der Vielfalt der dabei gestreiften Themen verunsichern lassen, wird die praktische juristische Arbeit im KMU-Bereich doch in aller Regel nur gerade durch vier davon geprägt: Die private AG entscheidet sich in ihren Statuten entweder für *Inhaber-* (N 5.11 ff.) oder (meist) *Namenaktien* (N 5.15 ff.), wobei sie Letztere allenfalls *vinkuliert* (N 5.43 ff.) und/oder zu *Stimmrechtsaktien* (N 5.32 ff.) ausgestaltet.

5.1 Gegenstand dieses Kapitels

B) Die Aktie und ihre Verurkundung

a) Was ist eine Aktie?

Der Begriff «Aktie» hat mehrere Bedeutungen: Einmal versteht man darunter eine *Teilsumme* des Aktienkapitals (so z.B. in OR 620 I), einmal werden damit *sämtliche Rechte und Pflichten eines Aktionärs* zusammengefasst (so z.B. in N 1.8). Schliesslich und vor allem aber denkt man beim Wort «Aktie» an die *Urkunde*, in der die Mitgliedschaft des Aktionärs verbrieft ist.

5.2 Mehrdeutigkeit des Begriffs

Aktienurkunden erleichtern dem Aktionär die *Geltendmachung seiner Rechte* gegenüber der AG und die *Übertragung seiner Aktionärsstellung*.

5.3 Der Zweck der Aktienurkunden

b) *Wertpapier und Beweisurkunde*

5.4 Beweisurkunde

In kleinen Verhältnissen möchten die Aktionäre zwar oftmals gern «etwas in den Händen haben», doch beabsichtigen sie vorderhand nicht, ihre Aktien zu verkaufen oder zu verpfänden. Es kommt ihnen also nicht vordringlich auf die leichte Übertragbarkeit an, sondern darauf, dass sie eine Urkunde besitzen, mit der sie im Fall von Unklarheiten oder im Verkehr mit Dritten ihre Aktionärsstellung beweisen könnten. In dieser Situation kann sich die AG damit begnügen, ihren Aktionären blosse Bescheinigungen über die Mitgliedschaft abzugeben.

5.5 Übertragung und Verpfändung der in einer Beweisurkunde festgehaltenen Rechte

Für die *Übertragung* der Aktionärsstellung spielt eine solche Beweisurkunde keine Rolle (abgesehen davon, dass sie dem Nachfolger ausgehändigt werden muss; OR 170 II): Der Aktionär, der nur eine Beweisurkunde besitzt, muss seine Mitgliedschaft genau gleich wie einer, dessen Gesellschaft überhaupt keine Papiere ausgegeben hat (N 5.9), durch *Zession* gemäss OR 164 ff. übertragen, also mit seinem Nachfolger einen schriftlichen Abtretungsvertrag abschliessen (Anhang 24). Die *Verpfändung* einer solchen Aktie erfolgt durch einen schriftlichen Pfandvertrag und (gegebenenfalls) Übergabe der Beweisurkunde an den Pfandgläubiger (ZGB 900 I).

5.6 Wertpapier

Die AG kann aber die Mitgliedschaftsrechte auch viel enger mit der Aktienurkunde verknüpfen, indem sie erklärt, dass die *Aktionärsstellung nicht ohne das Papier übertragen* werden, der Aktionär *ohne Vorlegung des Aktientitels von ihr keine Leistung* verlangen und sie ihrerseits *nur an jemanden, der das Papier vorweist, mit befreiender Wirkung leisten* kann. Sind sich die AG und ihre Aktionäre einig darüber, dass den Aktientiteln eine solche Bedeutung zukommen soll, sind diese nicht mehr blosse Beweisurkunden, sondern *Wertpapiere*: Die Mitgliedschaft ist im Papier verkörpert (ähnlich wie ein Geldschein einen bestimmten Wert verkörpert); mit der Übertragung des Papiers wird die Mitgliedschaft selbst übertragen. Geht das Papier einmal verloren, muss es deshalb in einem speziellen Verfahren kraftlos erklärt werden, damit wieder der wirkliche Aktionär und nicht irgendein Finder oder Dieb seine Rechte geltend machen kann (N 5.84 ff.). Solche Wertpapiere stellen z.B. verurkundete Namen- oder Inhaberaktien dar (N 5.11 ff.).

Werden Aktientitel ausgegeben, so sollten sie mindestens folgende Angaben enthalten (Anhang 25, 26 und 31):

5.7
Mindestinhalt von Aktientiteln

a) den Begriff *«Aktie»* (Namen- oder Inhaberaktie; bestehen verschiedene Aktienkategorien, ist zudem die Bezeichnung als «Vorzugsaktie» bzw. «Stimmrechtsaktie» einerseits und – für die «normalen» Aktien – «Stammaktie» andererseits sinnvoll; Anhang 31);

b) die *Firma* und den *Sitz* der AG, gegenüber welcher das verurkundete Recht besteht;

c) eine *Nummer* oder einen *Buchstaben*, damit die einzelnen Aktientitel voneinander unterschieden werden können;

d) den *Nennwert* der Aktie;

e) sofern die Aktie nicht voll liberiert ist: den *einbezahlten Betrag* (OR 687 IV);

f) die *Bezeichnung des Berechtigten* (Name des Aktionärs oder «Inhaber»);

g) bei Namenaktien: Bescheinigung der *Eintragung im Aktienbuch* (OR 686 III);

h) bei Namenaktien: sinnvoller-, aber nicht notwendigerweise einen Hinweis auf allfällige *Übertragungsbeschränkungen*;

i) die *Unterschrift* mindestens eines zeichnungsberechtigten Verwaltungsratsmitgliedes (OR 622 V; werden Aktien in grosser Zahl ausgegeben, genügt gem. OR 14 II grundsätzlich eine Faksimile-Unterschrift).

c) *Die AG ohne Aktienurkunden*

Zwar entspricht es dem Typus der «anonymen» AG (N 1.9, 6.6), dass die Mitgliedschaft in einem leicht übertragbaren Wertpapier verkörpert wird, doch ist umstritten, ob die Aktionäre ihre AG tatsächlich zwingen können, die Aktien in Wertpapieren (N 5.6) zu verbriefen. Fest steht aber, dass jeder Aktionär zumindest einen jederzeit durchsetzbaren Anspruch auf Aushändigung einer Beweisurkunde (N 5.4 f.) über seine Aktionärsstellung hat.

5.8
Recht auf Verurkundung

5.9 Die «papierlose» kleine AG	Private Aktiengesellschaften (N 1.18) verzichten denn auch häufig auf die Ausgabe der statutarisch vorgesehenen Wertpapiere, sei es, weil sie dies als unnötig erachten, sei es, weil dies vergessen geht. Der Verzicht auf die Ausgabe von Wertpapieren muss nicht immer nachteilig sein, betrachtet doch der intime Kreis persönlich miteinander bekannter Aktionäre die ausgegebenen Aktientitel oftmals eher als blosse Formalität denn als sorgsam zu verwahrende Wertpapiere, weshalb Aktien leicht verloren gehen und dann – z.B. um die Verhältnisse im Zusammenhang mit einem Verkauf oder einer Erbteilung zu bereinigen – in einem aufwändigen Verfahren kraftlos erklärt werden müssen (N 5.84 f.). Erscheint es vor diesem Hintergrund als durchaus legitim, keine Aktientitel auszustellen, so kann umgekehrt z.B. die Vereinbarung von Erwerbsrechten (N 1.34, 7.11 ff.) in einem Aktionärbindungsvertrag die Ausgabe von Wertpapieren erforderlich machen, indem die Einhaltung solcher Vereinbarungen am einfachsten dadurch sichergestellt wird, dass die Vertragsparteien ihre Aktientitel – ohne welche ein Verkauf an einen Dritten nicht vollzogen werden kann (N 5.6) – gemeinsam bei einem Treuhänder hinterlegen (N 7.15, 7.17; Anhang 42 Ziff. 10). Sieht eine AG in ihren Statuten zwar Namen- oder sogar Inhaberaktien vor, ohne solche in der Folge auszugeben, müssen die Aktionäre ihre Aktionärsstellung und die daraus fliessenden Rechte im Streitfall aufgrund des *Errichtungsakts* sowie einer *lückenlosen Kette von schriftlichen Abtretungserklärungen* beweisen (OR 165 I). Bleiben Namenaktien unverbrieft, führt die AG aber wenigstens ein *Aktienbuch* (N 5.18 ff.), kann der Aktionär seine Legitimation auch aus diesem herzuleiten versuchen (Anhang 4 Art. 5 I). Zur Übertragung und Verpfändung unverbriefter Aktien sei auf N 5.5 verwiesen.
5.10 Die «papierlose» Publikumsgesellschaft	Aus ganz anderen Gründen als die eben betrachteten privaten AGs sehen Publikumsgesellschaften von der Ausstellung von Wertpapieren ab: Im Zuge der allgemeinen Rationalisierungstendenz, den Handel mit Beteiligungsrechten von physischen Urkunden loszulösen – an der Börse also nicht mehr Wertpapiere, sondern «Wertrechte» zu handeln –, änderten die Publikumsgesellschaften ihre Statuten zunächst dahingehend ab, dass sie statt herkömmlicher Namenaktien für jeden Aktionär ein *Einwegzertifikat* über alle jenem zustehenden Aktien ausstellten, welches bei einer Übertragung vernichtet und – nach allfälliger Genehmigung

5. Aktien und andere Beteiligungspapiere

aufgrund des Vinkulierungsregimes – durch ein neues, auf den Erwerber lautendes Einwegzertifikat ersetzt wurde. War damit das «Papier» bereits einmal für die Aktienübertragung entbehrlich geworden, so wurde die Entmaterialisierung schon bald durch die Einführung von *Namenaktien mit aufgeschobenem Titeldruck* noch weiter vorangetrieben: Die Publikumsgesellschaften sehen in ihren Statuten vor, dass Aktientitel nur auf ausdrücklichen Wunsch eines Aktionärs ausgegeben werden (Anhang 27). Solange dies nicht geschieht – und es geschieht eigentlich nie –, läuft der Handel «papierlos» ab, erfolgen also statt einer Übertragung des Papiers *nur noch elektronische Buchungen* bei der – aus der früheren SEGA Schweizerische Effekten-Giro AG hervorgegangenen – Clearingstelle *SIS SegaInterSettle AG* (über den Bestand der bei ihr angeschlossenen Depotbank), bei der *Depotbank* (im Unterregister für ihren Kunden) und bei der AG im *Aktienbuch* (für jeden Aktionär). Der Aktionär legitimiert sich gegenüber der AG durch seinen Eintrag im Aktienbuch. Noch einen Schritt weiter gehen Gesellschaften, welche *Namenaktien ohne Anspruch auf Titeldruck* einführen, indem sie ihren Aktionären in den Statuten zwar das Recht einräumen, jederzeit eine Beweisurkunde (N 5.4) über ihren Aktienbestand zu verlangen, ihnen aber keinen Anspruch auf Druck und Auslieferung von Wertpapieren (N 5.6) geben (Anhang 28). Solche Statutenbestimmungen erscheinen zulässig, weil die *Beweisbarkeit* der Aktionärsstellung durch die Beweisurkunde und die wertpapierähnliche *Verkehrsfähigkeit* durch das SIS-System gewährleistet bleiben.

C) Die Unterscheidung der Aktien nach der Art ihrer Verurkundung

a) Inhaberaktien

Eine Inhaberaktie ist ein Wertpapier, in welchem die AG erklärt, dass sie jeden Inhaber des Papiers als Aktionär anerkennt und behandelt (OR 689a II; Anhang 25). Inhaberaktien sind eigentliche Inhaberpapiere im Sinne des allgemeinen Wertpapierrechts (OR 978 I).

5.11 Inhaberpapier

Inhaberaktien darf die AG erst ausstellen, nachdem deren voller Nennwert einbezahlt worden ist. Vor der Vollliberierung ausgegebene Inhaberaktien sind nichtig (OR 683).

5.12 Ausgabe

5.13
Übertragung, Legitimation und Verpfändung

Ein Inhaberaktionär kann seine Mitgliedschaft äusserst einfach übertragen (d. h. verschenken, verkaufen usw.). Er braucht nichts weiter zu tun, als ein *gültiges Verpflichtungsgeschäft* abzuschliessen (Kaufvertrag, Schenkung etc.) und den *Aktientitel* seinem Vertragspartner zu *übergeben*. Damit wird dieser neuer Inhaber, und die AG muss und darf nun nur ihn als Aktionär anerkennen: Wer immer die Inhaberaktie vorlegt, muss zur Generalversammlung zugelassen werden, hat Anspruch auf Dividenden usw. (OR 689a II). Die *Verpfändung* einer Inhaberaktie erfolgt durch einen formlos – also auch mündlich oder stillschweigend – gültigen, vorzugsweise aber schriftlich abzuschliessenden Pfandvertrag und Übergabe des Aktientitels (ZGB 901 I).

5.14
Vor- und Nachteile

Inhaberpapiere haben den Vorteil der einfachen und anonymen Handelbarkeit. Oft werden sie nicht einmal mehr physisch übertragen, sondern es wird – vereinfacht gesagt – nur noch vereinbart, dass der Käufer nun neuer Inhaber sei, während die Papiere in einem Sammelverwahrungsdepot liegen bleiben. Für die Gesellschaft kann sich als Nachteil erweisen, dass sie mit der Ausgabe von Inhaberaktien die Kontrolle über ihren Aktionärskreis verliert: So können sich Verwaltungsrat und Aktionäre einer privaten AG an einer Generalversammlung z.B. plötzlich einem neuen Mehrheitsaktionär gegenübersehen, der sich seine Aktien in aller Heimlichkeit zusammengekauft hat (die börsen- und aktienrechtlichen Massnahmen zur Vermeidung oder Dämpfung solcher Überraschungen werden in N 5.63 ff. kurz dargestellt). Oder es ist der «mittelgrossen» AG im Vorfeld einer allenfalls kontroversen Kapitalerhöhung oder Umstrukturierung nicht möglich, mit ihren Aktionären diskret das Gespräch zu suchen. Eine private AG kann sich auch deshalb gegen Inhaberaktien entscheiden, weil diese nicht vinkuliert (OR 685a I; N 5.43 ff.) oder als Stimmrechtsaktien ausgestaltet werden können (OR 693 II; N 5.32 ff.).

b) Namenaktien...

5.15
Ordrepapier

Eine AG kann die Aktionärsstellung sodann in Wertpapieren (N 5.6) verbriefen, die nicht auf den Inhaber, sondern auf eine im Aktientitel namentlich erwähnte Person lauten. Sie anerkennt dann den Vorweiser, der im Papier genannt ist, als Berechtigten – und nur ihn (Anhang 26). Weil der Name des Aktionärs aus der

5. Aktien und andere Beteiligungspapiere

Urkunde ersichtlich sein muss, genügt für die Übertragung der Aktionärsstellung – anders als bei der Inhaberaktie – die blosse Übergabe des Aktientitels nicht, sondern muss der alte Aktionär zusätzlich den Namen des neuen auf die Urkunde – meist auf deren Rückseite («in dosso») – setzen und diese Änderung unterzeichnen, kurz: Er muss die Aktie *«indossieren»* und übergeben. Damit hat er der AG Ordre gegeben, nicht mehr ihn, sondern den Neuen als Aktionär anzuerkennen; Namenaktien sind daher – wie z.B. Wechsel und Check – *Ordrepapiere*.

5.16 Übertragung, Legitimation und Verpfändung

Der Übertragende (der Indossant; im folgenden Beispiel: Herr Meier) kann nun entweder auf den Aktientitel «indossiert an Herrn Müller, sig. Meier», «für mich an Herrn Müller, sig. Meier» oder «an Herrn Müller, sig. Meier» schreiben (gewöhnliches *Indossament*; Anhang 26), oder aber er kann auch nur unterschreiben, ohne den Erwerber (den Indossatar; im Beispiel: Herr Müller) zu nennen. Er hat dann ein sog. *Blankoindossament* angebracht. Eine Namenaktie mit Blankoindossament kann wie eine Inhaberaktie durch blosse Übergabe des Aktientitels an eine Drittperson – und von dieser an einen Vierten – übertragen werden. Damit ein neuer Namenaktionär gegenüber der AG seine Rechte geltend machen kann, muss über den Besitz des indossierten Aktientitels hinaus jedoch noch eine zusätzliche Voraussetzung erfüllt sein: Die Gesellschaft muss ihn in ihr *Aktienbuch eintragen,* denn gemäss OR 686 IV braucht sie als Aktionär nur zu betrachten, wer im Aktienbuch eingetragen ist (N 5.18 ff.). Beim Begehren um Eintragung in das Aktienbuch legitimiert sich der Erwerber gegenüber der AG durch den *Papierbesitz* und eine *lückenlose Indossamentenkette*. Die *Verpfändung* einer Namenaktie erfolgt durch einen formlos gültigen (N 5.13) Pfandvertrag, ein Indossament und die Übergabe des Aktientitels (ZGB 901 II). Das Indossament kann «normal», also als Vollindossament, abgefasst werden oder – wenig beliebt – als sog. offenes Pfandindossament («zu Pfand»).

Namenaktien haben für die Gesellschaft den Vorteil, dass sie immer genau weiss, wer ihre Aktionäre sind. Dies ermöglicht nicht nur eine Kontrolle des Aktionärskreises, sondern bringt auch administrative Vereinfachungen mit sich, indem z.B. Einladungen zur Generalversammlung einfach per Brief erfolgen können und nicht in Inseraten publiziert werden müssen (Anhang 4 Art. 21). Für ver-

5.17 Vor- und Nachteile

äusserungswillige Aktionäre können Namenaktien insbesondere dann nachteilig sein, wenn ihre Übertragbarkeit durch statutarische Vinkulierungsbestimmungen beschränkt ist (N 5.43 ff.).

c) ... und Aktienbuch

5.18 Inhalt

Untrennbar mit Namenaktien verbunden ist das Aktienbuch: Der Verwaltungsrat von Gesellschaften mit Namenaktien ist gem. OR 686 I verpflichtet, ein Aktienbuch zu führen, in welches die Eigentümer und allfälligen Nutzniesser der Namenaktien mit Namen und Adresse einzutragen sind. Sinnvollerweise muss dem Aktienbuch auch entnommen werden können, wie viele Aktien welcher Kategorie den Eingetragenen zustehen und – nun einmal abgesehen von besonderen Verhältnissen bei Publikumsgesellschaften (N 5.10) – welche Nummern diese Aktien tragen. Gesellschaften, die vinkulierte Namenaktien an der Börse kotiert haben, müssen sodann «Aktionäre ohne Stimmrecht» explizit als solche im Aktienbuch eintragen (OR 685f III). Bei diesen handelt es sich um Aktionäre, die durch den Erwerb börsenkotierter Titel zwar Aktionäre geworden, aber von der Gesellschaft noch nicht anerkannt und deshalb vom Stimmrecht an der Generalversammlung ausgeschlossen sind (N 5.55).

5.19 Form

Bezüglich der Form des «Aktienbuchs» sind die verschiedensten Arten schriftlicher Verzeichnisse denkbar und gebräuchlich: Einmal kann das Aktienbuch als effektives *Buch* geführt werden (entsprechende Exemplare sind z.B. im Bürofachhandel erhältlich), kleine private Gesellschaften beschränken sich oft auf in einem Ordner gesammelte *Einzelblätter* (Anhang 29), und Publikumsgesellschaften lassen das Aktienbuch in *elektronischer* Form durch ihr Aktionärsbüro oder eine darauf spezialisierte Gesellschaft führen.

5.20 Legitimationsfunktion

Wie bereits in N 5.16 erwähnt, gilt gem. OR 686 IV gegenüber der Gesellschaft als Aktionär, wer im Aktienbuch eingetragen ist (Anhang 4 Art. 5 I). Allerdings ist der Eintrag im Aktienbuch für den Nachweis der Aktionärsstellung weder unabdingbar notwendig noch für sich allein ausreichend: Wer zu Unrecht eingetragen ist, kann von der AG als Aktionär abgelehnt werden, und wer nicht eingetragen ist, kann seine Aktionärseigenschaft durch Vorlage der ordnungsgemäss indossierten Aktie(n) nachweisen (N 5.16).

5. Aktien und andere Beteiligungspapiere

Die AG kann nach Anhörung des Betroffenen Eintragungen im Aktienbuch streichen, wenn diese durch falsche Angaben des Aktienerwerbers zustande gekommen sind. Der Erwerber muss über die Streichung sofort informiert werden (OR 686a). Von dieser Streichungsmöglichkeit wird die Gesellschaft z.B. dann Gebrauch machen, wenn jemand zur Umgehung von Vinkulierungsvorschriften Aktien durch einen Strohmann kaufen liess und dieser seine Eintragung durch die wahrheitswidrige Erklärung erwirkte, er habe die Aktien in eigenem Namen und auf eigene Rechnung erworben (vgl. OR 685b III, 685d II; N 5.51).

5.21 Streichung

Umstritten ist die Frage, inwiefern ein Recht auf Einsicht in das Aktienbuch besteht. Klar ist in diesem Bereich nur, dass (a) der Aktionär berechtigt ist, den ihn selbst betreffenden Eintrag einzusehen, und (b) Aussenstehende kein Einsichtsrecht haben. Wie weit ein Aktionär aber Eintragungen einsehen darf, welche andere Personen betreffen, ist aufgrund einer Interessenabwägung zu entscheiden: Zum einen besteht aufgrund der allgemeinen Regeln über Auskunft und Einsicht ein Einsichtsrecht von vornherein nur insoweit, als dieses im konkreten Fall zur Ausübung der Aktionärsrechte nötig ist und nicht Geschäftsgeheimnisse oder andere schutzwürdige Interessen der Gesellschaft gefährdet (OR 697 II, N 6.36 f.). Zum andern ist das Persönlichkeitsrecht der betroffenen Mitaktionäre zu schützen, ist doch die AG eine «société anonyme» (N 1.9, 6.6). Dementsprechend ist einstweilen wohl davon auszugehen, dass kein allgemeines Recht auf Einsichtnahme ins Aktienbuch besteht, weshalb ein Aktionär z.B. auch keine Möglichkeit hat, im Vorfeld einer besonders brisanten Generalversammlung die Namen und Adressen seiner Mitaktionäre zu eruieren, um bei diesen für seine Ansichten zu werben oder sich Vollmachten erteilen zu lassen (was umgekehrt dem Verwaltungsrat möglich ist; N 8.23).

5.22 Einsichtsrecht

d) Rektaktien

Einzelne Gesellschaften haben ihre Namenaktien zu sog. Rektaaktien (oder Rektaktien) ausgestaltet, indem sie in den Statuten bestimmen, dass die Mitgliedschaft nur durch *Zession* (N 5.5) und *Übergabe des Aktientitels* übertragen werden kann. Rektaktien sind daher echte *Namenpapiere* (OR 974 ff.). Anders als das Indossament bei normalen Namenaktien – welche Ordrepapiere sind (N

5.23 Namenpapiere

5.15) – muss die Zession nicht auf dem Aktientitel selber erklärt werden, weshalb diese Übertragungsart beim Börsenhandel die Regel ist (soweit noch Wertpapiere gehandelt werden; N 5.10). Zwar sind auch Rektaaktien Wertpapiere, doch kann sich ein Erwerber nicht in gleicher Weise auf sie verlassen wie auf Inhaber- oder Namenaktien. Wer Inhaber- oder Namenaktien erwirbt, muss sich nur entgegenhalten lassen, was sich aus dem Text seines Aktientitels, aus dem Gesetz, den Statuten, den Reglementen sowie den Generalversammlungs- und Verwaltungsratsbeschlüssen ergibt. Demgegenüber tritt der Erwerber von Rektaaktien genau in die Rechtsstellung seines Vorgängers ein: Hat dieser z.B. mit der AG vereinbart, er verzichte auf die Einforderung der für das letzte Geschäftsjahr geschuldeten Dividende, kann die AG diesen Verzicht auch seinem Nachfolger entgegenhalten. Auch ist dieser – anders als der Erwerber einer Inhaber- oder Namenaktie – in seinem Vertrauen auf die Verfügungsbefugnis des Veräusserers nicht geschützt. Man spricht daher von der Rektaaktie – einem Namenpapier – als von einem Wertpapier ohne öffentlichen Glauben (während die Namenaktie – ein Ordrepapier – ein Wertpapier öffentlichen Glaubens ist). Die *Verpfändung* einer Rektaaktie erfolgt durch einen formlos gültigen (N 5.13) Pfandvertrag, eine Abtretungserklärung und die Übergabe des Aktientitels (ZGB 901 II).

e) *Aktienzertifikate*

5.24
Urkunde über eine bestimmte Anzahl Aktien

Bei Aktienzertifikaten handelt es sich nicht um eine weitere Aktienart, sondern um ein *Papier, das eine bestimmte Anzahl von Aktien zusammenfasst.* – Und solche Zertifikate werden viel häufiger ausgestellt als Einzelaktien: Hat eine AG mit vier gleichberechtigten Aktionären ihr Aktienkapital in 100 Aktien aufgeteilt, händigt sie meist nicht jedem Aktionär eine Beige von 25 Aktientiteln aus, sondern eben je ein Aktienzertifikat, welches 25 Aktien verkörpert (z.B. Aktienzertifikat Nr. 2 über 25 Namenaktien Nrn. 26–50; vgl. auch Anhang 30). Aber auch für Grossgesellschaften sind Aktienzertifikate von Bedeutung, v.a. seit den Mindestnennwert-Reduktionen auf zuletzt 1 Rappen (N 2.16) – sofern überhaupt noch Urkunden ausgestellt werden (N 5.10).

5.25
Übertragung

Aktienzertifikate werden gleich behandelt wie die Aktien, die sie verkörpern. Ein Aktienzertifikat, das z.B. 25 Inhaberaktien zusammenfasst, muss also dem Erwerber übergeben werden (N 5.13), ein solches, das 25 Namenaktien zusammenfasst, muss übergeben und indossiert werden (N 5.16) – worauf der Erwerber dann noch im Aktienbuch einzutragen ist (Anhang 29 Ref. Nr. 1 und 3). Jedesmal haben damit 25 Aktien den Eigentümer gewechselt. Entsprechendes gilt für die Verpfändung (N 5.13, 5.16, 5.23).

f) Historische Relikte: Interimsscheine und Dividendencoupons

Weil die Begriffe noch gelegentlich auftauchen, seien unter diesem Titel abschliessend kurz zwei «ausgestorbene» Papiere vorgestellt. Zum ersten: Ist eine AG bereits im Handelsregister eingetragen, kann sie ihren Aktionären aber aus irgendwelchen Gründen noch keine Aktientitel aushändigen, so darf sie für diese Übergangszeit sogenannte *Interims- oder Zwischenscheine* ausstellen. Angesichts der Entmaterialisierungstendenzen bei den Grossgesellschaften (N 5.10) und des mit einem PC schnell zu bewerkstelligenden Aktiendrucks bei Kleingesellschaften (Anhänge 25, 26 und 30) sind die Interimsscheine heute ohne praktische Bedeutung (vgl. OR 688).

5.26 Interimsschein

Publikumsgesellschaften fügten ihren Aktien einen *Coupon-Bogen* bei, wobei jeder Coupon die Dividendenforderung für ein bestimmtes Jahr verbriefte. Den Abschluss des Coupon-Bogens bildete der *Talon* oder Erneuerungsschein, mit welchem ein neuer Coupon-Bogen bezogen werden konnte. Die Coupons waren – unabhängig von der Aktie übertragbare – Inhaberpapiere (OR 978 I; N 5.11, 5.13), gegen deren Vorlage die von der Generalversammlung festgesetzte Dividende ausbezahlt wurde. Im Zeitalter der «papierlosen» Publikumsgesellschaft (N 5.10) ist auch der Coupon-Bogen Rechtsgeschichte.

5.27 Coupon und Talon

D) Die Unterscheidung der Aktien nach andern Kriterien

a) Vorzugsaktien

Wie bereits erwähnt (N 1.36 und 2.30), können die Statuten vorsehen, dass bestimmten *Aktien* (den «Vorzugsaktien») gegenüber anderen (den «Stammaktien») *vermögensrechtliche Vorteile* zukommen sollen (OR 654 f.). Bei einer *Sanierung* kann sich eine

5.28 Definition und Anwendungsfälle

AG oftmals nur neues Kapital beschaffen, wenn sie den neuen Aktionären gegenüber den alten gewisse Privilegien einräumt. Vorzugsaktien können aber auch zum *Ausgleich von Mehrleistungen bei der Gründung* eingesetzt werden oder zur *Belohnung* anderer Leistungen (z.B. einer Arbeitnehmer-Erfindung).

5.29
Vorteile

Die in Vorzugsaktien verbrieften finanziellen Vorrechte können sich beziehen auf die *Dividende* (Anhang 31) – sei es, dass die Vorzugsaktionäre *vor* den Stammaktionären befriedigt werden, sei es, dass sie eine *höhere* Dividende als diese erhalten –, auf ein *Nachbezugsrecht* für frühere ausgefallene Dividenden, auf den *Liquidationsanteil* (N 6.22) oder auf das *Bezugsrecht* bei Kapitalerhöhungen (OR 656 II). Im Übrigen stehen die Vorzugs- den Stammaktien gleich (OR 656 I), wobei beiden Aktienkategorien das Recht auf je einen Vertreter im Verwaltungsrat zukommt (OR 709 I; N 6.54).

5.30
Abgrenzungen

Von den *Stimmrechtsaktien* (N 5.32 ff.) unterscheiden sich die Vorzugsaktien dadurch, dass jene nicht vermögensrechtlich, sondern stimmenmässig privilegiert sind, von den «*besonderen Vorteilen*» (N 4.31) dadurch, dass diese nicht einer Aktienkategorie, sondern bestimmten Personen zustehen, und von den *Genussscheinen* schliesslich dadurch, dass diese keine Mitgliedschaftsrechte verbriefen dürfen (N 5.68).

5.31
Nachträgliche Schaffung von Vorzugsaktien

Will eine AG *erstmals* Vorzugsaktien einführen, kann die Generalversammlung dies mit einem statutenändernden Beschluss tun, also – abweichende Statutenbestimmungen vorbehalten – mit der absoluten Mehrheit der vertretenen Aktienstimmen (OR 654 I i.V.m. 703). Hat eine Gesellschaft aber *bereits einmal Vorzugsaktien ausgegeben*, so können weitere Vorzugsaktien, denen Vorrechte gegenüber den bereits bestehenden Vorzugsaktien eingeräumt werden sollen, nur mit Zustimmung sowohl einer *besonderen Versammlung der beeinträchtigten Vorzugsaktionäre* als auch einer Generalversammlung sämtlicher Aktionäre ausgegeben werden. Eine abweichende Ordnung durch die Statuten bleibt vorbehalten. Dasselbe gilt, wenn statutarische Vorrechte, die mit Vorzugsaktien verbunden sind, abgeändert oder aufgehoben werden sollen (OR 654 II und III).

b)   Stimmrechtsaktien

5.32
Wesen

In N 1.38 wurde bereits erwähnt, dass die *Statuten* Aktien mit unterschiedlichem Nennwert schaffen und vorsehen können, dass auf *jede Aktie eine Stimme* entfällt (OR 693 I). Dadurch werden die *Aktien mit kleinerem Nennwert* zu *Stimmrechtsaktien*, weil sie bei gleichem Kapitaleinsatz eine höhere Stimmkraft verschaffen als die Stammaktien (vgl. das Beispiel und die Anwendungsfälle in N 1.38). Die Problematik einer solchen im Verhältnis zum Kapitaleinsatz überproportionalen Stimmkraft ist offenkundig – grundsätzlich soll ja entscheiden, wer dann auch die finanziellen Folgen zu tragen hat –, weshalb das Gesetz verschiedene Schutzmassnahmen vorsieht:

Die «*Mehr-Stimmkraft*» der Stimmrechtsaktien wird auf *maximal das Zehnfache* beschränkt, indem OR 693 II vorsieht, dass die Stammaktien höchstens einen zehnmal höheren Nennwert als die Stimmrechtsaktien aufweisen dürfen. Neben Stammaktien mit einem Nennwert von Fr. 1000.– wären also z.B. Stimmrechtsaktien mit einem Nennwert von Fr. 100.– gerade noch zulässig, nicht aber solche mit einem Nennwert von z.B. Fr. 50.–. Stimmrechtsaktien dürfen sodann nur als *Namenaktien* ausgegeben werden und müssen *voll liberiert* sein (OR 693 II).

5.33 Beschränkung der Stimmkraft und der Ausgestaltung

Die Generalversammlung kann die Einführung von Stimmrechtsaktien nur (a) mit einer Mehrheit von *zwei Dritteln aller vertretenen Stimmen* und (b) der *absoluten Mehrheit der vertretenen Aktiennennwerte* beschliessen (OR 704 I Ziff. 2). Das zweitgenannte Mehrheitserfordernis schaltet die erhöhte Stimmkraft allenfalls schon vorhandener Stimmrechtsaktien aus. Dabei gilt als «Einführung von Stimmrechtsaktien» nur die Einführung einer neuen überproportionalen Stimmrechtsbeeinträchtigung der Aktionäre; eine proportionale Erhöhung bestehender Stimmrechts- und Stammaktien kann daher mit dem gewöhnlichen Quorum (OR 703) beschlossen werden. Namenaktionäre, die gegen die Einführung von Stimmrechtsaktien gestimmt haben, können ihre Aktien überdies während eines halben Jahres nach der SHAB-Veröffentlichung dieses Generalversammlungsbeschlusses *frei veräussern*, ohne dass ihnen allfällige Vinkulierungsbestimmungen (N 5.43 ff.) entgegengehalten werden könnten (OR 704 III).

5.34 Schaffung nur durch qualifizierten Generalversammlungsbeschluss

Die erhöhte Stimmkraft der Stimmrechtsaktien wird aber nicht nur bei Abstimmungen über die Schaffung neuer Stimmrechtsaktien, sondern auch bei andern *wichtigen Generalversammlungsbe-*

5.35 Kein Stimmkraftprivileg bei wichtigen Beschlüssen

schlüssen ausgeschaltet: OR 704 verlangt eine qualifizierte Mehrheit von zwei Dritteln der vertretenen Aktienstimmen und eine *absolute Mehrheit der vertretenen Nennwerte* namentlich auch noch für Beschlüsse über die *Änderung des Gesellschaftszwecks,* die *Vinkulierung* von Namenaktien, *besondere Formen der Kapitalerhöhung*, den *Entzug des Bezugsrechts* und die *Sitzverlegung,* FusG 18 schreibt das gleiche Quorum auch für den *Fusionsbeschluss* vor (N 8.16). Das Stimmkraftprivileg gilt ferner nicht bei der Wahl der *Revisionsstelle*, der Ernennung eines *Sachverständigen* zur Prüfung der Geschäftsführung im Sinne von OR 731 II, der Beschlussfassung über die Einleitung einer *Sonderprüfung* im Sinne von OR 697a und über die Anhebung einer *Verantwortlichkeitsklage* gegen Organe der Gesellschaft im Sinne von OR 752 ff. (OR 693 III).

5.36
Vertretung (auch) der Stammaktionäre im Verwaltungsrat

Bestehen in einer Gesellschaft bezüglich Stimmrecht oder vermögensrechtlicher Ansprüche verschiedene Aktienkategorien, so müssen die Statuten den Aktionären jeder Kategorie die Wahl mindestens eines Vertreters im Verwaltungsrat sichern (OR 709 I; N 5.29, 6.54, 9.23). Die Stammaktionäre werden also auch noch dadurch etwas geschützt, dass ihnen die Statuten anlässlich der Einführung von Stimmrechtsaktien ebenfalls die Wahl mindestens eines Vertreters im Verwaltungsrat garantieren müssen.

5.37
Problematik

Stimmrechtsaktien sind nicht nur deshalb problematisch, weil sie das aktienrechtliche Prinzip des *Gleichlaufs von Risiko und Stimmkraft durchbrechen* (N 5.32). Es kann sich auch die bei ihrer Einführung erhoffte «stabilisierende Wirkung» im Laufe der Zeit in ihr pures Gegenteil verwandeln: Führte die Familien-AG Stimmrechtsaktien ein, um das Wohl der AG in die Hand der «Unternehmeraktionäre» zu legen (N 1.38), so kann ihre potenzierte Stimmkraft schon nach dem ersten Erbgang in der Hand «unternehmensfremder» Erben verheerende Wirkungen für das Unternehmen entfalten; schuf sich eine AG Stimmrechtsaktien, um sich ihre Selbständigkeit zu bewahren und den Einfluss von «Spekulations-Aktionären» zu verhindern, können die Verlockungen der von Übernahmeinteressenten den Stimmrechtsaktionären gebotenen Kontrollprämien die Aufgabe der Selbständigkeit noch beschleunigen.

5. Aktien und andere Beteiligungspapiere

c) Weitere «Aktienarten»

Während die Aktien bis hierhin nach der Art ihrer Verurkundung (N 5.11 ff.) oder nach ihrem Inhalt (N 5.28 ff., Vorzugs- und Stimmrechtsaktien) kategorisiert worden sind, soll nachfolgend noch kurz auf weitere Aktienbezeichnungen eingegangen werden, die sich auf eine besondere Entstehung oder einen besonderen Verwendungszweck beziehen (so können z.B. Mitarbeiteraktien – N 5.42 – Vorzugsaktien und Namenaktien sein).

5.38 Vorbemerkung

Gratisaktien sind Aktien, die im Rahmen einer Kapitalerhöhung *aus Mitteln der Gesellschaft liberiert* und den bisherigen Aktionären gratis abgegeben werden (OR 652d; N 6.20, 13.11) – vermeintlich gratis, bezahlen die Aktionäre sie doch mit dem aus der Verwässerung resultierenden Wertverlust auf ihren bisherigen Aktien. Die Zuteilung von Gratisaktien wird steuerlich als Ausschüttung der Gesellschaft in der Höhe des Nennwerts behandelt und dem Aktionär als steuerbares Einkommen angerechnet.

5.39 Gratisaktien

Bei eigenen Aktien handelt es sich um Aktien, welche die AG von ihren Aktionären erworben hat – sei es zur Kurspflege, sei es im Rahmen ihres Vinkulierungsregimes (N 5.47, 5.50), sei es aus andern Gründen. Da der Erwerb eigener Aktien das Vermögen der Gesellschaft schwächt und diese zu ihrem eigenen Aktionär wird – der Verwaltungsrat an der Generalversammlung mit diesen Aktien also im Sinne seiner Anträge stimmen könnte –, hat das Gesetz verschiedene Schutzmassnahmen aufgestellt (N 6.26, 8.18, 12.29, 12.36).

5.40 Eigene Aktien

Als Vorratsaktien bezeichnet man Aktien, welche die AG im Rahmen einer Kapitalerhöhung selber oder durch einen nahestehenden Dritten gezeichnet hat (N 13.7), um sie z.B. Wandel- oder Optionsberechtigten oder Mitarbeitern (N 5.42) zur Verfügung zu halten oder für eine Unternehmensübernahme bereitzustellen. Wenn das revidierte Aktienrecht für diese Zwecke nun auch die genehmigte und bedingte Kapitalerhöhung kennt (N 13.18 ff.), bleiben Vorratsaktien unter bestimmten Voraussetzungen dennoch zulässig. Trägt nicht ein nahestehender Drittzeichner das volle Risiko für sie, handelt es sich um eigene Aktien (N 5.40) und unterstehen sie den entsprechenden gesetzlichen Regelungen (N 13.7).

5.41 Vorratsaktien

5.42
Mitarbeiteraktien

Mitarbeiteraktien sind Aktien, welche die AG an ihre Arbeitnehmer abgibt und meist auch speziell zu diesem Zweck geschaffen hat. Sie bilden einen typischen Anwendungsfall für eine bedingte Kapitalerhöhung (OR 653 ff.; N 13.24 f.). Bei allen Kapitalerhöhungsarten gilt die Schaffung von Mitarbeiteraktien als wichtiger Grund für die Aufhebung des Bezugsrechts (OR 652b II, 653 I). Die Ausgabe von Mitarbeiteraktien beruht meist auf einem detaillierten Mitarbeiterbeteiligungsplan, in dessen Rahmen Aktien oder Aktienoptionen zugeteilt werden, welche Rechte in der Regel erst nach Ablauf einer – meist drei- bis fünfjährigen – Sperrfrist unentziehbar und ausübbar werden. Mitarbeiteraktien werden v.a. auch den obersten Führungskräften im Rahmen eines «stock option plan» als Bestandteil ihrer Kompensation angeboten (N 9.79). Die steuerliche Behandlung der Mitarbeiteraktien und -optionen ist umstritten (v.a. in welchem Zeitpunkt dem Mitarbeiter was als Einkommen besteuert werden soll).

E) Die Vinkulierung von Namenaktien

a) Allgemeines

5.43
Abwehr unerwünschter Aktienerwerber

Wie bereits erwähnt (N 1.33, 2.12, 2.29, 5.17), bedeutet «Vinkulierung» die *Erschwerung der Übertragbarkeit* von *Namenaktien*, indem die rechtsgültige Übertragung der Aktionärsstellung über die Erfordernisse bei gewöhnlichen Namenaktien – Indossament und Aushändigung des Titels – hinaus zusätzlich noch von einer *Genehmigung durch die Gesellschaft* abhängig gemacht wird. Da einerseits für die AG als Kapitalgesellschaft an sich der Grundsatz der freien Übertragbarkeit der Mitgliedschaft gelten muss und andererseits die durch die Vinkulierung ermöglichte Einflussnahme der AG auf ihren Mitgliederkreis einen schweren Einbruch in ebendieses Prinzip bedeutet, hat der Gesetzgeber die zulässigen Vinkulierungsgründe sowie die rechtlichen Wirkungen der Vinkulierung einlässlich geregelt.

5.44
Gesetzliche Übertragungsbeschränkung

Voraussetzung jeder Vinkulierung ist, dass sie in den *Statuten* vorgesehen wird – mit einer Ausnahme: OR 685 ordnet eine *gesetzliche Übertragbarkeitsbeschränkung für nicht voll liberierte Namenaktien* an (N 2.15, 4.11, 6.10 ff.). Weil der Veräusserer von nicht voll liberierten Namenaktien von seiner Einzahlungspflicht

5. Aktien und andere Beteiligungspapiere

befreit wird (OR 687 III), dürfen diese von Gesetzes wegen nur mit Zustimmung der Gesellschaft übertragen werden, wobei die AG ihre Zustimmung nur verweigern darf, wenn die Zahlungsfähigkeit des Erwerbers zweifelhaft ist und dieser auch keine Sicherheit leistet. Ausgenommen von dieser Regelung ist jeder Erwerb durch Erbgang, Erbteilung, eheliches Güterrecht oder Zwangsvollstreckung.

Die gesetzliche Regelung der Vinkulierung unterscheidet grundsätzlich zwischen Namenaktien, die an der Börse gehandelt werden – sog. kotierten Aktien –, und anderen:

5.45
Das Wichtigste in Kürze

a) Bei *nicht börsenkotierten Aktien* darf ein Erwerber abgelehnt werden entweder *aus wichtigen, in den Statuten genannten Gründen* oder aber *«grundlos», sofern ihm die Übernahme der Aktien zum wirklichen Wert angeboten wird* (OR 685b). Solange die Zustimmung fehlt, bleiben alle *Rechte beim Veräusserer.*

b) Bei *börsenkotierten Aktien* darf als einziger Vinkulierungsgrund eine *«prozentmässige Begrenzung der Namenaktien»* vorgesehen werden, die ein Aktionär besitzen darf (OR 685d; zusätzlich erlaubt Art. 4 der Schlussbestimmungen einstweilen noch eine Ausländerklausel, der aber kaum mehr praktische Bedeutung zukommt). Der (noch) nicht anerkannte Erwerber wird als *«Aktionär ohne Stimmrecht»* ins Aktienbuch eingetragen (OR 685f III).

In beiden Fällen bestehen Ausnahmen für den erb- und ehegüterrechtlichen Erwerb (OR 685b IV, 685d III).

Die Genehmigung der Übertragung fällt in die Zuständigkeit des *Verwaltungsrats* (OR 716 I). Statutarisch kann diese Kompetenz an sich auch der Generalversammlung zugewiesen werden – was manchmal bei privaten Gesellschaften sinnvoll sein kann –, doch ist dies angesichts der für börsenkotierte Aktien geltenden zwanzigtägigen Ablehnungsfrist (OR 685g) von vornherein nur bei nicht börsenkotierten Aktien denkbar.

5.46
Zuständigkeit für den Genehmigungsentscheid

b) Die Vinkulierung bei nicht börsenkotierten Aktien

5.47 Ablehnung nur aus wichtigem Grund oder gegen volle Entschädigung

Sieht eine private AG in ihren Statuten vor, dass ihre Namenaktien nur mit Zustimmung der Gesellschaft übertragen werden können, so darf sie diese Zustimmung im Einzelfall nur verweigern, (a) wenn sie dafür einen *wichtigen, in den Statuten genannten Grund* bekannt gibt, oder aber, (b) wenn sie dem Veräusserer der Aktien anbietet, die Aktien – für eigene Rechnung, für Rechnung anderer Aktionäre oder für Rechnung Dritter – zum wirklichen Wert im Zeitpunkt des Gesuches zu übernehmen (sog. *escape clause*). Nur in diesem zweiten Fall kann die AG also einen Aktienerwerber ohne Angabe von Gründen fernhalten. Immerhin räumt der Gesetzgeber hier der privaten AG aber das Recht ein, über die Zusammensetzung ihres Aktionärskreises fast völlig frei zu entscheiden, solange sie den veräusserungswilligen alten Aktionär nur angemessen entschädigt. Dieses Recht steht jeder AG, welche ihre Aktien vinkuliert hat, schon von Gesetzes wegen zu; dennoch empfiehlt es sich, es in den Statuten explizit zu erwähnen (Anhang 4 Art. 5 III). Die AG darf im Rahmen der «escape clause» für eigene Rechnung Aktien bis zu 20 Prozent ihres Aktienkapitals erwerben. Die über zehn Prozent des Aktienkapitals hinaus erworbenen eigenen Aktien muss sie jedoch innerhalb von zwei Jahren veräussern oder durch Kapitalherabsetzung vernichten (OR 659 II; N 12.29, 14.1).

5.48 Die in den Statuten zu nennenden wichtigen Gründe

Ohne Entschädigung des Veräusserers zum wirklichen Wert kann die AG einen Erwerber somit nur aus einem wichtigen, statutarisch umschriebenen Grund ablehnen. Als solche wichtigen Gründe toleriert das Gesetz nur Bestimmungen über die Zusammensetzung des Aktionärskreises, die entweder im Hinblick auf den *Gesellschaftszweck* (N 2.12) oder die *wirtschaftliche Selbständigkeit des Unternehmens* die Ablehnung rechtfertigen (OR 685b II). Eine AG, die das Betreiben eines Verlags für Schriften einer bestimmten religiösen oder politischen Weltanschauung bezweckt, kann also «andersgläubige» Aktienerwerber fernhalten; eine private AG von Fahrlehrern, Revisoren oder Ärzten mit an diesen Berufen orientiertem Gesellschaftszweck (Betrieb einer Fahrschule, einer Revisionsgesellschaft, einer Gemeinschaftspraxis oder Klinik) kann den Besitz eines entsprechenden Fähigkeitsausweises als Voraussetzung für den Aktienerwerb statuieren etc.

5. Aktien und andere Beteiligungspapiere

Unter dem Titel «Erhaltung der wirtschaftlichen Selbständigkeit» kann eine AG z.B. in den Statuten eine prozentuale Maximalbeteiligung festlegen, deren Überschreitung aufgrund der konkreten Umstände eine beherrschende Stellung ermöglichen würde. Immer aber sind die wichtigen Gründe in den Statuten zu spezifizieren; keinesfalls genügt es, einfach den Gesetzestext von OR 685b II abzuschreiben (vgl. auch Anhang 4 Art. 5 II).

Solange der Verwaltungsrat (N 5.46) seine Zustimmung zur Übertragung vinkulierter Aktien nicht erteilt hat, verbleiben das Eigentum an diesen sowie alle damit verknüpften *Rechte beim Veräusserer*. Bis zur Genehmigung der Übertragung ist also einzig und allein der alte Aktionär berechtigt, an der Generalversammlung teilzunehmen, dort seine Stimme abzugeben, Anträge zu stellen, Dividenden zu beziehen usw. Erst mit der Genehmigung gehen alle diese Rechte auf den Erwerber über (OR 685c I). Immerhin muss die Gesellschaft innerhalb von *drei Monaten* nach Erhalt des Gesuchs entscheiden: Lehnt sie es nicht innert dieser Frist ab, gilt die Zustimmung als erteilt (OR 685c III).

5.49 Wirkung der Ablehnung oder Genehmigung

Werden Aktien durch *Erbgang, Erbteilung, eheliches Güterrecht, Zwangsvollstreckung* (OR 685b IV) oder *Fusion* (BGE 109 II 130 ff.) erworben, so kann die Gesellschaft das Gesuch um Zustimmung des Erwerbers nur ablehnen, wenn sie ihm die *Übernahme der Aktien zum wirklichen Wert* anbietet (OR 685b IV). Auch hat die Vinkulierung in diesen Fällen die eigentümliche *Wirkung*, dass es zu einer *Spaltung* der Aktionärsrechte kommt: Das Eigentum und die Vermögensrechte – namentlich etwa das Dividendenrecht – gehen sofort, die Mitwirkungsrechte – also z.B. das Stimmrecht – gehen dagegen erst mit der Zustimmung der Gesellschaft auf den Erwerber über (OR 685c II). Stimmt die Gesellschaft dem Übertragungsgesuch zu, erhält der Erwerber auch noch die Mitwirkungsrechte. Lehnt sie es unter Offerierung des wirklichen Werts ab, tritt dieser Geldbetrag an die Stelle des resolutiv bedingt erworbenen Aktieneigentums und der daraus fliessenden Vermögensrechte.

5.50 Keine «Gratis-Ablehnung» bei besonderen Erwerbsarten

Schliesslich kann jede AG, welche vinkulierte Namenaktien ausgegeben hat, die Eintragung in das Aktienbuch verweigern, wenn der Erwerber auf ihr Verlangen nicht ausdrücklich erklärt, dass

5.51 Ablehnung bei Vinkulierungs-Umgehung

er die Aktien im eigenen Namen und auf eigene Rechnung erworben hat (OR 685b III; Fiduzklausel). Damit soll verhindert werden, dass Vinkulierungsbestimmungen durch das Vorschieben von bloss treuhänderisch handelnden «Strohmännern» umgangen werden können. Stellt sich später heraus, dass ein Erwerber diese Erklärung zwar abgegeben, dabei aber gelogen hat, darf die Gesellschaft ihn aus dem Aktienbuch streichen (OR 686a; N 5.21).

c) Die Vinkulierung bei börsenkotierten Aktien

5.52
Prozentklausel als einziger wesentlicher Ablehnungsgrund

Für alle börsenkotierten Namenaktien – also Aktien, die an einer schweizerischen oder ausländischen Börse im Haupt- oder Nebensegment notiert sind – können die Gesellschaften in ihren Statuten im Wesentlichen nur *einen* Ablehnungsgrund vorsehen, nämlich eine *prozentmässige Begrenzung* der Aktien, die ein Erwerber halten darf – in der Praxis meist zwischen 2 und 5 Prozent der Namenaktien (OR 685d, Anhang 32). Diese Statutenklausel darf auch als «Kann»-Vorschrift formuliert werden, was dem Verwaltungsrat die Möglichkeit gibt – unter Beachtung des Gleichbehandlungsgebots (N 6.7, 9.26), also einheitlich und sachgerecht –, auch Aktionäre anzuerkennen, deren Aktienbesitz die statutarische Prozentlimite überschreitet. Eine solche Eintragung über die Quote hinaus kann z.B. im Rahmen einer strategischen Allianz, einer Sacheinlage oder eines Übernahmekampfs in Erwägung gezogen werden – vor allem aber auch bei *Nominees*, also bei nach angelsächsischem Vorbild anstelle der einzelnen Anleger im Aktienbuch eingetragenen, gegenüber der Gesellschaft offen als Treuhänder auftretenden «Eintragungsgesellschaften», welche die Abwicklung von Wertpapiertransaktionen vereinfachen sollen. Natürlich empfiehlt sich aber, die – zur Vermeidung von Dispo-Aktien (N 5.55) allenfalls durchaus willkommene – Eintragung von Nominees in den Statuten explizit zu regeln (und sie z.B. bis zu einer prozentualen Obergrenze «ungeprüft» als Aktionäre mit Stimmrecht einzutragen). Weil die Prozentlimite durch Aufteilung eines die Quote übersteigenden Aktienpakets auf «Strohmänner» leicht umgangen werden kann, finden sich in den Statuten meist auch Bestimmungen dazu, in welchen Fällen verschiedene Beteiligte als ein Aktionär betrachtet werden (*Gruppenklausel*; Anhang 32).

5. Aktien und andere Beteiligungspapiere

Einstweilen dürften die börsenkotierten Gesellschaften auch noch die *Ausländereigenschaft* eines Erwerbers als Ablehnungsgrund statuieren, soweit und solange die Anerkennung von Ausländern die Gesellschaft daran hindern könnte, durch Bundesgesetze geforderte Nachweise über die Zusammensetzung des *Aktionärskreises* zu erbringen (SchlB 4; heute können diesbezüglich im Wesentlichen noch Doppelbesteuerungsabkommen sowie die Banken-, Börsen-, Luft-, Seeschifffahrts-, Rohrleitungs- und Atomgesetzgebung in Frage kommen; Anhang 32). Nachdem Revisionen einzelner dieser Gesetze (namentlich des Bankengesetzes; zur «Lex Friedrich» vgl. N 4.16) die Problematik etwas entschärft haben, scheinen es mittlerweile die meisten betroffenen Gesellschaften vorzuziehen, allenfalls verbleibende verwaltungs- oder steuerrechtliche Umtriebe oder Nachteile in Kauf zu nehmen, statt sich in einem globalisierten Markt mit ausländerdiskriminierenden Statuten in ein unvorteilhaftes Licht zu stellen.

5.53
Einstweilen noch: die Ausländerklausel

Auch bei börsenkotierten Aktien kann die Gesellschaft sodann die Eintragung verweigern, wenn der Erwerber auf entsprechende Aufforderung hin nicht erklärt, die Aktien in eigenem Namen und auf eigene Rechnung erworben zu haben (OR 685d II; N 5.51). Schlechterdings nicht abgelehnt werden können Erwerber, die börsenkotierte Aktien durch *Erbgang, Erbteilung* oder *eheliches Güterrecht* erworben haben (OR 685d III); anders als bei nichtkotierten Aktien (N 5.50) hat die Gesellschaft also gegenüber dem Erben oder Ehegatten keine Einsprachemöglichkeit.

5.54
Fiduzklausel und besondere Erwerbsarten

Bezüglich der Übertragung kotierter Namenaktien unterscheidet das Gesetz danach, ob diese an der Börse oder aber ausserbörslich erworben worden sind: Werden sie *börsenmässig* erworben, gehen mit der formrichtigen Übertragung *automatisch alle Mitgliedschafts- und Vermögensrechte auf den Erwerber* über. Das *Stimmrecht* und die damit zusammenhängenden Rechte *ruhen* allerdings, bis die Gesellschaft den neuen Aktionär anerkennt. Bis dahin ist er im Aktienbuch als «Aktionär ohne Stimmrecht» einzutragen (N 5.18). Bis jemand beim börsenmässigen Erwerb vinkulierter kotierter Namenaktien voll anerkannter Aktionär ist, sind somit verschiedene Phasen zu durchlaufen:

5.55
Rechtsübergang bei börsenmässigem Erwerb

a) Der *Erwerber erwirbt* an der Börse Aktien und wird dadurch bereits Aktionär, kann seine Aktien also auch ab sofort rechtsgültig weiterverkaufen.

b) Die *Veräusserbank meldet* der Gesellschaft unverzüglich den Namen und die Anzahl der verkauften Aktien (OR 685e). Die Gesellschaft muss den Veräusserer nun im Aktienbuch streichen, auch wenn sie dessen Nachfolger noch nicht kennt, wodurch die sog. *Dispo-Aktien* entstehen – Aktien also, deren alter Eigentümer gestrichen worden ist, deren neuer aber noch kein Eintragungsgesuch gestellt hat.

c) Der Erwerber stellt das *Gesuch um Anerkennung* als Aktionär, gestützt auf welches ihn die Gesellschaft umgehend zumindest als «*Aktionär ohne Stimmrecht*» ins Aktienbuch einträgt. Die Gesellschaft hat nun zwanzig Tage Zeit, um einen allfälligen Ablehnungsentscheid zu fällen (N 5.57). – Da sie auch auf Dispo-Aktien über das Bankensystem Dividenden auszahlen, sehen sich die Gesellschaften mit dem Problem konfrontiert, dass die wenigsten Aktionäre am Stimmrecht interessiert sind und sich die Formalität eines Eintragungsgesuchs ersparen. Die dadurch entstehende Anhäufung von Dispo-Aktien führt dazu, dass die Publikumsgesellschaften mit vinkulierten Namenaktien einen rechten Teil ihrer Aktionäre ebenso wenig kennen, wie wenn sie Inhaberaktien ausgegeben hätten.

d) Die Gesellschaft hat den Erwerber als *Vollaktionär* in ihr Aktienbuch einzutragen – entweder aufgrund eines Genehmigungsentscheids oder infolge unbenutzten Ablaufs der 20-Tage-Frist (N 5.57).

5.56
Rechtsübergang bei ausserbörslichem Erwerb

Beim Rechtsübergang von *ausserbörslich* erworbenen börsenkotierten Aktien hat sich der Gesetzgeber für einen Mittelweg entschieden: Weder gehen hier die Rechte (wie beim börsenmässigen Erwerb) schon mit der Übertragung über noch (wie bei nichtkotierten Aktien) erst mit der Genehmigung durch die Gesellschaft. Massgebender Zeitpunkt ist in diesem Fall vielmehr die Einreichung des Anerkennungsgesuchs (OR 685f I). Ist dieses gestellt, der Erwerber aber noch nicht anerkannt, wird er als «Aktionär ohne Stimmrecht» eingetragen (N 5.18).

Bei börslichem wie ausserbörslichem Erwerb muss die Gesellschaft innerhalb von *zwanzig Tagen* ab Zugang des Gesuchs über die Anerkennung entscheiden; lehnt sie das Gesuch innert dieser Frist nicht ab, gilt der Erwerber als Aktionär anerkannt (OR 685g).

5.57 Ablehnungsfrist

Zusammenfassend sind börsenkotierte Aktien ungeachtet einer Vinkulierung *uneingeschränkt übertragbar* und verschafft diese der Gesellschaft einzig und allein eine Einflussmöglichkeit bezüglich des *Stimmrechts* und der mit diesem zusammenhängenden Rechte.

5.58 Auf das Stimmrecht beschränkte Wirkung der Vinkulierung bei börsenkotierten Aktien

d)   Einführung von Vinkulierungsbestimmungen

Eine nachträgliche Einführung oder Verschärfung von Vinkulierungsbestimmungen kann nur mit mindestens zwei Dritteln der an der Generalversammlung vertretenen Stimmen und der absoluten Mehrheit der vertretenen Aktiennennwerte beschlossen werden (OR 704 I Ziff. 3; N 8.16). Wie jeder andere statutenändernde Beschluss muss auch dieser Generalversammlungsbeschluss *öffentlich beurkundet* werden (N 2.29, 2.37). Die Beschränkung der Übertragbarkeit ist in das *Handelsregister* einzutragen (OR 641 Ziff. 5). Will die AG die Vinkulierung auch den Inhabern von Wandel- oder Optionsrechten (N 5.81) entgegenhalten können, muss sie dies in den Statuten und im Emissionsprospekt ausdrücklich vorsehen (OR 653d I; N 2.29; Anhang 32).

5.59 Qualifizierter statutenändernder Generalversammlungsbeschluss

Eine nachträgliche Vinkulierung stellt häufig einen relativ schwerwiegenden Eingriff in die Aktionärsrechte dar: Wer Namenaktien in der Meinung erworben hat, diese später ohne Probleme weiterveräussern zu können, bleibt nach der Einführung von Vinkulierungsbestimmungen vielleicht plötzlich auf ihnen sitzen; wer Aktienpakete erwirbt, um seine Position in der Gesellschaft langfristig immer mehr auszubauen, sieht diesen Plan unversehens durch die Einführung einer Prozentklausel vereitelt und die bereits erworbenen Aktienpakete entwertet. Eine nachträgliche Vinkulierung darf daher nur erfolgen, wenn dies *sachliche Gründe notwendig* machen, *weniger einschneidende Massnahmen nicht zum Ziel führen* und *alle Aktionäre gleich behandelt* werden. Selbstverständlich vermag eine nachträgliche Vinkulierung an der Mitglied-

5.60 Inhaltliche Schranken

schaft bereits eingetragener Aktionäre nichts zu ändern. Auch sind alle Aktionäre, die ihr Eintragungsgesuch vor Inkrafttreten der neuen statutarischen Vinkulierungsbestimmungen gestellt haben – massgebend ist hiefür der Handelsregistereintrag (OR 647 III) –, noch nach den alten Bestimmungen zu behandeln. Ebenso wenig kann die Umwandlung von Inhaberaktien in vinkulierte Namenaktien rückwirkende Kraft haben: Die Inhaberaktionäre dürfen ihre Aktien gegen vinkulierte Namenaktien umtauschen, ohne dass auf diesen Umtausch die Vinkulierungsbestimmungen Anwendung finden würden.

5.61
Vinkulierung nur für die Minderheit

Gerade in privaten Gesellschaften haben sich die Aktionäre bewusst zu sein, dass Vinkulierungsbestimmungen nach ihrem neutralen Wortlaut zwar immer für alle Namenaktien gleich gelten, faktisch aber von vornherein *ausschliesslich die Minderheitsaktionäre* treffen: Hegen Mehrheitsaktionäre Verkaufsabsichten, können sie die Vinkulierung einfach durch einen gewöhnlichen statutenändernden Generalversammlungsbeschluss mit der absoluten Mehrheit der vertretenen Aktienstimmen (OR 703) aufheben oder «anpassen» – es sei denn, die Statuten sähen auch für die Erleichterung oder Aufhebung von Vinkulierungsbestimmungen ein qualifiziertes Mehr vor (Anhang 4 Art. 12 lit. c).

F) Der Trend zur Einheitsaktie

5.62
Die Vorteile der Einfachheit

Nach diesem Streifzug durch die verschiedenen Aktienarten und das komplexe Vinkulierungsregime darf der Hinweis nicht fehlen, dass sich die Publikumsgesellschaften nach der Einführung verlässlicher börsengesetzlicher Regeln – Meldepflichten (N 5.64) und öffentliche Kaufangebote (N 5.66) – zunehmend von den Spielereien mit zwei oder mehr Aktienkategorien, Stimmrechtsaktien, vinkulierten Namenaktien, Partizipationsscheinen, Präsenz- und Beschlussquoren etc. verabschiedet und die *Vorteile einfacher und klarer Verhältnisse* erkannt haben: Sie vereinfachten die Beschlussfassungsmechanismen und führten – unter dem Schlagwort der «Einheitsaktie» – eine einzige Aktienart ein, was nicht nur von den Kapitalmärkten honoriert wurde, sondern auch den Gesellschaften administrative Erleichterungen und Flexibilität brachte. Von den 26 börsenkotierten Gesellschaften, die sich

5. Aktien und andere Beteiligungspapiere

in den ersten Jahren nach der Aktienrechtsrevision zwischen 1992 bis 1994 für die Einheitsaktie entschieden, wählten zwanzig die Namen- und sechs die Inhaber-Einheitsaktie. Ohne dass hier auf die einzelnen Rechtsfragen im Zusammenhang mit der Einführung von Einheitsakten eingegangen werden kann – heikel ist z.B. der Ausgleich für verlorene Privilegien einzelner Aktienkategorien –, sei auf den allgemeinen Rechtsgrundsatz hingewiesen, dass die Aktionäre *kein Recht auf die Beibehaltung einer bestimmten Aktienstruktur haben*.

G) Exkurs: Offenlegung von Beteiligungen und Pflicht zur Unterbreitung eines Kaufangebots

Da in diesem Kapitel verschiedene Aspekte der Aktienübertragung behandelt werden, ist auch noch auf die bei Gesellschaften mit börsenkotierten Papieren daraus allenfalls entstehenden Pflichten zur *Offenlegung* und zur Unterbreitung eines *Kaufangebots* hinzuweisen:

5.63 Aus dem Aktienerwerb allenfalls entstehende Pflichten

Im Interesse der Transparenz – damit die Aktionäre wissen, wer an ihrer Gesellschaft wesentliche Beteiligungen hält, und sie sich z.B. auch nicht plötzlich einem Mehrheitsaktionär ausgeliefert sehen, der sich sein Aktienpaket in aller Heimlichkeit zusammengekauft hat – verpflichtet das *Börsengesetz* Aktienerwerber zu einer *Meldung an die Gesellschaft*, sobald sie die *Grenzwerte von 5, 10, 20, 33 1/3, 50 oder 66 2/3 % der Stimmrechte* erreichen, unter- oder überschreiten; und zwar unabhängig davon, ob diese ausübbar sind oder nicht (BEHG 20; N 7.7). Die Gesellschaft hat diese Meldung innerhalb von zwei Börsentagen an die Börse weiterzuleiten und umgehend die Publikation im SHAB zu veranlassen (Anhang 33). Ist ein öffentliches Kaufangebot im Sinne von BEHG 22 ff. pendent (N 18.10), gilt eine verschärfte Meldepflicht (BEHG 31).

5.64 Börsenrechtliche Meldepflicht

Neben dieser börsenrechtlichen Meldepflicht schreibt das Aktienrecht in OR 663c den Gesellschaften mit börsenkotierten Aktien vor, im *Anhang zur Bilanz* die Namen und Beteiligungen derjenigen *Aktionäre und Aktionärsgruppen* anzugeben, *deren Beteiligung 5% aller Stimmrechte übersteigt*. Diese aktienrechtliche Regelung steht hinter der börsenrechtlichen allerdings inso-

5.65 Publikation von Grossaktionären im Geschäftsbericht

fern zurück, als keine entsprechende Meldepflicht des Aktionärs gegenüber seiner Gesellschaft besteht und die Publikation nur einmal jährlich erfolgt (und auch dann «nur» im Geschäftsbericht und nicht im SHAB).

5.66
Angebotspflicht

Um zu verhindern, dass Grossaktionäre übermässige Kontrollprämien einstreichen und Minderheitspakete entwertet werden, verpflichtet das *Börsengesetz* sodann denjenigen, welcher in einer Gesellschaft mit börsenkotierten Aktien die Schwelle von *33 1/3 %* der Stimmrechte überschreitet, für alle kotierten Beteiligungspapiere ein öffentliches Kaufangebot (N 18.10) zu einem gesetzlich definierten Mindestpreis zu unterbreiten (BEHG 32). Die Gesellschaften können diese Schwelle in ihren Statuten auf 49 % anheben (*opting-up*; BEHG 32 I) oder vor der Kotierung (aber auch später, sofern dies ohne Benachteiligung der Aktionäre i.S.v. OR 706 geschieht) statutarisch bestimmen, dass ein Übernehmer nicht zu einem öffentlichen Kaufangebot verpflichtet ist (*opting-out*; BEHG 22 II).

H) Andere Beteiligungspapiere

a) Genussscheine

5.67
Kreis der Berechtigten

Die Statuten können die Schaffung von Genussscheinen (N 1.37) zugunsten von Personen vorsehen, die mit der Gesellschaft durch frühere Kapitalbeteiligung oder als Aktionäre, Gläubiger, Arbeitnehmer oder in ähnlicher Weise *verbunden* sind (OR 657 I). Zugunsten der Gründer dürfen Genussscheine nur aufgrund der ursprünglichen Statuten geschaffen werden (OR 657 V). Mit Genussscheinen sollen v.a. Gläubiger und Aktionäre entschädigt werden, die im Rahmen einer *Sanierung* Verluste hinnehmen mussten, indem ihnen eine Beteiligung an künftigen Gewinnen bei besserem Geschäftsgang zugesichert wird (weshalb Sanierungsgenussscheine auch etwa «Besserungsscheine» genannt werden). Oder es können Genussscheine an Gründer abgegeben werden, welche Werte einbringen, die nicht als Sacheinlage behandelt werden können, weil sie kaum zu bewerten sind (Know-how, Marketing-Konzept u. Ä.). Immer müssen die Genussberechtigten aber irgendeine Gegenleistung zugunsten der AG erbracht haben (z.B. einen Rechtsverzicht).

5. Aktien und andere Beteiligungspapiere

Genussscheine dürfen keine Mitgliedschaftsrechte, sondern *nur vermögenswerte Rechte* verbriefen, nämlich ausschliesslich Ansprüche auf einen Anteil am Bilanzgewinn oder am Liquidationsergebnis oder auf den Bezug neuer Aktien (OR 657 II). Sie sind als Genussscheine zu bezeichnen und dürfen weder einen Nennwert haben noch gegen eine Einlage ausgegeben werden, die unter den Aktiven der Bilanz ausgewiesen wird (OR 657 III). Es ist also verboten, sie als stimmrechtslose Aktien auszugestalten (dafür stehen die Partizipationsscheine zur Verfügung; N 5.71 ff.). Den Statuten müssen die Anzahl der ausgegebenen Genussscheine und der Inhalt der damit verbundenen Rechte entnommen werden können (OR 657 I). Die Genussscheine unterscheiden sich von den Aktien dadurch, dass sie keine Mitgliedschaftsrechte verkörpern, von reinen Schuldurkunden – wie Anleihensobligationen (N 5.79 ff.) – dadurch, dass sie keine rückzahlbare Forderung verbriefen; sie stellen daher Beteiligungspapiere eigener Art dar (vgl. auch N 1.37, 5.30).

5.68 Inhalt

Genussscheine können als *Inhaber-, Ordre- oder Namenpapiere* ausgegeben werden. Möglich ist aber auch die Zuteilung *unverbriefter Genussrechte*, die – wenn ihre Übertragung nicht ausgeschlossen wird – durch schriftliche Zession abgetreten werden können (vgl. N 5.4 ff.).

5.69 Verbriefung

Meist kamen die Genussberechtigten im Rahmen einer für sie schmerzlichen Sanierung in den «Genuss» ihrer Rechte. Sollen ihnen nun – z.B. im Rahmen einer zweiten Sanierung – auch diese noch entzogen werden, kann das nicht allein durch einen Generalversammlungsbeschluss geschehen: Die Genussscheininhaber bilden von Gesetzes wegen eine *Gemeinschaft*, für welche die Bestimmungen über die Gläubigergemeinschaft bei Anleihensobligationen (OR 1157 ff.) sinngemäss gelten. Nur diese Gemeinschaft kann mit der Mehrheit aller im Umlauf befindlichen Genussscheintitel auf einzelne oder alle Rechte aus den Genussscheinen verzichten (OR 657 IV).

5.70 Schutz der Genussberechtigten

b) Partizipationsscheine

In den 60er-Jahren entdeckten Publikumsgesellschaften in den altrechtlichen Genussscheinen ein Instrument, um sich Eigenkapital zu beschaffen, ohne den Kapitalgebern Stimmrechte

5.71 Entwicklung

einräumen zu müssen. Diese – heute verbotenen (N 5.68) – Kapitalbeschaffungs- oder Finanzierungs-Genussscheine nannten sie «Partizipationsscheine». Die Aktienrechtsrevision gestaltete die «PS» dann zu einer eigentlichen stimmrechtslosen Aktie aus. Allerdings begannen die Partizipationsscheine bei den Publikumsgesellschaften im Zusammenhang mit dem Trend zur Einheitsaktie (N 5.62) bereits in den 90er-Jahren auszusterben – ein Trend, der gerade auch durch die im Rahmen der Aktienrechtsrevision geschaffenen flexiblen Kapitalerhöhungsformen und die Herabsetzung des Mindestnennwerts gefördert wurde. Nicht zuletzt dürfte das offenbar vorhandene Investoren-Bedürfnis, ein Aktionär ohne Stimmrecht zu sein, auch durch die Dispo-Aktien (N 5.55) abgedeckt werden, welche erst noch die Möglichkeit einräumen, durch Stellung des Eintragungsgesuchs das Stimmrecht jederzeit erlangen zu können (unter diesem Gesichtswinkel stellen die Dispo-Aktien eine Art «Partizipationsschein auf Widerruf» dar). Heute dienen die Partizipationsscheine im Wesentlichen noch privaten Gesellschaften als ein Finanzierungsmittel, welches die sorgfältig regulierten Stimmrechtsverhältnisse nicht stört (N 1.37).

5.72
Wesen, Schaffung und Verurkundung

Partizipationsscheine sind wie Aktien und Genussscheine *Beteiligungspapiere*, doch lauten sie im Gegensatz zu den Genussscheinen auf einen *Nennwert*, werden sie gegen eine *Einlage* ausgegeben und können sie auch *Mitgliedschaftsrechte* verbriefen – *nie aber ein Stimmrecht* (OR 656a I, 656c I; Anhang 4 Art. 3c II). Der Partizipationsschein kann deshalb als *stimmrechtslose Aktie* bezeichnet werden (N 1.37). Partizipationsscheine können genau gleich wie Aktien anlässlich der Gründung oder – was der Regelfall ist – später in der Form einer *Kapitalerhöhung* geschaffen werden. Die Partizipationsscheine können in den gleichen Formen verbrieft werden wie Aktien (N 5.4 ff.) – wobei sie meist als Inhaberpapiere ausgestaltet sind (Anhang 4 Art. 3c I). Immer aber müssen Partizipationsscheine explizit als solche *bezeichnet* werden (OR 656a III).

5.73
Partizipationskapital

Die Gesellschaften können sich also durch die Ausgabe von Partizipationsscheinen zusätzliches Eigenkapital beschaffen, welches sie – wie das Aktienkapital – nicht zurückzahlen müssen, und ohne sich damit zusätzliche stimmberechtigte Aktionäre aufzu-

5. Aktien und andere Beteiligungspapiere

laden. Um zu verhindern, dass bei einem Aktienkapital von z.B. Fr. 100 000.– einige wenige Aktionäre mit geringem persönlichem Risiko über ebenfalls risikotragendes Partizipationskapital in Millionenhöhe bestimmen können, statuiert OR 656b I, dass das Partizipationskapital das *Doppelte des Aktienkapitals* nicht übersteigen darf (Anhang 4 Art. 3c I). Nach unten ist die Höhe des Partizipationskapitals nicht begrenzt, namentlich darf es auch kleiner als Fr. 100 000. – sein (OR 656b II). Im Übrigen wird das Partizipationskapital grundsätzlich wie Aktienkapital behandelt (OR 656a II): So ist es bei Berechnungen, die auf dem Aktienkapital basieren, diesem zuzuzählen (OR 656b III; z.B. bei der Frage, ob die Hälfte des Aktienkapitals noch gedeckt ist oder der Generalversammlung gem. OR 725 umgehend Sanierungsmassnahmen zu beantragen sind, oder bei den Bestimmungen über die Beschränkung des Erwerbs eigener Aktien, die allgemeine Reserve oder die Einleitung einer Sonderprüfung), und kann es wie das Aktienkapital im Rahmen einer ordentlichen, bedingten oder genehmigten Kapitalerhöhung aufgestockt werden (OR 656b V). Aktien- und Partizipationskapital bilden zusammen das *Grundkapital* der AG.

Im Verhältnis zu den Aktionären kann die Rechtsstellung der Partizipanten mit den Begriffen *Gleichstellung und Schlechterstellungsverbot* sowie *Schicksalsgemeinschaft* umschrieben werden:

5.74 Allgemeine Rechtsstellung der Partizipanten

Die Statuten dürfen die Partizipanten bezüglich der *Vermögensrechte* – Ansprüche auf Dividende und Liquidationsergebnis sowie Bezugsrecht – nicht schlechter stellen als die Aktionäre bzw. die am wenigsten bevorzugte Aktionärskategorie (OR 656f; Anhang 4 Art. 3c II).

5.75 Vermögensrechte

Von den *Mitgliedschaftsrechten* stehen den Partizipanten zwingend die folgenden zu: Es sind ihnen die *Einberufung* – einschliesslich Traktanden und Anträgen des Verwaltungsrats –, die *Beschlüsse der Generalversammlung* (OR 656d; Anhang 4 Art. 9 III) und der *Geschäftsbericht* (OR 656a II i.V.m. 696; Anhang 4 Art. 9 VI) *bekannt zu geben* (OR 656d); sie haben das Recht, zuhanden der Generalversammlung *Begehren um Einsicht und Auskunft* oder um Einleitung einer *Sonderprüfung* zu stellen (OR 656c III); sie dürfen gegen Generalversammlungsbeschlüsse

5.76 Gesetzliche Mitgliedschaftsrechte

mit einer *Anfechtungsklage* vorgehen (OR 656a II i.V.m. 706); sie können die Organe der AG mit einer *Verantwortlichkeitsklage* ins Recht fassen (OR 656a II i.V.m. 752 ff.); und Partizipanten, die 10% des Grundkapitals (N 5.69) besitzen, können eine Klage auf *Auflösung der Gesellschaft* aus wichtigem Grund einleiten (OR 656a II i.V.m. 736 Ziff. 4).

5.77
Mögliche statutarische Mitgliedschaftsrechte

Zusätzlich können die *Statuten* den Partizipanten noch folgende Mitgliedschaftsrechte einräumen: das Recht auf *Einberufung* einer Generalversammlung (Anhang 4 Art. 8 III); das Recht, an der Generalversammlung – ohne Stimmrecht – *teilzunehmen* und dort ihre Meinung zu äussern (Anhang 4 Art. 11 VII); ein erweitertes, dem Aktionärsrecht entsprechendes Recht auf *Auskunft und Einsicht*; das *Antragsrecht* (alles OR 656c I, II; Anhang 4 Art. 11 VII) sowie das Recht auf einen *Vertreter im Verwaltungsrat* (OR 656e; Anhang 4 Art. 13 III). Generalversammlungsbeschlüsse, welche die Stellung der Partizipanten verschlechtern, sind nur zulässig, wenn sie auch die Stellung der Aktionäre, denen die Partizipanten gleichstehen, entsprechend beeinträchtigen (OR 656f III; Schicksalsgemeinschaft). Will die Generalversammlung den Partizipanten Vorrechte oder statutarische Mitwirkungsrechte entziehen, kann sie dies nur tun, wenn eine besondere Versammlung der betroffenen Partizipanten dem zustimmt (OR 656f IV; Anhang 34). Darin liegt kein Widerspruch zum ehernen Grundsatz, dass den Partizipanten *kein Stimmrecht* zukommt, beteiligt sich die Partizipantenversammlung ja nicht an der Willensbildung der AG, sondern verzichtet sie – in Zustimmung zu einem entsprechenden Generalversammlungsbeschluss – auf Partizipantenrechte.

5.78
Bezugsrecht bei Kapitalerhöhungen

Einlässlich regelt das Gesetz auch das *Bezugsrecht* der Partizipanten: Wird ein Partizipationskapital neu geschaffen, so haben die Aktionäre ein Bezugsrecht wie bei der Ausgabe neuer Aktien (OR 656g I). Wird das Aktien- und das PS-Kapital gleichzeitig und im gleichen Verhältnis erhöht, so können Aktionäre grundsätzlich nur Aktien und Partizipanten nur Partizipationsscheine beziehen (artgleiches Bezugsrecht; OR 656g II; Anhang 4 Art. 3c III). Werden die beiden Kapitalien ungleich erhöht – also nur eines allein oder eines stärker als das andere –, sind die Bezugsrechte so zuzuteilen, dass jeder seine Beteiligungsquote behalten

5. Aktien und andere Beteiligungspapiere

kann (OR 656g III), darf also allenfalls auch «übers Kreuz» bezogen werden.

c) *Exkurs: Anleihensobligationen, namentlich Wandel- und Optionsanleihen*

Zwar betrachten wir in diesem Titel die von einer AG ausgegebenen *Beteiligungs*papiere und die mit diesen zusammenhängenden Rechtsinstitute, doch soll das Bild durch einen kleinen Exkurs über die von grösseren Gesellschaften ebenfalls zur Kapitalbeschaffung ausgegebenen *Forderungs*papiere abgerundet werden. Aktien, Genuss- und Partizipationsscheine verbriefen eine Beteiligung an der AG; die von Aktionären und Partizipanten geleisteten Einlagen bilden Eigenkapital der Gesellschaft. Demgegenüber verurkunden die hier betrachteten Forderungspapiere eine Forderung gegenüber der AG. Das von den Obligationären der AG zur Verfügung gestellte Geld ist ein rückzahlbares Darlehen und folglich *Fremdkapital*.

5.79 Forderungspapiere

Anleihensobligationen sind im Rahmen einer meist längerfristigen Grossdarlehensaufnahme in Serie und zu einheitlichen Bedingungen öffentlich ausgegebene Wertpapiere, welche eine verzinsliche *Darlehensforderung* verbriefen (OR 1156 ff.). Bei öffentlicher Emission besteht ein *Prospektzwang* (OR 1156) und bilden die Gläubiger von Gesetzes wegen eine *Gläubigergemeinschaft* (OR 1157 ff.).

5.80 Anleihensobligationen

Wandel- und Optionsanleihen sind *Anleihensobligationen* (N 5.80), welche die Vorteile des festverzinslichen Forderungs- mit denjenigen des Beteiligungspapiers zu verbinden suchen, indem sie über die festverzinsliche Forderung hinaus noch ein *Recht auf Bezug von Aktien* oder Partizipationsscheinen einräumen. Die *Wandelobligation* gibt dem Gläubiger das Recht, seine Obligation in oder bis zu einem bestimmten Zeitpunkt gegen Aktien oder Partizipationsscheine *umzutauschen* (Wandelrecht). Die *Optionsanleihe* oder Bezugsrechtsobligation räumt dem Gläubiger demgegenüber das Recht ein, *zusätzlich* zu seinem Anspruch auf Verzinsung und Rückzahlung der Forderung in oder bis zu einem bestimmten Zeitpunkt zu einem im Voraus bestimmten Preis Beteiligungspapiere zu erwerben; die Obligation ist zu diesem Zweck mit einem

5.81 Wandel- und Optionsanleihen

Optionsschein (oder Warrant) versehen. Für beide Arten von Anleihensobligationen muss die AG also Aktien für die ihr Wandel- oder Optionsrecht ausübenden Gläubiger bereitstellen, wofür der Gesetzgeber das Institut der *bedingten Kapitalerhöhung* geschaffen hat (N 13.24 f.).

I) Zusammenlegung und Split von Aktien

5.82
Vorgehen

Die Generalversammlung ist befugt, durch öffentlich zu beurkundenden statutenändernden Beschluss bei unverändert bleibendem Aktienkapital die Aktien in solche von kleinerem Nennwert zu zerlegen (zu «splitten») oder zu solchen von grösserem Nennwert zusammenzulegen. Die Zusammenlegung von Aktien bedarf zusätzlich der Zustimmung jedes betroffenen Aktionärs (OR 623).

5.83
Praktische Bedeutung

Praktisch bedeutsam wurden Aktienzusammenlegung und -split etwa im Zusammenhang mit der Tendenz zur Vereinheitlichung der Kapitalstruktur (N 5.62). Auch die Herabsetzungen des Mindestnennwerts durch den Gesetzgeber (N 2.16) wurden von den Publikumsgesellschaften genutzt, um den Nennwert ihrer für den Börsenhandel zu schwer gewordenen Aktien zu splitten (nachdem der Mindestnennwert per 1. Mai 2001 von Fr. 10.- auf 1 Rappen herabgesetzt worden war, splitteten noch im gleichen Jahr 40 Publikumsgesellschaften ihre Aktien). Umgekehrt erfolgt eine Zusammenlegung von Aktien meist im Vorfeld einer Sanierungs-Kapitalherabsetzung (N 14.1 ff.), um Sanierungs-Kleinaktien zu vermeiden.

J) Die Kraftloserklärung

5.84
Zweck

In N 5.6 und 5.11 ff. wurde dargelegt, dass bei Inhaber- und Namenaktien die Mitgliedschaftsrechte im Aktientitel verkörpert sind. Wird nun ein solches Wertpapier gestohlen oder geht es verloren, besteht die Gefahr, dass sich ein Unberechtigter gegenüber der AG mit ihm ausweist und Vermögens- oder Mitgliedschaftsrechte geltend macht. Es muss daher eine Möglichkeit geben, die Aktionärsrechte wieder vom Papier loszulösen, sodass der wirk-

5. Aktien und andere Beteiligungspapiere

liche Berechtigte seine Rechte auch ohne Papier wieder geltend machen kann und die AG dem nichtberechtigten Papierbesitzer nicht mehr mit befreiender Wirkung leisten darf. Diesem Zweck dient das Kraftloserklärungs- oder Amortisationsverfahren.

Ist jemandem seine Aktie abhanden gekommen und will er sie deshalb kraftlos erklären lassen, muss er dem Richter zunächst glaubhaft machen, dass er sie (a) einmal besessen hat und (b) dass sie ihm dann abhanden gekommen ist. Im Kanton Zürich z.B. ist dafür der Einzelrichter im summarischen Verfahren am Bezirksgericht zuständig. Der Richter setzt darauf dem unbekannten Besitzer des Aktientitels durch dreimalige Publikation im SHAB Frist zur Vorlegung des Wertpapiers an (Anhang 35). Diese Frist beträgt mindestens sechs Monate. Wird die Aktie innert dieser Frist nicht vorgelegt, erklärt sie der Richter für kraftlos (Anhang 35). Erst jetzt darf die AG ihrem Aktionär einen neuen Aktientitel ausstellen. Wird die Aktie dagegen vorgelegt (z.B. von einem Finder oder jemandem, der sie gutgläubig erworben hat), setzt der Richter dem Gesuchsteller – also dem früheren Papierbesitzer – eine Frist an, um gegen den Vorleger auf Herausgabe des Aktientitels zu klagen (vgl. zum Ganzen OR 977, 981 ff., 1072 ff.; für Coupons OR 987).

5.85
Verfahren

Dieses Verfahren findet grundsätzlich auch auf Rektaaktien Anwendung, doch kann sich die AG für diese auch ein viel einfacheres Amortisationsverfahren vorbehalten (OR 977 II).

5.86
Rektaaktien

Was bisher am Beispiel der Aktientitel dargestellt wurde, gilt natürlich auch für alle anderen von der AG ausgegebenen Wertpapiere wie Partizipations- (N 5.71 ff.) und Genussscheine (N 5.67 ff.), Anleihensobligationen (N 5.80), Wandel- und Optionsanleihen (N 5.81): Das anwendbare Amortisationsverfahren bestimmt sich allein danach, wie die AG diese Titel wertpapierrechtlich ausgestaltet hat, ob als Inhaber- oder Ordrepapiere (N 5.11 ff.) oder als Namenpapiere (N 5.23).

5.87
Andere Wertpapiere

Anhang 24: Zession (Abtretung von Aktien, für die keine Titel ausgestellt wurden)

ZESSION

Der Unterzeichnende,

Fritz Hobel,
Tischlerstrasse 8, 8600 Dübendorf,

Zedent

tritt hiermit in Erfüllung des Aktienkaufvertrags vom [Datum]

100 nicht verbriefte Namenaktien der Hobel Möbel AG mit Sitz in Dübendorf (Firmennummer CH-...) mit einem Nennwert von je Fr. 1000.- (insgesamt also Fr. 100 000.-, d.h. die Gesamtheit des Aktienkapitals der Hobel Möbel AG) mit allen damit zusammenhängenden Mitgliedschafts- und Vermögensrechten, namentlich verfallenen, laufenden und künftigen Dividenden,

frei von jeder Belastung und unter Garantie für deren Bestand und Abtretbarkeit sowie seiner uneingeschränkten Verfügungsberechtigung an

Kevin Kaufmann,
Klosterweg 3, 8302 Kloten,

Zessionar

ab.

Der Zedent garantiert, dass die Hobel Möbel AG für die hiermit übertragenen Aktien nie Wertpapiere begeben hat und dass jene das gesamte Aktienkapital der Hobel Möbel AG bilden.

Der Zessionar wird beauftragt und ermächtigt, der Hobel Möbel AG diese Abtretung direkt zu notifizieren.

Dübendorf, [Datum]

Der Zedent:

_____

Fritz Hobel

5. Aktien und andere Beteiligungspapiere

Anhang 25: Inhaberaktie

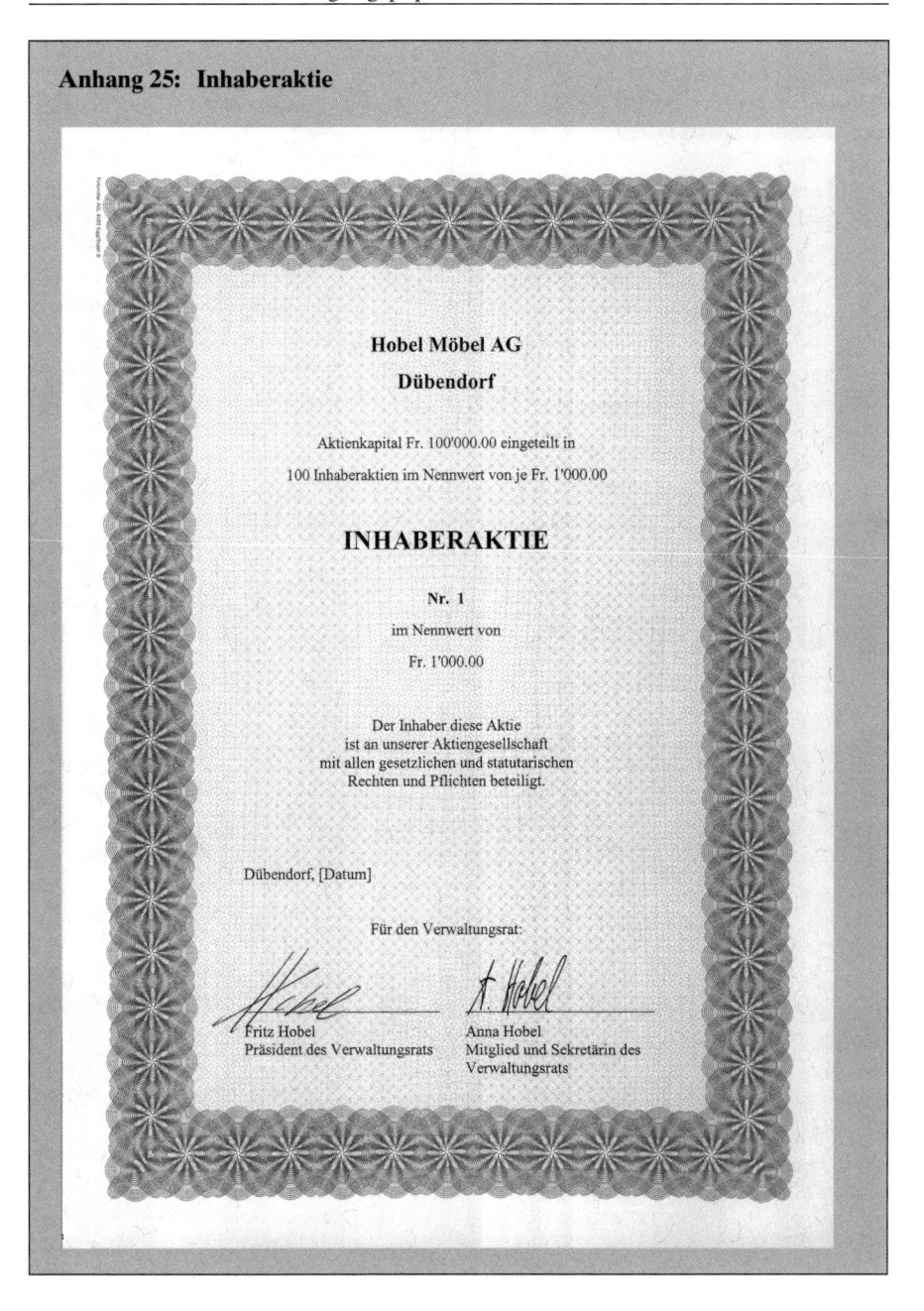

Hobel Möbel AG

Dübendorf

Aktienkapital Fr. 100'000.00 eingeteilt in
100 Inhaberaktien im Nennwert von je Fr. 1'000.00

INHABERAKTIE

Nr. 1

im Nennwert von

Fr. 1'000.00

Der Inhaber diese Aktie
ist an unserer Aktiengesellschaft
mit allen gesetzlichen und statutarischen
Rechten und Pflichten beteiligt.

Dübendorf, [Datum]

Für den Verwaltungsrat:

Fritz Hobel   Anna Hobel
Präsident des Verwaltungsrats   Mitglied und Sekretärin des
                                Verwaltungsrats

Anhang 26: Namenaktie

Hobel Möbel AG

Dübendorf

Aktienkapital Fr. 100'000.00 eingeteilt in
100 Namenaktien im Nennwert von je Fr. 1'000.00

NAMENAKTIE

Nr. 80

im Nennwert von

Fr. 1'000.00

Max Hammer

ist als Eigentümer dieser Aktie an unserer Aktiengesellschaft mit allen gesetzlichen und statutarischen Rechten und Pflichten beteiligt.

Die Übertragung dieser Aktie unterliegt nach Art. 5 der Statuten der Genehmigung durch den Verwaltungsrat

Dübendorf, [Datum]

Für den Verwaltungsrat:

Fritz Hobel
Präsident des Verwaltungsrats

Anna Hobel
Mitglied und Sekretärin des Verwaltungsrats

5. Aktien und andere Beteiligungspapiere

ÜBERTRAGUNGEN				
Datum		Erwerber (Zessionar)	Unterschrift des Zedenten	Eintragsdatum im Aktienbuch / Unterschrift namens des Verwaltungsrats
Tag	Monat	Jahr			
[Dat]	[Dat]	[Dat]	Marcel Marteau	Max Hammer	[Datum]

Anhang 27: Statutenklausel für Namenaktien mit aufgeschobenem Titeldruck

(Anschliessend an Anhang 4 Art. 4)

Art. 4a

Die Gesellschaft kann auf den Druck und die Auslieferung von Namenaktien verzichten und bereits gedruckte Namenaktien ersatzlos annullieren. Bereits ausgelieferte Namenaktien können nur annulliert werden, wenn sie der Gesellschaft eingeliefert werden und der Aktionär zustimmt. Der Aktionär kann von der Gesellschaft jederzeit kostenlos den Druck und die Auslieferung seiner Namenaktien verlangen. Die Gesellschaft kann ihrerseits jederzeit bisher nicht verurkundete Namenaktien ausdrucken.

Nicht verurkundete Namenaktien, einschliesslich daraus entspringende, nicht verurkundete Rechte, können nur durch Zession übertragen werden. Die Zession bedarf zur Gültigkeit der Anzeige an die Gesellschaft. Das Recht auf die Urkunde geht mit der rechtsgültigen Zession auch ohne Zustimmung der Gesellschaft auf den Erwerber über. Die Gesellschaft kann der Bank, bei welcher der Aktionär die abgetretenen Namenaktien buchmässig führen lässt, von der Zession Mitteilung machen.

Nicht verurkundete Namenaktien und die daraus entspringenden Vermögensrechte können nur zugunsten der Bank, bei welcher der Aktionär dieselben buchmässig führen lässt, durch schriftlichen Pfandvertrag verpfändet werden.[1] Eine Anzeige an die Gesellschaft ist nicht erforderlich. Der Anspruch des Aktionärs auf Druck und Auslieferung der Namenaktie kann auf die pfandnehmende Bank übertragen werden. Im Übrigen setzt die Verpfändung von Namenaktien zu ihrer Gültigkeit die Übergabe der zedierten oder indossierten Aktienurkunden nach Massgabe von Art. 901 Abs. 2 ZGB voraus.

---

[1] Diese Bestimmung erscheint problematisch, da die Verpfändung nicht vinkuliert werden darf.

5. Aktien und andere Beteiligungspapiere

Anhang 28: Statutenklausel für Namenaktien ohne Anspruch auf Titeldruck

(Anschliessend an Anhang 4 Art. 4)

Art. 4a

Der Aktionär kann von der Gesellschaft jederzeit kostenlos die Ausstellung einer Bescheinigung über die in seinem Eigentum stehenden Namenaktien verlangen. Der Aktionär hat jedoch keinen Anspruch auf Druck und Auslieferung von Urkunden für Namenaktien. Die Gesellschaft kann demgegenüber jederzeit Urkunden für Namenaktien drucken und ausliefern und ausgegebene Urkunden, die bei ihr eingeliefert werden, mit Zustimmung des Aktionärs ersatzlos annullieren.

Nicht verurkundete Namenaktien, einschliesslich der daraus entspringenden nicht verurkundeten Rechte, können nur durch Zession übertragen werden. Die Zession bedarf zur Gültigkeit der Anzeige an die Gesellschaft.

Nicht verurkundete Namenaktien und die daraus entspringenden Vermögensrechte können nur zugunsten der Bank, bei welcher der Aktionär dieselben buchmässig führen lässt, durch schriftlichen Pfandvertrag verpfändet werden.[2] Eine Anzeige an die Gesellschaft ist nicht erforderlich.

Falls Aktien gedruckt werden, tragen sie die Unterschrift von zwei Mitgliedern des Verwaltungsrats. Diese Unterschriften können Faksimile-Unterschriften sein.

Die Gesellschaft kann in jedem Fall Zertifikate über eine Mehrzahl von Aktien ausgeben.

---

[2] Diese Bestimmung erscheint problematisch, da die Verpfändung nicht vinkuliert werden darf.

Anhang 29: Aktienbuch

AKTIONÄRSVERZEICHNIS DER HOBEL MÖBEL AG

(Aktienbuch im Sinne von Art. 686 OR)

Aktienkapital Fr. 100000.-; Anzahl Aktien: 100; Nennwert pro Aktie: Fr. 1'000.-

Ref.Nr.	Aktionär (Name, Adresse)	Zertifikat Nr.	Aktien Nr.	Anzahl Aktien	Bemerkungen	Datum des Erwerbs	Ref.Nr.
1	Fritz Hobel, Tischlerstrasse 8, 8600 Dübendorf	1	1-79	79		Gründer	
2	~~Max Hammer, Ambossgasse 24, 8305 Dietlikon~~	-	80	~~1~~		~~Gründer~~	4
3	Anna Hobel, Tischlerstrasse 8, 8600 Dübendorf	2	81-100	20		Gründerin	
4	Marcel Marteau, rue des Enclumes 6, 1527 Villeneuve	-	80	1		[Datum]	

Dübendorf, [Datum]

Für den Verwaltungsrat der Hobel Möbel AG

Fritz Hobel, Präsident   Anna Hobel, Sekretärin

[3] Für Gesellschaften mittlerer Grösse hat sich z.B. auch bewährt, das Aktienbuch in Form eines Ordners mit je einem alphabetischen und einem Zahlen-Register zu führen: Im alphabetischen Teil wird für jeden Aktionär ein Blatt mit Name, Adresse und Nummern der gehaltenen Aktien sowie allfälligen Zusatzangaben (Nutzniessung, Verpfändung, Vertreter etc.) eröffnet. Im Zahlenregister befindet sich für jede Aktie bzw. jeden Aktienblock bzw. jedes Zertifikat unter der entsprechenden Titelnummer ein Blatt mit einer Verweisung auf das Aktionärsblatt im alphabetischen Teil. So findet die Gesellschaft jederzeit mühelos Antwort auf die beiden Routine-Fragen: "Wie viele und welche Aktien gehören dem Aktionär X?" und "Wem gehört die Aktie Nr. 23?".

5. Aktien und andere Beteiligungspapiere

Anhang 30: Aktienzertifikat (Inhaberaktien)

Hobel Möbel AG

Dübendorf

Aktienkapital Fr. 100'000.00 eingeteilt in
100 Inhaberaktien im Nennwert von je Fr. 1'000.00

AKTIENZERTIFIKAT

Nr. 2

über 20 Inhaberaktien

Nr. 81 – Nr. 100

im Nennwert von je Fr. 1'000.00

Fr. 20'000.00 Gesamtnennwert

Der Inhaber dieses Zertifikates ist
mit den darin bezeichneten Aktien
an unserer Aktiengesellschaft mit allen
gesetzlichen und statutarischen Rechten
und Pflichten beteiligt.

Dübendorf, [Datum]

Für den Verwaltungsrat:

Fritz Hobel
Präsident des Verwaltungsrats

Anna Hobel
Mitglied und Sekretärin des
Verwaltungsrats

Anhang 31: Vorzugsaktie

Hobel Möbel AG
Dübendorf

Aktienkapital Fr. 100'000.00 eingeteilt in
90 Namenaktien A im Nennwert von je Fr. 1'000.00 (Stammaktien) und
10 Namenaktien B im Nennwert von je Fr. 1'000.00 (Vorzugsaktien)

NAMENAKTIE B

(VORZUGSAKTIE)

Nr. 91
im Nennwert von Fr. 1'000.00

Max Hammer

ist als Eigentümer dieser Aktie an unserer Aktiengesellschaft mit allen
gesetzlichen und statutarischen Rechten und Pflichten beteiligt.

Die Übertragung dieser Aktie unterliegt nach Art. 5 der Statuten
der Genehmigung durch den Verwaltungsrat.

Gemäss Art. [] der Statuten wird auf die Vorzugsaktien vorab eine
Dividende in der Höhe von 10 % ausgeschüttet und sind am verbleibenden
Gewinn alle Aktien gleichmässig beteiligt.

Dübendorf, [Datum]

Für den Verwaltungsrat:

Fritz Hobel
Präsident des Verwaltungsrats

Anna Hobel
Mitglied und Sekretärin des
Verwaltungsrats

Anhang 32: Statutenbestimmung für die Vinkulierung kotierter Namenaktien[31]

Art. 5 Abs. 2 ff. [vgl. Anhang 4]

Die Übertragung von Aktien, ob zu Eigentum oder zu Nutzniessung, bedarf in jedem Falle der Genehmigung durch den Verwaltungsrat. Die Zustimmung kann verweigert werden,

a) sofern ein Erwerber infolge der Anerkennung als Vollaktionär direkt oder indirekt mehr als [] % der Gesamtzahl der im Aktienbuch eingetragenen Namenaktien erwerben oder insgesamt besitzen würde *[Prozentklausel]*;

b) soweit und solange die Anerkennung eines Erwerbers als Vollaktionär die Gesellschaft gemäss den ihr zur Verfügung stehenden Informationen daran hindern könnte, den durch Bundesgesetze geforderten Nachweis schweizerischer Beherrschung zu erbringen *[Ausländerklausel]*;

c) wenn der Erwerber trotz Verlangen der Gesellschaft nicht ausdrücklich erklärt, dass er die Aktien im eigenen Namen und im eigenen Interesse erworben hat und halten wird *[Fiduzklausel]*.

Juristische Personen und Rechtsgemeinschaften, die durch Kapital, Stimmkraft, Leitung oder auf andere Weise miteinander verbunden sind, sowie alle natürlichen oder juristischen Personen und Rechtsgemeinschaften, welche durch Absprache, Syndikat oder auf andere Weise im Hinblick auf eine Umgehung der Eintragungsbeschränkungen koordiniert vorgehen, gelten in der Anwendung von lit. a und b hievor als ein Erwerber *[Gruppen- oder Verbundklausel]*.

Diese Begrenzung gilt mit Vorbehalt von Art. 653c Abs. 3 OR auch im Falle des Erwerbs von Namenaktien in Ausübung von Bezugs-, Options- und Wandelrechten. Die Begrenzung findet keine Anwendung bei Übernahmen von Unternehmen, Unternehmensteilen oder Beteiligungen sowie bei Erwerb durch Erbgang, Erbteilung oder eheliches Güterrecht.

---

[31] Die vorliegende Klausel orientiert sich an Zindel/Honegger/Isler/Benz: Statuten der Aktiengesellschaften (2. Aufl., Zürich 1997). Manche Statuten basieren aber auch noch auf den von einer Arbeitsgruppe im Auftrag der Schweizer Börsen ausgearbeiteten Musterklauseln; vgl. Schweizerische Zeitschrift für Wirtschaftsrecht (Zürich) 1993 80 ff.

Anhang 33: Offenlegung von Beteiligungen (SHAB-Inserate)

Offenlegung von Beteiligungen gemäss Börsengesetz

Gestützt auf das Börsengesetz haben wir die Meldung erhalten, dass die Hobel Möbel AG, Bahnhofstrasse 2, 8600 Dübendorf, 12 245 Namenaktien der Mammoth Woods AG, Zürich, erworben hat. Dies entspricht einem Stimmrechtsanteil von 5,05 %.

Zürich, [Datum]   Mammoth Woods AG

Mammoth Woods AG, Zürich

Offenlegung von Beteiligungen

Die Mammoth Woods AG teilt mit, dass die Hobel Möbel AG, Bahnhofstrasse 2, 8600 Dübendorf, den meldepflichtigen Grenzwert von 5,00 % der Stimmrechte der Mammoth Woods AG unterschritten hat.

Zürich, [Datum]

Anhang 34: Einladung zur Versammlung der Partizipanten

Hobel Möbel AG
Dübendorf

EINLADUNG
zur Versammlung der Inhaber von Partizipationsscheinen
auf [Datum, Zeit] im Sitzungszimmer der Hobel Möbel AG, Bahnhofstrasse 2, 8600 Dübendorf.

Traktandenliste:

1. **Orientierung**

2. **Wahl des Büros (Vorsitzender, Stimmenzähler und Protokollführer)**

3. **Verzicht auf das Recht, einen Vertreter der Partizipanten im Verwaltungsrat zu bestellen (ersatzlose Streichung von Art. 13 Abs. 3 der Statuten)**
   Antrag des Verwaltungsrats: Art. 13 Abs. 3 der Statuten sei ersatzlos zu streichen.

Die Erläuterungen des Verwaltungsrats zu Traktandum 3 werden den Partizipanten vom [Datum] an am Sitz der Hobel Möbel AG, Bahnhofstrasse 2, 8600 Dübendorf, zur Einsicht aufgelegt und auf Verlangen zugestellt.

Die Zulassung zur Versammlung erfolgt gegen Vorlage des Partizipationsscheins.

Dübendorf, [Datum]

Hobel Möbel AG

Fritz Hobel, Präsident des Verwaltungsrats

Anhang 35: Amortisationsverfahren: Aufruf und Kraftloserklärung (SHAB-Publikation)

Aufruf

Dritte Veröffentlichung

Das nachfolgend aufgeführte Wertpapier wird vermisst. Der unbekannte Inhaber wird hiermit aufgefordert, den erwähnten Titel innert der angegebenen Ankündigungsfrist dem unterzeichneten Richteramt vorzulegen, ansonsten dieser kraftlos erklärt wird.

1. *Titel*: **Namenaktienzertifikat**
2. *Lautend auf*: Fritz Hobel; Aktienzertifikat Nr. 1 über die Namenaktien Nr. 1–79 der Hobel Möbel AG, Dübendorf, Nennwert je Aktie Fr. 1000.–.
3. *Auskündungsfrist*: [Datum]
4. *Bemerkungen*: [Verfahrensnummer]

Bezirksgericht Uster

8610 Uster

Kraftloserklärung

Das nachfolgend aufgeführte Wertpapier ist dem unterzeichneten Richteramt innert der anberaumten Frist nicht vorgewiesen worden. Es wirt hiermit kraftlos erklärt.

1. *Titel*: **Namenaktienzertifikat**
2. *Lautend auf:* Fritz Hobel; Aktienzertifikat Nr. 1 über die Namenaktien Nr. 1–79 der Hobel Möbel AG, Dübendorf, Nennwert je Aktie Fr. 1000.–.
3. *Bemerkungen*: [Verfahrensnummer]

Bezirksgericht Uster
8610 Uster

6. Die Rechtsstellung des Aktionärs

A) Allgemeine Umschreibung der aktienrechtlichen Mitgliedschaft

Nachdem wir uns mit den Aktien befasst haben (N 5.1 ff.), stellt sich die Frage, welche Rechtsstellung diese verschaffen. Dabei gilt für die hier im Vordergrund stehende private AG nach wie vor, dass der Aktionär viele Rechte, aber nur eine *einzige Pflicht* hat, nämlich die *Liberierungspflicht* (N 6.10 ff.). Bei den börsenkotierten Gesellschaften ist dieser aktienrechtliche Grundsatz insofern ins Wanken geraten, als deren Aktionären zusätzlich zur Liberierungspflicht *Meldepflichten* bei Überschreiten bestimmter Stimmrechts-Schwellen sowie die einschneidende Pflicht zur Unterbreitung eines *Übernahmeangebots* bei Besitz von mehr als einem Drittel der Stimmrechte auferlegt wurden (N 5.63 ff., 18.9 f.). Die Einführung von weiteren Meldepflichten für Aktionäre wird z.B. im Rahmen der Revision des Geldwäschereigesetzes diskutiert.

6.1 Eine Pflicht und viele Rechte

Um die Übersicht über die Aktionärsrechte zu erleichtern, kann man sie zunächst nach ihrem Inhalt in *vermögensmässige* (N 6.13 ff.; z.B. das Recht auf Dividende) und *nicht vermögensmässige Rechte* gliedern und innerhalb dieser letzteren Gruppe sodann zwischen *Mitwirkungsrechten* (N 6.23 ff.; z.B. Stimmrecht) einerseits und *Schutzrechten* (N 6.33 ff.; z.B. Recht auf Sonderprüfung) andererseits unterscheiden. Nachdem die Aktionärsrechte grundsätzlich kapitalbezogen sind (N 6.5), bildet das *Recht auf Beibehaltung des relativen Kapitalanteils* (Bezugs- und Vorwegzeichnungsrecht; N 6.55 ff.) die verbindende Klammer zwischen vermögensmässigen und nicht vermögensmässigen Rechten (vgl. zum Ganzen die Übersicht in Anhang 36). Entsprechend dieser inhaltlichen Gliederung der Aktionärsrechte ist auch das vorlie-

6.2 Inhaltliche Gliederung der Aktionärsrechte

6.3
Gliederung der Aktionärsrechte nach ihrer «Resistenz»

gende Kapitel strukturiert – auch wenn einzelne Rechte nicht immer klar und ausschliesslich dem einen oder andern Oberbegriff zugeordnet werden können.

Über das Schicksal der AG – und damit auch über die Rechte ihrer Mitglieder – bestimmt die Kapitalmehrheit (N 6.5). Über einige grundlegende Aktionärsrechte aber kann die Mehrheit nicht verfügen; ja einzelne noch grundlegendere sind sogar der Verfügungsmacht des Berechtigten selber entzogen: Die letzteren, «aktionärsresistenten» Rechte betreffen Kernelemente des Aktienrechts, auf welche der Aktionär nicht rechtsgültig verzichten kann, weshalb sie *unverzichtbare Rechte* genannt werden. Zu diesen gehören z.B. das Stimmrecht und die mit diesem verbundenen Rechte, die Informationsrechte, das Recht zur Erhebung einer Verantwortlichkeitsklage sowie die Rechte, Generalversammlungsbeschlüsse anzufechten und die Nichtigkeit von Generalversammlungs- oder Verwaltungsratsbeschlüssen feststellen zu lassen. Bezüglich all dieser Rechte kann der Aktionär nur auf die Ausübung im konkreten Einzelfall verzichten, nicht aber generell und im Voraus auf das Recht selbst: Er kann sich also selbstverständlich entscheiden, dieses Jahr nicht an der Generalversammlung teilzunehmen oder einen fehlerhaften Generalversammlungsbeschluss nicht anzufechten; nichtig wäre aber z.B. ein Generalversammlungsbeschluss, der einem Aktionär das Stimmrecht entzieht, selbst wenn der Betroffene zugestimmt hätte.

Daneben existieren Rechte, auf welche der Aktionär zwar verzichten kann, die ihm aber nicht gegen seinen Willen entzogen werden können: die sog. *unentziehbaren Rechte* (welche das alte Aktienrecht «wohlerworbene Rechte» nannte). Diese Rechte können nur mit Einstimmigkeit aller Aktionäre aufgehoben werden. Als Beispiele seien erwähnt das Recht auf Gewinnstrebigkeit der Gesellschaft (OR 706 II Ziff. 4) oder das Recht auf einen Anteil am Liquidationserlös.

Allerdings ist die Terminologie in diesem Bereich uneinheitlich: Teils wird weiterhin zwischen unverzichtbaren und (absolut bzw. relativ) wohlerworbenen Rechten unterschieden, teils wird auf eine Unterscheidung zwischen unverzichtbaren und unentziehbaren Rechten verzichtet und einfach allgemein von unentziehbaren Rechten gesprochen, teils wird die Existenz von subjektiven Aktionärsrechten überhaupt in Frage gestellt und

6. Die Rechtsstellung des Aktionärs

stattdessen von Reflexwirkungen aktienrechtlicher Prinzipien (wie Sachlichkeits-, Erforderlichkeits- und Gleichbehandlungsgebot und Übermassverbot) gesprochen. Der Praktiker wird sich an die detaillierte Aufzählung von anfechtbaren (OR 706; N 6.48, 8.27 ff.) und nichtigen (OR 706b; N 6.47, 8.34) Generalversammlungsbeschlüssen im Gesetz halten.

Neben der Liberierungspflicht und den – wie auch immer kategorisierten – einzelnen Aktionärsrechten wird die aktienrechtliche Mitgliedschaft aber auch durch übergeordnete Prinzipien bestimmt, von welchen hier folgende erwähnt seien:

6.4
Grundlegende Prinzipien

Die AG ist eine Kapitalgesellschaft (N 1.8, 1.42), weshalb auch die Mitgliedschaft in ihr durch die *Kapitalherrschaft* geprägt wird: Wie in jeder andern Körperschaft gilt auch in der AG das *Mehrheitsprinzip* – wobei sich die Mehrheit in der AG aber typischerweise nicht nach Köpfen, sondern eben nach der Kapitalbeteiligung bemisst (N 2.19). Die Mitgliedschaft in der AG ist daher *kapitalbezogen*: Mit seinem Eintritt in eine AG akzeptiert der Aktionär, dass die Kapitalmehrheit seine Rechtsstellung auch ohne seine Einwilligung verändern kann. Immerhin liefert das Gesetz die Aktionärsminderheit aber nicht völlig schutzlos der Mehrheit aus, sondern gewährt es jener gewisse *Minderheitenrechte*: So verlangt etwa OR 704 für wichtige Beschlüsse eine *qualifizierte Mehrheit* (N 1.35, 2.37, 5.34 f., 5.59, 8.16), räumt OR 709 I jeder Aktionärskategorie Anspruch auf einen *Vertreter im Verwaltungsrat* ein (N 2.34, 5.29, 5.36, 6.54, 8.4, 9.23, 9.55) oder gewährt das Gesetz einer Minderheit von zehn Prozent des Aktienkapitals das *Recht, eine Generalversammlung einzuberufen* (OR 699 III; N 6.30), eine *Sonderprüfung* durchzusetzen (OR 697b I; N 6.40 ff.) und als ultima ratio eine *Auflösungsklage* anzustrengen (OR 736 Ziff. 4; N 1.26 f., 2.12, 6.51, 14.14, 16.7 ff.).

6.5
Kapitalherrschaft

Der AG als Vereinigung renditeinteressierter Kapitalinvestoren (N 1.9) entspricht das Recht des Aktionärs auf Anonymität (N 5.22), welches in den lateinischen Sprachen sogar in der Bezeichnung der Gesellschaftsform Niederschlag gefunden hat (N 1.9, 3.6). Dem Idealtypus der «société anonyme» kommt die AG mit Inhaberaktien am nächsten. Der Namenaktionär kann sich seine Anonymität zu wahren versuchen, indem er seine Aktien als Dispo-Aktien (N 5.55) führen oder von einem Nominee regis-

6.6
Anonymität

trieren lässt (N 5.52). Während das Recht auf Anonymität bei der privaten AG naturgemäss keine bzw. nur eine sehr untergeordnete Rolle spielt (z.B. im Zusammenhang mit Begehren um Einsicht in das Aktienbuch; N 5.22), erodiert es auch bei den Publikumsgesellschaften: Nebst den Offenlegungspflichten (N 5.63 ff.) seien in diesem Zusammenhang etwa die verbreiteten Statutenbestimmungen erwähnt, welche für Inhaberaktionäre die Ausgabe von auf den Namen (statt auf den Inhaber) lautenden Zutritts- und Stimmkarten für die Generalversammlung vorsehen.

6.7 Relatives Gleichbehandlungsgebot

Vor der Herrschaft der Kapitalmehrheit wird der Minderheitsaktionär durch das *Gleichbehandlungsgebot* geschützt. OR 706 II Ziff. 3 bestimmt, dass *Generalversammlungsbeschlüsse,* die eine durch den Gesellschaftszweck nicht gerechtfertigte Ungleichbehandlung oder Benachteiligung der Aktionäre bewirken, anfechtbar sind (N 8.28); und OR 717 II verpflichtet den *Verwaltungsrat,* die Aktionäre unter gleichen Voraussetzungen gleich zu behandeln (N 9.26).

Das Gleichbehandlungsgebot gewährleistet keine absolute, sondern lediglich eine *relative* Gleichbehandlung, eine Gleichbehandlung nach Massgabe der Kapitalbeteiligung also. So kann z.B. niemand gestützt auf das Gleichbehandlungsgebot durchsetzen, dass jedem Aktionär unabhängig von seinem Kapitalanteil eine Dividende von Fr. 1000.– ausgerichtet wird. Beschliesst aber eine Generalversammlung z.B. eine Dividende von 8 % für Mehrheitsaktionäre und eine solche von 4 % für Minderheitsaktionäre, so kann dieser Beschluss gerichtlich angefochten werden (N 6.48 und 8.27 ff.), weil er gegen das Gleichbehandlungsgebot verstösst. Unzulässig wäre es auch, bei einer Kapitalerhöhung nur die Minderheitsaktionäre vom Bezugsrecht auszuschliessen (N 6.56 ff.). Ebenso verstossen z.B. verdeckte Gewinnausschüttungen (N 6.17) an einen Teil der Aktionäre gegen das Gleichbehandlungsgebot – wenn es auch in der Praxis oftmals schwierig zu beweisen ist, dass beispielsweise das Verwaltungsratshonorar eines Mehrheitsaktionärs in keinem Verhältnis zu dessen Leistungen steht.

Das Gleichbehandlungsgebot soll also nur eine willkürliche Schlechterstellung einzelner Aktionäre verhindern und sicherstellen, dass bei gleichen Voraussetzungen kein Aktionär schlechter behandelt wird als der andere. Oder umgekehrt ausgedrückt: Eine ungleiche Behandlung von Aktionären ist dann zulässig, wenn sie (a) ein *angemessenes Mittel* zur Erreichung (b) eines *legitimen Gesellschaftsziels* darstellt und (c) von allen Möglichkeiten die *schonendste* ist.

Gemäss OR 706 II Ziff. 2 sind Generalversammlungsbeschlüsse anfechtbar, welche «in unsachlicher Weise Rechte von Aktionären entziehen oder beschränken» (vgl. auch OR 652b II, 653c III). Bei gravierenden Eingriffen in Aktionärsrechte ist sodann die Beachtung dieses *Sachlichkeitsgebots* allein nicht genügend, sondern wird überdies verlangt, dass der Eingriff zur Erreichung des angestrebten Ziels auch wirklich unumgänglich ist (*Erforderlichkeitsgebot*).

6.8
Sachlichkeits- und Erforderlichkeitsgebot

Schliesslich haben die Gesellschaftsorgane ihrem Handeln den *Grundsatz der schonenden Rechtsausübung* zugrunde zu legen: Stehen verschiedene, für die Mehrheit mehr oder weniger gleichwertige Wege zur Erreichung eines Unternehmensziels offen, ist der für die Minderheit am wenigsten nachteilige zu wählen.

6.9
Übermassverbot

B) Die Liberierungspflicht

Börsenkotierte Gesellschaften einmal ausgeklammert (N 6.1), besteht die *einzige Pflicht* des Aktionärs darin, den von ihm übernommenen Teil des Aktienkapitals einzubezahlen (Liberierungspflicht; N 2.15, 2.26, 4.11, 5.12, 5.33, 5.44). Zu mehr dürfen ihn auch die Statuten nicht verpflichten (OR 680 I). Es ist daher nicht möglich, den Aktionären statutarisch beispielsweise ein Konkurrenzverbot, eine allgemeine Treuepflicht oder eine Nachschusspflicht aufzuerlegen. Treuepflichten können sich aber selbstverständlich aus einem Verwaltungsratsmandat, einem Arbeitsvertrag oder einem Aktionärbindungsvertrag (N 7.3; Anhang 42 Ziff. 1) ergeben.

6.10
Einzige Pflicht des Aktionärs

Wurde das Aktienkapital anlässlich der Gründung nur teilliberiert (N 2.15), fällt es in die *unübertragbare Zuständigkeit des Verwaltungsrats,* das «non-versé» jederzeit ganz oder teilweise einzufordern (OR 634a). Die nachträgliche Liberierung kann durch Bareinzahlung auf ein *Sperrkonto* erfolgen (HRV 83 I lit. c), aber auch durch Sacheinlage oder Verrechnung. Ist die eingeforderte Nachliberierung erbracht worden, muss der Verwaltungsrat durch einen öffentlich beurkundeten Beschluss die *Statuten* anpassen

6.11
Nachträgliche Liberierung

(N 2.15, 2.37; Anhang 36a) und die entsprechende *Handelsregisteranmeldung* vornehmen. Solange der Verwaltungsrat die Nachliberierung nicht beschlossen hat, ist die entsprechende Schuld des Aktionärs unverjährbar; danach verjährt sie innert zehn Jahren (OR 127).

6.12
Verzugsfolgen und Kaduzierung

Ein Aktionär, der den Ausgabebetrag seiner Aktie nicht rechtzeitig einbezahlt, ist zur Zahlung von *Verzugszinsen* verpflichtet (OR 681 I; zur Statuierung einer Konventionalstrafe vgl. N 2.26). Weigert er sich hartnäckig, seiner Liberierungspflicht nachzukommen, so kann ihn der Verwaltungsrat aus der AG ausschliessen («kaduzieren»; OR 681 II). Dazu muss ihm der Verwaltungsrat zunächst eine Nachfrist von mindestens einem Monat ansetzen (bei Namenaktien erfolgt dies durch eingeschriebenen Brief [OR 682 II], bei Inhaberaktien ist die Zahlungsaufforderung mindestens dreimal im SHAB sowie in der von den Statuten vorgesehenen Form zu veröffentlichen [OR 682 I]). Bezahlt der säumige Aktionär auch innerhalb dieser Frist nicht, darf ihn der Verwaltungsrat seiner Rechte aus der Aktienzeichnung sowie seiner geleisteten Teilzahlungen verlustig erklären und anstelle der kaduzierten Aktien neue ausgeben, d.h. den ausgeschlossenen Aktionär durch einen anderen ersetzen. Ergibt sich aus der Kaduzierung ein Überschuss, ist dieser den gesetzlichen Reserven zuzuweisen (OR 671 II Ziff. 2; N 12.33 lit. b); andernfalls haftet der kaduzierte Aktionär für den Ausfall.

C) Die vermögensmässigen Rechte des Aktionärs

a) Übersicht

6.13
Übersicht, Bemessungsgrundlage sowie Hinweise zu Bauzinsen und Benutzungsrecht

Die vermögensmässigen Rechte des Aktionärs umfassen die Rechte auf *Dividende*, auf *Anteil am Liquidationserlös* und auf allfällige *Bauzinsen* sowie gegebenenfalls das *Benutzungsrecht* für Gesellschaftseinrichtungen (Anhang 36). Sehen die Statuten nichts anderes vor, bemessen sich diese Rechte nach dem vom Aktionär effektiv einbezahlten Betrag und nicht nach dem – allenfalls nur teilweise liberierten – Nennwert seiner Aktie. Neben den erwähnten Rechten weisen natürlich auch das *Bezugs- und Vorwegzeichnungsrecht* – u.U. erhebliche – vermögensmässige Aspekte auf, doch werden diese Quotenschutzrechte wegen ihrer auch mitwirkungs- und schutzrechtlichen Funktionen gesondert betrachtet (N 6.55 ff.; Anhang 36). Im Folgenden werden lediglich die beiden eingangs genannten Rechte einlässlicher vorgestellt. Bezüglich der praktisch kaum relevanten *Bauzinsen* sei auf N 2.24 verwiesen, und bezüglich der *Benutzungsrechte* mag es mit dem Hinweis sein Bewenden haben, dass eine AG ihren Aktionären zusätzlich zum Dividendenrecht auch das Nebenrecht einräumen kann, die Gesellschaftseinrichtungen gratis oder doch billiger zu benutzen (so kann eine Schifffahrts-AG ihren Aktionären pro Aktie jährlich zwei Freifahrten offerieren, eine Skilift-AG ihren Aktionären Tageskarten zum halben Preis abgeben usw.).

b) *Das Recht auf Dividende*

Solange die AG nicht liquidiert wird, ist das Dividendenrecht das wichtigste Vermögensrecht des Aktionärs. Für alle, die einfach ihr Geld in Aktien anlegen wollen, ist es zusammen mit dem Bezugsrecht das absolut dominierende Aktionärsrecht. Unter Dividendenrecht versteht man den unentziehbaren Anspruch (N 6.3) des Aktionärs auf einen verhältnismässigen *Anteil am Bilanzgewinn* (OR 660 I). In einem weiteren Sinn umfasst es auch das unentziehbare *Recht auf Gewinnstrebigkeit* der AG (N 8.17).

6.14 Anspruch auf Anteil am Bilanzgewinn

Grundsätzlich dürfen Dividenden nur ausgeschüttet werden, wenn ein *Bilanzgewinn* ausgewiesen wird. Ein solcher resultiert aus der Summe des *Jahresgewinns* des vergangenen Geschäftsjahrs und des *Gewinnvortrags* aus früheren Jahren, vermindert um einen allfälligen *Jahresverlust und Verlustvortrag* (Anhang 37). Voraussetzung für die Dividendenausschüttung ist also nicht bloss, dass die AG im abgeschlossenen Geschäftsjahr mit Gewinn gearbeitet hat, sondern es müssen auch allfällige Verluste aus früheren Jahren ausgeglichen sein. Ausser aus dem Bilanzgewinn dürfen Dividenden auch aus speziell hierfür gebildeten Reserven bezahlt werden (sog. Dividendenausgleichsfonds oder *Dividendenreserven*; OR 675 II, 674 II Ziff. 2; N 12.37). Solche Reserven kann die AG anlegen, um Schwankungen der Dividenden auszugleichen.

6.15 Voraussetzung: Bilanzgewinn

Die Aktionäre erhalten jedoch bei weitem nicht den gesamten Bilanzgewinn: Vor der Ausschüttung müssen nämlich zunächst die *gesetzlichen* (OR 671; N 12.33 ff.) und allfällige *statutarische Reserven* (OR 672; N 12.37) gespeist werden. Sodann beschliesst

6.16 Umfang der Ausschüttung

die Generalversammlung ja überhaupt nur über die Verteilung des ausgewiesenen Bilanzgewinns, der meist erheblich unter dem effektiv erzielten Gewinn liegt, weil der Verwaltungsrat im Rahmen von OR 669 bereits *stille Reserven* gebildet (N 12.39 ff.) oder vielleicht sogar verbotenerweise *verdeckte Gewinnausschüttungen* vorgenommen hat (N 6.17). Auch kann die Generalversammlung *weitere Reserven* beschliessen (OR 674 II; N 12.38). Möglich – wenn auch kaum noch praktiziert – ist sodann die Ausrichtung von *Tantiemen* zu Lasten des Bilanzgewinns an die Verwaltungsratsmitglieder (N 2.23 und 9.78; OR 677; vgl. zum Ganzen das Beispiel einer Dividendenberechnung in Anhang 37).

6.17
Verdeckte Gewinnausschüttungen

Gerade in privaten Gesellschaften ist es gelegentlich zu beobachten, dass sich die Unternehmeraktionäre (z.B. aus steuerlichen Gründen; N 1.13) einen rechten Teil des eigentlich allen Aktionären zustehenden Gewinns in Form von überhöhten Honoraren und Provisionen, fiktiven Spesen oder für die Gesellschaft unvorteilhaften Rechtsgeschäften zuhalten (die AG tätigt mit ihren Aktionären z.B. zu teure Käufe oder zu billige Verkäufe, gewährt ihnen Darlehen mit zu tiefem Zins oder nimmt von ihnen solche zu überhöhtem Zins auf etc.). Die Einräumung solcher geschäftsmässig nicht begründeter Vermögensvorteile an Aktionäre oder diesen nahestehende Personen wird als *verdeckte Gewinnausschüttung* bezeichnet und ist rechtswidrig, weil sie gegen die Kapitalschutzbestimmungen (N 12.27 ff.) und – wenn sie nicht gegenüber allen Aktionären erfolgt – gegen das Gleichbehandlungsgebot (N 6.7) verstösst. Sie sind – mangels GV-Beschluss und Revisionsbericht – in aller Regel nichtig (OR 729c II). OR 678 statuiert für ungerechtfertigte Gewinnentnahmen sodann eine *Rückerstattungspflicht*, «soweit diese in einem offensichtlichen Missverhältnis zur Gegenleistung und zur wirtschaftlichen Lage der Gesellschaft stehen», doch vermag diese gesetzliche Regelung natürlich einen gewissen «Spielraum» nicht zu verhindern.

6.18
Relativität des Dividendenrechts

Diese Hinweise zeigen, dass die konkrete Ausgestaltung des wichtigsten Vermögensrechts des Aktionärs zu einem nicht unerheblichen Teil in der Hand des Verwaltungsrats liegt: Verfügt dieser z.B. in einer privaten AG über die Aktienmehrheit, kann er die Minderheit mit einer minimalen Dividende abspeisen, sich einen rechten Teil des Unternehmenserfolgs durch anderweitige Be-

6. Die Rechtsstellung des Aktionärs

züge zukommen lassen und den Rest in Form von Investitionen oder Reserven in der Gesellschaft zurückbehalten. Ohnehin kann er den Dividendenanspruch durch die Bildung stiller Reserven «unbemerkt» schmälern. Zwar bleibt bei der Bildung von (offenen oder stillen) Reserven der den Aktionären vorenthaltene Gewinn in der AG und erhöht so den inneren Wert der Aktien, doch können Minderheitsaktionäre diesen Mehrwert nicht realisieren, weil ihnen niemand ihr unattraktives Minderheitspaket zu einem entsprechenden Preis abkaufen wird (N 12.41, 16.8).

Zuständig für die Festsetzung der Dividende ist die *Generalversammlung* (OR 698 II Ziff. 4), welche faktisch allerdings weitgehend der Grundlagenaufbereitung durch den Verwaltungsrat ausgeliefert ist (N 6.16 ff). Sofern die Statuten nichts anderes vorsehen, ist die Höhe der Dividende im Verhältnis der auf das Aktienkapital *einbezahlten Beträge* zu berechnen (OR 661). Der Anspruch auf die für ein bestimmtes Geschäftsjahr festgelegte Dividende *verjährt* innerhalb von fünf Jahren (OR 128 Ziff. 1).

6.19 Zuständigkeit, Bemessungsgrundlage und Verjährung

Nebst der typischen *Bardividende* sind auch *Sachausschüttungen* denkbar – sei es in Ergänzung zu einer Bardividende (N 6.13) oder als eigentliche Naturaldividende. Anstelle von Dividenden werden manchmal auch *Gratisaktien* ausgegeben (N 5.39; sog. *«Stockdividende»*) oder die Aktionäre berechtigt erklärt, zwischen einer Bardividende und dem Bezug neuer Aktien zu wählen (sog. *«Wahldividende»*). Aber auch andere aktienrechtliche Institute werden der Aktionärsentschädigung dienstbar gemacht: Die AG erhöht ihr Kapital (N 13.1 ff.) und räumt ihren Aktionären ein *Bezugsrecht* auf neue Aktien unter Kurswert ein (N 6.56 ff.); oder sie führt eine Kapitalherabsetzung mit anteilsmässiger *Nennwertreduktion* und entsprechender Barauszahlung an die Aktionäre durch (N 14.2 f., 14.7 ff.); oder sie offeriert ihren Aktionären einen aus frei verwendbarem Eigenkapital finanzierten *Aktienrückkauf*, gefolgt von einer Kapitalherabsetzung im Umfang der zurückgekauften Aktien (N 14.1).

6.20 Dividendenvarianten

c) *Das Recht auf einen Anteil am Liquidationserlös*

Bei der Auflösung der Gesellschaft (N 16.1 ff.) steht den Aktionären das unentziehbare Recht auf einen verhältnismässigen Anteil am Ergebnis der Liquidation zu (OR 660 II, 745). Theoretisch

6.21 Unentziehbares Recht

kommen sie so letztlich also doch noch in den Genuss all jener Gewinne, welche die AG zurückbehalten und nicht als Dividenden ausgeschüttet hat. Dieses Recht kann unter Beachtung des Gleichbehandlungs-, Sachlichkeits- und Erforderlichkeitsgebots (N 6.7 f.) eingeschränkt, aber nur in den Gründungsstatuten oder durch späteren einstimmigen Beschluss sämtlicher Aktionäre vollumfänglich aufgehoben werden.

6.22
Berechnung des Anteils

Sofern die Statuten nichts anderes bestimmen, wird das Vermögen der aufgelösten Gesellschaft nach Tilgung ihrer Schulden unter die Aktionäre nach Massgabe der einbezahlten Beträge und unter Berücksichtigung der Vorrechte einzelner Aktienkategorien (Vorzugsaktien; N 5.28 ff.) verteilt (OR 661, 745; N 16.26).

D) Mitwirkungsrechte

a) Übersicht

6.23
Nicht vermögensmässige Rechte

Die Mitwirkungsrechte gehören zusammen mit den Schutzrechten zu den *nicht vermögensmässigen Rechten* (N 6.2; Anhang 36) und ermöglichen dem Aktionär, die Willensbildung seiner Gesellschaft mitzugestalten. Sie sind daher mit der organisatorischen Normierung der Generalversammlung (N 8.1 ff.) verwoben. Mit der Gewährleistung des *Stimmrechts* (N 6.24 ff.) und des *Rechts auf Teilnahme* an der Generalversammlung (N 6.27) ermöglicht das Gesetz dem Aktionär, an der Willensbildung der AG teilzuhaben; mit dem *Antrags- und Äusserungsrecht* (N 6.28 f.) sowie dem *Einberufungs- und Traktandierungsrecht* (N 6.30 f.) ermöglicht es ihm, diese Willensbildung inhaltlich mitzugestalten; und mit dem *Einspruchs- und Anfechtungsrecht bei Teilnahme Unbefugter* (N 6.32) sowie Stimmrechtsausschlüssen (N 6.26) gewährleistet das Gesetz, dass die Willensbildung unverfälscht erfolgt.

b) Das Stimmrecht

6.24
Entstehung und Inhalt

Sobald der Aktionär auf seine Aktie den gesetzlich oder statutarisch festgesetzten Betrag einbezahlt hat, erwirbt er das Stimmrecht (OR 694) – *ein unverzichtbares Aktionärsrecht* (N 6.3): Jedem Aktionär muss *mindestens eine Stimme* zukommen (OR 692 II). Grundsätzlich bemisst sich das Stimmrecht des Aktio-

6. Die Rechtsstellung des Aktionärs

närs – unabhängig vom Umfang der Liberierung (vgl. demgegenüber N 6.13) – nach dem Verhältnis des gesamten *Nennwerts* der ihm gehörenden Aktien (OR 692 I; N 6.5). Von diesem aus der kapitalbezogenen Natur der Mitgliedschaft fliessenden Prinzip kann z.B. durch die Schaffung von Stimmrechtsaktien abgewichen werden (N 1.38, 5.32 ff.; zum Kopfstimmprinzip vgl. N 1.35).

Um den Einfluss von Grossaktionären zu begrenzen oder feindliche Übernahmen zu erschweren (N 18.11), können die *Statuten* die Stimmenzahl der Besitzer mehrerer Aktien beschränken und festlegen, dass bei der Ausübung des Stimmrechts kein Aktionär für eigene und vertretene Aktien zusammen z.B. mehr als 500 Stimmen oder z.B. mehr als 3 % des gesamten Aktienkapitals direkt oder indirekt auf sich vereinigen kann (OR 692 II; N 1.39, 2.31, 2.38; Anhang 51).

6.25 Stimmrechtsbeschränkung

Anders als im Verein (ZGB 68) gibt es in der AG *keinen generellen Ausschluss vom Stimmrecht bei Interessenkonflikten;* dementsprechend darf sich z.B. der verkaufswillige Grossaktionär ohne weiteres an der Abstimmung über die Aufhebung einer ihn behindernden Vinkulierungsklausel beteiligen. Weil dem Aktionär keine Treuepflicht obliegt (N 6.10), greift das Gesetz nicht durch Stimmrechtsausschlüsse präventiv in den Abstimmungsvorgang ein, sondern beschränkt es sich darauf, gegen ein allfälliges unsachliches, statuten- oder gesetzwidriges Resultat die Anfechtungsklage zur Verfügung zu stellen (OR 706; N 6.48, 8.27 ff.). Einzig bei Beschlüssen über die *Entlastung des Verwaltungsrats* (N 8.4 lit. d und 11.27; Anhang 69) haben Aktionäre, die in irgendeiner Weise an der Geschäftsleitung teilgenommen haben, kein Stimmrecht (OR 695 I; Anhang 48 Ziff. 6); in einer Einpersonen-AG und in einer Gesellschaft, in welcher sämtliche Aktionäre dem Verwaltungsrat angehören, kann somit gar nie ein gültiger Entlastungsbeschluss zustande kommen. Generell vom Stimmrecht ausgeschlossen ist sodann die AG selber mit ihren *eigenen Aktien* (OR 659a I; N 5.40, 12.29); ebenso ruht das Stimmrecht von Aktien, die von einer Tochtergesellschaft gehalten werden (OR 659b I). Vom Stimmrecht ausgeschlossen ist weiter natürlich der *«Aktionär ohne Stimmrecht»* bei vinkulierten börsenkotierten Aktien (N 5.18, 5.55 f.). Und schliesslich kann der Richter die Stimmrechtsausübung desjenigen suspendieren, welcher die

6.26 Stimmrechtsausschluss

börsengesetzliche *Pflicht zur Unterbreitung eines Kaufangebots verletzt* (BEHG 32 VII; N 5.66, 18.9). Alle Aktien, deren Stimmen generell oder bezüglich des Entlastungsbeschlusses ruhen, gelten bei der Bemessung der Quoren von OR 703 f. (z.B. N 1.35, 8.14 ff.) als «nicht vertreten» und sind nicht mitzuzählen.

c) *Das Teilnahmerecht*

6.27
Recht auf Einladung und Teilnahme

Jeder Aktionär hat ein *Recht auf Teilnahme* an der Generalversammlung (OR 689). Dazu gehören der Anspruch auf ordnungsgemässe *Einladung unter Bekanntgabe der Traktanden und der Anträge des Verwaltungsrats* bzw. der antragstellenden Aktionäre (OR 700 II) sowie das Recht, sich an der GV *vertreten* zu lassen (N 8.19 f.).

d) *Das Antrags- und Meinungsäusserungsrecht*

6.28
Antragsrecht

Jedem Aktionär steht sodann das Recht zu, *im Rahmen der angekündigten Traktanden* Anträge – d.h. Begehren auf Fassung eines bestimmten Beschlusses – zu stellen und so an der Willensbildung seiner Gesellschaft mitzuwirken. Er darf also z.B. unter dem Traktandum «Wahlen» eigene Wahlvorschläge einbringen oder zum Punkt «Verwendung des Bilanzgewinns» eine höhere Dividende vorschlagen und hat Anspruch darauf, dass die Generalversammlung über diese Anträge abstimmt. Demgegenüber dürfen über Traktanden, welche nicht angekündigt worden sind, grundsätzlich keine Beschlüsse gefasst werden (OR 700 III; N 8.10; vgl. aber auch die Ausführungen zur Universalversammlung in N 8.11 ff.), weshalb z.B. keine Abwahl eines Verwaltungsratsmitglieds beantragt werden kann, wenn keine «Wahlen» traktandiert sind. Zweifelsfälle sind nach der Leitidee zu entscheiden, dass die Aktionäre aufgrund der Traktandenliste entscheiden, ob sie an der GV teilnehmen, und «Überrumpelungsaktionen» nicht toleriert werden dürfen. Von der Bindung an die Traktandenliste bestehen zwei Ausnahmen: Jeder Aktionär darf an jeder GV unabhängig von der Traktandenliste einen Antrag auf *Einberufung einer ausserordentlichen Generalversammlung* oder auf *Durchführung einer Sonderprüfung* (N 6.40 ff.) stellen (OR 700 III).

6. Die Rechtsstellung des Aktionärs

Jeder Aktionär darf sich an der Generalversammlung sodann zu den traktandierten Gegenständen, zur Frage einer Sonderprüfung oder ausserordentlichen Generalversammlung oder in Ausübung seines Auskunfts- und Einsichtsrechts frei äussern. Beschränkungen des Äusserungsrechts sind zulässig, solange sie dem geordneten Ablauf der Generalversammlung dienen und eine sachliche Aussprache nicht behindern.

6.29
Äusserungsrecht

e) Das Einberufungs- und Traktandierungsrecht

Über die Einberufung einer Generalversammlung entscheidet grundsätzlich der Verwaltungsrat, welcher jedes Jahr mindestens eine Generalversammlung einzuberufen hat (OR 699 I, II). Zusätzlich haben Aktionäre, die zusammen *mindestens zehn Prozent des Aktienkapitals* vertreten, das Recht, vom Verwaltungsrat unter Angabe der Traktanden und ihrer Anträge die *Einberufung* einer Generalversammlung zu verlangen (OR 699 III). Entspricht der Verwaltungsrat diesem Begehren nicht innert angemessener Frist, kann die Einberufung beim Gericht beantragt werden (OR 699 IV).

6.30
Einberufungsrecht

Weil nur über ordnungsgemäss angekündigte Traktanden Beschluss gefasst werden darf (N 6.28), ist es für die Aktionäre wichtig, auch unabhängig von ihrem Einberufungsrecht auf die Zusammenstellung der Traktandenliste Einfluss nehmen zu können: Aktionäre, die zusammen *mindestens zehn Prozent des Aktienkapitals* vertreten oder die – im Sinne einer Erleichterung für sehr grosse Gesellschaften – Aktien im Nennwert von *1 Million Franken* vertreten, haben das Recht, im Hinblick auf eine ohnehin stattfindende Generalversammlung die *Traktandierung* eines Verhandlungsgegenstandes zu verlangen (OR 699 III; das Gesetz statuiert die 10%-Limite zwar nur bezüglich des Einberufungsrechts, doch muss sie sinngemäss auch für das darin enthaltene, weniger einschneidende Traktandierungsrecht gelten). Das Traktandierungsbegehren ist so rechtzeitig einzureichen, dass es der Verwaltungsrat noch in seine GV-Vorbereitungsarbeiten – namentlich in die spätestens 20 Tage vor der GV zu versendende Traktandenliste (OR 700) – «einbauen» kann. Der Schaffung klarer Verhältnisse dienen einerseits eine statutarische Regelung

6.31
Traktandierungsrecht

des Traktandierungsrechts sowie andererseits die Ansetzung einer Frist zur Einreichung von Traktandierungsbegehren durch Inserat (Anhang 39) oder Brief, je nach Aktienart bzw. Grösse der Gesellschaft. Der perfekte Verwaltungsrat wird sich zwischen dem Ablauf dieser Frist und dem Versand der GV-Einladungen vorsorglich noch einen Sitzungstermin reservieren.

f) Einspruchs- und Anfechtungsrecht bei Teilnahme Unbefugter

6.32
Einspruch und Anfechtungsklage

Die Überlassung von Aktien zum Zwecke der Ausübung des Stimmrechts in der Generalversammlung ist unstatthaft, wenn damit die Umgehung einer Stimmrechtsbeschränkung (N 1.39, 2.31, 2.38, 6.25; Anhang 51) beabsichtigt ist (OR 691 I). Jeder Aktionär ist befugt, gegen die Teilnahme unberechtigter Personen beim Verwaltungsrat oder zu Protokoll der Generalversammlung *Einspruch* zu erheben (OR 691 II). Wirken Personen, die zur Teilnahme an der Generalversammlung nicht befugt sind, bei einem Beschluss mit, so kann jeder Aktionär, auch wenn er nicht Einspruch erhoben hat, diesen Beschluss gerichtlich anfechten (N 6.48, 8.27 ff.); gelingt der Gesellschaft der Nachweis, dass diese Mitwirkung keinen Einfluss auf die Beschlussfassung hatte, wird die *Anfechtungsklage* abgewiesen (OR 691 III).

E) Schutzrechte

a) Übersicht

6.33
Nicht vermögensmässige Rechte

Nach den Mitwirkungsrechten bleibt nun noch die zweite Gruppe nicht vermögensmässiger Rechte zu betrachten: die Schutzrechte, welche den Aktionär nicht nur gegenüber der Kapitalmehrheit, sondern auch gegenüber dem Verwaltungsrat schützen sollen. Basis jeglichen Schutzes ist die Kontrolle der Handelnden, weshalb den *Kontroll- oder Informationsrechten* (N 6.34 ff.) eine zentrale Bedeutung zukommt, zu welchen nicht nur Auskunfts- und Einsichtsrechte, sondern auch das Institut der Sonderprüfung (N 6.40 ff.) gehören. Aufgrund der so gewonnenen Informationen können die Aktionäre dann erforderlichenfalls die zu ihrem Schutz bestehenden *Klagerechte* ausüben (Verantwortlichkeits-, Rückerstattungs-,

Anfechtungs-, Nichtigkeits- und Auflösungsklage; N 6.46 ff.). Dem Schutz der Aktionäre dienen aber auch das Recht auf unabhängige und sachkundige *Revision* (N 6.53) und das *Recht jeder Aktionärsgruppe auf einen Vertreter im Verwaltungsrat* (N 6.54).

b) *Die Kontrollrechte*

Die Informationsrechte der Aktionäre stellen einerseits das Funktionieren der AG sicher – nur informierte Aktionäre können die Willensbildung der AG optimal gestalten –, können dieses bei exzessiver Ausübung andererseits aber auch gerade behindern. Sodann kann das Informationsinteresse des Aktionärs in Konflikt mit dem Geheimhaltungsinteresse der AG geraten – wobei keineswegs immer das Informationsinteresse schützenswert und das Geheimhaltungsinteresse verwerflich sein muss: Da der Aktionär keiner Treuepflicht unterliegt, könnten die erhältlich gemachten Informationen durchaus auch zum Nachteil der AG – namentlich zu deren Konkurrenzierung – verwendet werden, weshalb die Geheimhaltung das allen Aktionären gemeinsame Interesse an einer erfolgreichen Geschäftstätigkeit ihrer AG schützen kann. In diesem Widerstreit der Interessen hat der Gesetzgeber die Kontrollrechte wie folgt geregelt:

6.34 Interessengegensätze

Spätestens zwanzig Tage vor der ordentlichen Generalversammlung sind der *Geschäftsbericht* – d.h. Jahresbericht, Jahresrechnung (bestehend aus Erfolgsrechnung, Bilanz und Anhang) und erforderlichenfalls Konzernrechnung (OR 662; Anhang 72) – sowie der *Revisionsbericht* den Aktionären am Gesellschaftssitz zur Einsicht aufzulegen (OR 696 I; N 8.10; Anhang 43). Die Aktionäre sind auf die Auflage hinzuweisen (zur Form vgl. OR 696 II; N 8.10; Anhänge 44, 46). Jeder Aktionär kann ausserdem verlangen, dass ihm unverzüglich ein Exemplar dieser Unterlagen zugestellt wird (OR 696 I). Noch während eines Jahres nach der Generalversammlung kann jeder Aktionär von der AG den Revisionsbericht sowie den Geschäftsbericht in der von der Generalversammlung genehmigten Form anfordern (OR 696 III).

6.35 Bekanntgabe von Geschäfts- und Revisionsbericht

Jeder Aktionär ist sodann berechtigt, *an der Generalversammlung* vom Verwaltungsrat Auskunft über die Angelegenheiten der Gesellschaft und von der Revisionsstelle Auskunft über die

6.36 Auskunftsrecht

Durchführung und das Ergebnis ihrer Prüfung zu verlangen (OR 697 I). Auskünfte müssen dem Aktionär nur in zusammenfassender Form und nur soweit erteilt werden, als sie für die Ausübung der Aktionärsrechte erforderlich sind (OR 697 II). Diesbezüglich hat das Bundesgericht festgehalten, dass immer dann von einem legitimen Interesse an der Auskunftserteilung auszugehen sei, wenn «ein vernünftiger Durchschnittsaktionär» die Auskunft benötige für seine Meinungsbildung hinsichtlich der *Rechnungsabnahme*, der *Gewinnverwendung*, der *Wahlen*, der *Decharge-Erteilung*, einer *Sonderprüfung*, einer *Anfechtung von Generalversammlungsbeschlüssen*, einer *Verantwortlichkeitsklage* oder eines *Verkaufs* seiner Aktien (BGer 4C.234/2002). Der Verwaltungsrat kann die Auskunft verweigern, wenn durch sie Geschäftsgeheimnisse oder andere schutzwürdige Interessen der Gesellschaft gefährdet werden (OR 697 II; vgl. auch OR 663h I; N 5.22, 6.34). Diesfalls ist der Grund für die Auskunftsverweigerung bekannt zu geben. Deren Zulässigkeit entscheidet sich nach der konkreten Gefährdung des Gesellschaftsinteresses und der wirtschaftlichen und rechtlichen Struktur der betreffenden AG.

6.37
Einsichtsrecht

Eine *Einsichtnahme* in die Geschäftsbücher und Korrespondenzen ist den Aktionären nur mit ausdrücklicher Ermächtigung der Generalversammlung oder aufgrund eines Verwaltungsratsbeschlusses und unter Wahrung des Geschäftsgeheimnisses gestattet (OR 697 III; zur Einsicht in das Aktienbuch vgl. N 5.22).

6.38
Durchsetzung und Schutz des Auskunfts- und Einsichtsrechts

Werden Auskunft oder Einsicht ungerechtfertigt verweigert, so ordnet sie der Richter auf Antrag des Aktionärs an (OR 697 IV). Diese sog. *Informationsklage* ist an keine Frist gebunden. Generalversammlungs- oder Verwaltungsratsbeschlüsse, welche Kontrollrechte über das gesetzlich zulässige Mass hinaus beschränken, sind nichtig (OR 706b Ziff. 2, 714).

6.39
Weitere Informationsrechte

Nebst den erwähnten allgemeinen existieren noch verschiedene spezifische Informationsrechte: So kann der Aktionär vom Verwaltungsrat jederzeit eine schriftliche *Auskunft über die Organisation der Geschäftsführung* verlangen (OR 716b II) oder das *GV-Protokoll einsehen* (OR 702 III). Aktionäre, die zusammen mindestens 10% des Aktienkapitals vertreten, können von einer ansonsten von dieser Pflicht befreiten AG verlangen, eine *Konzernrechnung* zu erstellen (OR 663e III Ziff. 3; N 12.25, 15.12).

6. Die Rechtsstellung des Aktionärs

Im Zusammenhang mit einer Umstrukturierung gewährt auch das *Fusionsgesetz* besondere Informationsrechte (N 17.14, 17.25, 17.34, 17.42). Der Aktionär einer börsenkotierten Gesellschaft erhält zudem aufgrund der entsprechenden Offenlegungspflichten Informationen über *bedeutende Beteiligungen* und deren Veränderungen (OR 663c; BEHG 20; N 5.63 ff.) und kann sich aufgrund der börsenrechtlichen *«Ad-hoc-Publizität»* laufend über kursrelevante Tatsachen informieren.

c) Insbesondere: Die Sonderprüfung

Den erwähnten Konflikt zwischen dem Informationsbedürfnis des Aktionärs einerseits und dem Geheimhaltungsinteresse der AG andererseits versucht das Gesetz zu lösen, indem es zwischen die um Auskunft ersuchenden Aktionäre und die Gesellschaft eine Art «unparteiischen Filter» schiebt: Verweigert die Gesellschaft eine Auskunft, können die Aktionäre die Einsetzung eines *Sonderprüfers* verlangen, welcher unbeschränkte Einsichtsrechte hat und dem der Verwaltungsrat vorbehaltlos Auskunft über alle erheblichen Tatsachen erteilen muss, der dafür dann aber auch in seinem Bericht an die Aktionäre das Geschäftsgeheimnis zu wahren hat (OR 697d, 697e). Der Sonderprüfer ist ein unabhängiger Experte, dessen Prüfungsgebiet je nach Situation bestimmt wird (N 6.42).

6.40
Die «Filterfunktion» des Sonderprüfers

Gemäss OR 697a I muss ein Aktionär, welcher die Einsetzung eines Sonderprüfers anstrebt, zuallererst einmal sein *Auskunfts- und Einsichtsrecht ausüben* (OR 697; N 6.36 f.; vgl. dazu und zum Folgenden Anhang 40). Erhält er die erbetenen Auskünfte, erübrigt sich natürlich eine Sonderprüfung. Verweigert der Verwaltungsrat aber die erbetenen Auskünfte ganz oder teilweise, so kann jeder Aktionär *der Generalversammlung beantragen, die fraglichen Sachverhalte durch eine Sonderprüfung abklären zu lassen,* sofern dies zur Ausübung der Aktionärsrechte notwendig ist (OR 697a I; nicht erforderlich ist eine vorgängige klageweise Durchsetzung des Auskunfts- und Einsichtsrechts, N 6.38). Ein solcher Antrag darf auch gestellt werden, wenn er nicht traktandiert worden ist (OR 700 III; N 6.28). Entspricht die Generalversammlung diesem Antrag (vorbehältlich einer anderslautenden statutarischen Regelung genügt dazu die absolute Mehrheit der vertretenen Aktienstimmen; OR 703), so kann die Gesellschaft

6.41
Bestellungsverfahren

oder jeder Aktionär innert dreissig Tagen den *Richter* um *Einsetzung eines Sonderprüfers* ersuchen (OR 697a II). Lehnt die Generalversammlung den Antrag auf Anordnung einer Sonderprüfung jedoch ab, so können Aktionäre, die zusammen *mindestens zehn Prozent des Aktienkapitals oder Aktien im Nennwert von zwei Millionen Franken* vertreten, innert dreier Monate beim Richter *Klage auf Einsetzung eines Sonderprüfers* einreichen (OR 697b I). Der Richter muss diesem Gesuch entsprechen, wenn die Aktionäre *glaubhaft* machen, dass Gründer oder Organe das Gesetz oder die Statuten verletzt (*Rechtsverletzung*) und dadurch der Gesellschaft oder den Aktionären einen *Schaden* zugefügt haben (OR 697b II). In diesem Fall beauftragt er einen oder mehrere unabhängige Sachverständige mit der Durchführung der Sonderprüfung und umschreibt diesen den Prüfungsgegenstand aufgrund des von den Aktionären gestellten Gesuchs (OR 697c II).

6.42
Gegenstand der Sonderprüfung

Gegenstand einer Sonderprüfung können nur *konkrete Vorkommnisse* sein. Der Sonderprüfer ist weder ein «Ober-Revisor», der die von der Revisionsstelle geprüfte Jahresrechnung ein zweites Mal prüft, noch ist er ein «Richter», der Rechtsfragen klärt, noch ist er ein «Super-Verwaltungsrat», der die Zweckmässigkeit von Geschäftsführungsentscheiden beurteilt, noch ist er ein «Fahnder», der von sich aus nach irgendwelchen Unregelmässigkeiten forscht. Die Aktionäre haben bestimmte Sachverhalte zu benennen, deren Prüfung sie wünschen (z.B. konkrete Geschäfte oder Zahlungen, hinter denen sie eine verdeckte Gewinnausschüttung vermuten; bestimmte Geschäftsvorfälle, die aus andern Gründen – persönliche Bevorzugung, Klumpenrisiken, Korruption, verbotene Absprachen, Interessenkonflikte etc. – für die Gesellschaft nachteilig sind; etc.). Selbstverständlich genügt aber eine allgemeine Umschreibung des zu prüfenden konkreten Sachverhalts, kann man doch nicht die Angabe des Prüfungsresultats zur Voraussetzung der Prüfung machen. Immer ist erforderlich, dass die zu prüfenden Sachverhalte in einem *Zusammenhang mit der Ausübung von Aktionärsrechten* – z.B. der Anhebung einer Verantwortlichkeitsklage – stehen und an der Abklärung ein *Rechtsschutzinteresse* besteht.

6.43
Durchführung und Bericht

Im Rahmen der Sonderprüfung haben Organe, Arbeitnehmer, Beauftragte, Gründer, Sachwalter und Liquidatoren der AG dem Sonderprüfer Auskunft über alle erheblichen Tatsachen zu ertei-

6. Die Rechtsstellung des Aktionärs

len, wobei im Streitfall der Richter entscheidet. Bevor der Sonderprüfer seinen Bericht abschliesst, hört er die Gesellschaft zu den Ergebnissen seiner Prüfung an (OR 697d III). Darauf legt er seinen Bericht dem Richter vor, welcher noch ein Bereinigungsverfahren durchführt (OR 697e). Der Verwaltungsrat muss den Bericht und die Stellungnahmen dann der nächsten Generalversammlung unterbreiten, wobei jeder Aktionär noch während eines Jahres nach dieser Generalversammlung von der AG ein Exemplar des Berichts und der Stellungnahmen verlangen kann (OR 697f).

Die Kosten einer richterlich angeordneten Sonderprüfung hat grundsätzlich die AG zu tragen – und zu bevorschussen (OR 697g). Damit der Verwaltungsrat das für ihn unangenehme Sonderprüfungsverfahren nicht einfach durch Verweigerung der Vorschussleistung sabotieren kann, hat der Richter die AG durch Leistungsurteil zur Bezahlung des Vorschusses zu verpflichten.

6.44
Kostentragung

Der Gesetzgeber verfolgte mit der Einführung der Sonderprüfung vor allem das Ziel, dem Aktionär ein Mittel zur Material- und Informationsbeschaffung im Hinblick auf eine Verantwortlichkeitsklage in die Hand zu geben (N 11.6 ff.). Dieses Ziel konnte gerade für die Aktionärsminderheit nicht erreicht werden, befindet sich das eher schwerfällige Sonderprüfungsverfahren doch meist noch mitten in der Einleitungsphase (N 6.42), wenn die durch den Dechargebeschluss ausgelöste Sechsmonatsfrist zur Einreichung einer Verantwortlichkeitsklage bereits abgelaufen ist (OR 758 II; N 11.27; Anhang 69). Auch stellten die Gerichte den Aktionären auf dem eh schon hindernisreichen Weg zum Sonderprüfungsbericht durch strenge Auslegung der Voraussetzungen zusätzliche Hindernisse in den Weg. In kleinen, zerstrittenen Gesellschaften liefert die Kostenvorschussverfügung (N 6.44) über einen z.B. fünfstelligen Betrag sodann oftmals auch gleich den letzten Anlass, die – bis dahin meist ausgehöhlte – AG in den Konkurs gehen zu lassen, wodurch das Sonderprüfungsverfahren beendet wird. Trotz all dieser und weiterer Nachteile finden immer wieder Sonderprüfungsverfahren statt, und zwar nebst den aus den Medien bekannten Fällen in Publikumsgesellschaften durchaus auch in kleinen und mittleren Gesellschaften. Vor allem aber kommt dem Institut der Sonderprüfung eine nicht zu unterschätzende *präventive Wirkung* zu: Zum einen wird der Verwaltungsrat unter

6.45
Praktische Bedeutung

dem Damoklesschwert der Sonderprüfung eher von vornherein auf bestimmte Handlungen «im Graubereich» verzichten, zum andern wird er Auskunftsbegehren von Aktionären lieber grosszügig entsprechen, als eine Sonderprüfung zu riskieren (welche die AG mit erheblichen Kosten belastet, personelle Ressourcen bindet und «Leichen im Keller» zutage fördern könnte).

d) Die Klagerechte

6.46 Vorbemerkung

Das System der *Schutzrechte* wäre unvollständig, wenn der Aktionär aufgrund der in Ausübung seiner *Kontrollrechte* erhaltenen Informationen nicht auch rechtswirksam handeln könnte: Im Folgenden wird daher noch kurz der Katalog der *Klagerechte* zusammengefasst, auf welche aber auch an anderer Stelle noch eingegangen wird (zu den spezifischen Klagen des Fusionsgesetzes vgl. N 17.45 ff.).

6.47 Klage auf Feststellung der Nichtigkeit von GV- und VR-Beschlüssen

Verstösst ein Generalversammlungs- oder Verwaltungsratsbeschluss gegen ganz fundamentale aktienrechtliche Regeln oder hat er einen unsittlichen, unmöglichen oder persönlichkeitsverletzenden Inhalt, ist er nichtig, also rechtlich inexistent. Diese Nichtigkeit kann jedermann jederzeit gerichtlich feststellen lassen. Sie bildet aber die grosse *Ausnahme*. Würde die GV z.B. beschliessen, Aktionär Müller dürfe in Zukunft nicht mehr an Generalversammlungen teilnehmen, oder erliesse der Verwaltungsrat ein Organisationsreglement, gemäss welchem die Stimme des Verwaltungsratsmitglieds Huber jeweils dreifach zählen soll, wären solche Beschlüsse nichtig (vgl. im Übrigen N 8.34, 9.40).

6.48 Anfechtungsklage gegenüber GV-Beschlüssen

In der Regel sind rechtswidrige *Generalversammlungsbeschlüsse* aber «nur» anfechtbar: Jeder Aktionär hat das unverzichtbare Recht, Beschlüsse der Generalversammlung, die gegen das Gesetz oder die Statuten verstossen, mit einer Klage gegen die Gesellschaft gerichtlich anzufechten (OR 706; N 8.27 ff.). Dagegen ist es *nicht* möglich, *Verwaltungsratsbeschlüsse* anzufechten (N 9.40).

6.49 Verantwortlichkeitsklage

Da der einzelne Aktionär weder Verwaltungsratmitglieder abberufen noch Verwaltungsratsbeschlüsse anfechten kann (N 6.48), besteht sein einziger Schutz vor fehlbaren Organpersonen darin, diese mit einer Verantwortlichkeitsklage für die rechtswidrig verursachten Schäden persönlich zur Verantwortung zu ziehen (OR 754 ff.; N 11.6 ff.).

6. Die Rechtsstellung des Aktionärs

Haben Aktionäre, Verwaltungsratsmitglieder oder diesen nahestehende Personen *bösgläubig Ausschüttungen* (Dividenden, Tantiemen, andere Gewinnanteile oder Bauzinsen) bezogen, ohne dass die entsprechenden rechtlichen Voraussetzungen erfüllt waren (OR 678 I), oder sind *verdeckte Gewinnausschüttungen* erfolgt (OR 678 II; N 6.17), so können die AG oder jeder Aktionär auf Rückerstattung dieser Leistungen an die Gesellschaft klagen (OR 678 III). Der Rückerstattungsanspruch verjährt in fünf Jahren nach Empfang der Leistung (OR 678 IV).

6.50 Rückerstattungsklage

Aktionäre, die zusammen mindestens einen Zehntel des Aktienkapitals vertreten, können beim Richter aus wichtigen Gründen die Auflösung der Gesellschaft verlangen (OR 736 Ziff. 4; N 16.7 ff.). Missbraucht die Mehrheit ihre Macht andauernd, rücksichtslos und bösgläubig, kann also die Minderheit als *letzte Möglichkeit* auf Auflösung der Gesellschaft klagen und sich so aus der «Gefangenschaft» in der AG befreien. Um eine unnötige Zerstörung wirtschaftlicher Werte und Arbeitsplätze zu verhindern, räumt das Gesetz dem Richter die Möglichkeit ein, statt der Auflösung auch eine andere sachgemässe Anordnung zu treffen, wie etwa die «Auszahlung» des Minderheitsaktionärs (N 14.14) oder eine Spaltung der AG (OR 736 Ziff. 4; N 16.9).

6.51 Auflösungsklage

Bei Vorliegen wichtiger Gründe kann sodann jeder einzelne Aktionär beim Richter die Abberufung – und erforderlichenfalls Neuernennung – von Liquidatoren verlangen (OR 741 II; N 16.20).

6.52 Klage auf Abberufung von Liquidatoren

e) Das Recht auf Revision

Dem Schutz der Aktionäre dient auch deren – gerichtlich durchsetzbarer (OR 727e III) – Anspruch auf *sachkundige* (OR 727a) und von Verwaltungsrat und Mehrheitsaktionär *unabhängige* (OR 727c I) Revisoren, welche die Rechtmässigkeit der Buchführung, der Jahresrechnung und des Dividendenantrags prüfen (OR 728; N 10.1 ff.). Mindestens ein Revisor muss an der ordentlichen Generalversammlung *anwesend* sein (OR 729c I), wo die Aktionäre von ihm Auskünfte über die Durchführung und das Ergebnis der Revision verlangen können (OR 697 I). Auf die Anwesenheit der Revisionsstelle kann die GV nur durch einstimmigen Beschluss verzichten (OR 729c III; N 8.17, 10.13; Anhang 48 Trakt. 2).

6.53 Unabhängiges, sachkundiges Kontrollorgan

f)   Das Recht auf einen Gruppenvertreter im Verwaltungsrat

6.54
Statutarische Grundlage, Wahl und Pflichten

Bestehen in Bezug auf das Stimmrecht oder die vermögensrechtlichen Ansprüche mehrere Kategorien von Aktien – also Stimmrechtsaktien (N 5.32) oder Vorzugsaktien (N 5.28) –, so müssen die *Statuten* (N 2.34) sicherstellen, dass jede Aktionärskategorie mindestens einen Vertreter in den Verwaltungsrat entsenden kann (OR 709 I; N 5.29, 5.36). Dieser Gruppenvertreter wird auf Vorschlag der betreffenden Gruppe durch die Generalversammlung gewählt, welche den Vorgeschlagenen nur aus wichtigen Gründen ablehnen darf. Er hat die gleiche Rechtsstellung wie alle andern Verwaltungsratsmitglieder, muss also namentlich auch die Interessen der AG (also nicht nur «seiner» Aktionärsgruppe) wahren und unterliegt (auch gegenüber «seiner» Gruppe) der Schweigepflicht. Immerhin wird er besonders auf die Interessen «seiner» Gruppe achten und bei Ermessensentscheiden im Sinne «seiner» Gruppe stimmen (N 9.23).

F)   Quotenschutzrechte

a)   Vorbemerkung

6.55
Schutz der Beteiligungsquote

Nachdem die Aktionärsrechte grundsätzlich kapitalbezogen sind (N 6.5), stellen Veränderungen des Aktienkapitals potenziell Eingriffe in die vermögensmässigen und nicht vermögensmässigen Rechte des Aktionärs dar, weshalb ihm das Gesetz mit dem *Bezugs-* und dem *Vorwegzeichnungsrecht* zwei Rechtsbehelfe zum Schutz seiner Beteiligungsquote einräumt (Anhang 36). Das *Fusionsgesetz* stellt sodann sicher, dass die Beteiligungsverhältnisse auch durch Umstrukturierungen (N 17.1 ff.) nicht leichthin verschoben werden können (N 17.8, 17.21, 17.27).

b)   Das Bezugsrecht

6.56
Der Einfluss von Kapitalerhöhungen auf Aktionärsrechte

Gibt eine AG im Zuge einer Kapitalerhöhung (N 13.1 ff.) neue Aktien aus, vermindert sich das Stimmrecht der bisherigen Aktionäre entsprechend *(Stimmrechtsverwässerung):* Verfügte z.B. der Aktionär A mit seinen zehn Tausendfranken-Aktien vor der Erhöhung des Aktienkapitals von Fr. 100 000.– auf Fr. 200 000.– noch über ein Zehntel der Stimmen, so beträgt sein Stimmenanteil nach der Kapitalerhöhung nur noch ein Zwanzigstel. In diesem Beispiel hätte die Kapitalerhöhung überdies zur Folge, dass A auch alle Schutzrechte, welche eine zehnprozentige Beteiligung am Aktienkapital voraussetzen, plötzlich nicht mehr alleine geltend machen könnte – also die Klage auf Einsetzung eines Sonderprüfers (OR 697b; N 6.41), den Antrag auf Einberufung einer Generalversammlung (OR 699; N 6.30), den Traktandierungsantrag (N 6.31) und die Auflösungsklage (OR 736 Ziff. 4; N 6.51). Sodann ist auch der Bilanzgewinn nach einer Kapitalerhöhung auf mehr Aktien zu verteilen *(Gewinnverwässerung)*: Im vorgenannten Beispiel erhält A bei einem als konstant gedachten Bilanzgewinn nach der Kapitalerhöhung nur noch eine halb so hohe Dividende wie früher. Und schliesslich führt eine Kapitalerhöhung auch zu einer *Kapitalverwässerung,* wenn die neuen Aktien unter ihrem inneren Wert oder als Gratisaktien (N 5.39) ausgegeben werden: Beträgt der Unternehmenswert in unserem Beispiel Fr. 300 000.– und werden die hundert neuen Aktien zu pari ausgegeben, so hatten die zehn Aktien von A vor der Kapitalerhöhung einen inneren Wert von (Fr. 300 000.– : 10 =) Fr. 30 000.–, danach aber nur noch einen solchen von ([Fr. 300 000.– + Fr. 100 000.–] : 20 =) Fr. 20 000.–.

Obwohl also eine Kapitalerhöhung die Interessen eines Aktionärs ganz gravierend beeinträchtigen kann, hat er dennoch keine Möglichkeit, der Gesellschaft einen solchen Kapitalerhöhungsbeschluss zu verbieten: Es gibt *keinen Anspruch auf unveränderte Beibehaltung des bisherigen Aktienkapitals* (N 13.5). Damit die Aktionäre die nachteiligen Folgen einer Kapitalerhöhung dennoch von sich abwenden oder mildern können, räumt ihnen das Gesetz in OR 652b aber ein Bezugsrecht ein: *Jeder Aktionär hat Anspruch auf den Teil der neu ausgegebenen Aktien, der seiner bisherigen Beteiligung entspricht* – und zwar bemessen am *Nennwert.* In unserem Beispiel (N 6.56) darf A also einen Zehntel der neu ausgegebenen Aktien beanspruchen. Werden die neuen Aktien unter ihrem inneren Wert ausgegeben, stellt das Bezugsrecht ein *Vermögensrecht* dar, dessen Wert der Aktionär auch durch Verkauf realisieren kann. Daneben verschafft es aber immer auch die entsprechenden *Mitwirkungs- und Schutzrechte,* welche bei Emissionen zum inneren oder einem noch höheren Wert sogar dominieren.

6.57
Wesen des Bezugsrechts

6.58
Entzug und Schutz des Bezugsrechts

Da das Bezugsrecht die Aktionäre nur dann wirksam vor den Verwässerungsgefahren einer Kapitalerhöhung zu schützen vermag, wenn es ihnen nicht leichthin entzogen werden kann, wird es durch verschiedene Schutzvorkehren verstärkt: In *formeller* Hinsicht darf die AG das Bezugsrecht nicht einfach in den Statuten generell wegbedingen, sondern kann es einzig und allein im *Kapitalerhöhungsbeschluss* der *Generalversammlung* – also nur im konkreten Einzelfall – gültig entzogen werden (OR 652b II; vgl. in formeller Hinsicht auch OR 650 II Ziff. 8 und 9). Dieser Entzugsbeschluss muss sodann mit der *qualifizierten Mehrheit* von OR 704 gefasst werden, also mit zwei Dritteln der vertretenen Stimmen und der absoluten Mehrheit der vertretenen Aktiennennwerte (N 8.16, 13.9). Neben diesen formellen Hürden bestehen noch zwei *inhaltliche* Schranken: Zum einen muss die Gesellschaft aus einem *wichtigen Grund* auf den Entzug des Bezugsrechts angewiesen sein, wofür das Gesetz als Beispiele etwa Kapitalerhöhungen im Hinblick auf eine Unternehmensübernahme oder Arbeitnehmerbeteiligung erwähnt (OR 652b II); weitere wichtige Gründe können z.B. eine Fusion (N 17.6, 17.16), eine Sacheinlage oder die Umwandlung von Partizipationsscheinen in Aktien sein. Zum andern darf durch den Bezugsrechtsausschluss *niemand in unsachlicher Weise begünstigt oder benachteiligt* werden (OR 652b II). Über all dies hat der Verwaltungsrat im *Kapitalerhöhungsbericht* Rechenschaft abzulegen (OR 652e Ziff. 4; N 13.12), welcher von der *Revisionsstelle* zu prüfen ist (OR 652f; N 13.13). Auch hat die Generalversammlung über die Zuweisung nicht ausgeübter oder entzogener Bezugsrechte zu entscheiden (OR 650 II Ziff. 8). Bei der *genehmigten Kapitalerhöhung* (N 13.18 ff.) – bei welcher der Verwaltungsrat erst lange Zeit nach der Ermächtigung durch die Generalversammlung beschliesst, ob und wieviele neue Aktien ausgegeben werden – ist es zulässig und erforderlich, den Entscheid über die Einschränkung oder Aufhebung des Entzugsrechts *an den Verwaltungsrat zu delegieren*, wobei die Generalversammlung in ihrem Ermächtigungsbeschluss die dabei zu beachtenden Leitlinien festzulegen hat (BGE 121 III 219 ff.).

6. Die Rechtsstellung des Aktionärs

c) Das Vorwegzeichnungsrecht

Werden im Rahmen einer *bedingten Kapitalerhöhung* (N 13.24 f.) Aktien für wandel- oder optionsberechtigte Anleihensgläubiger bereitgestellt (OR 653; N 5.81), so können die Aktionäre vor den daraus resultierenden Verwässerungsgefahren (N 6.56) nicht durch Bezugsrechte geschützt werden, schliesst doch der Zweck solcher Kapitalerhöhungen – eben in dem Umfang, in welchem Gläubiger von *Wandel- oder Optionsanleihen* ihre Rechte ausüben, fortlaufend neue Aktien entstehen zu lassen – auf bisherigem Aktienbesitz basierende Zuteilungsansprüche gerade notwendigerweise aus. Als Ersatz für das Bezugsrecht räumt OR 653c den Aktionären daher ein *Vorwegzeichnungsrecht* ein: Gibt eine AG Anleihensobligationen aus, mit denen Wandel- oder Optionsrechte verbunden sind, muss sie diese Obligationen vorweg den Aktionären entsprechend ihrer bisherigen Beteiligung zur Zeichnung anbieten. Jeder Aktionär hat so die Möglichkeit, auf dem Umweg über die Zeichnung der ihm vorweg angebotenen Anleihe doch noch Bezugsrechte im Umfang seiner bisherigen Beteiligung zu erlangen. Er kann sein Vorwegzeichnungsrecht auch verkaufen, wobei diesem dann, wenn die Options- oder Wandelanleihe zu Marktbedingungen ausgegeben wird, kein Wert zukommt.

6.59
Wesen des Vorwegzeichnungsrechts

In *formeller* Hinsicht ist auch die Aufhebung des Vorwegzeichnungsrechts – wie der Bezugsrechtsausschluss – durch die *Generalversammlung* zu beschliessen, und zwar mit der *qualifizierten Mehrheit* gem. OR 704 (N 6.58). Auch hat diesfalls die *Statutenbestimmung über die bedingte Kapitalerhöhung* anzugeben, unter welchen Voraussetzungen die Wandel- oder Optionsrechte ausgeübt werden können und auf welcher Grundlage der Ausgabebetrag zu berechnen ist (OR 653b II; Anhang 4 Art. 3b II). In *materieller* Hinsicht darf das Vorwegzeichnungsrecht nur beschränkt oder aufgehoben werden, wenn dafür ein *wichtiger Grund* vorliegt (OR 653c II). Schliesslich darf durch die Beschränkung oder Aufhebung des Bezugsrechts *niemand in unsachlicher Weise begünstigt oder benachteiligt* werden (OR 653c III). Publikumsgesellschaften schliessen das Vorwegzeichnungsrecht regelmässig aus, weil ein mehrere Tage beanspruchendes Vorwegzeichnungsverfahren mit den Gegebenheiten des Kapitalmarkts – Festübernahme durch ein Bankenkonsortium, kurzfristige Platzierung zu

6.60
Entzug und Schutz des Vorwegzeichnungsrechts

aktuellsten Marktbedingungen – offenbar nicht in Einklang zu bringen ist. Dies erscheint zulässig, wenn (a) die Wandel- oder Optionsanleihen zu Marktbedingungen begeben werden (dem Vorwegzeichnungsrecht somit kein Vermögenswert zukommt; N 6.59 a.E.), (b) die Quotenverwässerung gering ist (die Ausübung der Wandel- oder Optionsrechte also nur eine relativ bescheidene Kapitalerhöhung bewirkt) und (c) die Anleihe am Markt platziert wird (also keine Aktionäre oder Dritte bevorzugt werden).

6.61
Praktische Bedeutung des Vorwegzeichnungsrechts

Zusammenfassend hat sich das Vorwegzeichnungsrecht als schwacher Behelf des Aktionärsschutzes erwiesen: In den privaten Aktiengesellschaften blieb es bedeutungslos, weil diese kaum je Wandel- oder Optionsanleihen ausgeben, und beim für Publikumsgesellschaften typischen Fall einer Anleiheplatzierung zu Marktbedingungen kommt ihm zum einen kein Vermögenswert zu und wird es zum andern meist wegbedungen (N 6.60).

G) Der Entzug der Aktionärseigenschaft

6.62
Kein generelles Ausschlussrecht

Haben wir bis hierhin die Rechtsstellung des Aktionärs betrachtet, bleibt abschliessend noch abzuklären, ob und wie ihm diese insgesamt entzogen werden kann. Entsprechend der Anonymität der aktienrechtlichen Mitgliedschaft (N 6.6) gibt es keine generelle Möglichkeit, einen Aktionär – z.B. wegen querulatorischen Charakters, Verlusts der Handlungsfähigkeit etc. – auszuschliessen (ebensowenig hat der Aktionär ein Recht, aus der AG «auszutreten»; es bleibt ihm nur die Möglichkeit, seine Aktien auf einen andern zu übertragen). Von diesem Grundsatz gibt es folgende Ausnahmen:

6.63
Kaduzierung und Streichung

Bereits erwähnt wurden die beiden Fälle, dass ein Aktionär, der seiner Liberierungspflicht nicht nachkommt, ausgeschlossen werden (*Kaduzierung*; N 6.12) und eine AG, welche Namenaktien ausgegeben hat, jemanden *im Aktienbuch streichen* kann, der seine Eintragung durch falsche Angaben erschlichen hat (N 5.21).

6.64
Squeeze-out im Rahmen eines öffentlichen Übernahmeangebots

Das *börsengesetzliche Übernahmerecht* berechtigt einen Anbieter, der im Rahmen eines öffentlichen Übernahmeangebots (BEHG 22 ff.) 98 % der Aktien einer Zielgesellschaft erworben hat, die restlichen 2 % der Aktien durch den Richter «kraftlos

6. Die Rechtsstellung des Aktionärs

erklären» zu lassen und die betroffenen «Rest-Aktionäre» mit dem Angebotspreis zu entschädigen (BEHG 33; «squeeze-out»; N 18.10; Anhang 41). Durch dieses börsengesetzliche Ausschlussrecht werden die Verhältnisse im Interesse aller Beteiligter bereinigt: Aktionäre mit einer Bagatellbeteiligung von lediglich 2 % könnten in der AG ohnehin nichts mehr bewirken und werden mit dem gleichen Preis entschädigt, den die weit überwiegende Zahl der andern Aktionäre als vorteilhaft erachtet hat; und den Anbieter versetzt das «Hinausdrängungsrecht» in die Lage, die Gesellschaft nicht nur faktisch zu 100 % zu kontrollieren, sondern auch formell 100 % der Aktien zu besitzen, was ihm wesentliche administrative Erleichterungen verschafft (z.B. ermöglicht, Generalversammlungen unkompliziert als Universalversammlungen durchzuführen; N 2.18, 8.11 ff.).

6.65
Squeeze-out-Merger

Ein weiteres Vehikel, um Minderheitsaktionäre aus einer AG hinauszudrängen, stellt Art. 8 II des Fusionsgesetzes mit der reinen *Abfindungsfusion* zur Verfügung (N 17.9): Besitzt die A-AG mindestens 90 % der Aktien der B-AG, so kann sie mit dieser fusionieren und vereinbaren, dass alle Aktionäre der B-AG statt mit Aktien der übernehmenden A-AG mit einer Barabfindung entschädigt werden sollen. Eine solche reine Abfindungsfusion bedarf der Zustimmung von mindestens 90 % der Aktionäre der B-AG (FusG 18 V), kann in unserem Beispiel also von der Aktionärin A-AG allein durchgesetzt werden. Auf diese Weise kann die 10 %-Aktionärsminderheit also aus der B-AG hinausgedrängt werden: Die A-AG verfügt nach der Fusion allein über das gesamte Substrat der B-AG und deren Minderheitsaktionäre werden mit dem wirklichen Wert ihrer Aktien entschädigt.

Anhang 36: Übersicht über die Aktionärsrechte

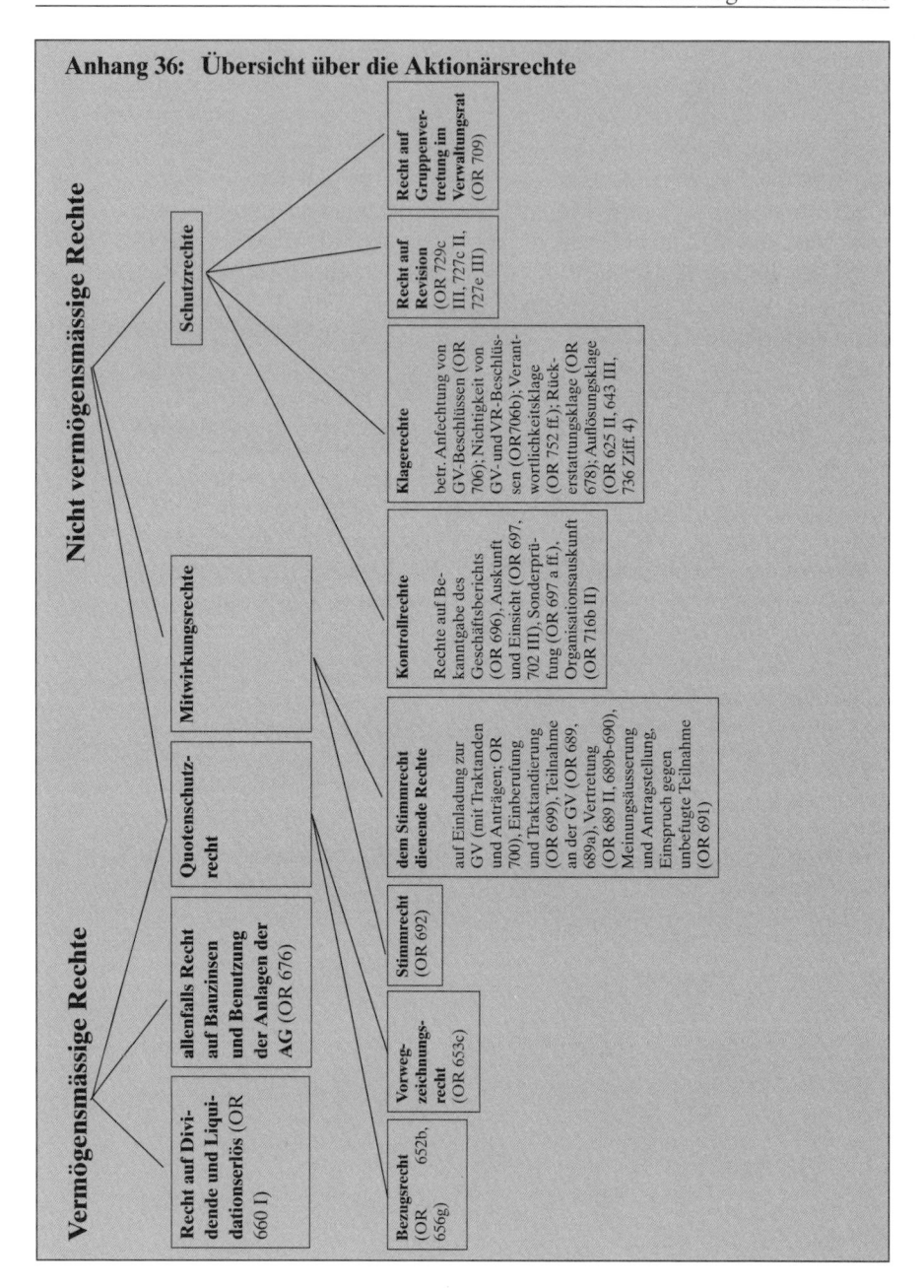

Vermögensmässige Rechte

- **Recht auf Dividende und Liquidationserlös** (OR 660 I)
- **allenfalls Recht auf Bauzinsen und Benutzung der Anlagen der AG** (OR 676)
- **Quotenschutzrecht**
- **Stimmrecht** (OR 692)
  - **Bezugsrecht** (OR 652b, 656g)
  - **Vorwegzeichnungsrecht** (OR 653c)

Nicht vermögensmässige Rechte

- **Mitwirkungsrechte**
- **Schutzrechte**

dem Stimmrecht dienende Rechte
auf Einladung zur GV (mit Traktanden und Anträgen; OR 700), Einberufung und Traktandierung (OR 699), Teilnahme an der GV (OR 689, 689a), Vertretung (OR 689 II, 689b-690), Meinungsäusserung und Antragstellung, Einspruch gegen unbefugte Teilnahme (OR 691)

Kontrollrechte
Rechte auf Bekanntgabe des Geschäftsberichts (OR 696), Auskunft und Einsicht (OR 697, 702 III), Sonderprüfung (OR 697 a ff.), Organisationsauskunft (OR 716b II)

Klagerechte
betr. Anfechtung von GV-Beschlüssen (OR 706); Nichtigkeit von GV- und VR-Beschlüssen (OR 706b); Verantwortlichkeitsklage (OR 752 ff.); Rückerstattungsklage (OR 678); Auflösungsklage (OR 625 II, 643 III, 736 Ziff. 4)

Recht auf Revision (OR 729c III, 727c II, 727e III)

Recht auf Gruppenvertretung im Verwaltungsrat (OR 709)

6. Die Rechtsstellung des Aktionärs

Anhang 36a: Nachliberierung (statutenändernder Verwaltungsratsbeschluss; vgl. Anhang 8)

ÖFFENTLICHE URKUNDE

über die Beschlüsse des Verwaltungsrates
– Statutenänderung infolge nachträglicher Leistung von Einlagen
auf nicht voll liberierte Aktien –

der

Hobel Möbel AG
mit Sitz in Dübendorf

Im Amtslokal des Notariates Dübendorf hat heute eine Verwaltungsratssitzung der oben erwähnten Gesellschaft stattgefunden. Über deren Beschlüsse errichtet die unterzeichnende Urkundsperson nach den Bestimmungen des Schweizerischen Obligationenrechts (OR) diese öffentliche Urkunde.

I.

Herr Fritz Hobel, Tischlerstrasse 8, 8600 Dübendorf, Verwaltungsratspräsident, eröffnet die Sitzung und übernimmt den Vorsitz. Als Sekretärin amtet Frau Anna Hobel, Tischlerstrasse 8, 8600 Dübendorf, Mitglied und Sekretärin des Verwaltungsrats.

Der Vorsitzende stellt fest, dass:
- folgende Verwaltungsratsmitglieder anwesend sind:
  - Fritz Hobel
  - Anna Hobel
  - Max Hammer
- damit der Verwaltungsrat vollzählig anwesend und beschlussfähig ist.

Gegen diese Feststellungen wird kein Widerspruch erhoben.

Er teilt mit:
- Der Verwaltungsrat hat beschlossen, die nachträgliche Leistung von Einlagen auf nicht voll liberierte Aktien zu verlangen.
- Inzwischen ist diese erfolgt.

II.

Der Vorsitzende legt folgenden Beleg vor:

- schriftliche Bescheinigung vom [Datum] der Raiffeisenbank Embrach-Kloten-Dübendorf, Wallisellenstrasse 7a, 8600 Dübendorf, als dem Bundesgesetz über die Banken und Sparkassen unterstelltes Institut, über die Hinterlegung von Fr. 50 000.– zur ausschliesslichen Verfügung der Gesellschaft. Diese Hinterlage dient zur restlichen, vollständigen Leistung der seinerzeit versprochenen Einlagen.

III.

Aufgrund dieses Belegs stellt der Verwaltungsrat diskussionslos einstimmig fest, dass

1. folgende, bisher nur zu 50 % liberierte Aktien: 100 Namenaktien zu je Fr. 1000.–, durch nachträgliche Leistung von Einlagen in Geld nun zu 100 % liberiert sind;
2. die zusätzlichen, nachträglichen Einlagen entsprechend den Anforderungen des Gesetzes und der Statuten geleistet wurden;
3. die Gesellschaftsstatuten wie folgt geändert werden:

    «Artikel 3　　　　　Aktienkapital

    Das Aktienkapital der Gesellschaft beträgt Fr. 100 000.– und ist eingeteilt in 100 Namenaktien mit einem Nennwert von je Fr. 1000.–. Die Aktien sind vollständig liberiert.»

    Im Übrigen gelten die bisherigen Bestimmungen unverändert weiter.

IV.

Der Vorsitzende legt ein Exemplar der Gesellschaftsstatuten vor und erklärt, dass es sich um die vollständigen, unter Berücksichtigung der vorstehenden Änderungen gültigen Statuten handelt. Diese Statuten liegen der Urkunde bei.

V.

Die unterzeichnende Urkundsperson bestätigt, dass dem Verwaltungsrat der in dieser Urkunde genannte Beleg vorgelegen hat.

VI.

Der Verwaltungsrat muss diese Statutenänderung beim Handelsregister anmelden, Art. 647 Abs. 2 OR.

Dübendorf, [Datum]

Notariat Dübendorf

[Unterschrift der Urkundsperson]

Anhang 37: Gewinnverwendung (Dividenden und Reserven)

Das folgende Beispiel soll die Festsetzung der Dividende (N 6.14 ff.) und die Bildung der Reserven (N 12.31 ff.; Anhang 76) veranschaulichen: Eine AG mit einem voll liberierten Aktienkapital von Fr. 300 000.– weise einen Jahresgewinn von Fr. 90 000.– sowie einen Gewinnvortrag aus dem Vorjahr von Fr. 10 000.– aus. Die allgemeine Reserve betrage Fr. 50 000.–. Es sei vorgesehen, eine Dividende von 20 % (Fr. 60 000.–) auszurichten.

- Jahresgewinn   Fr.   90 000.–
- Gewinnvortrag   Fr.   10 000.–
- Bilanzgewinn   Fr. 100 000.–
- *«Erste Zuweisung» an die allgemeine gesetzliche Reserve*
  (weil diese mit Fr. 50 000.– noch nicht 20 % des einbezahlten Aktienkapitals erreicht hat): 5 % des Jahresgewinns
  (Fr. 90 000.–) gem. OR 671 I   Fr.   4 500.–
- *Dividende* von 20 % des Aktienkapitals (Fr. 300 000.–),
  welche im Hinblick auf die «zweite Zuweisung» an die
  allgemeine gesetzliche Reserve i.S.v. OR 671 II Ziff. 3
  rechnerisch aufgeteilt werden kann in:
    - eine Grunddividende von 5 %   Fr. 15 000.–
    - eine Superdividende von 15 %   Fr. 45 000.–   Fr.   60 000.–
- *«Zweite Zuweisung» an die allgemeine gesetzliche Reserve*
  gem. OR 671 II Ziff. 3: 10 % der Superdividende
  (Fr. 45 000.–)   Fr.   4 500.–
- **Gewinnvortrag**   Fr.   31 000.–

Dieses Beispiel wurde zur Verdeutlichung des Gewinnverwendungsmechanismus bewusst einfach gehalten und kann selbstverständlich nach Belieben ausgebaut werden, z.B.:

a) Das *Aktienkapital ist nicht voll liberiert;* Fr. 50 000.– wurden z.B. noch nicht einbezahlt: Die Dividende und die «erste Zuweisung» bemessen sich nur auf dem einbezahlten Aktienkapital von Fr. 250 000.– (OR 661; 671 I), die «zweite Zuweisung» auf der entsprechend geringeren Superdividende.

b) Es besteht ein *Partizipationskapital:* Dieses ist für die Zuweisungen an die allgemeine Reserve dem Aktienkapital zuzuzählen (OR 656b III). Die Partizipanten dürfen bei der Verteilung des Bilanzgewinns nicht schlechter gestellt werden als die Aktionäre (OR 656f).

c) Der Verwaltungsrat hat Anspruch auf eine *Tantieme:* Diese kommt erst nach Zuweisung an die allgemeine gesetzliche Reserve und der Ausrichtung einer Grunddividende von 5 % in Betracht (OR 677) und gehört wie die Superdividende zu den Gewinnanteilen, von denen 10 % im Rahmen der «zweiten Zuweisung» an die allgemeine gesetzliche Reserve abzuführen sind (OR 671 II Ziff. 3).

Anhang 38: Inserat «Dividendenzahlung»

MAMMOTH WOODS AG
Zürich

DIVIDENDE [Geschäftsjahr]

Gemäss Beschluss der Generalversammlung der Aktionäre vom [Datum] beträgt die Dividende für das Rechnungsjahr [Jahrzahl]

Dividende brutto pro Namenaktie	Fr. 50.–
Abzüglich 35 % eidg. Verrechnungssteuer	Fr. 17.50
Dividende netto	Fr. 32.50

Die Auszahlung erfolgt spesenfrei ab [Datum] an die eingetragenen Namenaktionäre bzw. an deren Depotbanken mittels Dividendenanweisung.

Zürich, [Datum]   MAMMOTH WOODS AG

6. Die Rechtsstellung des Aktionärs

Anhang 39: Inserat «Einladung zur Einreichung von Traktandierungsbegehren»

Mammoth Woods AG
Zürich

Ordentliche Generalversammlung vom [Datum]

Einladung zur Einreichung von Traktandierungsbegehren

Aufgrund von Art. 699 Abs. 3 des Schweizerischen Obligationenrechts sind Aktionäre, welche Aktien im Nennwert von mindestens einer Million Schweizer Franken vertreten, berechtigt, die Traktandierung von Verhandlungsgegenständen zu verlangen.

Der Verwaltungsrat fordert Aktionäre, welche die oben umschriebenen Anforderungen erfüllen, hiermit auf, allfällige Traktandierungsbegehren mit den ausformulierten Anträgen schriftlich bis zum

[Datum]

bei der Mammoth Woods AG, Sekretariat des Verwaltungsrats, Postfach, 8000 Zürich, einzureichen. Dem Begehren ist ein Nachweis der vertretenen Aktien und eine Bestätigung der Depotbank beizulegen, dass diese bis zur Generalversammlung gesperrt sind.

Zürich, [Datum]   Mammoth Woods AG
                                    Für den Verwaltungsrat
                                    Die Präsidentin: Dr. Milva de Portalban

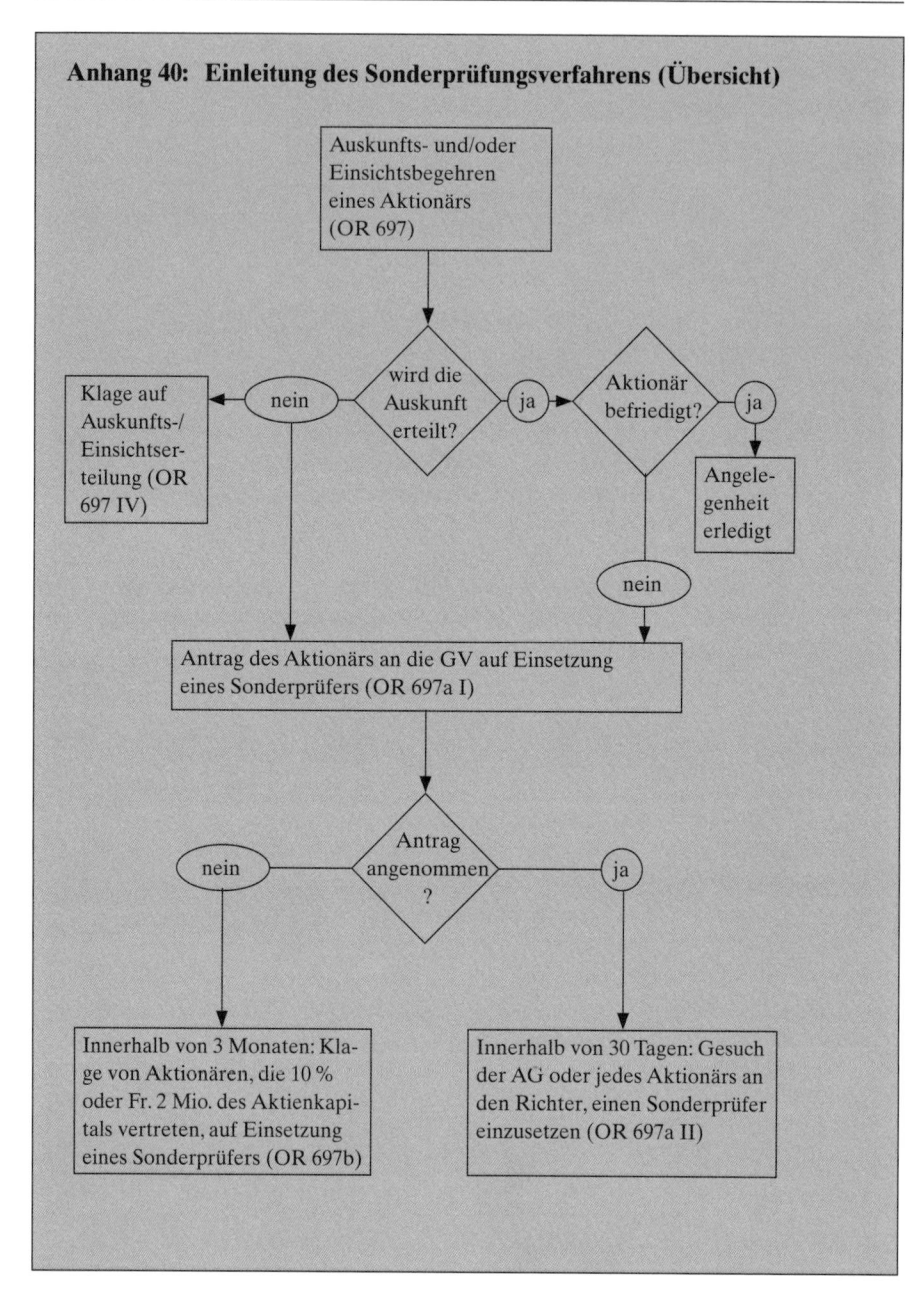

Anhang 40: Einleitung des Sonderprüfungsverfahrens (Übersicht)

```
                  Auskunfts- und/oder
                  Einsichtsbegehren
                  eines Aktionärs
                  (OR 697)
                         │
                         ▼
Klage auf          ┌─ wird die ─┐           ┌─ Aktionär ─┐
Auskunfts-/  ◄nein─│  Auskunft  │─ja──►     │ befriedigt?│─ja──►  Angele-
Einsichtser-       │  erteilt?  │           └────────────┘        genheit
teilung (OR        └────────────┘                   │             erledigt
697 IV)                  │                          nein
                         │                          │
                         ▼                          ▼
         Antrag des Aktionärs an die GV auf Einsetzung
         eines Sonderprüfers (OR 697a I)
                         │
                         ▼
                  ┌─ Antrag ─┐
         ◄─nein───│angenommen│───ja──►
                  │    ?     │
                  └──────────┘
              │                          │
              ▼                          ▼
    Innerhalb von 3 Monaten: Kla-   Innerhalb von 30 Tagen: Gesuch
    ge von Aktionären, die 10 %    der AG oder jedes Aktionärs an
    oder Fr. 2 Mio. des Aktienkapi- den Richter, einen Sonderprüfer
    tals vertreten, auf Einsetzung  einzusetzen (OR 697a II)
    eines Sonderprüfers (OR 697b)
```

6. Die Rechtsstellung des Aktionärs

Anhang 41: Inserat «Squeeze-out nach öffentlichem Kaufangebot» (BEHG 33)

MAMMOTH WOODS AG
Zürich

Kraftloserklärung der sich im Publikum befindenden Namenaktien von je Fr. 50 Nennwert

Am [Datum] unterbreitete die Hobel Möbel AG, Dübendorf, ein öffentliches Kaufangebot für alle sich im Publikum befindenden Namenaktien der Mammoth Woods AG von je Fr. 50 Nennwert («Namenaktien Mammoth Woods»). Nach dem Abschluss des Kaufangebots hielt die Hobel Möbel AG 98,72 % des Aktienkapitals und der Stimmrechte der Mammoth Woods AG.

Mit Entscheid vom [Datum] erklärte das Handelsgericht des Kantons Zürich die sich im Publikum befindenden Namenaktien Mammoth Woods gestützt auf Art. 33 des Bundesgesetzes über die Börsen und den Effektenhandel kraftlos.

Die kraftlos erklärten Namenaktien Mammoth Woods werden analog zum Kaufpreis des öffentlichen Kaufangebots der Hobel Möbel AG mit Fr. 430.– netto je Namenaktie Mammoth Woods abgegolten.

Kraftloserklärung Die Kraftloserklärung der sich im Publikum befindenden Namenaktien Mammoth Woods wurde am [Datum] rechtskräftig und wurde am [Datum] im Schweizerischen Handelsamtsblatt publiziert.

Abgeltung Fr. 430.– netto je Namenaktie Mammoth Woods

Auszahlung des Abgeltungspreises Deponenten: Die Depotbanken werden am [Datum] die kraftlos erklärten Namenaktien Mammoth Woods gegen Gutschrift des Abgeltungspreises ausbuchen.

Heimverwahrer:	Heimverwahrer, die ihre kraftlos erklärten Namenaktien Mammoth Woods bei sich zu Hause oder in einem Banksafe verwahren, sind gebeten, ihr(e) Aktienzertifikat(e), nicht entwertet, umgehend bei der Mammoth Woods AG, Sekretariat des Verwaltungsrats, Postfach, 8000 Zürich, zur Auszahlung des Abgeltungspreises einzureichen.
Spesen und Abgaben	Die Auszahlung des Abgeltungspreises für Namenaktien Mammoth Woods, welche bei Banken in der Schweiz deponiert sind, erfolgt spesenfrei und löst beim Aktionär keine eidgenössische Umsatzabgabe aus.
Aufhebung des Börsenhandels	Die Namenaktien Mammoth Woods werden auf den [Datum] dekotiert und werden somit am [Datum] letztmals im Hauptsegment der SWX Swiss Exchange gehandelt.

[Datum] [Bank, Valorennummer etc.]

7. Der Aktionärbindungsvertrag

A) Grundsätzliches

Die vorstehende Übersicht über die gesetzlichen Rechte und die Liberierungspflicht gibt – v.a. für private Gesellschaften – ein unvollständiges Bild der Rechtsstellung des Aktionärs: Weil die gesetzlichen Aktionärsrechte überwiegend kapitalbezogen sind und den Aktionären auch statutarisch keine über die Liberierungspflicht hinausgehenden Pflichten auferlegt werden können (N 6.1, 6.10), sind Aktionäre personenbezogener Gesellschaften häufig gezwungen, «unter sich» gewisse Abmachungen zu treffen, die ihren persönlichen Gegebenheiten Rechnung tragen und das Funktionieren ihrer privaten AG sicherstellen sollen. Solche Vereinbarungen werden als *Aktionärbindungsverträge* (ABV; Anhang 42) bezeichnet und können definiert werden als *Verträge zwischen zwei oder mehr Parteien, welche die Aktionärsstellung einer oder mehrerer Parteien bei einer bestimmten AG betreffen.*

7.1
Praktisches Bedüfnis und Definition

Ein Aktionärbindungsvertrag verpflichtet aber immer nur die vertragschliessenden Aktionäre. *Der AG gegenüber ist er unbeachtlich.* Hat sich also z.B. der Mehrheitsaktionär A gegenüber dem Minderheitsaktionär B vertraglich verpflichtet, diesen in den Verwaltungsrat zu wählen, und wählt er dann an der nächsten Generalversammlung nur sich selber, so ist ausschliesslich A gewählt. B kann nicht etwa geltend machen, A habe sich verpflichtet, (auch) ihn zu wählen, weshalb die AG ihn ebenfalls als gewählt betrachten müsse. A hat sich eben nur gegenüber B verpflichtet. Die AG geht dieser Vertrag nichts an; sie zählt die Stimmen an der Generalversammlung so, wie sie effektiv abgegeben wurden. A *kann* also anders stimmen, als er aufgrund des Aktionärbindungsvertrags müsste, *darf es aber nicht.* B wird nicht Verwaltungsrat, doch wird ihm A aus dieser Vertragsverletzung *schadenersatzpflichtig.*

7.2
Keine Bindung der AG

Erfährt B rechtzeitig von As vertragswidrigen Absichten, kann er auch eine richterliche Verfügung erwirken, in welcher A befohlen wird, vertragskonform zu stimmen (N 7.16).

7.3 Inhalt von Aktionärbindungsverträgen

Auf die beiden häufigsten Gegenstände von Aktionärbindungsverträgen wird nachfolgend noch gesondert eingegangen: Es sind dies Vereinbarungen bezüglich der *Ausübung des Stimmrechts* (N 7.7 ff.; Anhang 42 Ziff. 1 lit. a) und bezüglich des *Verfügungsrechts über Aktien* (N 7.11 ff.; Anhang 42 Ziff. 5 ff.). Daneben können aber z.b. auch das Recht auf einen Verwaltungsratssitz (Anhang 42 Ziff. 4), Treuepflichten, Konkurrenzverbote (Anhang 42 Ziff. 1 lit. b), die Dividendenpolitik (Anhang 42 Ziff. 2), Vereinbarungen über die Ausübung des Bezugsrechts, Regelungen betreffend die Geschäftsführung, Lieferungs- und Bezugspflichten bzw. -rechte, zusätzliche finanzielle Verpflichtungen der Aktionäre (Nachschuss- oder Kreditgewährungspflichten, persönliche Haftung für Gesellschaftsschulden durch kumulative Schuldübernahmen, Bürgschaften oder Garantien) oder Regelungen für Patt-Situationen (N 1.28; Anhang 42 Ziff. 3) Inhalt von Aktionärbindungsverträgen bilden. Angesichts seiner strikt auf die Vertragsparteien beschränkten Verbindlichkeit (N 7.2) sollte der Aktionärbindungsvertrag sodann immer auch Regeln zur *Durchsetzung* der in ihm vereinbarten Pflichten enthalten (N 7.17 f.).

7.4 Rechtliche Qualifizierung

Das Gesetz enthält keine spezifische Regelung der Aktionärbindungsverträge. Je nach ihrem Inhalt sind sie als ein- oder zweiseitige *Schuldverträge* oder aber als *Gesellschaftsverträge* zu qualifizieren. Ein Gesellschaftsvertrag – praktisch immer eine einfache Gesellschaft – liegt regelmässig dann vor, wenn sich die Aktionäre zu einem gemeinsamen, abgestimmten Handeln verpflichten (wie etwa bei gegenseitigen Stimmbindungen; N 7.7 ff.). Demgegenüber wäre z.B. ein Aktionärbindungsvertrag, der sich auf die Einräumung von Erwerbsrechten (N 7.11 ff.) beschränkt, als reiner Schuldvertrag zu qualifizieren.

7.5 Vertragsdauer und -auflösung

Enthält ein Aktionärbindungsvertrag keine Bestimmungen zur Vertragsdauer und Auflösung, kann er – wenn er als einfache Gesellschaft zu qualifizieren ist – grundsätzlich jederzeit mit einer sechsmonatigen Kündigungsfrist aufgelöst werden, statuiert doch OR 546 I für eine auf unbestimmte Zeit oder auf Lebenszeit eines Gesellschafters eingegangene einfache Gesellschaft ein auf sechs

7. Der Aktionärbindungsvertrag

Monate ausübbares Kündigungsrecht. Je nach Qualifikation des konkreten Aktionärbindungsvertrags können auch andere gesetzliche Kündigungs- und Auflösungsregeln zur Anwendung gelangen – u.U. bis hin zur zwingenden jederzeitigen Kündigungsmöglichkeit des Auftragsrechts (OR 404). All dies dürfte den Vorstellungen der Parteien oftmals wenig entsprechen, weshalb der Dauer der vertraglichen Bindung und den Kündigungsmöglichkeiten bei der Vertragsredaktion besondere Beachtung zu schenken ist (Anhang 42 Ziff. 12). Häufig werden Aktionärbindungsverträge für die *Dauer der Gesellschaft* oder für die *Dauer der Aktionärseigenschaft* abgeschlossen. Während das Letztere jedenfalls dann unproblematisch ist, wenn jede Vertragspartei ihre Aktien zu angemessenen Bedingungen veräussern und ihre Verpflichtung dadurch beenden kann, könnte ein für die Dauer der AG eingegangener Aktionärbindungsvertrag die Parteien und deren Rechtsnachfolger auf ewige Zeiten verpflichten, was die Gültigkeit einer solchen Vereinbarung sehr fraglich erscheinen lässt. Generell ist zu beachten, dass auf *unbestimmte Zeit* abgeschlossene Verträge grundsätzlich *kündbar*, auf *bestimmte Zeit* abgeschlossene Verträge – ausserordentliche Umstände vorbehalten – dagegen *unkündbar* sind.

7.6 Vertragsübergang

Veräussert ein Aktionär seine Aktien, gehen dadurch nicht auch seine Rechte und Pflichten aus dem Aktionärbindungsvertrag auf den Aktienerwerber über: Der alte Aktionär bleibt aus dem Aktionärbindungsvertrag verpflichtet, kann diesen aber – mangels Aktionärsstellung – nicht mehr erfüllen; der neue Aktionär könnte dies, ist aber nicht an den Aktionärbindungsvertrag gebunden. Daher wird häufig vereinbart, dass Aktien an einen Dritten nur unter gleichzeitiger Überbindung der Rechte und Pflichten aus dem Aktionärbindungsvertrag veräussert werden dürfen. Die Erfüllung dieser Überbindungspflicht ist durch entsprechende Klauseln sicherzustellen (N 7.17; Anhang 42 Ziff. 13). Verstirbt ein Aktionär, würden seine Rechte und Pflichten aus dem Aktionärbindungsvertrag zwar grundsätzlich durch Universalsukzession auf die Erben übergehen, doch bildet der Tod bei einem gesellschaftsvertraglich konzipierten Aktionärbindungsvertrag – anderslautende Vereinbarung vorbehalten – gerade einen Auflösungsgrund (OR 545 I Ziff. 2).

B) Stimmbindungen

7.7 Stimmpools in grösseren Gesellschaften

Mehrere Aktionäre, von denen jeder einzeln nur einen schwachen Einfluss auszuüben vermag, können vereinbaren, immer oder in bestimmten Angelegenheiten oder im Hinblick auf eine konkrete Generalversammlung *einheitlich* zu stimmen, und so die Geschicke der AG massgebend beeinflussen. Sie können dabei Richtlinien festlegen, nach denen sie ihr Stimmrecht ausüben wollen und/oder vereinbaren, über die gemeinsame Stimmrechtsausübung jeweils im Vorfeld der Generalversammlung durch Mehrheitsbeschluss zu entscheiden. Solche Stimmpoolverträge sind nicht nur in grösseren Familien-AGs zur Koordination eines Familienzweigs denkbar, sondern dienen z.B. auch in Grossgesellschaften den Gründerfamilien oder einer Investorengruppe zur Konzentration ihrer Stimmmacht gegenüber den im Publikum verstreuten Aktien. Auf solche Aktionärspools beziehen sich z.B. die börsenrechtlichen Regelungen zur Offenlegungs- und Angebotspflicht (N 5.63 ff.), wo Aktionäre, die «in gemeinsamer Absprache mit Dritten» handeln, zu einem einzigen Aktionär zusammengefasst werden (BEHG 31 f.); wer z.B. eine 2%-Beteiligung hält, kann sich also plötzlich zur Unterbreitung eines Kaufangebots bezüglich aller kotierter Aktien (mit)verpflichtet sehen, wenn er einem Aktionärspool angehört, dessen Mitglieder zusammen mehr als 33 $^1/_3$% der Stimmrechte auf sich vereinigen (N 5.66, 18.9); auch kann der Abschluss eines Aktionärbindungsvertrags eine Meldepflicht auslösen (N 5.64).

7.8 Inhaltliche Stimmbindung

In privaten Aktiengesellschaften enthalten Stimmbindungsklauseln regelmässig Verpflichtungen, das Stimmrecht in einer *bestimmten Weise* auszuüben. So können z.B. die drei Unternehmensgründer vereinbaren, einander jeweils gegenseitig in den *Verwaltungsrat* zu wählen (Anhang 42 Ziff. 4); oder Familienaktionäre verpflichten sich, eine aktiv im Familienunternehmen tätige Tochter zur Verwaltungsratspräsidentin zu wählen; oder die Aktionäre vereinbaren, nach Ablauf von drei Jahren für die Auflösung der Gesellschaft zu stimmen, falls bis dahin nicht ein bestimmter Umsatz erzielt wird; oder die Aktionäre verpflichten sich, in den ersten vier Jahren nach der Gründung gegen die Ausschüttung von Dividenden zu stimmen; usw.

7. Der Aktionärbindungsvertrag

Erscheint die bis anhin betrachtete Stimmbindung des Aktionärs in der Generalversammlung unproblematisch – den Aktionär trifft gegenüber seiner AG keine Treuepflicht (N 6.1) –, so gilt dies nicht für jene ABV-Klauseln, welche einen Aktionär als *Verwaltungsratsmitglied* auf ein bestimmtes Handeln verpflichten: Jedes Mitglied des Verwaltungsrats hat die Interessen der Gesellschaft zu wahren (N 9.21, 9.69); verletzt es diese in Befolgung einer damit unvereinbaren aktionärbindungsvertraglichen Stimmbindung, haftet es für diese Pflichtverletzung persönlich nach den Regeln der aktienrechtlichen Verantwortlichkeit (N 11.6 ff.). Ein solches Verwaltungsratsmitglied befindet sich damit gleich wie ein fiduziarisch oder in einem Konzernverhältnis tätiges Verwaltungsratsmitglied in einem «doppelten Pflichtennexus» (N 9.23, 15.14).

7.9
Stimmbindung im Verwaltungsrat

Abgesehen vom soeben betrachteten Sonderproblem der Einbindung von Organpersonen sind Stimmbindungsvereinbarungen grundsätzlich gültig – wobei wiederholt sei, dass sich ihre Verbindlichkeit auf die Vertragsparteien beschränkt, die Stimmen an der Generalversammlung also so zu zählen sind, wie sie effektiv abgegeben werden (N 7.2). *Nichtig* sind hingegen Stimmbindungsvereinbarungen, welche der *Umgehung einer Stimmrechtsbeschränkung* (z.B. Decharge, eigene Aktien; N 6.26) oder einer statutarischen *Vinkulierungsbestimmung* (N 5.43 ff.) dienen. Die dadurch beeinflussten Generalversammlungsbeschlüsse sind gem. OR 691 III anfechtbar (N 6.32, 6.48, 8.27 ff.).

7.10
Gültigkeit

C) Rechte und Pflichten bezüglich des Aktienerwerbs

Nebst den Stimmbindungen bilden Vereinbarungen betreffend das Verfügungsrecht über Aktien den zweiten Hauptgegenstand von Aktionärbindungsverträgen, sei es, dass *Erwerbsrechte* (Vorhand-, Vorkaufs-, Kaufsrechte; N 1.34, 7.12 ff.; Anhang 42 Ziff. 5 ff.) eingeräumt, sei es, dass *Mitverkaufsrechte* (N 1.26; Anhang 42 Ziff. 8), *Kaufs-* (N 1.26, 7.12; Anhang 42 Ziff. 9) *und Rückkaufspflichten* oder *Verfügungsverbote* vereinbart werden. Während Letztere dazu dienen, während einer bestimmten Zeit «alle im gleichen Boot» zu halten, dienen Erwerbsrechte meist dazu, das Eindringen Dritter in den geschlossenen Aktionärskreis abzu-

7.11
Übersicht

wehren; Mitverkaufsrechte und Kaufspflichten schliesslich sollen der Aktionärsminderheit bei Kontrollwechseln, Beendigung des Arbeitsverhältnisses u.ä. ermöglichen, sich zu einem angemessenen Preis von ihrem Aktienpaket zu trennen.

7.12 Kaufsrecht und Kaufspflicht

Das *Kaufsrecht* (Verkaufspflicht, Call-Option) verleiht dem Berechtigten die Befugnis, durch einseitige, ausschliesslich von seinem Willen abhängige Erklärung gegenüber dem Verpflichteten die mit dem Kaufsrecht belasteten Aktien zu erwerben. Meist werden im Aktionärbindungsvertrag auch gleich Kaufpreis und weitere Kaufvertragsbestandteile festgelegt. Häufig räumt ein Aktionär seinen Mitaktionären ein Kaufsrecht ein für den Fall seines Todes oder für den Fall, dass er seine aktive Mitarbeit in der AG aufgibt. Sobald ein Aktionärbindungsvertrag eine Verfügung von Todes wegen enthält, bedarf er jedoch der Form des Erbvertrages. Kann ein Kaufsrecht den Belasteten in seiner rechtlichen Bewegungsfreiheit einschränken, stellt umgekehrt eine Verpflichtung der verbleibenden Aktionäre, einem Ausstiegswilligen auf dessen Wunsch hin seine Aktien zu bestimmten Konditionen abzunehmen (*Kaufspflicht*, Verkaufsrecht, Put-Option; Anhang 42 Ziff. 9), für diesen angesichts der Unverkäuflichkeit von Minderheitspaketen in privaten Gesellschaften eine grosse Erleichterung dar.

7.13 Vorkaufsrecht

Das Vorkaufsrecht verleiht dem Berechtigten die Befugnis, durch einseitige Erklärung gegenüber dem Verpflichteten die belasteten Aktien zu erwerben, *sofern der Verpflichtete diese an einen Dritten (bedingt) verkauft hat*. Das Vorkaufsrecht ist somit ein bedingtes Kaufsrecht (N 7.12): Nur wenn der Verpflichtete seine Aktien verkauft – der sogenannte *Vorkaufsfall* eintritt –, kann es geltend gemacht werden. Nennt der Aktionärbindungsvertrag bereits den Preis, zu welchem der Vorkaufsberechtigte die belasteten Aktien erwerben kann, spricht man von einem *limitierten Vorkaufsrecht*. Fehlt eine solche Bestimmung, so erwirbt der Vorkaufsberechtigte die Aktien durch seine Ausübungserklärung zu den Bedingungen, die der vorkaufsbelastete Verkäufer mit dem Dritten vereinbart hat (vgl. zum Ganzen Anhang 42 Ziff. 6 f.).

7.14 Vorhandrecht

Beim Vorhandrecht – auch Anbietungs- oder Andienungspflicht oder unechtes Vorkaufsrecht genannt – wird die Angebotspflicht vorverlegt, indem der Verpflichtete den vorhandberechtigten Aktionären seine Aktien bereits anbieten muss, sobald er diese veräussern möchte, also – anders als beim Vorkaufsrecht – noch bevor er einen Kaufvertrag mit einem Dritten abgeschlossen hat (Anhang 42 Ziff. 5).

Weil Aktionärbindungsverträge immer nur die Vertragsparteien verpflichten (N 7.2), bleibt der Erwerber von Aktien, die mit einem Kaufs-, Vorkaufs- oder Vorhandrecht oder einem Verfügungsverbot belastet sind, in seinem Eigentum geschützt und braucht ihn der Aktionärbindungsvertrag nicht zu kümmern. Es empfiehlt sich daher, die Durchsetzung solcher Verfügungsbeschränkungen durch Hinterlegung der belasteten Aktien abzusichern (N 5.9, 7.17; Anhang 42 Ziff. 10).

7.15
Absicherung von Erwerbsrechten und Verfügungsverboten

D) Durchsetzung der aktionärbindungsvertraglichen Pflichten

Wie die Pflichten aus jedem andern Vertrag können auch die in einem Aktionärbindungsvertrag vereinbarten mit einer Leistungs- bzw. Unterlassungsklage durchgesetzt werden. So kann z.B. ein Aktionär in einem gerichtlichen Befehlsverfahren verpflichtet werden, an der Generalversammlung in einem bestimmten Sinn zu stimmen, dem Kaufinteressenten für sein Aktienpaket die Aktien der Minderheitsaktionäre mitzuverkaufen etc. Häufig ist aber die Absicht zur Vertragsverletzung nicht beweisbar oder reicht die Zeit nicht mehr, um ein Urteil oder auch nur vorsorgliche Massnahmen zu erwirken. Dann bleibt den in ihren Rechten verletzten Aktionären nur noch die Geltendmachung von – häufig schwer quantifizierbaren – Schadenersatzansprüchen (N 7.2).

7.16
Klage auf Realerfüllung oder Schadenersatz

Es ist daher wichtig, die Durchsetzung der im Aktionärbindungsvertrag eingegangenen Verpflichtungen durch entsprechende Vereinbarungen zu erleichtern: So kann etwa durch Vereinbarung einer hohen *Konventionalstrafe* präventiv sichergestellt werden, dass sich eine Verletzung des Aktionärbindungsvertrags nicht lohnt (Anhang 42 Ziff. 1 lit. b). Der Durchsetzung von Verfügungsbeschränkungen (N 7.11 ff.) oder Überbindungspflichten (N 7.6) dienen sodann Vereinbarungen über eine *Hinterlegung* der Aktien bei einem Treuhänder oder in einem nur allen Vertragsparteien gemeinsam zugänglichen Tresor oder Depot (Anhang 42 Ziff. 10). Zusätzlich können sich die Aktionäre ihre hinterlegten Aktien zur Sicherstellung von Konventionalstraf- oder Schadenersatzan-

7.17
Hilfreiche Vertragsklauseln

sprüchen auch noch gegenseitig *verpfänden* (Anhang 42 Ziff. 11). Denkbar ist auch die Bevollmächtigung eines Dritten, sämtliche gebundenen Aktien in der Generalversammlung zu *vertreten* (und dort z.B. mit diesen Aktien so zu stimmen, wie vorher die Mehrheit der Vertragsparteien beschlossen hat). Statt einen Dritten in dieser Weise zur Vertretung zu ermächtigen, können die Parteien des Aktionärbindungsvertrages diesem ihre Aktien auch gleich *treuhänderisch übereignen*. Eine weitere Möglichkeit besteht darin, dass die Vertragsparteien ihre Aktien in eine von ihnen gegründete *Personengesellschaft* (N 1.6) oder – dies nun als Alternative zu einem Aktionärbindungsvertrag – in eine gemeinsam gegründete *Holdinggesellschaft* (AG oder GmbH) einbringen.

7.18
Gerichtsstands- und Schiedsgerichtsklauseln

Oftmals betrachten Aktionäre den Aktionärbindungsvertrag als «geheime» Seite ihrer AG, weshalb sie daraus resultierende Streitigkeiten lieber vertraulich vor einem Schiedsgericht als vor einem staatlichen Gericht austragen möchten. Die Vereinbarung einer entsprechenden *Schiedsklausel* ist rechtlich ohne weiteres zulässig, sollte aber gerade in kleineren Verhältnissen wegen der höheren Kosten und der etwas umständlichen Einleitung eines Schiedsverfahrens sorgfältig überlegt werden. Zumindest eine Einigung über das für aktionärbindungsvertragliche Auseinandersetzungen örtlich zuständige Gericht (*Gerichtsstandsklausel*) dürfte sich aber in aller Regel empfehlen (Anhang 42 Ziff. 15).

7. Der Aktionärbindungsvertrag

Anhang 42: Aktionärbindungsvertrag

AKTIONÄRBINDUNGSVERTRAG

zwischen

Fritz Hobel,
Tischlerstrasse 8, 8600 Dübendorf

Max Hammer,
Ambossgasse 24, 8305 Dietlikon

Marcel Marteau,
rue des Enclumes 6, 1527 Villeneuve

(nachfolgend: «die Parteien»)

betreffend
die Aktien der Hobel Möbel AG, Dübendorf

Präambel

Die Parteien halten das gesamte Aktienkapital der Hobel Möbel AG, Dübendorf (nachfolgend: «die Gesellschaft») gegenwärtig wie folgt:

Aktionär	*Namenaktien à Fr. 1000.–*
Fritz Hobel	40
Max Hammer	30
Marcel Marteau	30
Total	100

Mit dem vorliegenden Vertrag beabsichtigen sie, das Funktionieren der Gesellschaft als geschlossene Aktiengesellschaft sicherzustellen und insbesondere die Vertretung im Verwaltungsrat, die Übertragung der Aktien sowie die Geschäftspolitik zu regeln.

I. Geschäftspolitik und Konkurrenzverbot

1. Die Parteien verpflichten sich, alles in ihren Kräften Stehende zu unternehmen, damit die Gesellschaft im Rahmen der statutarischen Zweckbestimmung eine langfristig erfolgreiche Geschäftstätigkeit entwickeln kann. Sie stellen der Gesellschaft ihre Arbeitskraft im zur Zweckerreichung erforderlichen Umfang zur Verfügung und verpflichten sich insbesondere,

   a) ihr <u>Stimmrecht</u> in Generalversammlung und Verwaltungsrat im Sinne dieser Grundsätze auszuüben und

   b) während der ganzen Dauer ihrer Aktionärseigenschaft sowie während dreier Jahre nach einer Veräusserung ihrer Aktien die Gesellschaft im Gebiet der Schweiz in keiner Weise zu <u>konkurrenzieren</u>, insbesondere weder ein Unternehmen welches ganz oder teilweise den gleichen Zweck wie die Gesellschaft verfolgt, zu gründen noch sich an einem solchen zu beteiligen – ausgenommen der Erwerb von börsenkotierten Beteiligungsrechten – noch für ein solches auf eigene oder fremde Rechnung tätig zu sein, noch bestehende oder potentielle Kundschaft der Gesellschaft abzuwerben. Verletzt eine Partei dieses Konkurrenzverbot, schuldet sie der Gesellschaft für jede Verletzung eine Konventionalstrafe im Betrag von Fr. 100000.-, wobei je zwei Wochen einer fortgesetzten Zuwiderhandlung als unabhängige und selbständige Zuwiderhandlung gelten. Die Bezahlung der Konventionalstrafe entbindet nicht von der Einhaltung des Konkurrenzverbots. In jedem Fall, auch bei Bezahlung der Konventionalstrafe, kann die Beseitigung des vertragswidrigen Zustandes sowie der Ersatz weiteren Schadens verlangt werden.

2. Die Gesellschaft finanziert sich grundsätzlich selbst. Es ist anzustreben, dass sämtliche Unkosten, Gebühren, Steuern etc. aus eigenen Mitteln bezahlt werden. Ein allfälliger Reingewinn soll im Hinblick auf den Ausbau der Geschäftstätigkeit vorab zur Eigenmittelbildung verwendet werden. Die Parteien verzichten daher auf die Ausschüttung einer Dividende, bis sie einstimmig etwas anderes beschliessen. Die Parteien stimmen darin überein, dass die Gesellschaft Fremdkapital höchstens in dem Mass aufnehmen darf, als eine Gefährdung des langfristigen Erfolgs und des soliden Wachstums ausgeschlossen werden kann.

3. Entstehen aufgrund der Aktienverteilung in wesentlichen Fragen <u>Pattsituationen</u>, welche Funktionieren und Fortbestand der Gesellschaft ernstlich gefährden, und können diese von den Parteien nicht einvernehmlich beigelegt werden, verpflichten sich die Parteien zu folgendem Vorgehen: Jede Aktionärsgruppe händigt der jeweils andern Zug um Zug

in einem verschlossenen Umschlag ein Kaufangebot für deren Aktien aus. Diejenige Gruppe, welche der andern Gruppe für deren Aktienpaket den höheren Preis zu bezahlen bereit ist, erhält den Zuschlag.

II. Verwaltungsrat

4. Jede Partei hat Anspruch auf einen Sitz im Verwaltungsrat. Sie kann dieses Recht nur persönlich und nicht durch einen Vertreter ausüben. Eine Nicht(wieder)wahl oder Abberufung aus wichtigen, das Gesellschaftsinteresse beeinträchtigenden Gründen bleibt vorbehalten. Die Parteien gewährleisten, dass eine Partei, die von ihrem Anspruch auf Vertretung im Verwaltungsrat keinen Gebrauch macht, als Gast ohne Stimmrecht zu den Verwaltungsratssitzungen eingeladen und zugelassen wird.

III. Vorhand-, Vorkaufs- und Mitverkaufsrecht

5. Die Parteien räumen sich bezüglich aller Aktien der Gesellschaft, die ihnen derzeit oder in Zukunft gehören, gegenseitig ein <u>Vorhandrecht</u> ein, soweit eine der Parteien solche Aktien veräussern möchte.

Beabsichtigt eine Partei, ihre Aktien ganz oder teilweise entgeltlich oder unentgeltlich zu veräussern, so hat sie dies den anderen Parteien durch eingeschriebenen Brief mitzuteilen. Diese haben dem Veräusserungswilligen innerhalb von zwanzig Tagen zu erklären, ob sie die Aktien übernehmen wollen, wobei die angebotenen Aktien nur in ihrer Gesamtheit erworben werden können. Erklären alle Parteien, die Aktien nicht übernehmen zu wollen oder unterlassen sie eine Erklärung, so kann die veräusserungswillige Partei über die angebotenen Aktien während sechs Monaten seit Ablauf der Erklärungsfrist unter Vorbehalt von Ziff. 6 hiernach frei verfügen.

Erklären die angeschriebenen Parteien oder eine derselben jedoch, die angebotenen Aktien übernehmen zu wollen, und können sich die beteiligten Parteien nicht innerhalb von 20 Tagen auf einen Übernahmepreis einigen, so hat die Revisionsstelle, welche am Tage der Abgabe der Anzeige des Veräusserungswilligen (Poststempel) im Amte ist, den Wert der Aktien nach allgemein anerkannten betriebswirtschaftlichen Grundsätzen festzusetzen, wobei insbesondere nichtbetriebsnotwendige Vermögenswerte zum Liquidationswert einzusetzen sind.

Sobald diese Berechnung vorliegt, haben die oder der Käufer den Kaufpreis innerhalb von dreissig Tagen Zug um Zug gegen Übergabe der indossierten Aktien zu zahlen, es sei denn, eine der Parteien habe innert zehn Tagen (Poststempel) nach Eingang der Kaufpreisfestsetzung seitens der Revisionsstelle gegenüber der anderen Partei ihre Verkaufs- bzw. Kaufsabsicht mit eingeschriebenem Brief widerrufen.

Die Kosten der Revisionsstelle werden – ungeachtet eines allfälligen Widerrufs im Sinne des vorstehenden Absatzes – nach Köpfen auf den Veräusserungswilligen und die Aktionäre, welche eine Übernahmeerklärung abgegeben haben, verteilt.

Üben mehrere Parteien das Vorhandrecht aus, werden ihnen die Aktien im Verhältnis ihres bisherigen Aktienbesitzes zugeteilt. Soweit aufgrund der Anzahl der zur Veräusserung stehenden Aktien eine gleichmässige Zuteilung nicht möglich ist, entscheidet – vorbehältlich einer anderweitigen Einigung unter den übernahmewilligen Parteien – das Los über die Zuteilung von Restaktien.

6. Will eine Partei mangels Ausübung des Vorhandrechts ihre Aktien an einen Dritten veräussern, so steht den übrigen Parteien ein Vorkaufsrecht zu den im Vertrag mit dem Dritten vereinbarten Bedingungen zu.

Der Verkauf ist den übrigen Parteien unter Angabe der wesentlichen Vertragsmerkmale mit eingeschriebener Post anzuzeigen. Diese haben dem Verkäufer innerhalb von zehn Tagen (Poststempel) nach Eingang der Verkaufsmitteilung mit eingeschriebenem Brief zu erklären, ob sie ihr Vorkaufsrecht ausüben, wobei die zum Verkauf stehenden Aktien nur in ihrer Gesamtheit erworben werden können. Verzichten alle Parteien auf die Ausübung des Vorkaufsrechts oder unterlassen sie eine Erklärung, gelten sämtliche Aktien als an den Dritten veräussert.

Üben mehrere Parteien das Vorkaufsrecht aus, werden ihnen die Aktien im Verhältnis ihres bisherigen Aktienbesitzes zugeteilt. Soweit aufgrund der Anzahl der zum Verkauf stehenden Aktien eine gleichmässige Zuteilung nicht möglich ist, entscheidet – vorbehältlich einer anderweitigen Einigung unter den übernahmewilligen Parteien – das Los über die Zuteilung von Restaktien.

7. Als Vorkaufsfall gemäss Ziff. 6 gilt jedes Rechtsgeschäft, welches Artikel 216c des Schweizerischen Obligationenrechts und die dazu entwickelte Gerichtspraxis als solchen bestimmen. Namentlich finden die vorstehenden Bestimmungen bezüglich Vorhand- und Vorkaufsrecht (Ziff. 5 und 6) auf den Übergang infolge ehelichen Güterrechts und Erbrechts keine Anwendung.

8. Sofern eine oder mehrere Parteien («die Verkäufer») die Mehrheit der Aktien der Gesellschaft an einen Dritten verkaufen, ohne dass die verbleibenden Aktionäre («die Minderheitsaktionäre») ihr Vorhand- oder Vorkaufsrecht ausüben, so haben die Verkäufer dem Dritten die Aktien der Minderheitsaktionäre zu den gleichen Konditionen zu verkaufen wie ihre eigenen, es sei denn, die Minderheitsaktionäre verzichten gegenüber den Verkäufern schriftlich auf den Mitverkauf ihrer Aktien.

IV. Aktienübernahmepflicht

9. Scheidet eine Partei aus der aktiven Geschäftstätigkeit für die Gesellschaft aus, so sind die verbleibenden Parteien auf Wunsch der ausscheidenden Partei verpflichtet, deren Aktienpaket zum inneren Wert im Zeitpunkt der Kündigungserklärung zu übernehmen. Will eine ausscheidende Partei von diesem Recht Gebrauch machen, hat sie dies den andern Parteien innerhalb von zwanzig Tagen (Poststempel) nach Kenntnisnahme von der Auflösung des Arbeits- oder Auftragsverhältnisses mit eingeschriebenem Brief mitzuteilen. Einigen sich die Parteien nicht innerhalb von weiteren zwanzig Tagen auf den Wert der Aktien, ist dieser gem. Ziff. 5 hiervor durch die Revisionsstelle festzulegen, welche am Tage der Kündigungserklärung im Amt ist. Die Kosten der Revisionsstelle werden nach Köpfen auf die Parteien verteilt.

V. Hinterlegung und Verpfändung

10. Im Sinne einer Erfüllungssicherheit für die in dieser Vereinbarung eingegangenen Verpflichtungen <u>hinterlegen</u> die Parteien ihre Aktien bei der Immertreu AG, Sonnenweg 5, 8600 Dübendorf (nachfolgend: «Hinterlegungsstelle»). Durch Mitunterzeichnung der vorliegenden Vereinbarung verpflichtet sich die Hinterlegungsstelle, die hinterlegten Aktien nur im gegenseitigen Einverständnis aller Parteien oder aufgrund eines dahingehenden rechtskräftigen Gerichtsurteils herauszugeben. Sie ist berechtigt, jeder Partei auf deren Verlangen eine Depotbescheinigung auszustellen. Die Parteien tragen die Kosten der Hinterlegung zu gleichen Teilen, unter solidarischer Haftung gegenüber der Hinterlegungsstelle.

11. Die Aktien werden von den Parteien als Sicherheit für die von ihnen unter dem vorliegenden Vertrag eingegangenen Verpflichtungen gegenseitig <u>verpfändet</u>. Die Verwertung kann freihändig erfolgen, und die Aktien dürfen dabei auch an die Parteien, welche das Pfandrecht geltend machen, veräussert werden, sofern dies zum von der Revisionsstelle gemäss Ziff. 5 hiervor festgelegten Preis geschieht. Im Falle einer öffentlichen Versteigerung gilt diese Preisbindung für die Parteien nicht.

VI. Schlussbestimmungen

12. Dieser Vertrag ist für zehn Jahre fest abgeschlossen. Wird er nicht zwölf Monate vor seinem Ablauf gekündigt, verlängert er sich jeweils um weitere fünf Jahre unter Beibehaltung der zwölfmonatigen Kündigungsfrist.

13. Jede Partei darf ihre Aktien nur und erst dann auf einen Dritten übertragen, nachdem sie diesem sämtliche Rechte und Pflichten aus dem vorliegenden Vertrag – einschliesslich dieser Übertragungsverpflichtung – überbunden hat.

14. Änderungen und Ergänzungen dieses Vertrages, insbesondere auch dieser Bestimmung, bedürfen zu ihrer Gültigkeit der Schriftform.
15. Die Nichtigkeit oder Unwirksamkeit einzelner Vertragsbestimmungen hat nicht die Ungültigkeit des gesamten Vertrages zur Folge. Die Parteien sind gehalten, anstelle der ungültigen Bestimmung eine Regelung zu treffen, die Sinn, Zweck und wirtschaftlichem Ergebnis der ungültigen Bestimmung am nächsten kommt.
16. Dieser Vertrag wird in vier Exemplaren ausgefertigt, je eines für die Parteien und die Hinterlegungsstelle.
15. **Gerichtsstand** ist der letzte in einem schweizerischen Handelsregister eingetragene **Sitz der Gesellschaft**.

Dübendorf, [Datum]

Fritz Hobel   Max Hammer   Marcel Marteau

Bezüglich Ziff. 10 hiervor:

Zürich, [Datum]

Immertreu AG

_____

8. Die Generalversammlung

A) Die drei Organe der AG

Die Aktiengesellschaft hat von Gesetzes wegen drei Organe:
- die *Generalversammlung* als Willensbildungsorgan (OR 698–706b),
- den *Verwaltungsrat* als Exekutivorgan (OR 707–726) sowie
- die *Revisionsstelle* als buchhalterisches Aufsichtsorgan (OR 727–731a).

8.1 Übersicht

Jedes dieser drei Organe hat seinen eigenen Aufgabenkreis, den es grundsätzlich keinem anderen Organ übertragen darf und in welchem es sich keine Eingriffe durch ein anderes Organ gefallen lassen muss (sog. Paritätsprinzip).

Fehlt einer AG eines dieser Organe, kann beim Gericht eine Auflösungsklage erhoben werden (OR 625 II; N 16.12; für den Verwaltungsrat N 9.65). Im Hinblick auf die oftmals etwas wenig formellen Verhältnisse in Kleingesellschaften sei in diesem Zusammenhang nochmals daran erinnert (N 1.15), dass die gesetzlichen Organe nicht bloss irgendwann einmal bestellt worden sein, sondern ihre Funktionen auch effektiv laufend *wahrnehmen* müssen: Selbst der Alleinaktionär einer Einpersonen-AG hat die für eine korrekte Geschäftsführung erforderlichen Verwaltungsratssitzungen abzuhalten und zu protokollieren, die Jahresrechnung durch die Revisionsstelle prüfen zu lassen und mindestens die alljährliche ordentliche Generalversammlung durchzuführen. Versäumnisse in diesen Belangen können in einem allfälligen Verantwortlichkeitsprozess (N 11.6 ff.) teuer zu stehen kommen.

8.2 Fehlen von Organen

B) Die Kompetenzen der Generalversammlung

8.3
Das oberste Organ der AG

Wenn auch die Organe mit ihren je eigenständigen, unentziehbaren Aufgabenbereichen grundsätzlich gleichberechtigt nebeneinander stehen (N 8.1), so ist die Generalversammlung doch in dem Sinn «das oberste Organ der Aktiengesellschaft» (OR 698 I), als ihr die grundlegendsten Befugnisse zukommen: Sie bestimmt über das *interne Grundgesetz* der AG (Statutenänderungen), *wählt die übrigen Organe* und übt über diese die *Oberaufsicht* aus (Genehmigung des Geschäftsberichts, Decharge, Abberufung).

8.4
Unübertragbare Befugnisse

Damit dieses fundamentale aktienrechtliche Organisationsprinzip nicht durch Kompetenzdelegationen an den Verwaltungsrat oder Aktionärsausschüsse ausgehöhlt werden kann, weist das Gesetz der Generalversammlung folgende Befugnisse *unübertragbar* zu (OR 698 II):

a) Die Änderung der – ursprünglich von der Gründern einstimmig festgesetzten – *Statuten* (OR 698 II Ziff. 1; Anhang 5). Eine Änderung des *Gesellschaftszwecks, der Firma* oder des *Aktien- oder Partizipationskapitals,* eine *Sitzverlegung,* eine Einführung oder Abschaffung von *Stimmrechts- oder Vorzugsaktien* und andere Statutenänderungen können also nur von der Generalversammlung gültig beschlossen werden; einzig bei Kapitalerhöhungen und Nachliberierungen verfügt der Verwaltungsrat über eine Kompetenz zu Statutenänderungen (N 2.37).

b) Die *Wahl und Abberufung* (OR 705) der Mitglieder des *Verwaltungsrats,* der *Revisionsstelle* (OR 727; Anhänge 48 und 49), allfälliger besonderer Sachverständiger (OR 731 II) sowie der *Liquidatoren* (OR 740 I; OR 698 II Ziff. 2). Die Konstituierung des Verwaltungsrats (also die Funktionszuweisung an einzelne Mitglieder) steht hingegen unentziehbar diesem selbst zu – mit der einzigen Ausnahme, dass die Statuten die Wahl des *Verwaltungsratspräsidenten* durch die Generalversammlung vorsehen können (OR 712 II; N 2.34, 9.41). Bestehen verschiedene Aktienkategorien, ist das Verwaltungsrats-Wahlrecht der Generalversammlung insofern eingeschränkt, als sie den Vorschlag eines *Gruppenvertreters* zu beachten hat (N 2.34, 5.29, 5.36, 6.5, 6.54, 9.23, 9.55).

8. Die Generalversammlung

c) Die *Genehmigung des Geschäftsberichts* und die Beschlussfassung über die *Verwendung des Bilanzgewinns* (OR 698 II Ziff. 3 und 4; Anhänge 44, 46 und 48). Die Generalversammlung hat also den Text des *Jahresberichts* und die Zahlen der – in Erfolgsrechnung, Bilanz und Anhang gegliederten (OR 662 II) – *Jahresrechnung* (und bei grösseren Konzernen zusätzlich die Konzernrechnung; OR 663e; N 6.39, 12.25, 15.12) zu genehmigen (OR 662 ff.; N 12.1; Anhang 72) und über die Gewinnverwendung zu beschliessen, insbesondere also die *Dividende* (und gegebenenfalls die faktisch ausgestorbene Tantieme des Verwaltungsrats) festzusetzen. Im Rahmen von OR 674 II kann die Generalversammlung auch zusätzliche, in Gesetz und Statuten nicht vorgesehene *offene Reserven* bilden. Bei all diesen Entscheiden können sich die Aktionäre auf den schriftlichen *Bericht der Revisionsstelle* abstützen, welche vorgängig geprüft hat, ob die Buchführung und die Jahresrechnung sowie der Antrag des Verwaltungsrates über die Verwendung des Bilanzgewinns Gesetz und Statuten entsprechen (OR 728 f.; N 6.53, 10.9 f.; Anhang 67). Fehlt dieser Revisionsbericht, sind die Genehmigungs- und Dividendenbeschlüsse nichtig; ist an der Generalversammlung kein Revisor anwesend, sind sie anfechtbar (OR 729c II; N 6.53, 8.17, 10.13).

d) Die *Entlastung der Mitglieder des Verwaltungsrats* (Decharge; OR 698 II Ziff. 5; Anhänge 44, 46 und 48; zur beschränkten Wirkung der Decharge vgl. N 11.27 und Anhang 70).

e) Beschlussfassung über *weitere Gegenstände,* die der Generalversammlung durch *Gesetz* oder *Statuten* vorbehalten sind. Zu denken ist hier etwa an folgende Beschlüsse: *Kapitalerhöhung* (OR 650 I, 651 I, 653 I) und *Kapitalherabsetzung* (OR 732), Entzug des Bezugs- (OR 652b) und des Vorwegzeichnungsrechts (OR 653c), *Sonderprüfung* (OR 697a), *Auflösung* der Gesellschaft (OR 736 Ziff. 2), Genehmigung des *Fusionsvertrags* (FusG 12 II und 18), Ermächtigung zur *Einsichtnahme* von Aktionären in Geschäftsbücher und Korrespondenzen (OR 697 III), Verbot des Freihandverkaufs im Liquidationsstadium (OR 743 IV), Ausgabe von Vorzugsaktien (OR 654 I), Partizipations- (OR 656a) und Genussscheinen (OR 657) etc.

Über alle diese Gegenstände muss die Generalversammlung zwingend selber beschliessen, ohne dass eine Delegation an den Verwaltungsrat oder einen Aktionärsausschuss möglich wäre.

8.5 Statutarische Kompetenzen

Soweit der Generalversammlung in den Statuten weitere Kompetenzen zugewiesen werden sollen (OR 698 Ziff. 6), ist die gesetzlich festgelegte Gewaltenteilung strikt zu beachten: Jene Aufgaben, welche das Gesetz dem Verwaltungsrat in OR 716a unübertragbar und unentziehbar zugeteilt hat, müssen ihm jedenfalls verbleiben (N 9.2, 9.16 ff.; Anhang 53). Grundsätzlich darf der Verwaltungsrat sie weder an die Generalversammlung «hinaufdelegieren», noch darf sie die Generalversammlung statutarisch an sich ziehen. So können der Generalversammlung namentlich auch keine Geschäftsführungsaufgaben übertragen werden – mit einer Ausnahme: Bewirkt ein Vertragsabschluss faktisch eine Änderung des Gesellschaftszwecks (verkauft also z.B. die Hobel Möbel AG ihre Möbelschreinerei), bedarf ein solcher Vertrag der Genehmigung durch die Generalversammlung (BGE 116 II 320 ff., 323 f.; N 9.48).

C) Die Einberufung

8.6 Ordentliche Generalversammlung

Jedes Jahr ist mindestens eine Generalversammlung einzuberufen. Diese sogenannte *ordentliche Generalversammlung* hat innerhalb von sechs Monaten nach Abschluss des Geschäftsjahres stattzufinden (OR 699 II). Sie genehmigt den Geschäftsbericht, beschliesst über die Gewinnverwendung und nimmt die aufgrund der gesetzlichen oder statutarischen Amtsdauern anstehenden Wahlen vor (Anhänge 44 und 46).

8.7 Ausserordentliche Generalversammlung

Daneben können je nach Bedürfnis *ausserordentliche Generalversammlungen* einberufen werden (OR 699 II). Überdies *muss* der Verwaltungsrat unverzüglich eine ausserordentliche Generalversammlung einberufen, sobald die letzte Jahresbilanz zeigt, dass die Hälfte des Aktienkapitals und der gesetzlichen Reserven nicht mehr gedeckt ist (OR 725 I; N 9.4 ff.; zu einem weiteren Fall vgl. OR 726 II). Zwischen ordentlicher und ausserordentlicher Generalversammlung besteht kein rechtlicher Unterschied: Beide werden gleich einberufen, haben die gleichen Kompetenzen und unterstehen den gleichen organisatorischen Regeln.

8. Die Generalversammlung

Zur Einberufung der Generalversammlung ist grundsätzlich der *Verwaltungsrat* berechtigt und verpflichtet. In Ausnahmefällen steht das Einberufungsrecht jedoch auch der Revisionsstelle oder den Liquidatoren zu (OR 699 I; N 10.13; gegebenenfalls auch den Vertretern der Anleihensgläubiger i.S.v. OR 1158 ff.).

8.8 Einberufungsorgan

Die Aktionäre selber können keine Generalversammlung einberufen. Dagegen kann eine Aktionärsminderheit, die mindestens einen Zehntel des Aktienkapitals vertritt, vom Verwaltungsrat jederzeit schriftlich unter Angabe des Zwecks die Einberufung einer Generalversammlung verlangen (OR 699 III; N 6.30).

8.9 Einberufungsbegehren der Aktionäre

Das Gesetz stellt für die Einberufung der Generalversammlung recht strenge Formvorschriften auf: Eine Generalversammlung ist spätestens *zwanzig Tage* vor dem Versammlungstermin einzuberufen (OR 700 I), was ein gewissenhafter und vorsichtiger Verwaltungsrat so auslegen wird, dass jeder Aktionär spätestens am zwanzigsten Tag vor dem Versammlungstermin von der Einladung Kenntnis nehmen können muss. Die Statuten dürfen diese Frist verlängern, aber nicht verkürzen. Namenaktionäre werden durch Brief an die im Aktienbuch registrierte Adresse, Inhaberaktionäre durch Publikation eingeladen (N 2.18). Im Einberufungsschreiben bzw. -inserat sind die *Traktanden sowie die Anträge* des Verwaltungsrats (Anhänge 44 und 46) und allenfalls derjenigen Aktionäre anzugeben, welche die Durchführung der Generalversammlung oder die Traktandierung eines Verhandlungsgegenstandes verlangt haben (OR 700 II; N 6.30 f.). Zumindest bei Grossgesellschaften bereits recht verbreitet – aber gegenwärtig noch nicht gesetzlich vorgeschrieben – ist auch eine kurze *Begründung* der einzelnen Anträge (Anhang 44 Ziff. 4). Über Anträge zu nicht angekündigten Traktanden darf die Generalversammlung keine Beschlüsse fassen; tut sie dies dennoch, sind die betreffenden Beschlüsse anfechtbar (OR 700 III, 706; N 6.28, 8.27 ff.). Nebst diesen für alle Generalversammlungen geltenden Formvorschriften sind bei der Einladung zu einer *ordentlichen Generalversammlung* zusätzliche Fristen und Formalien zu beachten: Zum einen muss die ordentliche Generalversammlung – wie erwähnt – innerhalb von *sechs Monaten* nach Abschluss des Geschäftsjahres *stattfinden* (OR 699 II); zum andern sind die Aktionäre in der Einladung darauf hinzuweisen, dass der *Geschäfts- und der Revisionsbericht*

8.10 Form und Frist

spätestens zwanzig Tage vor der ordentlichen Generalversammlung am Gesellschaftssitz zur Einsicht aufliegen und ihnen auf Verlangen zugestellt werden (OR 696 I, II; N 6.35; Anhang 44).

D) Die Universalversammlung

8.11
Befreiung von Einberufungsformalitäten

Die eben betrachteten Formvorschriften müssen jedoch nicht eingehalten werden, sofern und solange die Eigentümer oder Vertreter *sämtlicher(!) Aktien* an der Versammlung *anwesend* und mit der Durchführung der «formlos» einberufenen Versammlung *einverstanden* sind (OR 701 I). Eine solche, mit dem Einverständnis und in Anwesenheit aller Aktionäre bzw. deren Vertreter ohne Einhaltung der Einberufungsvorschriften durchgeführte Generalversammlung nennt man *Universalversammlung* (Anhänge 5, 49, 77, 82, 87, 89, 96, 97, 105, 106 und 110). Sobald ein Aktionär Widerspruch erhebt oder das Versammlungslokal verlässt, ist die Universalversammlung beendet und können keine Beschlüsse mehr gefasst werden.

8.12
Im Übrigen:
Normale GV

Die Universalversammlung kann über alle in den Geschäftskreis der Generalversammlung fallenden Gegenstände gültig verhandeln und beschliessen, solange sämtliche Aktien vertreten sind. Die formellen Vereinfachungen beschränken sich jedoch auf die Einberufung: Auch an einer Universalversammlung sind Beschlüsse, Wahlen und Protokollerklärungen der Aktionäre in einem Protokoll festzuhalten (vgl. Anhänge 5, 49, 77, 82, 87, 89, 96, 97, 105, 106 und 110). Der Vorteil der formlosen Einberufung führt dazu, dass ordentliche und ausserordentliche Generalversammlungen bei Gesellschaften mit wenigen, miteinander nicht zerstrittenen Aktionären sowie natürlich bei Einpersonengesellschaften praktisch ausschliesslich als Universalversammlungen durchgeführt werden.

8.13
Keine weiteren «Vereinfachungen»

Mit der Durchführung einer Universalversammlung ist der Spielraum für Vereinfachungen und Rationalisierungen bei der Generalversammlung aber auch schon erschöpft: Nach geltendem Recht hat die Generalversammlung immer eine *allen Aktionären* zugängliche *Versammlung* zu sein. Bei der AG kann die Generalversammlung – teils im Unterschied zu andern Gesellschaftsformen – daher *nicht* durch eine *Delegiertenversammlung*, einen

8. Die Generalversammlung

Zirkulationsbeschluss aller Aktionäre oder eine *Urabstimmung* per Post oder Internet ersetzt werden. Auch die «Internet-GV» und die elektronische Teilnahme an einer «normalen» Generalversammlung erscheinen nach geltendem Recht unzulässig. Bisher unangefochten blieb demgegenüber die an zwei verschiedenen Orten simultan durchgeführte, elektronisch koordinierte Generalversammlung von internationalen Publikumsgesellschaften (*Simultanversammlung*), deren Anwendungsbereich aber angesichts der bei «gelebter Aktionärsdemokratie» schwierigen Versammlungsleitung über Hunderte von Kilometern hinweg wohl auf Routine-Versammlungen von Grosskonzernen beschränkt bleiben dürfte.

E) Die Beschlussfassung

Jede ordnungsgemäss einberufene Generalversammlung ist – unabhängig von der Anzahl vertretener Aktien – beschlussfähig; das Gesetz kennt *kein Präsenzquorum*. Gemäss OR 703 beschliesst und wählt die Generalversammlung – soweit Gesetz oder Statuten nichts anderes bestimmen – mit der *absoluten Mehrheit der vertretenen Stimmen* (und zwar grundsätzlich auch z.B. über Statutenänderungen oder die Auflösung der Gesellschaft). Werden also z.B. an einer Generalversammlung, an welcher 60 Stimmen vertreten sind, 20 Ja- und 10 Nein-Stimmen abgegeben, so ist der Antrag abgelehnt, weil das absolute Mehr der vertretenen(!) Stimmen 31 beträgt ([60:2] plus 1). Zur Vermeidung dieser hindernden Wirkung von Stimmenthaltungen kann in den Statuten z.B. vorgesehen werden, dass die Mehrheit der *abgegebenen* Stimmen massgebend sei (relatives oder einfaches Mehr; Anhang 4 Art. 11 III). Der Vorsitzende der Generalversammlung hat nur dann den *Stichentscheid,* wenn ihm die Statuten diesen ausdrücklich einräumen (N 2.34). Die *Stimmkraft* bemisst sich gem. OR 692 I nach dem *Nennwert* der jedem Aktionär gehörenden Aktien, doch können die Statuten das Stimmrecht auch nach der *Aktienzahl* bemessen (OR 693 I; N 6.5, 6.24; Anhang 4 Art. 11 I).

8.14
Grundsatz

8.15
Statutarische Quorumsbestimmungen und Stimmrechtsbeschränkungen

Wie wir gesehen haben, dürfen die Statuten von diesen Grundsätzen abweichen und die Beschlussfassung erschweren, indem sie *Präsenz- und/oder Stimmenquoren* vorschreiben (N 1.35, 2.32; Anhang 4 Artikel 12 lit. h–j). Solche Statutenbestimmungen können nur mit dem von ihnen vorgesehenen Mehr eingeführt oder aufgehoben werden (OR 704 II; N 1.35, 2.38). Auch kann in den Statuten die Ausübung des Stimmrechts begrenzt werden (*Stimmrechtsbeschränkung*; N 1.39, 2.31, 2.38, 6.25, 6.32; Anhang 51).

8.16
Gesetzliches Stimmenquorum für wichtige Beschlüsse

Ebenfalls bereits erwähnt wurde, dass auch das Gesetz selber für bestimmte wichtige Beschlüsse eine qualifizierte Mehrheit verlangt (N 2.37, 5.35), nämlich für:

a) die *Änderung des Gesellschaftszwecks* (OR 704 I Ziff. 1; N 2.11);

b) die *Einführung von Stimmrechtsaktien* (OR 704 I Ziff. 2; N 5.34);

c) die Einführung oder Verschärfung der *Vinkulierung* von Namenaktien (OR 704 I Ziff. 3; N 5.59);

d) *besondere Kapitalerhöhungsarten* wie genehmigte oder bedingte Kapitalerhöhungen (OR 704 I Ziff. 4; N 13.20, 13.25), Kapitalerhöhungen aus Eigenkapital, gegen Sacheinlage oder zwecks Sachübernahme sowie die Gewährung von besonderen Vorteilen (OR 704 I Ziff. 5; N 13.9);

e) die *Einschränkung oder Aufhebung des Bezugsrechts* (OR 704 I Ziff. 6; N 6.58);

f) die *Sitzverlegung* (OR 704 I Ziff. 7; N 2.9);

g) die *Fusion* (FusG 18 I lit. a; N 17.15);

h) die *Spaltung* (FusG 43 II; N 17.27);

i) die *Umwandlung* (FusG 64 I lit. a; N 17.34).

Über alle diese Gegenstände kann die Generalversammlung nur mit *mindestens zwei Dritteln der vertretenen Stimmen* und der *absoluten Mehrheit der vertretenen Aktiennennwerte* beschliessen (OR 704 I; FusG 18 I lit. a, 43 II, 64 I lit. a; vgl. das 90 %-Quorum für eine Fusion mit Barabfindung in FusG 18 V, N 6.65, 17.9, oder

8. Die Generalversammlung

für eine asymmetrische Spaltung in FusG 43 III, N 17.27). Das Aktiennennwert-Quorum neutralisiert die erhöhte Stimmkraft von Stimmrechtsaktien (N 5.35). Weil das Gesetz nur auf die an der Generalversammlung *vertretenen* Stimmen bzw. Aktiennennwerte abstellt, kann es aber durchaus vorkommen, dass auch diese wichtigen Beschlüsse lediglich von einem Bruchteil des Aktienkapitals gefasst werden.

Ganz ausnahmsweise verlangt das Gesetz *Einstimmigkeit:* So kann die Generalversammlung nur mit Einstimmigkeit der *vertretenen* Aktien auf die *Anwesenheit des Revisors* (OR 729c III; N 6.53; Anhang 48 Traktandum 2) und nur mit einstimmigem Beschluss *sämtlicher Aktionäre auf die Gewinnstrebigkeit der AG verzichten* (OR 706 II Ziff. 4; N 6.14).

8.17 Ausnahmsweise Einstimmigkeit

Aktien, deren Stimmrecht ruht – eigene Aktien (N 5.40), Aktionär ohne Stimmrecht (N 5.55 f.), Aktien von Organen beim Entlastungsbeschluss (N 6.26) und von Personen, die börsengesetzliche Übernahmevorschriften verletzt haben (N 6.26) – gelten *nicht als «vertreten»* und sind bei der Berechnung der Quoren von OR 703 (N 8.14), 704 (N 8.16) und 729c III (N 8.17) sowie bei entsprechenden statutarischen Quoren nicht zu zählen (N 6.26; Anhang 48 Traktandum 6).

8.18 Welche Aktien sind «vertreten»?

F) Vertretung und gemeinsame Berechtigung an Aktien

a) (Individuelle) Stellvertretung

Ein Aktionär kann sich an der Generalversammlung durch irgend jemanden vertreten lassen, der nicht Aktionär sein muss – es sei denn, die Statuten sehen etwas anderes vor, wie z.B., dass sich ein Aktionär nur durch einen anderen Aktionär vertreten lassen dürfe (OR 689 II; N 1.40, 2.31, 6.27; Anhang 4 Art. 11 II).

8.19 Grundsatz

Will sich ein *Inhaberaktionär* an der Generalversammlung vertreten lassen, übergibt er dazu dem Vertreter einfach seine Aktie(n): Wer immer eine *Inhaberaktie vorlegt*, gilt als Berechtigter (OR 689a II; N 5.11, 5.13). Zusätzlich bedarf der Vertreter einer *schriftlichen Ermächtigung* durch den Vertretenen (OR 689b II), welche jedoch nur für das Innenverhältnis zwischen Vertretenem und Vertreter von Belang ist. Ein *Namen- oder Recta-Aktionär* muss

8.20 Vollmacht

seinem Vertreter dagegen eine *schriftliche Vollmacht* ausstellen (OR 689a I), welche zu den Generalversammlungsakten genommen wird (Anhänge 45 und 50).

b) *Depotvertretung*

8.21 Problematik der Depotstimmen

Wer Aktien einer Publikumsgesellschaft besitzt, verwahrt diese in aller Regel nicht selber, sondern überlässt deren «Verwahrung» – meist werden ja keine Aktientitel mehr ausgestellt (N 5.10) – seiner Bank, welcher er eine Vollmacht zur Vertretung der in seinem Depot liegenden Aktien einräumt. Dies führte dazu, dass die Banken an den Generalversammlungen von Publikumsgesellschaften eine bedeutende Stimmenmacht auf sich vereinigten, welche sie regelmässig entsprechend den Anträgen des Verwaltungsrats ausübten. Dadurch verkamen Voten und Diskussionen anlässlich der Generalversammlung oder in deren Vorfeld zu einem sinnlosen Unterfangen.

8.22 Die Lösung des Gesetzgebers

Um zu verhindern, dass in der Generalversammlung letztlich «die Banken» bzw. der von ihnen gestützte Verwaltungsrat das Sagen haben, und nach Möglichkeit zu gewährleisten, dass sich in der Generalversammlung tatsächlich der Wille der Aktionäre manifestiert, verpflichtet das Gesetz diese Depotvertreter – d.h. Banken und gewerbsmässige Vermögensverwalter (OR 689d III) –, vor jeder Generalversammlung von ihren Aktien-Hinterlegern *Weisungen für die Stimmabgabe einzuholen* (OR 689d I). Sind solche konkreten Weisungen nicht rechtzeitig erhältlich, muss der Depotvertreter das Stimmrecht entsprechend einer *allgemeinen Weisung* des Hinterlegers ausüben; liegt ihm auch keine solche vor, muss er im Sinne der *Anträge des Verwaltungsrates* stimmen (OR 689d II). Diese gesetzliche Regelung und die von den Banken für die entsprechenden Dienstleistungen erhobenen Gebühren führten dazu, dass die Depotvertretung an den Generalversammlungen heute lediglich noch im einstelligen Prozentbereich liegt.

c) *Organvertretung und unabhängige Stimmrechtsvertreter*

8.23 Organvertreter

Nebst der Depotvertretung ist die Organvertretung die zweite Art der *institutionellen Stimmrechtsvertretung*: Um allfällige statutarische Anwesenheitsquoren oder einfach eine einigermassen

8. Die Generalversammlung

repräsentative Präsenz an der Generalversammlung zu erreichen, sind Publikumsgesellschaften dazu übergegangen, ihren Namenaktionären zusammen mit den Unterlagen für die Generalversammlung zugleich ein Vollmachtsformular zuzustellen, mit welchem versammlungsmüde Aktionäre eine Organperson der AG mit ihrer Vertretung an der Generalversammlung beauftragen können. Im entsprechenden Angebot der Gesellschaft wird regelmässig darauf hingewiesen, dass der Organvertreter die vertretenen Stimmen im Sinne der Anträge des Verwaltungsrats abgeben werde (Anhang 45). Lägen explizite abweichende Weisungen des vertretenen Aktionärs vor, wäre aber auch der Organvertreter zu deren Befolgung verpflichtet (OR 689b I).

Um oppositionelle Aktionäre nicht zu zwingen, ihre Stimme durch einen abhängigen – und in einem Interessenkonflikt befangenen – Organvertreter abgeben zu lassen, verpflichtet das Gesetz die AG, immer dann, wenn sie ihren Aktionären ein Mitglied ihrer Organe oder eine andere abhängige Person für die Stimmrechtsvertretung vorschlägt, gleichzeitig *auch eine unabhängige Person zu bezeichnen,* die von den Aktionären mit der Vertretung beauftragt werden kann (OR 689c; Anhänge 44 und 45). Dieser unabhängige Stimmrechtsvertreter stimmt gemäss den – von der AG einzuholenden – Weisungen, welche ihm die Aktionäre erteilen. Die Erwartung, dass Aktionäre, die sich für den unabhängigen Stimmrechtsvertreter entscheiden, genügend engagiert sein sollten, um diesem auch Instruktionen zu den einzelnen Traktanden zu geben, erfüllt sich nicht immer. Es ist umstritten, ob der unabhängige Stimmrechtsvertreter bei Fehlen von Weisungen Stimmenthaltung üben oder – entsprechend dem Wortlaut der meisten Formulare (Anhang 45), aber entgegen pendenten Revisionsvorschlägen – im Sinne der Anträge des Verwaltungsrats stimmen muss.

8.24 Unabhängiger Stimmrechtsvertreter

d) *Bekanntgabe der institutionellen Stimmrechtsvertretung*

Organvertreter (N 8.23), unabhängige Stimmrechtsvertreter (N 8.24) und Depotvertreter (N 8.21 f.) müssen der AG Anzahl, Art, Nennwert und Kategorie der von ihnen vertretenen Aktien bekannt geben (OR 689e I), worauf der Vorsitzende der Generalversammlung diese Angaben gesamthaft für jede Vertretungsart

8.25 Melde- und Bekanntgabepflicht

mitteilen muss (OR 689e II); die entsprechenden Angaben sind auch im Generalversammlungsprotokoll festzuhalten, z.B.:

«Vertretene Aktien:
a) 36 100 Namenaktien A zu je Fr. 1.– Nennwert:
– durch Aktionäre 15 162 Aktien
– durch Organe der Gesellschaft 12 996 Aktien
– durch den unabhängigen Stimmrechts–
vertreter 7 220 Aktien
– durch Depotvertreter 722 Aktien
b) 50 213 Namenaktien B zu je Fr. 10.– Nennwert:
– durch Aktionäre ...»

(OR 702 II Ziff. 1; vgl. auch das Beispiel in Anhang 48). Eine Verletzung dieser Melde- und Bekanntgabepflicht macht die Generalversammlungsbeschlüsse anfechtbar (OR 689e; N 8.27 ff.).

e) *Gemeinschaftliches Eigentum, Nutzniessung und Pfandrecht*

8.26
Vertretung der Aktien an der GV

Steht eine Aktie in *gemeinschaftlichem Eigentum* (Gesamt- oder Miteigentum), so können die Eigentümer ihre Rechte aus der Aktie nur durch einen gemeinsamen Vertreter ausüben (OR 690 I). Im Falle der *Nutzniessung* an einer Aktie wird diese an der Generalversammlung durch den Nutzniesser vertreten, welcher dem Eigentümer jedoch ersatzpflichtig wird, wenn er dabei dessen Interessen nicht angemessen berücksichtigt (OR 690 II). Umgekehrt werden *verpfändete* Aktien an der Generalversammlung grundsätzlich durch den Aktionär und nicht durch den Pfandgläubiger vertreten (ZGB 905, OR 689b II).

G) Die Anfechtung von Generalversammlungsbeschlüssen

8.27
GV-Beschlüsse gelten für alle

Jeder Beschluss einer ordnungsgemäss einberufenen und korrekt durchgeführten Generalversammlung ist für alle Aktionäre verbindlich, egal, ob sie anwesend waren, und unabhängig davon, ob sie zugestimmt haben. Was die Generalversammlung beschliesst, gilt für alle.

8.28
Anfechtungsgründe

Verstösst aber ein Generalversammlungsbeschluss *gegen das Gesetz oder die Statuten*, so kann ihn jeder Aktionär beim Richter

8. Die Generalversammlung

anfechten (OR 706 I). Anfechtbar sind z.B. Beschlüsse, die in gesetz- oder statutenwidriger bzw. unsachlicher Weise (N 6.8) Aktionärsrechte (N 6.13 ff.) beschränken oder entziehen (OR 706 II Ziff. 1 und 2), die gegen das aktienrechtliche Gleichbehandlungsgebot verstossen (OR 706 II Ziff. 3; N 6.7) oder die ohne Zustimmung aller Aktionäre die Gewinnstrebigkeit der AG aufheben (OR 706 II Ziff. 4; N 8.17). Keine Anfechtungsklage kann eingereicht werden, wenn ein Generalversammlungsbeschluss lediglich unzweckmässig oder unangemessen erscheint. Stützt sich eine Anfechtungsklage auf die *Verletzung von Verfahrensvorschriften*, kann sie nur dann Erfolg haben, wenn sich diese Verletzung auf den Beschluss ausgewirkt hat, sie für diesen also *kausal* war; andernfalls fehlt es am Rechtsschutzinteresse. Für den Fall einer Mitwirkung unbefugter Personen hält OR 691 III diesen allgemeinen Grundsatz explizit fest (N 6.32).

Die Anfechtungsklage richtet sich *gegen die Aktiengesellschaft* – also nicht etwa nur gegen die zustimmenden Aktionäre – und kann vom Verwaltungsrat sowie von jedem Aktionär – wohl auch einem «Aktionär ohne Stimmrecht» (N 5.55 f.) – und Partizipanten erhoben werden (OR 706 I, 656a II). Klagt der *Verwaltungsrat,* bestimmt der Richter für die Gesellschaft einen Vertreter (OR 706a II). Ein *Aktionär* kann einen Beschluss nur dann anfechten, wenn er ihm nicht zugestimmt hat. Dagegen ist es unerheblich, ob er an der Versammlung teilgenommen hat oder nicht.

8.29 Kläger und Beklagte

Die Anfechtungsklage ist spätestens *zwei Monate nach der Generalversammlung* beim Gericht am Sitz der Gesellschaft anzuheben (OR 706a I). Der Anfechtungsprozess kann auch vor einem Schiedsgericht durchgeführt werden.

8.30 Anfechtungsfrist und zuständiges Gericht

Auch ein anfechtbarer *Generalversammlungsbeschluss wird sofort wirksam* und kann dementsprechend – grundsätzlich auch während der zweimonatigen Anfechtungsfrist und nach Einreichung einer Anfechtungsklage – vom Verwaltungsrat vollzogen werden. Der Kläger wird daher oftmals mit der Klageeinreichung *vorsorgliche Massnahmen* beantragen müssen, um dies zu verhindern. Vor allem aber wird er bei Beschlüssen, die zu einer Handelsregistereintragung führen (z.B. Wahlen, Statutenänderungen und Kapitalerhöhungen), vorsorglich sofort beim Handelsregisteramt einen *Einspruch gegen die anstehende Eintragung* einreichen (HRV 32 II).

8.31 Wirkung der Anfechtung

8.32
Urteil, Klageanerkennung und Vergleich

Das Gericht kann nur entscheiden, ob der angefochtene Beschluss *aufzuheben* sei oder nicht. Es kann aber nicht etwa selber einen ihm oder dem Kläger gut scheinenden neuen Generalversammlungsbeschluss verfügen. Hebt das Gericht den angefochtenen Beschluss auf, so wirkt dieses Urteil für und gegen alle Aktionäre (OR 706 V). Weist es die Klage dagegen ab, treten Rechtswirkungen nur zwischen den Prozessparteien ein (also zwischen dem klagenden Aktionär X und der Beklagten Y-AG). Die AG kann den Prozess weder durch *Klageanerkennung* noch durch *Vergleich* beenden, weil es nicht in der Kompetenz des (im Prozess für die AG handelnden) Verwaltungsrats liegt, einen Mehrheitsbeschluss der Generalversammlung aufzuheben oder abzuändern. Immerhin kann die AG die Klageanerkennung oder das Zustandekommen des Vergleichs an die aufschiebende Bedingung einer Genehmigung durch die Generalversammlung knüpfen. Auch kann die AG das Verfahren dadurch gegenstandslos werden lassen, dass die Generalversammlung anstelle des angefochtenen einen neuen Beschluss fasst.

8.33
Kosten- und Entschädigungsfolgen

Abweichend von der prozessualen Regel, dass die unterliegende Partei sämtliche *Kosten* zu tragen hat, ermächtigt das Gesetz sodann den Richter, bei Abweisung der Klage die Kosten nach seinem Ermessen auf die AG und den Kläger zu verteilen (OR 706a III), was sinngemäss auch für die *Prozessentschädigung* gilt, welche ansonsten jeweils die unterliegende Partei der obsiegenden schuldet. Diese Regelung ist deshalb bedeutsam, weil sich der für die Höhe der Kosten massgebende Streitwert bei der Anfechtungsklage nach dem Gesamtinteresse der eingeklagten Gesellschaft bemisst und in keinem Verhältnis zum minimen finanziellen Interesse eines klagenden Kleinaktionärs steht. Um Anfechtungsklagen angesichts dieses Kostenrisikos nicht von vornherein illusorisch zu machen, eröffnet das Gesetz dem in guten Treuen klagenden Aktionär eine einigermassen solide Hoffnung, dass er im Falle des Unterliegens für die Kosten entweder gar nicht oder dann nur zum Teil aufkommen muss.

H) Die Nichtigkeit von Generalversammlungsbeschlüssen

8.34
Übersicht

Der Vollständigkeit halber sei noch darauf hingewiesen, dass es nicht nur anfechtbare, sondern auch nichtige Generalversamm-

8. Die Generalversammlung

lungsbeschlüsse gibt. Hierbei handelt es sich um Beschlüsse, die rechtlich völlig unbeachtlich sind, weil sie absolute *Kernrechte des Aktionärs* verletzen (ihm z.b. das Recht entziehen, an der Generalversammlung teilzunehmen oder eine Sonderprüfung zu verlangen; OR 706b Ziff. 1 und 2) oder die *Grundstrukturen* der Aktiengesellschaft oder die *Kapitalschutzbestimmungen* missachten (indem z.b. alle Befugnisse der Generalversammlung auf den Verwaltungsrat übertragen werden oder die Rückzahlung des Aktienkapitals an die Aktionäre beschlossen wird; OR 706b Ziff. 3). Das ist insbesondere dann von Bedeutung, wenn die zweimonatige Anfechtungsfrist abgelaufen ist oder ein Nicht-Aktionär gegen einen Generalversammlungsbeschluss vorgehen will: Die Nichtigkeit kann *jedermann*, der ein schutzwürdiges Interesse hat, *jederzeit vom Richter feststellen lassen* oder einredeweise geltend machen. Zu betonen ist aber, dass die Nichtigkeit eines Generalversammlungsbeschlusses die absolute Ausnahme für ganz besonders krasse – sozusagen exotische – Verstösse darstellt. Die AG, ihre Aktionäre und Gläubiger sowie andere Dritte müssen sich nämlich darauf verlassen können, dass ein Generalversammlungsbeschluss – auch ein «ungeschickter» – *gilt* und nicht nach Jahren plötzlich als rechtlich inexistent bezeichnet wird.

I) Die Vorbereitung der Generalversammlung

Verantwortlich für Vorbereitung, Einberufung und Leitung der Generalversammlung ist der *Verwaltungsrat* (OR 702, 716a I Ziff. 6).

8.35 Zuständigkeit

Dieser hat die Vorbereitungsarbeiten für die Generalversammlung *rechtzeitig* an die Hand zu nehmen und dabei namentlich die zwanzigtägige Einberufungsfrist (OR 700 I) sowie den Zeitbedarf für Druck, Versand und Publikation der Einladungen in Rechnung zu stellen. Für die Durchführung der ordentlichen Generalversammlung einer kleineren AG bedeutet dies z.B., dass die vorbereitende Verwaltungsratssitzung in aller Regel spätestens fünf Monate nach Abschluss des Geschäftsjahres stattfinden muss (N 8.10) – es sei denn, es könne eine Universalversammlung durchgeführt werden (N 8.11 ff.). Selbstverständlich liegen zwischen der Planung der Generalversammlung einer grossen Publikumsgesellschaft und der mehr oder weniger spontan durch-

8.36 Vorbereitungsarbeiten

führbaren Universalversammlung einer Kleingesellschaft Welten. Auch stellt es einen Unterschied dar, ob eine ordentliche Generalversammlung mit den alljährlichen Routine-Traktanden oder ausserordentliche Geschäfte anstehen. Dennoch wurde versucht, in *Anhang 43* im Sinne eines ersten Einstiegs eine Art allgemeine *Checklist für die Vorbereitungsarbeiten* aufzustellen.

J) Die Durchführung der Generalversammlung

8.37 Allgemeines

Der Verwaltungsrat ist nicht nur für die Vorbereitung und Einberufung der Generalversammlung, sondern auch für deren Durchführung verantwortlich. Da dem Gesetz über den Ablauf einer Generalversammlung nur wenig entnommen werden kann, seien nachfolgend kurz einige Gedanken zur Versammlungsleitung zusammengefasst. Den verschiedenen konkreten Erscheinungsformen der Generalversammlung und den Unwägbarkeiten des Versammlungsverlaufs entspricht es, dass dabei weder allgemeine Regeln aufgestellt noch sämtliche möglicherweise einmal auftauchenden Rechtsprobleme erläutert werden können. Auch müssen natürlich sämtliche psychologischen Aspekte der Versammlungsführung beiseite gelassen werden. Immerhin sollen hier zunächst einige Fragen zur Versammlungsleitung geklärt und dann in *Anhang 47* dem Verwaltungsrat ein *allgemeiner Leitfaden für* die Durchführung der Generalversammlung in die Hand gegeben werden. In Publikumsgesellschaften und bei komplexen Verhältnissen ist es üblich, dass der Vorsitzende die Versammlung anhand eines detaillierten *Drehbuchs* durchführt.

8.38 Konstituierung

Das Gesetz sagt nicht, wer die Generalversammlung zu leiten hat. Meist bestimmen die Statuten den Verwaltungsratspräsidenten oder bei dessen Verhinderung ein anderes Mitglied des Verwaltungsrats zum Vorsitzenden der Generalversammlung. Ist dies nicht der Fall und bezeichnet der Verwaltungsrat keinen Vorsitzenden, wählt die Generalversammlung den Versammlungsleiter. Praktisch wird die Generalversammlung in aller Regel vom *Verwaltungsratspräsidenten* geleitet und nur in ganz ausserordentlichen Situationen durch einen «Tagespräsidenten» (z.B. wenn Aktionäre ein Traktandierungsbegehren auf Abwahl des Verwaltungsratspräsidenten gestellt haben). Es ist nicht erforderlich, dass

8. Die Generalversammlung

die übrigen Verwaltungsratsmitglieder an der Generalvesammlung anwesend sind, doch kann deren Präsenz dem Verwaltungsratspräsidenten bei einer «turbulenten» Generalversammlung z.␣B. ermöglichen, diese zu unterbrechen, sofort eine Verwaltungsratssitzung einzuberufen und durchzuführen und dann die Generalversammlung entsprechend den soeben getroffenen Verwaltungsratsbeschlüssen fortzusetzen. Weiter bestimmt der Verwaltungsrat den *Protokollführer* und – soweit erforderlich – die *Stimmenzähler* (OR 702), wobei diese beiden Funktionen in der Praxis auch oftmals durch Wahl der Generalversammlung besetzt werden.

Der Verwaltungsrat ist verpflichtet, die Teilnahmeberechtigung der Versammlungsteilnehmer zu prüfen. In sehr *kleinen personalistischen Verhältnissen* erübrigt sich eine formelle Prüfung der Teilnahmeberechtigung aufgrund der persönlichen Bekanntschaft, doch ist auch hier der Ermittlung des Stimmengewichts und den Formalien die gebührende Beachtung zu schenken (so sind z.B. schriftliche Vollmachten zu den Akten zu nehmen und die vertretenen Aktienstimmen zu protokollieren; N 8.25, 8.44; Anhang 48). In etwas *grösseren Verhältnissen* erfolgt die Prüfung der Teilnahmeberechtigung durch eine Türkontrolle. *Publikumsgesellschaften* schliesslich verlagern die Prüfung weit vor die Generalversammlung, indem sie vorgängig Zutrittskarten abgeben – bei Inhaberaktien gegen Hinterlegung der Aktien bis nach der Generalversammlung und bei Namenaktien durch direkte Zustellung an die im Aktienbuch eingetragenen Aktionäre oder erst auf Anmeldung hin (Anhang 44). Hintergrund der gerade bei Namenaktien oftmals recht umständlich anmutenden Zutrittskarten-Regelungen ist die Befürchtung, dass infolge Aktienveräusserungen in der Zeit zwischen dem Einladungsversand und der Generalversammlung unberechtigte Personen an der Versammlung teilnehmen könnten, welcher Gefahr bei börsenkotierten Gesellschaften wegen der automatischen Anerkennung des Aktienerwerbers nach zwanzig Tagen (N 5.55) nicht mehr durch die früher übliche Sperrung des Aktienbuchs nach dem Einladungsversand – also während mehr als zwanzig Tagen – begegnet werden kann. Zuständig für den *Entscheid über die Zulassung* anlässlich der Generalversammlung ist der *Vorsitzende* der Generalversammlung.

8.39
Prüfung der Teilnahmeberechtigung und Entscheid über die Zulassung

8.40
Grundsätze der Versammlungsleitung

Der Vorsitzende muss dafür sorgen, dass sich der Wille der Generalversammlung in einem geordneten Verfahren bilden kann und die erforderlichen Beschlüsse gefasst werden. Die Anordnungen, die er zu diesem Zweck zu treffen hat, müssen *erforderlich* und *verhältnismässig* sein, dürfen das *Gleichbehandlungsgebot* nicht verletzen und müssen einer *effizienten Entscheidfindung* dienen. Der Vorsitzende hat in fairer Weise sicherzustellen, dass alle Probleme, die mit den Verhandlungsgegenständen im Zusammenhang stehen, diskutiert und entsprechende Anträge gestellt werden können.

8.41
Die Ordnungsgewalt des Vorsitzenden

Der Vorsitzende hat die *Generalversammlung zu eröffnen und zu schliessen*. Dies ist vor allem bei sehr kleinen Gesellschaften wichtig, damit für alle Teilnehmer klar ersichtlich ist, ob man sich noch (oder wieder) an einer privaten Diskussion beteiligt oder ob bereits (oder noch) Versammlungsbeschlüsse gefasst werden. Droht die Debatte auszuufern, kann der Versammlungsleiter eine – für alle Aktionäre gleich lange – *Redezeit festsetzen* (üblicherweise fünf Minuten). Denkbar ist auch eine Anordnung, wonach Aktionäre, die das Wort bereits einmal ergriffen haben, mit einer zweiten Wortmeldung zuwarten müssen, bis alle ein erstes Mal sprechen konnten. Ergeht sich ein Aktionär in nicht themenbezogenen oder beleidigenden Ausführungen, darf ihm der Vorsitzende – wenn möglich nach vorgängiger Warnung – das *Wort entziehen*. Stört ein Aktionär die Generalversammlung und kann die Störung nicht anders behoben werden (z.B. Randalieren), kann ihn der Versammlungsleiter – nach vorgängiger Verwarnung – von der Generalversammlung ausschliessen *(Saalverweis)*. Das Verhältnismässigkeitsprinzip gebietet in diesem Fall, dem ausgeschlossenen Aktionär vorher Gelegenheit zu geben, seine Stimmen für die laufende Generalversammlung einem Vertreter zu übertragen. Da zum Teil auch die Ansicht vertreten wird, für den Saalverweis sei nur die Generalversammlung zuständig, empfiehlt es sich, nach Möglichkeit die Generalversammlung über diese Frage beschliessen zu lassen. Der Vorsitzende hat sodann auch die Befugnis, eine *Unterbrechung der Generalversammlung* anzuordnen (N 8.38). Sobald die wichtigsten Fragen zu einem Traktandum so weit geklärt sind, dass eine sachgerechte Entscheidung gefällt werden kann, hat der Vorsitzende die *Diskussion zu schliessen und die Abstimmung bzw. Wahl anzuordnen.*

8. Die Generalversammlung

Wurde ein Antrag genügend erläutert und diskutiert, stellt ihn der Vorsitzende nach einer kurzen Überlegungsfrist zur Abstimmung. Diese findet in der Regel *offen* statt. Liegen unklare Mehrheitsverhältnisse vor, kann der Vorsitzende das *schriftliche* oder *elektronische* Verfahren anordnen. Auch kann die Generalversammlung auf einen entsprechenden Ordnungsantrag des Vorsitzenden oder eines Aktionärs hin jederzeit eine schriftliche oder elektronische Abstimmung zu einem Traktandum beschliessen.

8.42 Durchführung der Abstimmungen

Gemäss OR 702 II hat der Verwaltungsrat für die Führung eines Protokolls zu sorgen, das über die Beschlüsse und Wahlen Aufschluss geben sowie die von den Aktionären zu Protokoll gegebenen Erklärungen enthalten muss. Der Verwaltungsrat kann einen Protokollführer ernennen, der selber nicht Aktionär zu sein braucht (z.B. einen Angestellten der AG, Rechtsanwalt oder Notar). Das Protokoll ist während mindestens zehn Jahren aufzubewahren (OR 962; sinnvollerweise aber unbeschränkt zu archivieren) und von der Gesellschaft in einem Prozess, in welchem es als Beweis benötigt wird, herauszugeben (OR 963). Auch sind die Aktionäre berechtigt, das Protokoll einzusehen (OR 702 III); der Swiss Code of Best Practice for Corporate Governance (N 9.28 f.) empfiehlt, das Protokoll den Aktionären spätestens drei Wochen nach der Generalversammlung zugänglich zu machen (Ziff. 6).

8.43 Protokollführung

Beim Generalversammlungsprotokoll handelt es sich im Wesentlichen um ein *Beschlussprotokoll* (Anhänge 5, 48, 49). Es muss also die Debatten nicht wiedergeben, sondern darf sich darauf beschränken, die Beschlüsse und Wahlen festzuhalten. Natürlich kann es aber auch als eigentliches Verhandlungsprotokoll geführt werden. Das Generalversammlungsprotokoll nennt einleitend die *Firma* der Gesellschaft, *Ort, Datum* und allenfalls auch Zeit der Versammlung, die Namen des *Vorsitzenden,* des *Protokollführers* sowie gegebenenfalls der *Stimmenzähler* und (bei einer ordentlichen Generalversammlung) des *Vertreters der Revisionsstelle.* Von Gesetzes wegen muss sodann jedes Protokoll mindestens festhalten:

8.44 Form und Inhalt des Protokolls

a) *Anzahl, Art, Nennwert und Kategorie der Aktien,* die von den *Aktionären,* von den *Organen,* von *unabhängigen Stimmrechtsvertretern* und von *Depotvertretern* vertreten werden (OR 702 II Ziff. 1; N 8.25);

b) die *Beschlüsse* und die *Wahlergebnisse* (OR 702 II Ziff. 2);

c) die *Auskunftsbegehren* und die darauf erteilten *Auskünfte* (OR 702 II Ziff. 3);

d) die von den Aktionären *zu Protokoll gegebenen Erklärungen* (durch welche sich ein Aktionär z.B. für einen späteren Verantwortlichkeits- oder Anfechtungsprozess den Beweis sichern kann, dass er gegen ein bestimmtes Vorgehen protestiert oder der Generalversammlung bzw. dem Verwaltungsrat bestimmte Tatsachen zur Kenntnis gebracht hat; so z.B. der Einspruch gegen die Teilnahme Unbefugter gem. OR 691 II; OR 702 II Ziff. 4);

Schliesslich ist das Protokoll *vom Vorsitzenden und vom Protokollführer zu unterzeichnen* (OR 713 III analog). Wird der Versammlungsverlauf zusätzlich auf *Tonband* aufgenommen, sind die Versammlungsteilnehmer vorgängig ausdrücklich darauf hinzuweisen: Die Aufnahme eines fremden, nichtöffentlichen Gesprächs ohne die Einwilligung aller daran Beteiligter ist gem. StGB 179bis strafbar.

8. Die Generalversammlung

Anhang 43: Checklist für die Vorbereitung einer Generalversammlung

(Die in der Regel nur bei einer ordentlichen Generalversammlung [oGV] anfallenden Tätigkeiten sind *kursiv* gedruckt.)

1. *(oGV:) Erstellen der **Jahresrechnung***
2. *(oGV:) Prüfung der Jahresrechnung durch die Revisionsstelle*
3. *(oGV:) Revisonsschlussbesprechung der Revisionsstelle mit dem Verwaltungsrat (allenfalls Korrekturen der Jahresrechnung)*
4. *(oGV:) Kenntnisnahme des Verwaltungsrats von Revisionsbericht, Erläuterungsbericht (OR 729a) und Management Letter der Revisionsstelle*
5. *(oGV:) Ausarbeiten des **Jahresberichts***
6. Festlegen von **Zeitpunkt und Ort** der Generalversammlung *(oGV: spätestens sechs Monate nach Abschluss des Geschäftsjahres; OR 699 II)* sowie Beschlussfassung über die **Traktandenliste** und die diesbezüglichen **Anträge des Verwaltungsrats** *(oGV: insbesondere auch zur Verwendung des Bilanzgewinns)*
   - Hat die Generalversammlung einen Beschluss zu fassen, der öffentlich zu beurkunden ist? (Diesfalls Durchführung der Generalversammlung in der Kanzlei des **Notars** oder Einladung des Notars ins Versammlungslokal.)
   - Sind **Sonderversammlungen** bzw. **-abstimmungen** erforderlich (z.B. für Vorzugsaktionäre, Genussscheininhaber oder Partizipanten gem. OR 654 II, 656f IV und 657 IV, oder im Hinblick auf die Bestimmung eines Gruppenvertreters im Verwaltungsrat durch einzelne Aktionärskategorien oder Partizipanten gem. OR 656e und 709 I)?
   - *(oGV:) Nimmt die **Revisionsstelle** an der Generalversammlung teil oder werden alle vertretenen Aktien auf deren Anwesenheit verzichten (OR 729c III)?*
   - Reservation des **Versammlungslokals**
7. Versand/Publikation der **Einladung zur Einreichung von Traktandierungsbegehren** mit Fristansetzung (N 6.31)
8. Allenfalls VR-Sitzung zur **Behandlung von Traktandierungsbegehren** (N 6.31)
9. (In grossen Gesellschaften:) Regelung der **Legitimations- und Eintrittskontrolle** (Hinterlegung der Inhaberaktien, Anmeldekarten, Zutrittskarten, Stimmmaterial etc.)

10. **Bereitstellen des Materials für den Einladungsversand**: Einladung mit Traktanden und Anträgen; *bei oGV allenfalls Geschäftsbericht (Jahresrechnung und Jahresbericht) und Revisionsbericht*; ev. Anmeldekarten; ev. Vollmachtsformular für Organvertreter und unabhängige Stimmrechtsvertreter; zusätzliche Unterlagen je nach Traktanden.
11. **Versand/Publikation der Einladung zur GV** mit Traktandenliste und Anträgen an Aktionäre und Partizipanten (sollte gem. OR 720 mindestens 20 Tage vor der GV zur Kenntnis genommen werden können, vorbehältlich einer längeren statutarischen Frist; N 8.10)
    - Sind Gäste an die Generalversammlung oder für das «Rahmenprogramm» einzuladen (Ehrenpräsidenten, ausgeschiedene Gründer, Geschäftsleitung, Behördenmitglieder, Geschäftspartner, Presse etc.)?
12. *(oGV:)* ***Auflage des Geschäfts- und Revisionsberichts*** *am Gesellschaftssitz (20 Tage vor oGV; OR 696 I; N 8.10)*
13. *(oGV:)* Einholen von **Annahmeerklärungen** der zu wählenden Organpersonen
14. Versand von angeforderten **Zutrittskarten**, *(oGV:)* Geschäfts- und Revisionsberichten *(OR 696 I)*; ev. **Sperrung des Aktienbuchs**
15. Erstellen des **Drehbuchs** für die Versammlungsleitung
16. Vorbereitung der **Präsenzliste**
17. Sicherstellung und Vorbereitung der **Protokollführung**
18. Sicherstellung und Vorbereitung der **Stimmenzählung**
19. **Presse** (Pressecommuniqué, Pressekonferenz, Einladung der Presse an die GV)
20. **Praktische Vorbereitungsarbeiten**:
    - Bereitstellen der **technischen Hilfsmittel** (Lautsprecher- und Projektionsanlagen, elektronische Abstimmungsanlage etc.)
    - Instruktion und Organisation des **Hilfspersonals** (Zutrittskontrolle, Präsenzliste, Ordnungsdienst, Techniker, Einsammeln der Stimmzettel, Verteilung der Sender für die elektronische Abstimmung etc.)
    - **Räumliche Organisation des Versammlungslokals** (Sitzordnung, Podest, Büro für die Stimmenzählung, «Raumschmuck», Wegweiser, Namensschilder etc.)
    - Bereitstellen der für die Durchführung der GV erforderlichen **Dokumente** (Stimmzettel, «Wahlurnen», Präsenzliste, Werbematerial etc.)

8. Die Generalversammlung

- Organisation des **«geselligen Teils»** der Generalversammlung (Aktionärsessen, Gastreferat, «Show-Block», Besichtigung, Ausflug, PR-Film, Geschenke etc.)
- Hinweis auf die GV in der **Homepage**
- Bei sehr grossen Verhältnissen: «GV-Büro», Sanitäts- und Ordnungsdienst, Verkehrsregelung, Absprachen mit kommunalen Behörden etc.

Anhang 44: Einladung zur ordentlichen Generalversammlung einer Publikumsgesellschaft (Inserat)

MAMMOTH WOODS AG
Zürich

An die Aktionärinnen und Aktionäre der Mammoth Woods AG
Einladung zur ordentlichen Generalversammlung

Datum: [Tag, Datum, Zeit]
(Saalöffnung: [] Uhr)

Ort: [Ort]

Transport und Situationsplan: Die entsprechenden Informationen werden mit der Zutrittskarte zugestellt.

Traktanden und Anträge des Verwaltungsrats

1. **Jahresbericht; Jahresrechnung der Mammoth Woods AG und Mammoth-Konzernrechnung; Bericht der Revisoren**

   a) **Jahresbericht und Jahresrechnung [Geschäftsjahr] der Mammoth Woods AG; Bericht der Revisionsstelle**
   Antrag des Verwaltungsrats: Genehmigung des Jahresberichts und der Jahresrechnung [Geschäftsjahr] der Mammoth Woods AG

   b) **Konzernrechnung [Geschäftsjahr] der Mammoth-Gruppe; Bericht der Konzernrechnungsprüfer**
   Antrag des Verwaltungsrats: Genehmigung der Konzernrechnung [Geschäftsjahr]

2. **Entlastung des Verwaltungsrats und der Konzernleitung**
   Antrag des Verwaltungsrats: Entlastung der Mitglieder des Verwaltungsrats und der Konzernleitung.

3. Beschlussfassung über die Verwendung des Bilanzgewinns der Mammoth Woods AG

Gewinn des Rechnungsjahres	Fr. 100 000 000
Gewinnvortrag aus Vorjahr	Fr. 5 000 000
Bilanzgewinn	Fr. 105 000 000

Beantragte Verwendung:

Dividende für [Geschäftsjahr]: Fr. 5.- (Vorjahr Fr. 4.-) brutto pro Aktie auf 13 000 000 Aktien	Fr. 65 000 000
Zuweisung an die freien Reserven	Fr. 30 000 000
Vortrag auf neue Rechnung	Fr. 10 000 000
Total	Fr. 105 000 000

Es ist vorgesehen, die Dividende nach Abzug von 35 % Verrechnungssteuer ab [Datum] auszubezahlen.

4. Wahlen in den Verwaltungsrat

a) Wiederwahl

Der Verwaltungsrat beantragt der Generalversammlung zur Wiederwahl in den Verwaltungsrat mit einer Amtsdauer von drei Jahren:

Frau Dr. *Milva de Portalban*, Jahrgang [Jahr], schweizerische Staatsangehörige, [Kurzvorstellung der Kandidatin: Ausbildung, berufliche Tätigkeit, weitere Verwaltungsratsmandate].

Der Verwaltungsrat begründet seinen Antrag mit Frau Milva de Portalbans unternehmerischer Kompetenz und ihrer überzeugenden Leistung als Verwaltungsratspräsidentin.

b) Neuwahl

Zur Generalversammlung vom [Datum] läuft das Mandat von Herrn Prof. Gunnar Giacomo aus. In Übereinstimmung mit der im Organisationsreglement statuierten Altersbegrenzung stellt sich Herr Prof. Gunnar Giacomo nicht zur Wiederwahl. Der Verwaltungsrat beantragt der Generalversammlung zur Wahl in den Verwaltungsrat mit einer Amtsdauer von drei Jahren:

Herrn *John P. Wattenweller*, Jahrgang [Jahr], britischer Staatsangehöriger, [Kurzvorstellung des Kandidaten: Ausbildung, berufliche Tätigkeit, weitere Verwaltungsratsmandate].

Der Verwaltungsrat begründet seinen Antrag mit Herrn John P. Wattenwellers ausgewiesener Erfahrung im Finanzwesen. Sollte Herr Wattenweller gewählt werden, ist vorgesehen, ihn zum Mitglied des Finanzausschusses zu machen.

5. Wahl der Revisionsstelle und des Konzernprüfers
Antrag des Verwaltungsrat: Wiederwahl der QBND Burned & Old AG, Zürich, als Revisionsstelle der Mammoth Woods AG und als Konzernprüfungsgesellschaft für das Geschäftsjahr [Jahr]. [Ev. Kurzvorstellung der vorgeschlagenen Revisionsstelle sowie Einschätzung des Verwaltungsrats zu deren Befähigung, Unabhängigkeit und spezieller Eignung für die konkrete AG.]

Organisatorisches

Geschäftsbericht

Der Geschäftsbericht (Jahresbericht, Jahresrechnung der Mammoth Woods AG und Konzernrechnung) und die Revisionsberichte für das Jahr [] stehen den Aktionären im Internet (www.mammothwoods.com) und am Sitz der Gesellschaft (Sekretariat des Verwaltungsrats, Waldaustrasse 1, 8000 Zürich) zur Verfügung und können dort ab [Datum] eingesehen bzw. bezogen werden.

Zutrittskarten

Den am [Datum ca. 5 Tage vor Einladungsversand] im Aktienbuch eingetragenen Namenaktionären wird eine Einladung an die im Aktienbuch verzeichnete Adresse zugesandt. Zutrittskarten mit Stimmzettel (sowie der Geschäftsbericht) werden auf schriftliche Bestellung und Anmeldung zur Generalversammlung hin zugestellt. Die Zutrittskarte mit Stimmzettel wird aufgrund des Eintrags im Aktienbuch vom [Datum ca. 10 Tage vor GV] erstellt. Die an diesem Tag mit Stimmrecht eingetragenen Aktionäre sind zur Stimmabgabe legitimiert. Namenaktionäre, die am [Datum ca. 5 Tage vor Einladungsversand] noch nicht im Aktienbuch eingetragen sind, können die Zutrittskarte über ihre Depotbank oder direkt beim Sitz der Gesellschaft beziehen, falls sie bis zum [Datum ca. 10 Tage vor GV] ein Eintragungsgesuch als stimmberechtigter Aktionär stellen, das anerkannt wird.[1]

Inhaberaktionäre, die an der Generalversammlung teilnehmen oder sich vertreten lassen möchten, können ihre Zutrittskarten bis spätestens [Datum] bei unserer Gesellschaft beziehen. Die Abgabe der Zutrittskarte erfolgt gegen Hinterlegung der Aktien oder eines genügenden Ausweises über deren Deponierung bei einer Bank bis zum Tage nach der Generalversammlung.

---

[1] Variante: «Aktionäre, die im Aktienregister mit Stimmrecht eingetragen sind, erhalten in den nächsten Tagen die Einladung zur Generalversammlung, mit einem Antwortschein, der zur Bestellung einer Zutrittskarte oder zur Vollmachtserteilung dient. Stimmberechtigt sind die am [Datum max. 20 Tage vor der Generalversammlung; OR 685g] im Aktienregister mit Stimmrecht eingetragenen Aktionäre.»

8. Die Generalversammlung

Vollmachtserteilung
Jeder Aktionär kann sich durch eine handlungsfähige Person, die nicht Aktionär zu sein braucht, durch ein Organ der Mammoth Woods AG, durch den unabhängigen Stimmrechtsvertreter im Sinne von Artikel 689c OR, Herrn Rechtsanwalt Dr. Fritz Fröhlich, Bahnhofstrasse 200, 8000 Zürich, oder durch einen Depotvertreter an der Generalversammlung vertreten lassen. Zu diesem Zweck ist die Vollmachtserklärung auf der Zutrittskarte auszufüllen. Die Mammoth Woods AG vertritt Aktionäre nur, wenn diese den Anträgen des Verwaltungsrats zustimmen wollen. Sämtliche Vollmachten mit anderslautenden Instruktionen werden an den unabhängigen Stimmrechtsvertreter weitergeleitet. Blanko unterschriebene Vollmachten werden als Beauftragung der Mammoth Woods AG betrachtet, den Anträgen des Verwaltungsrats zuzustimmen.

Depotvertreter
Die dem Bundesgesetz vom 8. November 1934 über die Banken und Sparkassen unterstellten Institute sowie gewerbsmässige Vermögensverwalter werden gebeten, unserer Gesellschaft die Anzahl der von ihnen vertretenen Aktien möglichst frühzeitig bekannt zu geben, spätestens jedoch am Tag der Generalversammlung bis [Zeit] Uhr am Schalter «GV-Büro».

Zürich, [Datum]
Mammoth Woods AG
Für den Verwaltungsrat
Die Präsidentin:

Dr. Milva de Portalban

Anhang 45: Zutrittskarte mit Vollmacht

MAMMOTH WOODS AG
Zürich

Ordentliche Generalversammlung vom [Tag, Datum, Zeit]

Zutrittskarte

für: **Anna Hobel,** Tischlerstrasse 8, 8600 Dübendorf

Stimmenzahl: **3**

Aktionäre, die ihre Aktien vor der Generalversammlung veräussert haben, sind nicht mehr stimmberechtigt.

Wenn Sie nicht an der Generalversammlung teilnehmen, aber einen Vertreter bezeichnen möchten, füllen Sie bitte das folgende Vollmachtsformular aus:

Vollmacht

Ich beauftrage hiermit

(Bitte Gewünschtes ankreuzen; es darf nur ein Feld angekreuzt werden.)

❏ *Vorname, Name und Adresse Ihres Vertreters:*

_____

_____

mich an der Generalversammlung zu vertreten.

❏ die Mammoth Woods AG, mich an der Generalversammlung zu vertreten und das Stimmrecht gemäss den Anträgen des Verwaltungsrats auszuüben.

❏ den unabhängigen Stimmrechtsvertreter Herrn Rechtsanwalt Dr. Fritz Fröhlich, Bahnhofstrasse 200, 8000 Zürich, mich an der Generalversammlung zu vertreten, und erteile ihm folgende Weisungen:

Nr.	Traktandum	Ja	Nein	Enthaltung
1.	Genehmigung des Jahresberichts, der Jahresrechnung der Mammoth Woods AG und der Konzernrechnung für das Jahr [Geschäftsjahr]			
2.	Beschlussfassung über die Verwendung des Bilanzgewinns			
3.	Entlastung der Mitglieder des Verwaltungsrats			
4.	Wahlen in den Verwaltungsrat			
	a) Wiederwahl: Milva de Portalban			
	b) Neuwahl: John P. Wattenweller			
5.	Wiederwahl der Revisionsstelle und des Konzernprüfers: QBND Burned & Old AG, Zürich			

Wo keine Weisungen erteilt werden, stimmt der unabhängige Stimmrechtsvertreter gemäss den Anträgen des Verwaltungsrats.

Im Falle eines neuen Antrags während der Generalversammlung beauftrage ich den unabhängigen Stimmrechtsvertreter, das Stimmrecht im Sinne des Verwaltungsrats auszuüben: ❏ Ja ❏ Nein ❏ Enthaltung

Dem oben bezeichneten Vertreter erteile ich zu diesem Zweck Vollmacht mit Substitutionsrecht für alle auf meinen Namen lautenden Aktien.

........................., ... ————————————————

(Ort) *(Datum)* *(Unterschrift)*

Die Mammoth Woods AG vertritt Aktionäre nur, wenn diese den Anträgen des Verwaltungsrats zustimmen wollen. Sämtliche Vollmachten mit anderslautenden Instruktionen werden an den unabhängigen Stimmrechtsvertreter weitergeleitet. Blanko unterschriebene Vollmachten werden als Beauftragung der Mammoth Woods AG betrachtet, den Anträgen des Verwaltungsrats zuzustimmen. Vollmachten für den unabhängigen Stimmrechtsvertreter werden durch das Aktienbüro direkt an diesen weitergeleitet.

Anhang 46: Einladung zur ordentlichen Generalversammlung einer kleineren Gesellschaft

Hobel Möbel AG
Verwaltungsrat
Bahnhofstrasse 2
8600 Dübendorf

An die Aktionäre
der Hobel Möbel AG

Dübendorf, [Datum]

Einladung zur 15. ordentlichen Generalversammlung

Datum: [Tag, Datum, Zeit]

Ort: Sitzungszimmer der Hobel Möbel AG, Bahnhofstrasse 2, 8600 Dübendorf

Traktanden und Anträge des Verwaltungsrats

1. **Protokoll der ausserordentlichen Generalversammlung vom [Datum]**
   Der Verwaltungsrat beantragt, das Protokoll der letzten Generalversammlung zu genehmigen.

2. **Anwesenheit der Revisionsstelle**
   Der Verwaltungsrat beantragt, auf die Anwesenheit der Revisionsstelle zu verzichten.

3. **Bericht der Revisionsstelle**
   Kenntnisnahme

4. **Genehmigung des Jahresberichts und der Jahresrechnung [Geschäftsjahr]**
   Der Verwaltungsrat beantragt die Genehmigung.

5. **Beschlussfassung über die Verwendung des Bilanzgewinns**
   Der Verwaltungsrat beantragt, den Bilanzgewinn von Fr. 4852.20 auf neue Rechnung vorzutragen.

6. **Entlastung der Mitglieder des Verwaltungsrats**
   Der Verwaltungsrat beantragt, seinen Mitgliedern Entlastung zu erteilen.

8. Die Generalversammlung

7. Wahlen in den Verwaltungsrat
Der Verwaltungsrat beantragt die Wiederwahl von Frau Anna Hobel und Herrn Fritz Hobel für eine weitere Amtsdauer von einem Jahr.

8. Wahl der Revisionsstelle
Der Verwaltungsrat beantragt die Wiederwahl der Bilanzia Treuhand AG, Zürich, für eine weitere Amtsdauer von einem Jahr.

9. Verschiedenes und allgemeine Umfrage

Hobel Möbel AG

Fritz Hobel, Präsident des Verwaltungsrats

<u>Beilage:</u>   –   Geschäfts- und Revisionsbericht [Geschäftsjahr][2]

---

[2] Im vorliegenden Beispiel einer privaten Gesellschaft mit Namenaktien wird vorgeschlagen, den Geschäfts- und Revisionsbericht gleich mit der Einladung allen Aktionären zuzustellen. Andernfalls wäre in der Einladung unbedingt auf die Auflage dieser Unterlagen am Gesellschaftssitz und deren Zustellung auf Verlangen hinzuweisen (OR 696; N 8.10).

Anhang 47: Drehbuch für die Leitung einer Generalversammlung

A) Eröffnung
- *Begrüssung* der Aktionäre, des Vertreters der Revisionsstelle (bei ordentlicher Generalversammlung), des Notars (bei öffentlich zu beurkundenden Beschlüssen) und der Gäste.
- Kurze allgemeine *Einleitung* (aktuelle Ereignisse im Vorfeld der Generalversammlung; besondere Bedeutung der heutigen Versammlung bzw. Dank für Erscheinen trotz Routinegeschäften; Gedenken an im Geschäftsjahr Verstorbene; Vorstellung der anwesenden Verwaltungsratsmitglieder etc.)

B) Formelles/Organisatorisches
- Wenn erforderlich: *Wahl des Versammlungsleiters.*
- Hinweis auf *gesetzes- und statutenkonforme Einberufung:* fristgerechte und inhaltlich vollständige Zustellung und Publikation; (bei ordentlicher Generalversammlung:) erfolgte Auflage von Geschäfts- und Revisionsbericht am Gesellschaftssitz sowie allenfalls Anzahl der Zustellungsbegehren gem. OR 696 I. Frage nach Einwänden.
- Bestimmung von *Protokollführer* und *Stimmenzähler* und Frage nach Einwänden (OR 702; bei entsprechender statutarischer Regelung: Wahl durch die Generalversammlung).
- *Feststellungen bezüglich der Stimmrechte:*
    - Total der anwesenden Aktienvertreter und Total der vertretenen Stimmen;
    - Bekanntgabe der durch *Organvertreter, unabhängige Stimmrechtsvertreter* und *Depotvertreter* vertretenen Aktien nach Anzahl, Art, Nennwert und Kategorie (OR 689e);
    - Bekanntgabe des *absoluten Mehrs* der vertretenen Aktienstimmen (OR 703; entfällt, wenn gemäss Statuten das Mehr der abgegebenen Stimmen massgebend ist); allenfalls Bekanntgabe eines *qualifizierten Mehrs,* wenn Beschlüsse zu fassen sind, die – gem. OR 704 oder aufgrund der Statuten – ein solches erfordern;
    - gegebenenfalls Feststellung, dass allfällige *statutarische Präsenzquoren* erreicht sind.
- Allgemeine Hinweise zum *Abstimmungs- und Wahlprozedere* (offene/geheime Abstimmung; praktische Durchführung der Abstimmungen etc.).
- (Bei einer ordentlichen Generalversammlung gegebenenfalls:) Einstimmiger *Verzicht auf die Anwesenheit eines Revisors* (OR 729c III).

C) Behandlung der Traktanden
Für jedes Traktandum:
- Hinweis auf Traktandenliste (OR 700 III!).
- Wiederholung des *Antrags* des Verwaltungsrats bzw. der antragstellenden Aktionäre (OR 699 III) und *Erläuterungen* durch die Antragsteller.
- Beantwortung allfälliger *Auskunftsbegehren*.
- *Frage nach Anträgen* im Rahmen des Verhandlungsgegenstandes (OR 700 IV).
- *Diskussion*.
- Allenfalls traktandenspezifisches *Abstimmungsprozedere* (geheime Abstimmung bei im Übrigen offener Abstimmung; Einzel- oder Gesamtwahl etc.).
- *Abstimmung/Wahl*.
- *Bekanntgabe* des Abstimmungsergebnisses.

D) Schluss
- *Formelle Beendigung* der Generalversammlung.
- Wenn bereits möglich: Bekanntgabe des *Datums der nächsten Generalversammlung*.
- Überleitung zum «geselligen Teil».
- Dank an alle und Verabschiedung derjenigen, die am «geselligen Teil» nicht mehr teilnehmen können.

Anhang 48: Protokoll der ordentlichen Generalversammlung einer kleineren Gesellschaft

**Protokoll
der 15. ordentlichen Generalversammlung der
Hobel Möbel AG
Dübendorf**

Datum: [Tag, Datum, Zeit]

Ort: Sitzungszimmer der Hobel Möbel AG, Bahnhofstrasse 2, 8600 Dübendorf

A) Konstituierung und Feststellungen

Der Präsident des Verwaltungsrates, Herr Fritz Hobel, übernimmt den Vorsitz und bestimmt Frau Anna Hobel zur Protokollführerin und Stimmenzählerin. Nachdem gegen diese Konstituierung der Generalversammlung auf Anfrage keine Einwendungen erhoben werden, stellt der Vorsitzende fest:

a) Die Einberufung der heutigen Generalversammlung ist mit Schreiben vom [Datum] gesetzes- und statutenkonform erfolgt.

b) Allen Aktionären ist mit dem Einladungsschreiben ein Exemplar des Geschäfts- und Revisionsberichts zugestellt worden.[3]

c) Auf Anfrage des Vorsitzenden wird gegen die Einberufung und die Bekanntgabe des Geschäfts- und Revisionsberichts kein Einwand erhoben.

---

[3] Diese Formulierung orientiert sich am in Anhang 46 gewählten Vorgehen. Wurde den Aktionären der Geschäfts- und Revisionsbericht nicht direkt zugestellt, ist sie zu ersetzen durch: «b) Der Geschäfts- und Revisionsbericht lag rechtzeitig am Sitz der Gesellschaft auf, und die Aktionäre wurden darauf hingewiesen, dass sie die Zustellung dieser Unterlagen verlangen können.»

8. Die Generalversammlung

d) Die Aktien sind heute wie folgt vertreten:
- Fritz Hobel — 51 Namenaktien à je Fr. 1000.–
- Anna Hobel — 10 Namenaktien à je Fr. 1000.–
- Marcel Marteau
  - eigene Aktien — 1 Namenaktie à je Fr. 1000.–
  - als schriftlich bevollmächtigter Vertreter von Dr. Milva de Portalban — <u>28 Namenaktien à je Fr. 1000.–</u>
- Total — 90 Namenaktien à je Fr. 1000.–[4]

e) Es sind weder Organvertreter noch andere abhängige Stimmrechtsvertreter im Sinne von Art. 689c OR vorgeschlagen, noch üben Depotvertreter im Sinne von Art. 689d OR Mitwirkungsrechte aus.

B) Traktanden

1. Protokoll der ausserordentlichen Generalversammlung vom [Datum]
Der Verwaltungsrat beantragt, das Protokoll der letzten Generalversammlung zu genehmigen.

Beschluss: Die Generalversammlung genehmigt das Protokoll einstimmig.

2. Anwesenheit der Revisionsstelle
Der Verwaltungsrat beantragt, auf die Anwesenheit der Revisionsstelle zu verzichten.

Beschluss: Die Generalversammlung verzichtet einstimmig auf die Anwesenheit der Revisionsstelle.

3. Bericht der Revisionsstelle
Die Generalversammlung nimmt vom Revisionsbericht Kenntnis. Das Wort wird nicht verlangt.

---

[4] Bei privaten Gesellschaften mit Namenaktien empfiehlt es sich im Interesse klarer Verhältnisse, die Aktionäre bzw. Vertreter namentlich aufzuführen. Erforderlich ist dies aber nicht: Gem. OR 702 muss das Protokoll lediglich «Anzahl, Art, Nennwert und Kategorie der Aktien, die von den Aktionären, von den Organen, von unabhängigen Stimmrechtsvertretern und von Depotvertretern vertreten werden», angeben. Die Hobel Möbel AG fasst ihre Beschlüsse aufgrund ihrer Statuten mit dem einfachen Mehr der abgegebenen Stimmen (Anhang 4 Art. 11 III); bestünde keine solche Statutenbestimmung, könnte hier noch der klärende Hinweis angebracht werden: «Das absolute Mehr der vertretenen Aktienstimmen gem. Art. 703 I OR beträgt demnach 46 Stimmen.»

4. Genehmigung des Jahresberichts und der Jahresrechnung [Geschäftsjahr]
   a) *Genehmigung des Jahresberichts [Geschäftsjahr]*
      Der Verwaltungsrat beantragt die Genehmigung des Jahresberichts.
      Beschluss: Der Jahresbericht für das Geschäftsjahr [...] wird einstimmig genehmigt.

   b) *Genehmigung der Jahresrechnung [Geschäftsjahr]*
      Der Verwaltungsrat beantragt die Genehmigung der Jahresrechnung.
      Beschluss: Die Jahresrechnung [Geschäftsjahr] wird einstimmig genehmigt.

5. Beschlussfassung über die Verwendung des Bilanzgewinns
   Der Verwaltungsrat beantragt, den Bilanzgewinn von Fr. 4852.20 auf neue Rechnung vorzutragen.

   Beschluss: Die Generalversammlung beschliesst einstimmig, den Bilanzgewinn von Fr. 4852.20 auf neue Rechnung vorzutragen.

6. Entlastung der Mitglieder des Verwaltungsrats
   Der Verwaltungsrat beantragt, seinen Mitgliedern Entlastung zu erteilen. Der Vorsitzende erläutert, dass gemäss Art. 695 I OR von den heute vertretenen 90 Aktien 61 von Organen gehaltene nicht stimmberechtigt sind, nämlich die 51 Aktien von Herrn Fritz Hobel und die 10 Aktien von Frau Anna Hobel.

   Beschluss: Die Generalversammlung erteilt dem Verwaltungsrat mit den 29 stimmberechtigten Aktien einstimmig Decharge.

7. Wahlen in den Verwaltungsrat
   Der Verwaltungsrat beantragt die Wiederwahl von Frau Anna Hobel und Herrn Fritz Hobel für eine weitere Amtsdauer von einem Jahr.

   Beschluss: Frau Anna Hobel und Herr Fritz Hobel werden einstimmig für eine weitere Amtsdauer von einem Jahr in den Verwaltungsrat gewählt.

8. Wahl der Revisionsstelle
   Der Verwaltungsrat beantragt die Wiederwahl der Bilanzia Treuhand AG, Zürich, für eine weitere Amtsdauer von einem Jahr.

   Beschluss: Die Bilanzia Treuhand AG, Zürich, wird für eine weitere Amtsdauer von einem Jahr als Revisionsstelle gewählt.

9. Verschiedenes und allgemeine Umfrage
   Der Vorsitzende teilt mit, dass das Protokoll der heutigen Generalversammlung von den Aktionären ab [Datum] nach Voranmeldung am Sitz der Gesellschaft eingesehen werden kann. Es erfolgen keine weiteren Wortmeldungen.

C) Schluss

Der Vorsitzende schliesst die Sitzung um [Zeit] Uhr. Er hält zuhanden des Protokolls fest, dass von den Anwesenden auf Anfrage keine Einwendungen gegen die Durchführung der heutigen Generalversammlung erhoben worden sind.

Dübendorf, [Datum]

Der Vorsitzende: Die Protokollführerin:
Fritz Hobel   Anna Hobel

Anhang 49: Protokoll einer ausserordentlichen Generalversammlung: Universalversammlung mit nur einem Teilnehmer
(vgl. auch die weiteren Universalversammlungsprotokolle in den Anhängen 5, 77, 82, 87, 89, 96, 97, 105, 106 und 110)

**Protokoll
der ausserordentlichen Generalversammlung der
Hobel Möbel AG
Dübendorf**

Datum: [Tag, Datum, Zeit]

Ort: Sitzungszimmer der Hobel Möbel AG, Bahnhofstrasse 2, 8600 Dübendorf

Fritz Hobel, Tischlerstrasse 8, 8600 Dübendorf, Präsident des Verwaltungsrats, eröffnet die Versammlung, übernimmt den Vorsitz und amtet gleichzeitig als Protokollführer und Stimmenzähler.

Der Vorsitzende stellt fest:

– Es sind weder Organvertreter noch andere abhängige Stimmrechtsvertreter im Sinne von Art. 689c OR vorgeschlagen, noch üben Depotvertreter im Sinne von Art. 689d OR Mitwirkungsrechte aus.

– Das gesamte Aktienkapital der Gesellschaft von Fr. 100 000.– ist vertreten.

– Die heutige Generalversammlung ist als Universalversammlung im Sinne von Art. 701 OR konstituiert und beschlussfähig.

1. Rücktritt eines Mitgliedes des Verwaltungsrates
Die Generalversammlung nimmt Kenntnis vom mit Schreiben vom [Datum] per sofort erklärten Rücktritt von Frau Anna Hobel aus dem Verwaltungsrat.

2. Wahl eines Mitgliedes des Verwaltungsrats
Die Generalversammlung wählt einstimmig Herrn Marcel Marteau, von Posieux FR, wohnhaft rue des Enclumes 6, 1527 Villeneuve, als neues Mitglied des Verwaltungsrates.

8. Die Generalversammlung

Die schriftliche Annahmeerklärung[5] vom [Datum] liegt vor.

Der Verwaltungsrat wird beauftragt und ermächtigt, diesen Beschluss zur Eintragung in das Handelsregister des Kantons Zürich anzumelden.

Der Vorsitzende stellt fest, dass während der ganzen Dauer der Versammlung das gesamte Aktienkapital vertreten war, und schliesst die Sitzung um [Zeit] Uhr.

Dübendorf, [Datum]
Der Präsident des Verwaltungsrats:

_____

Fritz Hobel

---

[5] Vgl. Anhang 11.

Anhang 50: Vollmacht für eine Universalversammlung

VOLLMACHT

Hiermit beauftrage ich

Herrn Fritz Hobel,
Tischlerstrasse 8, 8600 Dübendorf,

mit meiner Vertretung an der nächsten

Generalversammlung der Hobel Möbel AG, Dübendorf,

und erteile ihm zu diesem Zweck Vollmacht mit Substitutionsrecht für alle auf meinen Namen lautenden Aktien.

Ich weise den Bevollmächtigten an, an der Generalversammlung in meinem Namen vom Rücktritt von Frau Anna Hobel aus dem Verwaltungsrat Kenntnis zu nehmen und für meine Wahl in den Verwaltungsrat zu stimmen. Bei allfälligen weiteren Traktanden soll er mit meinen Aktien Stimmenthaltung üben.

Ich erkläre mich damit einverstanden, dass die Generalversammlung in der Form der Universalversammlung durchgeführt wird (Art. 701 OR; Statuten Art. 9).

Diese Vollmacht erlischt am [Datum].

Villeneuve, [Datum]

_____

Marcel Marteau

Anhang 51: Statutenbestimmung zur Beschränkung des Stimmrechts

Artikel 11bis

Bei der Ausübung des Stimmrechts kann kein Aktionär für eigene und vertretene Aktien zusammen mehr als [...] Prozent des gesamten Aktienkapitals direkt oder indirekt auf sich vereinigen.

Juristische Personen und Rechtsgemeinschaften, die untereinander kapital- oder stimmenmässig, durch einheitliche Leitung oder auf ähnliche Weise zusammengefasst sind, gelten in Bezug auf die Stimmabgabe als ein Aktionär.

Die Stimmrechtsbeschränkung findet keine Anwendung auf die Ausübung des Stimmrechts durch Organvertreter (OR 689c), unabhängige Stimmrechtsvertreter (OR 689c) sowie Depotvertreter (OR 689d). Unter Wahrung des Gleichbehandlungsgebots kann der Verwaltungsrat auch für Nominees abweichende Regeln erlassen.

9. Der Verwaltungsrat

A) Die Aufgaben des Verwaltungsrats

a) Der Verwaltungsrat als Exekutivorgan der AG

Der Verwaltungsrat ist das *ausführende Organ* der AG. Ihm obliegen einerseits die *gesellschaftsinterne Geschäftsführung* und andererseits die *Vertretung* der Gesellschaft gegenüber Dritten (OR 716 II, 718; Anhang 52). Gemäss OR 716 I darf der Verwaltungsrat über alle Angelegenheiten beschliessen, die nicht durch Gesetz oder Statuten der Generalversammlung zugewiesen werden; es besteht somit eine gesetzliche *Kompetenzvermutung zugunsten des Verwaltungsrats.* Anders als man aufgrund der manchmal beschworenen Ausrichtung des gesetzgeberischen Leitbilds auf die grosse Publikumsgesellschaft (N 1.9) vermuten könnte, hat das Gesetz den Verwaltungsrat also keineswegs als blosses Aufsichtsorgan konzipiert, sondern gerade umgekehrt – im Sinne einer nur für «Mikrogesellschaften» praktikablen Lösung – als einziges geschäftsführendes Organ der AG. Dessen hat sich jedes Verwaltungsratsmitglied bewusst zu sein: Sofern die AG keine besonderen organisatorischen Anordnungen trifft (N 9.13 ff.), hat es noch für den kleinsten Geschäftsabschluss persönlich die Verantwortung zu tragen (N 1.41).

9.1
Geschäftsführung und Vertretung

Das Wesen der Verwaltungsratstätigkeit wird vielleicht am besten durch eine Betrachtung des unübertragbaren Kerngehalts der Verwaltungsratskompetenzen veranschaulicht, jener Aufgaben also, welche auch bei extremster Delegation der Geschäftsführung (N 9.13 ff.) unabwendbar am Verwaltungsrat hängen bleiben: Immer haben sich die Verwaltungsratsmitglieder mit der *Oberleitung* der Gesellschaft, den grundlegendsten *Organisations– und Finanzfragen,* der *Wahl und Beaufsichtigung* einer allfälligen *Geschäftsleitung,* der Erstellung des *Geschäftsberichts,*

9.2
Der unübertragbare Kernbereich verwaltungsrätlicher Tätigkeit

der *Vorbereitung der Generalversammlung* und der *Ausführung der Generalversammlungsbeschlüsse* zu befassen (OR 716a; Anhang 53; N 9.16 ff.). In kleinen Verhältnissen wird der Verwaltungsrat aber natürlich weit über diese grundsätzlichen Aufgaben hinaus schlechterdings alle Arbeiten zu erledigen haben, die bei der Leitung einer Aktiengesellschaft und dem Betrieb eines Unternehmens anfallen, von der Führung des Aktienbuchs (N 5.18) bis zu Vertragsabschlüssen mit Kunden, Lieferanten, Arbeitnehmern, Vermietern etc. Dies entspricht wie erwähnt auch dem gesetzlichen «Grundmodell»(N 9.1); alle Aufgaben, die der Verwaltungsrat davon nicht wahrnehmen will, muss er im Rahmen eines gesetzlich geregelten Verfahrens delegieren (N 9.14).

b) Insbesondere: Die Aufgaben des Verwaltungsrats bei Kapitalverlust und Überschuldung

9.3 Besonderer Handlungsbedarf

Die Erfahrung zeigt, dass ein verantwortungsbewusster Verwaltungsrat die üblicherweise anfallenden Exekutivaufgaben meist «automatisch», gestützt auf Rechtsgefühl und eingelebte Usanzen wahrnimmt, dass aber den etwas weniger naheliegenden Anforderungen bei Kapitalverlust oder Überschuldung der Gesellschaft oftmals nicht bzw. zu spät nachgelebt wird. Ausgerechnet in diesem Bereich können aber Unterlassungen oder Fehlentscheide in einem späteren Verantwortlichkeitsprozess (N 11.6 ff.) oder in einem Strafverfahren schnell sehr einschneidende persönliche Konsequenzen für die Verwaltungsratsmitglieder haben. Deshalb seien die Aufgaben bei Kapitalverlust oder Überschuldung nachfolgend etwas einlässlicher dargestellt:

9.4 Kapitalverlust, Unterbilanz

Zeigt die letzte Jahresbilanz, dass die *Hälfte des Aktien–* (und sofern vorhanden: Partizipations–)*kapitals sowie der gesetzlichen Reserven* nicht mehr gedeckt ist, muss der Verwaltungsrat unverzüglich eine *Generalversammlung einberufen* (N 8.7), welcher er *Sanierungsmassnahmen* zu beantragen hat (OR 725 I). Verfügt eine AG also z.B. über ein Aktienkapital von Fr. 200 000.–, ein Partizipationskapital von Fr. 400 000.– und eine allgemeine gesetzliche Reserve von Fr. 120 000.–, so wäre eine solche Sanierungsversammlung einzuberufen, sobald das Reinvermögen (Aktiven minus Fremdkapital) unter Fr. 360 000.– sinkt. Das Fremdkapital kann in diesem Stadium durchaus noch durch die

Aktiven gedeckt sein, bloss stehen den Sperrquoten «Aktien-(sowie gegebenenfalls Partizipations-)kapital» und «gesetzliche Reserven» nicht mehr genügend Vermögenswerte gegenüber. Die Gesellschaft ist in diesem Stadium also (noch) nicht überschuldet; sie weist lediglich eine *Unterbilanz* auf – d.h. die Aktiven decken zwar noch das Fremdkapital, aber nicht mehr das ganze Aktien- und Partizipationskapital – und muss auf der Aktivseite ihrer Bilanz eine Position «Verlust» eröffnen (Anhang 54 lit. A). Der Begriff der Unterbilanz ist nicht nur im eingangs erwähnten Zusammenhang (OR 725 I), sondern auch bei der deklarativen Kapitalherabsetzung (OR 735; N 14.2, 14.9) oder der Aufwertung (OR 670; N 9.5, 10.12, 12.19, 12.35) zur Beseitigung einer Unterbilanz von Bedeutung.

Bei den vom Verwaltungsrat im Falle eines hälftigen Kapitalverlusts vorzubereitenden Sanierungsmassnahmen (OR 725 I) handelt es sich meist um einen Komplex organisatorischer, betriebswirtschaftlicher, personeller und finanzieller Vorkehren. In aller Regel gilt, dass eine Sanierung nicht ohne *schmerzliche Opfer, neue Führung und neue Finanzierung* zu haben ist. Im «finanziellen Bereich» wird am Anfang sozusagen immer eine *Bilanzbereinigung* stehen, in deren Rahmen nicht nur Grundstücke und Beteiligungen aufgewertet werden können (OR 670; N 10.12, 12.19), sondern vor allem die Bewertung der Aktiven und der Schulden an die Realitäten anzupassen und erhebliche Restrukturierungsrückstellungen zu bilden sind. Weil kaum eine Gesellschaft allein durch eine Bilanzbereinigung saniert werden kann, wird der Verwaltungsrat sodann z.B. folgende finanzielle Massnahmen vorzuschlagen haben: einen *Kapitalschnitt* (Kapitalherabsetzung mit sofortiger Wiedererhöhung durch Zuschuss neuer Mittel oder Verrechnung mit Schulden der Gesellschaft; OR 732 I und 735; N 13.1, 14.2, 14.10 f.); eine Aufstockung des Aktienkapitals durch eine *Kapitalerhöhung*, in deren Rahmen namentlich auch *Guthaben von Gesellschaftsgläubigern in Beteiligungskapital* – Aktien- oder Partizipationskapital – umgewandelt werden können (N 13.1, 13.11); *Forderungsverzichte* oder «*à fonds perdu*»-Zuschüsse der Aktionäre; *Rangrücktrittserklärungen* (N 9.9; Anhang 55); eine *Sanierungsfusion* oder eine andere Form der Unternehmenskooperation oder –übernahme; eine zumindest psychologische Unterstützung durch eine *Patronatserklärung* der

9.5
Sanierungsmassnahmen bei Kapitalverlust

Konzernobergesellschaft (N 15.15 lit. b). Denkbar ist schliesslich auch, dass der Verwaltungsrat der Generalversammlung trotz theoretischer Sanierungsmöglichkeit in Abwägung aller Vor- und Nachteile die *Liquidation* der Gesellschaft beantragen muss (N 16.3). Nie sollte sodann vergessen werden, die in Betracht gezogenen Sanierungsmassnahmen sorgfältig auf ihre *steuerlichen Auswirkungen* zu prüfen.

9.6 Sanierungs-Faustregeln

In der äusserst komplexen Sanierungssituation mag sich der überforderte Verwaltungsrat vorab an der hier einmal «OFF-Regel»(*O*pfer, neue *F*ührung, neue *F*inanzierung; N 9.5) genannten Tatsache orientieren, sodann aber vor allem auch an der Grundregel: Wenn niemand neues Geld einwirft oder auf seine Forderungen verzichtet, braucht über eine Sanierung nicht weiter nachgedacht zu werden.

9.7 Überschuldung

Verschlechtert sich die finanzielle Situation der Gesellschaft schliesslich so weit, dass nicht mehr nur Aktienkapital, allfälliges Partizipationskapital und gesetzliche Reserven nicht mehr gedeckt sind, sondern die Aktiven nicht einmal mehr das *Fremdkapital* zu decken vermögen – die AG ihre Schulden also nicht mehr vollumfänglich bezahlen kann –, so ist sie *überschuldet* (Anhang 54 lit. B).

9.8 Massnahmen bei Überschuldung

Sobald begründete Besorgnis einer Überschuldung besteht, muss der Verwaltungsrat eine *Zwischenbilanz* erstellen (lassen) und diese der *Revisionsstelle zur Prüfung* vorlegen (OR 725 II; N 10.12). Dabei wird zuerst eine Zwischenbilanz zu *Fortführungswerten* aufgestellt: Bei der Bilanzierung wird also im Wesentlichen einmal von den bisherigen Buchwerten und von einer Weiterführung der Geschäftstätigkeit ausgegangen. Zeigt diese zu Fortführungswerten aufgestellte Zwischenbilanz, dass die Forderungen der Gläubiger nicht gedeckt sind, muss eine Bilanz zu *Veräusserungswerten* (Liquidationswerten) erstellt werden. Sind die Forderungen der Gläubiger gemäss dieser noch gedeckt – weil z.B. der Liquidationswert der Betriebsliegenschaften viel höher ist als deren bilanzierter Fortführungswert –, so kann die AG ihre Geschäftstätigkeit theoretisch weiterführen, doch sind natürlich sofort Sanierungsmassnahmen zu treffen. Zeigt sich dagegen, dass die Forderungen der Gläubiger weder zu Fortführungs- noch zu Liquidationswerten gedeckt sind, muss der Verwaltungsrat den

9. Der Verwaltungsrat

Richter benachrichtigen («die Bilanz deponieren», sog. Überschuldungsanzeige; OR 725 II). Bleibt der Verwaltungsrat untätig und ist die Überschuldung offensichtlich, ist die Revisionsstelle zur Benachrichtigung des Richters verpflichtet (OR 729b II). Die Gerichtspraxis erlaubt dem Verwaltungsrat, mit der Überschuldungsanzeige zuzuwarten, wenn beweisbar *echte Chancen* – also nicht bloss die üblichen vagen Hoffnungen und spekulativen Konzepte – *für eine sofortige und nachhaltige Sanierung* bestehen. Kann diese nicht innerhalb ca. vier bis sechs Wochen erfolgreich abgeschlossen werden, ist die Bilanz unverzüglich zu deponieren.

Die Benachrichtigung des Richters kann allenfalls dadurch abgewendet werden, dass Gesellschaftsgläubiger erklären, die AG müsse ihre Forderungen nur und erst dann erfüllen, wenn alle anderen Gläubiger gedeckt sind. Es müssen also Gesellschaftsgläubiger im Ausmass der Unterdeckung im Rang hinter alle andern Gesellschaftsgläubiger zurücktreten (OR 725 II). Um die Bilanz wirksam zu entlasten, muss eine solche *Rangrücktritts– oder Subordinationserklärung* nicht nur einen *Rangrücktritt* für den Insolvenz– oder Liquidationsfall, sondern auch eine *Stundungserklärung* für Kapital und Zinsen für die Dauer der Überschuldung umfassen sowie *unbedingt* und – bis zur finanziellen Erholung der AG – *unwiderruflich* sein (Anhang 55). Anders als der echte Forderungsverzicht saniert aber ein blosser Rangrücktritt allein die Gesellschaft nie, weil eben die Forderung bestehen bleibt. Immerhin dient er aber der Sanierung, indem er Zeit für eigentliche Sanierungsmassnahmen verschaffen und allenfalls die Liquidität verbessern kann. Der Rangrücktritt gehört somit nicht zu den sanierenden Massnahmen, ermöglicht oder unterstützt diese aber.

9.9 Rangrücktritt von Gesellschaftsgläubigern

Muss der Richter gem. OR 725 II benachrichtigt werden, hat der Verwaltungsrat dem Konkursgericht folgende Unterlagen einzureichen: die von einem zeichnungsberechtigten Verwaltungsratsmitglied unterzeichnete *Überschuldungsanzeige;* das *Verwaltungsratsprotokoll* mit dem Beschluss, den Richter zu benachrichtigen; je eine vom Verwaltungsrat unterzeichnete *Zwischenbilanz zu Fortführungs- und Veräusserungswerten;* den *Revisionsbericht* über die Prüfung der Zwischenbilanzen; einen aktuellen *Handelsregisterauszug* der AG sowie eine Erklärung, ob die AG Eigentümerin von *Grundstücken* ist (und gegebenen-

9.10 Überschuldungsanzeige und Insolvenzerklärung

falls deren Bezeichnung). In kleineren Verhältnissen fehlt oftmals die Liquidität, um diese doch recht aufwändige Dokumentation noch finanzieren zu können; oder es fehlen schon die Buchhaltungsunterlagen für die Erstellung der Zwischenbilanzen. Daher führen viele Gesellschaften die Konkurseröffnung auf dem einfacheren und billigeren Weg der *Insolvenzerklärung i.S.v. SchKG 191* herbei: Wie alle andern Rechtssubjekte kann sich nämlich auch eine AG beim Gericht zahlungsunfähig erklären. Entscheidet sich der Verwaltungsrat für dieses Vorgehen, hat er dem Konkursgericht folgende Unterlagen einzureichen: die von einem zeichnungsberechtigten Verwaltungsratsmitglied unterzeichnete *Insolvenzerklärung*; einen öffentlich beurkundeten *Generalversammlungsbeschluss*, in welchem die Zahlungsunfähigkeit festgestellt, die Abgabe der Insolvenzerklärung beschlossen und der Verwaltungsrat mit dem Vollzug beauftragt wird; einen aktuellen *Handelsregisterauszug* der AG sowie eine Erklärung, ob die AG Eigentümerin von *Grundstücken* ist (und gegebenenfalls deren Bezeichnung). In beiden Fällen ist ein Kostenvorschuss für die Konkurseröffnung zu leisten.

9.11
Eröffnung oder Aufschub des Konkurses

Tritt der Richter auf die Überschuldungsanzeige ein und zeigt deren Überprüfung eine Überschuldung, eröffnet er grundsätzlich den *Konkurs*. Dadurch wird die AG aufgelöst und deren Liquidation durch die Konkursverwaltung nach den Vorschriften des Konkursrechts eingeleitet (OR 740 V; SchKG 192, 197 ff.; N 16.6) – es sei denn, der Verwaltungsrat oder die Gläubiger (z.B. Arbeitnehmer der AG) stellten einen *Antrag auf Konkursaufschub* und legten dem Richter glaubhaft dar, dass *begründete Aussicht auf Sanierung* bestehe (OR 725a I). Dann kann der Richter den Konkurs aufschieben, *vermögenserhaltende Massnahmen* anordnen, einen Sachwalter einsetzen und die Verfügungsbefugnis des Verwaltungsrates aufheben oder einschränken (OR 725a II). Ein solcher Konkursaufschub muss nicht veröffentlicht werden, es sei denn, dies sei zum Schutze Dritter erforderlich (OR 725a III).

9.12
Nachlassstundung

Handelt der Verwaltungsrat rechtzeitig, kann er statt einer Überschuldungsanzeige mit Antrag auf Konkursaufschub (N 9.10 f.) auch das *Nachlassverfahren gem. SchKG 193 ff.* einleiten. Dieses ist in der Vorbereitungsphase aufwändiger und unter Umständen weniger diskret, gewährt dem Verwaltungsrat dafür aber etwas

9. Der Verwaltungsrat

mehr Gestaltungsspielraum. Der Verwaltungsrat muss nicht nur eine *Zwischenbilanz* erstellen lassen, sondern zusätzlich – meist nach aufreibenden Verhandlungen mit den Hauptgläubigern – einen *Entwurf eines Nachlassvertrages* ausarbeiten und diese Unterlagen mit einem einlässlich begründeten *Nachlassstundungsgesuch* dem Gericht einreichen.

c) Die Delegation der Geschäftsführung

Der Verwaltungsrat muss nicht alle eingangs betrachteten Aufgaben (N 9.1) selber übernehmen. Es steht ihm vielmehr frei, die *Geschäftsführung* ganz oder teilweise an einzelne seiner Mitglieder (Delegierte des Verwaltungsrates) oder an Dritte (Direktoren, Geschäftsleitung, Generaldirektion) zu übertragen (OR 716b I). Die flexible gesetzliche Regelung erlaubt somit ganz verschiedene Organisationsformen, welche grob wie folgt typisiert werden können:

9.13 Palette der Organisationsformen

a) *Gesamtgeschäftsführung* mit Einzelvertretungsbefugnis: Wird keine besondere Regelung getroffen, sind *alle Mitglieder des Verwaltungsrates gesamthaft* für die Geschäftsführung zuständig (OR 716b III) und kann jedes einzelne Verwaltungsratsmitglied die AG allein vertreten (OR 718 I), welche gesetzliche Grundordnung nur in kleineren privaten Gesellschaften sinnvoll sein dürfte (N 9.1 f.; Anhang 52).

b) (Amerikanisches) *Board-System*: Abweichend davon kann der Verwaltungsrat zwischen aussenstehenden «überwachenden» («nicht exekutiven») Mitgliedern einerseits («non-executive» oder «outside directors») und unternehmensinternen geschäftsführenden («exekutiven») Mitgliedern andererseits unterscheiden, d.h., er kann die Geschäftsführung und Vertretung einem oder mehreren *Delegierten des Verwaltungsrates* («executive directors») übertragen.

c) (Deutsches) dualistisches oder *Aufsichtsratssystem*: Der Verwaltungsrat kann die Geschäftsführung stattdessen auch konsequent einer – nicht dem Verwaltungsrat angehörenden – Geschäftsleitung oder Direktion überlassen und sich selber im Wesentlichen darauf beschränken, die Oberaufsicht über diese *Geschäftsleitung* auszuüben. Damit kann die Organisationsstruktur dem deutschen Aktienrecht angenähert werden, das neben Hauptversammlung, Vorstand und Abschlussprüfer als viertes Organ den Aufsichtsrat kennt, welcher die Handlungen des geschäftsführenden Vorstands laufend auf ihre Angemessenheit und Zweckmässigkeit überprüft. Allerdings lässt sich der Verwaltungsrat des schweizerischen Rechts auch bei grösstmöglicher Delegation der Geschäftsführung nie in ein reines Aufsichtsorgan umfunktionieren, weil ihm das Gesetz in OR 716a gewisse Geschäftsführungsaufgaben undelegierbar zugewiesen hat, wie etwa die oberste Führungsverantwortung («Oberleitung») oder die Gestaltung des Rechnungswesens und der Generalversammlung (N 9.2, 9.16 ff.; Anhang 53).

d) (Französisches) System des *«Président-Directeur Général»* (PDG): Im Sinne einer Machtkonzentration kann schliesslich auch der Verwaltungsratspräsident selber als Delegierter des Verwaltungsrats den Vorsitz der Geschäftsleitung übernehmen («Chairman and Chief Executive Officer», CEO). Kleingewerbliche patronale Verhältnisse einmal ausgenommen, sollte ein Organisationssystem, welches eine solche *Personalunion in der Leitung von Verwaltungsrat und Geschäftsleitung* vorsieht, aber unbedingt durch die Institutionalisierung adäquater Kontrollmechanismen (starkes Vizepräsidium, «lead independant director», unabhängiger Verwaltungsratsausschuss) austariert werden.

9.14
Formelle Voraussetzungen der Delegation

Jede Delegation von Kompetenzen durch den Verwaltungsrat bedarf einer entsprechenden *Ermächtigung* durch die Generalversammlung *in den Statuten* (N 2.33; Anhang 4, Artikel 14 II) und eines *Organisationsreglements,* in welchem der Verwaltungsrat die Delegation statuten- und gesetzeskonform im Einzelnen regelt (N 2.2; Anhänge 56 und 57; OR 716b I). Das Organisationsreglement ordnet die Geschäftsführung, bestimmt die hierfür erforderlichen Stellen, umschreibt deren Aufgaben und regelt insbesondere auch die Berichterstattung (OR 716b II; N 9.72). Das Organisationsreglement ist nicht öffentlich und muss – anders als die Statuten – namentlich auch nicht beim Handelsregisteramt hinterlegt werden. Der Verwaltungsrat hat jedoch Aktionäre und Gläubiger, die ein schutzwürdiges Interesse glaubhaft machen, auf Anfrage schriftlich über die Organisation der AG zu orientieren (OR 716b II).

9. Der Verwaltungsrat

In dem Umfang, in dem der Verwaltungsrat Kompetenzen in der beschriebenen Weise korrekt delegiert hat, *verringert sich die Verantwortlichkeit* seiner Mitglieder (N 11.12). In einem Verantwortlichkeitsprozess über die Verletzung delegierter Pflichten können die Verwaltungsratsmitglieder nicht haftbar gemacht werden, sofern sie nur darzutun vermögen, dass sie bei der *Auswahl, Instruktion und Überwachung* der für die übertragenen Aufgaben Verantwortlichen die nach den Umständen gebotene Sorgfalt angewendet haben (OR 754 II). Organisationsmängel können auch eine *strafrechtliche Verantwortung der AG* begründen: Ein unternehmensbezogenes Delikt, für welches infolge mangelhafter Organisation der AG keine bestimmte natürliche Person zur Verantwortung gezogen werden kann, wird der AG selber zugerechnet, welche dafür mit einer Busse von bis zu Fr. 5 Mio. bestraft werden kann (StGB 100^{quater} I). Für gewisse Delikte (kriminelle Organisation i.S.v. StGB 260ter, Finanzierung des Terrorismus i.S.v. StGB 260^{quinquies}, Geldwäscherei i.S.v. StGB 305bis und bestimmte Korruptionsdelikte i.S.v. StGB 322ter ff.) wird die AG unabhängig von der Strafbarkeit einer natürlichen Person bestraft, wenn sie nicht alle erforderlichen und zumutbaren organisatorischen Vorkehren getroffen hat, um eine solche Straftat zu verhindern (StGB 100^{quater} II).

9.15 Wirkung einer korrekten Delegation

d) Die undelegierbaren und unentziehbaren Verwaltungsratskompetenzen

Wie wir bereits gesehen haben, darf der Verwaltungsrat aber nicht alle seine Aufgaben delegieren. Der *obersten Führungs– und Kontrollverantwortung* kann er sich nie entledigen: OR 716a enthält einen Katalog dieser wichtigsten Aufgaben, die der Verwaltungsrat *nicht übertragen* darf und die ihm auch *nicht entzogen* werden können (Anhang 53; N 8.5, 9.2). Vier davon seien nachfolgend noch kurz erläutert:

9.16 Oberste Führungs- und Kontrollverantwortung

Zunächst einmal weist das Gesetz dem Verwaltungsrat unentziehbar und undelegierbar die *Oberleitung* sowie die Erteilung der nötigen *Weisungen* zu (OR 716a Ziff. 1). Dementsprechend ist es einzig und allein Aufgabe des Verwaltungsrats, die *Unternehmensziele und -politik* festzulegen, die dafür erforderlichen *Mittel* zu bestimmen und durch *Weisungen, Reglemente* und *Kontrollen*

9.17 Oberleitung (OR 716a Ziff. 1)

sicherzustellen, dass die Geschäftsleitung im Sinne dieser *strategischen Entscheide* handelt.

9.18
Organisationsverantwortung (OR 716a Ziff. 2)

OR 716a Ziff. 2 verpflichtet den Verwaltungsrat sodann, die *Organisation festzulegen*, d.h. die wesentlichsten Grundzüge der *Unternehmenshierarchie*, der *Aufgabenzuweisung*, der *Berichterstattung* und der *Kontrolle* zu bestimmen und laufend zu prüfen, ob diese Grundorganisation an veränderte Verhältnisse *angepasst* werden muss. Die entsprechenden Grundsatzentscheide des Verwaltungsrats finden Niederschlag im Oranisationsreglement (N 9.14; Anhänge 56 und 57), in Funktionsdiagrammen, Organigrammen, Kompetenztabellen, Pflichtenheften u.Ä.

9.19
Finanzverantwortung (OR 716a Ziff. 3)

Der Verwaltungsrat ist weiter undelegierbar verantwortlich für die *Ausgestaltung des Rechnungswesens* – also für die Organisation einer zweckmässigen Buchhaltung, die Ordnungsmässigkeit der Rechnungslegung und die Wahl des Rechnungslegungsmodells (Swiss GAAP FER; IFRS/IAS; N 12.4) –, für die *Finanzkontrolle* – laufende Überwachung der finanziellen Abläufe, namentlich der Liquidität, sowie internes Kontrollsystem (IKS; interne Revision) – und für die *Finanzplanung* (Budgetierung und Liquiditätsplanung).

9.20
Oberaufsicht über die Geschäftsführungsorgane (OR 716a Ziff. 4 und 5)

Einzig und allein dem Verwaltungsrat kommt auch die Oberaufsicht über die mit der Geschäftsführung und Vertretung der AG betrauten Personen zu. Er ist zuständig und verpflichtet zu deren *Ernennung*, zum *Einschreiten* bei Feststellung von Fehlleistungen sowie zu deren *Abberufung* (N 9.66; OR 716a Ziff. 4). Im Rahmen seiner Oberaufsicht (OR 716a Ziff. 5) hat er sodann eine *angemessene Überwachung* und *Berichterstattung* sicherzustellen. Zwar hat der Verwaltungsrat die Handlungen der Geschäftsleitung nicht laufend auf ihre Gesetzmässigkeit zu überprüfen; er darf grundsätzlich davon ausgehen, dass die Kader ihre Aufgaben korrekt erfüllen. Aber er hat systematisch auf die *Einhaltung der für das Unternehmen massgebenden Normen* («Gesetze, Statuten, Reglemente und Weisungen»; OR 716a Ziff. 5) hinzuwirken und eine entsprechende Überwachung zu organisieren (sog. *Compliance*). Unterstützt wird der Verwaltungsrat durch die Prüfungstätigkeit der Revisionsstelle, welche ihn bei mittleren und grösseren Gesellschaften zusätzlich zum *Revisionsbericht* in einem *Erläuterungsbericht* auf allfällige Mängel und Vorschläge zu deren Beseitigung hinweist (OR 729a; N 10.10), häufig begleitet von einem

Management Letter an den Vorsitzenden der Geschäftsleitung oder den Verwaltungsratspräsidenten (N 10.10).

B) Die vom Verwaltungsrat zu beachtenden Grundsätze

a) Sorgfalts- und Treuepflicht

Der Verwaltungsrat hat seine Aufgaben mit aller *Sorgfalt* zu erfüllen und die *Interessen der Gesellschaft in guten Treuen zu wahren* (OR 717 I). Die Mitglieder des Verwaltungsrats haben ihr Handeln strikt am *Gesellschaftsinteresse* zu orientieren: So unterstehen sie einer *Geheimhaltungs- und Schweigepflicht* (haben sie also über Geschäftsgeheimnisse und Gesellschaftsinterna Verschwiegenheit zu wahren) sowie einem *Konkurrenzverbot* (dürfen sie ihre AG also nicht konkurrenzieren) und ist es ihnen verboten, das Gesellschaftsvermögen für ihre eigenen Zwecke oder diejenigen eines Dritten (z.B. ihres Treugebers oder der Konzernobergesellschaft; N 15.14) einzusetzen oder *Wissensvorsprünge* zum eigenen Profit auszunützen (Insidergeschäfte). Verstösst ein Mitglied des Verwaltungsrates gegen diese Pflichten, kann es mit einer Verantwortlichkeitsklage zur Rechenschaft gezogen werden (N 11.6 ff.) oder bei gravierenden Verstössen z.B. wegen ungetreuer Geschäftsbesorgung (StGB 158), Veruntreuung (StGB 138), Ausnützen der Kenntnis vertraulicher Tatsachen (StGB 161, «Insiderdelikt») oder Verletzung des Geschäftsgeheimnisses (StGB 162) bestraft werden.

9.21 Sorgfältige Wahrung des Gesellschaftsinteresses

Diese Pflicht zur sorgfältigen Wahrung des Gesellschaftsinteresses gilt insbesondere auch für den aus dem Alleinaktionär bestehenden Verwaltungsrat einer Einpersonen-AG (N 1.25), denn der zivil- und strafrechtliche Schutz des Gesellschaftsvermögens besteht nicht nur im Interesse der Aktionäre, sondern eben auch in demjenigen der Gesellschaftsgläubiger: Das Vermögen der AG ist für den Alleinaktionär *fremdes* Vermögen, und jede pflichtwidrige Verfügung darüber zieht zivil- und strafrechtliche Konsequenzen nach sich – jedenfalls dann, wenn dadurch das Aktienkapital und die gebundenen Reserven tangiert werden.

9.22 Einpersonen-AG

In einer besonderen Situation sehen sich auch Verwaltungsratsmitglieder, welche von einer Konzernobergesellschaft in eine Tochtergesellschaft delegiert werden (N 15.14), welche im Ver-

9.23 Konzern-VR, Gruppenvertreter und Strohmann

waltungsrat eine Aktionärskategorie vertreten (N 6.54) oder welche ihr Verwaltungsratsmandat aufgrund eines Treuhandvertrages ausüben (N 9.60; Anhang 63). Sie alle können in einen Interessenkonflikt geraten, wenn die Weisungen der Muttergesellschaft bzw. des Treugebers oder die Interessen der von ihnen vertretenen Aktionärsgruppe nicht mit dem Gesellschaftsinteresse übereinstimmen, zu dessen Wahrung sie als Verwaltungsratsmitglieder verpflichtet sind. Die aus einem solchen *doppelten Pflichtennexus* (N 7.9) entstehenden Probleme sind nach der Maxime zu lösen, dass die *Interessen der AG*, in welcher das Verwaltungsratsmandat ausgeübt wird, *vorgehen*, dass aber innerhalb des meist bestehenden *Ermessensspielraums* die Weisungen bzw. Interessen der Konzernobergesellschaft, des Treugebers oder der vertretenen Aktionärskategorie berücksichtigt werden dürfen, *soweit sie den Interessen der AG nicht zuwiderlaufen* und diese nicht geschädigt wird. Eine gewisse Entlastung von fiduziarisch oder für eine Obergesellschaft tätigen Verwaltungsratsmitgliedern lässt sich auch durch eine entsprechende Abfassung des *Zweckartikels* (N 2.11 ff.) erreichen, indem Interessen des Treugebers bzw. des Konzerns explizit zum Gesellschaftszweck gemacht werden.

9.24
Ausstand

Heikle Fragen stellen sich auch immer dann, wenn der Verwaltungsrat zu Lasten der Gesellschaft Geschäfte abschliessen soll, an denen einzelne seiner Mitglieder in irgendeiner Weise persönlich interessiert sind: Soll die AG z.B. einen Mietvertrag über Geschäftsräume in der Liegenschaft des Verwaltungsratspräsidenten abschliessen, ist sie an einem möglichst tiefen, der vermietende Verwaltungsratspräsident dagegen an einem möglichst hohen Mietzins interessiert. In solchen Fällen ist der Verwaltungsrat gut beraten, wenn seine «privat interessierten» Mitglieder in den *Ausstand* treten – auch wenn das Gesetz eine solche generelle Ausstandsregel nicht ausdrücklich aufstellt – und die übrigen Verwaltungsratsmitglieder genau so beschliessen und handeln, wie sie es gegenüber jedem Dritten tun würden. Dieser Grundsatz des *«Geschäftens wie mit einem Fremden»* («dealing at arm's length») ist das Allermindeste, was auch ein persönlich interessiertes Verwaltungsratsmitglied zu beachten hat, wenn es – weil es z.B. das einzige Verwaltungsratsmitglied ist – nicht in den Ausstand tritt.

9. Der Verwaltungsrat

Immer besteht aber die Gefahr, dass sich solche Geschäfte als nichtig erweisen: Den soeben geschilderten Fall, dass ein Verwaltungsratsmitglied namens der AG mit sich selber einen Vertrag abschliesst, nennt man *Selbstkontrahieren*. Die gleiche Gefahr einer Benachteiligung des Vertretenen besteht auch bei der sog. *Doppelvertretung*, wenn also jemand als Organ von zwei Gesellschaften zwischen diesen beiden einen Vertrag abschliesst. Solche *Insichgeschäfte* sind gemäss der Praxis des Bundesgerichts grundsätzlich verboten und *nichtig*, es sei denn, es liege eine *besondere Ermächtigung oder eine nachträgliche Genehmigung durch ein über- oder nebengeordnetes Organ* vor oder die Gefahr einer Benachteiligung der Gesellschaft könne aufgrund der *Natur des Geschäfts* ausgeschlossen werden (z.B. Verkauf zum Börsen- oder Marktpreis). Zuständig für die Ermächtigung oder nachträgliche Genehmigung sind die nicht involvierten Verwaltungsratsmitglieder; fehlen solche, wird ausnahmsweise die Generalversammlung – obgleich für Geschäftsführungsbelange unzuständig (N 8.5) – entscheiden können (wobei in privaten Gesellschaften die Generalversammlung oftmals genau gleich vom Interessenkonflikt betroffen sein wird wie der Verwaltungsrat). Etwas grosszügiger werden Insichgeschäfte bei Verträgen zwischen *wirtschaftlich eng miteinander verbundenen Gesellschaften* zugelassen, weil sie in dieser Konstellation generell als Rechtshandlungen gelten, die der Gesellschaftszweck gem. OR 718a I mit sich bringen kann – was aber nur im Verhältnis zu hundertprozentigen Tochtergesellschaften gelten darf, wo keine Interessen von Minderheitsaktionären zu schützen sind.

9.25
Insichgeschäfte

b) Beachtung des Gleichbehandlungs-, Sachlichkeits- und Erforderlichkeitsgebots sowie des Prinzips der schonenden Rechtsausübung

Wie die Generalversammlung verpflichtet das Gesetz sodann auch den Verwaltungsrat ausdrücklich, das aktienrechtliche *Gleichbehandlungsgebot* zu respektieren (OR 717 II; N 6.7); er darf also z.B. Aktionäre, die im Verwaltungsrat vertreten sind, nicht gegenüber anderen bevorzugt behandeln. Auch hat er das *Sachlichkeits-* und das *Erforderlichkeitsgebot* (N 6.8) sowie das *Prinzip der schonenden Rechtsausübung* (N 6.9) zu beachten.

9.26
Verweisung

c) Corporate Governance

9.27
Begriff

Befasst sich der Verwaltungsrat mit den Leitlinien seines Handelns, drängt sich gegenwärtig schnell der schillernde Begriff der *Corporate Governance* (wörtlich übersetzt «körperschaftliche Steuerung») in den Vordergrund. Unter diesem Schlagwort werden *Verhaltensrichtlinien* für die Unternehmensleitung sowie Empfehlungen für die *Organisationsstruktur* (Verhältnis von Führung und Kontrolle, «checks and balances») und die *Transparenz* zusammengefasst. Einen Ausgangspunkt der Corporate-Governance-Diskussion bildete die «Principal/Agent»-Theorie, welche konstatierte, bei Publikumsgesellschaften könnten die Aktionäre als Auftraggeber («principals») das von ihnen beauftragte Management («agent») nicht mehr kontrollieren, woraus die Gefahr resultiere, dass das Management seine eigenen Interessen verfolge. Corporate Governance versucht demnach, die Wahrung der Aktionärsinteressen bei Publikumsgesellschaften sicherzustellen. Entsprechend allgemein lauten die *Definitionsversuche*, von denen hier derjenige des «Swiss Code of Best Practice for Corporate Governance» vom 25. März 2002 wiedergegeben sei: «Corporate Governance ist die Gesamtheit der auf die *Aktionärsinteressen* ausgerichteten Grundsätze, die unter Wahrung von *Entscheidungsfähigkeit und Effizienz* auf der obersten Unternehmensebene *Transparenz* und ein *ausgewogenes Verhältnis von Führung und Kontrolle* anstreben» (Hervorhebungen hinzugefügt).

9.28
Internationale und nationale Entwicklung

Die Formulierung der Corporate Governance-Prinzipien setzte zu Beginn der 90er-Jahre in Grossbritannien mit dem «Cadbury-Report» ein, der verschiedene Grundsätze zur Best Practice aufstellte (z.B. «1.1 The board should meet regularly, retain full an effective control over the company and monitor the executive management») und dann zusammen mit weiteren Berichten schliesslich in den Londoner «Combined Code. Principles of Good Governance and of Best Practice» mündete. In den USA wurden bereits früher Forderungen nach einer Verbesserung der Abschlussprüfung (namentlich der Einrichtung eines Prüfungsausschusses im Verwaltungsrat) erhoben, doch führten erst spektakuläre Bilanzskandale (Enron, WorldCom) zum grossen Schub des «Sarbanes-Oxley Act» von 2002, welcher die Anforderungen

9. Der Verwaltungsrat

an die Revisoren, an die Durchführung der Abschlussprüfung, an die Transparenz etc. drakonisch verschärfte. Im Rahmen dieser internationalen Bewegung (vgl. z.B. Frankreich mit den «Rapports Viénot», Deutschland mit dem «Gesetz zur Kontrolle und Transparenz im Unternehmensbereich» und dem «Deutschen Corporate Governance Kodex» oder die «OECD Principles of Corporate Governance») wurde auch die *Schweiz* von der Corporate-Governance-Diskussion erfasst, wobei ein Teil der Postulate bereits – wenn auch noch nicht unter dem Etikett «Corporate Governance» – im Rahmen der *Aktienrechtsrevision von 1991* diskutiert und zumindest ansatzweise erfüllt worden war (vgl. etwa die Regelung der Informationsrechte der Aktionäre in OR 715a, die Liste mit den unentziehbaren und undelegierbaren Verwaltungsratskompetenzen in OR 716a, die erhöhten Anforderungen an Befähigung und Unabhängigkeit der Revisionsstelle in OR 727a ff. etc.). Das *Börsengesetz* (BEHG) vom 24. März 1995 brachte dann ein «Sonderaktienrecht» für Publikumsgesellschaften, in welchem diese zu einer Rechnungslegung nach «true and fair view», zu einer zeitgerechten Information der Investoren, zu einer Offenlegung von Beteiligungen und zur Einhaltung bestimmter Regeln bei Unternehmensübernahmen verpflichtet wurden. Das Bedürfnis von an der New Yorker Börse kotierten Schweizer Unternehmen, dieser die im Sitzland massgebenden Regeln nachweisen zu können, und unglückliche Entwicklungen bei Grossgesellschaften (SAirGroup, Zurich Financial Services, ABB) veranlassten dann den Dachverband der Schweizer Wirtschaft economiesuisse, am 25. März 2002 den *«Swiss Code of Best Practice for Corporate Governance»* (Swiss Code; abrufbar unter www.economiesuisse.ch) zu verabschieden, der seit dem 1. Juli 2002 in Kraft steht und auf die von der Schweizer Börse (SWX Swiss Exchange) auf das gleiche Datum in Kraft gesetzte *«Richtlinie betreffend Informationen zur Corporate Governance»* (RLCG; abrufbar unter www.swx.com) ausgerichtet ist; die gestützt auf BEHG 4 erlassene RLCG regelt in 9 Ziffern und einem Anhang die von den *börsenkotierten* Gesellschaften zu publizierenden Informationen (im Wesentlichen orientiert am Grundsatz «comply or explain»; ein Absehen von der Offenlegung einer Information ist im Geschäftsbericht detailliert zu begründen). Zusätzlich erliess die SWX Swiss Exchange am 20. Oktober 2003 eine «Richtlinie zur Offenlegung von Management-Transaktionen»(RLMT; abrufbar unter www.swx.com), welche eine Meldepflicht für durch die Unternehmensspitze börsenkotierter Gesellschaften getätigte Erwerbs- oder Veräusserungsgeschäfte über Aktien oder andere Beteiligungspapiere ihrer Gesellschaft sowie diesbezügliche Wandel- und Erwerbsrechte einführt. Im Zusammenhang mit der Corporate-Governance-Diskussion zeichnete sich schliesslich auch das Bedürfnis nach einer *weiteren Aktienrechtsrevision* ab, welche nebst Einzelaspekten der Corporate Governance – namentlich im Bereich der Aktionärsrechte – wahrscheinlich auch Anpassungen bei der Generalversammlung und den Aktienkapitalveränderungen berücksichtigen wird.

9.29
Inhalt des Swiss Code of Best Practice for Corporate Governance

Beim Swiss Code handelt es sich nicht um ein Gesetz, sondern um *Empfehlungen an* (auch nicht kotierte) *volkswirtschaftlich bedeutende Gesellschaften,* die dem Verwaltungsrat Leitideen vermitteln sollen, wie er den vom Gesetz belassenen Spielraum den aktuellen Standards entsprechend konkretisieren könnte. Der erste Teil enthält Empfehlungen zum *Umgang mit den Aktionären* (Ziff. 1–8), denen die Informationsbeschaffung und die Ausübung ihrer Rechte möglichst erleichtert werden soll (z.B. «2. Die Gesellschaft ist bestrebt, den Aktionären die Ausübung ihrer gesetzlichen Rechte zu erleichtern. / – Zu diesem Zweck können die Statuten die im Gesetz vorgesehenen Schwellenwerte für die Einreichung eines Gesuchs um Traktandierung oder Einberufung einer ausserordentlichen Generalversammlung ... angemessen herabsetzen. / – .... / – Die Statuten sind jederzeit in schriftlicher oder elektronischer Form erhältlich.»). Der zweite Teil enthält Erläuterungen zu den *Aufgaben des Verwaltungsrats* (Ziff. 9–11), Empfehlungen zu dessen *Zusammensetzung und Weiterbildung* (Ziff. 12 f.), zu seiner *Arbeitsweise* (Ziff. 14 f.), zum Umgang mit *Interessenkonflikten und Wissensvorsprüngen* (Ziff. 16 f.), zur beliebten Frage, ob der Vorsitz im Verwaltungsrat und in der Geschäftsleitung in *Personalunion oder als Doppelspitze* zu besetzen sei (Ziff. 18), zu *internem Kontrollsystem und Compliance* (Ziff. 19 f.) sowie zu *Verwaltungsratsausschüssen* (Prüfungsausschuss, Entschädigungsausschuss und Nominierungsausschuss; Ziff. 21–27) und schliesslich Verweisungen zur *Revision* (Ziff. 29) und *Offenlegung* (Ziff. 30).

9. Der Verwaltungsrat

Auch wenn sich der Swiss Code an Publikumsgesellschaften wendet, ist dessen (kurze) Lektüre auch Verwaltungsratsmitgliedern kleiner und kleinster Aktiengesellschaften zu empfehlen, vermittelt er doch einen Überblick über die von der schweizerischen Wirtschaftsgemeinschaft vertretenen Mindeststandards zum Funktionieren einer AG. Nach der Lektüre werden dann vielleicht nicht unbedingt Prüfungs-, Entschädigungs- oder Nominierungsausschüsse gebildet, aber zumindest Verwaltungsratsaufgaben erkannt, welche z.B. einzelnen Verwaltungsratsmitgliedern übertragen werden können. Natürlich wird bei der Klein-AG auch nicht eine «Principal/Agent»-Problematik (N 9.27) nach Regelungen zum Verhältnis zwischen Management und Aktionären rufen; hingegen könnte z.B. das Vorhandensein von *Minderheitsaktionären* den Verwaltungsrat veranlassen, Corporate-Governance-Massnahmen zur zuverlässigen und grosszügigen Wahrung von deren *Informations-, Traktandierungs-, Stimm- und Dividendenrechten* sowie zur grösstmöglichen Erleichterung der *Aktienveräusserung* zu treffen. Bei einer Familien- oder anderen privaten AG dürfte es z.B. zur Best Practice gehören, (a) die Transparenz durch eine detaillierte, materiell aussagekräftige Jahresrechnung und regelmässige Zwischenberichte an die Aktionäre zu erhöhen, (b) eine angemessene Ausschüttungspolitik zu verfolgen (N 1.44), (c) ein kompaktes Aktionariat zu erhalten und (d) soweit sinnvoll die Unternehmensführung zu trennen in eine strategische Ebene, welche dem Verwaltungsrat (mit auch unabhängigen Mitgliedern; N 1.31), und eine operative Ebene, welche der Geschäftsleitung zugewiesen wird.

9.30
Corporate Governance in der privaten AG

d) Armer Verwaltungsrat ...

Indem unter dem Titel «Corporate Governance» Regeln für die *gute* Unternehmensführung aufgestellt werden, erhält der Verwaltungsrat (in einem weitesten Sinn) ethische Vorgaben – etwas, was das Gesetz nur beschränkt liefern kann. Insoweit sind die entsprechenden Bemühungen zu begrüssen. Nicht zu übersehen ist aber, dass die damit einhergehende Formalisierung des unternehmerischen Anstandes – verbunden mit einer längst überwunden geglaubten Regulierungsgläubigkeit – nicht nur zu einer *Überforderung des Verwaltungsrats*, sondern auch zu einer uner-

9.31
Licht und Schatten der Corporate Governance

wünschten Verlagerung von dessen Tätigkeit führt, indem nicht mehr unbedingt die kreative Erarbeitung zukunftsgerichteter unternehmerischer Entscheide und die direkte persönliche Einflussnahme auf das Management im Vordergrund stehen, sondern v.a. die Einhaltung einer unübersehbaren Vielzahl vorgegebener Normen sichergestellt wird. Wenn die Gefahren für einmal etwas plakativ umschrieben werden dürfen: Gut ist nicht mehr der Verwaltungsrat, der das Unternehmen bewegt, sondern der Verwaltungsrat, der – in zahllose Ausschüsse zersplittert – formalisierte Corporate-Governance-Prozesse abarbeitet, diese Pflichterfüllung durch entsprechende Papierberge auch jederzeit beweisen kann und einen wesentlichen Teil der Unternehmensmittel an Wirtschaftsprüfer weiterleitet.

9.32
Der materielle Kerngehalt der guten Unternehmensführung

Unter dem Eindruck der detailverliebt jeder Erscheinung des Wirtschaftslebens hintereilenden staatlichen und privaten Regulatoren sowie der diese Bemühungen vorbereitenden und kommentierenden Literaturflut verrichten gerade Verwaltungsräte kleinerer und mittlerer Gesellschaften ihre Arbeit oftmals im Gefühl, ihr Unternehmen zwar gut zu leiten und einigermassen vernünftig im Griff zu haben, aber bestimmt irgendwelchen Vorschriften nicht zu genügen. Absolution kann in dieser Frage nicht erteilt werden, aber vielleicht Trost: In aller Regel wird derjenige Verwaltungsrat nichts falsch machen, der dafür sorgt, dass seine *Mitglieder glaubwürdig, offen, beharrlich, fair und bescheiden* sind, und der in der *Unternehmensführung Fairness* sowie *Zuverlässigkeit* gegenüber Arbeitnehmern, Aktionären und Geschäftspartnern, *Nachhaltigkeit, solide Finanzierung*, angemessene *Liquidität* und *Nachvollziehbarkeit* der Geschäftsvorgänge durchsetzt.

C) Interne Organisation des Verwaltungsrats

a) Verwaltungsratssitzungen

9.33
Einberufung und Sitzungsrhythmus

Verwaltungsratssitzungen werden normalerweise vom Präsidenten des Verwaltungsrats einberufen. Jedes Verwaltungsratsmitglied kann unter Angabe der Gründe vom Präsidenten die unverzügliche Einberufung einer Sitzung verlangen (OR 715). Der Swiss Code erachtet für Publikumsgesellschaften mindestens vier Sitzungen pro Jahr als erforderlich (Ziff. 14). Je nach Situation des

9. Der Verwaltungsrat

Unternehmens und Involvierung des Verwaltungsrats in die Geschäftsführung ist jedoch ein deutlich höherer Sitzungsrhythmus angezeigt – generell einfach, «so oft es die Geschäfte erfordern» (Anhang 57 Ziff. 8).

Die Sitzungen werden in der Regel vom *Verwaltungsratspräsidenten geleitet*. Die *Traktandenliste* wird durch die aktuell anstehenden Verwaltungsratsaufgaben bestimmt (z.b. strategische Entscheide zu Geschäftsfeldern, Marketingmassnahmen, Unternehmensübernahmen oder Umstrukturierungen, Vorbereitung der Generalversammlung, Kader-Personalfragen, Regelung der Zeichnungsberechtigung, Erlass von Weisungen und Reglementen, interne Kontrollmassnahmen etc.). Sie wird eingeleitet mit der Feststellung der ordnungsgemässen Einberufung und der Beschlussfähigkeit und enthält meist das «ständige» Traktandum der Berichterstattung und Diskussion über den Geschäftsgang und die finanzielle Situation, wozu je nach Organisationsstruktur oftmals auch Mitglieder der Geschäftsleitung eingeladen werden.

9.34 Durchführung

Über die *Verhandlungen und Beschlüsse* des Verwaltungsrats ist ein Protokoll zu führen, das vom Vorsitzenden und vom Sekretär zu unterzeichnen ist (OR 713 III; Anhänge 23, 58, 59, 60, 80, 94 und 98). Anders als die Generalversammlung darf sich der Verwaltungsrat also nicht mit einem blossen Beschlussprotokoll begnügen. Er hat vielmehr auch zumindest die *wesentlichen in der Diskussion vorgebrachten Argumente* zusammenfassend protokollieren zu lassen. Natürlich darf das Protokoll auch ausführlicher geführt werden, bis hin zur wörtlichen Wiedergabe der einzelnen Voten. Verwaltungsratsprotokollen kann nicht nur bei internen Auseinandersetzungen im Verwaltungsrat, sondern namentlich auch in Verantwortlichkeitsprozessen eine entscheidende Bedeutung zukommen.

9.35 Protokoll

Die von der Generalversammlung Gewählten und nur sie sollen die Verwaltungsratsaufgaben wahrnehmen (N 9.70) und mit ihrer Person für die aus ihren Ratschlägen und Entscheiden resultierenden Folgen einstehen (N 11.6 ff.). Der Verwaltungsrat soll in der von der Generalversammlung bestimmten personellen Zusammensetzung und ohne Umgehung allfälliger Präsenzquoren die Geschicke der AG leiten. Es wird daher mehrheitlich davon ausgegangen, dass sich ein Verwaltungsratsmitglied an einer Ver-

9.36 Keine Stellvertretung

waltungsratssitzung weder durch ein anderes Mitglied noch durch einen Aussenstehenden vertreten lassen kann.

b) Beschlüsse

9.37 Beschlussfähigkeit
Wie für die Generalversammlung kennt das Gesetz auch für Verwaltungsratssitzungen *kein Präsenzquorum*. Um zu verhindern, dass bei einem z.B. fünfköpfigen Verwaltungsrat ein einziges Mitglied gültig Verwaltungsratsbeschlüsse fassen kann, wenn es als einziges an einer ordnungsgemäss einberufenen Verwaltungsratssitzung teilnimmt, ist dringend zu empfehlen, in den Statuten (Anhang 4 Art. 15 I) oder im Organisationsreglement (Anhang 57 Ziff. 11) eine Mindestpräsenz zu verlangen – welche allerdings tief genug anzusetzen ist, damit der Verwaltungsrat seine Funktion als *Führungsorgan* auch in ausserordentlichen Situationen jederzeit wahrnehmen kann (vgl. auch N 13.14).

9.38 Beschlussfassung
Anders als die Generalversammlung beschliesst der Verwaltungsrat nicht mit der Mehrheit der anwesenden, sondern mit der Mehrheit der *abgegebenen* Stimmen (OR 713 I), wobei – ebenfalls im Unterschied zur Generalversammlung – jedes Verwaltungsratsmitglied nur über eine Stimme verfügt (*Kopfstimmprinzip* und *Verbot des Mehrfachstimmrechts;* N 6.47). Allerdings hat der Vorsitzende von Gesetzes wegen den *Stichentscheid,* sofern die Statuten nichts anderes bestimmen (OR 713 I; Anhang 4 Art. 15 II; N 2.34; zur umgekehrten Regelung bei der Generalversammlung vgl. N 8.14). Als abgegebene Stimmen zählen nur die Ja- und Nein-Stimmen; enthalten sich also von fünf anwesenden Verwaltungsratsmitgliedern zwei explizit oder stillschweigend der Stimme, ist ein Antrag mit zwei Ja-Stimmen angenommen.

9.39 Zirkulationsbeschlüsse
Ebenfalls anders als die Generalversammlung kann der Verwaltungsrat Beschlüsse auch auf dem Weg der schriftlichen Zustimmung zu einem gestellten Antrag fassen, sofern kein Verwaltungsratsmitglied eine mündliche Beratung verlangt (OR 713 II; Anhang 61). Die schriftliche Zustimmung kann auch per Fax oder E-Mail mit zertifizierter Signatur übermittelt werden.

9.40 Nichtigkeit
Verwaltungsratsbeschlüsse können – anders als Generalversammlungsbeschlüsse (N 8.27 ff.) – *nicht* mit einer *Anfechtungsklage* angefochten werden (N 6.48; zu einer Ausnahme im FusG

vgl. N 17.46). Hingegen können sie nichtig sein (OR 714; N 6.47): Für die *Nichtigkeit* von Verwaltungsratsbeschlüssen verweist das Gesetz auf die entsprechende Regelung für die Generalversammlungsbeschlüsse (N 8.34). Im Wesentlichen bedeutet dies, dass Verwaltungsratsbeschlüsse, welche die *Grundstrukturen der AG* oder die *Kapitalschutzbestimmungen* missachten (OR 706b Ziff. 3), nichtig sind. Nichtig wären also etwa Verwaltungsratsbeschlüsse, mit welchen die Gültigkeit von Beschlüssen über die Oberleitung oder die Organisation der Gesellschaft von der Genehmigung eines Unternehmensberaters abhängig gemacht (OR 716a I Ziff. 1 und 2; N 9.17 f.), einem Verwaltungsratsmitglied das Teilnahme- oder Stimmrecht entzogen oder umgekehrt ein Pluralstimmrecht zuerkannt würde etc. (N 6.47).

c) *Besondere Funktionen innerhalb des Verwaltungsrats*

Der Verwaltungsrat konstituiert sich selbst. Er verteilt seine Aufgaben also in eigener Verantwortung auf seine Mitglieder und bildet erforderlichenfalls auch *Ausschüsse* (OR 716a II, 726; Anhänge 23 und 58). Mindestens bezeichnet er aber seinen *Präsidenten* und einen *Sekretär* (OR 712 I), wobei die Statuten die Wahl des Präsidenten auch der Generalversammlung vorbehalten können (OR 712 II; Anhang 4, Artikel 7 lit. b; N 2.34, 8.4 lit. b). Die innerhalb des Verwaltungsrats ausgeschiedenen Funktionen und die ihnen zugewiesenen Aufgaben werden mit Vorteil im Organisationsreglement geregelt (Anhang 57; N 9.14, 9.45). Die konkrete Ausgestaltung der internen Organisation des Verwaltungsrats hängt selbstverständlich von der Grösse und vom Tätigkeitsbereich der Gesellschaft sowie vom gewählten Geschäftsführungsmodell (N 9.13) ab.

9.41
Konstituierung

Auch wenn das Gesetz die Rolle des Verwaltungsratspräsidenten nicht gesondert regelt, so kommt ihm in der Praxis doch häufig eine ausserordentlich *prägende Funktion* zu, indem er durch sein Vorbild sowie die Vorbereitung und Leitung der Sitzungen massgebend beeinflusst, wie ernsthaft, kritisch und produktiv sich die Verwaltungsratsmitglieder mit den anstehenden Geschäften auseinander setzen (N 9.71). Oftmals ist er auch das einzige Verwaltungsratsmitglied, welches in regelmässigem Kontakt zur Geschäftsleitung steht.

9.42
Präsident

9.43
Sekretär

Der Sekretär des Verwaltungsrats – der nicht Verwaltungsratsmitglied zu sein braucht – führt die Protokolle, kümmert sich um die administrativen Belange des Verwaltungsrats und ist in grösseren Gesellschaften oftmals auch der «Rechtskundige».

9.44
Delegierter

Beim Delegierten des Verwaltungsrats handelt es sich um ein Verwaltungsratsmitglied, welches – regelmässig vollamtlich – im Rahmen seiner durch das Organisationsreglement festgelegten Kompetenzen die Geschäfte der AG in eigener Verantwortung führt bzw. die Geschäftsleitung als deren Vorgesetzter laufend überwacht (N 9.13). Gelegentlich wird die Funktion des Delegierten in Personalunion mit dem Verwaltungsratspräsidium ausgeübt (N 9.13 lit. d); manchmal bekleidet der Delegierte auch das Amt des Vizepräsidenten, während das Präsidium im Sinne der «checks and balances» von einem «nicht exekutiven» Verwaltungsratsmitglied wahrgenommen wird. In grösseren Gesellschaften erwächst der im Verwaltungsratsdelegierten personifizierten Doppelfunktion von Führung und Überwachung zunehmend Kritik (N 9.13, 9.29).

9.45
Ausschüsse

Verwaltungsräte mittlerer und grösserer Gesellschaften sehen sich zur Bewältigung ihrer Aufgaben gezwungen, aus ihrer Mitte Ausschüsse zu bilden. Für die Bildung von Ausschüssen, denen lediglich *vorbereitende, überwachende oder ausführende Funktionen* zukommen (OR 716a II), bestehen keine formellen Anforderungen; sie können auch ad hoc gebildet werden und vermögen an der Gesamtverantwortung des Verwaltungsrats nichts zu ändern. Wenn der Verwaltungsrat dagegen einzelne seiner *Kompetenzen an Ausschüsse delegiert* (Ausschüsse mit Entscheidkompetenzen), sind die in N 9.14 erwähnten Formerfordernisse einzuhalten (statutarische Delegationsermächtigung und Organisationsreglement). In der Praxis sind etwa folgende Ausschüsse anzutreffen:

a) *Geschäftsführender Ausschuss* («Verwaltungsratsausschuss»): Zu Zeiten der zwanzigköpfigen Verwaltungsräte wurde jeweils ein «Verwaltungsratsausschuss» gebildet, der die eigentliche Verwaltungsratstätigkeit – manchmal auch Geschäftsleitungsaufgaben – erledigte, während sich die nicht dem Ausschuss angehörenden Verwaltungsratsmitglieder in die beiratsähnliche Rolle von Diskussionspartnern, Beratern oder Repräsentanten versetzt sahen. Nach der Festschreibung undelegierbarer Verwaltungsratsaufgaben in OR 716a und der Verkleinerung der Verwaltungsräte besteht der geschäftsführende Ausschuss heute meist aus dem Verwaltungsratspräsidenten und den Delegierten.

b) Der *Prüfungsausschuss* (Revisionsausschuss, Audit Committee; Swiss Code Ziff. 23 f.) setzt sich aus nicht exekutiven, bilanzsicheren und vorzugsweise unabhängigen Verwaltungsratsmitgliedern zusammen, macht sich ein Bild von der Wirksamkeit der externen und internen Revision, prüft die Jahresrechnung und die Unabhängigkeit der Revisionsstelle (N 10.5), überwacht die Compliance etc. Der Prüfungsausschuss prüft und revidiert also nicht selber, sondern beurteilt die Leistungen der internen und externen Revision sowie des internen Kontrollsystems.

c) Der *Entschädigungsausschuss* (Compensation Committee; Swiss Code Ziff. 25 f.) besteht mehrheitlich aus unabhängigen Mitgliedern des Verwaltungsrats und erarbeitet die Grundsätze für die Entschädigung der Mitglieder von Verwaltungsrat und Geschäftsleitung.

d) Der *Nominierungsausschuss* (Nomination Committee; Swiss Code Ziff. 27) bereitet die Auswahl von neuen Verwaltungsratsmitgliedern und allenfalls von Kandidaten für die Geschäftsleitung vor und ist oft auch mit der Weiterbildung des Verwaltungsrats und der Einführung neuer Mitglieder befasst.

e) Gelegentlich wird in grösseren Verhältnissen auch noch ein (vom Prüfungsausschuss zu unterscheidender) *Finanzausschuss* gebildet, welcher die finanzielle Entwicklung der Gesellschaft überwacht.

f) Stehen besondere Aufgaben an (z.B. Umstrukturierungen, Unternehmensübernahmen, Bauvorhaben, Massnahmen gegen rufschädigende Kampagnen, Untersuchung interner Unregelmässigkeiten, Gerichtsverfahren von existenzieller Bedeutung etc.), kann der Verwaltungsrat entsprechende *Ad-hoc-Ausschüsse* bilden.

In kleineren Gesellschaften können die hier geschilderten Ausschuss-Aufgaben auch Einzelbeauftragten zugewiesen werden (Swiss Code Ziff. 28).

9.46
Beirat

Gelegentlich stellen sich Verwaltungsräte auch sog. *Beiräte* zur Seite; etwa einen *Expertenbeirat* (Advisory Board), wenn ein Bedarf nach Beratung durch Sachverständige besteht (z.b. ein Ethik-Beirat in einem Pharma-Unternehmen, ein wissenschaftlicher Beirat in einem Technologie-Unternehmen etc.); oder einen «*Prominentenbeirat*», wenn die Reputation und das Beziehungsnetz des Unternehmens aufgewertet werden sollen; oder einen *Familienbeirat*, wenn in einer Familien-AG ausserhalb des Verwaltungsrats ein Gefäss zur Aufarbeitung von «Familienanliegen» bereitgestellt werden soll; etc. Unproblematisch ist die Schaffung solcher Beiräte, wenn ihnen rein konsultative Funktion zukommt. Sobald aber einem Beirat Geschäftsführungskompetenzen übertragen werden, sind die in N 9.14 erwähnten Formerfordernisse einzuhalten (statutarische Delegationsermächtigung und Organisationsreglement). Auch haben Mitglieder von konsultativen Beiräten darauf zu achten, dass sie nicht in einer Weise in die Entscheidfindung und Geschäftsführung einbezogen werden, die sie zu materiellen Organen macht und der aktienrechtlichen Verantwortlichkeit aussetzt (N 11.12).

D) Insbesondere: Die Vertretung der Gesellschaft

9.47
Verpflichtung der AG durch ihre Organe

Die AG wird nach aussen durch den Verwaltungsrat vertreten (OR 718), der diese Aufgabe auch an ihm unterstellte Organe delegieren kann (N 9.13 ff.). Schliesst ein Organ namens der AG einen *Vertrag* ab, wird die AG daraus berechtigt und verpflichtet. Die Gesellschaft haftet aber auch für den *Schaden aus unerlaubten Handlungen,* die ein Organ in Ausübung seiner geschäftlichen Verrichtungen begeht (OR 722; N 1.7).

9.48
Organvertretung (VR und Direktoren) und Vertretungsmacht

Bestimmen die Statuten oder das Organisationsreglement nichts anderes, steht die Vertretungsbefugnis jedem *Verwaltungsratsmitglied* einzeln zu (OR 718 I; Anhang 52). Bereits dargelegt wurde, dass der Verwaltungsrat die Vertretung der AG auch einem oder mehreren seiner Mitglieder *(Delegierten)* oder aber Dritten *(Direktoren, Mitglieder der Geschäftsleitung)* übertragen kann

9. Der Verwaltungsrat

(OR 718 II; N 9.13 ff.). Mindestens ein Verwaltungsratsmitglied muss aber immer zur Vertretung befugt bleiben (OR 718 III). Verwaltungsrats– und Direktionsmitglieder zeichnen, indem sie die *Firma der AG* mit ihrer *Unterschrift* versehen (OR 719). Die zur Vertretung befugten Organe sind *ermächtigt*, im Namen der Gesellschaft alle Rechtshandlungen vorzunehmen, die der Zweck der Gesellschaft (N 2.12) mit sich bringen kann (OR 718a I). Wer also mit einem im Handelsregister eingetragenen Vertretungsorgan einer AG gutgläubig ein Geschäft abschliesst, das generell betrachtet als vom Gesellschaftszweck nicht von vornherein ausgeschlossen erscheint, darf sich darauf verlassen, dass der Vertrag mit der AG gültig zustande gekommen ist. Grundsätzlich nie durch den Gesellschaftszweck gedeckt sind Handlungen, welche auf die *faktische Liquidation* der AG zielen; die Veräusserung des gesamten Unternehmens einer AG bedarf daher einer Ermächtigung durch die Generalversammlung (BGE 116 II 320 ff., 323 f.; N 8.5).

Natürlich wird die AG aber nicht nur durch Rechtshandlungen ihrer Verwaltungsratsmitglieder und Direktoren verpflichtet: Die AG kann «auf unterer Ebene» – wie jedes andere kaufmännische Unternehmen auch – Prokuristen und Handlungsbevollmächtigte bestellen (OR 721):

9.49
Kaufmännische Vertretung

a) Ein *Prokurist* gilt von Gesetzes wegen als ermächtigt, alle Rechtshandlungen vorzunehmen, die der Zweck des Geschäfts mit sich bringen kann, mit Ausnahme von Grundstückgeschäften (OR 458 ff.). Ihm kommt also gegenüber Dritten eine ähnliche Vertretungsmacht wie einem Organ zu, doch ist seine Vertretungsbefugnis intern regelmässig beschränkt. Er muss im *Handelsregister* eingetragen werden und zeichnet für die AG, indem er der Firma seine Unterschrift mit einem Prokuravermerk beifügt (also z. B. «Mammoth Woods AG, ppa. [oder: per proc.] Müller»). Die Prokura hat heute an praktischer Bedeutung verloren.

b) Die Vertretungsmacht der – nicht im Handelsregister einzutragenden – *Handlungsbevollmächtigten* ist beschränkt auf die Rechtshandlungen, die der Betrieb des Geschäfts «gewöhnlich mit sich bringt» (OR 462). Sie zeichnen, indem sie Firma oder Unterschrift mit einem Vertretungshinweis versehen (also z.B.

«per Mammoth Woods AG, Müller» oder «Mammoth Woods AG, i. V. [oder: i. A.] Müller»).

9.50
Beschränkung der Vertretungsmacht

Gesellschaftsintern können beliebige Beschränkungen der Vertretungsbefugnis beschlossen werden, doch gilt gegenüber gutgläubigen Vertragspartnern der Gesellschaft nur, was im Handelsregister eingetragen ist, und das sind ausschliesslich die zwei Beschränkungsmöglichkeiten auf die *Kollektivunterschrift* einerseits und auf die *Vertretung der Hauptniederlassung oder einer Zweigniederlassung* andererseits (OR 718a II; N 15.6). Ist also z.B. ein einzelzeichnungsberechtigtes Verwaltungsratsmitglied gesellschaftsintern nur berechtigt, Verträge bis Fr. 500 000.– abzuschliessen, und tätigt es dann mit einem gutgläubigen Dritten ein Geschäft über Fr. 800 000.–, so wird die Gesellschaft für Fr. 800 000.– verpflichtet.

9.51
Regelung der Zeichnungsberechtigung als VR-Kompetenz

Nach dem Wortlaut des Gesetzes gehört es zu den *undelegierbaren Aufgaben* des Verwaltungsrats, alle Zeichnungsberechtigten zu ernennen (OR 716a Ziff. 4, 721) – eine für Grossgesellschaften mit jährlich Hunderten von Mutationen unsinnige Regelung, der aber jedenfalls die hier im Vordergrund stehenden kleineren Gesellschaften einstweilen uneingeschränkt nachzuleben haben. Die zur Vertretung der Gesellschaft befugten Personen sind vom Verwaltungsrat zur Eintragung in das *Handelsregister anzumelden*, unter Vorlegung des entsprechenden *Verwaltungsratsbeschlusses* (in der Form eines vom Vorsitzenden und Sekretär unterzeichneten Gesamtprotokolls oder Protokollauszugs oder eines Zirkularbeschlusses, als welcher auch eine von allen Verwaltungsratsmitgliedern unterzeichnete Handelsregisteranmeldung gilt, HRV 28 V; Anhänge 23 und 60); ferner haben sie ihre Unterschrift beim Handelsregisteramt zu zeichnen oder ein beglaubigtes *Zeichnungsmuster* einzureichen (OR 720; Anhang 62).

E) Wahl und Zusammensetzung des Verwaltungsrats

a) Vorschriften zur Zusammensetzung

9.52
Mitgliederzahl

Der Verwaltungsrat besteht aus einem oder mehreren Mitgliedern (OR 707 I). Er soll so klein sein, dass eine effiziente Willensbildung und Geschäftsführung möglich ist, aber – v.a. bei grösseren

9. Der Verwaltungsrat

Gesellschaften – auch gross genug, dass der Erfahrungs- und Wissenshorizont genügend weit und die Bildung der erforderlichen Ausschüsse möglich ist (Swiss Code Ziff. 12; N 2.20). Verwaltungsräte mit nur einem Mitglied sind in kleinen Verhältnissen häufig, doch hat natürlich auch das einzige Mitglied des Verwaltungsrats sämtliche Verwaltungsrats-Aufgaben korrekt zu erfüllen, insbesondere auch die erforderlichen Protokolle zu führen (OR 713 III; Anhang 60).

Sämtliche Mitglieder des Verwaltungsrats müssen Aktionäre sein (OR 707 I). Werden andere Personen gewählt, können sie ihr Amt erst antreten, nachdem sie Aktionäre geworden sind (OR 707 II). Dazu genügt es jedoch, wenn dem zu wählenden oder gewählten Nicht-Aktionär eine oder mehrere Aktien treuhänderisch überlassen werden. Ist an einer Aktiengesellschaft eine Handelsgesellschaft oder juristische Person (z.B. eine andere AG) beteiligt, so ist diese nicht in den Verwaltungsrat wählbar; dagegen können an ihrer Stelle ihre Vertreter – die dann selber nicht Aktionäre zu sein brauchen – gewählt werden (OR 707 III).

9.53 Aktionärseigenschaft

Die *Mehrheit der Verwaltungsratsmitglieder* muss *in der Schweiz wohnhaft* (OR 708 I) und *Bürger eines EU- oder EFTA-Staates* sein (OR 708 I, geändert durch das Freizügigkeitsabkommen vom 21. Juni 1999; vgl. Kreisschreiben des Eidgenössischen Handelsregisteramts vom 25. Juli 2003). Für Gesellschaften, deren Hauptzweck in der Beteiligung an anderen Unternehmen besteht (Holdinggesellschaften; N 15.10, 15.12), kann der Bundesrat Ausnahmen von dieser Vorschrift bewilligen, sofern die Mehrheit dieser Unternehmen sich im Ausland befindet (OR 708 I; vgl. Kreisschreiben EHRA vom 25. Juli 2003). Ausserdem muss mindestens ein zur *Vertretung* der Gesellschaft berechtigtes Verwaltungsratsmitglied *in der Schweiz wohnhaft* – aber nicht notwendigerweise Schweizer – sein (OR 708 II). Sind diese Vorschriften nicht mehr erfüllt, so hat der Handelsregisterführer der Aktiengesellschaft eine Frist zur Wiederherstellung des gesetzmässigen Zustandes anzusetzen und nach deren fruchtlosem Ablauf die Auflösung der Gesellschaft einzutragen (OR 708 IV; N 16.14). Immerhin kann die Auflösung widerrufen werden, sofern innerhalb von drei Monaten nach ihrer Eintragung der gesetzliche Zustand wiederhergestellt wird (HRV 86 III).

9.54 Wohnsitz- und Nationalitätserfordernis

9.55
Gruppenvertreter

Der Vollständigkeit halber sei daran erinnert, dass bei der Zusammensetzung des Verwaltungsrats nicht nur diese Wohnsitz- und Nationalitätsvorschriften, sondern auch die *Ansprüche verschiedener Aktionärskategorien auf einen Vertreter* im Verwaltungsrat zu berücksichtigen sind (OR 709 I; N 5.29, 5.36, 6.54).

9.56
Gesetzesrevision

Die Bestimmungen über die Zusammensetzung des Verwaltungsrats werden im Rahmen der anstehenden Teilrevision(en) des Aktienrechts geändert werden. Diskutiert wird ein Verzicht auf das Aktionärserfordernis (N 9.53); sicher abgeschafft wird das Nationalitätserfordernis (N 9.54).

9.57
Persönliche
Anforderungen

Nebst diesen vom Gesetz explizit geforderten Eigenschaften muss jedes Mitglied des Verwaltungsrats über jene *rechtlichen und wirtschaftlichen Grundkenntnisse* verfügen, die für die korrekte Erfüllung der Geschäftsführungs- und Aufsichtsfunktion in der konkreten AG erforderlich sind, wozu u.a. die Fähigkeit gehört, eine *Bilanz und Erfolgsrechnung* so weit *interpretieren* zu können, dass es sich ein eigenes Bild über die finanzielle Situation der Gesellschaft machen kann und allfälligen zusätzlichen Informationsbedarf erkennt (OR 716a Ziff. 3 und 6). Jedes Mitglied muss – infolge der höchstpersönlichen Natur des Verwaltungsratsmandats – in der Lage sein, die grundlegenden Verwaltungsratskompetenzen *ohne Beizug eines Beraters* auszuüben (aber umgekehrt auch erkennen, wo Sonderaufgaben anstehen, die den Beizug eines Experten erforderlich machen). Mikrogesellschaften einmal ausgenommen, sollte der Verwaltungsrat sodann auch – nach Möglichkeit mehrheitlich – aus Mitgliedern bestehen, die keine operativen Führungsaufgaben im Unternehmen ausüben (sog. *nicht exekutive Mitglieder*). Anzustreben ist – weiter gehend – auch die Wahl von *unabhängigen Mitgliedern* (worunter der Swiss Code nicht exekutive Mitglieder versteht, «... welche der Geschäftsführung nie oder vor mehr als drei Jahren angehört haben und die mit der Gesellschaft in keinen oder nur verhältnismässig geringfügigen geschäftlichen Beziehungen stehen»; Ziff. 22).

b) Der persönliche Entscheid über die Annahme eines Verwaltungsratsmandats

Mögen Verwaltungsratsmandate früher manchmal einfach Plattformen geboten haben, um den Kontakt mit andern gewichtigen Persönlichkeiten zu pflegen und halbjährlich seine generellen Erkenntnisse zum Wirtschaftsleben zu Protokoll zu geben, so hat heute ein Verwaltungsratsmandat relativ *wenig mit «Verwaltung»* und relativ *viel mit Verantwortung*, Führung, Kontrolle und Zeitaufwand zu tun. Entsprechend schwierig kann sich die Suche nach Verwaltungsratskandidaten gestalten, welche die erforderliche unternehmerische Kompetenz mitbringen und bereit sind, sich für die zeitintensive, oftmals fernab vom interessanten operativen Geschäft liegende «Oberleitung» einer AG zu exponieren.

9.58 Hohe Anforderungen – schwierige Suche

So sehr einen die Anfrage, ein Verwaltungsratsmandat zu übernehmen, auch ehren mag, darf eine Zusage nie ohne einlässliche kritische Prüfung erfolgen. Dabei hat man sich insbesondere über folgende Punkte zuverlässige Kenntnis zu verschaffen:

9.59 Prüfung der Anfrage

a) *Gegenstand und Situation des Unternehmens:* Welche Produkte bzw. Dienstleistungen bietet das Unternehmen an? In welchem Markt? Mit welchen Konkurrenten? Welche Strategie wird verfolgt? Kann ich mich mit dem Image des Unternehmens uneingeschränkt identifizieren? Wie schätzt der Verwaltungsrat die Situation des Unternehmens ein? Weist er dabei auch auf Risiken hin?

b) *«Machtverhältnisse»:* Wie ist das Aktionariat strukturiert und im Verwaltungsrat vertreten? Handelt es sich um eine Konzerngesellschaft?

c) *Finanzielle Situation:* Prüfung insbesondere der Eigenkapital-, Liquiditäts- und Ertragssituation anhand der letzten Jahresrechnungen (mit Revisionsberichten) und eines aktuellen Zwischenabschlusses (Monats- oder Quartalsreports). Wird das Finanzwesen kompetent geführt?

d) *Personelles:* Wer sind die anderen Verwaltungsratsmitglieder? Wer sitzt in der Geschäftsleitung?

e) *Verwaltungsratsadministration:* Ist eine geordnete Verwaltungsratstätigkeit sichergestellt? Besteht ein eingespielter Mechanismus zur regelmässigen Einberufung von Sitzungen und Berichterstattung? Sind die Gesellschaftsakten einigermassen geordnet (Statuten, Reglemente, Weisungen, VR- und GV-Protokolle, Handelsregisterauszug)?

f) *Weshalb gerade ich?* – Was wird von mir erwartet? Eine aktive und kritische Wahrnehmung der Gesellschaftsinteressen? Oder nur eine Platzhalter-Rolle? Oder eine treuhänderische Tätigkeit? Kenne ich Personen, welche die gleiche Anfrage bereits abgelehnt haben, und weiss ich weshalb?

9.60
Alarmzeichen

Alle diese Überlegungen sind vor allem auch danach auszurichten, dass die persönliche Verantwortlichkeit des Verwaltungsratsmitglieds primär im *Konkurs* der AG zum Tragen kommt, diesfalls das *am ehesten greifbare Verwaltungsratsmitglied* eingeklagt wird und dieses seine Haftung *nicht* durch Berufung auf irgendwelche *persönliche Umstände* (mangelnde Kenntnisse, fehlende Zeit, lediglich treuhänderische Tätigkeit etc.) abwenden kann. Daher sprechen z.B. folgende Alarmzeichen in aller Regel gegen die Mandatsübernahme: Eigenkapital und/oder Liquidität sind ungenügend; alle andern Verwaltungsratsmitglieder (und ev. alle Aktionäre) haben ihren Wohnsitz im Ausland; die Mitgliedschaft im Verwaltungsrat soll lediglich formeller Natur sein (z.B. zur Erfüllung der Nationalitäts- oder Wohnsitzvorschriften), wobei oftmals eine Möglichkeit zur effektiven Einflussnahme auf die AG fehlt (z.B. Hauptaktionär als einzelzeichnungsberechtigtes Verwaltungsratsmitglied). Bei der Übernahme eines *treuhänderischen Verwaltungsratsmandats* sind besonders sorgfältige Abklärungen und offene Aussprachen angezeigt – sowie natürlich der Abschluss eines schriftlichen Mandatsvertrags mit dem Treugeber (Anhang 63).

9.61
Prüfung der eigenen Voraussetzungen

Nicht nur die Gegebenheiten auf Seiten der Gesellschaft, sondern auch die eigenen Voraussetzungen sind kritisch zu hinterfragen: Nebst den *fachlichen Voraussetzungen* (N 9.57) und einer gewissen Affinität zum Geschäftsbereich der Gesellschaft muss man vor allem auch die für eine gewissenhafte Mandatserfüllung erforderliche *Zeit* zur Verfügung stellen können.

9. Der Verwaltungsrat

c) Wahl

Die Wahl des Verwaltungsrats gehört zu den unübertragbaren Kompetenzen der *Generalversammlung* (OR 697 II Ziff. 2; N 8.4 lit. b; Anhänge 8 Ziff. VI; 18 Ziff. VI; 19 Ziff. VII; 44 Ziff. 4; 46 Ziff. 7; 48 lit. B Ziff. 7; 49). Der Gewählte muss die *Wahl annehmen,* was auch stillschweigend geschehen kann (N 4.8; Anhänge 8 Ziff. VI; 11; 43 Ziff. 13).

9.62 Wahl

Die Verwaltungsratsmitglieder (wie auch die weiteren vertretungsberechtigten Personen) sind unter Angabe ihres *Familiennamens*, mindestens eines ausgeschriebenen *Vornamens*, des *Heimatorts* (bei Ausländern der Staatsangehörigkeit), des *Wohnorts*, der *Funktion* (N 9.41 ff.) und der *Zeichnungsberechtigung* zur Eintragung in das Handelsregister anzumelden (OR 641 Ziff. 9, HRV 40). Sind sie zeichnungsberechtigt, haben sie ihre *Unterschrift* beim Handelsregisteramt zu hinterlegen (OR 720; N 9.51; Anhang 62).

9.63 Handelsregistereintrag

d) Amtsdauer und Vakanzen

Die Amtsdauer der Verwaltungsratsmitglieder wird durch die Statuten festgesetzt, darf aber höchstens sechs Jahre betragen (OR 710 I; N 2.34). Ist den Statuten zur Frage der Amtsdauer nichts zu entnehmen, gelten die Verwaltungsratsmitglieder gemäss der gesetzlichen Vermutung in OR 710 I als auf *drei Jahre* gewählt. Der Swiss Code (Ziff. 13) empfiehlt eine maximale Amtsdauer von vier Jahren, mit angemessener Staffelung der Amtszeiten. In kleinen Verhältnissen hat sich eine *einjährige Amtsdauer* als praktisch erwiesen: Es finden dann einfach an jeder ordentlichen Generalversammlung routinemässig (und unter Verwendung der Standard-Traktandenliste; Anhang 46) Verwaltungsratswahlen statt, was nicht nur regelmässige Nachforschungen darüber, ob wieder ein «Wahljahr» ansteht, überflüssig macht, sondern auch ausschliesst, dass die nur alle paar Jahre stattfindenden Wiederwahlen einmal vergessen gehen. Statutenklauseln mit *langen und gestaffelten Amtsdauern* bilden gelegentlich Bestandteil eines Abwehrdispositivs gegen unfreundliche Unternehmensübernahmen (N 18.11). Bestimmen die Statuten nicht etwas anderes, ist eine *Wiederwahl* unbeschränkt zulässig (OR 710 II).

9.64 Amtsdauer

9.65
Vakanzen

Scheiden während eines Geschäftsjahres *einzelne Mitglieder* des Verwaltungsrats aus (infolge Rücktritt oder Tod) oder sind sie an der Geschäftsführung verhindert (z.B. infolge langer Krankheit oder Haft), so können die verbleibenden Mitglieder die Verwaltung bis zur nächsten Generalversammlung fortführen (vgl. aber zur Nichterfüllung der Nationalitäts- und Wohnsitzerfordernisse N 9.54). Da der Generalversammlung das ausschliessliche und unübertragbare Recht zusteht, alle Verwaltungsratsmitglieder zu wählen, ist es dem Verwaltungsrat verwehrt, Vakanzen durch Kooptation selber aufzufüllen (N 9.62). Fehlt einer Aktiengesellschaft der *Verwaltungsrat überhaupt*, hat die Revisionsstelle (OR 699 I) oder allenfalls – auf entsprechendes Begehren von Aktionären – der Richter umgehend eine Generalversammlung zur Neubestellung des Verwaltungsrats einzuberufen. Mit der Löschung des letzten eingetragenen Verwaltungsratsmitglieds setzt der Handelsregisterführer der AG unter Androhung der Auflösung Frist zur Wiederherstellung des gesetzmässigen Zustandes an (HRV 86; N 9.54). Weiter kann die Vormundschaftsbehörde der AG einen Beistand ernennen (ZGB 393 Ziff. 4) oder der Richter auf Klage eines Aktionärs oder eines Gläubigers die Auflösung verfügen, sofern die Gesellschaft nicht binnen angemessener Frist den gesetzmässigen Zustand wiederherstellt (OR 625 II; N 8.2 und 16.12).

F) Abberufung und Rücktritt

9.66
Abberufung von Organen und Bevollmächtigten

Die *Generalversammlung* kann die *Mitglieder des Verwaltungsrats* sowie allfällige weitere von ihr gewählte Bevollmächtigte und Beauftragte jederzeit abberufen (OR 705 I). Der *Verwaltungsrat* seinerseits kann die von ihm bestellten *Ausschüsse, Delegierten, Direktoren* und anderen Bevollmächtigten und Beauftragten jederzeit abberufen (OR 726 I). Die von der Generalversammlung bestellten Bevollmächtigten und Beauftragten kann er dagegen nicht abberufen, sondern bloss einstweilen in ihren Funktionen einstellen, wobei unverzüglich eine ausserordentliche Generalversammlung einzuberufen ist, welche über die Abberufung Beschluss zu fassen hat (OR 726 II). Allfällige Entschädigungsansprüche der Abberufenen oder in ihren Funktionen Eingestellten – also insbesondere die Lohn- bzw. Honorarforderungen aus einem Arbeitsvertrag oder Auftrag mit der AG – bleiben vorbehalten (OR 705 II und 726 III).

9. Der Verwaltungsrat

Jedes Verwaltungsratsmitglied kann aber auch *jederzeit* – also auch vor Ablauf seiner Amtsdauer – sein Mandat niederlegen (Anhang 64). Die Generalversammlung hat zum Rücktritt nicht Stellung zu nehmen; er ist insbesondere völlig unabhängig davon gültig, ob die Generalversammlung ihn «genehmigt» oder nicht. Tritt ein Verwaltungsratsmitglied zur Unzeit zurück, kann die Aktiengesellschaft von diesem jedoch Ersatz des durch den Rücktritt verursachten Schadens verlangen (OR 404 II analog).

9.67
Rücktritt aus dem Verwaltungsrat

Solange ein Abberufener oder Zurückgetretener noch als Organ im Handelsregister eingetragen ist, dürfen gutgläubige Dritte auf diesen Eintrag vertrauen; ein Vertrag, den sie mit einer solchen «Organperson» abschliessen, ist somit für die Gesellschaft verbindlich. Daher ist es wichtig, dass der *Verwaltungsrat* das Ausscheiden eines Mitglieds unverzüglich beim Handelsregister anmeldet, wozu ihn auch das Gesetz verpflichtet (OR 711 I). Der Anmeldung ist das Rücktrittsschreiben (Anhang 64) bzw. das die Abwahl oder Demission belegende Generalversammlungsprotokoll beizulegen (die Beilage eines Rücktrittsschreibens ist nicht erforderlich, wenn der Zurückgetretene die Handelsregisteranmeldung mitunterzeichnet). Aber auch das *ausscheidende Mitglied* hat alles Interesse daran, dass es nach aussen nicht mehr als Organ einer Gesellschaft erscheint, auf die es keinen Einfluss mehr nehmen und mit deren Geschäftsgebaren es sich unter Umständen nicht mehr identifizieren kann. Unterlässt der Verwaltungsrat die Meldung an das Handelsregisteramt – weil z.B. infolge des Rücktritts die Nationalitäts- und Wohnsitzerfordernisse nicht mehr erfüllt werden und nun eine Fristansetzung zur Wiederherstellung des gesetzmässigen Zustandes drohen würde (OR 708 IV) –, so kann der Ausgeschiedene seine Löschung im Handelsregister deshalb nach dreissig Tagen (nach dem revidierten Recht dann wohl ohne diese Wartefrist) auch selber anmelden (OR 711 II; Anhang 65).

9.68
Anmeldung beim Handelsregisteramt

G) Die Rechtsstellung des Verwaltungsratsmitglieds

a) Pflichten

Die vom Gesamtverwaltungsrat zu beachtenden Grundsätze (N 9.21 ff.) spiegeln sich natürlich auch als individuelle Pflichten jedes einzelnen Mitglieds: Dieses hat seine Aufgaben mit al-

9.69
Verweisung

ler *Sorgfalt* und einzig dem *Gesellschaftsinteresse* verpflichtet zu erfüllen (N 9.21, 9.23), ein striktes *Konkurrenzverbot* (N 9.21) sowie die *Geheimhaltungs- und Schweigepflicht* (N 9.21) einzuhalten, *Ausstandsregeln* zu beachten (N 9.24) und sein Handeln am *Gleichbehandlungs-, Sachlichkeits- und Erforderlichkeitsgebot* sowie am *Prinzip der schonenden Rechtsausübung* auszurichten (N 9.26, 6.7 ff.).

9.70
Pflicht zur persönlichen Ausübung der Organfunktion

Jedes Verwaltungsratsmitglied ist verpflichtet, die ihm von der Generalversammlung mit der Wahl übertragene *Organfunktion tatsächlich wahrzunehmen,* namentlich sich gewissenhaft auf die Verwaltungsratssitzungen vorzubereiten, an diesen teilzunehmen, aktiv zur Willensbildung beizutragen und für den Vollzug der Verwaltungsratsbeschlüsse besorgt zu sein. Diese Mitwirkungspflicht hat es *persönlich* zu erfüllen (N 9.36).

9.71
Weiterbildungspflicht

Das Wirtschaftsleben ist zu vielgestaltig und die Entwicklung der wirtschaftlichen und rechtlichen Rahmenbedingungen zu dynamisch, als dass «fertige Verwaltungsratsmitglieder» existieren könnten. *Weiterbildung* ist für Verwaltungsratsmitglieder daher ein ständiges Gebot, dem idealerweise der Verwaltungsratspräsident (in grösseren Verhältnissen manchmal auch der Nominierungsausschuss; N 9.45 lit. d) durch entsprechende Hinweise oder Angebote Nachachtung verschafft – v.a. aber auch durch eigenes Vorbild und Schaffung einer «Verwaltungsratskultur», welche nicht durch Prestigedenken und entsprechend imposantes Überspielen von Wissenslücken, sondern durch Offenheit und gegenseitige Unterstützung bei der gemeinsamen Zielerreichung geprägt ist.

b)   Informationsrechte

9.72
Institutionalisierung der Berichterstattung

Manch ein Verwaltungsratsmitglied sieht seine Situation mit den Worten *«für alles zu haften und nichts zu wissen»* einigermassen zutreffend umschrieben. Die Informationsverarbeitung und (im schlechten Fall) -beschaffung bilden denn auch einen sehr wesentlichen, wenn nicht den Hauptteil der Verwaltungsratstätigkeit. Die umfassende, stufengerecht aufgearbeitete Information der Verwaltungsratsmitglieder ist unabdingbare Voraussetzung, damit diese ihre Aufgaben überhaupt pflichtgemäss erfüllen können.

Der Verwaltungsrat hat daher die Berichterstattung zu «automatisieren» und (z.B. im Organisationsreglement; OR 716b II; N 9.14; Anhang 56) festzulegen, wann er jeweils worüber in welcher Form informiert werden will. Die entsprechenden Reportinglisten sehen z.b. eine *periodische Berichterstattung* vor über (a) den *Geschäftsgang* und die diesbezüglichen Erwartungen, (b) die Entwicklungen im *Unternehmensumfeld* und im relevanten *Markt*, (c) die aktuelle *finanzielle Lage* (verglichen mit Budget und Finanzplan), (d) wichtige *Massnahmen der Geschäftsleitung* (z.B. neue Produkte, Marketingmassnahmen, Investitionen und Devestitionen), (e) *Schwerpunkttätigkeit und aktuelle Pläne der Geschäftsleitung* sowie – meist in längeren periodischen Abständen – (f) *Personalentwicklung und -politik*, (g) Berichterstattung der *Ausschüsse* etc. Zu institutionalisieren ist auch die *spontane Berichterstattung* über ausserordentliche Ereignisse.

Nebst dieser institutionalisierten Berichterstattung kann jedes Verwaltungsratsmitglied *Auskunft* über alle Angelegenheiten der Gesellschaft verlangen (OR 715a I): *In den Verwaltungsratssitzungen* müssen alle Verwaltungsrats- und Geschäftsleitungsmitglieder Fragen *ohne jede Einschränkung* beantworten und über wesentliche Sachverhalte von sich aus berichten (OR 715a II). *Ausserhalb der Sitzungen* kann jedes Verwaltungsratsmitglied von den *Geschäftsführern* – also nicht von jedem Angestellten – Auskunft über den *allgemeinen Geschäftsgang* verlangen. Für Auskünfte über ein einzelnes, spezifisches Geschäft bedarf es allerdings der Ermächtigung des Verwaltungsratspräsidenten (OR 715a III; zur Verweigerung der Bewilligung vgl. sogleich N 9.74).

9.73
Auskunftsrecht

Auch eine *Einsichtnahme* in die Bücher und Gesellschaftsakten kann nur mit *Bewilligung des Verwaltungsratspräsidenten* erfolgen – und nur, soweit die Einsichtnahme zur Erfüllung einer Verwaltungsratsaufgabe *erforderlich* ist (OR 715a IV). Weist der Präsident ein Gesuch um Auskunft, Anhörung oder Einsicht ab, entscheidet der Verwaltungsrat (OR 715 V).

9.74
Einsichtsrecht

Das Auskunfts- und Einsichtsrecht dient der Ausübung des Verwaltungsratsmandats, weshalb es mit dem Ausscheiden aus dem Verwaltungsrat erlischt – es sei denn, das ehemalige Mitglied benötige Informationen, um z.B. strittige Verantwortlichkeits- oder Honoraransprüche beurteilen zu können (BGE 129 III 499 ff.).

9.75
Erlöschen bei Ausscheiden

c) *Geschäftsführungsrecht*

9.76
Recht auf Ausübung aller Verwaltungsratsfunktionen

Jedes Verwaltungsratsmitglied hat nicht nur die Pflicht, sondern auch das unentziehbare *Recht*, seine Organfunktionen auszuüben, also zu den Verwaltungsratssitzungen *eingeladen* zu werden, an diesen *teilzunehmen*, seine *Meinung zu äussern, Anträge* zu stellen, (mit gleichem Stimmgewicht wie die andern Mitglieder) zu *stimmen* (N 9.38) sowie jederzeit die *Einberufung* einer Sitzung zu verlangen (N 9.33).

d) *Entschädigung*

9.77
VR-Vergütungen in Publikumsgesellschaften

Hohe, mit den herkömmlichen Vorstellungen von Leistung und Gegenleistung nicht spontan in Einklang zu bringende Vergütungen an Verwaltungsratsmitglieder, stossende «Abgangsentschädigungen» («golden handshakes») sowie die politische Auseinandersetzung um das Ausmass der Offenlegung der Verwaltungsratsbezüge rückten die Entschädigung des Verwaltungsrats in jüngerer Zeit ins Zentrum des Interesses. Da diese Themen – als Kernpunkte der «Principal/Agent»-Diskussion (N 9.27) – v.a. börsenkotierte Publikumsgesellschaften betreffen, sollen sie hier nicht vertieft werden. Lediglich zwei rechtliche Hinweise seien angefügt: Übermässige Vergütungen verletzen die Pflicht des Verwaltungsrats, die *Gesellschaftsinteressen* in guten Treuen zu wahren (OR 717 I; N 9.21; zur Rückerstattungspflicht vgl. N 9.81); insbesondere bedürfen auch «Abfindungen» eines klaren Rechtsgrundes, welcher aber durchaus auch in der Vermeidung eines für die AG riskanten Prozesses durch eine unpräjudizielle Vereinbarung mit entsprechender Vergleichszahlung liegen kann. Sodann verpflichtet die RLCG (N 9.28) die kotierten Gesellschaften zur *Offenlegung* der Gesamtbezüge der exekutiven Verwaltungsratsmitglieder und der Geschäftsleitung insgesamt, aller nicht exekutiven Verwaltungsratsmitglieder zusammen sowie des höchstbezahlten Verwaltungsratsmitglieds (alles einschliesslich Aktien- und Optionenzuteilungen sowie unter gesonderter Aufführung von Abgangsentschädigungen). Gegenwärtig steht eine weiter gehende, die KMU ebenfalls nicht betreffende Teilrevision des Aktienrechts vor dem Abschluss, welche die börsenkotierten Gesellschaften zur Offenlegung (a) des Gesamtbetrags

9. Der Verwaltungsrat

der Vergütungen für Verwaltungsrat und Geschäftsleitung, der individuellen Bezüge der einzelnen Verwaltungsratsmitglieder und des höchstbezahlten Geschäftsleitungsmitglieds (inkl. Darlehen und Zahlungen an «nahestehende Personen»; E OR 663b^{bis}) sowie (b) der Beteiligungen von gegenwärtigen oder ehemaligen Mitgliedern von Verwaltungsrat und Geschäftsleitung (E OR 663c III) verpflichtet.

Auch den Mitgliedern des Verwaltungsrats privater Gesellschaften wird ihre Tätigkeit in aller Regel vergütet; die Ausübung eines Verwaltungsratsmandats aus Gefälligkeit lässt oftmals darauf schliessen, dass sich weder das betreffende Verwaltungsratsmitglied noch die AG der Funktionen und Verantwortung des Verwaltungsrats bewusst sind. Bei den Vergütungsformen kann grob unterschieden werden zwischen einer eigentlichen *Entschädigung* – einem vertraglich vereinbarten Honorar also, welches die AG als Aufwand abbuchen kann – einerseits und einer Beteiligung am Bilanzgewinn, der sogenannten *Tantieme*, andererseits. Die – heute kaum mehr praktizierte (N 2.23) – Ausschüttung einer Tantieme setzt einen auf einer entsprechenden Statutenbestimmung (OR 627 Ziff. 2; N 2.23) basierenden Generalversammlungsbeschluss voraus (OR 698 Ziff. 4) und ist erst zulässig, nachdem die Zuweisung an die gesetzlichen Reserven (OR 671) erfolgt und eine mindestens fünfprozentige Dividende zugunsten der Aktionäre sichergestellt ist (OR 677; N 6.16; Anhang 37; zur Rückerstattung im Konkurs vgl. OR 679).

9.78 Entschädigung und Tantieme

In der Regel erhalten die Verwaltungsratsmitglieder ein festes *Honorar*. Sie können auch – entweder zusätzlich zum Honorar oder (z.B. in kleinen Verhältnissen für nebenamtliche Mitglieder) ausschliesslich – mit *Sitzungsgeldern* entschädigt werden. Theoretisch denkbar ist sodann eine Entschädigung *nach Aufwand* (welche sich Rechtsanwälte, Treuhänder und andere Berater aber meist nur für ausserhalb des eigentlichen Verwaltungsratsmandats liegende Zusatzaufträge ausbedingen; Anhang 63 Ziff. 5). Auch bezüglich des *Spesenersatzes* ist – je nach Ausgestaltung in Absprache mit den Steuerbehörden – eine Regelung zu treffen. Sinnvoll können sodann *erfolgsabhängige Entschädigungen* sein (wobei allein die Bemessung am wirtschaftlichen Erfolg ein Honorar noch nicht zur Tantieme macht; N 9.78). Bei vielen Publi-

9.79 Entschädigungsformen

kumsgesellschaften besteht die Entschädigung des Verwaltungsrats (und der Geschäftsleitung) zu einem sehr wesentlichen Teil auch in *Aktien oder Optionen* («stock options»; N 5.42); für private Gesellschaften scheidet diese Entschädigungsform jedoch in aller Regel aus. Natürlich bergen solche Beteiligungspläne und – in etwas geringerem Ausmass – erfolgsabhängige Entschädigungen die Gefahr in sich, dass die Unternehmensspitze in einen Konflikt zwischen Eigen- und Unternehmensinteressen gerät, kurzfristige (bzw. «rechtzeitige») Gewinne und Kursanstiege anstrebt und zu riskanten Entscheiden verleitet wird. Weitere Entschädigungskomponenten enthalten sodann *Sachleistungen* («fringe benefits» wie Geschäftsfahrzeug, Generalabonnement, Gutschriften aus Vielfliegerprogrammen etc.), die Aufstockung von *Personalvorsorgeleistungen* oder Gesellschaftsdarlehen zu günstigen Konditionen.

9.80
Zuständigkeit

Eine abweichende (und kaum je anzutreffende) statutarische Regelung vorbehalten, *setzt der Verwaltungsrat seine Entschädigung selber fest*. Angesichts der vorsichtigen Regelung, welche der Gesetzgeber der ausgestorbenen Tantieme angedeihen lassen hat (N 9.78), erstaunt es, dass sich der Verwaltungsrat alle andern Vergütungen (mit oftmals vergleichbarem Gefährdungspotenzial für die Gesellschafts- und Aktionärsinteressen) sozusagen im Rahmen eines Insichgeschäfts (N 9.25) selber zuhalten kann. Die offenkundige Problematik dieses Systems kann – auch in kleineren und mittleren Verhältnissen – dadurch gemildert werden, dass die Entschädigungsregelung in einem Ausschuss aus mehrheitlich unabhängigen Verwaltungsratsmitgliedern (Compensation Committee; N 9.45 lit. c) erarbeitet wird. Präventiv wirken mögen sodann die Rückerstattungspflicht (N 9.81) und bei börsenkotierten Gesellschaften die Offenlegungspflichten (N 9.77).

9.81
Bemessung

Die *Höhe der Entschädigung* wird bemessen nach der *persönlichen Beanspruchung* und dem *Einsatz für die AG* (geleistete Arbeit; Zeitaufwand; Initiative; Verfügbarkeit; Sonderfunktion als Präsident, Delegierter, Ausschussmitglied etc.), der Übernahme der mit dem Verwaltungsratsmandat verbundenen *Risiken* bezüglich persönlicher Haftung und persönlichem Ruf, der *Grösse der Gesellschaft* sowie dem vom Konkurrenzverbot (N 9.21, 9.69) verlangten Ausmass des *Verzichts auf anderweitige Erwerbsmöglich-*

9. Der Verwaltungsrat

keiten (also die – mangels anderer Begründung für die Honorarhöhe – manchmal etwas strapazierten «Opportunitätskosten»). Vergütungen, die in einem offensichtlichen Missverhältnis zur erbrachten Leistung und zur wirtschaftlichen Lage der Gesellschaft stehen, sind der AG zurückzuerstatten (OR 678; *aktienrechtliche Rückerstattungspflicht*; N 6.17, 6.50).

Steuerlich wird das Verwaltungsratshonorar bei der Gesellschaft als Aufwand und beim Verwaltungsratsmitglied als Einkommen aus *unselbständiger Erwerbstätigkeit* behandelt (dementsprechend wird darauf – entgegen einer altrechtlichen Steuerpraxis – auch keine Mehrwertsteuer geschuldet). Gleich verhält es sich im Sozialversicherungsrecht: «Tantiemen, feste Entschädigungen und Sitzungsgelder an die Mitglieder der Verwaltung» stellen «massgebenden Lohn» dar, auf welchem die Sozialversicherungsbeiträge zu entrichten sind (AHVG 5; AHVV 7 lit. h).

9.82
Steuer- und sozialversicherungsrechtliche Behandlung

Anhang 52: Die Aufgaben des Verwaltungsrats (gesetzliche Grundordnung)

Aufgaben des Verwaltungsrats

Kompetenzvermutung: «Der Verwaltungsrat kann in allen Angelegenheiten Beschluss fassen, die nicht nach Gesetz oder Statuten der Generalversammlung zugeteilt sind» (OR 716 I).

Geschäftsführung

OR 716 II: «Der Verwaltungsrat **führt die Geschäfte der Gesellschaft**, soweit er die Geschäftsführung nicht übertragen hat.»

OR 716b III: «Soweit die Geschäftsführung nicht übertragen worden ist, steht sie **allen Mitgliedern des Verwaltungsrates gesamthaft** zu.»

Vertretung

OR 718: «Der Verwaltungsrat **vertritt die Gesellschaft nach aussen**. Bestimmen die Statuten oder das Organisationsreglement nichts anderes, so steht die **Vertretungsbefugnis jedem Mitglied einzeln** zu.

Der Verwaltungsrat kann die Vertretung einem oder mehreren Mitgliedern (Delegierte) oder Dritten (Direktoren) übertragen.

Mindestens ein Mitglied des Verwaltungsrates muss zur Vertretung befugt sein.»

9. Der Verwaltungsrat

Anhang 53: Undelegierbare Kernaufgaben des Verwaltungsrats (OR 716a)

Wortlaut von OR 716a (Hervorhebungen hinzugefügt):

«[1]Der Verwaltungsrat hat folgende **unübertragbare** und **unentziehbare** Aufgaben:

1. Die **Oberleitung** der Gesellschaft und die Erteilung der nötigen **Weisungen**;
2. die Festlegung der **Organisation**;
3. die Ausgestaltung des **Rechnungswesens**, der Finanzkontrolle sowie der Finanzplanung, sofern diese für die Führung der Gesellschaft notwendig ist;
4. die **Ernennung und Abberufung** der mit **der Geschäftsführung** und der Vertretung betrauten Personen;
5. die **Oberaufsicht über die** mit der **Geschäftsführung** betrauten Personen, namentlich im Hinblick auf die Befolgung der Gesetze, Statuten, Reglemente und Weisungen;
6. die Erstellung des **Geschäftsberichtes** sowie die **Vorbereitung der Generalversammlung** und die **Ausführung ihrer Beschlüsse**;
7. die Benachrichtigung des Richters im Falle der **Überschuldung**.

[2]Der Verwaltungsrat kann die Vorbereitung und die Ausführung seiner Beschlüsse oder die Überwachung von Geschäften Ausschüssen oder einzelnen Mitgliedern zuweisen. Er hat für eine angemessene Berichterstattung an seine Mitglieder zu sorgen.»

Weitere undelegierbare Aufgaben sind der Beschluss über die **Nachliberierung** (OR 634a I), der Feststellungs-, der Statutenänderungs- und (beim genehmigten Kapital) der Erhöhungsbeschluss bei **Kapitalerhöhungen** (651 IV, 651a, 652g, 653g), die Prüfung der besonderen **Befähigung von Revisoren** (Art. 3 der Verordnung über die fachlichen Anforderungen an besonders befähigte Revisoren, SR 221.302) sowie die Einberufung einer Generalversammlung und die Beantragung von Sanierungsmassnahmen im Falle eines **Kapitalverlusts** (OR 725 I).

9. Der Verwaltungsrat

Anhang 54: Bilanzbeispiele zu Unterbilanz, hälftigem Kapitalverlust und Überschuldung

A) Unterbilanz und hälftiger Kapitalverlust (aber noch keine Überschuldung):

Aktiven	*Passiven*	
Kasse	Fremdkapital	
Bankguthaben		
Debitoren		
Maschinen und Mobiliar		
Liegenschaften		
etc.	Eigenkapital	Aktienkapital
Verlust		Gesetzliche Reserven
		Freie Reserven

B) Überschuldung:

Aktiven	*Passiven*	
Kasse	Fremdkapital	
Bankguthaben		
Debitoren		
etc.		
Verlust		
	Eigenkapital	Aktienkapital
		Gesetzliche Reserven
		Freie Reserven

Anhang 55: Rangrücktritt

VEREINBARUNG

zwischen

Hobel Möbel AG,
Bahnhofstrasse 2, 8600 Dübendorf

Schuldnerin

und

Max Hammer,
Ambossgasse 24, 8305 Dietlikon

Gläubiger

betreffend
Rangrücktritt und Stundung

1. Schuldanerkennung

Die Schuldnerin anerkennt hiermit vorbehaltlos, dem Gläubiger den Betrag von Fr. 100 000.– nebst Zinsen zu 5 % seit [Datum] (nachfolgend insgesamt: «das Guthaben») zu schulden.

2. Rangrücktrittserklärung im Sinne von OR 725a II

Im Fall des Konkurses oder der Liquidation der Schuldnerin tritt der Gläubiger mit seinem Guthaben hinter sämtliche anderen Gläubiger zurück und verzichtet er auf dieses insoweit, als es für die Befriedigung sämtlicher anderer Gläubiger benötigt wird.

3. Stundungserklärung

Die Fälligkeit des Guthabens tritt nicht ein, solange nicht sämtliche Verbindlichkeiten sowie die Hälfte des Aktienkapitals der Schuldnerin durch zu Veräusserungswerten bewertete Aktiven gedeckt sind[1]. Der Gläubiger verpflichtet sich, sein Guthaben solange nicht geltend zu machen, und die Schuldnerin verpflichtet sich, dieses durch Rückzahlung oder Verrechnung höchstens in dem Umfang zu reduzieren, dass noch mindestens die Hälfte des Aktienkapitals der Schuldnerin sowie sämtliche Verbindlichkeiten durch zu Veräusserungswerten bewertete Aktiven gedeckt sind.[2]

---

[1] Mindestens aber: «... bis die Überschuldung der Schuldnerin beseitigt ist.»
[2] Bzw. «... als dadurch keine Überschuldung eintritt.»

4. *Abtretungs- und Verpfändungsverbot*

Der Gläubiger verpflichtet sich, sein Guthaben weder zu verpfänden noch abzutreten.

5. *Unwiderruflichkeit*

Die vorstehenden Verpflichtungen des Gläubigers erfolgen bedingungslos und sind für solange unwiderruflich, als nicht sämtliche Verbindlichkeiten sowie die Hälfte des Aktienkapitals der Schuldnerin durch zu Veräusserungswerten bewertete Aktiven gedeckt sind[3].

6. *Zusicherungen*

Der Gläubiger bestätigt ausdrücklich, dass ihm der Wortlaut von Art. 725 Abs. 2 OR bekannt ist, er über das Guthaben allein und frei verfügen darf, ihm die Schuldnerin dafür keinerlei Sicherheiten geleistet hat und die vorliegenden Rangrücktritts- und Stundungserklärungen finanziell für ihn ohne weiteres tragbar sind.

Dübendorf, [Datum] Dietlikon, [Datum]

Die Schuldnerin: Der Gläubiger:

Hobel Möbel AG

_____ _____

Fritz Hobel Max Hammer

---

[3] Bzw. «... bis die Überschuldung der Schuldnerin beseitigt ist.»

9. Der Verwaltungsrat

Anhang 56: Organisationsreglement (Checklist)

Möglicher Inhalt eines Organisationsreglements

- **Bezeichnung der Geschäftsführungsorgane** (OR 716b II): Verwaltungsrat (allenfalls Ausschüsse, Delegierte), Geschäftsleitung bzw. Direktion, Filialleiter etc. (Funktionsdiagramm);
- **Kompetenzen** der einzelnen Geschäftsführungsorgane (u.U. mit Bezeichnung von Geschäften, die einem Genehmigungsvorbehalt unterstehen);
- **Funktionen** innerhalb der Geschäftsleitung und allfälliger weiterer Geschäftsführungsorgane sowie **Verantwortungsbereiche** der Funktionsträger;
- **Sitzungsordnung** der Geschäftsführungsorgane;
- **Berichterstattung** (Reporting Lines und Reportingliste; periodische und spontane Berichterstattung; N 9.72);
- Regelungen betr. **Interessenkonflikten**: Insiderproblematik («fire-walls» und Sperrfristen), Konkurrenzverbote, Ausstand etc.;
- **Kommunikation** nach aussen;
- **Geschäftsreglement des Verwaltungsrats** (integriert im Organisationsreglement oder als selbständiges Reglement):
  - **Konstituierung des Verwaltungsrats**: Präsident, Vizepräsident(en), Delegierte(r), Ausschüsse, Sekretär etc.;
  - **Aufgaben und Kompetenzen** der einzelnen Funktionen und Ausschüsse;
  - **Vertretungsbefugnis (Zeichnungsberechtigung)**;
  - **Sitzungsordnung** (Sitzungsrhythmus, Ort, Einberufungsmodalitäten);
  - **Beschlussfassung** (Präsenz- und Beschlussquoren, Zirkulationsbeschlüsse, Telefonkonferenzen, E-Mail etc.);
  - **Protokollführung**;
  - **Informationsrechte** der Verwaltungsratsmitglieder;
  - **Geheimhaltung**;
  - Grundsätze der **Entschädigung** (oft auch in gesondertem Reglement);
  - **Altersgrenze**.

Anhang 57: Organisationsreglement (Beispiel)[4]

ORGANISATIONSREGLEMENT
der Hobel Möbel AG
Dübendorf

I. Grundlagen

1. Der Verwaltungsrat erlässt das vorliegende Organisationsreglement gestützt auf OR 716 und 716b sowie Artikel 14 der Statuten.

II. Geltungsbereich

2. Dieses Reglement legt die Aufgaben und Verantwortlichkeiten der geschäftsführenden Organe der Hobel Möbel AG (nachfolgend: «die Gesellschaft») fest. Diese sind:
   a) der Verwaltungsrat,
   b) der Präsident des Verwaltungsrates sowie
   c) der Delegierte des Verwaltungsrates.

III. Der Verwaltungsrat

A) Aufgaben und Kompetenzen

3. Der Verwaltungsrat delegiert die Geschäftsführung vollumfänglich an den Delegierten des Verwaltungsrates, soweit nicht das Gesetz, die Statuten oder dieses Reglement etwas anderes vorsehen.

4. Der Verwaltungsrat übt die Oberleitung sowie die Aufsicht und Kontrolle über die Geschäftsführung aus. Er lässt sich über den Geschäftsgang regelmässig orientieren.

5. Insbesondere kommen dem Verwaltungsrat folgende unübertragbaren und unentziehbaren Aufgaben zu:

---

[4] Das vorliegende Beispiel orientiert sich an einer kleinen Familien-AG mit einigen wenigen Verwaltungsratsmitgliedern, einem Patron als Verwaltungsratspräsidenten sowie einem Mitglied, das sich vollamtlich mit der Führung des (überschaubaren) Unternehmens und allen Belangen der AG befasst. Eine Vorlage für ein Organisationsreglement, das sich auch an komplexere Verhältnisse (Geschäftsleitung, Filialleiter etc.) anpassen lässt, findet sich z.B. bei PETER FORSTMOSER: Organisation und Organisationsreglement nach neuem Aktienrecht (Schriften zum neuen Aktienrecht, Zürich 1992).

a) die Oberleitung der Gesellschaft und die Erteilung der nötigen Weisungen;

b) die Festlegung der Organisation;

c) die Ausgestaltung des Rechnungswesens, der Finanzkontrolle sowie der Finanzplanung, sofern diese für die Führung der Gesellschaft notwendig ist;

d) die Ernennung und Abberufung der mit der Geschäftsführung und der Vertretung betrauten Personen;

e) die Oberaufsicht über die mit der Geschäftsführung betrauten Personen, namentlich im Hinblick auf die Befolgung der Gesetze, Statuten, Reglemente und Weisungen;

f) die Erstellung des Geschäftsberichts sowie die Vorbereitung der Generalversammlung und die Ausführung ihrer Beschlüsse;

g) die Benachrichtigung des Richters im Falle der Überschuldung;

h) Beschlüsse über die nachträgliche Leistung von Einlagen auf nicht voll liberierten Aktien (OR 634a I);

i) Beschlüsse zur Feststellung von Kapitalerhöhungen und daraus folgende Statutenänderungen (OR 651 IV, 651a, 652g, 653g);

j) die Prüfung der besonderen Befähigung von Revisoren;

k) die Einberufung einer Generalversammlung und die Beantragung von Sanierungsmassnahmen im Falle eines Kapitalverlusts (OR 725 I).

Im Übrigen ist der Verwaltungsrat befugt, in allen Angelegenheiten Beschluss zu fassen, die nicht nach Gesetz, Statuten oder Reglementen der Generalversammlung oder einem andern Organ zugewiesen sind.

B) Konstituierung

6. Der Präsident des Verwaltungsrats wird gemäss Artikel 7 lit. b der Statuten durch die Generalversammlung gewählt.

7. Der Verwaltungsrat wählt jährlich in der ersten Sitzung nach der ordentlichen Generalversammlung aus seiner Mitte den Delegierten des Verwaltungsrats und bezeichnet seinen Sekretär, der nicht Mitglied des Verwaltungsrats zu sein braucht.

C) Sitzungen

8. Der Verwaltungsrat tagt, so oft es die Geschäfte erfordern, mindestens aber viermal jährlich.

9. Die Einberufung erfolgt durch den Präsidenten oder bei dessen Verhinderung durch ein anderes Mitglied des Verwaltungsrats. Jedes Mitglied des Verwaltungsrats ist berechtigt, die unverzügliche Einberufung unter Angabe des Zwecks zu verlangen. Die Einberufung erfolgt mindestens zehn Tage im Voraus schriftlich und unter Angabe der Traktanden.

10. Der Präsident führt den Vorsitz. Bei Verhinderung des Präsidenten wählt der Verwaltungsrat einen andern Vorsitzenden aus seiner Mitte.

D) Beschlussfassung

11. Der Verwaltungsrat ist beschlussfähig, wenn die Mehrheit seiner Mitglieder anwesend ist. Hat der Verwaltungsrat nach Kapitalerhöhungen lediglich deren Durchführung festzustellen und die entsprechende Statutenänderung zu beschliessen, ist kein Präsenzquorum einzuhalten.

12. Der Verwaltungsrat fasst seine Beschlüsse mit der Mehrheit der abgegebenen Stimmen. Bei Stimmengleichheit hat der Vorsitzende den Stichentscheid.

13. Beschlüsse können auch auf dem Weg der schriftlichen Zustimmung (Brief, Telefax) bzw. auf dem Weg der elektronischen Datenübertragung zu einem gestellten Antrag gefasst werden (Zirkulationsbeschlüsse), es sei denn, ein Mitglied verlange innert fünf Tagen seit Erhalt des entsprechenden Antrags (fern-)mündlich oder schriftlich die Beratung in einer Sitzung. Die Schriftform gilt bei Übermittlung durch Telefax oder elektronische Datenübertragung als eingehalten, wenn das übermittelte Bild auch die eigenhändige Unterschrift wiedergibt und das Original nachgereicht wird.

E) Protokoll

14. Alle Beschlüsse und die wesentlichsten Grundzüge der Verhandlungen sind zu protokollieren. Zirkulationsbeschlüsse sind in das nächste Protokoll aufzunehmen.

15. Das Protokoll ist vom Vorsitzenden und vom Sekretär zu unterzeichnen und in der nächsten Sitzung vom Verwaltungsrat zu genehmigen.

F) Berichterstattung

16. In jeder Sitzung ist der Verwaltungsrat vom Delegierten über den laufenden Geschäftsgang und die wichtigeren Geschäftsvorfälle zu orientieren. Ausserordentliche Vorfälle sind den Mitgliedern des Verwaltungsrates auf dem Zirkularweg unverzüglich zur Kenntnis zu bringen.

G) Auskunfts- und Einsichtsrecht

17. Jedes Mitglied des Verwaltungsrats kann ohne jede Einschränkung Auskunft über alle Angelegenheiten der Gesellschaft verlangen und Einsicht in alle Bücher, Geschäftsakten und Gesellschaftsdokumente nehmen. Alle Verwaltungsratsmitglieder sind uneingeschränkt zur Auskunfterteilung und Vorlage der erbetenen Unterlagen verpflichtet.

18. Übt ein Verwaltungsratsmitglied sein Auskunfts- und Einsichtsrecht missbräuchlich oder in einer den ordentlichen Geschäftsgang störenden Weise aus, kann der Verwaltungsrat beschliessen, diesem Mitglied die Informationsrechte nur noch nach Massgabe der gesetzlichen Regelung (OR 715a) zu gewähren.

H) Entschädigung

19. Der Verwaltungsrat bestimmt die Höhe der seinen Mitgliedern zukommenden festen Entschädigung nach Massgabe ihrer Beanspruchung und Verantwortlichkeit.

20. Ausserordentliche Bemühungen ausserhalb der normalen Verwaltungsratstätigkeit sowie ausgewiesene Spesen sind zusätzlich zu entschädigen.

IV. Der Präsident des Verwaltungsrats

21. Der Präsident des Verwaltungsrates
    a) erstellt nach Anhörung des Delegierten des Verwaltungsrats die Traktandenliste für die Verwaltungsratssitzungen;
    b) lädt in Nachachtung von Ziff. 8 f. hiervor zu den Verwaltungsratssitzungen ein;
    c) überwacht laufend die Geschäftsführung und Berichterstattung durch den Delegierten des Verwaltungsrats;
    d) repräsentiert die Gesellschaft an allen wichtigen Anlässen.

V. Der Delegierte des Verwaltungsrats

A) Geschäftsführungskompetenz

22. Im Rahmen des gesetzlich und statutarisch Zulässigen überträgt der Verwaltungsrat die gesamte Geschäftsführung an den Delegierten des Verwaltungsrats.

23. Der Delegierte ist namentlich zur Besorgung der laufenden Geschäfte der Gesellschaft im Rahmen des Gesetzes, der Statuten, allfälliger Richtlinien sowie der weiteren Weisungen des Verwaltungsrats verpflichtet.

Er trifft die zur ordnungsgemässen Abwicklung des Tagesgeschäfts erforderlichen organisatorischen und personellen Entscheide in eigener Verantwortung.

24. Der Delegierte kann Geschäfte, die in seine Kompetenz fallen, dem Verwaltungsrat zur Genehmigung vorlegen.

B) *Funktion innerhalb des Verwaltungsrats*

25. Der Delegierte des Verwaltungsrats ist zuständig für die Vorbereitung aller in die Kompetenzen des Verwaltungsrats fallenden Geschäfte und die Ausführung der Verwaltungsratsbeschlüsse. Namentlich ist er für die rechtzeitige Vorbereitung des Geschäftsberichts (Jahresbericht sowie Jahresrechnung mit Erfolgsrechnung, Bilanz und Anhang) und der Generalversammlungen verantwortlich.

C) *Berichterstattung*

26. Der Delegierte erstattet dem Verwaltungsrat nach Massgabe von Ziff. 16 hiervor Bericht und ist dafür besorgt, dass allen Verwaltungsratsmitgliedern vierteljährlich Zwischenabschlüsse zugestellt werden.

VI. Zeichnungsrecht

27. Der Verwaltungsrat regelt, erteilt und entzieht die Zeichnungsberechtigung.

VII. Geheimhaltung

28. Alle Organe sind verpflichtet, gegenüber Dritten Stillschweigen über Tatsachen zu bewahren, die ihnen in Ausübung ihres Amtes zur Kenntnis gelangen.

VIII. Inkrafttreten

29. Dieses Reglement wurde mit Verwaltungsratsbeschluss vom heutigen Datum verabschiedet, tritt sofort in Kraft und ersetzt das Organisationsreglement vom [Datum].

Dübendorf, [Datum]

Der Präsident des Verwaltungsrats:	Der Sekretär des Verwaltungsrats:
[Unterschrift]	[Unterschrift]

9. Der Verwaltungsrat 313

Anhang 58: Protokoll einer Verwaltungsratssitzung (Vollprotokoll; vgl. auch die weiteren Verwaltungsratsprotokolle in den Anhängen 23, 36a, 80, 94 und 98)

PROTOKOLL

der Verwaltungsratssitzung Nr. 5/[Jahr] der

HOBEL MÖBEL AG

Dübendorf

vom [Datum, Zeit] in den Geschäftsräumen der Gesellschaft an der Bahnhofstrasse 2 in Dübendorf.

Anwesend: – Herr Fritz Hobel, Präsident des Verwaltungsrats
– Frau Anna Hobel, Mitglied und Sekretärin des Verwaltungsrats
– Herr Max Hammer, Mitglied des Verwaltungsrats

Traktanden: 1. Protokoll der letzten Verwaltungsratssitzung
2. Ausscheiden von Herrn Hans Müller und Neuwahl von Herrn Max Hammer
3. Konstituierung des Verwaltungsrats
4. Zeichnungsberechtigung von Herrn Max Hammer
5. Nächste Verwaltungsratssitzung
6. Verschiedenes

Herr Fritz Hobel eröffnet die Sitzung und übernimmt den Vorsitz.

Der Vorsitzende stellt die vollzählige Anwesenheit des Verwaltungsrats und damit dessen Beschlussfähigkeit fest.

Die Mitglieder des Verwaltungsrats bestätigen auf Umfrage, die Einladung mit der Traktandenliste für die heutige Sitzung rechtzeitig erhalten zu haben. Gegen die Traktandenliste werden keine Einwendungen erhoben. Herr Hammer meldet einen Antrag zu Traktandum 6 an.

1. Protokoll der letzten Verwaltungsratssitzung

Das Protokoll der Verwaltungsratssitzung Nr. 4/[Jahr] vom [Datum] wurde allen Verwaltungsratsmitgliedern mit der Einladung zur heutigen Sitzung zugestellt. Es werden keine Änderungs- oder Ergänzungsanträge gestellt. Das Protokoll wird in der vorliegenden Form einstimmig genehmigt.

2. Ausscheiden von Herrn Hans Müller und Neuwahl von Herrn Max Hammer

Der Verwaltungsrat nimmt Kenntnis davon, dass Herr Hans Müller mit Schreiben vom [Datum] seinen Rücktritt aus dem Verwaltungsrat erklärt hat und die Aktionäre an der heutigen ausserordentlichen Generalversammlung Herrn Max Hammer in den Verwaltungsrat gewählt haben. Der Vorsitzende und die Sekretärin geben die entsprechende Handelsregisteranmeldung im Anschluss an diese Sitzung ab.

3. Konstituierung des Verwaltungsrats

Der Vorsitzende begrüsst Herrn Hammer als neues Mitglied des Verwaltungsrats und zeigt sich erleichtert darüber, dass damit der Verwaltungsrat endlich durch einen ausgewiesenen Experten des Finanz- und Rechnungswesens verstärkt werden konnte.

Der Verwaltungsrat nimmt Kenntnis davon, dass die heutige Generalversammlung statutenkonform

– Herrn Fritz Hobel zum Präsidenten des Verwaltungsrats

gewählt hat.

Im Übrigen konstituiert sich der Verwaltungsrat auf Antrag des Vorsitzenden einstimmig wie folgt:

– den Verwaltungsratspräsidenten Herrn Fritz Hobel als Delegierten des Verwaltungsrats;
– Frau Anna Hobel als Sekretärin des Verwaltungsrats;
– Herr Max Hammer als Prüfungsbeauftragten.

Der Verwaltungsrat beauftragt Herrn Hammer einstimmig, die Arbeit der Revisionsstelle sowie deren Unabhängigkeit und Honorierung zu prüfen, die Zwischenabschlüsse und Jahresrechnungen kritisch zu untersuchen und dem Verwaltungsrat entsprechend Antrag zu stellen sowie die Funktionsfähigkeit des internen Kontrollsystems und die Einhaltung der Normen (Compliance) in der Gesellschaft zu überwachen. Herr Hammer stellt dem Verwaltungsrat bis Ende dieses Jahres die Vorlage eines Entwurfs für ein Audit-Reglement in Aussicht.

4. Zeichnungsberechtigung von Herrn Max Hammer

Auf Antrag des Vorsitzenden beschliesst der Verwaltungsrat einstimmig, dass Herr Max Hammer kollektiv zu zweien zeichnet, zusammen mit einem anderen Mitglied des Verwaltungsrats.

5. Nächste Verwaltungsratssitzung

Die Anwesenden setzen den Termin für die nächste Verwaltungsratssitzung auf [Datum, Zeit] fest. Die Sitzung wird schwergewichtig dem Geschäftsgang des letzten Quartals und dem Budget [Jahr] gewidmet sein. Die Traktandenliste sowie ein Zwischenabschluss werden den Verwaltungsratsmitgliedern noch diese Woche zugestellt.

6. Verschiedenes

Herr Hammer beantragt, noch vor der nächsten Verwaltungsratssitzung Einsicht in die Bücher der Gesellschaft sowie sämtliche Akten, die im Zusammenhang mit dem Leasingvertrag über das elektronische Holzbearbeitungszentrum stehen, nehmen zu dürfen.

Der Vorsitzende entspricht diesem Gesuch vorbehaltlos und vereinbart mit Herrn Hammer, dass dieser am [Datum] in den Geschäftsräumen der Gesellschaft Einsicht in die erbetenen Unterlagen nehmen wird, bei welcher Gelegenheit ihm der Vorsitzende auch für allfällige weiterführende Auskünfte zur Verfügung steht.

Da auf Umfrage das Wort nicht mehr verlangt wird, schliesst der Vorsitzende die Sitzung um [Zeit] Uhr.

Dübendorf, [Datum]

Der Präsident des Verwaltungsrates:	Die Sekretärin des Verwaltungsrates:
Fritz Hobel	Anna Hobel

Anhang 59: Protokoll einer Verwaltungsratssitzung (Kurzprotokoll)

PROTOKOLL

der 31. Sitzung des Verwaltungsrats der Hobel Möbel AG mit Sitz in Dübendorf

Datum und Zeit:	[...]
Ort:	Hobel Möbel AG, Bahnhofstrasse 2, 8600 Dübendorf, Sitzungszimmer
Anwesend:	Fritz Hobel
	Anna Hobel
Abwesend:	Max Hammer
Vorsitz:	Fritz Hobel
Protokoll:	Anna Hobel
Traktanden:	1. Aktienübertragung von Max Hammer auf Marcel Marteau
	2. Ausserordentliche Generalversammlung (Neubestellung des Verwaltungsrats)

Der Vorsitzende stellt fest, dass die heutige Sitzung durch [Art und Datum der Einladung] ordnungsgemäss einberufen worden und der Verwaltungsrat für die vorgesehenen Traktanden beschlussfähig ist. Gegen diese Feststellungen wird kein Widerspruch erhoben.

1. Aktienübertragung von Max Hammer auf Marcel Marteau

Gestützt auf Art. 5 der Statuten genehmigt der Verwaltungsrat einstimmig die Übertragung der voll liberierten Namenaktie Nr. 80 à Fr. 1000.– Nennwert von Herrn Max Hammer auf Herrn Marcel Marteau. Der Vorsitzende nimmt sogleich die Eintragung im Aktienbuch[5] und die Bestätigung auf der vorliegenden Aktienurkunde[6] vor.

---

5 Vgl. Anhang 29.
6 Vgl. Anhang 26.

2. *Ausserordentliche Generalversammlung (Neubestellung des Verwaltungsrats)*

Der Verwaltungsrat beschliesst einstimmig, auf den [Datum, Zeit] eine ausserordentliche Generalversammlung einzuberufen und dieser unter dem einzigen Traktandum «Neubestellung des Verwaltungsrats» folgende Anträge zu stellen: Abwahl von Herrn Max Hammer und Neuwahl von Herrn Marcel Marteau.

Fritz Hobel, Präsident   Anna Hobel, Sekretärin

Anhang 60: Protokoll einer Verwaltungsratssitzung (einziges Mitglied des Verwaltungsrats)

PROTOKOLL

der Sitzung des Verwaltungsrats der Kundenschreinerei Mellinger AG, Volketswil

Datum und Zeit:	[...]
Ort:	Kundenschreinerei Mellinger AG, Probsteigasse 2, 8604 Volketswil, im Büro von Herrn Xaver Mellinger
Anwesend:	Xaver Mellinger
Einziges Traktandum:	Zeichnungsberechtigung von Herrn Uwe Spachtler

Herr Xaver Mellinger eröffnet die Sitzung, übernimmt den Vorsitz und amtet gleichzeitig als Sekretär.

Der Vorsitzende stellt fest, dass er einziges Mitglied des Verwaltungsrats der Gesellschaft ist und jetzt eine Verwaltungsratssitzung durchführt, an der für das vorgesehene Traktandum Beschlussfähigkeit besteht.

Zeichnungsberechtigung von Herrn Uwe Spachtler

Der Verwaltungsrat beschliesst, Herrn Uwe Spachtler, deutscher Staatsangehöriger, Bodenfeldstrasse 15, 8604 Volketswil, die Einzelprokura zu erteilen.

―――――――――――――――

Xaver Mellinger, einziges Mitglied
des Verwaltungsrats

9. Der Verwaltungsrat

Anhang 61: Zirkulationsbeschluss des Verwaltungsrats

ZIRKULATIONSBESCHLUSS
des Verwaltungsrats der
Hobel Möbel AG
Dübendorf

Der Verwaltungsrat in seiner Zusammensetzung
- Fritz Hobel, Präsident des Verwaltungsrats,
- Anna Hobel, Mitglied und Sekretärin des Verwaltungsrats,
- Max Hammer, Mitglied des Verwaltungsrats,

beschliesst hiermit über das

<u>einzige Traktandum</u>: Vollzug der Umwandlung der Namenaktien in Inhaberaktien (Generalversammlungsbeschluss vom [Datum])

wie folgt:

A) Feststellungen

Das Aktienkapital der Hobel Möbel AG im Betrag von Fr. 100 000.– war bis anhin in 100 Namenaktien à je Fr. 1000.– Nennwert aufgeteilt, wofür die Gesellschaft zwei Namenaktienzertifikate Nr. 1 (Aktien Nrn. 1–79) und Nr. 2 (Aktien Nrn. 81–100) sowie eine Namenaktie Nr. 80 ausgestellt hat. Gegenwärtig sind diese Aktientitel wie folgt verteilt:

Name	*Aktienzertifikat Nr.*	*Namenaktien Nrn.*	*Anzahl Namenaktien*
Fritz Hobel	1	1-79	79
Anna Hobel	2	81-100	20
Max Hammer	-	80	1
Total			*100*

Mit öffentlich beurkundetem Generalversammlungsbeschluss vom [Datum] wurden diese Namenaktien in 100 Inhaberaktien à je Fr. 1000.- Nennwert umgewandelt. In Vollziehung dieses Generalversammlungsbeschlusses beschliesst der Verwaltungsrat hiermit über folgende

B) Anträge

1. Die beiden Namenaktienzertifikate Nrn. 1 und 2 sowie die Namenaktie Nr. 80 werden kraftlos erklärt, eingezogen und vernichtet.
2. Die Gesellschaft stellt an deren Stelle neu
   - 10 Inhaberaktien Nrn. 1–10 à je Fr. 1000.– Nennwert sowie
   - 9 Inhaberaktienzertifikate Nrn. 1 – 9 über je 10 Inhaberaktien (Nrn. 11–100) à je Fr. 1000.– Nennwert

   aus und überträgt diese Zug um Zug gegen Rückgabe der Namenaktientitel wie folgt auf die Aktionäre:

Titel	Gesamtnennwert Fr.	Erster Inhaber
Inhaberaktien Nrn. 1–9	9 000.–	Fritz Hobel
Inhaberaktie Nr. 10	1 000.–	Max Hammer
Inhaberaktienzertifikate Nrn. 1–7 (Aktien Nrn. 11–80)	70 000.–	Fritz Hobel
Inhaberaktienzertifikate Nrn. 8 und 9 (Aktien Nrn. 81–100)	20 000.–	Anna Hobel
Total	100 000.–	

3. Mit dem Vollzug des Aktienumtauschs und der Vernichtung der Namenaktien wird RA Dr. Fritz Fröhlich, Zürich, beauftragt. Der Verwaltungsrat übergibt RA Fröhlich zu diesem Zweck ein originalunterzeichnetes Exemplar des vorliegenden Beschlusses sowie die oben erwähnten rechtsgültig ausgestellten Titel über die Inhaberaktien. RA Fröhlich verpflichtet sich, diese ausschliesslich zum Zweck des Aktienumtauschs zu verwenden und sie nur Zug um Zug gegen Aushändigung der Namenaktien an die erwähnten Aktionäre auszuhändigen. RA Fröhlich erstattet dem Verwaltungsrat über den Vollzug des Aktienumtauschs und die Vernichtung der Namenaktien schriftlich Bericht.

C) Beschluss

a) Das unterzeichnende Verwaltungsratsmitglied
- ❏ ist mit der Durchführung des vorliegenden Zirkulationsverfahrens einverstanden *(diesfalls Tabelle in lit. b ausfüllen)*;
- ❏ lehnt das vorliegende Zirkulationsverfahren ab und verlangt die mündliche Beratung (OR 713 II; *diesfalls Tabelle in lit. b leer lassen*).

b) Das unterzeichnende Verwaltungsratsmitglied entscheidet über die vorstehenden Anträge wie folgt:

Antrag Nr.	Zustimmung oder Ablehnung		Bemerkungen
	JA	NEIN	
1			
2			
3			

................................., ...   ─────────────
(Ort)   (Datum)   (Unterschrift)

Anhang 62: Zeichnungsmuster

ZEICHNUNGSMUSTER

Persönliche Unterschrift: Firmaunterschrift:

                                              Kundenschreinerei Mellinger AG

_____   _____
Uwe Spachtler   ppa. Uwe Spachtler

[Notarielle Beglaubigung]

Anhang 63: Mandatsvertrag für ein fiduziarisches Verwaltungsratsmandat

MANDATSVERTRAG

zwischen

Kevin Kaufmann,
Klosterweg 3, 8302 Kloten,

und

RA Dr. Fritz Fröhlich,
Bahnhofstrasse 200, 8000 Zürich,

betreffend

Verwaltungsratsmandat in der Hobel Möbel AG, Dübendorf

1. Herr Kaufmann ist Alleinaktionär der Hobel Möbel AG, Dübendorf, und beauftragt hiermit Herrn Dr. Fröhlich, treuhänderisch als einziges Verwaltungsratsmitglied dieser Gesellschaft zu fungieren.

2. Nach der Wahl von Herrn Dr. Fröhlich in den Verwaltungsrat der Hobel Möbel AG überlässt ihm Herr Kaufmann treuhänderisch eine Aktie der Hobel Möbel AG. Herr Dr. Fröhlich erklärt ausdrücklich, dass ihm an dieser Aktie keinerlei Vermögensrechte zustehen, sondern alle diese Rechte – wie Ansprüche auf Dividenden und Liquidationserlös, Bezugsrecht etc. – ausschliesslich Herrn Kaufmann zukommen. Herr Dr. Fröhlich verpflichtet sich, die Aktie nach Beendigung des Mandats Herrn Kaufmann zurückzugeben, unter der Voraussetzung, dass Herrn Dr. Fröhlichs Ansprüche gem. Ziff. 5 hiernach erfüllt worden sind.

3. Herr Dr. Fröhlich verpflichtet sich, dieses Verwaltungsratsmandat in Übereinstimmung mit den gesetzlichen und statutarischen Pflichten sowie unter Wahrung der Interessen der Hobel Möbel AG und – soweit damit vereinbar – der Interessen von Herrn Kaufmann nach bestem Wissen und Gewissen auszuüben.

4. Herr Dr. Fröhlich verpflichtet sich, auf Herrn Kaufmanns erste Aufforderung hin als Mitglied des Verwaltungsrats zurückzutreten. Herr Dr. Fröhlich ist ferner zum Rücktritt aus dem Verwaltungsrat berechtigt, wenn er

aus Gründen, die in der Hobel Möbel AG oder bei Herrn Kaufmann liegen können, ein weiteres Verbleiben als unzumutbar erachtet.

5. Herr Kaufmann garantiert Herrn Dr. Fröhlich als Entschädigung für seine Tätigkeit als Verwaltungsratsmitglied der Hobel Möbel AG ein jährliches Honorar von Fr. [].– netto. Das Honorar wird am Ende jedes Kalenderjahres bzw. bei Ausscheiden aus dem Verwaltungsrat zur Zahlung fällig. Bei Ein- oder Austritt während des Jahres berechnet sich das Honorar pro rata temporis, wobei ein angebrochener Monat als voll gerechnet wird. Eine allfällige rechtsberatende oder anwaltliche Tätigkeit (z.B. Vertrags-, Statuten- oder Reglementsredaktion, Prozessführung, anwaltliche Korrespondenz, Vergleichsverhandlungen, Gutachten und ähnliche Stellungnahmen) wird nach Aufwand entschädigt.

6. Herr Kaufmann verpflichtet sich, sämtliche dem Geschäftsgeheimnis der Hobel Möbel AG unterliegenden Informationen, welche er von Herrn Dr. Fröhlich erhält, geheim zu halten.

7. Herr Kaufmann verpflichtet sich, Herrn Dr. Fröhlich von jeglichen Haftpflichtansprüchen, die gegen ihn in seiner Eigenschaft als Verwaltungsratsmitglied der Hobel Möbel AG erhoben werden, auf erste Aufforderung hin schadlos zu halten, es sei denn, Herr Dr. Fröhlich habe den Schaden absichtlich oder grobfahrlässig verursacht.

8. Dieser Vertrag untersteht schweizerischem Recht. **Ausschliesslicher Gerichtsstand** für sämtliche Streitigkeiten aus oder im Zusammenhang mit diesem Vertrag (auch mit Bezug auf die Frage des Zustandekommens dieses Vertrages sowie dessen Gültigkeit) ist **Zürich**.

Kloten, [Datum]   Zürich, [Datum]

_____   _____
Kevin Kaufmann   RA Dr. Fritz Fröhlich

Anhang 64: Rücktrittsschreiben Verwaltungsrat

Max Hammer
Ambossgasse 24
8305 Dietlikon

<u>LSI</u>
Hobel Möbel AG
Herrn Fritz Hobel,
Präsident des Verwaltungsrats
Bahnhofstrasse 2
8600 Dübendorf

Zuhanden der
Generalversammlung der Hobel
Möbel AG

Dietlikon, [Datum]

Rücktritt aus dem Verwaltungsrat

Sehr geehrter Herr Präsident
Sehr geehrte Damen und Herren

Hiermit erkläre ich mit sofortiger Wirkung meinen Rücktritt aus dem Verwaltungsrat der Hobel Möbel AG.

Ich ersuche den Verwaltungsrat höflich, mein Ausscheiden unverzüglich beim Handelsregister anzumelden (OR 711 I).

Mit freundlichen Grüssen

Max Hammer

<u>Im Doppel</u>

Anhang 65: Selbstanmeldung des Ausscheidens aus dem Verwaltungsrat beim Handelsregisteramt

Max Hammer
Ambossgasse 24
8305 Dietlikon

<u>LSI</u>
Handelsregisteramt des Kantons Zürich
Bleicherweg 5 / Postfach
8022 Zürich

Dietlikon, [Datum]

<u>Meine Löschung als Verwaltungsrat der Hobel Möbel AG, Dübendorf</u>

Sehr geehrte Damen und Herren

Gestützt auf OR 711 II ersuche ich Sie höflich, mich (Max Hammer, von Pfäffikon SZ, wohnhaft Ambossgasse 24, 8305 Dietlikon) umgehend als Verwaltungsrat der Hobel Möbel AG, Dübendorf, zu löschen.

Obgleich ich bereits mit Schreiben vom [Datum] (vgl. beiliegende Kopie) meinen Rücktritt erklärt hatte, nahm der Verwaltungsrat der Hobel Möbel AG meines Wissens die entsprechende Löschungsanmeldung bis heute noch nicht vor. Nachdem damit die dreissigtägige Frist gem. OR 711 II verstrichen ist, ersuche ich Sie höflich, meinem Gesuch zu entsprechen und mir nach erfolgter Löschung einen aktuellen Handelsregisterauszug der Hobel Möbel AG zuzustellen.

Für Ihre Bemühungen danke ich Ihnen im Voraus bestens.

Mit freundlichen Grüssen
Max Hammer

<u>Beilagen</u>: – Kopie meines Rücktrittsschreibens an die Hobel Möbel AG vom [Datum] mit Postbeleg

10. Die Revisionsstelle

A) Die Revision des Revisionsrechts

Im Zuge der internationalen Tendenz, die Anforderungen an die Rechnungslegung und die Unabhängigkeit der Revisoren zu erhöhen (N 9.28), wurden 1998 erste Vorentwürfe zu einem umfassenden Rechnungslegungs- und Revisionsgesetz (RRG) und zu einer Verordnung über die Zulassung von Abschlussprüfern (VZA) vorgelegt, welche einheitliche Regeln für alle wirtschaftlich tätigen juristischen Personen – AGs, GmbHs, Genossenschaften, Vereine und Stiftungen – vorsahen. Die von den USA im Sarbanes-Oxley Act von 2002 (N 9.28) vorgenommene Verschärfung der Anforderungen an die Revisionsstelle – insbesondere auch die Einführung einer staatlichen Aufsichtsbehörde über die Revisionsgesellschaften – sowie auch in der Schweiz aufgetretene Unternehmensskandale zwangen dann angesichts der internationalen Verflechtung der Wirtschaft und der Revisionsfirmen zu einer Konzentration auf das politisch kurzfristig Realisierbare, weshalb die Neuordnung des Revisionsrechts aus dem RRG-Projekt herausgelöst und vorgezogen wurde: Der (als Zusatzbotschaft zur GmbH-Revision) am 23. Juni 2004 vorgelegte Entwurf sieht vor, einerseits im *OR* die Arten der Revision und die Anforderungen an die Revisionsstelle und andererseits in einem Bundesgesetz über die Zulassung und Beaufsichtigung der Revisorinnen und Revisoren (Revisionsaufsichtsgesetz; *RAG*) das Zulassungsverfahren sowie die Revisionsaufsicht neu zu regeln. Diese OR/RAG-Revision wurde am 3. März 2005 vom Nationalrat und am 15. Juni 2005 vom Ständerat im Grundsatz genehmigt und dürfte voraussichtlich in der zweiten Hälfte 2007 in Kraft treten. Die materiellen Rechnungslegungsvorschriften sollen später revidiert werden.

10.1
Alles im Fluss

10.2
Ausblick auf das künftige Revisionsrecht

Im künftigen Recht wird unterschieden werden zwischen (a) einer *ordentlichen Revision,* welcher sich Publikumsgesellschaften, Gesellschaften, die zwei von drei Grössenkriterien (Fr. 10 Mio. Bilanzsumme, Fr. 20 Mio. Umsatz und/oder 50 Vollzeitstellen) überschreiten, sowie Gesellschaften, welche eine Konzernrechnung erstellen müssen, zu unterziehen haben, und (b) einer – viel summarischeren – *eingeschränkten Revision* («Review», «Durchsicht») für die übrigen Gesellschaften (KMU). Sofern 10 % der Aktionäre dies verlangen, muss aber auch ein KMU eine ordentliche Revision durchführen («opting up»). Bei Zustimmung sämtlicher Aktionäre kann ein KMU mit weniger als zehn Vollzeitstellen auch auf die eingeschränkte *Revision verzichten* («opting out»). Entsprechend abgestuft sind die Anforderungen an die Revisionsstelle: Gesellschaften, welche den Kapitalmarkt in Anspruch nehmen (Publikumsgesellschaften), müssen die ordentliche Revision durch ein *«staatlich beaufsichtigtes Revisionsunternehmen»* vornehmen lassen, die übrigen Grossgesellschaften durch einen zugelassenen *Revisionsexperten.* Die eingeschränkte Revision der KMU wird durch zugelassene *Revisoren* vorgenommen, welche bezüglich fachlicher Voraussetzungen und Unabhängigkeit etwas weniger weit gehenden Anforderungen zu genügen haben (vgl. zum Ganzen die Übersicht in Anhang 66). Angesichts dieser absehbaren umfassenden Neuregelung des Revisionsrechts beschränkt sich die nachfolgende Darstellung des zurzeit noch geltenden Rechts auf einen summarischen Überblick.

B) Wählbarkeitsvoraussetzungen

10.3
Organ der AG

Neben der Generalversammlung und dem Verwaltungsrat ist die Revisionsstelle das dritte Organ der AG (N 8.1). Als – vorwiegend «buchhalterisches» – *Prüfungsorgan* hat sie bestimmten Unabhängigkeits- und Fähigkeitsvoraussetzungen zu genügen.

10.4
Befähigung

Die Revisoren müssen *befähigt sein, ihre Aufgabe bei der zu prüfenden AG zu erfüllen* (OR 727a; vgl. auch OR 727d II). Es bedarf somit theoretischer und praktischer Kenntnisse in den Gebieten des Rechnungswesens, der Betriebswirtschaftslehre, des Handels- und des Steuerrechts – alles in Abhängigkeit von der Art und Grösse der zu prüfenden AG. Eine *besondere Befähigung*

10. Die Revisionsstelle

verlangt OR 727b für Gesellschaften, welche den Kapitalmarkt in Anspruch nehmen (also Anleihensobligationen ausgegeben oder ihre Aktien an der Börse kotieren lassen haben, sog. *Publikumsgesellschaften*; OR 727b I Ziff. 1 und 2), die eine besondere *Grösse* aufweisen (nämlich zwei der folgenden Grenzwerte in zwei aufeinander folgenden Geschäftsjahren überschreiten: eine Bilanzsumme von 20 Mio. Franken, einen Umsatzerlös von 40 Mio. Franken und/oder 200 Arbeitnehmer im Jahresdurchschnitt; OR 727b I Ziff. 3; die sog. «20/40/200-Gesellschaften»; vgl. auch N 12.25, 17.12), oder die eine *Konzernrechnung* erstellen müssen (OR 731a I; N 12.25). Unabhängig von solchen Kriterien sind die *besonderen Prüfungen* bei einer Kapitalherabsetzung (N 14.4, 14.8 f.), bedingten Kapitalerhöhung (N 13.25), vorzeitigen Verteilung des Liquidationsergebnisses (N 16.25), Sitzverlegung vom oder ins Ausland (N 2.9, 10.12) sowie einer Fusion, Spaltung oder Umwandlung (N 10.12) immer durch besonders befähigte Revisoren durchzuführen. Gestützt auf OR 727b II hat der Bundesrat eine *Verordnung über die fachlichen Anforderungen an besonders befähigte Revisoren vom 15. Juni 1992* (SR 221.302) erlassen, welche z.B. diplomierten Wirtschaftsprüfern die besondere Befähigung zuerkennt. Der *Verwaltungsrat ist verantwortlich* dafür, dass die Revisionsstelle, welche er der Generalversammlung zur Wahl vorschlägt, über die für ihre AG erforderliche Befähigung verfügt (N 9.45 lit. b). Jeder Aktionär oder Gläubiger kann beim Richter die Abberufung eines nicht befähigten Revisors verlangen (OR 727e III; N 10.8).

Die Revisoren müssen sodann vom *Verwaltungsrat* und von einem *Mehrheitsaktionär* unabhängig sein; insbesondere dürfen sie weder Arbeitnehmer der zu prüfenden AG sein noch Arbeiten für diese ausführen, welche mit dem Prüfungsauftrag unvereinbar sind (OR 727c I; vgl. auch OR 727c II, 727d III; N 15.12). Es ist also nicht gestattet, dass die Treuhandgesellschaft, welche die *Buchhaltung* für die AG besorgt, gleich auch die Revision durchführt. Auch ist eine *Beratungstätigkeit* durch die Revisionsstelle nur zulässig, wenn sie sich nicht auf deren Prüfungsgegenstand – Jahresrechnung und Buchhaltung – bezieht. Die Treuhand-Kammer hat «Richtlinien zur Unabhängigkeit» erlassen (siehe www.treuhand-kammer.ch).

10.5 Unabhängigkeit

10.6 (Wohn-)Sitz	Wenigstens ein Revisor muss in der *Schweiz* seinen *Wohnsitz* bzw. – wenn es sich um eine juristische Person handelt (vgl. dazu OR 727d) – seinen Sitz oder eine im Handelsregister eingetragene Zweigniederlassung (N 15.3 ff.) haben (OR 727 II).

C) Beginn und Ende des Mandats

10.7 Wahl	Die Revisionsstelle wird – wie der Verwaltungsrat – durch die *Generalversammlung* gewählt (OR 727 I; N 4.8; Anhänge 8, 12, 18, 19, 44, 46, 48), und zwar für *höchstens drei Jahre,* wobei eine Wiederwahl beliebig oft möglich ist (OR 727e I). Die Amtsdauer endet jeweils erst mit der Generalversammlung, welcher die Revisionsstelle den letzten Bericht zu erstatten hat. Nach ihrer Wahl hat der Verwaltungsrat die Revisionsstelle zur Eintragung im *Handelsregister* anzumelden.
10.8 Mandatsbeendigung	Ein Revisor kann vor Ablauf seiner Amtsdauer *zurücktreten*. Diesfalls hat er dem Verwaltungsrat die Gründe bekannt zu geben, welcher sie dann der nächsten Generalversammlung mitteilen muss (OR 727e II). Die Generalversammlung kann einen Revisor aber auch jederzeit *abberufen*. Überdies darf jeder Aktionär oder Gläubiger beim Gericht die Abberufung eines Revisors verlangen, welcher die Voraussetzungen für sein Amt nicht erfüllt (OR 727e III; N 10.4). Teilt der Verwaltungsrat dem *Handelsregister* das Ausscheiden eines Revisors nicht mit, kann der Ausgeschiedene nach dreissig Tagen seine Löschung selber anmelden (OR 727e IV).

D) Aufgaben und Pflichten

a) Abschlussprüfung und Berichterstattung

10.9 Prüfung von Buchführung und Jahresrechnung	Für jedes Geschäftsjahr prüft die Revisionsstelle, ob die *Buchführung* und die *Jahresrechnung* sowie der Antrag des Verwaltungsrates über die *Verwendung des Bilanzgewinns* Gesetz und Statuten entsprechen (OR 728 I). Damit sie diese Prüfung vornehmen kann, hat ihr der Verwaltungsrat alle erforderlichen Unterlagen zu übergeben und die benötigten Auskünfte zu gewähren (OR 728 II). Die Revisionsstelle ist somit kein allgemeines

10. Die Revisionsstelle

«oberstes Aufsichtsorgan» der AG; insbesondere hat sie nicht die Angemessenheit und Zweckmässigkeit der Geschäftsführung des Verwaltungsrates zu beurteilen. Sie hat vielmehr die *formelle,* kalkulatorische Richtigkeit der Bücher und des Jahresabschlusses zu kontrollieren. Orientiert am Wesentlichkeitsprinzip hat sie zudem auch eine *materielle* Prüfung vorzunehmen (wichtigste Jahresrechnungspositionen, Stichproben, Plausibilitätskontrolle). Muss die Gesellschaft eine *Konzernrechnung* erstellen (N 12.25), so hat ein besonders befähigter Konzernprüfer auch noch zu kontrollieren, ob diese mit dem Gesetz und den Konsolidierungsregeln (OR 663g) übereinstimmt (OR 731a I; N 12.25, 15.12).

Über das Ergebnis ihrer Prüfung erstattet die Revisionsstelle der Generalversammlung einen schriftlichen Bericht, den *Revisionsbericht.* Darin empfiehlt sie der Generalversammlung die Abnahme – mit oder ohne Einschränkung – oder die Rückweisung der Jahresrechnung (OR 729 I; Anhang 67). Stellt die Revisionsstelle bei der Durchführung ihrer Prüfung Verstösse gegen das Gesetz oder die Statuten fest, so meldet sie dies schriftlich dem Verwaltungsrat, in wichtigen Fällen auch der Generalversammlung (OR 729b I). Bei Gesellschaften, welche von besonders befähigten Revisoren zu prüfen sind (N 10.4), hat die Revisionsstelle neben dem für die Generalversammlung bestimmten Revisionsbericht auch noch einen *Erläuterungsbericht* zuhanden des Verwaltungsrats zu verfassen, in welchem sie die Durchführung und das Ergebnis ihrer Prüfung kommentiert (OR 729a; N 9.20). Stellt die Revisionsstelle Verstösse gegen das Gesetz oder die Statuten fest, muss sie dies schriftlich dem Verwaltungsrat, in wichtigen Fällen auch der Generalversammlung, mitteilen (OR 729b; *Anzeigepflicht*).

10.10 Revisionsbericht; erforderlichenfalls Erläuterungsbericht; Anzeigepflicht

Nebst diesen gesetzlich vorgesehenen Mitteilungen weist die Revisionsstelle oftmals in einem direkt an die Geschäftsleitung adressierten *Management Letter* auf Organisationsmängel im Bereich der Rechnungslegung oder des internen Kontrollsystems hin (N 9.20). Meist erläutert die Revisionsstelle das Prüfungsergebnis auch anlässlich einer *Revisionsschlussbesprechung* mit den Finanzverantwortlichen (Anhang 43 Ziff. 3).

10.11 Weitere Prüfungsmitteilungen

b) Besondere Prüfungen

10.12
Gründung, Kapitalveränderung, Überschuldung, Aufwertung, Umstrukturierung etc.

Neben dieser für jedes Rechnungsjahr durchzuführenden periodischen Prüfung schreibt das Gesetz bei bestimmten, die Interessen von Aktionären und Gläubigern allenfalls gefährdenden Vorgängen besondere Prüfungen mit entsprechender Berichterstattung vor (zum Teil durch besonders befähigte Revisoren; N 10.4). Eine solche Prüfung hat zu erfolgen bei *qualifizierten Gründungen* (Prüfung des Gründungsberichts bei Sacheinlage, Sachübernahme, Verrechnung und Gewährung besonderer Vorteile; OR 635a; N 4.2, 4.27, 4.30, 4.33, 4.35; Anhang 22), bei bestimmten *Kapitalerhöhungen* (OR 652d, 652f, 653f, 653i; N 13.13, 13.22, 13.25), bei *Kapitalherabsetzungen* (OR 732 II; N 14.4, 14.8 f.), wenn *Besorgnis einer Überschuldung* besteht (OR 725 II; N 9.8), wenn bei Bilanzsanierungen *Beteiligungen und Grundstücke aufgewertet* werden (OR 670; N 9.5, 12.19), bei *vorzeitiger Verteilung des Liquidationsergebnisses* an die Aktionäre (OR 745 III; N 16.25), bei einer *Fusion, Spaltung oder Umwandlung* (FusG 6 II, 15, 40, 62; N 17.7, 17.13, 17.24, 17.34) sowie bei einer *internationalen Sitzverlegung* (IPRG 162 III, 164; N 2.9).

c) Weitere Pflichten

10.13
Anwesenheits- und Geschäftsführungspflichten

Die Revisionsstelle muss an der ordentlichen *Generalversammlung anwesend* sein, um den Aktionären in Ergänzung ihres Revisionsberichts zusätzliche Auskünfte erteilen zu können; andernfalls sind die Generalversammlungsbeschlüsse über die Abnahme der Jahresrechnung und die Verwendung des Bilanzgewinns anfechtbar (OR 729c; N 6.53, 8.17; Anhang 43 Ziff. 6; Anhang 48 lit. B. Ziff. 2). Ist die AG offensichtlich überschuldet und bleibt der Verwaltungsrat untätig, muss die Revisionsstelle sodann den *Richter benachrichtigen* (OR 729b II; N 9.8). Weiter ist die Revisionsstelle verpflichtet, wenn der Verwaltungsrat nicht handeln kann oder böswillig nicht handeln will, «nötigenfalls» die *Generalversammlung einzuberufen* (OR 699 I; N 8.8)

10.14
Übertragung weiterer Aufgaben

Nebst diesen gesetzlichen Pflichten können die Statuten oder die Generalversammlung der Revisionsstelle auch *weitere Aufgaben übertragen* – z.B. Zwischenrevisionen, Compliance – (N 9.20) –, doch darf es sich dabei nie um Aufgaben handeln, welche in den Kom-

10. Die Revisionsstelle

petenzbereich des Verwaltungsrats gehören oder die Unabhängigkeit der Revisionsstelle beeinträchtigen (OR 731 I; N 10.5).

Bei ihrer Berichterstattung und Auskunfterteilung zuhanden der *Generalversammlung* hat die Revisionsstelle nur das *Geschäftsgeheimnis* der AG zu wahren (OR 730 I), vorbehältlich ihrer Anzeigepflicht bei gravierenden Verstössen gegen das Gesetz oder die Statuten (OR 729b; N 10.10). Weiter gehend sind die Revisoren gegenüber *einzelnen Aktionären und Dritten zur vollumfänglichen Verschwiegenheit* über alle bei der Ausführung ihres Auftrages gemachten Wahrnehmungen verpflichtet (OR 730 II). Auskunftspflichtig ist die Revisionsstelle jedoch gegenüber einem Sonderprüfer (OR 730 II; N 6.40 ff.). Eine Verletzung ihrer *Pflicht zur Verschwiegenheit* kann für die Revisoren nicht nur zivilrechtliche, sondern auch *strafrechtliche* Folgen haben (StGB 161, 162 und 321 Ziff. 1).

10.15
Schweigepflicht

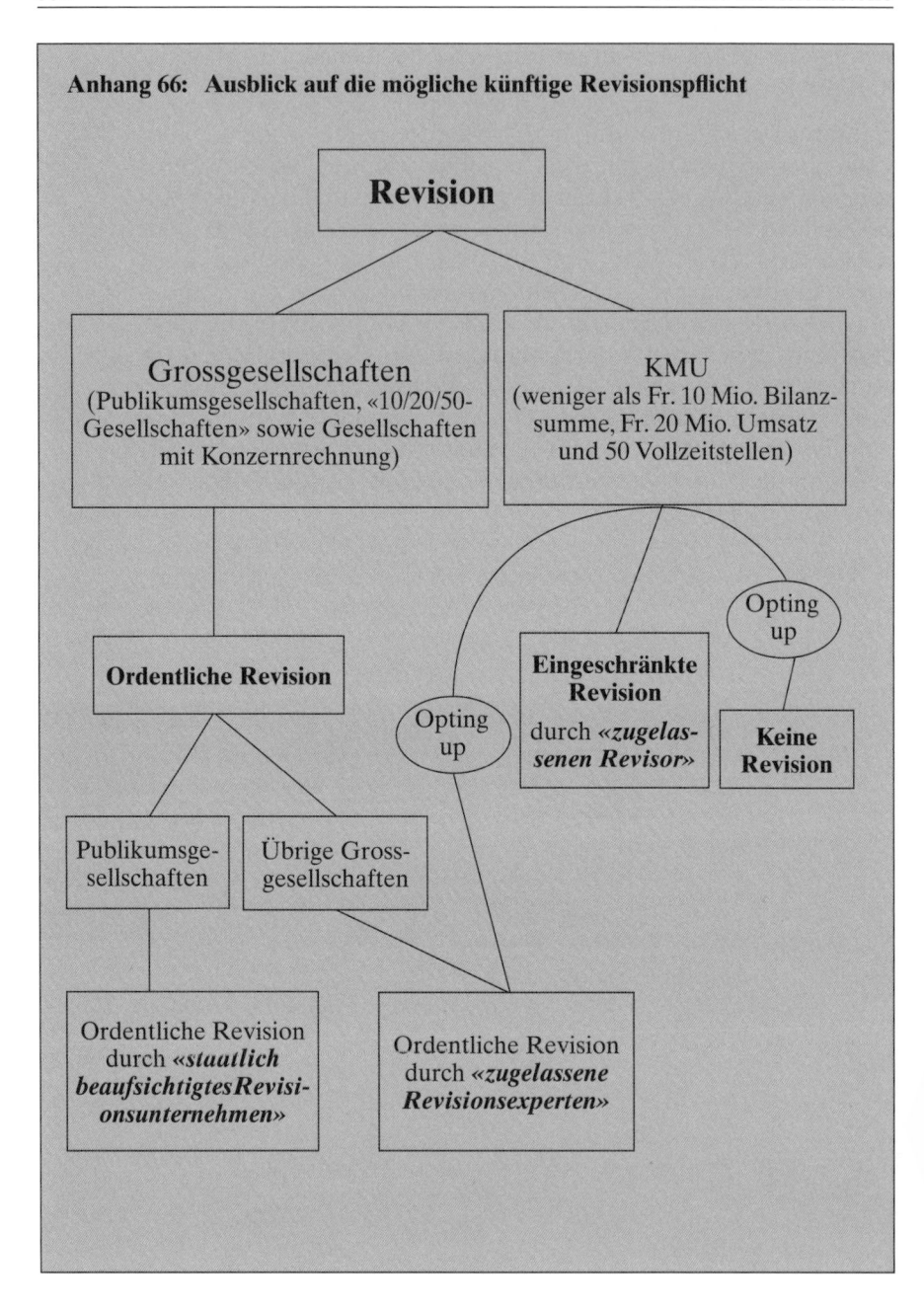

Anhang 66: Ausblick auf die mögliche künftige Revisionspflicht

Revision

Grossgesellschaften
(Publikumsgesellschaften, «10/20/50-Gesellschaften» sowie Gesellschaften mit Konzernrechnung)

KMU
(weniger als Fr. 10 Mio. Bilanzsumme, Fr. 20 Mio. Umsatz und 50 Vollzeitstellen)

Ordentliche Revision

Opting up

Eingeschränkte Revision durch *«zugelassenen Revisor»*

Opting up

Keine Revision

- Publikumsgesellschaften
- Übrige Grossgesellschaften

Ordentliche Revision durch *«staatlich beaufsichtigtes Revisionsunternehmen»*

Ordentliche Revision durch *«zugelassene Revisionsexperten»*

Anhang 67: Revisionsbericht zuhanden der ordentlichen Generalversammlung[1]

BILANZIA TREUHAND AG
Dunkelstrasse 7
8000 Zürich

Bericht der Revisionsstelle an die Generalversammlung der Hobel Möbel AG, Dübendorf

Als Revisionsstelle haben wir die Buchführung und die Jahresrechnung (Bilanz, Erfolgsrechnung und Anhang) der Hobel Möbel AG für das am 31. Dezember [Jahr] abgeschlossene Geschäftsjahr geprüft.

Für die Jahresrechnung ist der Verwaltungsrat verantwortlich, während unsere Aufgabe darin besteht, diese zu prüfen und zu beurteilen. Wir bestätigen, dass wir die gesetzlichen Anforderungen hinsichtlich Befähigung und Unabhängigkeit erfüllen.

Unsere Prüfung erfolgte nach den Grundsätzen des Berufsstandes[2], wonach eine Prüfung so zu planen und durchzuführen ist, dass wesentliche Fehlaussagen in der Jahresrechnung mit angemessener Sicherheit erkannt werden. Wir prüften die Posten und Angaben der Jahresrechnung mittels Analysen und Erhebungen auf der Basis von Stichproben. Ferner beurteilten wir die Anwendung der massgebenden Rechnungslegungsgrundsätze, die wesentlichen Bewertungsentscheide sowie die Darstellung der Jahresrechnung als Ganzes. Wir sind der Auffassung, dass unsere Prüfung eine ausreichende Grundlage für unser Urteil bildet.

Gemäss unserer Beurteilung entsprechen die Buchführung und die Jahresrechnung sowie der Antrag über die Verwendung des Bilanzgewinnes Gesetz und Statuten[3].

---

[1] Standardbericht der Schweizerischen Treuhandkammer ab 31. Dezember 1996
[2] In multinationalen Verhältnissen: «... des schweizerischen Berufsstandes ...»
[3] In multinationalen Verhältnissen: «... dem schweizerischen Gesetz und den Statuten.»

Wir empfehlen, die vorliegende Jahresrechnung zu genehmigen.

Zürich, [Datum]   BILANZIA TREUHAND AG

Iwan A. Chlestakow   Eugen Buch-Halter
Leitender Revisor

Beilagen:
- Jahresrechnung, bestehend aus Bilanz/Erfolgsrechnung/Anhang
- Antrag über die Verwendung des Bilanzgewinns

11. Die Verantwortlichkeit der Verwaltungsratsmitglieder, Revisoren, Gründer, Prospektverfasser und Liquidatoren

A) Überblick über die persönliche Verantwortlichkeit von Organpersonen

Das vorliegende Kapitel ist vor allem der *aktienrechtlichen Verantwortlichkeit* gem. OR 752 ff. gewidmet, doch ist einleitend darauf hinzuweisen, dass diese keineswegs den einzigen Rechtsgrund für eine persönliche Haftung von Organpersonen darstellt: Im Bereich des Privatrechts (*Privatrecht* ist jener Teil der Rechtsordnung, in welchem sich die «privaten» Parteien gleichgeordnet gegenübertreten) kann sich eine solche Haftung mit dem persönlichen Privatvermögen z.B. auch aus der aktienrechtlichen *Rückerstattungspflicht* (OR 678; N 6.17, 6.50, 9.81) oder aus *unerlaubter Handlung* (OR 41 ff.) ergeben oder daraus, dass sich ein Organ persönlich für die Schuld der AG mitverpflichtet hat (*Schuldbeitritt*), für eine solche eine *Bürgschaft* eingegangen ist oder eine andere *Sicherheit* bestellt hat (N 1.12 lit. b; vgl. zum Ganzen die Übersicht in Anhang 68).

11.1 Privatrechtliche Haftung

Ebenso empfindlich kann den Einzelnen die *öffentlichrechtliche* Verantwortlichkeit treffen, welche in der Praxis vielleicht sogar noch das grössere Haftungsrisiko darstellt (Als *öffentliches Recht* bezeichnet man jenen Teil der Rechtsordnung, in welchem der Staat mit seiner Staatsgewalt dem Bürger übergeordnet entgegentritt). Deshalb wird nachfolgend kurz auf einige öffentlichrechtliche Aspekte der Organhaftung hingewiesen (Anhang 68).

11.2 Öffentlichrechtliche Haftung

B) Die öffentlichrechtliche Verantwortlichkeit von Organpersonen

11.3 Strafrecht

Zunächst seien einige Bestimmungen des *Strafgesetzbuchs* (StGB) aufgezählt, welche für die Organe einer Aktiengesellschaft bedeutsam werden können: Veruntreuung (StGB 138), unrechtmässige Verwendung von Vermögenswerten (StGB 141bis), EDV-Delikte (StGB 143, 143bis, 144bis, 147), Betrug (StGB 146), unwahre Angaben über kaufmännische Gewerbe (StGB 152) und gegenüber Handelsregisterbehörden (StGB 153), Warenfälschung (StGB 155), Wucher (StGB 157), ungetreue Geschäftsbesorgung (StGB 158), Missbrauch von Lohnabzügen (StGB 159), Ausnützen der Kenntnis vertraulicher Tatsachen (StGB 161; «Insider-Tatbestand»), Kursmanipulation (StGB 161bis), Verletzung des Fabrikations- oder Geschäftsgeheimnisses (StGB 162), Konkurs- und Betreibungsdelikte (StGB 145, 163 ff., 323 f.; z.B. betrügerischer Konkurs, Gläubigerbevorzugung und Unterlassung der Buchführung), Urkundenfälschungsdelikte (StGB 251 ff.; z.B. falsches Generalversammlungsprotokoll, Verbuchung privater Ausgaben als Geschäftsaufwand, etc.), wirtschaftlicher Nachrichtendienst (StGB 273; z.B. Mitteilung eines Fabrikationsgeheimnisses an ein ausländisches Unternehmen), Geldwäscherei (StGB 305bis), mangelnde Sorgfalt bei Finanzgeschäften und Melderecht (StGB 305ter), Bestechungsdelikte (StGB 322ter ff.), ordnungswidrige Führung der Geschäftsbücher (StGB 325; vgl. auch StGB 326) oder Übertretung firmenrechtlicher Bestimmungen (StGB 326ter). Neben dem Strafgesetzbuch enthalten zahlreiche andere Gesetze Strafbestimmungen, namentlich etwa das *Bundesgesetz gegen den unlauteren Wettbewerb* (UWG 23 ff.), die *Steuer- und Sozialversicherungsgesetze* (z.B. BVG 75 ff.), das Bundesgesetz über das *Verwaltungsstrafrecht* usw.

11.4 Sozialversicherungsrecht

Im öffentlichrechtlichen Bereich haben Organpersonen aber nicht nur vor Strafen auf der Hut zu sein, sondern auch vor massiven Schadenersatzforderungen des Staates: Werden *Sozialversicherungsbeiträge* nicht bezahlt, so sieht AHVG 52 vor, dass der Arbeitgeber für den der Ausgleichskasse absichtlich oder grobfahrlässig zugefügten Schaden verantwortlich wird, woraus die Rechtsprechung mehr oder weniger eine Kausalhaftung der verantwortlichen Organpersonen herleitet. Etwas vereinfacht ausgedrückt, kann jedes in der Schweiz «greifbare» Verwaltungsratsmitglied einer überschaubaren kleineren oder mittleren AG davon ausgehen, dass es sämtliche AHV/IV/ALV/EO-Beiträge, welche die AG während seiner (tatsächlichen) Amtszeit nicht an die Ausgleichskasse abgeführt hat, früher oder später aus seinem Privatvermögen bezahlen muss.

Hat die AG Steuerschulden, so haften bei einigen Bundessteuern (namentlich der Mehrwert-, Verrechnungs- und direkten Bundessteuer) sowie einzelnen kantonalen Steuern die Organpersonen bzw. Liquidatoren neben der Aktiengesellschaft persönlich und solidarisch für die Bezahlung dieser Schulden. Diese Haftung wird insbesondere dann relevant, wenn die AG (auch bloss faktisch) *liquidiert* wird oder ihren *Sitz* (oder die tatsächliche Verwaltung) *ins Ausland* verlegt (VStG 15; DBG 55; MWSTG 32).

11.5
Steuerrecht

C) Die aktienrechtliche Verantwortlichkeit

a) Allgemeines

OR 754 bestimmt:

«Die Mitglieder des *Verwaltungsrates* und alle mit der *Geschäftsführung* oder mit der *Liquidation* befassten Personen sind sowohl der *Gesellschaft* als den einzelnen *Aktionären* und *Gesellschaftsgläubigern* für den *Schaden* verantwortlich, den sie durch *absichtliche oder fahrlässige Verletzung ihrer Pflichten* verursachen.

Wer die Erfüllung einer *Aufgabe* befugterweise einem andern Organ *überträgt*, haftet für den von diesem verursachten Schaden, sofern er nicht nachweist, dass er bei der *Auswahl, Unterrichtung und Überwachung* die nach den Umständen gebotene Sorgfalt aufgewendet hat» (Hervorhebungen hinzugefügt).

11.6
Grundsätzliche gesetzliche Regelung

OR 752, 753 und 755 enthalten ähnliche Haftungsbestimmungen für die *Gründer*, *Revisoren* sowie jene Personen, die bei der Gründung bzw. bei Obligationen- oder Aktienemissionen falsche oder unvollständige *Prospekte* verfasst haben. Nachdem wir die Pflichten der Gründer (N 4.1 ff.), des Verwaltungsrats (N 9.1 ff.) und der Revisionsstelle (N 10.1 ff.) bereits betrachtet haben, finden wir in diesen Bestimmungen nun also die Grundlage für Schadenersatzbegehren für den Fall, dass diesen Pflichten nicht nachgelebt wurde.

11.7
Praktische Bedeutung

Anders als früher kommt der aktienrechtlichen Verantwortlichkeit heute eine ganz *erhebliche praktische Bedeutung* zu: Zwar sind Verantwortlichkeitsklagen nach wie vor ausserordentlich selten, solange eine AG noch zahlungsfähig ist. Im *Konkurs* der AG oder bei Abschluss eines Nachlassvertrags mit Vermögensabtretung (Liquidationsvergleich) werden heute jedoch schon beinahe *routinemässig Verantwortlichkeitsklagen* erhoben oder zumindest angedroht, um bei der Revisionsstelle und bei finanziell gut gestellten Verwaltungsratsmitgliedern bzw. bei deren Haftpflichtversicherern (N 11.36) Ersatz für den erlittenen Ausfall erhältlich zu machen – wobei die meisten dieser Auseinandersetzungen durch gerichtlichen oder aussergerichtlichen Vergleich erledigt werden. Die aktienrechtliche Verantwortlichkeit entfaltet aber auch eine nicht zu unterschätzende *präventive Wirkung*, indem die Gründer und Organe angesichts möglicher Verantwortlichkeitsklagen schon gar nicht in Versuchung kommen, ihre Pflichten zu verletzen, bzw. aufgedeckte Pflichtverletzungen umgehend rückgängig machen.

11.8
Komplexe Rechtslage

Die Verantwortlichkeitsklage gehört zu den «Königsdisziplinen» des Aktienrechts, die sich für eine vereinfachte Darstellung denkbar schlecht eignen. Nebst einer an sich schon ausserordentlich komplexen und nicht restlos konsistenten gesetzlichen Regelung werden etwa gerade bezüglich der Verantwortlichkeitsansprüche im Konkurs der AG verschiedene rechtswissenschaftliche Theorien kontrovers diskutiert, die durchaus auch unterschiedliche praktische Auswirkungen haben (N 11.24). Die nachfolgende Übersicht soll den Leserinnen und Lesern lediglich einen ersten allgemeinen Eindruck vermitteln, ob sie in einer bestimmten Situation die Einreichung einer Verantwortlichkeitsklage erwägen können bzw. ob und von wem sie eine solche zu gewärtigen haben könnten (vgl. auch Anhang 70).

b) Wer haftet?

11.9
Persönliche Haftung

Die aktienrechtliche Verantwortlichkeit ist *rein persönlich* ausgestaltet. Für Schäden haften also nie «die Gründer» oder «der

11. Verantwortlichkeit

Verwaltungsrat» usw., sondern immer nur und ausschliesslich diejenigen Personen, die ihre Pflichten verletzt haben.

Bei der öffentlichen Ausgabe von Aktien, Partizipationsscheinen und Obligationen muss ein Emissionsprospekt erstellt werden (OR 652a, 653e I, 653f, 656a II und 1156; N 13.10). Die Prospekthaftung erfasst aber nicht nur diesen eigentlichen Prospekt, sondern generell alle Informationen von Gründern, Emissionsbanken und anderen Verantwortlichen (z.B. Zeitungsinserate, Zirkulare, Zeichnungsscheine usw.). Werden in solchen Informations- und Werbemitteln falsche oder irreführende Angaben gemacht, so haftet jeder, der absichtlich oder fahrlässig dabei mitgewirkt hat, den Erwerbern der Titel für den dadurch verursachten Schaden (OR 752). Zum Kreis der Haftbaren gehören also nicht nur die eigentlichen Prospektverfasser, sondern auch die Revisoren, die Verwaltungsratsmitglieder, die Prospektunterzeichner, mitwirkende Urkundspersonen, als Berater beigezogene Anwälte, Emissionsbanken usw. (N 4.43).

11.10
Prospektverfasser (OR 752)

Gemäss OR 753 haftet für Pflichtverletzungen anlässlich der *Gründung* oder einer *Kapitalerhöhung* – Scheineinzahlung des Aktienkapitals, Überbewertung von Sacheinlagen, falsche Angaben in Statuten, Gründungs- oder Kapitalerhöhungsbericht, verschleierte Sachübernahme usw. – jeder «Mitwirkende». Auch hier geht der Kreis der Haftbaren also weit über die eigentlichen Gründer bzw. (bei der Kapitalerhöhung) Organpersonen hinaus und umfasst z.B. auch sämtliche Hintermänner, Geldgeber, welche ein kurzfristiges Darlehen zur Scheineinzahlung gewähren, Depositenstellen, Hilfspersonen wie Anwälte und Treuhänder, Urkundspersonen usw. (N 4.43).

11.11
Gründer (OR 753)

Vor allem aber trifft die aktienrechtliche Verantwortlichkeit in der Praxis die *mit der Verwaltung und Geschäftsführung betrauten Personen* (OR 754). Dazu gehört nicht nur, wer im Handelsregister eingetragen ist *(formelles Verwaltungsorgan)*, sondern auch, wer, ohne formell gewählt zu sein, auf die Gesellschaft einen Einfluss ausübt, wie er normalerweise nur formellen Organen zusteht – wer also die Willensbildung der Aktiengesellschaft massgebend mitbestimmt, indem er faktisch an der Geschäftsführung und Verwaltung mitwirkt *(materielles oder faktisches Verwal-*

11.12
Mit Verwaltung, Geschäftsführung und Liquidation befasste Personen (OR 754)

tungsorgan). Schliesslich gilt als verantwortliches Organ auch, wer in den Augen gutgläubiger Dritter – wissentlich und von der AG zumindest geduldet – als Organ erscheint *(Verwaltungsorgan infolge Kundgabe).* Nach OR 754 können also z.b. haftbar werden sämtliche Verwaltungsratsmitglieder (alle im Handelsregister eingetragenen – auch die blossen «Strohmänner» – sowie die nicht eingetragenen Hintermänner, «stillen» oder «verdeckten» Verwaltungsratsmitglieder), der Hauptaktionär, der sich in die Verwaltung und Geschäftsführung einmischt, oder die Geschäftsleitung, nicht aber leitende Angestellte auf unterer Stufe, welche nicht aus einer organtypischen Stellung heraus handeln. Haftbar werden sodann auch alle mit der *Liquidation* befassten Personen (OR 754; vgl. OR 739 ff.; N 16.29). Abschliessend sei noch an die haftungsbefreiende bzw. -mindernde Wirkung einer *korrekten Delegation* erinnert (OR 754 II; N 9.15).

11.13
Revisoren (OR 755)

Der aktienrechtlichen Verantwortlichkeit unterstehen schliesslich auch alle mit der *Prüfung* der Jahres- und Konzernrechnung, der Gründung, der Kapitalerhöhung oder -herabsetzung befassten Personen (OR 755; N 10.9 ff.). Diese Haftung kann auch «faktische» Revisoren treffen, welche Revisionen durchführen und Revisionsberichte erstatten, ohne von der Generalversammlung formell gewählt worden zu sein. Ist die Revisionsstelle eine juristische Person (eine «Revisionsgesellschaft»), so trifft die Haftung nur diese, nicht aber deren Angestellte, welche die Revision tatsächlich durchgeführt haben – auch nicht den im Revisionsbericht genannten «leitenden Revisor» (Anhang 67). Die Revisionsstelle wird z.B. haftbar, wenn sie im Revisionsbericht pflichtwidrig eine Rückweisungsempfehlung unterlässt (N 10.10), die wichtigsten Gesellschaftsaktiven nicht auf deren Bestand überprüft (N 10.9) oder bei offensichtlicher Überschuldung und Untätigkeit des Verwaltungsrats den Richter nicht selber benachrichtigt (N 9.8, 10.13).

11.14
Mit der Durchführung oder Prüfung einer Umstrukturierung befasste Personen

Das Fusionsgesetz statuiert schliesslich noch eine weitgehend an der aktienrechtlichen Verantwortlichkeit orientierte spezielle Haftung aller mit der *Durchführung* oder *Prüfung* einer *Fusion, Spaltung, Umwandlung oder Vermögensübertragung* (N 17.47) befassten Personen für den Schaden, den sie durch schuldhafte Verletzung ihrer Pflichten verursachen (FusG 108).

c) Für welche Schäden wird gehaftet?

Die eben aufgezählten Verantwortlichen haften für jeden Vermögensverlust und allen entgangenen Gewinn, den sie der Gesellschaft, den Aktionären oder Gläubigern verursacht haben. Zu ersetzen ist also die Differenz zwischen dem gegenwärtigen (effektiven) Vermögensstand der Geschädigten und dem (hypothetischen) Stand, den ihr Vermögen ohne das schädigende Ereignis aufweisen würde. Diesen Schaden müssen die Geschädigten nachweisen.

11.15
Schadensdefinition

Die Aktionäre und Gläubiger können auf zwei Arten geschädigt werden: Einmal ist möglich, dass nur gerade der Aktionär bzw. der Gläubiger einen Schaden erleidet. So kann z.B. der Verwaltungsrat einem Aktionär die Auszahlung der Dividende verweigern; oder es kann der Liquidationserlös an die Aktionäre verteilt werden, bevor alle Gläubiger befriedigt sind. In diesen Fällen erleidet der Aktionär bzw. der Gläubiger einen *unmittelbaren Schaden* (ist er *direkt geschädigt*; vgl. zur bundesgerichtliche Definition des unmittelbaren Gläubigerschadens N 11.24 lit. b).

11.16
Unmittelbarer Schaden

Es ist aber auch möglich, dass (primär) nur gerade die Gesellschaft geschädigt wird, weil z.B. ein Verwaltungsratsmitglied in pflichtwidriger Weise aus Gesellschaftsmitteln ein ungesichertes, riesiges Darlehen gewährt hat («Klumpenrisiko»), das in der Folge nicht mehr zurückbezahlt werden kann. In diesem Fall erleiden die Aktionäre einen *mittelbaren Schaden* (sind sie *indirekt geschädigt*), weil der Verlust im Gesellschaftsvermögen den inneren Wert ihrer Aktien vermindert: War z.B. eine Aktionärin früher zu einem Zehntel an Fr. 900 000.– beteiligt, so bezieht sich ihre Beteiligung nach der definitiven Uneinbringlichkeit eines Darlehens von Fr. 800 000.– plötzlich nur noch auf Gesellschaftsaktiven von Fr. 100 000.–. Sobald der Schaden so gross ist, dass die Aktiengesellschaft ihren Verpflichtungen nicht mehr nachkommen kann und sie in Konkurs fällt – aber erst dann –, sind auch die Gesellschaftsgläubiger indirekt geschädigt.

11.17
Mittelbarer Schaden

Zusammenfassend kann also festgehalten werden: Die Aktiengesellschaft kann immer nur direkt geschädigt werden (unmittelbarer Schaden), die Aktionäre und Gläubiger können dadurch indirekt geschädigt sein (mittelbarer Schaden), können aber auch

11.18
Zusammenfassung

d) Wie müssen die Schäden verursacht worden sein?

11.19
Adäquat kausale Verursachung

Zunächst einmal muss der ins Auge gefasste Verantwortliche den Schaden überhaupt verursacht haben. Nur wenn zwischen seinem Verhalten und dem Schaden ein *adäquater Kausalzusammenhang* besteht, wird er haftbar. Vereinfacht ausgedrückt heisst das: Es genügt nicht, dass die Handlung des «Verantwortlichen» rein theoretisch betrachtet zum Schaden beigetragen hat (natürlicher Kausalzusammenhang), sondern man muss sie darüber hinaus aufgrund der menschlichen Vernunft und der allgemeinen Lebenserfahrung auch vernünftigerweise als wirkliche Ursache des Schadens betrachten können (adäquate Kausalität). Ein adäquater Kausalzusammenhang fehlt insbesondere dann, wenn der Schaden auch bei pflichtgemässem Handeln – also «ohnehin» – eingetreten wäre. Andererseits wird aber auch haftbar, wer nur eine (adäquat kausale) Teilursache für den Schaden gesetzt hat. Empfiehlt also z.B. ein Revisionsbericht die Jahresrechnung einer überschuldeten Gesellschaft vorbehaltlos zur Abnahme, so wird die Revisionsstelle einem Gläubiger, welcher der überschuldeten Gesellschaft im Verlaufe des geprüften Geschäftsjahrs ein Darlehen gewährt hat, trotz dieser eklatanten Pflichtverletzung nicht verantwortlich, weil der fehlerhafte Revisionsbericht eben nicht adäquat kausal war für den aus der vorgängigen Darlehensgewährung an eine überschuldete Gesellschaft entstandenen Schaden des Gläubigers. Wohl aber haftet sie für die Fortdauer und Vergrösserung des Schadens *nach* der Revision (und Unterlassung der Orientierung der Generalversammlung sowie der Benachrichtigung des Richters).

11.20
Pflichtverletzung

Wer einen Schaden (adäquat kausal) verursacht hat, haftet sodann nur, wenn er dabei seine Pflichten verletzt hat. Die *Verwaltungsratsmitglieder* begehen z.B. eine Pflichtverletzung, wenn sie mit Mehrheitsaktionären oder einzelnen Verwaltungsratsmitgliedern zum Nachteil der Gesellschaft und der andern Aktionäre Geschäfte abschliessen, wenn sie Klumpenrisiken eingehen, wenn sie das Gesellschaftsvermögen «verspekulieren», wenn sie nicht für eine ordnungsgemässe Buchführung sorgen (z.B. Unterlassung der notwendigen Abschreibungen), wenn sie die Wahl in den Verwaltungsrat annehmen, obwohl ihnen die erforderlichen Fähigkeiten fehlen (N 9.57), usw. Die *Prospektverfasser* verletzen ihre Pflichten z.B., wenn sie Fehlinformationen über die finanzielle Situation der Gesellschaft verbreiten und dadurch das Publikum zur Zeichnung von Aktien, Obligationen oder Partizipationsscheinen verleiten. Beispiele für Pflichtverletzungen von *Revisoren* (N 11.13, 11.19) und *Gründern* (N 11.11) wurden bereits erwähnt.

Schliesslich muss der Verantwortliche die Pflichtverletzung *schuldhaft* – also fahrlässig oder vorsätzlich – begangen haben. Schuldhaft handelt, wer sich nach der ihm zumutbaren Aufmerksamkeit hätte sagen müssen, dass eine konkrete Gefahr der Schädigung besteht, wenn die geplante Handlung ausgeführt wird. Dabei ist ein *objektiver Massstab* anzulegen, indem gefragt wird, wie ein gewissenhafter Mensch mit durchschnittlichen Fähigkeiten in der gleichen Funktion wie der Verantwortliche in der konkreten Situation gehandelt hätte. Unbeachtlich sind daher subjektive Entschuldigungsgründe wie eigene Unfähigkeit, Unkenntnis oder Zeitmangel. Festzuhalten ist ferner, dass auch verantwortlich wird, wer sich bloss passiv verhält (Stimmenthaltung, unschlüssiges Geschehenlassen) oder sein Mandat nur treuhänderisch (als Strohmann) ausübt. Der objektivierte Verschuldensmassstab führt dazu, dass ein Beklagter seine Haftung in aller Regel nicht mehr abwenden kann, sobald der Kläger einmal den Schaden, dessen adäquat kausale Verursachung sowie die Pflichtverletzung nachgewiesen hat.

11.21
Vorsatz oder Fahrlässigkeit

e) Wer kann klagen?

Wurde die Gesellschaft geschädigt, kann sie jederzeit eine Klage gegen den oder die Verantwortlichen einreichen. Zuständig für diesen Entscheid und für die Vertretung der Aktiengesellschaft im Prozess ist der Verwaltungsrat. Soll der gesamte Verwaltungsrat oder die Mehrheit der Verwaltungsratsmitglieder eingeklagt werden, steht der Entscheid jedoch der Generalversammlung zu (der in dieser Situation ohnehin Neuwahlen zu empfehlen

11.22
Die AG

sind; vgl. auch OR 693 III Ziff. 4, N 5.35); für den Prozess gegen den Verwaltungsrat hat sie diesfalls einen Vertreter zu bestellen (denkbar wäre auch, dass die Vormundschaftsbehörde der AG gem. ZGB 393 I Ziff. 4 einen Beistand bestellt). Wurde über die Aktiengesellschaft der Konkurs eröffnet, ist für den Entscheid über die Klageerhebung die zweite Gläubigerversammlung und für die Vertretung im Gerichtsverfahren die Konkursverwaltung zuständig.

11.23
Die Aktionäre

Wer als Aktionär *direkt geschädigt* wurde (N 11.16), kann grundsätzlich immer klagen, solange die Verantwortlichkeitsklage nicht verjährt ist (N 11.29), auch wenn er nicht mehr Aktionär ist. Mit seiner Klage verlangt er Schadenersatz an sich selbst. Anders verhält es sich bei einem *indirekt geschädigten Aktionär:* Er kann nur klagen, solange er noch Aktionär ist. Auch kann er nicht einfach Schadenersatz an sich selbst verlangen, weil er ja nur indirekt geschädigt ist (N 11.17). Vielmehr muss er – solange sich die *AG nicht in Konkurs* befindet – Schadenersatz an die Gesellschaft verlangen (OR 756 I). Wird der Schaden der Gesellschaft derart ausgeglichen, steigt auch der innere Wert seiner Aktien wieder auf das Niveau, das er ohne das schädigende Ereignis hätte. Befindet sich die AG dagegen *im Konkurs,* ist es Sache der Konkursverwaltung, die Ansprüche der mittelbar geschädigten Aktionäre geltend zu machen. Erst wenn diese darauf verzichtet, können die Aktionäre selber klagen (OR 757 I, II). Allerdings wird gestützt auf eine noch unter altem Aktienrecht begründete und im Widerspruch zum Wortlaut von OR 757 II stehende Bundesgerichtspraxis auch die Meinung vertreten, im Konkurs der AG seien die Aktionäre generell nicht mehr klageberechtigt (vgl. aber z.B. BGE 127 III 377).

11.24
Die Gläubiger

Jeder Gläubiger kann für seinen *unmittelbaren Schaden* den oder die Verantwortlichen direkt einklagen. Demgegenüber kann er seinen *mittelbaren Schaden* nicht geltend machen, solange die Aktiengesellschaft sich *nicht im Konkurs* befindet (eigentlich sind die Gläubiger ja auch gar nicht indirekt geschädigt, solange die Aktiengesellschaft ihren Verpflichtungen noch nachkommen kann). Im *Konkurs* der Gesellschaft hat dann primär die Konkursverwaltung die Ansprüche der Gläubiger zu wahren. Erst wenn sie darauf verzichtet, können die Gläubiger selber klagen (OR 757 I,

11. Verantwortlichkeit

II). Aus dem Prozessergebnis können primär die klagenden Gläubiger ihre Forderungen decken, ein allfälliger Überschuss geht an die klagenden Aktionäre, und der Rest fällt in die Konkursmasse (OR 757 II). Die *Klagen der Gläubiger im Konkurs* der AG stellen in der Praxis bei weitem den *wichtigsten Anwendungsfall* der Verantwortlichkeitsklage dar. Ausgerechnet hier wirkt sich aber auch die Verwirrung aufgrund des bereits erwähnten Dogmenstreits (N 11.8) am stärksten aus:

a) Während das Bundesgericht seit BGE 117 II 432 ff. konstant davon ausgeht, dass die Gläubiger im Konkurs der AG einen *«einheitlichen Anspruch der Gläubigergesamtheit»* geltend machen (BGE 122 III 166 ff., 176 ff., 195 ff.), wird von namhaften Juristen daran festgehalten, dass die Gläubiger auf einer doppelten Grundlage klagen, nämlich gestützt auf OR 757 I/II «aus eigenem Recht» und gestützt auf eine konkursrechtliche Abtretung gemäss SchKG 260 «aus dem Recht der AG» (vgl. OR 757 III; *«Doppelnatur des Gläubigeranspruchs»*). Eine dritte Theorie (diejenige der *«Prozessstandschaft»*) postuliert, dass Konkursverwaltung, Aktionäre und Gläubiger alle nur das Recht der Gesellschaft einklagen. Die aufgrund der bundesgerichtlichen Rechtsprechung nun einmal massgebende Theorie vom Anspruch der Gläubigergesamtheit hat zur Folge, dass der Haftpflichtige dem klagenden Gläubiger *keine Einreden* – bzw. nur solche gegenüber der Gläubigergesamtheit – entgegenhalten kann (er also z.B. nicht einwenden kann, der Gläubiger habe der schädigenden Handlung zugestimmt oder er könne eine Gegenforderung zur Verrechnung bringen oder der Anspruch der Gesellschaft sei infolge Decharge-Erteilung untergegangen oder die AG habe sich mit ihm über alle Verantwortlichkeitsansprüche vergleichsweise geeinigt etc.).

b) Ausgehend vom einheitlichen Anspruch der Gläubigergesamtheit grenzt das Bundesgericht den unmittelbaren Gläubigerschaden sodann vom mittelbaren nicht danach ab, in welcher Vermögensmasse er eingetreten ist (N 11.16 f.), sondern trifft es diese Abgrenzung nach der «*Rechtsgrundlage der jeweiligen Schadenersatzpflicht*» (BGE 122 III 191) und hält es fest, dass ein – vom betroffenen Gläubiger «... selbständig aus eigenem Recht und unabhängig vom Vorgehen der Konkursverwaltung und auch bereits vor einer Konkurseröffnung ...» (BGE 122 III 190) durchsetzbarer – *unmittelbarer Schaden* nur dann vorliegt, «... wenn das Verhalten des fehlbaren Organs gegen aktienrechtliche Bestimmungen verstösst, die *ausschliesslich dem Schutz der Gläubiger* dienen, oder die Schadenersatzpflicht auf einem anderen widerrechtlichen Verhalten des Organs im Sinne von Art. 41 OR oder einem Tatbestand der ‹culpa in contrahendo› gründet. Werden Bestimmungen verletzt, die *sowohl* den Interessen der Gesellschaft *als auch* dem Schutz der Gläubiger dienen, liegt ein *mittelbarer* Schaden vor, der ausserhalb des Konkurses durch die Gesellschaft oder die Aktionäre und nach der Konkurseröffnung durch die Gläubigergesamtheit, allenfalls durch den an ihrer Stelle klagenden Gläubiger oder Aktionär geltend zu machen ist» (BGE 127 III 377, Hervorhebungen hinzugefügt; vgl. auch BGE 122 III 190 ff.; 125 III 88; 128 III 182 ff.). Damit werden die allermeisten Gläubigeransprüche zu solchen der Gläubigergesamtheit und erlischt die selbständige Klagelegitimation der meisten Gläubiger mit der Konkurseröffnung.

c) Die Klagelegitimation aus dem Recht der Gläubigergesamtheit dürfte auch im (häufigen) Fall entstehen, dass der *Konkurs* gem. SchKG 230 *mangels Aktiven eingestellt* worden ist (OR 757 II; BGE 110 II 396 ff.) – also auch ohne eine Abtretung der Verantwortlichkeitsansprüche gem. SchKG 260.

f) *Wie haften mehrere Verantwortliche?*

11.25
Aussenverhältnis:
Eingeschränkte
solidarische Haftung

Sind für einen Schaden mehrere Personen ersatzpflichtig, so haften sie den Geschädigten *solidarisch* – aber nur, soweit ihnen der Schaden aufgrund ihres eigenen Verschuldens und der Umstände *persönlich zurechenbar* ist (OR 759 I). Niemand haftet also für Schaden, den er nicht persönlich adäquat kausal verursacht hat (N 11.19). Die Geschädigten können somit nach ihrem Belieben einen oder mehrere Schädiger auswählen oder auch alle miteinander einklagen (N 11.32). Von jedem Schädiger erhalten sie höchstens diejenige Schadenssumme ersetzt, welche er persönlich zu verantworten hat; diese jedoch unabhängig davon, ob auch von anderen Verantwortlichen noch etwas erhältlich gemacht werden

11. Verantwortlichkeit

könnte. Insgesamt dürfen die Geschädigten aber nicht mehr erhalten als den Ersatz ihres Schadens. Klagen die Geschädigten mehrere Beteiligte gemeinsam für den Gesamtschaden ein, können sie vom Richter verlangen, dass er im gleichen Verfahren die Ersatzpflicht jedes einzelnen Beklagten festsetzt (OR 759 II).

Die Schadenersatzzahlungen eines oder mehrerer Verantwortlicher an Geschädigte sagen aber noch nichts über die definitive Schadenstragung aus: Wie der Schadenersatzbetrag im *Innenverhältnis* auf alle Haftpflichtigen zu verteilen ist, entscheidet der Richter in Würdigung aller Umstände (z.B. individuelles Verschulden, Funktion, Honorar; OR 759 III).

11.26
Innenverhältnis: Regress

g)   Untergang des Klagerechts

Einer Verantwortlichkeitsklage kann der Erfolg versagt bleiben, weil ein *Entlastungsbeschluss* der Generalversammlung vorliegt (sog. *Décharge*; OR 758; N 8.4 lit. d): Wurde den Verwaltungsratsmitgliedern gültig Décharge erteilt, sind die Verantwortlichkeitsansprüche der *AG* untergegangen. Auch können *Aktionäre, die der Entlastung zugestimmt,* und solche, die ihre *Aktien seither in Kenntnis des Beschlusses erworben* haben, nicht mehr Ersatz ihres *mittelbaren* Schadens verlangen (OR 758 I). Dagegen können Aktionäre, die *nicht zugestimmt* haben, ihren *mittelbaren* Schaden noch während sechs Monaten einklagen (OR 758 II). Völlig bedeutungslos ist ein Entlastungsbeschluss schliesslich für *Aktionäre,* die einen *unmittelbaren Schaden* erlitten haben, und für die *Gläubiger* (Anhang 69). Die dementsprechend recht beschränkte Wirkung des Dechargebeschlusses wird dadurch noch zusätzlich reduziert, als sie sich *nur auf bekannt gegebene Tatsachen* erstreckt (OR 758 I): Entzieht also z.B. ein Verwaltungsratsmitglied seiner Gesellschaft heimlich Vermögen, kann es sich in einem späteren Verantwortlichkeitsprozess nicht darauf berufen, die Generalversammlung habe ihm für die fragliche Geschäftsperiode Entlastung erteilt, weil eben die Generalversammlung von seinen Machenschaften keine Kenntnis hatte. Da für die Geschäftsführung nicht einfach der Verwaltungsrat insgesamt, sondern jedes einzelne Mitglied verantwortlich ist (N 11.9), kann die Entlastung den einen Verwaltungsratsmitgliedern gewährt, den

11.27
Décharge

anderen dagegen verweigert werden. Wer in irgendeiner Weise an der Geschäftsführung teilgenommen hat, ist bei Entlastungsbeschlüssen vom Stimmrecht ausgeschlossen (OR 695 I; N 6.26) und darf auch nicht als Vertreter anderer Aktionäre stimmen (BGE 128 III 142 ff.).

11.28
Einverständnis der Geschädigten

Auch wenn die schädigende Handlung in Ausführung eines nicht angefochtenen Generalversammlungsbeschlusses vorgenommen wurde oder ihr alle Aktionäre bzw. der Alleinaktionär sonstwie zugestimmt haben, kann die *AG* keine Verantwortlichkeitsansprüche geltend machen – wohl aber die Gläubiger und Aktionäre, welche opponiert haben.

11.29
Verjährung

Der Anspruch auf Schadenersatz verjährt in *fünf Jahren* von dem Tage an, an dem der Geschädigte *Kenntnis* vom Schaden und von der Person des Ersatzpflichtigen hat, *jedenfalls* aber mit dem Ablauf von *zehn Jahren seit der schädigenden Handlung*. Wird die Klage aus einer strafbaren Handlung hergeleitet (N 11.3), für die das Strafrecht eine längere Verjährungsfrist vorsieht, so gilt diese auch für den Verantwortlichkeitsanspruch (OR 760; vgl. auch die sechsmonatige Verwirkungsfrist nach dem Entlastungsbeschluss, OR 758 II, N 11.27).

h) Hinweise zum Verantwortlichkeitsprozess

11.30
Gerichtsstand

Die Verantwortlichkeitsklage kann nach Wahl des Klägers entweder am *Wohnsitz des Verantwortlichen* oder am *Sitz der AG* (GestG 29) oder – wenn mehrere Personen eingeklagt werden – auch am *Wohnsitz eines der Beklagten* (GestG 7 I) eingereicht werden.

11.31
Prozesskosten

Verliert ein *Aktionär* einen auf *Ersatz an die Gesellschaft* zielenden Prozess, müsste er aufgrund der allgemeinen zivilprozessualen Regeln sämtliche Gerichtskosten tragen und der Gegenpartei eine Prozessentschädigung bezahlen, obwohl er persönlich von einem Obsiegen nur sehr marginal und indirekt profitiert hätte und er eigentlich nur die Interessen der untätig gebliebenen AG wahrte. Zudem muss der Aktionär seine Klage oftmals gestützt auf eher spärliche Informationen einleiten (zum diesbezüglichen Versagen der Sonderprüfung vgl. N 6.45). Diese unbilligen Folgen versucht OR 756 II zu verhindern oder wenigstens zu mildern: Hatte der Aktionär aufgrund der Sach- und Rechtslage begründeten Anlass zur Klage, so verteilt der Richter die Kosten, soweit sie nicht vom Beklagten zu tragen sind, nach seinem Ermessen auf den Kläger und die – am Prozess gar nicht beteiligte – AG.

Im Bestreben, für den eingeklagten Schadenersatzanspruch ein möglichst umfassendes Haftungssubstrat sicherzustellen, wird in Verantwortlichkeitsprozessen nicht selten eine Vielzahl von Organpersonen eingeklagt (z.B. acht Verwaltungsratsmitglieder – u.U. aus verschiedenen Amtsperioden – sowie die Revisionsstelle). Diesbezüglich hat sich der Kläger jedoch bewusst zu sein, dass er *jedem einzelnen* Beklagten dessen Pflichtverletzung, dessen Verschulden und dessen adäquate Verursachung des Schadens im Detail nachzuweisen hat, dass jeder einzelne Beklagte durch seinen Anwalt umfassendste Rechtsschriften einreichen wird, die es alle zu beantworten gilt, dass er sich in mündlichen Verhandlungen einer erdrückenden Übermacht von z.B. neun Beklagten und neun Anwälten gegenübersehen wird und dass er trotz allem (N 11.31) ein gewisses Risiko trägt, schlimmstenfalls neun Prozessentschädigungen bezahlen zu müssen. Im Hinblick auf die Beschränkung des Prozessstoffs, die Vereinfachung der Beweisführung sowie die Verfahrensbeschleunigung dürfte es sich daher oftmals empfehlen, die Klage auf die *drei bis vier finanzkräftigsten und offensichtlichsten Verantwortlichen* zu beschränken (und es dann diesen zu überlassen, die übrigen Mitverantwortlichen in Regressprozesse oder Vergleichsverhandlungen einzubeziehen).

11.32
Nicht die ganze Welt einklagen

D) Die Vermeidung der persönlichen Haftung

Die Überlegungen, wie eine persönliche Haftung am besten zu vermeiden sei, haben bei folgenden Rahmenbedingungen einzusetzen:

11.33
Rahmenbedingungen

a) Solange eine private AG zahlungsfähig ist, haben die Organe vor allem von *ungerecht behandelten* – oder sich als solche fühlenden – *Minderheitsaktionären* eine Verantwortlichkeitsklage zu befürchten.

b) Im Übrigen geniesst der Verwaltungsrat einer finanziell intakten AG infolge der nicht besonders stark ausgebauten und immer nur mit einem gewissen persönlichen Aufwand durchsetzbaren Kontrollrechte eine relativ grosse Bewegungsfreiheit und bleiben Unkorrektheiten oft unentdeckt oder zumindest ungesühnt. Sobald die AG jedoch *zahlungsunfähig* wird, kommt es dann regelmässig zu einer «Schlussabrechnung», die den Einzelnen – häufig gerade noch den «Unschuldigsten» – ganz ausserordentlich hart treffen kann.

c) In kleinen Verhältnissen bzw. bei zu kleiner Konkursmasse wird die Konkursverwaltung die Durchsetzung von Verantwortlichkeitsansprüchen den Gläubigern überlassen, von denen wiederum nur jene den Aufwand und das finanzielle Risiko eines Verantwortlichkeitsprozesses auf sich nehmen werden, die mit einer *sehr hohen Forderung* zu Verlust gekommen sind.

d) Allerdings gilt diese Überlegung im Bereich des *öffentlichen Rechts* nicht: Der Staat klagt (oder verfügt) routinemässig, ohne finanzielles Risiko und gestützt auf für ihn sehr komfortable Rechtsgrundlagen. Im Hinblick auf die persönliche Haftung seiner Mitglieder ist daher jeder Verwaltungsrat schlecht beraten, der fällige Sozialversicherungsschulden zugunsten «dringenderer» Zahlungen zurückstellt, Steuerrisiken nicht sorgfältig genug abklärt oder sich um diese öffentlichrechtlichen Pflichten seiner AG schon gar nicht kümmert (N 11.4).

e) Hat der Verwaltungsrat *befugterweise* – also aufgrund einer statutarischen Ermächtigung, in einem Organisationsreglement und innerhalb der Schranken von OR 716a – einzelne seiner Aufgaben an andere Personen *delegiert*, so haftet er insoweit nur noch für deren Auswahl, Instruktion und Überwachung (OR 754 II; N 9.15, 11.12).

f) Auch in einem Verantwortlichkeitsprozess gilt: «Recht haben und Recht bekommen sind zwei verschiedene Paar Schuhe.» Vor Gericht zählt nur, was *bewiesen* werden kann; deshalb ist sämtlichen *formellen Aspekten* (Protokolle, Reglemente, Schriftverkehr etc.) die erforderliche Aufmerksamkeit zu schenken.

Jede Organperson tut daher gut daran, die *Übernahme eines Verwaltungsratsmandats sorgfältig zu prüfen* (N 9.58) und danach immer so zu *handeln(!)*, wie sie es als *sorgfältiger, persönlich haftender Einzelkaufmann* auch tun würde, das *Vermögen der AG als etwas Fremdes* zu betrachten, das sie in guten Treuen zu wahren und möglichst zu mehren hat, den *sozialversicherungs- und steuerrechtlichen Belangen erhöhte Aufmerksamkeit* zu widmen, die *Minderheitsaktionäre fair zu behandeln* und die – in der Hektik des geschäftlichen Alltags oft als lästig empfundenen – «*formellen*» *Vorschriften des Aktienrechts strikte einzuhalten* (Anhang 71). Auch ist jedem Verwaltungsratsmitglied zu empfehlen, sich an der «*Checklist*» *von OR 716a* zu orientieren (N 8.5, 9.2, 9.16 ff.; Anhang 53). Und schliesslich ist das *Dokumentationsmanagement* nach den beiden Polen «*Entlastendes sichern*» und «*Nichts Belastendes entstehen lassen*» auszurichten – wobei gerade bezüglich des letzteren Aspekts der Disziplin im E-Mail-Verkehr die gebotene Aufmerksamkeit zu schenken ist: Was früher für keinen Kläger «greifbar» schnell telefonisch oder persönlich besprochen wurde, pflegt sich heute in einer Flut spontaner E-Mails niederzuschlagen – einer wahren Beweismittel-Fundgrube, in welcher jeder Kläger mit Bestimmtheit einen ungeschickten Satz aufspüren wird.

11.34
Persönliche Prävention

In organisatorischer Hinsicht lässt sich die Gefahr einer Verantwortlichkeitsklage reduzieren durch eine *formal korrekte Delegation* von Geschäftsführungsaufgaben (N 9.14 f.) und Sicherstellung der *effektiven Wahrnehmung der beim Verwaltungsrat verbleibenden Aufgaben* (was durch die Bildung von Ausschüssen oder Einzelbeauftragten unterstützt werden kann), durch eine *perfekte Buchführung*, durch die Wahl einer *kompetenten Revisionsstelle*, durch die Einführung von «*Automatismen*» bezüglich der *Berichterstattung* und der *aktienrechtlichen Formalien* (Einladungen zu Verwaltungsratssitzungen und Generalversammlungen, Protokollführung, Aktienbuch etc.) sowie durch ein sorgfältiges *Dokumentationsmanagement*.

11.35
Hilfreiche organisatorische Massnahmen

Zu empfehlen ist, das Risiko der aktienrechtlichen Verantwortlichkeit durch eine Vermögensschaden-Haftpflichtversicherung abzudecken. In aller Regel schliesst die *Gesellschaft* für ihre Verwaltungsratsmitglieder eine *Kollektivversicherung* ab; möglich

11.36
Haftpflichtversicherung

ist aber natürlich auch der Abschluss einer Einzelversicherung durch das Organmitglied selber (z.B. als Sonderrisiko in einer bereits bestehenden Berufshaftpflichtversicherung). Zu beachten ist aber, dass strafbare Handlungen und meist auch öffentlichrechtliche Abgabenschulden (AHV, Steuern) von der Versicherungsdeckung ausgeschlossen sind und bei grobfahrlässigem Handeln die Versicherungsleistung herabgesetzt werden kann.

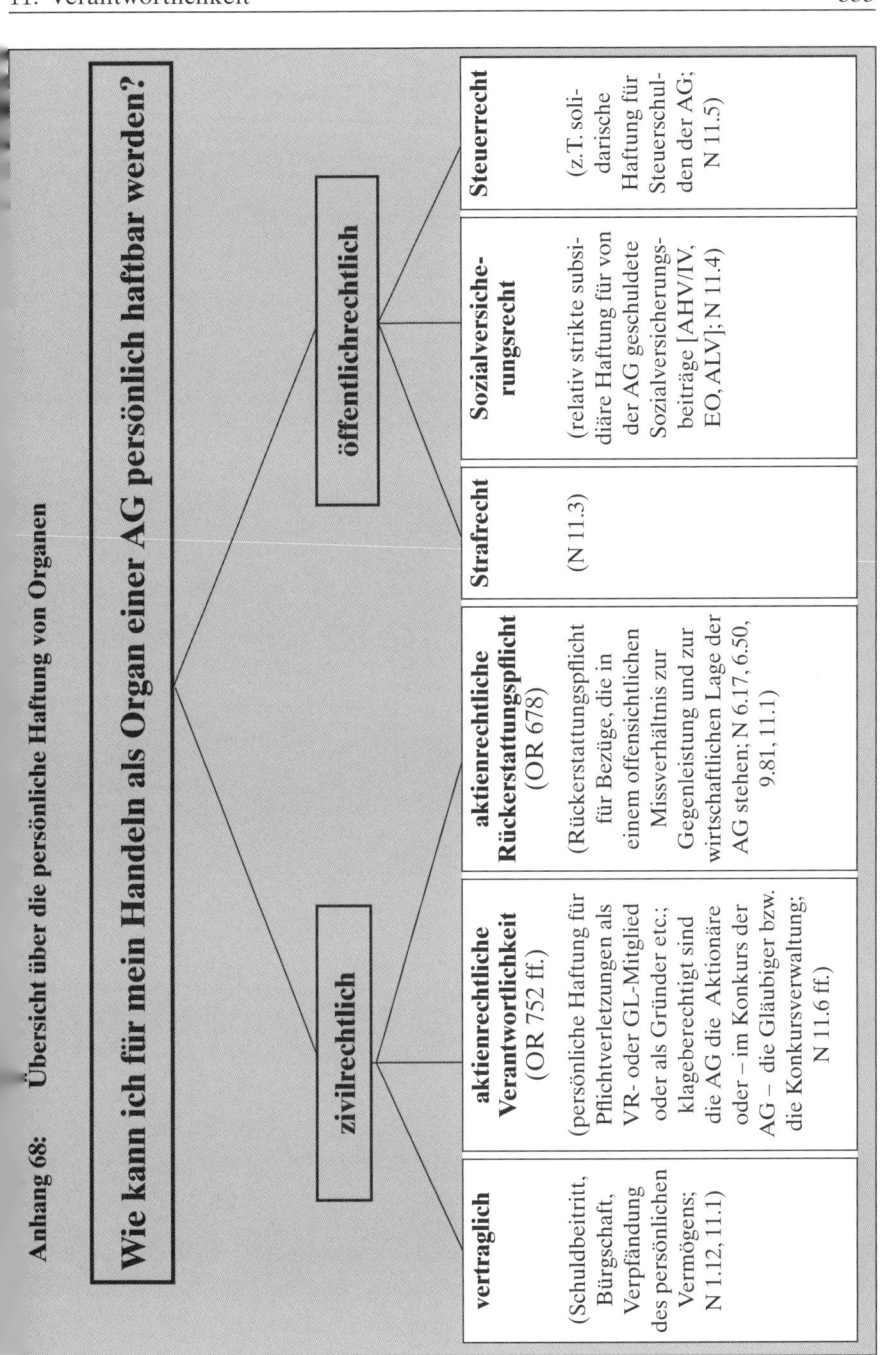

11. Verantwortlichkeit

Anhang 68: Übersicht über die persönliche Haftung von Organen

Wie kann ich für mein Handeln als Organ einer AG persönlich haftbar werden?

zivilrechtlich

vertraglich

(Schuldbeitritt, Bürgschaft, Verpfändung des persönlichen Vermögens; N 1.12, 11.1)

aktienrechtliche Verantwortlichkeit (OR 752 ff.)

(persönliche Haftung für Pflichtverletzungen als VR- oder GL-Mitglied oder als Gründer etc.; klageberechtigt sind die AG die Aktionäre oder – im Konkurs der AG – die Gläubiger bzw. die Konkursverwaltung; N 11.6 ff)

aktienrechtliche Rückerstattungspflicht (OR 678)

(Rückerstattungspflicht für Bezüge, die in einem offensichtlichen Missverhältnis zur Gegenleistung und zur wirtschaftlichen Lage der AG stehen; N 6.17, 6.50, 9.81, 11.1)

öffentlichrechtlich

Strafrecht

(N 11.3)

Sozialversicherungsrecht

(relativ strikte subsidiäre Haftung für von der AG geschuldete Sozialversicherungsbeiträge [AHV/IV, EO, ALV]; N 11.4)

Steuerrecht

(z.T. solidarische Haftung für Steuerschulden der AG; N 11.5)

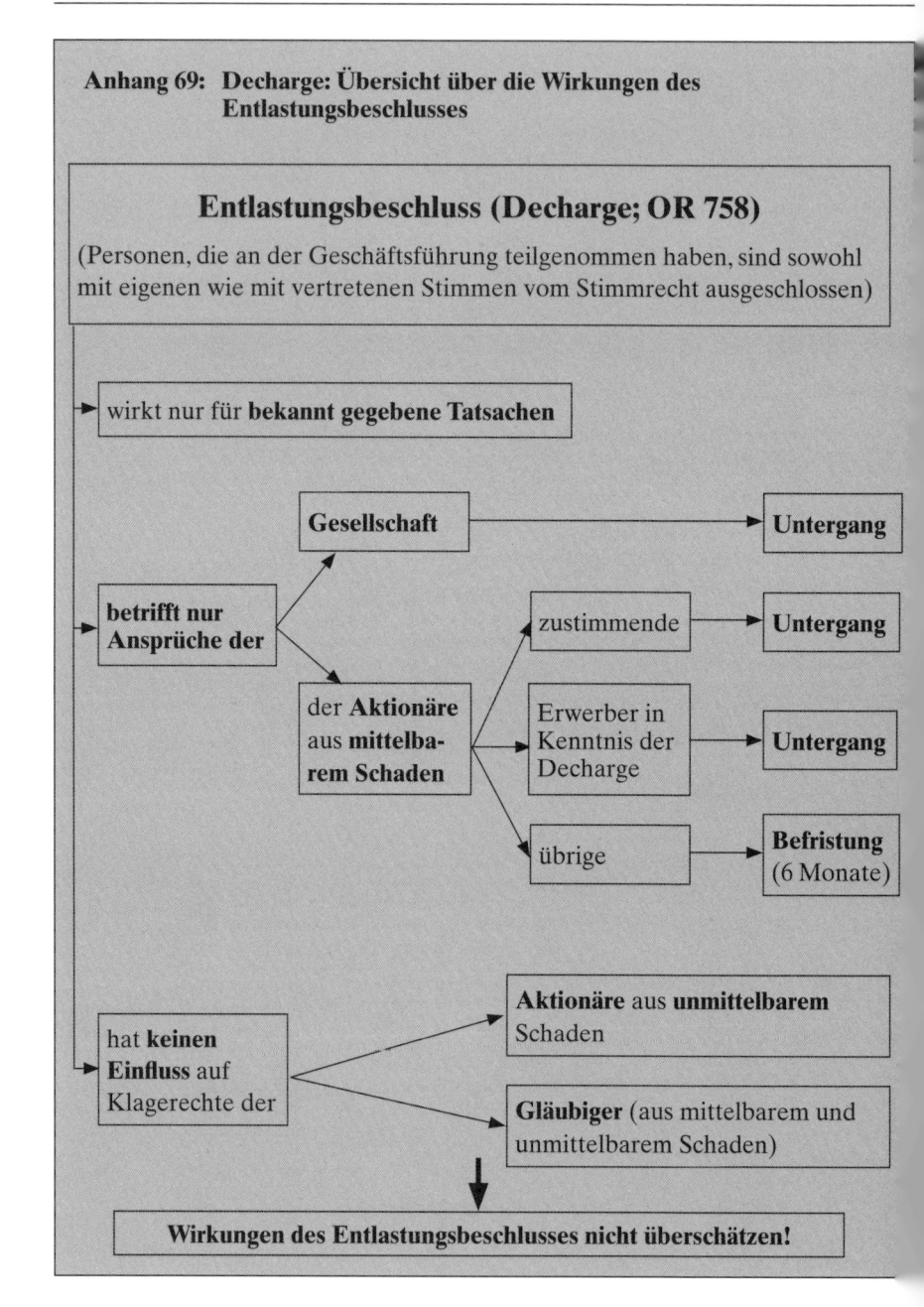

Anhang 69: Decharge: Übersicht über die Wirkungen des Entlastungsbeschlusses

Entlastungsbeschluss (Decharge; OR 758)
(Personen, die an der Geschäftsführung teilgenommen haben, sind sowohl mit eigenen wie mit vertretenen Stimmen vom Stimmrecht ausgeschlossen)

- wirkt nur für **bekannt gegebene Tatsachen**

- **betrifft nur Ansprüche der**
  - Gesellschaft → Untergang
  - der **Aktionäre aus mittelbarem Schaden**
    - zustimmende → Untergang
    - Erwerber in Kenntnis der Decharge → Untergang
    - übrige → **Befristung** (6 Monate)

- hat **keinen Einfluss** auf Klagerechte der
  - **Aktionäre aus unmittelbarem** Schaden
  - **Gläubiger** (aus mittelbarem und unmittelbarem Schaden)

→ Wirkungen des Entlastungsbeschlusses nicht überschätzen!

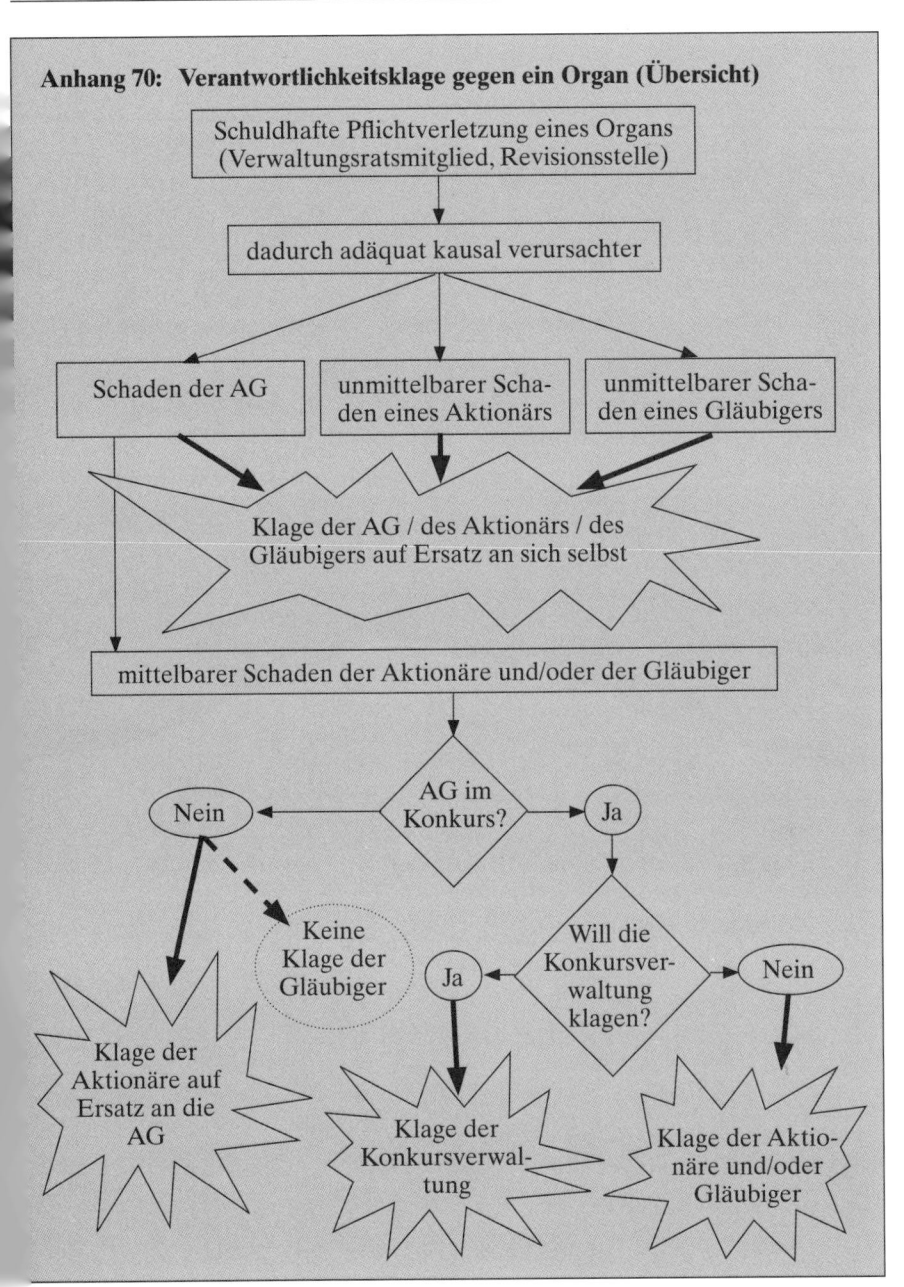

11. Verantwortlichkeit

Anhang 70: Verantwortlichkeitsklage gegen ein Organ (Übersicht)

Schuldhafte Pflichtverletzung eines Organs (Verwaltungsratsmitglied, Revisionsstelle)

↓

dadurch adäquat kausal verursachter

↓

- Schaden der AG
- unmittelbarer Schaden eines Aktionärs
- unmittelbarer Schaden eines Gläubigers

↓

Klage der AG / des Aktionärs / des Gläubigers auf Ersatz an sich selbst

↓

mittelbarer Schaden der Aktionäre und/oder der Gläubiger

↓

AG im Konkurs?

- **Nein** →
  - Klage der Aktionäre auf Ersatz an die AG
  - Keine Klage der Gläubiger
- **Ja** → Will die Konkursverwaltung klagen?
  - **Ja** → Klage der Konkursverwaltung
  - **Nein** → Klage der Aktionäre und/oder Gläubiger

Anhang 71: 5 Faustregeln zur Vermeidung der persönlichen Haftung als Organperson

1. **Handeln wie ein pflichtbewusster Geschäftsmann!**

Handeln!	Pflichtbewusstsein / Sorgfalt	Geschäftsmann / Patron / Einzelkaufmann
Sicherstellen, dass gehandelt werden kann. Keine «organisierte Unverantwortlichkeit».	Handeln! Achtung vor «Laisser-faire»/ «Vogel Strauss»! Auch Unterlassungen begründen Haftung.	«Sich kümmern» und direkt verantwortlich fühlen. Es gibt kein Recht auf Unkenntnis und Naivität. Fehlende Kenntnisse aneignen. Berater beiziehen. Sorgfältig verwalten und entscheiden (keine spekulativen Anlagen, Klumpenrisiken etc.).	Beim VR bleibt immer ein letzter Rest von effektiver Geschäftsführungstätigkeit. Der VR wird selbst bei extremster Delegation nie zu einem bloss formellen Aufsichtsorgan.

2. **Organisations- und Aufsichtsverantwortung wahrnehmen!**

3. **Zahlungsfähigkeit wahren!**
   Insbesondere auch die Erfüllung von Steuer- und Sozialversicherungsforderungen sicherstellen.

4. **Gesellschaftsrechtliche Formalien beachten!**
   Z.B. jährliche ordentliche GV und regelmässige VR-Sitzungen durchführen; korrekte GV-Einladungen; GV- und VR-Protokolle; Buchführungspflicht; Dokumentationsmanagement etc.

5. **Checkliste in OR 716a!**
   Z.B. Organisation des Rechnungswesens ist Verwaltungsratssache.

12. Vermögen und Rechnungslegung

A) Buchführung und Geschäftsbericht

a) Die Buchführungspflicht und ihr Zweck

Wie jedermann, der verpflichtet ist, seine Firma in das Handelsregister eintragen zu lassen, muss auch die AG von Gesetzes wegen eine ordnungsgemässe Buchhaltung führen und nach jedem Geschäftsjahr eine Bilanz und eine Erfolgsrechnung erstellen (OR 957 f.). Diese Pflicht wird für die AG dahingehend konkretisiert, dass spätestens sechs Monate minus 20 Tage nach Abschluss des Geschäftsjahres (OR 696 I, 700 I; N 6.35, 8.10) die revidierte *Jahresrechnung* – bestehend aus *Erfolgsrechnung, Bilanz und Anhang* –, der *Jahresbericht* und, sofern erforderlich, die Konzernrechnung (N 12.25) vorliegen müssen (Anhang 72). Wendet sich eine AG an den Kapitalmarkt (Börsenkotierung, Obligationenanleihen), muss sie ihre Jahres- (und allfällige Konzern-)rechnung *offen legen* (OR 697h). Die Verantwortung für das Rechnungswesen und die Erstellung des Geschäftsberichts trägt der *Verwaltungsrat* (OR 716a I Ziff. 3 und 6). Er hat auch sicherzustellen, dass die Geschäftsbücher (sowie die Buchungsbelege und die Geschäftskorrespondenz) *während zehn Jahren aufbewahrt* werden (OR 962).

12.1 Buchführungspflicht

Aufgrund der Gesetzessystematik erscheint die Rechnungslegung in erster Linie als Rechenschaftsbericht gegenüber den *Aktionären*: Geregelt im Abschnitt «Rechte und Pflichten der Aktionäre» (OR 660 ff.), bildet der Geschäftsbericht (OR 662 ff.) die Grundlage für den auf dem Bilanzgewinn bemessenen Dividendenanspruch der Aktionäre (OR 675). Dementsprechend stellt das Gesetz auch das Vorsichtsprinzip (N 12.9) über den Grundsatz der «true and fair view»: Nicht so sehr die Darstellung des tatsächlichen wirtschaftlichen Potenzials des Unternehmens steht im Vordergrund, sondern die Sorge, dass Gewinne ausgeschüttet

12.2 Zweck

werden könnten, die gar nicht erzielt worden sind. Natürlich ist das Rechnungswesen aber vor allem auch ein unverzichtbares Informations- und Führungsmittel des *Verwaltungsrats*, auf dessen Grundlage er seine Entscheidungen fällt – und gegebenenfalls auch rechtzeitig Sanierungsmassnahmen einleitet (N 9.4 ff.); insoweit dient die Rechnungslegung auch dem Schutz der *Gläubiger*. Einen noch umfassenderen «Adressatenkreis» hat die Rechnungslegung einer börsenkotierten Gesellschaft, indem jene den *Anlegern* – also auch potenziellen Gläubigern und Inhabern von Beteiligungsrechten – eine zuverlässige Beurteilung der Effekten und des Emittenten ermöglichen soll.

b) Die Rechnungslegungs-Regeln

12.3 OR

Das Gesetz statuiert in OR 959 ff. in äusserst knapper Form allgemeine, für alle Buchführungspflichtigen geltende Buchführungs- und Bewertungsgrundsätze. Zwar wird diese rudimentäre Ordnung für die AG in *OR 662 ff.* umfassend ergänzt und verschärft, doch vermögen auch diese aktienrechtlichen Rechnungslegungsvorschriften den heutigen Standards nicht mehr zu genügen, weshalb entsprechende Revisionsarbeiten in Angriff genommen (RRG), dann aber zugunsten dringenderer Teilrevisionen einstweilen aufgeschoben worden sind (N 10.1).

12.4 GAAP

Mit diesem Aufschub der Revision vermag die Praxis gut zu leben, weil das Gesetzesrecht durch viel detailliertere, von Wirtschaftsprüfer-Organisationen erarbeitete «General Accepted Accounting Principles» (GAAP) überrundet worden ist, namentlich durch die folgenden drei:

a) *US GAAP* («United States Generally Accepted Accounting Principles»): Dieses ebenso detaillierte wie unübersichtliche Regelwerk wird von der – der amerikanischen Börsenaufsichtsbehörde SEC nahestehenden – Rechnungslegungsorganisation «Financial Accounting Standards Board» (FASB) herausgegeben und ist (grundsätzlich) von Gesellschaften anzuwenden, welche an der New Yorker Börse (NYSE) kotiert sind. Es enthält von den hier betrachteten GAAPs die strengsten Offenlegungsvorschriften. Zunehmend erstellen auch Schweizer Publikumsgesellschaften ihre Rechnungsle-

12. Vermögen und Rechnungsauslegung

gung nach US GAAP, um ihre Akzeptanz im amerikanischen Kapitalmarkt zu verbessern.

b) *IFRS* («International Financial Reporting Standards»; ursprünglich: IAS «International Accounting Standards», deshalb auch: «IFRS/IAS»): Auch diese vom «International Accounting Standards Board» aufgestellten Regeln sind angelsächsisch geprägt, anspruchsvoll und sehr umfangreich, werden von den hiesigen Fachleuten aber doch als übersichtlicher, leichter zugänglich und etwas «kontinentaleuropäischer» beurteilt als die US GAAP. Die meisten grossen schweizerischen Publikumsgesellschaften erstellen ihre Jahres- und Konzernrechnung schon seit einiger Zeit auf der Grundlage der – eine internationale Vergleichbarkeit ermöglichenden – IFRS/IAS. Ihnen folgen immer mehr «mittlere» Unternehmen der oberen Liga; für die typischen KMU werden die IFRS im Allgemeinen als zu kompliziert erachtet. Auf den 1. Januar 2005 hat die Schweizer Börse SWX die Rechnungslegung nach IFRS/IAS für das Hauptsegment obligatorisch erklärt.

c) *Swiss GAAP FER* (Schweizer Fachempfehlungen zur Rechnungslegung): Zur Schaffung eines über die OR-Regelungen hinausgehenden, den internationalen Standards entsprechenden schweizerischen Regelwerks wurde eine «Stiftung für Empfehlungen zur Rechnungslegung» gegründet, deren Fachkommission seit 1984 die Swiss GAAP FER erarbeitet. Diese orientieren sich heute an den IFRS/IAS, sind aber weit weniger umfangreich und einfacher als diese. Sie eignen sich ideal für *KMU* (jedenfalls bis hinunter zum grösseren Kleinunternehmen), bildeten bis Ende 2004 den Mindeststandard für börsenkotierte Gesellschaften (vorn lit. b) und dürften mittlerweile auch für die nicht kotierten grösseren Gesellschaften die Rolle der *«allgemein anerkannten kaufmännischen Grundsätze»* übernommen haben, die gem. OR 959 für die Erstellung der Jahresrechnung massgebend sind.

c) Insbesondere: Die aktienrechtlichen Rechnungslegungsvorschriften

Gemäss OR 662a I ist die Jahresrechnung nach den *Grundsätzen der ordnungsmässigen Rechnungslegung* so aufzustellen, dass die *tatsächliche Vermögens- und Ertragslage der AG möglichst zu-*

12.5 Ordnungsmässige Rechnungslegung

verlässig beurteilt werden kann – alles immer unter Angabe der *Vorjahreszahlen.* Die Anforderungen an eine ordnungsmässige Rechnungslegung konkretisiert das Gesetz mit sechs Stichworten (OR 662a II Ziff. 1–6):

12.6
Vollständigkeit (OR 662a II Ziff. 1)

Die Jahresrechnung muss in jeder Hinsicht *vollständig* sein. Es ist also z.B. verboten, bestimmte Erträge gar nicht erst aufzuführen, um auf diese Weise stille Reserven (N 12.39) zu bilden.

12.7
Klarheit (OR 662a II Ziff. 2)

Buchhaltung und Jahresrechnung sind so *klar* und übersichtlich gegliedert darzustellen, dass sie von jedem Leser mit Buchhaltungskenntnissen verstanden werden können. Zur Klarheit tragen namentlich auch die gesetzlichen Mindestgliederungsvorschriften in OR 663 f. bei (Anhang 73 f.).

12.8
Wesentlichkeit (OR 662a II Ziff. 2)

Der Jahresrechnung müssen alle *wesentlichen* Angaben entnommen werden können. Nur diese; diese aber immer. Vereinfachend kann gesagt werden, dass der Grundsatz der *Wesentlichkeit* («materiality») das Vollständigkeitsgebot (N 12.6) auf ein vernünftiges Mass zurückbindet.

12.9
Vorsicht (OR 662a II Ziff. 3)

Der – typisch helvetische – Grundsatz der *Vorsicht* besagt, dass von verschiedenen denkbaren Werten oder Prognosen jeweils die für die Gesellschaft unvorteilhafteste Annahme zu buchen ist. Die AG darf sich also gegenüber ihren Gläubigern und Aktionären in ein schlechteres, nie aber in ein besseres Licht stellen. Dieses buchhalterische «Understatement» steht im Widerspruch zur von den GAAP (N 12.4) verlangten «true and fair view» (oder «fair presentation») und findet jedenfalls dort seine Grenze, wo es die zuverlässige Beurteilung der tatsächlichen Vermögens- und Ertragslage (OR 662a I; N 12.5) geradezu vereitelt. Das Vorsichtsprinzip wird durch die nachfolgend zu betrachtenden Bewertungsregeln noch konkretisiert (N 12.13 ff.) und bildet die Basis für die stillen Reserven (N 12.39 ff.). Wichtigster Ausfluss des Vorsichtsgebots ist das *Imparitätsprinzip,* gemäss welchem *Gewinne* erst ausgewiesen werden dürfen, wenn sie *realisiert* worden – Erträge also rechtlich und tatsächlich durchsetzbar – sind (Realisationsprinzip), *Verluste* dagegen bereits ausgewiesen werden müssen, sobald sie aktuell werden (also für den sorgfältigen Kaufmann ein ernsthaftes Verlustrisiko erkennbar ist).

12. Vermögen und Rechnungsauslegung

Die Aktiven sind zu demjenigen Wert zu bilanzieren, der ihnen im Hinblick auf die *Fortführung der Unternehmenstätigkeit* zukommt («going concern»). Das elektronische Holzbearbeitungszentrum ist von der Hobel Möbel AG also nicht zum Liquidationswert zu buchen, sondern zum erheblich höheren Wert, der ihm als wichtigstem Produktionsmittel des Unternehmens zukommt. Nur und erst in Krisenzeiten kann eine Bilanzierung zu Liquidationswerten zur Diskussion stehen (N 9.8).

12.10
Fortführungsprinzip (OR 662a II Ziff. 4)

Die AG hat die einmal gewählten Prinzipien für die *Darstellung und Bewertung* stets beizubehalten *(Bilanzkontinuität)*. Nimmt sie einen Systemwechsel vor, muss sie dies im Anhang darlegen (OR 662a III; Anhang 75).

12.11
Stetigkeit (OR 662a II Ziff. 5)

In der Jahresrechnung dürfen weder Aktiven und Passiven noch Aufwand und Ertrag miteinander verrechnet werden *(Bruttoprinzip)*. In Bilanz und Erfolgsrechnung darf also nicht zwischen links und rechts (Anhang 73 f.) verrechnet und dann nur der daraus resultierende Saldo links oder rechts eingetragen werden.

12.12
Verrechnungs- und Saldierungsverbot (OR 662a II Ziff. 6)

d) Insbesondere: Die aktienrechtlichen Bewertungsvorschriften

In die Bilanz können nur Vermögenswerte der AG aufgenommen – «aktiviert» – werden, denen ein effektiver Wert für die AG zukommt, welche also tatsächlich verwertbar sind. So dürfen blosse Hoffnungen auf ein verwertbares Resultat (z.B. Aufwendungen für noch nicht abgeschlossene Forschung und Entwicklung) nicht aktiviert werden, wohl aber verwertbare Immaterialgüterrechte (Patent-, Urheber-, Marken- und Designrechte). Grundsätzlich ist auch von der AG selbst erarbeiteter «Goodwill» nicht aktivierbar, wohl aber von Dritten erworbener. Generell unterliegen Kosten einem Aktivierungsverbot. Wie die aktivierungsfähigen Aktiven zu bewerten sind, regelt das Gesetz in Konkretisierung des Vorsichtsprinzips (N 12.9):

12.13
Aktivierungsfähigkeit

Zunächst statuiert das Gesetz eine Ausnahme vom eben erwähnten Kosten-Aktivierungsverbot (N 12.13), indem es die Aktivierung der aus der Errichtung, der Erweiterung oder der Umstellung des Geschäfts entstehenden Kosten zulässt, wobei diese jedoch innerhalb von fünf Jahren abgeschrieben werden müssen (OR 664).

12.14
Gründungs-, Kapitalerhöhungs- und Organisationskosten (OR 664)

12.15
Anlagevermögen (OR 665)

Das Anlagevermögen – also die der AG langfristig dienenden Güter wie Immobilien, Maschinen, Beteiligungen, Immaterialgüterrechte etc. (OR 663a II, 665a) – darf höchstens zu den Anschaffungs- bzw. Herstellungskosten bewertet werden, von welchen die notwendigen *Abschreibungen* in Abzug zu bringen sind (OR 665, 669; N 12.18 lit. a). Die oberste Bewertungsgrenze bilden somit immer die historischen Kosten *(Anschaffungswert- oder Kostenprinzip)*, ungeachtet allfälliger späterer Wertsteigerungen.

12.16
Vorräte (OR 666)

Das Anschaffungswertprinzip gilt grundsätzlich auch für *Vorräte* (Rohmaterialien, Halbfabrikate, Lagerware), es sei denn, deren aktueller Marktwert sei tiefer als die Anschaffungs- bzw. Herstellungskosten: dann ist in Abweichung vom Kostenprinzip dieser tiefere Marktwert massgebend (OR 666; *Niederstwertprinzip*).

12.17
Wertschriften (OR 667)

Kurzfristige Anlagen in Wertschriften mit Kurswert dürfen (müssen aber nicht) höchstens zum Durchschnittskurs des letzten Monats vor dem Bilanzstichtag bewertet werden (OR 667 I). Wertschriften ohne Kurswert und solche im Anlagevermögen dürfen demgegenüber entsprechend der allgemeinen Regel höchstens zu den Anschaffungskosten bewertet werden (N 12.15), unter Abzug der notwendigen Wertberichtigungen (OR 667 II).

12.18
Abschreibungen, Wertberichtigungen und Rückstellungen (OR 669)

Für die so ermittelten Werte sieht das Gesetz in OR 669 folgende *Wertkorrekturen* vor:

a) *Abschreibung:* Im Anlagevermögen sind die Anschaffungskosten (N 12.15) auf die Nutzungsdauer des betreffenden Guts zu verteilen, indem der Wert periodisch (linear oder degressiv) vermindert – «abgeschrieben» – wird. So kann die Hobel Möbel AG ihr elektronisches Holzbearbeitungszentrum z.B. auf 8 Jahre (linear) abschreiben, indem sie die Anschaffungskosten jedes Jahr um 12,5 % reduziert.

b) *Wertberichtigung:* Wertberichtigungen sind in Befolgung des Niederstwertprinzips vorgenommene Wertkorrekturen auf dem Umlaufvermögen.

c) *Rückstellung:* Für im Rechnungsjahr absehbare, aber sich erst später (vielleicht) realisierende Einbussen (insbesondere Eventualverbindlichkeiten, drohende Verluste aus schwebenden Geschäften; OR 669 I) sind entsprechende provisorische Passivposten (Rückstellungen) zu bilden: Rückstellungen sind also z.B. zu bilden für geleistete Bürgschaften, künftig eventuell zu erbringende Garantiearbeiten, hängige Prozesse, Grossreparaturen und Instandhaltungsarbeiten, zur Eigenversicherung für spezifische Risiken etc.

Das Gesetz unterscheidet zwischen (nach allgemein anerkannten kaufmännischen Grundsätzen) *notwendigen* Abschreibungen, Wertberichtigungen und Rückstellungen (OR 669 I), entsprechenden Wertkorrekturen zu Wiederbeschaffungszwecken (OR 669 II; *Wiederbeschaffungsreserven,* N 12.38) und darüber hinausgehenden Wertkorrekturen, den *stillen Reserven* (OR 669 III; N 12.39 ff.).

Infolge des Anschaffungswertprinzips (N 12.15) kann es vorkommen, dass eine AG eine Unterbilanz (N 9.4; Anhang 54 lit. A) oder sogar eine Überschuldung (N 9.7; Anhang 54 lit. B) ausweisen muss, weil sie Grundstücke und Beteiligungen – also Anteile am Kapital anderer Unternehmen (OR 665a II) – nur zu den historischen Anschaffungskosten aufführen darf, obwohl sie vielleicht über genügend Bruttovermögen verfügen würde, wenn sie die Grundstücke und Beteiligungen zu ihrem viel höheren aktuellen Wert bilanzieren dürfte. Um diese Härte des Anschaffungswertprinzips zu mildern, erlaubt das Gesetz unter bestimmten Voraussetzungen ausnahmsweise eine Aufwertung (nur!) dieser beiden Positionen auf den wirklichen Wert (OR 670): Ist die Hälfte des Aktienkapitals und der gesetzlichen Reserven nicht mehr gedeckt, so dürfen zur Beseitigung der Unterbilanz Grundstücke oder Beteiligungen, deren wirklicher Wert über die Anschaffungskosten gestiegen ist, bis zu höchstens diesem *wirklichen Wert* aufgewertet werden (N 9.5). Dabei ist der Aufwertungsbetrag gesondert als *Aufwertungsreserve* auszuweisen (N 12.35). Auch hat die *Revisionsstelle* der Generalversammlung in einem *Bericht* die Einhaltung der gesetzlichen Bestimmungen zu bestätigen (N 10.12).

12.19
Ausnahmsweise Aufwertung von Grundstücken und Beteiligungen (OR 670)

e) Bilanz

Die Bilanz (Anhang 72) gibt die finanziellen Verhältnisse der AG an einem *Stichtag* wieder. Stark vereinfacht ausgedrückt, listet die Bilanz in den *Passiven* auf, woher die AG ihre Mittel erhal-

12.20
Momentaufnahme

ten hat, und in den *Aktiven*, wohin sie diese investiert hat. Aus dem Vergleich der Aktiven mit den Passiven resultiert dann ein Bilanzverlust (N 9.4) oder ein Bilanzgewinn, welcher mit dem in der Erfolgsrechnung (N 12.23) ausgewiesenen Jahresgewinn bzw. Jahresverlust übereinstimmen muss (Verkettung von Erfolgsrechnung und Bilanz). OR 663a stellt *Mindestgliederungsvorschriften* für die Bilanz auf (Anhang 73).

12.21
Insbesondere Eigen- und Fremdkapital

Die Passiven geben Auskunft über das Eigenkapital und das Fremdkapital. Das *Eigenkapital* setzt sich zusammen aus dem *Aktienkapital* (sowie einem allfälligen Partizipationskapital; N 5.73), den gesetzlichen und statutarischen *Reserven* sowie dem – weder durch Gesetz noch durch Statuten irgendwie gebundenen – *freien Eigenkapital*. Zum Eigenkapital gehören ferner die – aus der Bilanz allerdings nicht ersichtlichen – stillen Reserven. Sämtliche Verbindlichkeiten der Aktiengesellschaft gegenüber Dritten bilden das *Fremdkapital*. Dazu gehören also etwa Schulden aus von der AG bezogenen Lieferungen und Leistungen (Kreditoren) oder Darlehen von Dritten und Aktionären (vgl. zum Ganzen Anhang 73). Solche *Aktionärsdarlehen* sind in privaten Gesellschaften sowie in Konzernverhältnissen (N 15.8 ff.) aus steuerlichen Gründen recht verbreitet, weil der dem Aktionär für sein Darlehen entrichtete Zins vom Bruttoertrag abgezogen werden kann, während Dividenden nur aus dem – zu versteuernden – Reingewinn ausgerichtet werden dürfen und dann überdies auch vom Aktionär noch einmal zu versteuern sind (vgl. zum mit Aktionärsdarlehen oftmals verbundenen *Rangrücktritt* N 9.9). Sobald Aktionärsdarlehen jedoch ein Ausmass annehmen, das die AG als unterkapitalisiert erscheinen lässt, werden sie von den *Steuerbehörden* als sogenanntes *verdecktes Eigenkapital* qualifiziert und entsprechend besteuert; Darlehenszinsen, welche die von den Steuerbehörden periodisch angepassten *Maximalzinssätze* übersteigen, werden als Dividenden besteuert. Fällt eine klar unterkapitalisierte AG in *Konkurs*, können die Aktionäre ihre Darlehen allenfalls nicht zurückfordern, sondern dient dieses Quasi-Eigenkapital der Befriedigung der andern Gesellschaftsgläubiger.

12.22
Funktion der Bilanz

Im Rahmen der generellen Zwecke der Jahresrechnung (N 12.2) dient die Bilanz zum einen insbesondere dem *Kapitalschutz*, indem erstens vor der Ausschüttung eines Gewinns die Sperrsummen (N 12.26, 12.31) von Aktienkapital und Reserven gedeckt sein müssen (N 6.14 ff.; Anhang 37) und zweitens mit dem in der Bilanz ausgewiesenen hälftigen Kapitalverlust die Alarmglocke für Sanierungsmassnahmen geläutet wird (N 9.4 f.). Zum andern bildet sie ein wichtiges *Führungsmittel*, liefert sie doch Informationen zum Verhältnis von Eigen- zu Fremdkapital («debt/equity ratio») oder zum Vergleich der Fristigkeit der Schulden auf der Passiv- mit der Bindung des Vermögens auf der Aktivseite. Solche und weitere Zusammenhänge werden durch diverse *Bilanzkennzahlen* sichtbar gemacht.

f) Erfolgsrechnung

Die Erfolgsrechnung rechnet über alle erfolgswirksamen Vorgänge im Verlaufe des Geschäftsjahres ab. Sie vergleicht also die in dieser Periode angefallenen Ausgaben (Aufwand) mit den Einnahmen (Ertrag) und errechnet daraus den Erfolg (den Jahresgewinn oder -verlust). Auch für die Erfolgsrechnung stellt das Gesetz Mindestgliederungsvorschriften auf (OR 663; Anhang 74), wobei es zwischen *betrieblichem* (betriebstypischem und wiederkehrendem), *betriebsfremdem* (nicht betriebstypischem, aber wiederkehrendem) sowie *ausserordentlichem* (nicht wiederkehrendem) *Aufwand und Ertrag* unterscheidet (OR 663 I) und innerhalb dieser Aufwand- und Ertragsarten bestimmte Mindestpositionen vorschreibt (OR 663 II f.).

12.23
Abrechnung über das Geschäftsjahr

g) Anhang

Der Anhang enthält jene Informationen zur finanziellen Situation der AG, welche nicht in der Bilanz und Erfolgsrechnung untergebracht werden können und zum richtigen Verständnis dieser Zahlenwerke erforderlich sind. In OR 663b umschreibt das Gesetz den Mindestinhalt des Anhangs (Anhang 75).

12.24
Erläuterung von Bilanz und Erfolgsrechnung

h) Konzernrechnung

Gesellschaften, die durch einheitliche Leitung miteinander verbunden sind – also einen *Konzern* bilden (N 15.8 ff.) –, müssen eine *konsolidierte Jahresrechnung* erstellen, in welcher konzerninterne

12.25
Konsolidierungspflicht

Vorgänge (wie Forderungen, Schulden, Lieferungen, Leistungen, Dividendenzahlungen etc. zwischen Konzerngesellschaften) eliminiert werden (OR 663e ff.; Anhang 72). Dieser Pflicht zur Erstellung einer konsolidierten Konzernrechnung unterliegen zum einen alle *grösseren Konzerne*, nämlich Gesellschaften, welche zusammen mit ihren Untergesellschaften zwei der folgenden Grenzwerte in zwei aufeinander folgenden Geschäftsjahren überschreiten: eine Bilanzsumme von 10 Mio. Franken, einen Umsatzerlös von 20 Mio. Franken und/oder 200 Arbeitnehmer im Jahresdurchschnitt (OR 663e II; die «10/20/200-Gesellschaften»; zu unterscheiden von den «20/40/200-Gesellschaften» gem. OR 727b I Ziff. 3, N 10.4, und gem. FusG 2 lit. e, N 17.12). Unabhängig von seiner Grösse muss sodann jeder Konzern eine konsolidierte Jahresrechnung erstellen, wenn er den *Kapitalmarkt* beansprucht (OR 663e III Ziff. 1 und 2) oder wenn Aktionäre, die zusammen mindestens *10 % des Aktienkapitals* vertreten, dies verlangen (OR 663e III Ziff. 3; N 6.39) oder wenn dies für eine möglichst *zuverlässige Beurteilung der Vermögens- und Ertragslage* der AG (OR 662a; N 12.5) notwendig ist (OR 663e III Ziff. 4). Die Konzernrechnung von börsenkotierten Gesellschaften muss aufgrund des Kotierungsreglements erhöhten Anforderungen genügen, welche sich an international anerkannten Standards orientieren (BEHG 8 I, III).

B) Das Aktienkapital

a) Bedeutung

12.26 Sperrquote

Das Aktienkapital muss – als Eigenkapital – auf der Passivseite bilanziert werden (OR 663a III; Anhänge 54, 73). Dadurch werden in entsprechender Höhe Aktiven gebunden. Die Einreihung eines Postens «Aktienkapital» unter die Passiven bewirkt somit, dass die Aktiengesellschaft über mehr Vermögenswerte verfügen muss, als nur gerade zur Deckung des Fremdkapitals genügen würden. Darin liegt die *Garantiefunktion,* die dem Aktienkapital zugunsten der Gläubiger zukommt (N 1.8). Entsprechendes gilt für ein allfälliges Partizipationskapital (N 5.73; Anhang 73).

12. Vermögen und Rechnungsauslegung

b) Kapitalschutz

Damit das Aktienkapital diese Garantiefunktion erfüllen kann, muss zum einen sichergestellt werden, dass bei der Gründung und späteren Kapitalerhöhungen überhaupt Vermögenswerte in entsprechender Höhe vorhanden sind *(Liberierungspflicht,* N 6.1, 6.10 ff., 13.11, 13.22, 13.25; *Kaduzierung,* N 6.12, 6.63; Schutzvorkehren bei *qualifizierter Gründung und Kapitalerhöhung,* N 4.20 ff., 13.12 f.). Zum andern muss aber auch verhindert werden, dass das Aktienkapital später irgendwie «verschwindet», weshalb der Gesetzgeber für die *Herabsetzung des Aktienkapitals* strenge Vorschriften aufgestellt (N 14.1 ff.) und dafür gesorgt hat, dass es auch nicht durch die Ausrichtung von *Zinsen* (N 2.24), *Dividenden* (N 6.15) und *Tantiemen* (N 9.78) geschmälert werden kann (OR 675 und 677). Für ungerechtfertigte Bezüge besteht eine *Rückerstattungspflicht* (OR 678 f.; N 6.17, 6.50, 9.81). *Gesetzliche Reserven* sollen sodann verhindern, dass jeder Verlust gleich schon das Aktienkapital angreift (OR 671; N 12.31 ff.). Weiter soll durch die *Massnahmen bei Kapitalverlust und Überschuldung* (OR 725; 9.4 ff.) gewährleistet werden, dass im Geschäftsleben keine Aktiengesellschaften auftreten, deren Aktienkapital nicht gedeckt ist. Damit das Aktienkapital seine Funktion als Sperrquote zugunsten der Gläubiger erfüllen kann, trifft das Gesetz in diesem *System der Aufbringungsgarantien und Entnahmesperren* aber noch weitere Massnahmen:

12.27 Verweisung auf bereits behandelte Aufbringungsgarantien und Entnahmesperren

Die auf die Aktien einbezahlten Beträge dürfen den Aktionären nicht zurückbezahlt werden (OR 680 II). Eine Verpflichtung der AG zur direkten oder indirekten Rückerstattung der Kapitaleinlage wäre nichtig; eine allfällige Kapitalrückerstattung würde die Liberierungspflicht wieder aufleben lassen (N 6.10 ff.) und die Verwaltungsratsmitglieder Verantwortlichkeitsansprüchen (N 11.6 ff.) sowie u.U. einer Strafverfolgung wegen ungetreuer Geschäftsbesorgung (StGB 158) aussetzen.

12.28 Kapitalrückzahlungsverbot

Erwirbt die Aktiengesellschaft von ihren Aktionären eigene Aktien (N 5.40), so kann dies einer teilweisen Rückzahlung der Kapitaleinlage (N 12.28) gleichkommen (dann nämlich, wenn der Kaufpreis nicht aus dem freien Vermögen finanziert wird). Auch erwirbt die AG mit ihren Aktien ja eigentlich nur eine Beteili-

12.29 Einschränkungen beim Erwerb eigener Aktien

gung an ihrem eigenen Vermögen, welches sie ohnehin schon besitzt. Problematisch erscheint natürlich auch die Ausübung des Stimmrechts an eigenen Aktien durch den Verwaltungsrat. Ausserdem besteht die Gefahr, dass die Gesellschaft die Aktien einzelnen Aktionären zu einem übersetzten Preis abkauft und diese so bevorzugt. Aus all diesen Gründen schränkt das Gesetz in OR 659 ff. den Erwerb eigener Aktien stark ein: Zum einen darf der Kauf eigener Aktien nur aus *frei verwendbarem Eigenkapital* finanziert werden; zum andern darf die AG höchstens im Umfang von *zehn Prozent des Aktienkapitals* eigene Aktien erwerben und besitzen (OR 659 I). Will sie einen Erwerber von vinkulierten Namenaktien ablehnen und übernimmt sie deshalb die zum Verkauf stehenden Aktien selber (OR 685b I), so beträgt die Höchstgrenze *ausnahmsweise zwanzig Prozent,* doch müssen die über zehn Prozent des Aktienkapitals hinaus erworbenen eigenen Aktien innerhalb von zwei Jahren wieder veräussert oder durch Kapitalherabsetzung vernichtet werden (OR 659 II; N 5.47, 14.1). Immer hat die AG auf der Passivseite ihrer Bilanz für die eigenen Aktien eine dem Anschaffungswert entsprechende *Reserve* zu bilden (OR 659a II; N 12.36; Anhang 73). Das *Stimmrecht* und die mit diesem zusammenhängenden Rechte eigener Aktien ruhen (OR 659a I; N 6.26, 8.18), und die AG hat im *Anhang der Jahresrechnung* Angaben über Erwerb, Veräusserung und Anzahl eigener Aktien zu publizieren (OR 663b Ziff. 10; N 12.24; Anhang 75 Ziff. 10). Die AG kann diese Auflagen im Zusammenhang mit eigenen Aktien auch nicht dadurch umgehen, dass sie ihre Aktien einfach durch eine von ihr beherrschte *Tochtergesellschaft* erwerben lässt: Auch ein solcher Erwerb unterliegt den gleichen Einschränkungen und zeitigt die gleichen Folgen wie der Erwerb eigener Aktien (OR 659b I).

c) Höhe des Aktienkapitals

12.30
Einige Kriterien

Das Aktienkapital muss mindestens Fr. 100 000.– betragen (OR 621; N 2.14). Im Übrigen bestimmt sich dessen Höhe natürlich in erster Linie danach, inwieweit sich die AG ihr Eigenkapital durch die Ausgabe von Aktien beschaffen will bzw. muss. Einen Einfluss werden auch *steuerrechtliche Überlegungen* haben, welche jedoch vorab im übergeordneten Rahmen von Eigen- und Fremdkapital angestellt werden (N 12.21). Ebenfalls in diesem übergeord-

12. Vermögen und Rechnungsauslegung

neten Rahmen setzen die *betriebswirtschaftlichen Überlegungen* zum optimalen Verschuldungsgrad («Leverage») ein, davon ausgehend, dass eine Finanzierung durch Eigenkapital in der Regel höhere Finanzierungskosten verursacht als eine solche durch Fremdkapital. Natürlich kann einem hohen – im Handelsregister publizierten – Aktienkapital auch eine gewisse *PR-Funktion* zukommen (Wirtschaftskraft, Kreditwürdigkeit, Unabhängigkeit etc.). Umgekehrt ist auch eine *Überkapitalisierung* zu vermeiden: Ein niedrigeres Aktienkapital ermöglicht den Ausweis höherer Dividendenprozentsätze *(Rendite)*; eine tiefere Sperrquote «Aktienkapital» und ein höheres frei verwendbares Eigenkapital schaffen mehr *Flexibilität* etc.

C) Die Reserven

a) Allgemeines

Das Aktienkapital ist nicht die einzige Sperrquote in der Bilanz der AG: Über das Aktienkapital (und ein allfälliges Partizipationskapital) hinaus wird noch weiteres Gesellschaftsvermögen durch die sogenannten *Reserven* «blockiert». Diese Fonds sind in der Bilanz ebenfalls auf der Passivseite aufzuführen (Anhang 73). Die Reserven stehen zwischen dem Aktienkapital und dem freien Gesellschaftsvermögen, indem sie anders als dieses zwar nicht nach Belieben vermindert werden dürfen, andererseits aber auch nicht wie das Aktienkapital unantastbar sind: Sie dürfen nämlich wohl angezehrt werden, aber nur für ganz genau umschriebene Zwecke. Gleich wie beim Aktienkapital handelt es sich also auch bei den Reserven *nicht* um «*irgendwo für Notzeiten deponiertes Vermögen*» – also ein Aktivum –, sondern lediglich um eine bilanzierte *Ausschüttungssperre* (deren Unterschreitung zum Ausweis eines Bilanzverlusts führt).

12.31 Zusatz-Sperrquoten

Bei den Reserven kann unterschieden zwischen den *offenen Reserven*, welche aus dem bilanzierten Gewinn gebildet und in der Bilanz offen ausgewiesen werden, und den *stillen Reserven* (N 12.39 ff.), welche aus der Bilanz nicht ersichtlich sind. Zu den offenen Reserven zählen die (obligatorischen) *gesetzlichen* (N 12.33 ff.) sowie die (freiwilligen) *statutarischen* (N 12.37) und

12.32 Arten

durch die Generalversammlung *beschlossenen Reserven* (N 12.38; vgl. zum Ganzen Anhang 76; N 6.16).

b) Gesetzliche Reserven

12.33
Allgemeine Reserve: Bildung

Jede Aktiengesellschaft ist gemäss OR 671 I verpflichtet, vor der Ausschüttung einer Dividende 5 % des Jahresgewinns der *allgemeinen Reserve* (Anhänge 73, 76) zuzuweisen, bis diese 20 % des einbezahlten Aktienkapitals erreicht hat (*«erste Zuweisung»*; Anhang 37). Zusätzlich – und zwar auch, nachdem die Mindesthöhe von einem Fünftel des Aktienkapitals bereits erreicht wurde – sind der allgemeinen Reserve zuzuweisen:

a) das *Agio*, wenn neue Aktien über pari ausgegeben wurden, soweit es nicht für Abschreibungen oder für Wohlfahrtszwecke verwendet wird (OR 671 II Ziff. 1; N 4.10);

b) der Überschuss aus einem *Kaduzierungsverfahren* (OR 671 II Ziff. 2; N 6.12);

c) ein zusätzlicher Teil des Reingewinns bei sehr hohen Dividenden: Übersteigt die Dividende 5 % des Aktienkapitals, müssen 10 % der Beträge, die nach Bezahlung dieser 5 %-Dividende als Gewinnanteil (Superdividende, Tantiemen etc.) ausgerichtet werden, ebenfalls der allgemeinen Reserve zugewiesen werden (*«zweite Zuweisung»*, OR 671 II Ziff. 3; Anhang 37); diese Bestimmung gilt nicht für Holdinggesellschaften (OR 671 IV).

12.34
Allgemeine Reserve: Verwendung

Soweit die allgemeine Reserve die Hälfte des Aktienkapitals nicht übersteigt, darf sie nur in *Krisensituationen* angezehrt werden, nämlich (a) zur Deckung von *Verlusten,* (b) für Massnahmen, die geeignet sind, in Zeiten schlechten Geschäftsgangs das *Unternehmen durchzuhalten,* und (c) um die *Arbeitslosigkeit* zu steuern oder deren Folgen zu mildern (OR 671 III). Über den die Hälfte des Aktienkapitals übersteigenden Teil der allgemeinen Reserve kann die Generalversammlung frei verfügen.

12.35
Aufwertungsreserve

Hat die AG zur Beseitigung einer Unterbilanz Grundstücke und/oder Beteiligungen aufgewertet und dementsprechend eine *Aufwertungsreserve* bilden müssen (OR 670; N 9.5, 12.19; Anhänge

73, 76), so bildet auch diese eine Sperrquote, die nur in drei Fällen aufgelöst werden darf (OR 671b): entweder indem die Aufwertungsreserve in *Aktienkapital* (also eine andere Sperrquote) umgewandelt wird oder indem eine *Wiederabschreibung* erfolgt (die Aufwertung also rückgängig gemacht wird) oder aber indem die aufgewerteten Aktiven *veräussert* werden (das Verschwinden der aufgewerteten Aktiven aus der Bilanz führt auch zur Löschung von deren «Korrekturposition» bei den Reserven).

Die beim Erwerb eigener Aktien zu bildende Reserve (N 12.29; Anhänge 73, 76) kann bei der *Veräusserung* der Aktien oder bei deren Vernichtung im Rahmen einer *Kapitalherabsetzung* aufgehoben werden (OR 671a; N 14.1 ff.).

12.36
Reserve für eigene Aktien

c) Freiwillige Reserven

Nebst diesen gesetzlich vorgeschriebenen Reserven darf die AG in ihren Statuten eine weiter gehende Reservebildung vorsehen, wobei sie die *Bildung* (z.B. durch Zuweisung eines Prozentsatzes vom Gewinn oder von der ausgeschütteten Dividende) und den *Verwendungszweck* dieser *statutarischen Reserven* frei definieren kann (Anhang 76). Die Einführung entsprechender Statutenbestimmungen ist *freiwillig*, deren Befolgung durch die Organe dann aber natürlich obligatorisch (N 8.28 ff.). Statutarisch können eine Speisung der *allgemeinen Reserven über das gesetzliche Mindestmass* (N 12.33) hinaus (OR 672 I) oder aber auch *zusätzliche Reserven* vorgesehen werden (OR 672 II), so z.B. ein Dividendenausgleichs- (OR 675 II, 674 II Ziff. 2; N 6.15), Forschungs-, Investitions- oder Weiterbildungsfonds (oder der – in OR 673 erwähnte – Wohlfahrtsfonds; vgl. aber zur Personalfürsorge auch OR 331 ff., ZGB 89bis und BVG).

12.37
Statutarische Reserven (OR 672 f.)

Die Generalversammlung kann sodann auch ohne statutarische Grundlagen Reserven beschliessen (OR 674 II, III; *Beschlussreserven*, Ad-hoc-Reserven; Anhang 76). Da ein solcher Generalversammlungsbeschluss aber das Dividendenrecht (N 6.14 ff.) erheblich beeinträchtigen kann, knüpft ihn das Gesetz an gewisse Voraussetzungen: Gemäss OR 674 II und III darf die Generalversammlung Reserven, von denen nichts in den Statuten steht, nur beschliessen (a) zu *Wiederbeschaffungszwecken*, (b) aus Rück-

12.38
Beschlussreserven (OR 674 II, III)

sicht auf das *dauernde Gedeihen des Unternehmens*, (c) im Hinblick auf die Verteilung einer *möglichst gleichmässigen Dividende* oder (d) zu *Wohlfahrtszwecken*.

d) Stille Reserven

12.39
Bildung

Neben diesen Reserven, die in der Bilanz offen als solche erscheinen, kann auch der *Verwaltungsrat* Reserven bilden, indem er – durch übermässige Abschreibungen, Wertberichtigungen und Rückstellungen – die Vermögenslage der AG schlechter bilanziert, als sie effektiv ist. Das Gesetz erlaubt dem Verwaltungsrat ausdrücklich, zusätzliche Abschreibungen, Wertberichtigungen und Rückstellungen vorzunehmen und davon abzusehen, überflüssig gewordene Rückstellungen aufzulösen, sofern sich dies zu *Wiederbeschaffungszwecken,* im Hinblick auf das dauernde *Gedeihen des Unternehmens* oder die Ausrichtung einer möglichst *gleichmässigen Dividende* unter *Berücksichtigung des Interesses aller Aktionäre* rechtfertigt (OR 669 II, III). Diese Reserven sind aus der Bilanz nicht ersichtlich und müssen dem Aktionär grundsätzlich nicht bekannt gegeben werden. Deshalb nennt man sie – im Gegensatz zu den bis dahin behandelten offenen – *stille Reserven*.

12.40
Arten

Innerhalb der stillen Reserven lassen sich drei Arten unterscheiden (Anhang 76): Die *Zwangsreserven* entstehen nolens volens aufgrund der gesetzlichen (Höchst-)Bewertungsvorschriften (N 12.15 ff.). Die *Ermessensreserven* entstehen aus einer zu vorsichtigen - aber nicht absichtlich zu tiefen - Bewertung. Die *Willkürreserven* schliesslich entspringen einem absichtlichen Tiefstapeln des Verwaltungsrats mit dem Ziel, sich ausserhalb der Bilanz eine gewisse Manövriermasse zu schaffen; an sie wird beim Begriff der stillen Reserven vor allem gedacht.

12.41
Problematik

Die Problematik der stillen Reserven zeigt sich in verschiedener Hinsicht: Einmal kann eine übermässige Bildung stiller Reserven die Dividende erheblich schmälern (N 12.38). Zwar wird der Aktionär theoretisch dafür entschädigt, indem der innere Wert seiner Aktien entsprechend steigt, doch weiss er davon unter Umständen nichts, was dann dazu führt, dass er seine «unrentable» Aktie weit unter ihrem wirklichen Wert – z.B. an einen Insider – verkauft;

12. Vermögen und Rechnungsauslegung

oder er kann den inneren Wert schon mangels eines Käufers für sein Minderheitspaket gar nicht realisieren (N 1.26, 6.18). Stille Reserven können aber auch eine Gefahr für die AG darstellen, wenn z.b. ein unglücklich agierender Verwaltungsrat am Ruder bleibt, weil er Verluste über längere Zeit durch die Auflösung stiller Reserven vertuschen kann. Schliesslich können übermässige stille Reserven aber – neben der AG – auch dem Verwaltungsrat selber zum Verhängnis werden, wenn ein Raider entdeckt, dass die Vermögenswerte der AG massiv unterbewertet sind, und die zu tief gehandelten Aktien aufkauft.

Diese Gefahren versucht das Gesetz durch ein minimales Schutzdispositiv etwas zu mindern: Zunächst einmal ist die Bildung stiller Reserven nur unter den in N 12.39 genannten *vier materiellen Voraussetzungen* zulässig (OR 669 II, III). Sodann muss der Verwaltungsrat die *Bildung und Auflösung* stiller Reserven der *Revisionsstelle* – nicht aber den Aktionären – im Einzelnen mitteilen (OR 669 IV). Eine weiter gehende Offenlegungspflicht besteht für die – vor allem als problematisch erkannte – *Auflösung* stiller Reserven, sofern diese (a) den Gesamtbetrag der neugebildeten stillen Reserven übersteigt und (b) dadurch das erwirtschaftete Ergebnis wesentlich günstiger dargestellt wird. In diesem Fall müssen nicht nur die Revisoren, sondern auch die Aktionäre informiert werden, indem der *Nettobetrag* der über die neugeschaffenen hinausgehenden aufgelösten stillen Reserven im *Anhang* auszuweisen ist (OR 663b Ziff. 8; Anhang 75). Einem engeren Regulativ unterstehen die *börsenkotierten Gesellschaften,* indem die für sie massgebenden GAAP (N 12.3) der «true and fair view» verpflichtet sind, was jedenfalls Willkürreserven (N 12.40) ausschliesst. Diese Offenlegungstendenz dürfte langfristig wohl das gesamte Rechnungslegungsrecht erfassen und die stillen Reserven dereinst zum Verschwinden bringen, sodass dann eben tatsächlich «... die Vermögens- und Ertragslage der Gesellschaft möglichst zuverlässig beurteilt werden kann» (OR 662a I).

12.42
Gesetzliches Schutzdispositiv

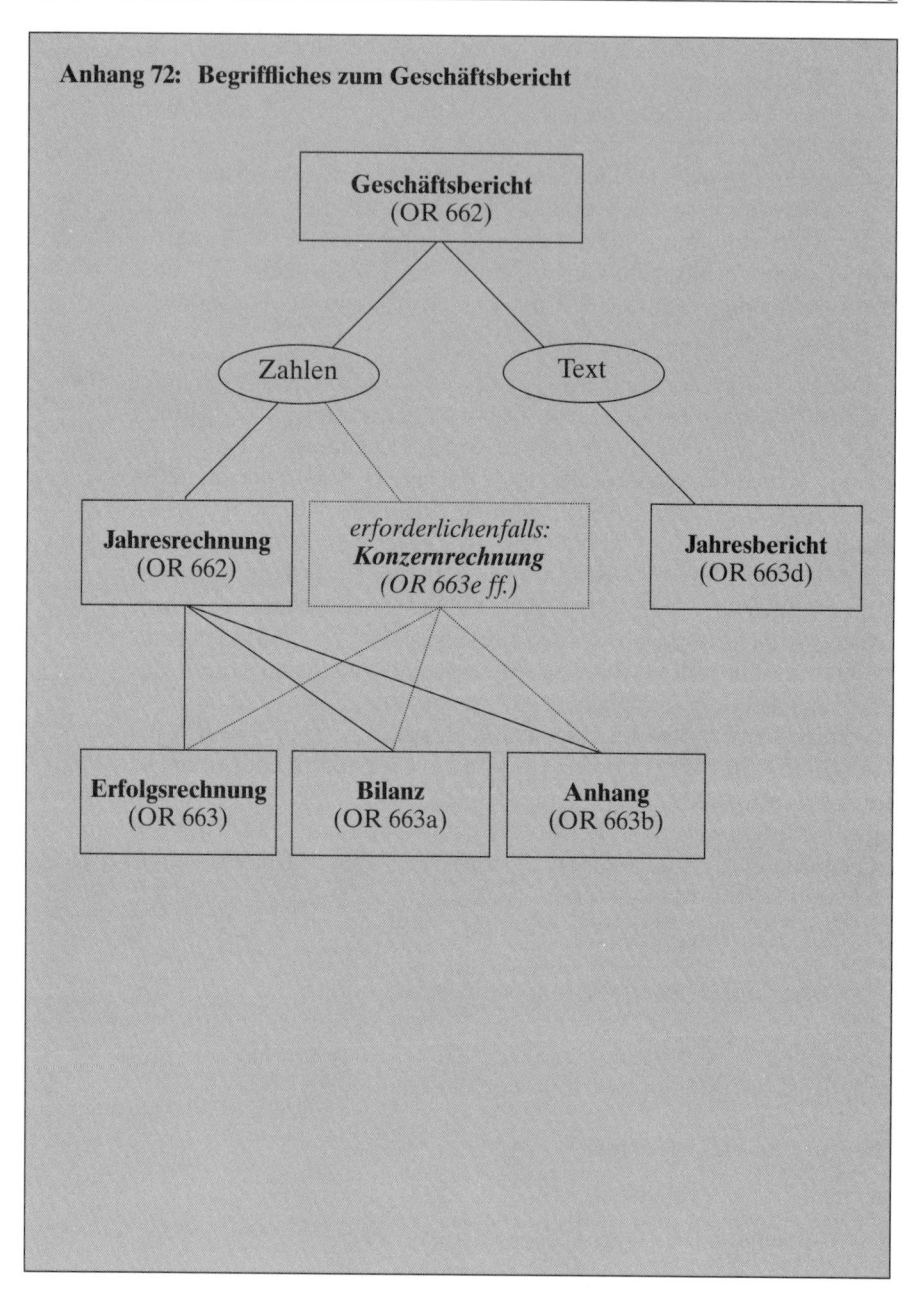

Anhang 72: Begriffliches zum Geschäftsbericht

```
                    Geschäftsbericht
                       (OR 662)
                    /            \
                 Zahlen          Text
                /      \            \
   Jahresrechnung   erforderlichenfalls:   Jahresbericht
      (OR 662)     Konzernrechnung           (OR 663d)
                    (OR 663e ff.)

   Erfolgsrechnung    Bilanz      Anhang
      (OR 663)      (OR 663a)    (OR 663b)
```

12. Vermögen und Rechnungsauslegung

Anhang 73: Bilanz (Mindestgliederung gem. OR)

Bilanz

	Aktiven (OR 663a II)	Passiven (OR 663a III)	
Umlaufvermögen	1. Flüssige Mittel	1. Schulden aus Lieferungen und Leistungen (Kreditoren)	Fremdkapital
	2. Forderungen aus Lieferungen und Leistungen (Debitoren) (u.a. gegenüber Aktionären und Konzerngesellschaften; OR 663a IV)	2. Andere kurzfristige Verbindlichkeiten (u.a. gegenüber Aktionären und Konzerngesellschaften; OR 663a IV)	
	3. Andere Forderungen (u.a. nicht einbezahltes Aktienkapital und Forderungen gegenüber Aktionären und Konzerngesellschaften; OR 663a IV)	3. Langfristige Verbindlichkeiten (u.a. gegenüber Aktionären und Konzerngesellschaften; OR 663a IV)	
	4. Vorräte	4. Rückstellungen	
	5. Aktive Rechnungsabgrenzungsposten (OR 663a IV)	5. Passive Rechnungsabgrenzungsposten (OR 663a IV)	
Anlagevermögen	1. Finanzanlagen (u.a. Beteiligungen, Darlehen an Aktionäre und Konzerngesellschaften; OR 663a IV)	1. Aktienkapital (sowie ggf. Partizipationskapital; OR 656a II)	Eigenkapital
	2. Sachanlagen	2. Gesetzliche Reserven (allgemeine Reserve, Reserve für eigene Aktien und Aufwertungsreserve)	
	3. Immaterielle Anlagen (u.a. Gründungs-, Kapitalerhöhungs- und Organisationskosten; OR 664)	3. Andere Reserven (freie Reserven und Spezialreserven)	
	ggf. **Bilanzverlust**	ggf. **Bilanzgewinn**	
	Total	**Total**	
	Alles mit Vorjahreszahlen (OR 662a I)		

Anhang 74: Erfolgsrechnung (Mindestgliederung gem. OR)

A) *Schematische Darstellung gemäss der in OR 663 vorgenommenen Unterscheidung in betrieblichen, betriebsfremden und ausserordentlichen Aufwand einerseits (OR 663 I) und den innerhalb dieser Kategorien (nur sofern relevant!) auszuweisenden Posten (OR 663 II, III) andererseits*

Erfolgsrechnung

OR 663 I	**Aufwand** (OR 663 III)	**Ertrag** (OR 663 II)	OR 663 I
Betrieblicher Aufwand	1. Material- und Warenaufwand 2. Personalaufwand 3. Finanzaufwand 4. Aufwand für Abschreibungen 5. Übriger betrieblicher Aufwand	1. Erlös aus Lieferungen und Leistungen 2. Finanzertrag 3. Gewinne aus Veräusserungen von Anlagevermögen 4. Übriger betrieblicher Ertrag	Betrieblicher Ertrag
Betriebsfremder Aufwand	1. Material- und Warenaufwand 2. Personalaufwand 3. Finanzaufwand 4. Aufwand für Abschreibungen 5. Übriger betriebsfremder Aufwand	1. Erlös aus Lieferungen und Leistungen 2. Finanzertrag 3. Gewinne aus Veräusserungen von Anlagevermögen 4. Übriger betriebsfremder Ertrag	Betriebsfremder Ertrag
Ausserordentlicher Aufwand	1. Material- und Warenaufwand 2. Personalaufwand 3. Finanzaufwand 4. Aufwand für Abschreibungen 5. Übriger ausserordentlicher Aufwand	1. Erlös aus Lieferungen und Leistungen 2. Finanzertrag 3. Gewinne aus Veräusserungen von Anlagevermögen 4. Übriger ausserordentlicher Ertrag	Ausserordentlicher Ertrag
ggf. **Jahresgewinn**		ggf. **Jahresverlust**	
Total		**Total**	
Alles mit Vorjahreszahlen (OR 662a I)			

12. Vermögen und Rechnungsauslegung

B) Vereinfachte Darstellung der Mindestgliederung

Erfolgsrechnung

Aufwand	Ertrag
1. Material- und Warenaufwand (OR 663 III)	1. Erlös aus Lieferungen und Leistungen (OR 663 II)
2. Personalaufwand (OR 663 III; inkl. Sozialleistungen)	2. Übrige betriebliche Erträge (OR 663 I, II)
3. Finanzaufwand (OR 663 III)	3. Finanzertrag (OR 663 II)
4. Aufwand für Abschreibungen (OR 663 III)	4. Gewinne aus Veräusserungen von Anlagevermögen (OR 663 II)
5. Aufwand für Rückstellungen (OR 669 I, 662a; Rückstellungen, die nicht andern Posten zugeordnet werden können)	5. Andere ausserordentliche Erträge (OR 663 I)
6. Andere ausserordentliche Aufwendungen (OR 663 I)	6. Betriebsfremde Erträge (OR 663 I)
7. Betriebsfremder Aufwand (OR 663 I)	7. ggf. Jahresverlust (OR 663 IV)
8. ggf. Jahresgewinn (OR 663 IV)	
Total	Total

Anhang 75: Anhang (Mindestinhalt gem. OR 663b)

Anhang
(OR 663b)

1. Gesamtbetrag der **Bürgschaften, Garantieverbindlichkeiten** und **Pfandbestellungen** *zugunsten Dritter*;
2. Gesamtbetrag der zur Sicherung *eigener Verpflichtungen* verpfändeten oder **abgetretenen** Aktiven sowie der Aktiven unter **Eigentumsvorbehalt**;
3. Gesamtbetrag der nichtbilanzierten **Leasingverbindlichkeiten**;
4. **Brandversicherungswerte** der Sachanlagen;
5. Verbindlichkeiten gegenüber **Vorsorgeeinrichtungen**;
6. Beträge, Zinssätze und Fälligkeiten der von der Gesellschaft ausgegebenen **Anleihensobligationen**;
7. Jede **Beteiligung**, die für die Beurteilung der Vermögens- und Ertragslage der Gesellschaft wesentlich ist;
8. Gesamtbetrag der aufgelösten Wiederbeschaffungsreserven und der darüber hinausgehenden stillen Reserven, soweit mehr **stille Reserven aufgelöst** als gebildet wurden und dadurch das erwirtschaftete Ergebnis wesentlich günstiger dargestellt wird;
9. Angaben über Gegenstand und Betrag von **Aufwertungen**;
10. Angaben über Erwerb, Veräusserung und Anzahl der von der Gesellschaft gehaltenen **eigenen Aktien** (einschliesslich Tochtergesellschaften) sowie Angabe der Bedingungen, zu denen diese Aktien erworben oder veräussert worden sind;
11. Betrag der **genehmigten oder bedingten Kapitalerhöhung**;
12. Andere vom Gesetz vorgeschriebene Angaben, namentlich:
    – **Abweichungen von den Grundsätzen der ordnungsmässigen Rechnungslegung** (Grundsatz der Unternehmensfortführung, Stetigkeit und Verrechnungsverbot; OR 662a III);
    – angewendete Konsolidierungs- und **Bewertungsgrundsätze** (jedenfalls bei Konzernrechnung);
    – der AG bekannte **bedeutende Aktionäre** und deren Beteiligungen bei Gesellschaften mit börsenkotierten Aktien (Aktionäre und stimmrechtsverbundene Aktionärsgruppen, deren Beteiligung 5 % aller Stimmrechte übersteigt; OR 663c);

- Zweck und Folgen einer allfälligen **Vermögensübertragung**, den Übertragungsvertrag, die Gegenleistung und die arbeitsrechtlichen Auswirkungen, sofern die übertragenen Aktiven mindestens 5 % der Bilanzsumme der übertragenden Gesellschaft ausmachen (FusG 74).
13. (Wünschbar:) **Weitere Informationen**, welche ermöglichen, «... dass die Vermögens- und Ertragslage der Gesellschaft ... zuverlässig beurteilt werden kann» (OR 662a I), z.B. angewendete Rechnungslegungsgrundsätze, Umstrukturierungen, «stock option plans» (N 5.42, 9.79) etc.

Anhang 76: Reserven (Übersicht)

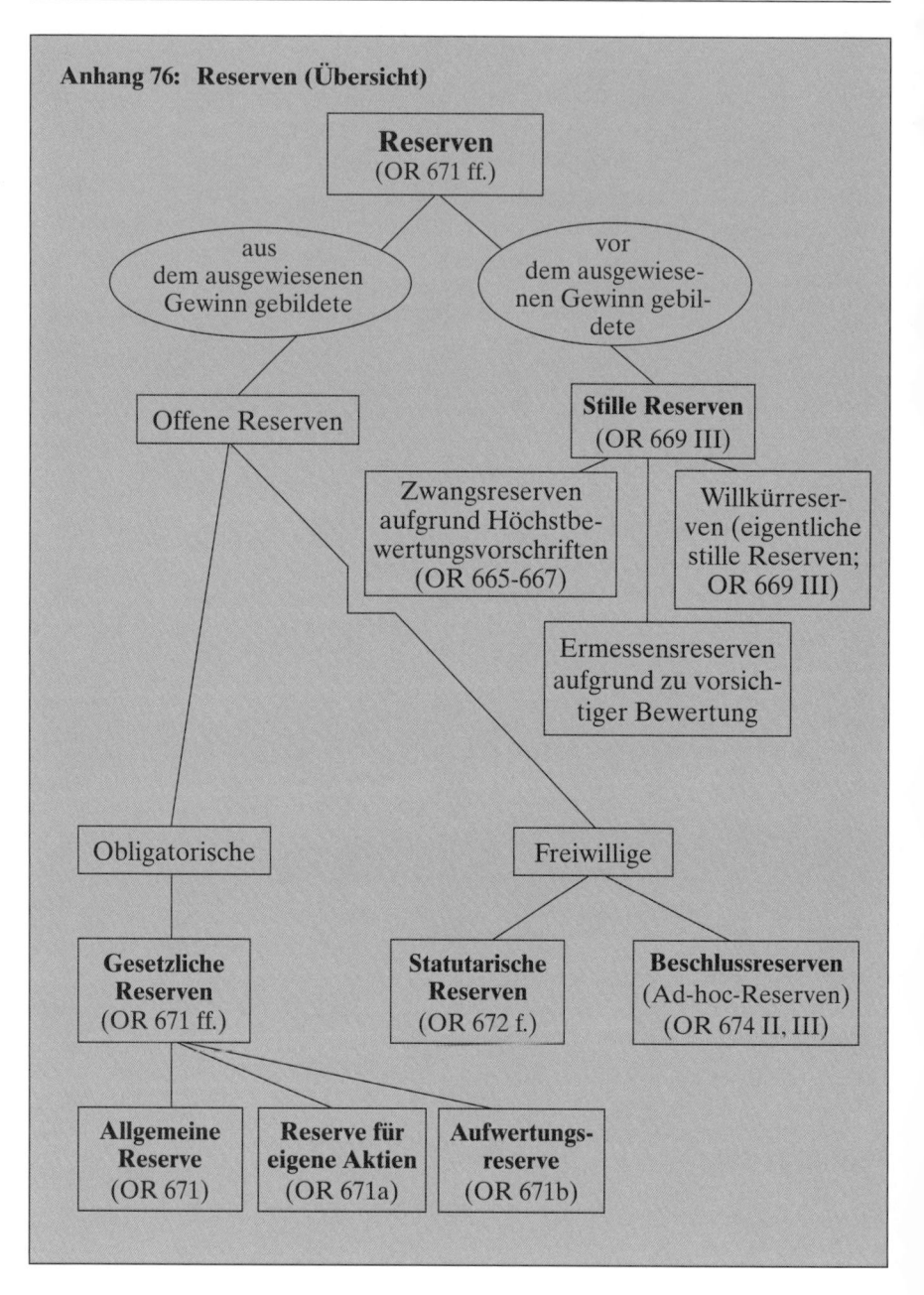

- **Reserven** (OR 671 ff.)
  - aus dem ausgewiesenen Gewinn gebildete → Offene Reserven
  - vor dem ausgewiesenen Gewinn gebildete → **Stille Reserven** (OR 669 III)
    - Zwangsreserven aufgrund Höchstbewertungsvorschriften (OR 665–667)
    - Willkürreserven (eigentliche stille Reserven; OR 669 III)
    - Ermessensreserven aufgrund zu vorsichtiger Bewertung

Offene Reserven:
- Obligatorische
  - **Gesetzliche Reserven** (OR 671 ff.)
    - **Allgemeine Reserve** (OR 671)
    - **Reserve für eigene Aktien** (OR 671a)
    - **Aufwertungsreserve** (OR 671b)
- Freiwillige
  - **Statutarische Reserven** (OR 672 f.)
  - **Beschlussreserven** (Ad-hoc-Reserven) (OR 674 II, III)

13. Die Kapitalerhöhung

A) Grundlagen

Meist wird eine AG ihr Kapital erhöhen, um sich *zusätzliches Eigenkapital* (N 12.21; Anhang 73) zu beschaffen, sei es, um eine Illiquidität zu beseitigen, ihre Geschäftstätigkeit auszudehnen oder einen Unternehmenskauf zu finanzieren (N 18.1 ff.). Denkbar ist auch, dass die AG im Rahmen der *Arbeitnehmerbeteiligung* (N 5.42, 9.79), der Ausgabe von *Wandel- oder Optionsanleihen* (N 5.81), einer *Fusion* (N 17.6, 17.8; Anhang 97) oder einer *Spaltung* (N 17.27) zusätzliche Aktien bereitstellen muss. Die Kapitalerhöhung kann weiter der *Umwandlung von Fremd- in Eigenkapital* dienen, z.B. weil dies aus steuerlichen Gründen angezeigt erscheint (N 12.21) oder weil im Rahmen einer *Sanierung* Schulden in risikotragendes Aktienkapital umgewandelt werden sollen (N 9.5, 13.11). Als Sanierungsmassnahme kann das Aktienkapital auch zunächst entsprechend den erlittenen Bilanzverlusten herabgesetzt und dann sofort wieder auf den ursprünglichen Betrag erhöht werden (N 14.2, 14.10 f.). Mit einer Kapitalerhöhung können sodann auch *innerhalb des Eigenkapitals Umschichtungen* vorgenommen werden, indem Reserven oder freies Eigenkapital in Aktienkapital umgewandelt werden, z.B. um die Aktien leichter zu machen (mehr Aktien verteilen sich auf ein gleich bleibendes Gesellschaftsvermögen). In privaten Gesellschaften schliesslich nutzen die Mehrheitsaktionäre die Kapitalerhöhung gelegentlich auch in *unfairer* Weise, um die Minderheit vor die Wahl zu stellen, entweder durch Ausübung ihres Bezugsrechts (N 6.55 ff.) erhebliche zusätzliche Mittel zur Wahrung ihrer eh schon machtlosen Minderheitsposition zu investieren oder aber sich vollends marginalisiert zu sehen.

13.1 Gründe für eine Kapitalerhöhung

Wo die Kapitalerhöhung der Beschaffung zusätzlicher finanzieller Mittel dient, können als Alternativen auch die Aufnah-

13.2 Alternative Kapitalbeschaffungsformen

me langfristiger Darlehen, die Ausgabe von Obligationen oder Partizipationsscheinen, freiwillige Zuzahlungen von Aktionären oder Gewinnrückbehalte geprüft werden.

13.3 Formelle Voraussetzungen

Sowohl wegen der Garantiefunktion, welche dem Aktienkapital für die Gläubiger zukommt (N 12.26), als auch wegen der grundsätzlich nach den Kapitalanteilen bemessenen Mitwirkungs- und Vermögensrechte sowie der z.T. nur mit einer bestimmten Mindestbeteiligung durchsetzbaren Schutzrechte der Aktionäre (N 6.2, 6.5, 6.13, 6.22, 6.24, 6.30 f., 6.41, 6.51, 6.55 f..) kann die Höhe des Aktienkapitals *niemals «formlos»*, sondern immer nur in einem gesetzlich genau geregelten Verfahren verändert werden, wobei *jede* Kapitalerhöhung eine *öffentlich zu beurkundende Statutenänderung* darstellt (N 2.37 f.).

13.4 Arten

Das Gesetz kennt *drei Arten* von Kapitalerhöhungen:

a) Die *ordentliche Kapitalerhöhung* (OR 650 ff.; N 13.8 ff.) stellt das – für private Gesellschaften praktisch einzig relevante – Grundmodell dar, bei welchem die AG ihr Aktienkapital auf einen Schlag um einen bestimmten Betrag erhöht. Alle Rahmenbedingungen sind bekannt, die Generalversammlung kann sogleich alle Entscheide selber fällen, und der Verwaltungsrat braucht diese nur noch auszuführen.

b) Demgegenüber versetzt die *genehmigte Kapitalerhöhung* (OR 651 ff.; N 13.18 ff.) den Verwaltungsrat in die Lage, künftige Finanzierungen kapitalmarktgerecht durchzuführen: Die Generalversammlung fällt lediglich den Grundsatzentscheid und überlässt es dem Verwaltungsrat, ob, wann und wie er das Kapital erhöhen möchte – alles innerhalb des von der Generalversammlung im Ermächtigungsbeschluss abgesteckten zeitlichen und betragsmässigen Rahmens.

c) Bei der *bedingten Kapitalerhöhung* (OR 653 ff.; N 13.24f.) beschliesst die Generalversammlung, ihr Aktienkapital solle sich jeweils automatisch dann und in dem Umfang – «tropfenweise» – erhöhen, wenn und soweit Bezugsberechtigte ihre Wandel- bzw. Optionsrechte (N 5.81) ausüben und Aktien beziehen. Wie bei der genehmigten Kapitalerhöhung fällt die Generalversammlung also lediglich einen Grundsatzbeschluss, doch wird das konkrete Ausmass der Kapitalerhöhung nicht durch den Verwaltungsrat, sondern durch Dritte – Anleihensgläubiger, Arbeitnehmer oder Aktionäre – bestimmt. Anders als die ordentliche und genehmigte dient die bedingte Kapitalerhöhung nur ganz spezifischen Zwecken: der Finanzierung durch eigenkapitalbezogene Anleihen (Wandel- und Optionsanleihen), der Mitarbeiterbeteiligung oder der Bedienung von Gratisoptionen.

Nach dem Schicksal der Aktien lassen sich Kapitalerhöhungen sodann danach unterscheiden, ob *neue Aktien ausgegeben* werden – bei weitem der Normalfall – oder der *Nennwert der bestehenden Aktien erhöht* wird – die seltene Ausnahme, bei welcher als zusätzliche Liberierungsvariante (N 13.11) die Kapitalerhöhung durch Herabsetzung der Liberierungsquote zur Verfügung steht.

Die Rechtsstellung der Aktionäre bei einer Kapitalerhöhung kann so zusammengefasst werden, dass sie *kein Recht auf Beibehaltung des bisherigen Aktienkapitals* haben (eine gültig beschlossene Kapitalerhöhung also dulden müssen; N 6.57), umgekehrt aber auch *nicht verpflichtet* werden können, *neue Aktien zu übernehmen oder Zuzahlungen zu leisten* (N 6.10), jedoch ein (entziehbares) Recht haben, an der Kapitalerhöhung teilzunehmen *(Bezugsrecht und Vorwegzeichnungsrecht;* N 6.56 ff.).

13.5
Stellung der Aktionäre

Genauso wenig wie Aktien dürfen auch Partizipationsscheine «formlos» neu ausgegeben werden: Partizipationskapital und Partizipationsscheine unterstehen grundsätzlich den gleichen gesetzlichen Bestimmungen wie das Aktienkapital und die Aktien (OR 656a II). Deshalb kann auch ein Partizipationskapital (N 5.73) nur in den hier betrachteten Verfahren geschaffen und erhöht werden (OR 656b V).

13.6
Erhöhung des Partizipationskapitals

Bei Publikumsgesellschaften nach wie vor verbreitet ist das unter dem früheren Aktienrecht übliche *Festübernahmeverfahren* (BGE 117 II 290 ff.; N 4.2), bei welchem alle im Rahmen einer ordentlichen oder genehmigten Kapitalerhöhung geschaffenen Aktien von einem Dritten – meist einem Bankenkonsortium – auf eigenes Risiko übernommen und dann den Bezugsberechtigten oder dem Publikum zu den mit der AG im Übernahmevertrag vereinbarten Bedingungen angeboten werden; bis dahin sind sie (ge-

13.7
Festübernahme und Vorratsaktien

bundene) *Vorratsaktien* (N 5.41). Unter neuem Recht sind zahlreiche Modalitäten der Festübernahme umstritten; so etwa, ob sie eine Kapitalerhöhung mit Entzug des Bezugsrechts darstellt und daher mit dem qualifizierten Mehr von OR 704 beschlossen werden muss (N 6.58), oder auch, ob für Vorratsaktien die für eigene Aktien geltenden Beschränkungen (OR 659 f.; N 5.41, 12.29) zu beachten sind.

B) Die ordentliche Kapitalerhöhung

13.8 Übersicht

Will eine AG ihr Aktienkapital *hier und jetzt* um einen *bestimmten Betrag* erhöhen, so tut sie dies im Verfahren der ordentlichen Kapitalerhöhung – der in der Praxis mit Abstand häufigsten Kapitalerhöhungsart: Die *Generalversammlung* beschliesst die Kapitalerhöhung, worauf der *Verwaltungsrat* sie dann durchführt, die korrekte Durchführung feststellt sowie die Statuten anpasst und schliesslich die Handelsregisteranmeldung vornimmt. Im Einzelnen gestaltet sich das Vorgehen wie folgt:

13.9 Kapitalerhöhungsbeschluss der Generalversammlung

Die Kapitalerhöhung muss von der *Generalversammlung* beschlossen werden. Den Inhalt dieses *öffentlich zu beurkundenden* Kapitalerhöhungsbeschlusses legt das Gesetz in allen Einzelheiten fest (OR 650 II, HRV 80a I; vgl. Anhang 77). Für dessen Zustandekommen genügt grundsätzlich – abweichende statutarische Bestimmungen vorbehalten – die *absolute Mehrheit der vertretenen Aktienstimmen* (OR 703; N 8.14). Werden im Rahmen der Kapitalerhöhung jedoch Stimmrechtsaktien eingeführt (N 5.34), besondere Vorteile gewährt (N 4.31 ff.), Bezugsrechte entzogen (N 6.58) oder erfolgt die Kapitalerhöhung nicht gegen Bareinlage (N 13.11), ist ein qualifizierter Mehrheitsbeschluss erforderlich (Zustimmung von zwei Dritteln der vertretenen Stimmen sowie der absoluten Mehrheit der vertretenen Aktiennennwerte; OR 704 I; N 8.16).

13.10 Aktienzeichnung

Nach dem Kapitalerhöhungsbeschluss obliegt die *gesamte weitere Abwicklung der Kapitalerhöhung* dem *Verwaltungsrat*. Soweit dies nicht bereits im Vorfeld der Generalversammlung geschehen ist, hat dieser nun vorab die *Zeichnungsscheine* einzuholen, jene Urkunden also, in welchen sich die Zeichner verpflichten,

13. Die Kapitalerhöhung 387

eine bestimmte Anzahl der neuen Aktien zu übernehmen und die entsprechende Einlage zu leisten (OR 652 und 630; Anhang 78). Werden die Aktien *öffentlich* zur Zeichnung angeboten, so ist vorgängig ein *Emissionsprospekt* zu erstellen (OR 652a; N 11.10).

Nach der Aktienzeichnung muss der Verwaltungsrat sicherstellen, dass die einzelnen Zeichner die Einlagen auf die von ihnen gezeichneten Aktien leisten. Wie bei der Gründung kann dies durch *Bareinzahlung* bei der von der Gesellschaft bezeichneten Bank erfolgen (Anhang 9), aber auch – als qualifizierte Kapitalerhöhung – durch *Sacheinlage* oder Verrechnung mit Forderungen gegenüber der Gesellschaft; auch die weiteren bei der Gründung betrachteten qualifizierenden Tatbestände – *Sachübernahme* und *Gewährung besonderer Vorteile* – können vorliegen (OR 652c; N 4.20 ff.). Anwendungsfälle der *Verrechnungsliberierung* sind bei privaten Gesellschaften etwa die Umwandlung von Aktionärsdarlehen (N 12.21) in Aktienkapital und bei Publikumsgesellschaften die Wandelanleihen, bei welchen die Liberierungsschuld mit den aus der Obligation fliessenden Forderungsrechten verrechnet wird (N 5.81). Häufig stellt die Verrechnungsliberierung aber auch eine Sanierungsmassnahme dar (N 13.1), wobei umstritten ist, ob bzw. in welchem Umfang eine gegenüber einer sanierungsbedürftigen AG bestehende Forderung – weil nicht werthaltig – überhaupt in Aktienkapital umgewandelt werden darf. Zusätzlich zu diesen auch bei der Gründung anzutreffenden qualifizierten Tatbeständen ist sodann noch die *Liberierung aus Eigenkapital* möglich, indem für die neuen Aktien gar nichts einzubezahlen ist, sondern die AG frei verwendbares Eigenkapital in neues Aktienkapital umwandelt und Gratisaktien ausgibt (OR 652d; N 5.39, 13.1; Zeichnungsscheine sind diesfalls nicht nötig). Setzt die Generalversammlung oder der Verwaltungsrat (OR 650 II Ziff. 3) den Emissionspreis der neuen Aktien über dem Nennwert an, resultiert ein *Agio* (*Über-pari-Emission*; N 4.10), welches der allgemeinen Reserve zuzuweisen ist (N 12.33).

13.11
Liberierung

Nach der Durchführung der Kapitalerhöhung hat der Verwaltungsrat einen *Kapitalerhöhungsbericht* zu erstellen, in welchem er *Rechenschaft über die Einhaltung des Kapitalerhöhungsbeschlusses* der Generalversammlung gibt (OR 652e Ziff. 4; HRV 80 I lit. e; Anhang 79). Liegen eine qualifizierte Kapitalerhöhung

13.12
Kapitalerhöhungsbericht des Verwaltungsrats

(Sacheinlagen und -übernahmen, Liberierung durch Verrechnung oder aus Eigenkapital, besondere Vorteile; N 13.11) oder Bezugsrechtsbeschränkungen vor, ist im Kapitalerhöhungsbericht auch zu diesen Punkten Rechenschaft abzulegen (OR 652e). Dem Kapitalerhöhungsbericht kommt eine ähnliche Funktion zu wie dem Gründungsbericht (N 4.26), doch ist jener im Gegensatz zu diesem *immer* zu erstellen (aber nicht immer zu prüfen; N 13.13).

13.13
Zusätzliche Unterlagen bei qualifizierenden Tatbeständen

Weitere Kapitalerhöhungs-Dokumente sind beim Vorliegen qualifizierter Sachverhalte erforderlich: So muss bei einer qualifizierten Kapitalerhöhung die Revisionsstelle den vom Verwaltungsrat verfassten Kapitalerhöhungsbericht (N 13.12) prüfen und über dessen Vollständigkeit und Richtigkeit eine schriftliche *Prüfungsbestätigung* abgeben (OR 652f I; N 10.12), in welchem Zusammenhang sie vom Verwaltungsrat regelmässig vorgängig eine ausdrückliche *Erklärung zur Vollständigkeit des Kapitalerhöhungsberichts* verlangt. Keine solche Prüfungsbestätigung ist also erforderlich, wenn die Einlagen auf das neue Aktienkapital in Geld erfolgen, das Aktienkapital nicht zur Vornahme einer Sachübernahme erhöht wird und die Bezugsrechte nicht eingeschränkt oder aufgehoben werden (OR 652f II). Erfolgt die Liberierung durch Eigenkapital, hat der Verwaltungsrat die Deckung des Erhöhungsbetrages aufgrund der letzten von der Generalversammlung abgenommenen *Jahresrechnung* oder – wenn diese mehr als sechs Monate zurückliegt – durch einen *geprüften Zwischenabschluss* nachzuweisen (OR 652d II).

13.14
Feststellungs- und Statutenänderungsbeschluss des Verwaltungsrats

Liegen der Kapitalerhöhungsbericht (N 13.12) und die allenfalls zusätzlich erforderlichen Unterlagen (N 13.13) vor, stellt der Verwaltungsrat in einer öffentlichen Urkunde fest, dass sämtliche Aktien gültig gezeichnet sind, die versprochenen Einlagen dem gesamten Ausgabebetrag entsprechen und die Einlagen in Übereinstimmung mit Gesetz, Statuten und Kapitalerhöhungsbeschluss geleistet worden sind. Gleichzeitig passt er die Statuten an (Änderung des Aktienkapitals sowie der Anzahl und ev. Art der Aktien; vgl. zum Ganzen OR 652g I, II; HRV 80a II). Diesem *öffentlich beurkundeten Verwaltungsratsbeschluss* sind die geänderten Statuten, der Kapitalerhöhungsbericht sowie gegebenenfalls die Prüfungsbestätigung, Sacheinlage- und bereits vorliegende Sachübernahmeverträge beizulegen (OR 652g III; Anhänge 80, 98). Damit diese «Formalität» auf dem Notariat auch von einem einzigen Verwaltungsratsmitglied erledigt werden kann, sehen allfällige Präsenzquorums-Klauseln in Statuten oder Organisationsreglementen meist eine entsprechende Ausnahmeregelung vor (Anhang 4 Art. 15 I; Anhang 57 Ziff. 11).

Schliesslich hat der Verwaltungsrat die Kapitalerhöhung noch (innerhalb von drei Monaten seit dem Kapitalerhöhungsbeschluss der Generalversammlung; OR 650 I, III; HRV 80 II) *beim Handelsregister zur Eintragung anzumelden* (vgl. zu den einzureichenden Belegen Anhang 81; OR 652h I, II; HRV 80 I).

13.15
Handelsregisteranmeldung

Letzte «Kapitalerhöhungs-Tätigkeiten» des Verwaltungsrats bilden dann gegebenenfalls die Begebung bzw. Anpassung der Aktientitel (N 5.8 ff.) – Aktien, die vor der Handelsregistereintragung ausgegeben werden, sind nichtig (OR 652h III) –, die Bereinigung des Aktienbuchs (N 5.18 ff.) und die Erwähnung der Kapitalerhöhung im Jahresbericht (OR 663d II).

13.16
Aktienausgabe und Jahresbericht

Mochte die vorstehende didaktische Schilderung der einzelnen Phasen die Kapitalerhöhung als komplexes und zeitaufwändiges Verfahren erscheinen lassen, so sei abschliessend darauf hingewiesen, dass sich dieses in der Praxis bei privaten Gesellschaften auf einen einzigen, sehr kurzen formellen Akt reduziert: In aller Regel hat der Verwaltungsrat bereits vor der Generalversammlung die Liberierung veranlasst, die Kapitaleinzahlungsbestätigung und die Zeichnungsscheine beschafft, worauf die Aktionäre bei der Urkundsperson zunächst die Generalversammlung durchführen und die Kapitalerhöhung beschliessen (N 13.9) und der Verwaltungsrat dann anschliessend sogleich deren Durchführung feststellt (N 13.14; auf diesem in der Praxis üblichen Vorgehen basieren auch die Anlagen 77–78).

13.17
Die Durchführung in der Praxis

C) Die genehmigte Kapitalerhöhung

Statt dass die Generalversammlung eine Kapitalerhöhung selber beschliesst und den Verwaltungsrat mit deren Durchführung betraut, kann sie ihn auch nur *ermächtigen*, eine Kapitalerhöhung durchzuführen (N 2.27). Ein Bedürfnis für dieses Vorgehen besteht etwa dann, wenn absehbar ist, dass die AG irgendwann plötzlich

13.18
Übersicht

Aktien benötigen könnte – z.B. um bei einer günstigen Gelegenheit für eine Unternehmensübernahme sofort genügend Austauschaktien für die Abfindung der Aktionäre der Zielgesellschaft zur Verfügung zu haben (N 18.2) –, aber gegenwärtig noch nicht feststeht, ob, wann und in welchem Umfang solche Aktien dann effektiv gebraucht werden, oder wenn sich Publikumsgesellschaften – für welche jede Durchführung einer Generalversammlung eine aufwändige Prozedur bedeutet – vorsorglich in den Stand setzen wollen, flexibel und kurzfristig kapitalmarktgerechte Kapitalerhöhungen durchführen zu können. Um (v.a. grösseren) Gesellschaften für solche und ähnliche Situationen genügend Handlungsspielraum zu verschaffen, stellt das Gesetz die *genehmigte Kapitalerhöhung* zur Verfügung (OR 651 ff.): Die Generalversammlung legt in ihrem Ermächtigungsbeschluss die Rahmenbedingungen fest – Maximalfrist, Maximalhöhe und Stückelung –, worauf der Verwaltungsrat dann das Aktienkapital bei Bedarf im Rahmen dieser Ermächtigung erhöhen kann. Die von der Generalversammlung festzusetzende Maximalfrist darf nicht mehr als *zwei Jahre* betragen (OR 651 I) und das genehmigte Kapital die *Hälfte des bisherigen Aktienkapitals* nicht übersteigen (OR 651 II).

13.19
Verfahren: Verwandtschaft mit der ordentlichen Kapitalerhöhung

Da sich die genehmigte Kapitalerhöhung von der ordentlichen eigentlich nur dadurch unterscheidet, dass der Verwaltungsrat von der Generalversammlung nicht definitiv angewiesen, sondern lediglich ermächtigt wird, eine Kapitalerhöhung durchzuführen, unterstehen beide Kapitalerhöhungsarten im Wesentlichen den *gleichen Verfahrensvorschriften*. Immerhin sind folgende Besonderheiten zu beachten:

13.20
Ermächtigungsbeschluss der Generalversammlung

Der – ebenfalls öffentlich zu beurkundende – *Ermächtigungsbeschluss* der Generalversammlung bedarf *immer* der *qualifizierten Mehrheit* gemäss OR 704 I Ziff. 4 (N 8.16, 13.9). Sodann ändert dieser Generalversammlungsbeschluss – im Gegensatz zum ordentlichen Kapitalerhöhungsbeschluss (N 13.9) – auch gleich die *Statuten:* Diese haben den Nennbetrag des autorisierten Kapitals (N 13.18), die Anzahl, den Nennwert und die Art der Aktien, die Frist (N 13.18), allfällige Vorrechte einzelner Aktienkategorien und Vinkulierungsbestimmungen sowie besondere Bezugsrechtsregeln (N 6.58) anzugeben (OR 651 I–III; Anhang 4 Art. 3a).

13. Die Kapitalerhöhung

Will der Verwaltungsrat von seiner Ermächtigung Gebrauch machen, muss er einen *Kapitalerhöhungsbeschluss* fassen, welcher nicht öffentlich zu beurkunden und auch nicht beim Handelsregister anzumelden ist. Dabei erlässt er die notwendigen Detailbestimmungen – Ausgabebetrag, Art der Liberierung, Beginn der Dividendenberechtigung, Sachübernahmen etc. –, soweit sie nicht schon im Beschluss der Generalversammlung (und damit in den Statuten) enthalten sind (OR 651 IV).

13.21 Kapitalerhöhungsbeschluss des Verwaltungsrats

Danach hat der Verwaltungsrat die Kapitalerhöhung grundsätzlich gleich durchzuführen wie bei einer ordentlichen Kapitalerhöhung, hat er also für die *Aktienzeichnung* (N 13.10) und *Liberierung* (N 13.11) besorgt zu sein, den – hier umfassenderen – *Kapitalerhöhungsbericht* (N 13.12) zu verfassen und die *Prüfungsbestätigung* der Revisionsstelle (N 13.13) einzuholen.

13.22 Durchführung der Kapitalerhöhung durch den Verwaltungsrat

Nach jeder Kapitalerhöhung fasst der Verwaltungsrat – grundsätzlich gleich wie bei der ordentlichen Erhöhung – einen *öffentlich zu beurkundenden Feststellungs- und Statutenänderungsbeschluss* (N 13.14), wobei er über eine doppelte Statutenänderung zu beschliessen hat, weil nicht bloss – wie bei der ordentlichen Erhöhung – der Artikel über das Aktienkapital und die Aktien (Anhang 4 Art. 3) den veränderten Bedingungen anzupassen ist, sondern auch noch im Ermächtigungsartikel (Anhang 4 Art. 3a) die Aktienzahl und der Nennbetrag des genehmigten Kapitals entsprechend herabzusetzen sind bzw. – bei voller Ausschöpfung der Ermächtigung – der Ermächtigungsartikel insgesamt aufzuheben ist (OR 651a I, 652g; die Streichung des Ermächtigungsartikels muss der Verwaltungsrat auch nach Ablauf der für die Durchführung der Kapitalerhöhung festgelegten Frist beschliessen, OR 651a II).

13.23 Feststellungs- und Statutenänderungsbeschluss des Verwaltungsrats

D) Die bedingte Kapitalerhöhung

Entscheidet bei der ordentlichen und der genehmigten Kapitalerhöhung immer die AG selber – nämlich die Generalversammlung oder der Verwaltungsrat –, ob und inwieweit das Aktienkapital erhöht werden soll, wird dieser Entscheid bei der *bedingten Kapitalerhöhung* (OR 653 ff.) Aussenstehenden überlassen (N 2.27):

13.24 Übersicht

Die Generalversammlung kann eine bedingte Kapitalerhöhung beschliessen, indem sie in den Statuten den *Gläubigern* von Anleihens- oder ähnlichen Obligationen (N 5.80 f.) gegenüber der Gesellschaft oder gegenüber ihren Konzerngesellschaften (N 15.12) sowie den *Arbeitnehmern* (N 5.42) Rechte auf den Bezug neuer Aktien einräumt (Wandel- oder Optionsrechte; OR 653 I; Anhang 4 Art. 3b). Über diesen gesetzlich umschriebenen Kreis möglicher Berechtigter hinaus kennt die Praxis auch bedingte Kapitalerhöhungen zugunsten der *Aktionäre*, welchen Gratisoptionen zugeteilt werden. Das Aktienkapital erhöht sich dann jeweils ohne weiteres in dem Zeitpunkt und in dem Umfang, als diese Wandel- oder Optionsrechte ausgeübt und die Einlagepflichten durch *Verrechnung* oder *Einzahlung* erfüllt werden (OR 653 II) – also automatisch, fortlaufend und tropfenweise. Auch das bedingte Kapital darf die *Hälfte des bisherigen Aktienkapitals* nicht übersteigen (OR 653a I). Die Aktionäre werden durch Einräumung eines *Vorwegzeichnungsrechts* geschützt (OR 653c; N 6.59 ff.).

13.25
Verfahren

Die *Generalversammlung* beschliesst das bedingte Kapital mit qualifiziertem Mehr (OR 704 I Ziff. 4; N 8.16) durch öffentlich zu beurkundenden, statutenändernden Beschluss, welcher die Rahmenbedingungen (OR 653b; Anhang 4 Art. 3b) festlegt. Danach bestimmt der *Verwaltungsrat* in einem nicht öffentlich zu beurkundenden Durchführungsbeschluss die für eine konkrete Wandel- oder Optionsanleihe, ein Mitarbeiterbeteiligungsprojekt oder Gratisoptionen geltenden Modalitäten. In der Folge können die Wandel- bzw. Optionsberechtigten ihre Bezugsrechte entsprechend den so festgelegten Bedingungen *schriftlich ausüben* (OR 653e I). Ihre Aktionärsrechte entstehen, sobald sie die *Einlage* durch Geld (im Fall von Optionsrechten) bzw. durch Verrechnung (im Fall der Wandelanleihe) bei einer *Bank* geleistet haben (OR 653e II, III). Mindestens nach Abschluss jedes Geschäftsjahres muss ein besonders befähigter Revisor (N 10.4) in einer schriftlichen *Prüfungsbestätigung* erklären, ob die Aktienausgabe dem Gesetz, den Statuten und erforderlichenfalls dem Emissionsprospekt entsprochen hat (OR 653f; N 10.4, 10.12). Danach fasst der Verwaltungsrat in einer öffentlichen Urkunde den Feststellungsbeschluss über die in dieser Periode erfolgte Aktienausgabe sowie die entsprechenden *Statutenänderungsbeschlüsse* (Anpassung der

13. Die Kapitalerhöhung

Klauseln über das Aktienkapital und das bedingte Kapital; Anhang 4 Art. 3 und 3b; OR 653g). Jeweils spätestens drei Monate nach Abschluss des Geschäftsjahres hat der Verwaltungsrat dem *Handelsregisteramt* diese Statutenänderung unter Beilage der öffentlichen Urkunde und der Prüfungsbestätigung anzumelden (OR 653h; HRV 82a I). Sind die Wandel- oder Optionsrechte erloschen, hebt der Verwaltungsrat die entsprechende Statutenbestimmung gestützt auf den entsprechenden Bericht eines besonders befähigten Revisors auf (OR 653i; HRV 82b).

Anhang 77: Kapitalerhöhungsbeschluss der Generalversammlung (ordentliche Kapitalerhöhung mit Barliberierung; OR 650)

ÖFFENTLICHE URKUNDE

über die
Beschlüsse der Generalversammlung
– ordentliche Kapitalerhöhung –

der

<u>Hobel Möbel AG</u>

mit Sitz in Dübendorf

Im Amtslokal des Notariates Dübendorf hat heute eine ausserordentliche Generalversammlung der oben erwähnten Gesellschaft stattgefunden. Über deren Beschlüsse errichtet die unterzeichnende Urkundsperson nach den Bestimmungen des Schweizerischen Obligationenrechts (OR) diese öffentliche Urkunde.

I.

Herr Fritz Hobel, Tischlerstrasse 8, 8600 Dübendorf, Verwaltungsratspräsident, eröffnet die Versammlung und übernimmt den Vorsitz. Als Protokollführerin und Stimmenzählerin amtet Frau Anna Hobel, Tischlerstrasse 8, 8600 Dübendorf, Mitglied und Sekretärin des Verwaltungsrats.

Der Vorsitzende stellt fest:

– Es sind weder Organvertreter noch andere abhängige Stimmrechtsvertreter im Sinne von Art. 689c OR vorgeschlagen, noch üben Depotvertreter im Sinne von Art. 689d OR Mitwirkungsrechte aus;

– das gesamte Aktienkapital der Gesellschaft von Fr. 100 000.– ist vertreten;

– die heutige Generalversammlung ist als Universalversammlung im Sinne von Art. 701 OR konstituiert und beschlussfähig.

Gegen diese Feststellungen wird kein Widerspruch erhoben.

II.

Die Generalversammlung beschliesst einstimmig eine ordentliche Erhöhung des Aktienkapitals um Fr. 100 000.– auf Fr. 200 000.– und legt Folgendes fest:

13. Die Kapitalerhöhung

1. a) gesamter Nennbetrag, um den das Aktienkapital erhöht werden soll: Fr. 100 000.–
   b) Betrag der darauf zu leistenden Einlagen: Fr. 100 000.–
2. a) Anzahl, Nennwert und Art der neuen Aktien: 100 Namenaktien zu Fr. 1000.–
   b) Vorrechte einzelner Kategorien: keine
3. a) Ausgabebetrag: Fr. 1000. – je Aktie
   b) Beginn der Dividendenberechtigung: [Datum]
4. Art der Einlagen: in Geld für alle neuen Aktien
5. Beschränkung der Übertragbarkeit neuer Namenaktien: gemäss Art. 5 der Statuten
6. Das Bezugsrecht der Aktionäre bleibt unangetastet.[1]

III.

Diese Erhöhung des Aktienkapitals ist vom Verwaltungsrat innerhalb von drei Monaten durchzuführen (Art. 650 Abs. 1 OR).

Wird die Kapitalerhöhung nicht innerhalb dieser Frist ins Handelsregister eingetragen, so fällt der heutige Beschluss der Generalversammlung dahin (Art. 650 Abs. 3 OR).

Dübendorf, [Datum]

Notariat Dübendorf

[Unterschrift der Urkundsperson]

---

[1] Auch dieses Beispiel orientiert sich aus didaktischen Gründen am einfachsten Fall. OR 650 II können zahlreiche weitere Angaben entnommen werden, die gegebenenfalls in den Beschluss aufzunehmen sind (z.B. betr. Sacheinlagen oder -übernahmen, Verrechnungsliberierung, Ermächtigung des Verwaltungsrats zur Festsetzung des Ausgabebetrages, besondere Vorteile, Einschränkung oder Aufhebung des Bezugsrechts und Zuweisung nicht ausgeübter oder entzogener Bezugsrechte, Voraussetzungen für die Ausübung vertraglich erworbener Bezugsrechte). Möglich ist auch, das Kapital nicht – wie hier – durch Ausgabe neuer Aktien, sondern durch Erhöhung des Nennwerts bestehender Aktien oder durch Herabsetzung der Liberierungsquote zu erhöhen. In grösseren Verhältnissen findet sich vereinzelt z.B. auch die Klausel: «Werden innerhalb der Zeichnungsfrist nicht alle, aber mindestens [Zahl] neue Aktien gezeichnet, so sind die restlichen Titel der Gesellschaft selbst zur Zeichnung anzubieten», welche das Zustandekommen der Kapitalerhöhung auch dann gewährleisten soll, wenn nicht für sämtliche neuen Aktien Zeichner gefunden werden (was in privaten Gesellschaften in der Regel aber bereits vor der Generalversammlung geklärt ist; zu beachten bleibt OR 659).

Anhang 78: Zeichnungsschein (ordentliche Kapitalerhöhung mit Barliberierung; OR 652)

A) Minimalvariante

ZEICHNUNGSSCHEIN

Gestützt auf den heutigen Generalversammlungsbeschluss der Hobel Möbel AG mit Sitz in Dübendorf zeichne ich 50 Namenaktien zu je Fr. 1000.– zum Preis von je Fr. 1000.–.

Ich verpflichte mich, die dem Ausgabebetrag entsprechende Einlage zu leisten.

Max Hammer, Ambossgasse 24, 8305 Dietlikon

[Unterschrift]

B) Umfassendere Variante

ZEICHNUNGSSCHEIN

Der/die Unterzeichnende

Max Hammer
Ambossgasse 24
8305 Dietlikon

zeichnet hiermit

in Kenntnis des Beschlusses der ausserordentlichen Generalversammlung der Hobel Möbel AG vom [Datum] über die Erhöhung des Aktienkapitals von Fr. 100 000. – auf Fr. 200 000. – durch Neuausgabe von 100 Namenaktien mit einem Nennwert und voll zu liberierenden Ausgabebetrag von je Fr. 1000.–

50 Namenaktien der Hobel Möbel AG mit einem Nennwert und Ausgabebetrag von je Fr. 1000.–, total Fr. 50 000.–,

und **verpflichtet sich bedingungslos, den Betrag von**

Fr. 50 000.– (fünfzigtausend Franken) für Rechnung und zur freien Verfügung der Hobel Möbel AG bei der Raiffeisenbank Embrach-Kloten-Dübendorf, Wallisellenstrasse 7a, 8600 Dübendorf, einzubezahlen.

Dem/der Unterzeichnenden ist bekannt, dass die Übertragbarkeit der hiermit gezeichneten Aktien gemäss Art. 5 der Statuten der Hobel Möbel AG beschränkt ist.

Diese Zeichnung erfolgt unter Bezugnahme auf den eingangs erwähnten Generalversammlungsbeschluss, die Statuten der Hobel Möbel AG vom

[Datum] sowie den Entwurf der vom Verwaltungsrat nach Durchführung der Kapitalerhöhung zu beschliessenden Statutenänderung.[1] Alle diese Unterlagen sind dem/der Unterzeichnenden bekannt.

Der vorliegende Zeichnungsschein ist bis und mit dem [Datum] gültig.[2]

Dietlikon, [Datum]

[Unterschrift]

---

[1] Verlangt das Gesetz einen Emissionsprospekt, so nimmt der Zeichnungsschein auch auf diesen Bezug (OR 652 II).
[2] Enthält der Zeichnungsschein keine Befristung, so endet seine Verbindlichkeit drei Monate nach der Unterzeichnung (OR 652 III).

**Anhang 79: Kapitalerhöhungsbericht des Verwaltungsrats
(ordentliche Kapitalerhöhung mit Barliberierung; OR 652c)[1]**

Hobel Möbel AG
Bahnhofstrasse 2
8600 Dübendorf

Kapitalerhöhung der Hobel Möbel AG um Fr. 100 000.– auf Fr. 200 000.–

Kapitalerhöhungsbericht des Verwaltungsrats gem. OR 652e

1. Die Generalversammlung hat heute beschlossen, das Aktienkapital um Fr. 100 000.– auf Fr. 200 000.– zu erhöhen. Der Ausgabepreis entspricht dem Nennwert der Aktien.

2. Der Verwaltungsrat stellt fest:

   a) Die volle Liberierung des Erhöhungsbetrags erfolgt durch Bareinzahlung.

   b) Der Beschluss gemäss Ziffer 1 wurde eingehalten und statuten- sowie gesetzeskonform ausgeführt.

   c) Die Bezugsrechte sind weder eingeschränkt noch aufgehoben worden.

Dübendorf, [Datum]

[Unterschriften][2]

---

[1] Dieses Beispiel gibt eine Minimalvariante wieder, welche gegebenenfalls um Angaben zu qualifizierenden Tatbeständen zu ergänzen ist (Bewertung von Sacheinlagen und -übernahmen, Verrechenbarkeit, freie Verwendbarkeit von Eigenkapital, Einschränkung oder Aufhebung des Bezugsrechts und Zuweisung nicht ausgeübter oder entzogener Bezugsrechte, Begründung und Angemessenheit besonderer Vorteile; OR 652e).

[2] Mindestens ein Mitglied des Verwaltungsrats (HRV 80 I lit. e).

13. Die Kapitalerhöhung

Anhang 80: Feststellungs- und Statutenänderungsbeschluss des Verwaltungsrats (ordentliche Kapitalerhöhung mit Barliberierung; OR 652g)

ÖFFENTLICHE URKUNDE

über die
Beschlüsse des Verwaltungsrates
– Feststellungen über die ordentliche Kapitalerhöhung –

der
Hobel Möbel AG
mit Sitz in Dübendorf

Im Amtslokal des Notariates Dübendorf hat heute eine Verwaltungsratssitzung der oben erwähnten Gesellschaft stattgefunden. Über deren Beschlüsse errichtet die unterzeichnende Urkundsperson nach den Bestimmungen des Schweizerischen Obligationenrechts (OR) diese öffentliche Urkunde.

I.

Herr Fritz Hobel, Tischlerstrasse 8, 8600 Dübendorf, Verwaltungsratspräsident, eröffnet die Sitzung und übernimmt den Vorsitz. Als Sekretärin amtet Frau Anna Hobel, Tischlerstrasse 8, 8600 Dübendorf, Mitglied und Sekretärin des Verwaltungsrats.

Der Vorsitzende stellt fest, dass:
– folgende Verwaltungsratsmitglieder anwesend sind:
  – Fritz Hobel
  – Anna Hobel
  – Max Hammer
– damit der Verwaltungsrat vollzählig anwesend und beschlussfähig ist.

Gegen diese Feststellungen wird kein Widerspruch erhoben.

Er teilt mit, dass der Verwaltungsrat den heutigen Beschluss der Generalversammlung über eine ordentliche Erhöhung des Aktienkapitals um Fr. 100 000.– ausgeführt hat.

II.

Der Vorsitzende legt folgende Belege vor:

- öffentliche Urkunde über die Beschlüsse der heutigen Generalversammlung über eine ordentliche Erhöhung des Aktienkapitals um Fr. 100 000.–.
- 3 Zeichnungsscheine gemäss Art. 652 OR über die vollständige Zeichnung des neu ausgegebenen Aktienkapitals durch:
  - Fritz Hobel, Tischlerstrasse 8, 8600 Dübendorf: 30 Namenaktien zu je Fr. 1000.– Nennwert zum Ausgabebetrag von je Fr. 1000.–;
  - Anna Hobel, Tischlerstrasse 8, 8600 Dübendorf: 20 Namenaktien zu je Fr. 1000.– Nennwert zum Ausgabebetrag von je Fr. 1000.–;
  - Max Hammer, Ambossgasse 24, 8305 Dietlikon: 50 Namenaktien zu je Fr. 1000.– Nennwert zum Ausgabebetrag von je Fr. 1000.–.
- schriftliche Bescheinigung vom [Datum] der Raiffeisenbank Embrach-Kloten-Dübendorf, Wallisellenstrasse 7a, 8600 Dübendorf, als dem Bundesgesetz über die Banken und Sparkassen unterstelltes Institut, über die Hinterlegung von Fr. 100 000.– zur ausschliesslichen Verfügung der Gesellschaft. Diese Hinterlage dient zur vollständigen Leistung der von den Zeichnern versprochenen Einlagen.
- Kapitalerhöhungsbericht des Verwaltungsrats gemäss Art. 652e OR von heute.

III.

Aufgrund dieser Belege stellt der Verwaltungsrat diskussionslos einstimmig fest, dass

1. sämtliche neu ausgegebenen Aktien gültig gezeichnet sind;
2. die versprochenen Einlagen dem gesamten Ausgabebetrag entsprechen;
3. die in Geld geleisteten Einlagen im Betrag von Fr. 100 000.– bei der genannten Bank zur ausschliesslichen Verfügung der Gesellschaft hinterlegt wurden und damit die Einlagen entsprechend den Anforderungen des Gesetzes und der Statuten sowie des Generalversammlungsbeschlusses geleistet wurden.

IV.

Der Verwaltungsrat beschliesst diskussionslos einstimmig, die Statuten der Gesellschaft wie folgt zu ändern:

> «Artikel 3   Aktienkapital
>
> Das Aktienkapital der Gesellschaft beträgt Fr. 200 000.– und ist eingeteilt in 200 Namenaktien mit einem Nennwert von je Fr. 1000.–. Die Aktien sind vollständig liberiert.»

Im Übrigen gelten die bisherigen Statuten unverändert weiter.

V.

Der Vorsitzende legt ein Exemplar der Gesellschaftsstatuten vor und erklärt, dass es sich um die vollständigen, unter Berücksichtigung der vorstehenden Änderungen gültigen Statuten handelt. Diese Statuten liegen der Urkunde bei.

VI.

Die unterzeichnende Urkundsperson bestätigt im Sinne von Art. 652g Abs. 2 OR, dass dem Verwaltungsrat die in dieser Urkunde einzeln genannten Belege vorgelegen haben.

VII.

Der Verwaltungsrat hat die vorstehende Statutenänderung und seine Feststellungen rechtzeitig beim Handelsregister zur Eintragung anzumelden, vgl. Art. 652h Abs. 1 OR.

Dübendorf, [Datum]

Notariat Dübendorf

[Unterschrift der Urkundsperson]

Anhang 81: Handelsregisterbelege (ordentliche Kapitalerhöhung; HRV 80)

Liste der bei einer ordentlichen Kapitalerhöhung dem Handelsregisteramt einzureichenden Belege (HRV 80 I lit. a-k)

fett: immer einzureichen
fett/kursiv: bei Barliberierung einzureichen
kursiv: nur bei den genannten besonderen Gegebenheiten einzureichen

1. Öffentliche Urkunde über den **Generalversammlungsbeschluss** (Anhang 77; HRV 80 I lit. a; OR 650 II, 652h II Ziff. 1)
2. Öffentliche Urkunde über den **Verwaltungsratsbeschluss** (Feststellungen und Statutenänderung; Anhang 80; HRV 80 I lit. b; OR 652g, 652h II Ziff. 1)
3. Beglaubigte Ausfertigung der **geänderten Statuten** (HRV 80 I lit. c; 652h II Ziff. 2)
4. **Stampa-Erklärung** (Erklärung des Verwaltungsrats, dass keine anderen Sacheinlagen, Sachübernahmen, Verrechnungstatbestände oder besonderen Vorteile bestehen als die in der Anmeldung genannten; Anhang 15; HRV 80 I lit. d)
5. **Kapitalerhöhungsbericht** des Verwaltungsrats (von mindestens einem Verwaltungsratsmitglied unterzeichnet; Anhang 79; HRV 80 I lit. e; OR 652e)
6. *Kapitaleinzahlungsbestätigung* der Bank (Anhang 9; sofern nicht in der Urkunde genannt; HRV 80 I lit. i)
7. (bei Erhöhung aus Eigenkapital:) *Jahresrechnung oder Zwischenabschluss* (HRV 80 I lit. f; vgl. OR 652d II), ev. mit Generalversammlungsprotokoll und Revisionsbericht
8. (nicht erforderlich, wenn die Liberierung in Geld erfolgt, das neue Aktienkapital nicht zur Vornahme einer Sachübernahme erhöht wird und die Bezugsrechte nicht eingeschränkt oder aufgehoben werden:) *Prüfungsbestätigung der Revisionsstelle* (HRV 80 I lit. g; OR 652f)
9. (bei Sacheinlagen und -übernahmen:) *Sacheinlageverträge* und – soweit bereits vorhanden – *Sachübernahmeverträge* mit *Beilagen* (HRV 80 I lit. h)
10. (bei öffentlichem Zeichnungsangebot:) *Emissionsprospekt* (HRV 80 I lit. a; OR 652a)

14. Die Kapitalherabsetzung

A) Grundlagen

Die beiden Hauptgründe für eine Herabsetzung des bilanzierten Aktienkapitals könnten unterschiedlicher nicht sein: Eine AG kann ihr Aktienkapital herabsetzen, weil sie Verluste erlitten hat (sie also durch eine Kapitalherabsetzung eine *Unterbilanz* beseitigen muss) oder aber weil sie über zu viel Eigenkapital verfügt (sie also eine *Überkapitalisierung* durch Rückzahlungen an die Aktionäre beseitigen möchte). Die Kapitalherabsetzung kann aber auch dem *Ausscheiden von Aktionären* (deren «Auskauf»), der *Vernichtung eigener Aktien* (N 5.47, 12.29, 12.36) oder der Durchführung einer *Spaltung* (N 12.27; Anhang 105) dienen.

14.1 Gründe

Das Gesetz kennt drei Arten von Kapitalherabsetzungen:

14.2 Arten

a) *Konstitutive Kapitalherabsetzung* (Kapitalherabsetzung mit Rückzahlung/mit Mittelabfluss, substanzielle/effektive/materielle Kapitalherabsetzung; OR 732 ff.; N 14.7 f.): Verfügt eine AG über ein Aktienkapital, welches im Verhältnis zu ihrer Geschäftstätigkeit zu hoch ist – ist sie also *überkapitalisiert* (N 12.30) –, kann sie ihren Aktionären auf dem Weg der Kapitalherabsetzung – und nur auf diesem (N 12.28) – einen Teil ihrer Einlage wieder zurückbezahlen (bzw. ihnen noch offene Liberierungsschulden erlassen). So können auch Publikumsgesellschaften mangels lohnender Investitionsmöglichkeiten ihre überflüssige Liquidität wieder den Aktionären zuführen, die sie dann anderswo wirtschaftlich sinnvoller investieren können (Anhang 86).

b) *Deklarative Kapitalherabsetzung* (Kapitalherabsetzung durch Abschreibung/ohne Mittelabfluss, nominelle/deklaratorische Kapitalherabsetzung; OR 735; N 14.9): Weist eine AG infolge Verlusten eine *Unterbilanz* aus, so kann sie diese beseitigen, indem sie das Aktienkapital im Umfang des Bilanzverlusts «abschreibt», den Bilanzverlust also durch entsprechende Reduktion der zu hohen Sperrquote «Aktienkapital» eliminiert (Anhänge 54 lit. A und 73). Weil bei dieser Sanierungsmassnahme keine Mittel aus der AG abfliessen – die Gläubiger also grundsätzlich nicht gefährdet werden –, ist dieses Verfahren etwas einfacher ausgestaltet als dasjenige der konstitutiven Kapitalherabsetzung.

c) *Kapitalschnitt* (Kapitalherabsetzung unter gleichzeitiger Wiedererhöhung auf den bisherigen Betrag, Kapitalherabsetzung gefolgt von neuem Mittelzufluss; OR 732; N 14.10 f.): Diese Kapitalherabsetzung stellt eine über die – lediglich die Bilanz sanierende – deklarative Kapitalherabsetzung hinausgehende Sanierungsmassnahme dar, indem das herabgesetzte («abgeschriebene») Aktienkapital gleich wieder durch neues, voll einbezahltes ersetzt wird (N 13.1).

14.3
Varianten bezüglich der Aktien

Der AG stehen grundsätzlich zwei Möglichkeiten offen, um die Kapitalherabsetzung auf die Aktien «umzulegen»:

a) Entweder sie *setzt den Nennwert* aller oder – unter Beachtung des Gleichbehandlungsprinzips bzw. mit Zustimmung der betroffenen Aktionäre – einzelner Aktien *herab* (Anhänge 82 und 86). Diesfalls korrigiert sie die Aktientitel durch Abstempelung oder tauscht sie diese gegen neue aus.

b) Oder sie *reduziert die Anzahl der Aktien* (Anhang 87). In der privaten AG wird mit Vorteil eine einvernehmliche Lösung über den Verzicht auf Aktien ausgehandelt, während die Publikumsgesellschaft die zur Vernichtung bestimmten Aktien auf dem Markt zurückkaufen kann (Anhang 86) – soweit sie nicht bereits über Vorratsaktien verfügt (N 5.41, 13.7). Mit Zustimmung der betroffenen Aktionäre können schliesslich auch Aktientitel zusammengelegt werden (N 5.82).

In allen Fällen muss das Gleichbehandlungsgebot (N 6.7, 8.28) beachtet und müssen die unentziehbaren Aktionärsrechte (N 6.3) gewährleistet werden (BGE 121 III 120 ff., 427 f.; N 14.11).

14.4
Verfahren

Entsprechend der Garantiefunktion des Aktienkapitals (N 12.26) orientiert sich das gesetzliche Verfahren vor allem am *Gläubigerschutz*, wobei folgende Grundsätze gelten:

a) Da die Höhe des Aktienkapitals in den Statuten festgehalten ist, bedingt jede Kapitalherabsetzung eine *Statutenänderung*, also einen *öffentlich zu beurkundenden Generalversammlungsbeschluss* (OR 732 I; Anhänge 82 und 87), welcher – vorbehältlich abweichender Statutenbestimmungen – mit der absoluten Mehrheit der vertretenen Aktienstimmen zustande kommt (OR 703).

b) Eine Kapitalherabsetzung kann nur dann beschlossen werden, wenn ein *besonderer Revisionsbericht* feststellt, dass die Forderungen der Gläubiger nach der Herabsetzung immer noch voll gedeckt sein werden (OR 732 II). Diesen Revisionsbericht muss ein besonders befähigter Revisor erstatten (N 10.4, 10.12), welcher bei der Fassung des Herabsetzungsbeschlusses anwesend sein muss (OR 732 II; Anhänge 82 und 87). Beim Kapitalschnitt (N 14.2 lit. c, 14.10 f.) entfällt diese Gläubigerschutzbestimmung, weil in diesem Fall die Gläubiger durch den Zufluss neuen Vermögens besser gestellt werden.

c) *Keinesfalls* darf das Aktienkapital *unter Fr. 100 000.–* herabgesetzt werden (OR 732 V). Auch dies gilt für den Kapitalschnitt nicht, weil das herabgesetzte Kapital ja sogleich wieder durch neues «aufgefüllt» wird.

Die Kapitalherabsetzungsvorschriften gelten auch für das Partizipationskapital (N 5.73; OR 656a II). Will die AG also z.B. Partizipationsscheine beseitigen, hat sie dies in Form einer Kapitalherabsetzung zu tun.

14.5
Herabsetzung des Partizipationskapitals

Die Verfahren zur Kapitalveränderung werden heute als unnötig kompliziert empfunden, weshalb eine Gesetzesrevision diskutiert wird, die eine genehmigte Kapitalherabsetzung und allenfalls auch ein statutarisches Kapitalband einführen soll, in dessen Bandbreite der Verwaltungsrat ermächtigt wäre, Aktien herauszugeben und zurückzunehmen. Bereits im Rahmen der GmbH-Revision sollen gewisse Erleichterungen vorweggenommen werden, so namentlich beim Kapitalschnitt (N 14.11).

14.6
Revision

B) Konstitutive Kapitalherabsetzung

Aufgrund der nicht eben klaren gesetzlichen Regelung finden sich in der Literatur verschiedene «Ablaufschemen» für die Durch-

14.7
Möglicher Ablauf

führung einer konstitutiven Kapitalherabsetzung (N 14.2 lit. a); so etwa: Revisionsbericht / Herabsetzungsbeschluss der Generalversammlung / Schuldenruf / Befriedigung oder Sicherstellung der Gläubiger / Vollzug der Herabsetzung / öffentliche Feststellungsurkunde; oder: (im Gesetz nicht erwähnter) Grundsatzbeschluss der Generalversammlung über die Kapitalherabsetzung / Schuldenruf / Befriedigung oder Sicherstellung der Gläubiger / Revisionsbericht / Herabsetzungsbeschluss der Generalversammlung / öffentliche Feststellungsurkunde.

14.8
Praktisches Vorgehen

In der Praxis wird man sich pragmatisch danach orientieren, für welche öffentliche Urkunde man welche Dokumente benötigt, woraus sich folgender Ablauf ergibt: Zunächst ist der *Revisionsbericht* (OR 732 II; N 14.4 lit. b) einzuholen. Liegt dieser vor, kann die *Generalversammlung* den *Herabsetzungsbeschluss* fassen (Anhang 82). Diesen Beschluss hat der Verwaltungsrat dann dreimal im Schweizerischen Handelsamtsblatt zu veröffentlichen, wobei er den Gläubigern bekannt zu geben hat, dass sie innerhalb von zwei Monaten (von der dritten Publikation an gerechnet) Befriedigung ihrer fälligen und Sicherstellung ihrer noch nicht fälligen Forderungen verlangen können (OR 733; *dreimaliger Schuldenruf;* Anhang 83). Ist diese Frist abgelaufen und sind die angemeldeten Gläubiger befriedigt oder sichergestellt worden, muss der Verwaltungsrat in einer *öffentlichen Urkunde des Notars* feststellen lassen, dass die gesetzlichen Vorschriften eingehalten wurden (OR 734; HRV 84; Anhang 84). Mit dieser öffentlichen Urkunde und dem Revisionsbericht muss der Verwaltungsrat den Herabsetzungsbeschluss sodann zur *Eintragung in das Handelsregister* anmelden (OR 734; HRV 84; Anhang 85). Ein aus der Kapitalherabsetzung sich allenfalls ergebender Buchgewinn ist ausschliesslich zu Abschreibungen zu verwenden (OR 732 IV).

C) Deklarative Kapitalherabsetzung

14.9
Verfahren

Bei der deklarativen Kapitalherabsetzung – welche nur der Beseitigung einer Unterbilanz dienen darf – fliesst kein Vermögen aus der AG ab, geht den Gläubigern also kein Haftungssubstrat verloren (N 14. 2 lit. b; allerdings werden die Gläubiger insofern betroffen, als die AG nach der Herabsetzung wieder Dividenden ausschütten kann, welche sie ohne die Herabsetzung zur Beseitigung der Unterbilanz hätte verwenden müssen). Deshalb kann die deklarative Kapitalherabsetzung *einfacher und schneller* durchgeführt werden als die konstitutive: *Weder* muss ein *Schuldenruf* erfolgen – womit auch die zweimonatige Anmeldungsfrist entfällt (N 14.8) –, *noch* sind die *Gläubiger zu befriedigen bzw. sicherzustellen (OR 735)*, *noch* ist eine *öffentliche Feststellungsurkunde* erforderlich. Die übrigen Regeln der Kapitalherabsetzung sind jedoch einzuhalten (N 14.8): Ein *besonderer Revisionsbericht* muss bestätigen, dass sämtliche Forderungen der Gläubiger voll gedeckt sind (was illustriert, dass eine deklarative Kapitalherabsetzung eben nur möglich ist, wenn die Gesellschaft zwar Verluste hinnehmen musste, aber noch nicht überschuldet ist; Anhang 54), die Generalversammlung hat einen statutenändernden *Kapitalherabsetzungsbeschluss* zu fassen (Anhang 87) und der Verwaltungsrat die *Handelsregisteranmeldung* vorzunehmen (Anhang 85).

D) Kapitalschnitt

Das Gesetz erwähnt in OR 732 I den Sonderfall, dass das Aktienkapital herabgesetzt, gleichzeitig aber wieder durch neues, voll einbezahltes Kapital mindestens auf den ursprünglichen Betrag erhöht wird (N 13.1, 14.2 lit. c). Dieses Vorgehen stellt wie die Kapitalherabsetzung durch Abschreibung eine Sanierungsmassnahme dar («Harmonikasanierung»). Da eine Gefährdung der Gläubiger ausgeschlossen ist – der AG fliesst ja sogar neues Vermögen zu –, finden die in OR 732 ff. statuierten Gläubigerschutzbestimmungen keine Anwendung: Nicht nur entfallen – wie bei der deklarativen Kapitalherabsetzung – der dreimalige Schuldenruf und die Befriedigung bzw. Sicherstellung der Gläubiger, sondern es muss nicht einmal ein besonderer Revisionsbericht eingeholt werden (BGE 121 III 426); die Erstellung einer Zwischenbilanz gem. OR 725 II (N 9.8) ist ebenfalls nicht erforderlich (BGE 121 III 425 f.). Auch eine Statutenänderung entfällt, sofern altes und wieder erhöhtes Aktienkapital gleich hoch sind und Anzahl, Nennwert sowie Art der Aktien unverändert bleiben. Überdies darf bei der Kapitalherabsetzung mit Wiedererhöhung das Aktienkapital auch unter Fr. 100 000.– (z.B. auf Fr. 0.–) herabgesetzt werden. An formellen Erfordernissen verbleibt jedenfalls der

14.10
Verfahren

öffentlich zu beurkundende Generalversammlungsbeschluss über die Herabsetzung und gleichzeitige Wiedererhöhung des Aktienkapitals.

14.11
Sanierungsaktien und Aktienvernichtung

Besondere Probleme stellen sich, wenn die neuen Mittel nicht von allen bisherigen Aktionären eingeschossen werden (BGE 121 III 420 ff.): Wird das wiedererhöhte Aktienkapital von neuen Investoren gezeichnet, ohne dass die herabgesetzten Aktien vernichtet werden, ist eine Statutenänderung erforderlich und werden die herabgesetzten alten Aktien zu «Sanierungsaktien» mit dem Mindestnennwert von 1 Rappen; werden die herabgesetzten Aktien vernichtet, bleiben die betroffenen Inhaber (aufgrund unmittelbar gesetzlich begründeter Mitgliedschaft und ohne am Aktienkapital beteiligt zu sein) Aktionäre mit mindestens einer Stimme (OR 692 II; N 6.24, 6.3). Diese Fragen werden jedoch kontrovers diskutiert und sollen im Rahmen der GmbH-Revision (N 14.6) dahingehend geklärt werden, dass die Mitgliedschaftsrechte von Aktionären, die ihr Wiedererhöhungsbezugsrecht nicht ausüben, untergehen.

14.12
Stille Sanierung

Jedenfalls dann, wenn sich alle Aktionäre an der Wiedererhöhung des Aktienkapitals beteiligen oder sie eine andere Einigung über die Tragung der Sanierungslasten und Umverteilung der Aktien erzielt haben, werden sie die beim Kapitalschnitt (zwar reduzierten, aber doch) verbleibenden formellen Auflagen als unnötigen Formalismus ansehen und ihr Ziel auf dem viel unkomplizierteren – und diskreteren – Weg der *stillen Sanierung* erreichen, indem sie die Unterbilanz einfach durch Zuzahlungen (bzw. befreiende Schuldübernahmen) beseitigen (N 9.5).

E) Kapitalherabsetzungen unter richterlicher Mitwirkung

14.13
Gerichtlicher Nachlassvertrag

Das hier dargestellte Kapitalherabsetzungsverfahren gemäss OR 732 ff. ist nicht anwendbar, wenn das Aktienkapital im Rahmen eines *gerichtlichen* Nachlassvertrages (N 9.12) herabgesetzt wird. In diesem Fall werden die Gläubigerinteressen durch das in SchKG 293 ff. geregelte Nachlassvertragsverfahren gewahrt.

14.14
Auflösungsklage

Statt die von Minderheitsaktionären verlangte Auflösung der AG anzuordnen (N 16.7 ff.), kann der Richter auch auf eine andere sachgemässe und zumutbare Lösung erkennen (OR 736 Ziff. 4), z.B. auf eine *Abfindung der klagenden Aktionäre aus Gesellschaftsmitteln* (N 1.26, 1.27, 6.51, 16.9). Soweit eine solche wegen der 10%-Grenze von OR 659 (N 12.29) nicht auf dem Weg des *Aktienrückkaufs* erfolgen kann, ist der «Auskauf» (N 14.1) auf dem Weg der *Kapitalherabsetzung* unter Einhaltung aller Vorschriften durchzuführen (N 14.7 f.) – mit der Ausnahme, dass der Kapitalherabsetzungsbeschluss der Generalversammlung durch das *Urteil* ersetzt wird, welches der Richter gestützt auf den von ihm einzuholenden besonderen Revisionsbericht erlässt.

Anhang 82: Kapitalherabsetzungsbeschluss der Generalversammlung (OR 732; konstitutive Kapitalherabsetzung mit Nennwertreduktion)

ÖFFENTLICHE URKUNDE

über die
Beschlüsse der Generalversammlung
– Kapitalherabsetzung –

der
Hobel Möbel AG
mit Sitz in Dübendorf

Im Amtslokal des Notariates Dübendorf hat heute eine ausserordentliche Generalversammlung der oben erwähnten Gesellschaft stattgefunden. Über deren Beschlüsse errichtet die unterzeichnende Urkundsperson nach den Bestimmungen des Schweizerischen Obligationenrechts (OR) diese öffentliche Urkunde.

I.

Herr Fritz Hobel, Tischlerstrasse 8, 8600 Dübendorf, Verwaltungsratspräsident, eröffnet die Versammlung und übernimmt den Vorsitz. Als Protokollführerin und Stimmenzählerin amtet Frau Anna Hobel, Tischlerstrasse 8, 8600 Dübendorf, Mitglied und Sekretärin des Verwaltungsrats.

Der Vorsitzende stellt fest:

– Es sind weder Organvertreter noch andere abhängige Stimmrechtsvertreter im Sinne von Art. 689c OR vorgeschlagen, noch üben Depotvertreter im Sinne von Art. 689d OR Mitwirkungsrechte aus;

– das gesamte Aktienkapital der Gesellschaft von Fr. 200 000.– ist vertreten;

– die heutige Generalversammlung ist als Universalversammlung im Sinne von Art. 701 OR konstituiert und beschlussfähig;

– als besonders befähigter Revisor ist gestützt auf Art. 732 Abs. 2 OR Herr Iwan Chlestakow, Buchweg 13, 8000 Zürich, anwesend.

Gegen diese Feststellungen wird kein Widerspruch erhoben.

14. Die Kapitalherabsetzung

II.

Aufgrund des vorliegenden Revisionsberichts gemäss Art. 732 Abs. 2 OR des anwesenden besonders befähigten Revisors beschliesst die Generalversammlung einstimmig:

1. Das Aktienkapital wird um Fr. 100 000.– auf Fr. 100 000.– herabgesetzt.
2. Als Ergebnis des besonderen Revisionsberichts wird festgestellt, dass die Forderungen der Gläubiger trotz der Herabsetzung des Aktienkapitals voll gedeckt sind.
3. die Kapitalherabsetzung wird in folgender Art und Weise durchgeführt:
    a) durch Reduktion des Nennwerts von bisher Fr. 1000.– auf Fr. 500.– sämtlicher 200 Namenaktien und
    b) durch Verwendung des Herabsetzungsbetrages zur Rückzahlung an die Aktionäre von Fr. 500.– je Namenaktie zu Fr. 1000.–.
4. Ein aus der Kapitalherabsetzung allfällig sich ergebender Buchgewinn ist im Sinne von Art. 732 Abs. 4 OR ausschliesslich für Abschreibungen zu verwenden.
5. Art. 3 der Statuten wird wie folgt geändert:

    «Artikel 3   Aktienkapital

    Das Aktienkapital der Gesellschaft beträgt Fr. 100 000.– und ist eingeteilt in 200 Namenaktien mit einem Nennwert von je Fr. 500.–. Die Aktien sind vollständig liberiert.»

    Im Übrigen gelten die bisherigen Statuten unverändert weiter.

III.

Der Vorsitzende legt ein Exemplar der Gesellschaftsstatuten vor und erklärt, dass es sich um die vollständigen, unter Berücksichtigung der vorstehenden Änderungen gültigen Statuten handelt. Diese Statuten liegen der Urkunde bei.

IV.

Der Verwaltungsrat hat die Aufgabe, die Beschlüsse der Generalversammlung auszuführen und die erforderliche Handelsregisteranmeldung abzugeben (Art. 716a Abs. 1 Ziff. 6 OR in Verbindung mit Art. 734 OR).

Dübendorf, [Datum]

Notariat Dübendorf

[Unterschrift der Urkundsperson]

Anhang 83: Schuldenruf bei Kapitalherabsetzung im Schweizerischen Handelsamtsblatt (OR 733; konstitutive Kapitalherabsetzung mit Nennwertreduktion)

Herabsetzung des Aktien- oder Partizipationskapitals und Aufforderung an die Gläubiger (Aktiengesellschaft)

Art. 733 OR

Dritte Veröffentlichung

1. *Firma (Name) und Sitz der Aktiengesellschaft:* **Hobel Möbel AG, Dübendorf**
2. *Bisheriger Nennwert des Aktienkapitals:* Fr. 200 000.–
3. *Neuer Nennwert des Aktienkapitals:* Fr. 100 000.–
4. *Herabsetzungsbeschluss durch:* ausserordentliche Generalversammlung
5. *Datum des Beschlusses:* [Datum]
6. *Anmeldefrist für Forderungen:* **[Datum]** [2 Monate nach 3. Publikation]
7. *Anmeldestelle für Forderungen:* Hobel Möbel AG, Verwaltungsrat, Bahnhofstrasse 2, 8600 Dübendorf
8. *Hinweis:* Die Gläubiger können ihre Forderungen anmelden und Befriedigung oder Sicherstellung verlangen.
9. *Bemerkungen:* Die Herabsetzung erfolgt durch Rückzahlung von Fr. 100 000.– an die Aktionäre. Durch einen besonderen Revisionsbericht ist festgestellt, dass die Forderungen der Gläubiger trotz Herabsetzung des Aktienkapitals voll gedeckt sind.

Rechtsanwalt Dr. Fritz Fröhlich

8000 Zürich

14. Die Kapitalherabsetzung

Anhang 84: Feststellungen der Urkundsperson im Kapitalherabsetzungsverfahren (OR 734; konstitutive Kapitalherabsetzung mit Nennwertreduktion)

ÖFFENTLICHE FESTSTELLUNGSURKUNDE

im

Kapitalherabsetzungsverfahren

der

<u>*Hobel Möbel AG*</u>

*mit Sitz in Düben*dorf

Auf Ersuchen der Hobel Möbel AG stellt die unterzeichnende Urkundsperson des Notariates Dübendorf im Kapitalherabsetzungsverfahren gemäss Generalversammlungsbeschluss vom [Datum von Anhang 82],

gestützt auf die ihr vorliegenden, folgenden Belege:

- öffentliche Urkunde über die Beschlüsse der Generalversammlung vom [Datum] betr. Kapitalherabsetzung auf Fr. 100 000.–, mit entsprechender Statutenänderung;
- besonderer Revisionsbericht im Sinne von OR 732 Abs. 2 OR des besonders befähigten Revisors Iwan Chlestakow, Buchweg 13, 8000 Zürich, vom [Datum], wonach die Forderungen der Gläubiger trotz der Herabsetzung des Aktienkapitals voll gedeckt sind;
- drei Veröffentlichungen des Kapitalherabsetzungsbeschlusses gemäss Art. 733 OR im Schweizerischen Handelsamtsblatt [Nummern und Daten der drei Ausgaben];
- schriftliche Bestätigung vom [Datum] des Verwaltungsrats der Hobel Möbel AG, als der in den Veröffentlichungen genannten Anmeldestelle, wonach kein Gläubiger innert der gesetzlichen Frist Befriedigung oder Sicherstellung verlangt hat;

im Sinne von Art. 734 OR fest:

1. die Generalversammlung der Hobel Möbel AG mit Sitz in Dübendorf hat am [Datum] und gestützt auf den besonderen Revisionsbericht eines besonders befähigten Revisors beschlossen, das Aktienkapital der Gesellschaft auf Fr. 100 000.– herabzusetzen und die Statuten entsprechend zu ändern;
2. der Verwaltungsrat der Gesellschaft hat den Kapitalherabsetzungsbeschluss der Generalversammlung im Sinne von Art. 733 OR veröffentlicht;

3. innerhalb der den Gläubigern gesetzten, inzwischen abgelaufenen Frist ist gemäss Bestätigung der in den Veröffentlichungen genannten Anmeldestelle bei ihr für keine Forderungen der Gesellschaft Befriedigung oder Sicherstellung verlangt worden;
4. damit sind die Vorschriften über die Herabsetzung des Aktienkapitals gemäss Art. 732 ff. OR erfüllt.

Dübendorf, [Datum]

Notariat Dübendorf

[Unterschrift der Urkundsperson]

14. Die Kapitalherabsetzung

Anhang 85: Handelsregisterbelege (Kapitalherabsetzung; HRV 84)

Liste der bei einer Kapitalherabsetzung dem Handelsregisteramt einzureichenden Belege (HRV 84)

1. Öffentliche Urkunde über den (statutenändernden) **Kapitalherabsetzungsbeschluss der Generalversammlung** (Anhang 82; HRV 84) mit einem
2. beglaubigten **Exemplar der geänderten Statuten**
3. **besonderer Revisionsbericht** (HRV 84 I)
4. *Feststellungsurkunde* (Anhang 84); *entfällt bei der deklarativen Kapitalherabsetzung*

Anhang 86: Einladung zur Generalversammlung einer Publikumsgesellschaft (konstitutive Kapitalherabsetzung mit Aktienrückkauf und Nennwertreduktion)

(Ergänzung von Anhang 44 nach Traktandum 3)

3a Kapitalherabsetzung durch Vernichtung von über die zweite Handelslinie erworbenen Aktien

Der Verwaltungsrat beantragt:

a) die Vernichtung von 3 462 312 Aktien, die über die zweite Handelslinie erworben wurden, und die entsprechende Herabsetzung des Aktienkapitals der Gesellschaft von Fr. 104 000 000.– um Fr. 27 698 496.– auf Fr. 76 301 504.–;

b) als Ergebnis des besonderen, in Übereinstimmung mit Art. 732 Abs. 2 des Schweizerischen Obligationenrechts erstellten Revisionsberichts festzustellen, dass die Forderungen der Gläubiger trotz der vorgenannten Herabsetzung des Aktienkapitals vollständig gedeckt sind;

c) bei Vollzug der Kapitalherabsetzung den Artikel 3 der Statuten der Mammoth Woods AG wie folgt zu ändern (Änderungen kursiv):

«Artikel 3   Aktienkapital

Das Aktienkapital der Gesellschaft beträgt *Fr. 76 301 504.–* und ist eingeteilt in *9 537 688* Namenaktien mit einem Nennwert von je Fr. 8.–. Die Aktien sind vollständig liberiert.»[1]

3b Kapitalherabsetzung durch Nennwertrückzahlung

Der Verwaltungsrat beantragt:

a) die Herabsetzung des Aktienkapitals der Gesellschaft von Fr. 76 301 504.– um Fr. 28 613 064.– auf Fr. 47 688 440.– durch eine Reduktion des Nennwerts jeder der verbleibenden 9 537 688 Aktien von Fr. 8.– um Fr. 3.– auf Fr. 5.– sowie die Verwendung des Herabsetzungsbetrags von Fr. 3.– pro Aktie zur Auszahlung an die Aktionäre;

b) als Ergebnis des besonderen, in Übereinstimmung mit Art. 732 Abs. 2 des Schweizerischen Obligationenrechts erstellten Revisionsberichts festzustellen, dass die Forderungen der Gläubiger trotz der vorgenannten Herabsetzung des Aktienkapitals vollständig gedeckt sind;

---

[1] Um das Beispiel einfach zu halten, bleiben die in Anhang 44 auch noch erwähnten Inhaberaktien hier unberücksichtigt.

c) bei Vollzug der Kapitalherabsetzung den Artikel 3 der Statuten der Mammoth Woods AG wie folgt zu ändern (Änderungen kursiv):

«Artikel 3   Aktienkapital

Das Aktienkapital der Gesellschaft beträgt *Fr. 47 688 440.–* und ist eingeteilt in *9 537 688* Namenaktien mit einem Nennwert von je *Fr. 5.–*. Die Aktien sind vollständig liberiert.»

Anhang 87: Kapitalherabsetzungsbeschluss der Generalversammlung (OR 732 i.V.m. 735; deklarative Kapitalherabsetzung mit Aktienvernichtung)

ÖFFENTLICHE URKUNDE

über die
Beschlüsse der Generalversammlung
– Kapitalherabsetzung –

der

<u>Hobel Möbel AG</u>
mit Sitz in Dübendorf

Im Amtslokal des Notariates Dübendorf hat heute eine ausserordentliche Generalversammlung der oben erwähnten Gesellschaft stattgefunden. Über deren Beschlüsse errichtet die unterzeichnende Urkundsperson nach den Bestimmungen des Schweizerischen Obligationenrechts (OR) diese öffentliche Urkunde.

I.

Herr Fritz Hobel, Tischlerstrasse 8, 8600 Dübendorf, Verwaltungsratspräsident, eröffnet die Versammlung und übernimmt den Vorsitz. Als Protokollführerin und Stimmenzählerin amtet Frau Anna Hobel, Tischlerstrasse 8, 8600 Dübendorf, Mitglied und Sekretärin des Verwaltungsrats.

Der Vorsitzende stellt fest:

– Es sind weder Organvertreter noch andere abhängige Stimmrechtsvertreter im Sinne von Art. 689c OR vorgeschlagen, noch üben Depotvertreter im Sinne von Art. 689d OR Mitwirkungsrechte aus;

– das gesamte Aktienkapital der Gesellschaft von Fr. 200 000.– ist vertreten;

– die heutige Generalversammlung ist als Universalversammlung im Sinne von Art. 701 OR konstituiert und beschlussfähig;

– als besonders befähigter Revisor ist gestützt auf Art. 732 Abs. 2 OR Herr Iwan Chlestakow, Buchweg 13, 8000 Zürich, anwesend.

Gegen diese Feststellungen wird kein Widerspruch erhoben.

II.

Aufgrund des vorliegenden Revisionsberichts gemäss Art. 732 Abs. 2 OR des anwesenden besonders befähigten Revisors beschliesst die Generalversammlung einstimmig:

1. Das Aktienkapital wird um Fr. 50 000.– auf Fr. 150 000.– herabgesetzt.
2. Als Ergebnis des besonderen Revisionsberichts wird festgestellt, dass die Forderungen der Gläubiger trotz der Herabsetzung des Aktienkapitals voll gedeckt sind.
3. Die Kapitalherabsetzung wird in folgender Art und Weise durchgeführt:
   a) durch Vernichtung von 50 Namenaktien zu je Fr. 1000;
   b) und durch Verwendung des Herabsetzungsbetrages zur Beseitigung einer durch Verluste entstandenen Unterbilanz von Fr. 50 000.–.
4. Ein aus der Kapitalherabsetzung allfällig sich ergebender Buchgewinn ist im Sinn von Art. 732 Abs. 4 OR ausschliesslich zu Abschreibungen zu verwenden.
5. Art. 3 der Statuten wird wie folgt geändert:

   «Artikel 3   Aktienkapital

   Das Aktienkapital der Gesellschaft beträgt Fr. 150 000.– und ist eingeteilt in 150 Namenaktien mit einem Nennwert von je Fr. 1000.–. Die Aktien sind vollständig liberiert.»

   Im Übrigen gelten die bisherigen Statuten unverändert weiter.

III.

Der Vorsitzende legt ein Exemplar der Gesellschaftsstatuten vor und erklärt, dass es sich um die vollständigen, unter Berücksichtigung der vorstehenden Änderungen gültigen Statuten handelt. Diese Statuten liegen der Urkunde bei.

IV.

Der Verwaltungsrat hat die Aufgabe, die Beschlüsse der Generalversammlung auszuführen und die erforderliche Handelsregisteranmeldung abzugeben (Art. 716a Abs. 1 Ziff. 6 OR in Verbindung mit Art. 734 OR).

Dübendorf, [Datum]
Notariat Dübendorf
[Unterschrift der Urkundsperson]

15. Unternehmensgliederungen (Zweigniederlassung und Konzern)

A) Grundsätzliches

Mit der juristischen Person (N 1.6 f.) hat das Recht für Unternehmen einen einheitlichen rechtstechnischen Anknüpfungspunkt geschaffen und dadurch sichergestellt, dass alles, was wirtschaftlich zusammengehört, auch rechtlich einheitlich behandelt wird. Unter diesem einheitlichen rechtlichen Zuordnungspunkt kann sich das Unternehmen intern gliedern, wie es will: Organisatorisch kann es Abteilungen mit eigenen Geschäftsleitungen, buchhalterisch kann es Profit Centers und räumlich kann es *Zweigniederlassungen* (N 15.3) bilden. Alles wird dabei immer durch die rechtstechnische Klammer der juristischen Person zusammengehalten, welche gewährleistet, dass auch wirklich alle Vermögenswerte, die wirtschaftlich zusammengehören, gegenüber Kunden, Lieferanten, Investoren etc. haften, dass alle Gesellschafter vom gesamten Unternehmenserfolg profitieren, dass alle Abteilungsleiter die Weisungen der Unternehmensspitze befolgen müssen und dürfen, dass die Jahresrechnung die finanzielle Situation des gesamten Unternehmens wiedergibt, dass irgendwelche unternehmensinterne Transaktionen frei und unkompliziert erfolgen können etc. Im Fusionsgesetz stellt das Recht auch handliche Institute zur Verfügung, um ein zugekauftes Unternehmen an den eigenen rechtstechnischen Zuordnungspunkt anzuknüpfen (Fusion; N 17.4 ff.) oder umgekehrt eine interne Abteilung im Hinblick auf einen Verkauf rechtlich zu verselbständigen (Spaltung; N 17.21 ff.).

15.1
Juristische Person

In Abweichung von dieser juristischen Idealvorstellung kann ein Unternehmen, das unter einer einheitlichen Leitung steht – also eine wirtschaftliche Einheit bildet –, seine Persönlichkeit auch auf mehrere rechtliche Zuordnungspunkte aufspalten und sich in

15.2
Die Crux des Konzerns

rechtlich selbständige, wirtschaftlich aber eingebundene Gesellschaften aufteilen. So einleuchtend oder gar zwingend die Gründe dafür auch sein mögen, so unlösbare Probleme ergeben sich daraus: Der Verwaltungsrat einer untergeordneten juristischen Person darf einzig und allein die Interessen dieser Gesellschaft wahren (OR 717), sollte aber gleichzeitig die Weisungen der Konzernleitung befolgen und so im Interesse der «eigentlichen» Unternehmenseinheit handeln (N 9.23; 15.13); oder Investoren stellen einer Tochtergesellschaft im Vertrauen auf die Bonität der «eigentlichen» Unternehmenseinheit Mittel zur Verfügung und kommen dann zu Verlust, weil der Konzern auf der juristischen Eigenständigkeit der Tochtergesellschaft beharrt und sie Konkurs gehen lässt; oder Minderheitsaktionäre einer Tochtergesellschaft müssen zusehen, wie dieser Unternehmensmittel entzogen und anderswo im Konzern verwendet werden; oder die Konzernleitung leidet unter steuerlichen Auflagen, die wegen der juristischen Selbständigkeit der Tochtergesellschaften einzuhalten sind; etc. Wenn in solchen und ähnlichen Situationen jeweils das Fehlen eines eigentlichen Konzernrechts moniert wird, könnte man in einer Art von juristischem Fundamentalismus antworten: Das Recht *hat* jedem unter einheitlicher Leitung stehenden wirtschaftlichen Gebilde ein taugliches Institut zur Verfügung gestellt: eben die juristische Person. Das Fusionsgesetz hält überdies einfache Rechtsmechanismen bereit, um zugekaufte Unternehmen jederzeit an den eigenen rechtlichen Zuordnungspunkt anzuknüpfen oder zu entlassende Unternehmensteile jederzeit als eigene juristische Personen auszugliedern. Wer diesen funktionierenden rechtlichen Rahmen verlässt und seine wirtschaftliche Gesamtpersönlichkeit in einer Art «rechtlicher Schizophrenie» auf verschiedene juristische Zuordnungspunkte aufspaltet, darf kein rechtlich harmonisches Resultat erwarten. Natürlich bilden aber Konzerne eine wirtschaftliche Realität, mit der sich das Recht zu befassen hat (N 15.12); nur wird jedes Konzernrecht wohl nie ganz frei sein können von Widersprüchen oder übermässiger Komplexität, welche sich aus der hier idealtypisch geschilderten Aufspaltung *einer wirtschaftlichen* Einheit auf *mehrere juristische* Einheiten ergeben. Vielleicht beginnt sich aber auch die Frage abzuzeichnen, ob – Heere von Steuerexperten und Wirtschaftsanwälten beschäftigende – verschachtelte Konzernstrukturen nicht ebenso einer überkommenen Wirtschaftsepoche angehören wie Gesellschaften mit komplexen Vinkulierungsregimes und ausgeklügelten Beteiligungsvarianten und ob dem Trend zur Einheitsaktie (N 5.62) nicht der Trend zu einer einfachen und klaren Unternehmensstruktur mit *einem* rechtlichen Anknüpfungspunkt folgt; es ist daher nicht rundweg auszuschliessen, dass die viel beschworene Kodifizierung des Konzernrechts dereinst ähnlich ins Leere fallen (bzw. nur noch marginale Erscheinungen regeln) würde wie seinerzeit diejenige des Partizipationsscheins (N 5.71).

B) Die Zweigniederlassung (Filiale)

Unter dem – im Gesetz nicht definierten – Begriff «Zweigniederlassung» (OR 642, 935; auch «Filiale») versteht man einen *kaufmännischen Betrieb*, «... *der zwar rechtlich ein Teil einer Hauptunternehmung* ist, von der er abhängt, der aber in *eigenen Räumlichkeiten* dauernd eine *gleichartige Tätigkeit wie jene* ausübt und dabei über eine gewisse *wirtschaftliche und geschäftliche Unabhängigkeit* verfügt» (BGE 117 II 87; Hervorhebungen hinzugefügt). Obwohl die Zweigniederlassung somit *keine eigene Rechtspersönlichkeit* besitzt – also nicht etwa selber eine AG ist –, verfügt sie über eine gewisse wirtschaftliche und geschäftliche Selbständigkeit, welche sich darin manifestiert, dass die Filiale jederzeit ohne grosse Änderungen vom Hauptsitz losgelöst werden könnte.

15.3 Begriff

Liegt eine solche Zweigniederlassung vor – und nicht z.B. bloss ein Lager, Fabrikationsort oder Büro ohne jede wirtschaftliche und kaufmännische Selbständigkeit –, so ist sie *am Ort ihres Geschäftsbetriebs in das Handelsregister einzutragen* (OR 642 I, 934 I; Anhang 88). Der Eintrag der Filiale muss auf denjenigen am Hauptsitz der Gesellschaft Bezug nehmen (OR 642 I, HRV 71 ff.). Das Handelsregisteramt prüft dabei das Vorliegen einer gewissen wirtschaftlichen und geschäftlichen Autonomie, in welchem Zusammenhang verlangt wird, dass das *Personal der Filiale Geschäfte ohne Mitwirkung des Hauptsitzes abschliessen* kann (N 15.6). Als *Filialleiter* wird nur anerkannt, wer sich wenigstens hauptsächlich mit der Leitung der Zweigstelle befasst und zu deren Geschäftsort mindestens eine lose Beziehung hat. Nicht als Filialleiter eingetragen würde daher z.B. das einzige Verwaltungsratsmitglied der AG.

15.4 Handelsregistereintragung

15.5 Errichtung	Sofern die Statuten nichts anderes vorsehen, fällt der Beschluss über die Errichtung einer Zweigniederlassung in die Kompetenz des *Verwaltungsrats*. Das entsprechende Verwaltungsratsprotokoll ist dem Handelsregisteramt einzureichen und hat nebst dem *Beschluss über die Errichtung* der Zweigniederlassung deren *Domizil* und *Firma* sowie die Regelung der *Zeichnungsberechtigung* zu enthalten (Anhang 88). Zur Firma der Zweigniederlassung sei auf N 3.5 verwiesen.
15.6 Vertretungsbefugnis	Die Vertretungsbefugnis *kann auf den Geschäftskreis der Zweigniederlassung beschränkt werden* (OR 460 I und 718a II; N 9.50). Um dem Erfordernis der Selbständigkeit in den Aussenbeziehungen gerecht zu werden (N 15.4), können daher dem Filialleiter z.B. Einzelunterschrift oder Kollektivunterschrift zusammen mit einem weiteren der Filiale zugehörenden Zeichnungsberechtigten erteilt und diese Zeichnungsberechtigung(en) auf den Geschäftskreis der Filiale beschränkt werden.
15.7 Gerichtsstand, aber kein Betreibungsort	Die Eintragung in das Handelsregister begründet – *zusätzlich* zum Gerichtsstand am Gesellschaftssitz – einen besonderen *Gerichtsstand am Ort der Zweigniederlassung,* doch können dort nur Klagen erhoben werden, die mit dem Betrieb der Filiale zusammenhängen (GestG 5). Demgegenüber ist eine Schuldbetreibung grundsätzlich immer nur am Gesellschaftssitz möglich (SchKG 46 II; anders für die Zweigniederlassung eines ausländischen Unternehmens: SchKG 50 I).

C) Der Konzern

a)   Das Wesen des Konzerns

15.8 Mutter- und Tochtergesellschaft	Während die Bildung von Zweigniederlassungen eine Aufgliederung des Unternehmens in verschiedene Wirtschaftseinheiten unter Wahrung der rechtlichen Einheit ermöglicht (N 15.1, 15.3), bildet der *Konzern* umgekehrt eine wirtschaftliche Einheit rechtlich selbständiger Unternehmen. Da nicht nur Menschen, sondern z.B. auch Aktiengesellschaften eine AG gründen und Aktien erwerben können (N 4.5), kann eine AG Aktionärin einer anderen AG sein und an deren Generalversammlung ihren Einfluss geltend machen. Übt sie – als Allein- oder Mehrheitsaktionärin – einen

beherrschenden Einfluss aus, bezeichnet man sie als *Muttergesellschaft* und die andere, beherrschte Gesellschaft als ihre *Tochter*.

Da eine Muttergesellschaft mehrere Töchter haben kann und diese ihrerseits wieder Muttergesellschaften «eigener» Töchter sein können, lassen sich ganze Komplexe rechtlich zwar selbständiger, wirtschaftlich aber verflochtener Unternehmen konstruieren. Unterstehen diese einer einheitlichen Leitung, bilden sie einen *Konzern*. Ein Konzern wird dementsprechend definiert als (a) *Zusammenfassung mehrerer rechtlich selbständiger Gesellschaften* unter (b) *einheitlicher wirtschaftlicher Leitung*. Beruht die Zusammenfassung – wie in den allermeisten Fällen – auf Aktienbeteiligungen, spricht man von einem *Beteiligungskonzern*. Daneben sind Konzerne denkbar, deren wirtschaftliche Verflechtung und einheitliche Leitung auf einem Vertrag (Vertragskonzern), auf Personalunionen (gegenseitige Einsitznahme in Verwaltungsrat und/oder Geschäftsleitung; «Interlocking Directorates») oder auf wirtschaftlicher Abhängigkeit beruhen (faktische Konzerne), wobei diese Formen auch kombiniert werden können; so wird es in einem Beteiligungskonzern z.B. regelmässig auch zu personellen Verflechtungen kommen.

15.9
Konzern

Verfolgt eine Muttergesellschaft keinen anderen Zweck (N 2.11 ff.) als die Leitung, Finanzierung und Kontrolle ihrer Tochtergesellschaften, indem sie die Mehrheit oder Gesamtheit von deren Aktien hält, bezeichnet man sie als *Holdinggesellschaft*. Die Holdinggesellschaft personifiziert somit die einheitliche Leitung eines Beteiligungskonzerns. Holdinggesellschaften geniessen gewisse Steuerprivilegien sowie eher unwesentliche aktienrechtliche Erleichterungen betreffend die gesetzlichen Reserven (OR 671 IV; N 12.33 lit. c) und die Wohnsitz- und Nationalitätsvorschriften für den Verwaltungsrat (OR 708 I; N 9.54). Beschränkt sich die Muttergesellschaft demgegenüber nicht auf die Konzernleitung und das Halten der Beteiligungen, sondern führt sie daneben auch noch ein eigenes Unternehmen, wird sie als *Stammhaus* bezeichnet. Meist ist ein Stammhauskonzern historisch gewachsen, indem ein Unternehmen – das spätere Stammhaus – sukzessive Tochtergesellschaften zugekauft (N 18.4 ff.) bzw. gegründet hat; häufig wird er auch im Verlauf seiner weiteren Entwicklung aus steuerlichen und betriebswirtschaftlichen Gründen in eine Holdingstruktur übergeführt.

15.10
Holding und Stammhaus

15.11
Gründe

Die Motive für die Bildung eines Konzerns können vielfältig sein: Vor allem in internationalen Verhältnissen zwingen *steuerrechtliche Überlegungen* schnell einmal zur Konzernbildung, indem diese durch Schaffung klar abgrenzbarer Steuersubjekte die schwer kalkulierbare Betriebsstätten-Besteuerung (mit der Offenlegung der Bücher des Hauptsitzes gegenüber ausländischen Steuerbehörden) vermeidet und zudem eine Steueroptimierung durch Sitzwahl ermöglicht. Zudem eliminiert oder vermindert das Holdingprivileg steuerliche Mehrfachbelastungen von Beteiligungserträgen. Aber auch die *gesellschaftsrechtliche Haftungsabschottung* kann ein Motiv bilden, indem grundsätzlich (N 15.14) jede Konzerngesellschaft nur für ihr eigenes Tun haftet und die Mutter- und Schwestergesellschaften nicht für Verbindlichkeiten einer Tochtergesellschaft belangt werden können (OR 620 II). Wer sodann die Wahl hat, das wirtschaftliche Verhalten verschiedener Gesellschaften entweder durch Alleinvertriebs-, Lizenz- bzw. Franchisingverträge oder aber durch die Zusammenfassung dieser Gesellschaften in einem Konzern zu koordinieren, wird sich aus *kartellrechtlichen Gründen* für die letztere Variante entscheiden, weil der Konzern eine wirtschaftliche Einheit bildet und nicht als Kartell qualifiziert werden kann. Die rechtliche Verselbständigung von Unternehmensteilen kann auch *betriebswirtschaftlichen Zielen* dienen (zentrale Steuerung der Mittel bei relativ autonomer lokaler Umsetzung der Konzernvorgaben, Flexibilität etc.). Nicht zuletzt können *wirtschaftspolitische Überlegungen* zur Konzernbildung führen, so etwa, wenn sich ein Schweizer Unternehmen durch Gründung einer ausländischen Tochtergesellschaft ein Standbein im EU-Raum schaffen will.

b) Das Konzernrecht

15.12
Aktienrechtliche Sonderregelungen

Der Gesetzgeber hat kein eigentliches Konzernrecht geschaffen – und «will» dies im Interesse eines einfachen und klaren Rechtssystems vielleicht auch gar nicht (N 15.1 f.). Immerhin trägt er der wirtschaftlichen Realität von Konzernen aber in zahlreichen Einzelnormen Rechnung: So verlangt das Gesetz, dass gewisse Konzerne eine *konsolidierte Konzernrechnung* aufstellen müssen (OR 663e ff.; N 6.39, 12.25), dass im Anhang dieser Konzernrechnung alle *Beteiligungen* anzugeben sind, welche für die Beurteilung der Vermögens- und Ertragslage wesentlich sind (OR 663b Ziff. 7; Anhang 75 Ziff. 7), dass Gesellschaften mit börsenkotierten Aktien im Anhang der Jahresrechnung alle *Aktionäre und Aktionärsgruppen bekannt geben* müssen, deren Beteiligung 5% aller Stimmrechte übersteigt (OR 663c; N 5.65; und überdies Aktienerwerber bei Überschreiten bestimmter *Stimmrechts-Schwellen* melden müssen; BEHG 20; N 5.64, 6.39), dass – auf entsprechendes Aktionärs- oder Gläubigerbegehren – die *Unabhängigkeit der Revisionsstelle* auch gegenüber sämtlichen Konzerngesellschaften bestehen muss (OR 727c II; N 10.5), dass der Erwerb von Aktien der Mutter- durch die Tochtergesellschaft als *Erwerb eigener Aktien* im Sinne von OR 659 f. behandelt wird (OR 659b; N 12.29), dass bei der Begebung einer Anleihe *Bezugsrechte auch zugunsten von Konzerngesellschaften* eingeräumt werden können (OR 653 I; N 13.24) und dass Holdinggesellschaften bezüglich der *Reservebildung* (OR 671 IV; N 12.33 lit. c) sowie der *Wohnsitz- und Nationalitätsvorschriften für den Verwaltungsrat* (OR 708 I; N 9.54) privilegiert werden (N 15.10).

Abgesehen von der im Konzern – wegen der Ausrichtung des Verwaltungsrats und der Aktionärsmehrheit auf das Konzerninteresse – zusätzlich akzentuierten Problematik des *Minderheitenschutzes* (N 1.26, 6.5, 6.7 ff.) wird die konzernrechtliche Diskussion vor allem durch die Situation des *Verwaltungsrats der Tochtergesellschaft* und die Frage der *Haftung der Obergesellschaft* geprägt:

15.13
Kernpunkte der Konzernrechtsdiskussion

Verwaltungsratsmitglieder einer Tochtergesellschaft sehen sich im Dilemma, dass sie einerseits Weisungen der Muttergesellschaft befolgen, andererseits aber die Interessen «ihrer» Tochtergesellschaft nach bestem Wissen und Gewissen wahren sollten (N 9.21). Handeln sie gegen diese Interessen, setzen sie sich Verantwortlichkeitsklagen von Minderheitsaktionären oder Gläubigern aus, verletzen sie die Weisungen der Muttergesellschaft, wählt sie diese aus dem Verwaltungsrat ab. Wie der Verwaltungsrat mit diesem Dilemma unter geltendem Recht umzugehen hat, wurde bereits in N 9.23 dargelegt. Eine verlässliche Lösung könnte nur der Gesetzgeber schaffen, indem er den von ihm selber angelegten Widerspruch auflöst, wonach einerseits ein Konzern begriffsnotwendigerweise einer einheitlichen Leitung bedarf (OR 663e I), andererseits aber die Oberleitung jeder einzelnen Tochtergesell-

15.14
Der Verwaltungsrat der Tochtergesellschaft

schaft unentziehbar und undelegierbar deren eigenem Verwaltungsrat obliegt (OR 716a I Ziff. 1) – wenn denn der Gesetzgeber die klaren und einfachen Grenzen rechtlicher Einheiten weiter zugunsten einer «rechtlich anerkannten wirtschaftlichen Einheit» verwischen will (N 15.1 f.).

15.15
Haftung der Obergesellschaft

Kommen Gläubiger oder Minderheitsaktionäre einer Tochtergesellschaft zu Schaden, stellt sich ihnen die Frage, ob sie anstelle oder neben ihrer Gesellschaft bzw. Schuldnerin auch deren Muttergesellschaft belangen können – zumal diese ja letztlich auch darüber bestimmt, wieviel Haftungssubstrat in ihrer Tochtergesellschaft vorhanden ist. Nun gilt aber auch in Konzernverhältnissen der Grundsatz, dass für die Verbindlichkeiten einer AG nur diese selbst haftet (N 1.7, 1.12). Die *rechtliche Selbständigkeit (auch) der Tochtergesellschaft* ist zu respektieren; ihre Aktionäre – auch die Muttergesellschaft – haben keine über die Liberierungspflicht hinausgehenden Pflichten (N 6.1, 6.10) und haften nicht für die Verbindlichkeiten ihrer AG (OR 620 II). Allerdings wird dieser Grundsatz unter bestimmten Voraussetzungen durchbrochen und haben Gläubiger oder Aktionäre einer Tochtergesellschaft dennoch die Möglichkeit, die Muttergesellschaft zur Verantwortung zu ziehen – so, wenn sie ihre *Ansprüche gegenüber der Muttergesellschaft* auf eine der folgenden Rechtsgrundlagen stützen können:

a) *Haftung aus Konzernvertrauen:* Schliesst eine Tochtergesellschaft einen Vertrag ab und erweckt die Muttergesellschaft dabei konkrete und bestimmte Erwartungen, dass sie hinter ihrer Tochter stehe und für die korrekte Erfüllung von deren Verbindlichkeiten besorgt sein werde – blosse Hinweise auf das Konzernverhältnis genügen dazu nicht –, muss sich die Muttergesellschaft auf diesen von ihr geweckten Erwartungen in ihr Konzernverhalten und ihr Konzernvertrauen behaften lassen und für die Verpflichtungen der Tochtergesellschaft geradestehen (BGE 124 III 297 ff.).

b) *Patronatserklärung:* Dies gilt umso mehr, wenn die Muttergesellschaft im Zusammenhang mit einem Vertragsabschluss durch eine Tochter gegenüber deren Vertragspartner ausdrücklich erklärt, von diesem Vertragsabschluss Kenntnis zu haben und ihre Tochtergesellschaften jeweils mit den zur Erfüllung ihrer Verbindlichkeiten erforderlichen Mitteln auszustatten o.Ä. (N 9.5). Die genaue Tragweite solcher – zur Vermeidung einer Bürgschafts- oder Garantieverpflichtung oft bewusst offen formulierter – Patronatserklärungen ist durch Auslegung nach dem Vertrauensprinzip zu ermitteln.

c) *Durchgriff:* Erscheint die Berufung auf die rechtliche Selbständigkeit der Tochtergesellschaft als rechtsmissbräuchlich (ZGB 2 II) – weil z.B. die Mutter ihre Tochter durch verdeckte Gewinnausschüttungen (N 6.17) gezielt ausgehöhlt hat –, haftet die Muttergesellschaft nach den Durchgriffsregeln für die Verbindlichkeiten der Tochtergesellschaften (N 1.21).

d) *Aktienrechtliche Verantwortlichkeit:* Nehmen die Muttergesellschaft bzw. deren Organe massgebend an der Willensbildung der Tochtergesellschaft teil und erfüllen sie selbständig deren korporative Aufgaben, werden sie zu deren materiellen Organen (N 11.12) und haften sie dementsprechend den Gläubigern und Aktionären der Tochtergesellschaft nach den Grundsätzen der aktienrechtlichen Verantwortlichkeit (N 11.6 ff.; umstritten ist allerdings, ob die Muttergesellschaft als solche materielles Organ sein kann, vgl. OR 707 III).

e) *Organ- und Geschäftsherrenhaftung:* Begeht die Tochtergesellschaft auf Weisung ihrer Muttergesellschaft eine unerlaubte Handlung, kann die Muttergesellschaft für den daraus resultierenden Schaden allenfalls auch aufgrund der Organ- (ZGB 55, OR 722; N 1.7, 9.47) oder der Geschäftsherrenhaftung (OR 55) in Anspruch genommen werden.

f) *Aktienrechtliche Rückerstattungspflicht:* Zieht die Muttergesellschaft ungerechtfertigt Mittel aus der Tochtergesellschaft ab, können deren Minderheitsaktionäre die Rückerstattung dieser ungerechtfertigten Bezüge – allerdings nur an die Tochtergesellschaft – verlangen (OR 678; N 6.17, 6.50, 9.81).

Anhang 88: Handelsregisterbelege für die Eintragung einer Zweigniederlassung

1. **Anmeldung** mit Firma, Sitz (politische Gemeinde) und Adresse der Zweigniederlassung, unterzeichnet durch Verwaltungsratsmitglied(er) (entsprechend Zeichnungsberechtigung) und mit beglaubigten **Zeichnungsmustern** der für die Zweigniederlassung Zeichnungsberechtigten (wird auf Wunsch alles vom Handelsregisteramt vorbereitet)
2. **Verwaltungsratsprotokoll** mit:
   a) Beschluss über die Errichtung der Zweigniederlassung;
   b) Firma der Zweigniederlassung;
   c) Domizil der Zweigniederlassung (Strasse und Nummer);
   d) Regelung der Zeichnungsberechtigung für die Zweigniederlassung (Vor- und Familiennamen, Heimatort bzw. ausländische Staatsangehörigkeit, Wohnort und Art der Zeichnungsberechtigung [Einzel- oder Kollektivunterschrift bzw. -prokura])
3. **Selbständigkeitserklärung** (Formular des Handelsregisteramts)
4. (Wenn der Hauptsitz in einem andern Kanton liegt als die Zweigniederlassung:) Beglaubigter *Handelsregisterauszug des Hauptsitzes* und beglaubigte *Statuten*

Für die Eintragung einer Zweigniederlassung eines Unternehmens mit Hauptsitz im Ausland sind besondere Anforderungen zu beachten.

16. Die Auflösung

A) Das Ende der AG

Die Dauer der AG ist grundsätzlich unbeschränkt (N 2.25). Damit eine AG untergeht, bedarf es eines *Auflösungsgrundes* (OR 736; N 16.3 ff.). Der Eintritt eines solchen beendet die Existenz der AG aber noch keineswegs, sondern leitet lediglich den «Sterbeprozess», das *Liquidationsstadium* ein (OR 739 ff.; N 16.16 ff.), während welchem die AG weiterbesteht – wenn auch mit einem auf die Liquidation beschränkten Gesellschaftszweck. Erst nach Abschluss des Liquidationsverfahrens wird die AG im Handelsregister gelöscht. Abweichend von diesem grundsätzlichen Verfahrensablauf beendigen vereinzelte Auflösungsgründe die AG *ohne aktienrechtliches Liquidationsverfahren*, so die *Fusion* (N 17.4 ff.), die *Aufspaltung* (N 17.22) oder die *Umwandlung* (N 17.31 ff.) – bei welchen Umstrukturierungen das Vermögen der untergehenden AG durch Universalsukzession auf eine andere Gesellschaft übergeht (N 17.3) –, der *Konkurs* (bei welchem die Liquidation durch Zwangsvollstreckung nach den Regeln des SchKG erfolgt; N 16.6) oder die *Löschung einer inaktiven AG* durch den Handelsregisterführer (N 16.15).

16.1
Auflösung und Liquidation

Häufig hat die AG ihr Unternehmen bereits vor Eintritt eines Auflösungsgrundes – also z.B. vor der Fassung des Auflösungsbeschlusses – «wirtschaftlich» beendet, indem sie ihren Betrieb liquidiert und alle Ausstände bezahlt hat (N 8.5, 9.48). Entgegen einer früheren Praxis (der *«stillen Liquidation»*) muss aber auch eine solche stillgelegte AG das Liquidationsverfahren durchführen – namentlich die Schuldenrufe erlassen und das Sperrjahr abwarten (N 16.22, 16.25) –, bevor sie im Handelsregister gelöscht werden kann. Gelegentlich werden solche inaktive Gesellschaften – sog. *Aktienmäntel* – verkauft, weil der Erwerber damit

16.2
Stille Liquidation und Mantelgesellschaft

Gründungskosten oder Zeit einsparen, eine alte – neu in dieser Form vielleicht nicht mehr bewilligungsfähige oder als Neueintragung anfechtbare – Firma (N 3.1 ff) übernehmen oder als alteingesessene Gesellschaft auftreten möchte. Solche Rechtsgeschäfte sind jedoch grundsätzlich *nichtig*. Es ist von ihnen auch deshalb abzuraten, weil keine Gewähr für das «Vorleben» der Mantelgesellschaft besteht (N 18.3) und die Einsparungen gegenüber einer Neugründung kaum wesentlich ins Gewicht fallen, ist doch auch der Aktienmantel an die eigenen Bedürfnisse anzupassen (öffentlich zu beurkundende Statutenänderungen wie Sitzverlegung oder Zweckänderung, Neuwahl des Verwaltungsrats, Neuregelung der Zeichnungsberechtigung mit entsprechendem Verwaltungsratsprotokoll, Handelsregisteranmeldung all dieser Änderungen etc.).

B) Die Auflösungsgründe

a) Auflösungsbeschluss (OR 736 Ziff. 2)

16.3
Zuständigkeit, Inhalt und Formelles

Die *Generalversammlung* – und nur sie (OR 698 II Ziff. 6 i.V.m. OR 736 Ziff. 2) – kann jederzeit beschliessen, die AG aufzulösen; der Auflösungsbeschluss ist *öffentlich zu beurkunden* (OR 736 Ziff. 2) und kann – eine abweichende statutarische Bestimmung vorbehalten (N 2.32; Anhang 4 Art. 12 lit. h) – mit der *absoluten Mehrheit der vertretenen Stimmen* gefasst werden (OR 703 I). Zweckmässigerweise sind in die öffentliche Urkunde über den Auflösungsbeschluss auch gleich die Ernennung der Liquidatoren und die Regelung ihrer Zeichnungsberechtigung aufzunehmen (Anhang 89). Die Auflösung durch Generalversammlungsbeschluss stellt – neben dem Konkurs – den praktisch wichtigsten Auflösungsgrund dar.

16.4
Widerruf des Auflösungsbeschlusses

In Abkehr von seiner früheren Praxis («Rückgründungsverbot») lässt das Bundesgericht nunmehr einen Widerruf des Auflösungsbeschlusses zu, sofern *noch nicht mit der Verteilung des Gesellschaftsvermögens begonnen* worden ist und die *Generalversammlung einen öffentlich zu beurkundenden Widerrufsbeschluss* fasst (BGE 123 III 473 ff.).

16. Die Auflösung

b) Statutarischer Auflösungsgrund (OR 736 Ziff. 1)

Möglich, aber in der Praxis kaum je anzutreffen, ist die Aufnahme von Auflösungsgründen in die Statuten (OR 736 Ziff. 1), namentlich etwa eine Befristung der AG (OR 627 Ziff. 4). Tritt ein solcher statutarischer Auflösungsgrund ein, wird die Gesellschaft aufgelöst, ohne dass die Generalversammlung darüber noch zu beschliessen hätte (N 2.25).

16.5 Seltener Auflösungsgrund

c) Konkurseröffnung (OR 736 Ziff. 3)

Demgegenüber wieder von grösserer praktischer Relevanz ist der Auflösungsgrund der *Konkurseröffnung* (OR 736 Ziff. 3). Eine AG fällt in Konkurs, weil entweder ein erfolglos betreibender Gläubiger das Konkursbegehren stellt oder – ohne vorgängige Betreibung – weil der Verwaltungsrat gemäss OR 725 III dem Richter die Überschuldung der Gesellschaft mitteilt bzw. für diese die Insolvenzerklärung abgibt (N 9.10; vgl. auch SchKG 190 und 309; zum Konkursaufschub: N 9.11). Wie die andern Auflösungsgründe leitet auch die Konkurseröffnung das Liquidationsverfahren ein, doch folgt dieses nicht den aktienrechtlichen (OR 739 ff.), sondern den konkursrechtlichen Regeln (OR 740 V; SchKG 197 ff.; N 16.1). Gleiche Wirkung wie die Konkurseröffnung zeitigt grundsätzlich auch die Bestätigung eines *Nachlassvertrags mit Vermögensabtretung* (SchKG 317 ff.; N 3.5).

16.6 Auflösungsgrund mit besonderem Liquidationsverfahren

d) Auflösungsklage (OR 736 Ziff. 4)

Eine AG kann sodann durch *Urteil* aufgelöst werden, wenn Aktionäre, die *mindestens einen Zehntel des Aktienkapitals* vertreten, beim Richter die Auflösung *aus wichtigen Gründen* verlangen (OR 736 Ziff. 4; N 1.26 f. 1.42, 2.12, 6.51, 14.14).

16.7 Klage der Minderheit

Die Auflösungsklage soll vor allem den Schutz der Minderheit gegen einen andauernden Machtmissbrauch der Aktionärsmehrheit gewährleisten. Neben all den andern Schutzrechten der Minderheitsaktionäre (N 6.33 ff.) stellt sie die ultima ratio dar, welche dann zum Zuge kommen soll, wenn «alles versucht» worden ist und «es gar nicht mehr geht». Dementsprechend kommen als wichtige Gründe etwa in Betracht der *dauernde extreme*

16.8 Wichtige Gründe

Machtmissbrauch der Aktionärsmehrheit, welcher z.B. zu bejahen wäre, wenn in einer privaten AG sämtliche Gewinne im Unternehmen zurückbehalten und keine Dividenden ausgerichtet werden, während sich die Mehrheitsaktionäre in Form stattlicher Verwaltungsratshonorare und Direktorengehälter bezahlt machen und die Minderheitsaktionäre ihre Aktien infolge von Vinkulierungsbestimmungen oder wegen der fehlenden Attraktivität ihrer Minderheitsbeteiligung auch nicht zu einem angemessenen Preis verkaufen können. Auch die *dauernde Funktionsunfähigkeit eines Gesellschaftsorgans* kann einen wichtigen Grund bilden, so etwa, wenn sich die beiden 50%-Aktionäre einer Zweimann-AG zerstreiten und auch wichtigste Beschlüsse nicht mehr gefasst werden können (N 1.27; zum Fehlen von Organen vgl. N 16.12); in solchen und ähnlichen Konstellationen können in privaten Gesellschaften – für das Aktienrecht eigentlich untypisch (N 1.42) – auch *persönliche Gründe* eine Auflösung rechtfertigen (N 1.42). Die Aufrechterhaltung einer AG, deren *andauernd schlechte Geschäftsführung* unweigerlich in den *Ruin* führt, kann den Minderheitsaktionären ebenfalls nicht zugemutet werden (BGE 126 III 266 ff.). Nie aber bildet ein blosser Aktionärsstreit ohne schwerwiegende Auswirkungen auf die Gesellschaft einen wichtigen Grund für die Auflösung. Denn immer ist zu bedenken: Mit der Auflösungsklage erzwingt eine Minderheit die Auflösung einer AG, an deren Fortführung die Aktionärsmehrheit – sowie allenfalls Gläubiger und Arbeitnehmer – durchaus interessiert wären.

16.9
Andere sachgemässe Lösung

Dementsprechend ist der Richter, der eine Auflösungsklage zu beurteilen hat, auch nicht vor die oftmals unbefriedigende Alternative gestellt, jene nur entweder vollumfänglich gutheissen oder dann vollumfänglich abweisen zu können: Das Gesetz ermächtigt ihn vielmehr, statt der Auflösung auch eine *andere sachgemässe und den Beteiligten zumutbare Lösung* anzuordnen (OR 736 Ziff. 4; N 1.26 f., 6.51, 14.14), namentlich etwa den «*Auskauf*» der Minderheitsaktionäre durch Aktienrückkauf oder Kapitalherabsetzung (N 14.14) oder eine *Spaltung* der AG (N 17.21 ff.; N 6.51).

16.10
Auflösungsurteil

Dem Auflösungsurteil kommt unmittelbar rechtsgestaltende Wirkung für und gegen alle Aktionäre zu: Mit dessen Rechtskraft befindet sich die AG im Liquidationsstadium.

16. Die Auflösung

e)   Übrige vom Gesetz vorgesehene Fälle (OR 736 Ziff. 5)

Werden nach der Eintragung in das Handelsregister schwerwiegende *Gründungsmängel* entdeckt, so löst der *Richter* die Gesellschaft auf Klage der geschädigten oder gefährdeten Aktionäre oder Gläubiger auf (OR 643 III; N 4.42). Die praktische Bedeutung dieser Klage ist gering.

16.11
Gründungsmängel
(OR 643 III)

Ebenso kann der *Richter* die Aktiengesellschaft auf Klage hin auflösen, wenn ihr die *notwendigen Organe fehlen* (N 8.2, 9.65) oder die Zahl ihrer Aktionäre unter die *gesetzliche Mindestzahl von drei Aktionären* sinkt (N 1.19) und der gesetzmässige Zustand nicht innert angemessener Frist wiederhergestellt wird (OR 625 II) – auch dies eine sehr seltene Klage.

16.12
Fehlen von Organen; weniger als drei Aktionäre (OR 625 II)

Schliesslich kann der *Richter* eine Aktiengesellschaft auflösen, wenn sie *unsittliche oder widerrechtliche Zwecke* verfolgt (ZGB 57 III; N 2.13).

16.13
Unsittlicher oder widerrechtlicher Zweck (ZGB 57 III)

Der *Handelsregisterführer* kann eine Aktiengesellschaft auflösen, wenn die Vorschriften über die *Nationalität* und den *Wohnsitz* der Mitglieder des Verwaltungsrats nicht mehr erfüllt sind und der gesetzmässige Zustand innert der angesetzten Frist nicht wiederhergestellt wird (OR 708 IV; HRV 86; N 9.54).

16.14
Verletzung der Nationalitäts- und Wohnsitzvorschriften (OR 708 IV)

Erhält der *Handelsregisterführer* Kenntnis davon, dass eine AG *keine verwertbaren Aktiven* mehr hat, *löscht* er sie nach einer entsprechenden öffentlichen Androhung (HRV 89; N 16.1). Natürlich kann der Handelsregisterführer aber mangels entsprechender Kenntnis bei weitem nicht alle Mantelgesellschaften löschen (N 16.2).

16.15
Inaktive Gesellschaft

C)   Die Liquidation

Auch nach dem Eintritt eines Auflösungsgrundes bleibt die AG unverändert als juristische Person bestehen (N 1.7, 16.1), doch verfolgt sie von nun an nur noch den beschränkten Zweck, auf ihr endgültiges Ausscheiden aus dem Rechtsleben hinzuarbeiten (OR 738, 739). Dazu müssen alle Aktiven verwertet, alle Schulden getilgt und die Mitgliedschaftsverhältnisse beendet werden. Diesem Zweck dient das Liquidationsverfahren, welches mit dem Eintritt des Auflösungsgrundes beginnt (N 16.3 ff.) und durch die

16.16
Fortbestand der AG mit eingeschränktem Gesellschaftszweck

Löschung der Aktiengesellschaft im Handelsregister abgeschlossen wird (N 16.27).

16.17
Anpassung der Firma, Beschränkung der Befugnisse der Organe

Mit Eintritt des Auflösungsgrundes (z.b. des Auflösungsbeschlusses der Generalversammlung) muss die AG ihrer *Firma* den Zusatz «*in Liquidation*» beifügen (z.B. «Hobel Möbel AG in Liquidation»; OR 739 I; N 3.5). Gleichzeitig werden die *Befugnisse der Gesellschaftsorgane* (N 8.1) auf diejenigen Handlungen *beschränkt,* die für die Durchführung der Liquidation erforderlich sind, ihrer Natur nach jedoch nicht von den Liquidatoren vorgenommen werden können (OR 739 II).

16.18
Handelsregisteranmeldung

Unmittelbar nach Eintritt des Auflösungsgrundes hat der *Verwaltungsrat* die Auflösung beim *Handelsregisteramt* zur Eintragung anzumelden (OR 737), worauf auch eine *Publikation im SHAB* erfolgt.

16.19
Bestellung der Liquidatoren

Die Liquidatoren werden im Normalfall durch die *Generalversammlung* gewählt (OR 740 I; Anhang 89), können aber auch durch die *Statuten* (OR 740 I) oder auf Antrag eines Aktionärs durch den *Richter* (OR 741 II) bestimmt werden. Geschieht dies nicht, wird die Liquidation durch den Verwaltungsrat besorgt (OR 740 I). Alle Liquidatoren sind vom Verwaltungsrat zur Eintragung in das *Handelsregister* anzumelden, auch wenn dieser die Liquidation selbst übernimmt (OR 740 II). Mindestens ein vertretungsberechtigter Liquidator muss in der Schweiz wohnen (OR 740 III). Als Liquidatoren können auch juristische Personen (z.B. eine Treuhandgesellschaft) bezeichnet werden.

16.20
Abberufung von Liquidatoren

Die *Generalversammlung* kann die von ihr ernannten Liquidatoren jederzeit abberufen (OR 741 I). Liegen wichtige Gründe vor (z.B. Unfähigkeit, Abhängigkeit von einer einzelnen Aktionärsgruppe usw.), kann auch ein einzelner Aktionär durch Klage gegen die Gesellschaft beim *Richter* die Abberufung (und Neuernennung) von Liquidatoren verlangen (OR 741 II; N 6.52).

16.21
Liquidationsbilanz

Als Erstes haben die Liquidatoren eine Bilanz zu Veräusserungswerten aufzustellen (*Liquidationseröffnungsbilanz*; OR 742 I). Zieht sich ein Liquidationsverfahren über längere Zeit dahin, haben sie *jährliche Zwischenbilanzen* zu erstellen (OR 743 V).

16. Die Auflösung

Sodann sind die bekannten Gläubiger durch besondere Mitteilung und die unbekannten durch dreimalige Publikation im SHAB (sowie in der von den Statuten vorgesehenen Form) über die Auflösung der Gesellschaft zu orientieren und zur Anmeldung ihrer Ansprüche aufzufordern (*Schuldenruf*; OR 742 II; Anhang 90).

16.22 Schuldenruf

Unterlassen bekannte Gläubiger eine Anmeldung oder sind Forderungen noch nicht fällig oder streitig, sind die entsprechenden Beträge gerichtlich zu hinterlegen (OR 744).

16.23 Sicherstellung

Die Liquidatoren haben die *laufenden Geschäfte zu beendigen* (OR 743 I): Sie müssen alle *Verpflichtungen der AG erfüllen*, deren *Guthaben einziehen* und die *Aktiven* – freihändig (OR 743 IV) oder durch Versteigerung – bestmöglich *verwerten*. Dabei sind sie auch berechtigt, *Prozesse* zu führen (OR 743 III). *Neue Geschäfte* dürfen sie nur eingehen, sofern diese für die Liquidation notwendig sind (z.B. Einkauf von Rohmaterialien zur Fertigstellung vorhandener Halbfabrikate). Stellen die Liquidatoren – schon aufgrund der Liquidationsbilanz oder erst nach dem Schuldenruf – fest, dass die Gesellschaft überschuldet ist, haben sie sofort den Richter zu benachrichtigen, der dann die *Konkurseröffnung* ausspricht (OR 743 II).

16.24 Beendigung der laufenden Geschäfte

Nach der Verwertung der Aktiven und der Begleichung der Schulden erstellen die Liquidatoren die *Schlussbilanz*, welche von der Revisionsstelle zu prüfen ist. Den Liquidationserlös dürfen sie jedoch frühestens nach Ablauf eines Jahres seit der dritten Publikation des Schuldenrufs im SHAB (N 16.22) an die Aktionäre verteilen (*Sperrjahr*) – es sei denn, ein *besonders befähigter Revisor* (N 10.4, 10.12) bestätige, dass die Schulden getilgt sind und nach den Umständen angenommen werden kann, dass keine Interessen Dritter gefährdet werden; diesfalls darf der Liquidationserlös bereits *nach drei Monaten* seit der dritten Publikation verteilt werden (OR 745; Anhang 90 Ziff. 7).

16.25 Schlussbilanz und Sperrjahr

Verbleibt nach der Tilgung der Schulden ein Überschuss und ist die Sperrfrist (N 16.25) abgelaufen, ist dieser nach Massgabe der *einbezahlten Beträge* unter die Aktionäre (und allfällige Partizipanten) zu verteilen (OR 745 I; N 6.21 f.), sofern die Statuten keine andere Verteilungsregelung aufstellen (vgl. zu den Vorzugsaktien N 5.28 ff. und zu den Genussscheinen N 5.67 ff.).

16.26 Verteilung des Liquidationserlöses

16.27 Löschung der AG im Handelsregister	Nach der Verteilung des verbleibenden Gesellschaftsvermögens ist die Liquidation beendigt und haben die *Liquidatoren* die AG beim Handelsregisteramt zur *Löschung anzumelden* (OR 746). Dieses nimmt die Löschung nur vor, wenn sämtliche Gläubigerschutzbestimmungen (Schuldenruf, Sicherstellung und Sperrjahr; N 16.22 ff.) eingehalten worden sind. Zeigt sich später, dass doch noch Gesellschaftsaktiven oder unbezahlte Schulden vorhanden sind, können die Liquidatoren, Gläubiger, ehemalige Aktionäre oder Verwaltungsratsmitglieder verlangen, dass die gelöschte Gesellschaft wieder eingetragen werde, sofern sie ein schutzwürdiges Interesse an der *Wiedereintragung* glaubhaft machen können.
16.28 Aufbewahrung der Geschäftsbücher	Schliesslich haben die *Liquidatoren* dafür zu sorgen, dass die *Geschäftsbücher* noch während zehn Jahren an einem sicheren Ort aufbewahrt werden (OR 747).
16.29 Verantwortlichkeit der Liquidatoren	Die Liquidatoren sind der aufgelösten Gesellschaft, den Aktionären und den Gläubigern gegenüber für allen Schaden verantwortlich, den sie in absichtlicher oder fahrlässiger Verletzung ihrer Pflichten verursachen (OR 754 I; N 11.12).

16. Die Auflösung

Beispiel 89: Auflösungsbeschluss (OR 736 Ziff. 2)

ÖFFENTLICHE URKUNDE

*über die Auflösung mit Liquidation
der*

*<u>Hobel Möbel AG</u>
mit Sitz in Dübendorf*

Im Amtslokal des Notariates Dübendorf hat heute eine ausserordentliche Generalversammlung der oben erwähnten Gesellschaft stattgefunden. Über deren Beschlüsse errichtet die unterzeichnende Urkundsperson nach den Bestimmungen des Schweizerischen Obligationenrechts (OR) diese öffentliche Urkunde.

I.

Herr Fritz Hobel, Tischlerstrasse 8, 8600 Dübendorf, Verwaltungsratspräsident, eröffnet die Versammlung und übernimmt den Vorsitz. Als Protokollführerin und Stimmenzählerin amtet Frau Anna Hobel, Tischlerstrasse 8, 8600 Dübendorf, Mitglied und Sekretärin des Verwaltungsrats.

Der Vorsitzende stellt fest:

– Es sind weder Organvertreter noch andere abhängige Stimmrechtsvertreter im Sinne von Art. 689c OR vorgeschlagen, noch üben Depotvertreter im Sinne von Art. 689d OR Mitwirkungsrechte aus;
– das gesamte Aktienkapital der Gesellschaft von Fr. 100 000.– ist vertreten;
– die heutige Generalversammlung ist als Universalversammlung im Sinne von Art. 701 OR konstituiert und beschlussfähig.

Gegen diese Feststellungen wird kein Widerspruch erhoben.

II.

Die Generalversammlung beschliesst einstimmig:

1. die Gesellschaft wird aufgelöst und liquidiert;
2. als Liquidator wird Herr Kevin Kaufmann, von Würenlingen AG, wohnhaft Klosterweg 3, 8302 Kloten, gewählt, welcher für die Gesellschaft mit dem Zusatz «in Liquidation» Einzelunterschrift führt.

III.

Die Auflösung der Gesellschaft ist vom Verwaltungsrat zur Eintragung ins Handelsregister anzumelden, Art. 737 OR.

Besteht kein Verwaltungsrat mehr, so ist die Eintragung der Auflösung und der Liquidatoren von den Liquidatoren anzumelden.

Dübendorf, [Datum]

Notariat Dübendorf

[Unterschrift der Urkundsperson]

Anhang 90: Schuldenruf bei Auflösung der AG im Schweizerischen Handelsamtsblatt (OR 742 II)

Liquidations-Schuldenruf einer Aktiengesellschaft
Art. 742 OR

Dritte Veröffentlichung

1. *Firma (Name) und Sitz der aufgelösten Aktiengesellschaft:* **Hobel Möbel AG in Liquidation, Dübendorf**
2. *Auflösungsbeschluss durch:* Generalversammlung
3. *Datum des Beschlusses:* [Datum]
4. *Anmeldefrist für Forderungen:* [**Datum**; es besteht keine gesetzliche Frist]
5. *Anmeldestelle für Forderungen:* Kevin Kaufmann, Klosterweg 3, 8302 Kloten
6. *Hinweis:* Die Gläubiger der aufgelösten Aktiengesellschaft werden aufgefordert, ihre Ansprüche anzumelden.
7. *Bemerkungen:* Die Gläubiger werden ausdrücklich auf die Möglichkeit der vorzeitigen Verteilung des Vermögens an die Aktionäre gemäss Art. 745 Abs. 3 OR hingewiesen.

Kevin Kaufmann
8302 Kloten

17. Umstrukturierungen

A) Das Fusionsgesetz

Nach der Darstellung der «konstanten Grundlagen» der AG ist nun noch ein Blick auf ihre rechtlichen Entwicklungsmöglichkeiten zu werfen: Eine AG kann sich mit einer andern juristischen Person verschmelzen (Fusion), sich im Sinne einer Zellteilung in zwei verschiedene juristische Personen aufspalten (Spaltung), ihr Rechtskleid wechseln (Umwandlung in z.B. eine GmbH) oder ganze Komplexe ihres Unternehmens übertragen (Vermögensübertragung). Alle diese Vorgänge regelt das *Bundesgesetz über Fusion, Spaltung, Umwandlung und Vermögensübertragung* vom 3. Oktober 2003 (Fusionsgesetz; FusG) – und zwar nicht nur für die AG, sondern für alle Unternehmensformen (Kollektiv- und Kommanditgesellschaft, AG, Kommandit-AG, GmbH, Genossenschaft, Verein und Stiftung) unter Einbezug von Vorsorgeeinrichtungen und Instituten des öffentlichen Rechts.

17.1 Inhalt

Nachfolgend wird nicht der gesamte Regelungskomplex des FusG behandelt, sondern ausschliesslich unter dem *Blickwinkel der AG* ein grober *Überblick* über die Institute der Fusion (N 17.4 ff.), Spaltung (N 17.21 ff.), Umwandlung (N 17.31 ff.) und Vermögensübertragung (N 17.36 ff.) sowie die spezifischen Klagen des FusG gegeben (N 17.45 ff.).

17.2 Hier behandelter Ausschnitt

Wird der Sonderfall der Vermögensübertragung einmal ausgeklammert, ist allen erwähnten Umstrukturierungen gemeinsam, dass sie (a) *Veränderungen in der Rechtspersönlichkeit* (b) *ohne Liquidation* (N 16.1, 16.16 ff.) und (c) mit *Kontinuität der Mitgliedschaftsrechte* ermöglichen: Wollen sich zwei Gesellschaften in einem gemeinsamen rechtlichen Anknüpfungspunkt vereinigen, müssen ihre Aktionäre sie nicht liquidieren und dann miteinander unter Einbringung der beiden Vermögenssubstrate

17.3 Gemeinsames Wesensmerkmal der Umstrukturierungstatbestände eine neue gemeinsame AG gründen; auch wenn sich eine AG aufspalten oder in eine andere Gesellschaftsform umwandeln will, muss sie sich nicht liquidieren und das Vermögen in eine oder zwei neu zu gründende Gesellschaften einbringen. Die Institute der Fusion, Spaltung und Umwandlung ermöglichen einen Fortbestand des Vermögens- und Mitgliedersubstrats bei Änderung der rechtlichen Anknüpfungspunkte. Es werden *nicht die einzelnen Vermögenswerte übertragen* (Singularsukzession), sondern die *Rechtsträger* von fortbestehenden Vermögensgesamtheiten *ausgetauscht* (Universalsukzession).

B) Die Fusion

a) Wesen und Arten

17.4
Begriff der Fusion

Unter Fusion versteht man die *vertraglich* vereinbarte *Verschmelzung* von mindestens zwei Gesellschaften zu einer einzigen Gesellschaft durch *liquidationslosen Übergang der Aktiven und Passiven* der untergehenden Gesellschaft(en) auf dem Wege der *Universalsukzession* (N 17.3) und unter *Wahrung der mitgliedschaftlichen Kontinuität*. (Nebst Gesellschaften können auch Stiftungen untereinander oder Vorsorgeeinrichtungen untereinander fusionieren.) Die Fusion kann auf zwei Arten erfolgen: als *Kombination* oder als *Absorption* (FusG 3 I; Anhang 91).

17.5
Kombinationsfusion
(FusG 3 I lit. b)

Bei der *Kombination* lösen sich zwei oder mehr Gesellschaften durch Universalsukzession in einer *neu gegründeten Gesellschaft* auf (FusG I lit. b; Anhang 91 lit. A), deren Gründung nach den normalen Gründungsvorschriften erfolgt (N 4.1 ff.), allerdings ohne dass die Vorschriften über die Mindestzahl der Gründer (N 4.5) und über die Sacheinlagegründung (N 4.20 ff.) beachtet werden müssen (FusG 10). Diese «Idealform» der Fusion, bei welcher alle beteiligten Gesellschaften ihre Rechtspersönlichkeit zugunsten einer gemeinsamen neuen Identität aufgeben, kommt in der Praxis äusserst selten vor.

17.6
Absorptionsfusion
(FusG 3 I lit. a)

Den Regelfall bildet die *Absorption* (Annexion), bei der eine oder mehrere Gesellschaften durch Universalsukzession in einer *vorbestehenden Gesellschaft* aufgehen (FusG I lit. a; Anhang 91 lit. B). Diese muss dabei ihr Kapital erhöhen (N 13.1 ff.), soweit es zur Wahrung der Rechte der Mitglieder der übertragenden Gesellschaft(en) erforderlich ist (FusG 9 I), wobei die Vorschriften über Sacheinlagen (N 13.11 ff.) und die Beschränkung des genehmigten Kapitals (OR 651 II, N 13.18) nicht anwendbar sind (FusG 9 II).

Eine AG kann fusionieren mit *AGs, GmbHs, Genossenschaften und Kommanditaktiengesellschaften;* überdies kann sie als übernehmende Gesellschaft auch *Kollektiv- und Kommanditgesellschaften* sowie im Handelsregister eingetragene *Vereine absorbieren* (FusG 4 I). Eine *Gesellschaft in Liquidation* (N 16.1, 16.16 ff.) kann sich an einer Fusion nur als *übertragende* – nicht aber als übernehmende – Gesellschaft beteiligen, und auch dies nur, solange sie mit der Vermögensverteilung (N 16.26) noch nicht begonnen hat (FusG 5). Eine Gesellschaft, die einen hälftigen *Kapitalverlust* (N 9.4) oder gar eine *Überschuldung* (N 9.7) aufweist, kann mit einer andern Gesellschaft nur fusionieren, wenn ein besonders befähigter Revisor bestätigt, dass diese über frei verwendbares Eigenkapital im Umfang der Unterdeckung und gegebenenfalls der Überschuldung verfügt (FusG 6; Anhang 95).

17.7
Mögliche Partner (FusG 4 – 6)

Die Mitglieder der übertragenden Gesellschaften haben *Anspruch auf Anteils- oder Mitgliedschaftsrechte an der übernehmenden Gesellschaft* – wenn diese eine AG ist also auf deren Aktien –, welche ihren bisherigen Anteils- oder Mitgliedschaftsrechten entsprechen (FusG 7 I), und zwar hat jeder Gesellschafter Anspruch auf mindestens einen Anteil (FusG 7 III, IV; zu Sonderrechten und Genussscheinen vgl. FusG 7 V, VI). Ergeben sich bei der Ermittlung des Umtauschverhältnisses Probleme, indem einzelnen Gesellschaftern noch «Bruchteils-Anteilsrechte» zugeteilt werden müssten, kann jenen ein *Spitzenausgleich* bezahlt werden, der allerdings einen Zehntel des wirklichen Werts der gewährten Anteile nicht übersteigen darf.

17.8
Wahrung der Anteils- und Mitgliedschaftsrechte (FusG 7)

In Abweichung vom Grundsatz der mitgliedschaftlichen Kontinuität (17.3 f.) können die fusionierenden Gesellschaften im Fusionsvertrag ihren Mitgliedern das Recht einräumen, zwischen *Anteils- oder Mitgliedschaftsrechten* (z.B. Aktien) einerseits und einer *Abfindung* – also dem Austritt gegen Entschädigung – andererseits zu *wählen* (FusG 8 I). Noch weiter gehend können die fusionierenden Gesellschaften im Fusionsvertrag sogar vereinba-

17.9
Abfindung (FusG 8)

ren, dass *nur* eine *Abfindung* ausgerichtet wird (FusG 8 II), womit die Mitglieder der übertragenden Gesellschaften zum Austritt gezwungen werden (*Barfusion; Abfindungsfusion; squeeze-out merger*). Diese recht ausserordentliche Form der Fusion – die auch zum «Hinausdrücken» von Minderheitsaktionären verwendet werden kann (N 6.65) – bedarf allerdings der Zustimmung von 90% der stimmberechtigten Mitglieder (FusG 18 V; umstritten ist, ob damit tatsächlich 90% der Aktionäre oder aber 90% der Aktienstimmen gemeint sind).

17.10
Wirtschaftlicher Verwendungszweck

Zwar mag der Begriff der Fusion die spontane Vorstellung einer Vereinigung unabhängiger Unternehmen wecken, doch wird die Fusion in der Praxis vor allem als Mittel der *Strukturbereinigung* verwendet, sei es, dass Konzernverhältnisse vereinfacht werden oder eine zugekaufte Gesellschaft noch vollständig integriert wird. Fusionen finden in aller Regel also zwischen abhängigen Gesellschaften statt (Anhänge 93 und 94).

b) Durchführung

17.11
Fusionsvertrag (FusG 12 f.)

Zunächst haben die Verwaltungsräte der beteiligten Aktiengesellschaften – bzw. die obersten Leitungsorgane bei andern Gesellschaften – einen *Fusionsvertrag* abzuschliessen (FusG 12 f.), dessen Mindestinhalt in FusG 13 aufgelistet wird (Anhänge 92 und 93) und welcher namentlich auch auf der Grundlage der *Fusionsbilanz* (FusG 11) das Umtauschverhältnis für die Anteile der übernommenen Gesellschafter festlegt.

17.12
Eventuell: Fusionsbericht (FusG 14)

Danach müssen die Verwaltungsräte bzw. obersten Leitungsorgane einen schriftlichen *Fusionsbericht* erstellen, in welchem sie den Zweck und die Folgen der Fusion, den Fusionsvertrag, das Umtauschverhältnis, die Auswirkungen auf Arbeitnehmer und Gläubiger etc. rechtlich und wirtschaftlich erläutern (FusG 14). *Kein Fusionsbericht* ist jedoch erforderlich:

a) bei der Fusion von *KMU*, sofern alle Gesellschafter zustimmen (FusG 14 II), wobei als KMU alle «20/40/200-Gesellschaften» gelten (FusG 2 lit. e; N 10.4; vgl. auch N 12.25); dem Handelsregisteramt ist diesfalls eine Bestätigung des obersten Leitungsorgans – bei der AG: des Verwaltungsrats – einzureichen, dass sämtliche Gesellschafter auf die Erstellung eines

17. Umstrukturierungen

Fusionsberichts verzichten (HRV 105a II; ein entsprechendes Formular «KMU-Erklärung» stellt das Handelsregisteramt zur Verfügung);

b) bei der *Absorption einer Tochter- durch ihre Muttergesellschaft* und der Fusion zwischen *Schwestergesellschaften* (FusG 23 I i.V.m. 24 I);

c) wenn die übernehmende Gesellschaft zwar nicht alle, aber doch mindestens *90 % der Anteile* der übertragenden Gesellschaft besitzt, sofern der Minderheit die Wahl einer Abfindung (N 17.9) eingeräumt wird und keine persönliche Haftung entsteht (FusG 23 II i.V.m. 24 II; dieser Sachverhalt wird nachfolgend kurz als «90 %-Fusion» bezeichnet).

Falls die übernehmende Gesellschaft eine Kapitalgesellschaft (z.B. AG) oder eine Genossenschaft mit Anteilscheinen ist, müssen *Fusionsvertrag, Fusionsbericht und Fusionsbilanz* durch einen *besonders befähigten Revisor* geprüft werden (FusG 15), der einen schriftlichen *Prüfungsbericht* mit dem in FusG 15 IV vorgeschriebenen Inhalt erstellen muss (v.a. Prüfung des Umtauschverhältnisses sowie der im Hinblick auf die Absorption vorgenommenen Kapitalerhöhung). *Kein Prüfungsbericht* ist erforderlich:

17.13
Eventuell: Prüfungsbericht eines besonders befähigten Revisors (FusG 15)

a) bei der Fusion von *KMU*, sofern alle Gesellschafter zustimmen (FusG 15 II), was der Verwaltungsrat in der «KMU-Erklärung» zu bestätigen hat (HRV 105a II; N 17.12 lit. a);

b) bei der *Absorption einer Tochter- durch ihre Muttergesellschaft* und der Fusion zwischen *Schwestergesellschaften* (FusG 23 I i.V.m. 24 I; N 17.12 lit. b).

Danach muss jede an der Fusion beteiligte Gesellschaft den Gesellschaftern an ihrem Sitz den *Fusionsvertrag*, den *Fusionsbericht*, den *Prüfungsbericht* sowie die *Jahresrechnungen und Jahresberichte der letzten drei Geschäftsjahre* und gegebenenfalls die *Zwischenbilanz* zur Einsicht auflegen (FusG 16 I). Die Auflage hat während 30 Tagen vor der Beschlussfassung (FusG 16 I) – bzw. bei der «90 %-Fusion» (N 17.12 lit. c) vor der Handelsregisteranmeldung (FusG 24 II) – zu erfolgen. Auf die Möglichkeit zur Einsichtnahme ist in geeigneter Form – z.B. im SHAB – hinzuweisen (FusG 16 IV). Die Gesellschafter können unentgeltliche Kopien

17.14
Eventuell: Einsichtsrecht (FusG 16)

dieser Unterlagen verlangen (FusG 16 III). *Kein Einsichtsverfahren* ist erforderlich:

a) bei der Fusion von *KMU*, sofern alle Gesellschafter zustimmen (FusG 16 II; N 17.12 lit. a);

b) bei der *Absorption einer Tochter- durch ihre Muttergesellschaft* und der Fusion zwischen *Schwestergesellschaften* (FusG 23 I i.V.m. 24 I; N 17.12 lit. b).

17.15
Fusionsbeschluss durch GV (FusG 18) bzw. Genehmigung des Fusionsvertrags durch den VR (HRV 105a III)

Sodann haben die *Generalversammlungen* der fusionierenden Gesellschaften einen *öffentlich zu beurkundenden* (FusG 20) *Fusionsbeschluss* zu fassen (Anhänge 96 und 97). Bei der AG bedarf dieser Generalversammlungsbeschluss der Zustimmung von *zwei Dritteln der vertretenen Aktienstimmen* und der *absoluten Mehrheit der vertretenen Aktiennennwerte* (FusG 18 I lit. a; N 8.16). Ergibt sich aus der Fusion für eine übertragende Gesellschaft eine Zweckänderung, so sind die dafür erforderlichen gesetzlichen oder statutarischen Quoren zusätzlich zu beachten (FusG 18 VI). *Keine Generalversammlungsbeschlüsse* sind erforderlich:

a) bei der *Absorption einer Tochter- durch ihre Muttergesellschaft* und der Fusion zwischen *Schwestergesellschaften* (FusG 23 I i.V.m. 24 I);

b) bei der *«90%-Fusion»* i.S.v. N 17.12. lit. c (FusG 23 II i.V.m. 24 II).

In diesen Fällen haben statt der Generalversammlungen die obersten Leitungsorgane – bei der AG also der *Verwaltungsrat* – den Fusionsvertrag zu genehmigen, worüber dem Handelsregisteramt ein Protokoll einzureichen ist (Anhang 94), sofern nicht sämtliche Verwaltungsratsmitglieder den Fusionsvertrag unterzeichnen (HRV 105a III).

17.16
Eventuell: Kapitalerhöhungs-Feststellungsbeschluss des VR (FusG 21 II)

Musste die Generalversammlung der übernehmenden Gesellschaft zur Bereitstellung der Aktien für die Mitglieder der übernommenen Gesellschaft(en) im Rahmen ihres Fusionsbeschlusses eine Kapitalerhöhung beschliessen, ist auch diese noch durchzuführen (N 12.12 ff.), muss also namentlich der Verwaltungsrat den entsprechenden Feststellungsbeschluss fassen (FusG 21 II; OR 652g; Anhang 98).

17. Umstrukturierungen

Sobald der Fusionsbeschluss aller fusionierenden Gesellschaften vorliegt (sowie erforderlichenfalls auch der Kapitalerhöhungs-Feststellungsbeschluss des Verwaltungsrats der aufnehmenden Gesellschaft; FusG 21 II; N 17.16), müssen deren oberste Leitungsorgane – bei AGs: deren Verwaltungsräte – dem *Handelsregisteramt die Fusion zur Eintragung anmelden* (FusG 21; Anhang 99). Die Fusion wird bei allen beteiligten Gesellschaften am gleichen Tag ins Handelsregister eingetragen (HRV 105c).

17.17 Eintragung ins Handelsregister (FusG 21)

Mit der Eintragung ins Handelsregister treten *alle Wirkungen der Fusion* ein (FusG 22), sind also die übernommenen Gesellschaften erloschen, deren Mitglieder Gesellschafter der aufnehmenden Gesellschaft geworden und alle Gesellschaftsvermögen dieser angewachsen. Soweit erforderlich, hat der Verwaltungsrat der übernehmenden Gesellschaft noch den *Aktienumtausch* vorzunehmen, doch bildet dieser lediglich noch die administrative Anpassung an die bereits seit dem Handelsregistereintrag bestehenden Rechtsverhältnisse.

17.18 Eintritt der Rechtswirksamkeit der Fusion (FusG 22)

c) Gläubiger- und Arbeitnehmerschutz

Die übernehmende Gesellschaft muss die Forderungen der *Gläubiger* der fusionierenden Gesellschaften *sicherstellen*, wenn diese es innert dreier Monate nach dem Handelsregistereintrag verlangen (FusG 25 I); sofern die andern Gläubiger dadurch nicht gefährdet werden, kann sie die Forderungen auch gleich erfüllen (FusG 25 IV). Die Pflicht zur Sicherstellung entfällt, wenn die Gesellschaft nachweist, dass die Erfüllung der geltend gemachten Forderung durch die Fusion nicht gefährdet wird (FusG 25 III). Die fusionierenden Gesellschaften müssen ihre Gläubiger durch *dreimalige Publikation im SHAB* auf ihre Rechte hinweisen (Anhang 100) – es sei denn, ein besonders befähigter Revisor bestätige, dass keine Forderungen bekannt oder zu erwarten sind, zu deren Befriedigung das Vermögen der fusionierenden Gesellschaften nicht ausreicht (FusG 25 II). War eines der übertragenden Unternehmen in eine Gesellschaftsform gekleidet, bei welcher die *Gesellschafter den Gesellschaftsgläubigern persönlich haften* – z.B. eine Kollektivgesellschaft (N 1.12 lit.b) –, so bleibt den Gläubigern diese persönliche Haftung *noch während dreier Jahre* seit dem Eintritt der Rechtswirksamkeit der Fusion (N 17.18) erhalten (FusG 26).

17.19 Gläubigerschutz (FusG 25 f.)

17.20
Arbeitnehmerschutz
(FusG 27 f.)

Weil Fusionen infolge des – allerdings öfter beschworenen als eintretenden – Synergieeffekts Arbeitsplätze gefährden können, enthält das FusG auch Bestimmungen zum *Arbeitnehmerschutz*: Zum einen werden die Rechtsverhältnisse der Arbeitnehmer natürlich wie diejenigen anderer Gesellschaftsgläubiger von der *Universalsukzession* (N 17.3) erfasst, weshalb ihr Arbeitsverhältnis (einschliesslich aller Lohn-, Ferien-, Überstunden- und Dienstaltersansprüche) automatisch mit der übernehmenden Gesellschaft fortbesteht. Dies verdeutlicht das FusG, indem es die arbeitsrechtlichen Bestimmungen zum Übergang des Arbeitsverhältnisses (OR 333) für anwendbar erklärt (FusG 27 I), wodurch den Arbeitnehmern überdies ein *Ablehnungsrecht* eingeräumt wird: Lehnt ein Arbeitnehmer den Übergang des Arbeitsverhältnisses ab, endet dieses mit Ablauf der gesetzlichen Kündigungsfrist (OR 333 I, II). Weiter können die Arbeitnehmer die *Sicherstellung* aller arbeitsvertraglichen Forderungen verlangen, welche bis zum Zeitpunkt fällig werden, auf den das Arbeitsverhältnis gekündigt werden kann (FusG 27 II). Und schliesslich ordnet das Gesetz bei allen fusionierenden Gesellschaften – auch der übernehmenden – eine *Konsultation der Arbeitnehmervertretung* i.S.v. OR 333a an, über deren Ergebnis die Generalversammlungen vor der Fassung des eigentlichen Fusionsbeschlusses (N 17.15) zu orientieren sind (FusG 28 I, II; Anhänge 96, 97). Bei Verletzung der Konsultationspflicht kann die Arbeitnehmervertretung die Eintragung der Fusion gerichtlich untersagen lassen (FusG 28 III; mit vorsorglicher Handelsregistersperre, N 8.31).

C) Die Spaltung

a) Wesen und Arten

17.21
Begriff der Spaltung

Unter *Spaltung* versteht man die Übertragung von Vermögensteilen einer Gesellschaft auf eine oder mehrere andere – vorbestehende oder neu gegründete – Gesellschaften auf dem Wege der *Universalsukzession* und unter *Wahrung der Mitgliedschaftsrechte*, indem die Gesellschafter der übertragenden Gesellschaft zu Gesellschaftern der übernehmenden Gesellschaft(en) werden (Anhang 101). Stark vereinfacht ausgedrückt ist eine Spaltung also eine «umgekehrte Fusion». Die Spaltung steht ausschliesslich Kapitalgesellschaften (AG, Kommandit-AG und GmbH) sowie Genossenschaften zur Verfügung (FusG 30).

Sind nach der Spaltung alle Gesellschafter der übertragenden Gesellschaft an der oder den übernehmenden Gesellschaften prozentual gleich beteiligt wie bei der übertragenden, spricht man von einer *symmetrischen Spaltung* (FusG 31 II lit. a; Anhang 101 lit. A/a und B/a). Demgegenüber liegt eine *asymmetrische Spaltung* vor, wenn die Gesellschafter der übertragenden Gesellschaft an der oder den übernehmenden Gesellschaften nicht mehr im gleichen Verhältnis beteiligt sind – was so weit gehen kann, dass einzelne Gesellschafter nur noch an der einen, andere Gesellschafter nur noch an der andern Gesellschaft beteiligt sind (FusG 31 II lit. b; Anhang 101 lit. A/b und B/b). Jede Spaltung kann sodann auf zwei Arten erfolgen:

17.22
Arten der Spaltung

a) Bei der *Aufspaltung* (FusG 29 lit. a) löst sich die übertragende Gesellschaft auf, indem sie ihren gesamten Vermögens- und Mitgliederbestand auf andere Gesellschaften überträgt («umgekehrte Kombination»; Anhang 101 lit. A).

b) Bei der – in der Praxis häufigeren – *Abspaltung* (FusG 29 lit. b) überträgt eine Gesellschaft einen Teil ihres Vermögens auf andere Gesellschaften. Ihre Gesellschafter werden dafür Gesellschafter der übernehmenden Gesellschaften («umgekehrte Absorption»; Anhang 101 lit. B).

b)   Durchführung

Zunächst sind die Einzelheiten der geplanten Spaltung *schriftlich* festzuhalten: Überträgt eine Gesellschaft durch Spaltung Vermögensteile auf bestehende Gesellschaften, schliessen die obersten Leitungsorgane aller beteiligten Gesellschaften einen *Spaltungsvertrag* ab (FusG 36 I); sollen die Vermögensteile auf neu zu gründende Gesellschaften übertragen werden, erstellt der Verwaltungsrat der übertragenden Gesellschaft einen *Spaltungsplan* (FusG 36 II; Anhang 103). Der *Inhalt* des Spaltungsvertrags bzw. -plans wird vom Gesetz vorgeschrieben und umfasst namentlich ein Inventar mit der genauen *Bezeichnung, Aufteilung und Zuordnung der Vermögenswerte, das Umtauschverhältnis und eine Liste der übergehenden Arbeitsverhältnisse* (FusG 37; Anhänge 102, 103).

17.23
Spaltungsplan bzw.
-vertrag (FusG 36 f.)

Im Spaltungsakt nicht zugeordnete Teile des Aktivvermögens gehören bei der Aufspaltung allen übernehmenden Gesellschaften zu Miteigentum und verbleiben bei der Abspaltung bei der übertragenden Gesellschaft (FusG 38 I). Für nicht zugeordnete Schulden haften die an einer Aufspaltung beteiligten Gesellschaften solidarisch (FusG 38 II); bei einer Abspaltung verbleiben solche Verbindlichkeiten bei der übertragenden Gesellschaft.

17.24
Eventuell: Spaltungs- und Prüfungsbericht (FusG 39 f.)

Wie bei der Fusion hat der Verwaltungsrat einen Bericht zu erstellen (*Spaltungsbericht*; FusG 39), welcher zusammen mit dem Spaltungsvertrag bzw. -plan durch einen besonders befähigten Revisor zu prüfen ist (*Prüfungsbericht*; FusG 40); wiederum können KMU mit Zustimmung sämtlicher Gesellschafter auf diese Vorkehren verzichten (FusG 39 II; FusG 40 i.V.m. 15 II; N 17.12 f.).

17.25
Eventuell: Einsichtsrecht (FusG 41)

Jede der an der Spaltung beteiligten Gesellschaften muss an ihrem Sitz den Gesellschaftern während *zweier Monate vor der Beschlussfassung* – nicht nur während 30 Tagen wie bei der Fusion (N 17.14) – *Einsicht* in den *Spaltungsvertrag bzw. -plan*, den *Spaltungs- und Prüfungsbericht* sowie die *Jahresrechnungen und die Jahresberichte der letzten drei Geschäftsjahre* sowie gegebenenfalls die *Zwischenbilanz* gewähren, worauf im SHAB hinzuweisen ist (FusG 41). Auch auf das Einsichtsverfahren können KMU mit Zustimmung aller Gesellschafter verzichten (FusG 41 II).

17.26
Aufforderung an die Gläubiger und Sicherstellung (FusG 45 f.)

Wie bei der Fusion (N 17.19) sind die Gläubiger im SHAB dreimal darauf hinzuweisen, dass sie innerhalb von zwei Monaten die Sicherstellung ihrer Forderungen verlangen können (FusG 45 f.; Anhang 104). Anders als bei der Fusion ist dieses *Sicherstellungsverfahren* aber dem *Generalversammlungsbeschluss vorgelagert*: Der Spaltungsbeschluss darf erst erfolgen, nachdem die Sicherstellung erfolgt ist (FusG 43 I). Zum Wegfall der Sicherstellungspflicht und zur Erfüllung der Forderungen kann auf N 17.19 verwiesen werden (FusG 46 II, III).

17.27
Spaltungsbeschluss (FusG 43 f.)

Nach Abschluss des Sicherstellungsverfahrens haben die *Generalversammlungen* der beteiligten Gesellschaften den Spaltungsvertrag bzw. -plan in *öffentlich zu beurkundenden* (FusG 44) Beschlüssen zu genehmigen, wofür die gleichen *Quoren* wie beim Fusionsbeschluss (N 17.15) massgebend sind (FusG 43; Anhänge 105, 106). Bei der *asymmetrischen Spaltung* (N 17.22) müssen *min-*

17. Umstrukturierungen

destens 90 % aller Gesellschafter der übertragenden Gesellschaft zustimmen (FusG 43 III). Hat die übertragende Gesellschaft bei der Abspaltung ihr Kapital herabzusetzen (Anhang 105) oder eine übernehmende Gesellschaft ihr Kapital zu erhöhen oder ist eine Neugründung vorzunehmen (Anhang 106), sind sie von gewissen damit zusammenhängenden Schutzmassnahmen dispensiert (FusG 32 ff.; namentlich Kapitalherabsetzungs-Schuldenruf und Sacheinlagevorschriften – gemäss Handelsregisterpraxis insofern, als ein Spaltungs- und Prüfungsbericht vorliegt).

Nach dem Spaltungsbeschluss muss der Verwaltungsrat jeder an der Spaltung beteiligten Gesellschaft die sie betreffenden Tatsachen zur Eintragung ins *Handelsregister anmelden* (FusG 51; HRV 106; Anhang 107). Die Spaltung wird bei allen beteiligten Gesellschaften am gleichen Tag eingetragen (HRV 106d). Mit dem Eintrag ins Handelsregister treten alle *Rechtswirkungen der Spaltung* ein (FusG 52): Alle im Inventar aufgeführten Aktiven und Passiven gehen von Gesetzes wegen auf die übernehmenden Gesellschaften über (FusG 52), bei einer Aufspaltung wird die übertragende Gesellschaft gelöscht (FusG 51 III) etc.

17.28
Eintragung ins Handelsregister (FusG 51)

c)   Gläubiger- und Arbeitnehmerschutz

Bereits erwähnt wurden die Gläubigerschutzbestimmungen betreffend *Sicherstellung und Publikation* (N 17.26) sowie die bei der Aufspaltung eintretende *solidarische Haftung aller beteiligter Gesellschaften* für nicht zugeordnete Verbindlichkeiten (N 17.23). Zusätzlich statuiert FusG 47 eine *subsidiäre Haftung aller an der Spaltung beteiligten Gesellschaften* für zugeordnete Forderungen, welche die primär haftende Gesellschaft nicht befriedigt. Die Subsidiarität äussert sich darin, dass subsidiär haftende Gesellschaften nur belangt werden können, wenn die primär haftende Gesellschaft in Konkurs gefallen ist, Nachlassstundung oder Konkursaufschub erhalten hat, bis zur Ausstellung eines definitiven Verlustscheins betrieben worden ist oder ihren Sitz (in die Rechtsverfolgung erschwerender Weise) ins Ausland verlegt hat (FusG 47 II). Die *persönliche Haftung von Gesellschaftern* schliesslich entspricht derjenigen bei der Fusion (N 17.19; FusG 48 i.V.m. 26).

17.29
Gläubigerschutz (FusG 45 ff.)

D) Die Umwandlung

a) Wesen

17.31 Begriff der Umwandlung

Die Umwandlung ist der *Rechtskleidwechsel*, bei welchem eine Gesellschaft unter *Beibehaltung ihrer juristischen Identität* und ihres *Vermögens- und Mitgliedersubstrats* ihre Rechtsform ändert (Anhang 108).

17.32 Zulässige Umwandlungen

Betrachtet man die Umwandlung unter dem Blickwinkel der AG (N 17.2), so kann sich

a) eine *AG in* eine GmbH, Kommandit-AG oder Genossenschaft umwandeln (FusG 54 I; Anhang 110) und

b) eine Kollektiv- oder Kommanditgesellschaft (FusG 54 II, III), GmbH (FusG 54 I), Kommandit-AG (FusG 54 I), Genossenschaft (FusG 54 IV) oder ein im Handelsregister eingetragener Verein (FusG 54 V) *in eine AG* umwandeln.

b) Durchführung

17.33 Umwandlungsplan (FusG 59 f.)

Entsprechend den für die Fusion und Spaltung geltenden Vorschriften (N 17.11, 17.23) verlangt das Gesetz auch für die Umwandlung einen vom Verwaltungsrat zu erstellenden schriftlichen *Umwandlungsplan*, allerdings mit stark reduziertem Inhalt (Angaben zur Gesellschaft vor und nach der Umwandlung, neue Statuten, neue Mitgliedschaftsrechte; FusG 60; Anhang 109).

17.34 Umwandlungs- und Prüfungsbericht, Einsichtsrecht, Umwandlungsbeschluss und Handelsregistereintrag

Der weitere Ablauf entspricht einem «vereinfachten Fusionsverfahren» (N 17.12 ff.): Das oberste Leitungsorgan hat einen *Umwandlungsbericht* zu erstellen (FusG 61), der von einem besonders befähigten Revisor zu prüfen ist (*Prüfungsbericht*; FusG 62), worauf Umwandlungsplan, Umwandlungsbericht, Prüfungsbericht, die Jahresrechnungen und Jahresberichte der letzten drei Geschäftsjahre sowie eine allfällige Zwischenbilanz den Gesellschaftern 30 Tage vor der Beschlussfassung zur Einsicht aufzulegen sind

---

17.30 Arbeitnehmerschutz (FusG 49 f.)

Für den Arbeitnehmerschutz gilt sinngemäss das zur Fusion Ausgeführte (N 17.20; FusG 49 f.: Übergang der Arbeitsverhältnisse mit Ablehnungsrecht, Konsultation der Arbeitnehmervertretung).

(*Einsichtsverfahren*; FusG 63). Auch bei der Umwandlung können *KMU* mit dem Einverständnis aller Gesellschafter auf den Umwandlungs- und Prüfungsbericht sowie das Einsichtsverfahren verzichten (FusG 61 II, 62 II, 63 II). Danach fasst die Generalversammlung den *Umwandlungsbeschluss*, für welchen die gleichen Quoren und Formvorschriften wie beim Fusionsbeschluss gelten (FusG 64 f.; N 17.15; Anhang 110). Schliesslich ist die Umwandlung noch zur *Eintragung ins Handelsregister* anzumelden (FusG 66; Anhang 111), womit sie *rechtswirksam* wird (FusG 67).

c) Gläubiger- und Arbeitnehmerschutz

Da die Umwandlung keinen Schuldnerwechsel bewirkt, sondern die Schuldnerin bzw. Arbeitgeberin lediglich ihre Rechtsform ändert, bedarf es keines besonderen Gläubiger- und Arbeitnehmerschutzes. Immerhin stellt das Gesetz sicher, dass eine allfällige persönliche Haftung der Gesellschafter gegenüber Gläubigern oder Arbeitnehmern der Gesellschaft über deren Rechtsformwechsel hinaus für eine beschränkte Zeit fortbesteht (FusG 68 i.V.m. 26 und 27 III).

17.35
Kein Schuldnerwechsel

E) Die Vermögensübertragung

a) Wesen

Die Vermögensübertragung gem. FusG 69 ff. ist eine auf einem schriftlichen *Vertrag* beruhende Übertragung von *eine organische Einheit bildenden Aktiven und Passiven* mit Aktivenüberschuss auf dem Weg der *partiellen Universalsukzession* durch einen *im Handelsregister eingetragenen* Rechtsträger des Privatrechts (der übernehmende Rechtsträger braucht nicht im Handelsregister eingetragen zu sein). Die Vermögensübertragung verändert ausschliesslich das Vermögen der beteiligten Gesellschaften und lässt deren Rechtsform, juristische Identität und Mitgliedschaftsverhältnisse unberührt (Anhang 112). Es handelt sich also nicht um die Veräusserung eines einzelnen Vermögenswerts – der auf dem «normalen» obligationenrechtlichen Weg (Kauf, Schenkung) durch Singularsukzession erfolgt –, sondern um die «paketweise» Übertragung eines ganzen Vermögenskomplexes.

17.36
Begriff der Vermögensübertragung

17.37
Entgeltliche und unentgeltliche Vermögensübertragung

Eine solche Vermögensübertragung kann unentgeltlich (z.B. Schenkung) oder entgeltlich (z.B. Verkauf) erfolgen. Im letzteren Fall kommt die *Gegenleistung* für das übertragene Vermögen – z. B. der Kaufpreis – immer der *übertragenden Gesellschaft* und nie deren Gesellschaftern zu (Anhang 112); würden diese z.B. als Gegenleistung für das übertragene Vermögen Aktien der übernehmenden Gesellschaft erhalten, wären die Spaltungsregeln (N 17.21 ff.) anwendbar (FusG 69 I).

17.38
Anwendungsfälle

Die Vermögensübertragung ist ein polyvalentes Instrument und eine Art «Auffangbecken» des FusG. So kann mit ihr – etwas umständlicher – der *Effekt einer Fusion, Spaltung oder Umwandlung* erzielt werden, wenn diesen Umstrukturierungsformen rechtliche Hindernisse im Wege stehen. Mittels der Vermögensübertragung kann aber auch eine Gesellschaft einen ihrer *Unternehmensteile verkaufen* (purchase of assets, N 18.2 f.; nicht zu verwechseln mit dem Verkauf der Gesellschaft selber – purchase of shares –, N 18.4 ff.). Oder sie kann einer *Sacheinlagegründung* dienen (N 4.21; Anhang 20), eine *Liquidation* erleichtern etc.

b)   Durchführung

17.39
Übertragungsvertrag (FusG 70 f.)

Die obersten Leitungsorgane der beteiligten Gesellschaften haben einen *schriftlichen Übertragungsvertrag* abzuschliessen (FusG 70 I; Anhang 20). Umfasst das zu übertragende Vermögen *Grundstücke*, so müssen die entsprechenden Teile des Übertragungsvertrags *öffentlich beurkundet* werden, wobei bei mehreren – auch in verschiedenen Kantonen gelegenen – Grundstücken eine einzige Urkunde genügt (FusG 70 II). Der *Inhalt* des Übertragungsvertrags ist gesetzlich vorgeschrieben (FusG 71; Anhang 113). Sein wichtigster Bestandteil ist ein detailliertes *Inventar*, in welchem die zu übertragenden Gegenstände und Werte einzeln aufzuführen sind (FusG 71 I lit. b) und das einen *Aktivenüberschuss* ausweisen muss, ohne welchen die Vermögensübertragung unzulässig ist (FusG 71 II).

17.40
Eintragung ins Handelsregister (FusG 73 I)

Nach Abschluss des Übertragungsvertrags hat das oberste Leitungsorgan des *übertragenden* Rechtsträgers die Vermögensübertragung zur *Eintragung ins Handelsregister* anzumelden (FusG 73 I; Anhang 114). Auf dem Registerblatt des übertragenden

Rechtsträgers werden die an der Vermögensübertragung beteiligten Rechtsträger, das Datum der Übertragungsvertrags, der Gesamtwert der übertragenen Aktiven und Passiven sowie eine allfällige Gegenleistung eingetragen (HRV 108a).

Mit dem Handelsregistereintrag *gehen* alle im Inventar aufgeführten *Aktiven und Passiven von Gesetzes wegen* – *«automatisch»* – auf den übernehmenden Rechtsträger *über* (partielle Universalsukzession; FusG 73 II). Umstritten ist gegenwärtig noch, ob und inwieweit auch ganze *Vertragsverhältnisse* «automatisch» und ohne Zustimmung der betroffenen Vertragspartner auf den übernehmenden Rechtsträger übergehen. Wer verhindern will, dass ihm sein ursprünglicher Vertragspartner später auf dem Weg der Vermögensübertragung plötzlich einen neuen Vertragspartner aufzwingt, wird daher in seine Verträge vorsichtshalber eine entsprechend formulierte «change of control»-Klausel aufnehmen.

17.41
Rechtsübergang
(FusG 73 II)

Da die Vermögensübertragung keines Generalversammlungsbeschlusses bedarf, sind die Aktionäre von jeder Mitwirkung ausgeschlossen. Immerhin muss sie der Verwaltungsrat aber im *Anhang zur Jahresrechnung* (N 12.24; Anhang 75) über *Zweck und Folgen* der Vermögensübertragung, den *Übertragungsvertrag*, die *Gegenleistung* und die *arbeitsrechtlichen Auswirkungen* informieren (FusG 74). Diese Informationspflicht entfällt, wenn die übertragenen Aktiven weniger als 5 % der Bilanzsumme der übertragenden Gesellschaft ausmachen (FusG 74 II).

17.42
Eventuell: Information der Gesellschafter im Anhang zur Jahresrechnung (FusG 74)

c) Gläubiger- und Arbeitnehmerschutz

Die *übertragende Gesellschaft haftet* für die vor der Übertragung begründeten Schulden noch *während dreier Jahre* (ab Veröffentlichung der Übertragung im SHAB bzw. späterer Fälligkeit der Forderung) *solidarisch* mit der übernehmenden Gesellschaft (FusG 75 I, II). Entfällt die solidarische Haftung vor Ablauf der Dreijahresfrist (weil die übertragende Gesellschaft z.B. in Konkurs fällt) oder machen die Gläubiger glaubhaft, dass ihnen die solidarische Haftung keinen ausreichenden Schutz bietet, können sie von den beteiligten Rechtsträgern zudem die *Sicherstellung* ihrer Forderungen verlangen (FusG 75 III, IV).

17.43
Gläubigerschutz
(FusG 75)

17.44
Arbeitnehmerschutz
(FusG 76 f.)

Die Arbeitnehmerschutzbestimmungen (FusG 76 f.) entsprechen denjenigen bei der Fusion (N 17.20).

F) Die Klagen des FusG

17.45
Klage auf Überprüfung der Wahrung der Anteils- und Mitgliedschaftsrechte
(FusG 105)

Werden bei einer Fusion, Spaltung oder Umwandlung die Anteils- und Mitgliedschaftsrechte nicht angemessen gewahrt oder keine angemessenen Abfindungen ausgerichtet, kann jeder Gesellschafter innerhalb von *zwei Monaten nach der Veröffentlichung* des Umstrukturierungsbeschlusses verlangen, dass das Gericht eine *angemessene Ausgleichszahlung* festsetzt (FusG 105 I). Das Urteil hat *Wirkung für alle Gesellschafter,* die sich in der gleichen Rechtsstellung wie der Kläger befinden (FusG 105 II). Die *Verfahrenskosten* trägt grundsätzlich der übernehmende Rechtsträger (FusG 105 III). Die Klage hindert die *Rechtswirksamkeit des Umstrukturierungsbeschlusses* nicht (FusG 105 IV).

17.46
Anfechtungsklage
(FusG 106 f.)

Ebenfalls innerhalb von *zwei Monaten nach der Veröffentlichung* kann jeder Gesellschafter, der *nicht zugestimmt* hat, den von der Generalversammlung oder vom Verwaltungsrat (N 17.15) gefassten *Umstrukturierungsbeschluss anfechten* (FusG 106; die Anfechtungsklage des FusG bildet somit die grosse Ausnahme zur Unanfechtbarkeit von Verwaltungsratsbeschlüssen, N 9.40). Das Gericht setzt den betroffenen Rechtsträgern *Frist zur Behebung des Mangels* an, nach deren unbenutztem Ablauf es den *Beschluss aufhebt und die erforderlichen Massnahmen anordnet* (FusG 107), um den Zustand vor der Umstrukturierung wiederherzustellen – was gerade bei einer Fusion oder Spaltung nach einer längeren Prozessdauer oftmals praktisch kaum mehr zu bewältigen sein dürfte.

17.47
Verantwortlichkeitsklage (FusG 108)

Alle *mit der Umstrukturierung oder deren Prüfung befassten Personen* sind sowohl den beteiligten Rechtsträgern als auch den einzelnen Gesellschaftern und Gläubigern für den *Schaden* verantwortlich, den sie durch *absichtliche oder fahrlässige Pflichtverletzungen verursacht* haben (FusG 108 I, II; N 11.14). Die *Vorschriften zur aktienrechtlichen Verantwortlichkeitsklage* (N 11.6 ff.) gelten sinngemäss (FusG 108 III i.V.m. OR 756 f. und 759 f.; entsprechendes gilt für die andern Kapitalgesellschaften und die Genossenschaft).

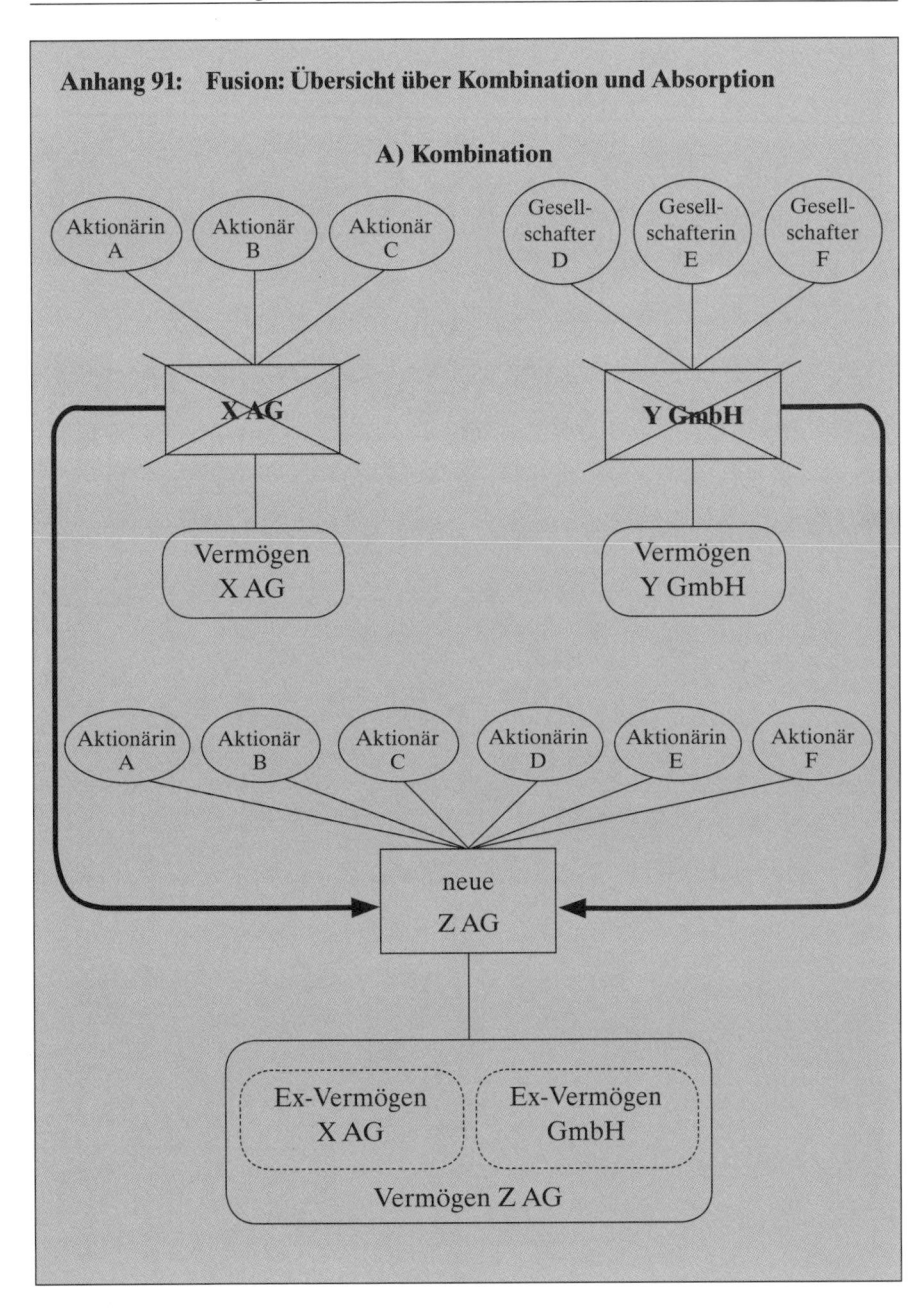

17. Umstrukturierungen

Anhang 91: Fusion: Übersicht über Kombination und Absorption

A) Kombination

- Aktionärin A
- Aktionär B
- Aktionär C
- Gesellschafter D
- Gesellschafterin E
- Gesellschafter F

~~X AG~~   ~~Y GmbH~~

- Vermögen X AG
- Vermögen Y GmbH

- Aktionärin A
- Aktionär B
- Aktionär C
- Aktionärin D
- Aktionärin E
- Aktionär F

neue Z AG

- Ex-Vermögen X AG
- Ex-Vermögen GmbH

Vermögen Z AG

B) Absorption

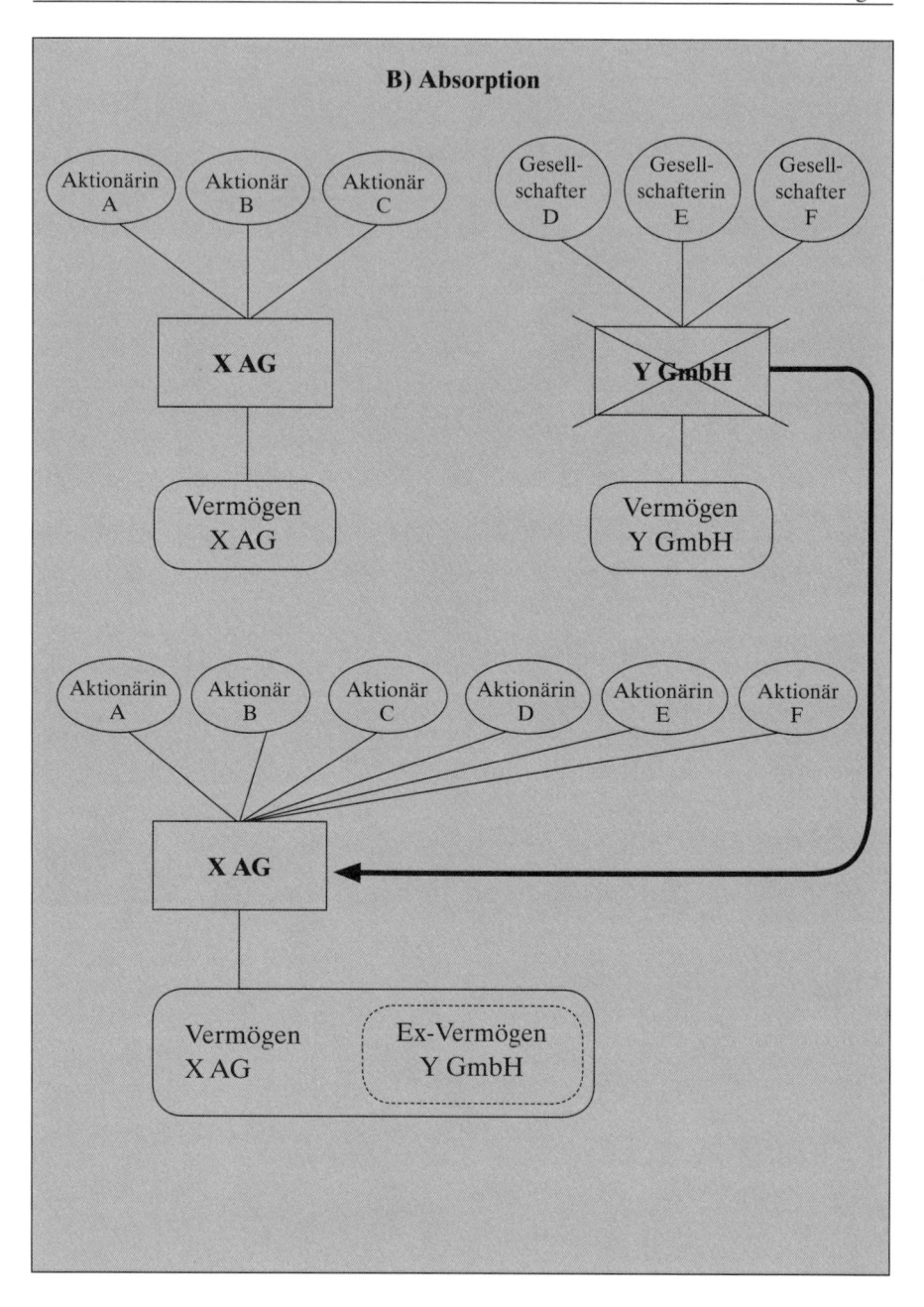

- Aktionärin A, Aktionär B, Aktionär C → X AG
- X AG → Vermögen X AG
- Gesellschafter D, Gesellschafterin E, Gesellschafter F → ~~Y GmbH~~
- ~~Y GmbH~~ → Vermögen Y GmbH

- Aktionärin A, Aktionär B, Aktionär C, Aktionärin D, Aktionärin E, Aktionär F → X AG
- X AG → Vermögen X AG, Ex-Vermögen Y GmbH

Anhang 92: Mindestinhalt des Fusionsvertrags (FusG 13)

Gemäss FusG 13 I muss der Fusionsvertrag enthalten:

a. den Namen oder die *Firma*, den *Sitz* und die *Rechtsform* der beteiligten Gesellschaften, im Fall der Kombinationsfusion auch den Namen oder die Firma, den Sitz und die Rechtsform der neuen Gesellschaft;

b. das *Umtauschverhältnis* für Anteile und gegebenenfalls die Höhe der *Ausgleichszahlung* beziehungsweise Angaben über die Mitgliedschaft der Gesellschafterinnen und Gesellschafter der übertragenden Gesellschaft bei der übernehmenden Gesellschaft (entfällt bei der Absorption der Tochtergesellschaft und der Fusion zwischen Schwestergesellschaften [FusG 23 I i.V.m. 24 I]);

c. die Rechte, welche die übernehmende Gesellschaft den Inhaberinnen und Inhabern von *Sonderrechten*, von *Anteilen ohne Stimmrecht* oder von *Genussscheinen* gewährt (entfällt bei der Absorption der Tochtergesellschaft und der Fusion zwischen Schwestergesellschaften [FusG 23 I i.V.m. 24 I] sowie bei einer «90 %-Fusion» [FusG 23 II i.V.m. 24 II]);

d. die *Modalitäten für den Umtausch* der Anteile (entfällt bei der Absorption der Tochtergesellschaft und der Fusion zwischen Schwestergesellschaften [FusG 23 I i.V.m. 24 I] sowie bei einer «90 %-Fusion» [FusG 23 II i.V.m. 24 II]);

e. den *Zeitpunkt*, von dem an die Anteils- oder Mitgliedschaftsrechte Anspruch auf einen *Anteil am Bilanzgewinn* gewähren, sowie alle Besonderheiten dieses Anspruchs (entfällt bei der Absorption der Tochtergesellschaft und der Fusion zwischen Schwestergesellschaften [FusG 23 I i.V.m. 24 I] sowie bei einer «90 %-Fusion» [FusG 23 II i.V.m. 24 II]);

f. **gegebenenfalls die Höhe der *Abfindung* nach Artikel 8;**

g. den *Zeitpunkt*, von dem an die *Handlungen der übertragenden Gesellschaft* als *für Rechnung der übernehmenden Gesellschaft* vorgenommen gelten;

h. jeden *besonderen Vorteil*, der Mitgliedern eines Leitungs- oder Verwaltungsorgans oder geschäftsführenden Gesellschafterinnen und Gesellschaftern gewährt wird;

i. **gegebenenfalls die Bezeichnung der Gesellschafterinnen und Gesellschafter mit unbeschränkter Haftung.**

Anhang 93: Fusionsvertrag (FusG 12 f.; Absorption der Tochtergesellschaft)

FUSIONSVERTRAG

zwischen

Mammoth Woods AG,
Waldaustrassse 1, 8000 Zürich,

übernehmende Gesellschaft

und

Hobel Möbel AG,
Bahnhofstrasse 2, 8600 Dübendorf,

übertragende Gesellschaft

Präambel

Die Mammoth Woods AG mit Sitz in Zürich ist Eigentümerin sämtlicher Aktien der Hobel Möbel AG mit Sitz in Dübendorf und beabsichtigt, ihre hundertprozentige Tochtergesellschaft Hobel Möbel AG auf dem Wege der Fusion i.S.v. FusG 3 ff. zu übernehmen.

1. Absorptionsfusion

Die Mammoth Woods AG übernimmt durch Absorptionsfusion die Hobel Möbel AG. Das gesamte Vermögen der Hobel Möbel AG geht demnach durch Universalsukzession auf die Mammoth Woods AG über.

2. Fusionsbilanz

Die Fusion erfolgt gestützt auf die beigeheftete, per [Datum] errichtete Fusionsbilanz der Hobel Möbel AG, welche einen integrierenden Bestandteil des vorliegenden Vertrags bildet und gemäss welcher

	die Aktiven	Fr. 50 000.00
	das Fremdkapital	Fr. 10 000.00
	der Aktivenüberschuss	Fr. 40 000.00
betragen.		

3. Anteile

Durch die Fusion erlöschen die Aktien der Hobel Möbel AG, welche bereits vollumfänglich im Eigentum der Mammoth Woods AG stehen. Das Aktienkapital der Mammoth Woods AG bleibt unverändert, und es werden keine besonderen Vorteile gewährt.

4. Fusionszeitpunkt

Die Fusion erfolgt rückwirkend auf den [Datum]. Ab diesem Datum gelten die Handlungen der Hobel Möbel AG als für Rechnung der Mammoth Woods AG vorgenommen.

5. Genehmigungsvorbehalt

Die Gültigkeit des vorliegenden Vertrags steht unter der aufschiebenden Bedingung der Genehmigung durch die Verwaltungsräte der Mammoth Woods AG und der Hobel Möbel AG.

Zürich, [Datum]

Mammoth Woods AG

_____   _____
Dr. Milva de Portalban   John P. Wattenweller

Hobel Möbel AG

_____   _____
Fritz Hobel   Marcel Marteau

Anhang 94: Verwaltungsratsbeschluss (FusG 23 f. und HRV 105a III; Absorption der Tochtergesellschaft)

PROTOKOLL

der Sitzung des Verwaltungsrats der Mammoth Woods AG, Zürich

Datum und Zeit:	[...]
Ort:	Mammoth Woods AG, Waldaustrassse 1, 8000 Zürich, Board Room
Anwesend:	Milva de Portalban, Präsidentin
	Kevin Kaufmann, Delegierter
	Edwin Fritzmuller, Mitglied und Sekretär
	Tabea S. Hardner, Mitglied
	Hermann Taubdorfer, Mitglied
	John P. Wattenweller, Mitglied
Abwesend:	–
Vorsitz:	Milva de Portalban
Protokoll:	Edwin Fritzmuller
Einziges Traktandum:	Genehmigung des Fusionsvertrags mit der Hobel Möbel AG

Die Vorsitzende stellt fest, dass die heutige Sitzung durch [Art und Datum der Einladung] ordnungsgemäss einberufen worden und der Verwaltungsrat für das vorgesehene Traktandum beschlussfähig ist. Gegen diese Feststellungen wird kein Widerspruch erhoben.

Einziges Traktandum: Genehmigung des Fusionsvertrags mit der Hobel Möbel AG

Der Verwaltungsrat beschliesst einstimmig:

1. Die Tochtergesellschaft Hobel Möbel AG wird absorbiert.

2. Der Fusionsvertrag mit der Hobel Möbel AG vom [Datum] einschliesslich Fusionsbilanz vom [Datum] wird genehmigt.

3. Sämtliche Aktien der Hobel Möbel AG – welche vollumfänglich im Eigentum der Mammoth Woods AG stehen – erlöschen.

---------------------------------   ---------------------------------

Milva de Portalban, Präsidentin   Edwin Fritzmuller, Sekretär

Anhang 95: Bestätigung des besonders befähigten Revisors bei
Kapitalverlust oder Überschuldung (FusG 6 II; HRV 105a I lit. g)

QBND Burned & Old AG
Turmgasse 12
8000 Zürich

Mammoth Woods AG
Verwaltungsrat
Waldaustrassse 1
8000 Zürich

Bestätigung

im Zusammenhang mit der Fusion zwischen der Mammoth Woods AG und der Hobel Möbel AG

Als besonders befähigter Revisor und Revisionsstelle der Mammoth Woods AG, Zürich, bestätigen wir gemäss Art. 6 FusG, dass die Mammoth Woods AG, Zürich, über ausreichend frei verfügbares Eigenkapital verfügt, um die Unterdeckung in der Bilanz der Hobel Möbel AG, Dübendorf, in vollem Umfang zu decken.

Zürich, [Datum]

QBND Burned & Old AG

Hans Meier   Fritz Müller
dipl. Wirtschaftsprüfer   dipl. Wirtschaftsprüfer

Anhang 96: Fusionsbeschluss der Generalversammlung der übertragenden Gesellschaft (FusG 18; Absorption)[1]

ÖFFENTLICHE URKUNDE

über die
Beschlüsse der Generalversammlung
– Fusion (Absorptionsfusion) und Auflösung –

der

Kundenschreinerei Mellinger AG
mit Sitz in Volketswil

Im Amtslokal des Notariates Dübendorf hat heute eine ausserordentliche Generalversammlung der oben erwähnten Gesellschaft stattgefunden. Über deren Beschlüsse errichtet die unterzeichnende Urkundsperson nach den Bestimmungen des Fusionsgesetzes (FusG) diese öffentliche Urkunde.

I.

Herr Xaver Mellinger-Hobel, Probsteigasse 2, 8604 Volketswil, einziges Mitglied des Verwaltungsrats, eröffnet die Versammlung, übernimmt den Vorsitz und amtet gleichzeitig als Protokollführer und Stimmenzähler.

Der Vorsitzende stellt fest:

– Es sind weder Organvertreter noch andere abhängige Stimmrechtsvertreter im Sinne von Art. 689c OR vorgeschlagen, noch üben Depotvertreter im Sinne von Art. 689d OR Mitwirkungsrechte aus;

– das gesamte Aktienkapital der Gesellschaft von Fr. 100 000.– ist vertreten;

– die heutige Generalversammlung ist als Universalversammlung im Sinne von Art. 701 OR konstituiert und beschlussfähig.

---

[1] Die Anhänge 96 bis 98 sind losgelöst vom vorstehenden Beispiel einer Mutter-Tochter-Fusion (Anhänge 93 bis 95) und illustrieren den «Normalfall» einer Absorption: Die Hobel Möbel AG absorbiert die Kundenschreinerei Mellinger AG.

II.

Der Vorsitzende legt folgende Belege vor:

- Fusionsvertrag gemäss Art. 12 und 13 FusG vom [Datum] mit der Hobel Möbel AG, Dübendorf, sowie die Fusionsbilanz der übertragenden Gesellschaft.
- Erklärungen im Sinne von Art. 105a Abs. 2 HRegV des Verwaltungsrats der fusionierenden Gesellschaften, in denen nachgewiesen wird, dass

    a. die Gesellschaften als kleine und mittlere Unternehmen die Anforderungen nach Art. 2 Buchstabe e FusG erfüllen und

    b. sämtliche ihrer Aktionäre gestützt auf Art. 14 Abs. 2 und Art. 15 Abs. 2 FusG auf die Erstellung des Fusionsberichts und auf die Prüfung verzichtet haben,

und informiert namens des Verwaltungsrats die Generalversammlung, dass die Konsultation der Arbeitnehmervertretung gemäss Art. 28 FusG erfolgt ist, mit folgendem Ergebnis: Herr Xaver Mellinger-Hobel, einziger Arbeitnehmer der übertragenden Gesellschaft und künftiges Mitglied der Geschäftsleitung der Hobel Möbel AG, befürwortet die Fusion uneingeschränkt.

III.

Aufgrund dieser Belege beschliesst die Generalversammlung einstimmig:

Dem vorliegenden Fusionsvertrag wird zugestimmt.

IV.

Sobald der Fusionsbeschluss aller an der Fusion beteiligter Gesellschaften vorliegt, müssen deren Verwaltungsräte dem zuständigen Handelsregisteramt die Fusion gleichzeitig zur Eintragung anmelden (Art. 21 Abs. 1 FusG sowie Art. 105c HRegV). Die übertragende Gesellschaft wird mit der Eintragung der Fusion im Handelsregister gelöscht.

Dübendorf, [Datum]

Notariat Dübendorf

[Unterschrift der Urkundsperson]

Anhang 97: Fusionsbeschluss der Generalversammlung der übernehmenden Gesellschaft (FusG 18; Absorption)

ÖFFENTLICHE URKUNDE

über die

Beschlüsse der Generalversammlung
– Fusion (Absorptionsfusion) –
sowie
– Kapitalerhöhung –

der

Hobel Möbel AG
mit Sitz in Dübendorf

Im Amtslokal des Notariates Dübendorf hat heute eine ausserordentliche Generalversammlung der oben erwähnten Gesellschaft stattgefunden. Über deren Beschlüsse errichtet die unterzeichnende Urkundsperson nach den Bestimmungen des Fusionsgesetzes (FusG) bzw. des Schweizerischen Obligationenrechts (OR) diese öffentliche Urkunde.

I.

Herr Fritz Hobel, Tischlerstrasse 8, 8600 Dübendorf, Verwaltungsratspräsident, eröffnet die Versammlung und übernimmt den Vorsitz. Als Protokollführerin und Stimmenzählerin amtet Frau Anna Hobel, Tischlerstrasse 8, 8600 Dübendorf, Mitglied und Sekretärin des Verwaltungsrats.

Der Vorsitzende stellt fest:

- Es sind weder Organvertreter noch andere abhängige Stimmrechtsvertreter im Sinne von Art. 689c OR vorgeschlagen, noch üben Depotvertreter im Sinne von Art. 689d OR Mitwirkungsrechte aus;
- das gesamte Aktienkapital der Gesellschaft von Fr. 200 000.– ist vertreten;
- die heutige Generalversammlung ist als Universalversammlung im Sinne von Art. 701 OR konstituiert und beschlussfähig.

Gegen diese Feststellungen wird kein Widerspruch erhoben.

II.

Der Vorsitzende legt folgende Belege vor:

- Fusionsvertrag gemäss Art. 12 und 13 FusG vom [Datum] mit der Kundenschreinerei Mellinger AG, Volketswil, sowie die Fusionsbilanz der übertragenden Gesellschaft.
- Erklärungen im Sinne von Art. 105a Abs. 2 HRegV des Verwaltungsrats der fusionierenden Gesellschaften, in denen nachgewiesen wird, dass

   a. die Gesellschaften als kleine und mittlere Unternehmen die Anforderungen nach Art. 2 Buchstabe e FusG erfüllen und

   b. sämtliche ihrer Aktionäre gestützt auf Art. 14 Abs. 2 und Art. 15 Abs. 2 FusG auf die Erstellung des Fusionsberichts und auf die Prüfung verzichtet haben,

und informiert namens des Verwaltungsrats die Generalversammlung, dass die Konsultation der Arbeitnehmervertretung gemäss Art. 28 FusG erfolgt ist, mit folgendem Ergebnis: Sämtliche 12 Arbeitnehmer der übernehmenden Gesellschaft befürworten die Fusion.

III.

Aufgrund dieser Belege beschliesst die Generalversammlung einstimmig:

1. Dem vorliegenden Fusionsvertrag wird zugestimmt.
2. Zur Erfüllung der im Fusionsvertrag eingegangenen Verpflichtungen wird eine ordentliche Erhöhung des Aktienkapitals um Fr. 100 000.– auf Fr. 300 000.– vorgenommen und dazu Folgendes festgelegt:

   a) gesamter Nennbetrag, um den das Aktienkapital erhöht werden soll: Fr. 100 000.–
   Betrag der darauf zu leistenden Einlagen: Fr. 100 000.–.

   b) Anzahl, Nennwert und Art der neuen Aktien: 100 Namenaktien zu Fr. 1000.–
   Vorrechte einzelner Kategorien: keine

   c) Ausgabebetrag: Fr. 1000.– je Aktie
   Beginn der Dividendenberechtigung: [Datum]

   d) Art der Einlagen: Gemäss Fusionsvertrag vom [Datum] übernimmt die Gesellschaft von der Kundenschreinerei Mellinger AG deren Vermögen mit Aktiven von Fr. 250 064.– und Passiven von Fr. 150 064.– gemäss Fusionsbilanz per [Datum]; als Gegenleistung erhalten die Aktionäre der übertragenden Gesellschaft 100 Namenaktien zu Fr. 1000.–.

e) Bezugsrechte: Diese werden aus wichtigem Grund (Absorptionsfusion) aufgehoben und alle neu ausgegebenen Aktien den Aktionären der übertragenden Gesellschaft zugeteilt.
f) Die Übertragbarkeit der neuen Namenaktien ist nach Massgabe der Statuten beschränkt.

IV.

Sobald der Fusionsbeschluss aller an der Fusion beteiligten Gesellschaften vorliegt, müssen deren Verwaltungsräte dem zuständigen Handelsregisteramt die Fusion gleichzeitig zur Eintragung anmelden (Art. 21 Abs. 1 FusG sowie Art. 105c HRegV). Die übertragende Gesellschaft wird mit der Eintragung der Fusion im Handelsregister gelöscht.

Muss die übernehmende Gesellschaft infolge der Fusion ihr Kapital erhöhen, so sind dem Handelsregisteramt zusätzlich die geänderten Statuten und die erforderlichen Feststellungen über die Kapitalerhöhung (Art. 652g OR) zu unterbreiten. Ferner sind dem Handelsregisteramt allfällige weitere Statutenänderungen gleichzeitig mit dem Fusionsbeschluss zur Eintragung anzumelden (Art. 647 Abs. 2 OR).

Dübendorf, [Datum]

Notariat Dübendorf

[Unterschrift der Urkundsperson]

Anhang 98: Feststellungsbeschluss des Verwaltungsrats betr.
Kapitalerhöhung der übernehmenden Gesellschaft (Absorption)

ÖFFENTLICHE URKUNDE

über die
Beschlüsse des Verwaltungsrates
– Feststellungen über die ordentliche Kapitalerhöhung infolge Fusion –

der

<u>Hobel Möbel AG</u>
mit Sitz in Dübendorf

Im Amtslokal des Notariates Dübendorf hat heute eine Verwaltungsratssitzung der oben erwähnten Gesellschaft stattgefunden. Über deren Beschlüsse errichtet die unterzeichnende Urkundsperson nach den Bestimmungen des Schweizerischen Obligationenrechts (OR), in Verbindung mit dem Fusionsgesetz (FusG), diese öffentliche Urkunde.

I.

Herr Fritz Hobel, Tischlerstrasse 8, 8600 Dübendorf, Verwaltungsratspräsident, eröffnet die Sitzung und übernimmt den Vorsitz. Als Sekretärin amtet Frau Anna Hobel, Tischlerstrasse 8, 8600 Dübendorf, Mitglied und Sekretärin des Verwaltungsrats.

Der Vorsitzende stellt fest, dass:

– folgende Verwaltungsratsmitglieder anwesend sind:
  – Fritz Hobel
  – Anna Hobel
  – Max Hammer
– damit der Verwaltungsrat vollzählig anwesend und beschlussfähig ist.

Gegen diese Feststellungen wird kein Widerspruch erhoben.

Er teilt mit, dass der Verwaltungsrat den Beschluss der Generalversammlung vom [Datum] über eine ordentliche Erhöhung des Aktienkapitals um Fr. 100 000.– im Zusammenhang mit einer Fusion ausgeführt hat.

II.

Der Vorsitzende legt folgende Belege vor:

- öffentliche Urkunde über die Beschlüsse der Generalversammlung vom [Datum] über die Zustimmung zum Fusionsvertrag mit der Kundenschreinerei Mellinger AG, Volketswil, verbunden mit einer ordentlichen Erhöhung des Aktienkapitals um Fr. 100 000.–.
- Fusionsvertrag gemäss Art. 12 und 13 FusG vom [Datum]; sowie die Fusionsbilanz der übertragenden Gesellschaft;
- Erklärungen im Sinne von Art. 105a Abs. 2 HRegV des Verwaltungsrats der fusionierenden Gesellschaften, in denen nachgewiesen wird, dass
    a. die Gesellschaften als kleine und mittlere Unternehmen die Anforderungen nach Art. 2 Buchstabe e FusG erfüllen und
    b. sämtliche ihrer Aktionäre gestützt auf Art. 14 Abs. 2 und Art. 15 Abs. 2 FusG auf die Erstellung des Fusionsberichts und auf die Prüfung verzichtet haben;
- Kapitalerhöhungsbericht des Verwaltungsrats gemäss Art. 652e OR vom [Datum];
- Prüfungsbestätigung der Revisionsstelle Bilanzia Treuhand AG, Dunkelstrasse 7, 8000 Zürich, gemäss Art. 652f OR.

III.

Aufgrund dieser Belege stellt der Verwaltungsrat diskussionslos einstimmig fest, dass

- sämtliche neu ausgegebenen Aktien im Rahmen der Fusion mit der Kundenschreinerei Mellinger AG durch deren Aktionäre übernommen werden;
- die Einlagen laut Fusionsvertrag vom [Datum] dem gesamten Ausgabebetrag entsprechen;
- die Gesellschaft nach der Eintragung der Kapitalerhöhung im Handelsregister sofort als Eigentümerin über die im Fusionsvertrag vom [Datum] erwähnten Vermögenswerte verfügen kann und damit die Einlagen entsprechend den Anforderungen des Gesetzes und der Statuten sowie des Generalversammlungsbeschlusses geleistet wurden.

IV.

Der Verwaltungsrat beschliesst diskussionslos einstimmig, die Statuten der Gesellschaft wie folgt zu ändern:

> «Artikel 3   Aktienkapital
>
> Das Aktienkapital der Gesellschaft beträgt Fr. 300 000.– und ist eingeteilt in 300 Namenaktien mit einem Nennwert von je Fr. 1000.–. Die Aktien sind vollständig liberiert.»

Im Übrigen gelten die bisherigen Statuten unverändert weiter.

Der Vorsitzende legt ein Exemplar der Gesellschaftsstatuten vor und erklärt, dass es sich um die vollständigen, unter Berücksichtigung der vorstehenden Änderungen gültigen Statuten handelt. Diese Statuten liegen der Urkunde bei.

V.

Die unterzeichnende Urkundsperson bestätigt im Sinne von Art. 652g Abs. 2 OR, dass dem Verwaltungsrat die in dieser Urkunde einzeln genannten Belege vorgelegen haben.

VI.

Der Verwaltungsrat hat die vorstehende Statutenänderung und seine Feststellungen, gleichzeitig zusammen mit dem Fusionsbeschluss, dem zuständigen Handelsregisteramt zur Eintragung anzumelden (Art. 21 Abs. 2 FusG und Art. 652h Abs. 1 OR sowie Art. 105c HRegV).

Dübendorf, [Datum]

Notariat Dübendorf

[Unterschrift der Urkundsperson]

Anhang 99: Handelsregisterbelege (Fusion; HRV 105a)

Liste der bei einer Fusion dem Handelsregisteramt einzureichenden Belege (HRV 105a)

a) *Fusionsvertrag* (FusG 12 f.);

b) *Fusionsbilanzen* der übertragenden Gesellschaften, gegebenenfalls Zwischenbilanzen (FusG 11);

c) öffentlich beurkundete *Fusionsbeschlüsse* der beteiligten Gesellschaften (FusG 18 und 20);

d) *Prüfungsberichte* der beteiligten Gesellschaften (FusG 15);

e) (bei einer Absorption mit Kapitalerhöhung:) *Belege für die Kapitalerhöhung* (FusG 9 und 21 II);

f) (bei einer Fusion mit einer Gesellschaft in Liquidation:) die von mindestens einem Mitglied des obersten Leitungsorgans unterzeichnete *Bestätigung gem. FusG 5 II*;

g) (bei einer Fusion von Gesellschaften mit Kapitalverlust oder Überschuldung:) *Bestätigung eines besonders befähigten Revisors gem. FusG 6 II*;

h) (bei einer Kombination:) *Belege für die Neugründung* (FusG 10);

i) (bei einer KMU-Fusion anstelle von lit. d:) von mindestens einem Mitglied des obersten Leitungsorgans unterschriebene Erklärung, dass sämtliche Gesellschafter auf die Erstellung des Fusionsberichts oder die Prüfung verzichten und die Gesellschaft die Anforderungen gem. FusG 2 lit. e erfüllt (Formular «*KMU-Erklärung*» des Handelsregisteramts);

j) (bei einer Mutter-Tochter-Absorption oder Schwestern-Fusion oder «90%-Fusion» gem. FusG 23 anstelle von lit. c und d:) *Protokolle der obersten Leitungsorgane* über den Abschluss des Fusionsvertrags, sofern dieser nicht von sämtlichen Organmitgliedern unterzeichnet ist.

Anhang 100: Aufforderung an die Gläubiger bei Fusion im Schweizerischen Handelsamtsblatt (FusG 25)

Aufforderung an die Gläubiger infolge Fusion
Art. 25 FusG

Dritte Veröffentlichung

1. *Firma (Name) und Sitz des übertragenden Rechtsträgers:*
   Kundenschreinerei Mellinger AG, Volketswil

2. *Firma (Name) und Sitz des übernehmenden Rechtsträgers:*
   Hobel Möbel AG, Dübendorf

3. *Fusionsvertrag vom:* [Datum]

4. *Publikation der Fusion:*
   SHAB-Nr. [] vom [Datum], Seite []

5. *Anmeldefrist für Forderungen:* [**Datum**]

6. *Anmeldestelle für Forderungen:*
   Hobel Möbel AG, Bahnhofstrasse 2, 8600 Dübendorf

7. *Hinweis: Die Gläubiger des (unter Ziff. 1 aufgeführten) übertragenden Rechtsträgers können ihre Forderungen gemäss Art. 25 FusG anmelden und Sicherstellung verlangen.*

Rechtsanwalt Dr. Fritz Fröhlich
8000 Zürich

17. Umstrukturierungen

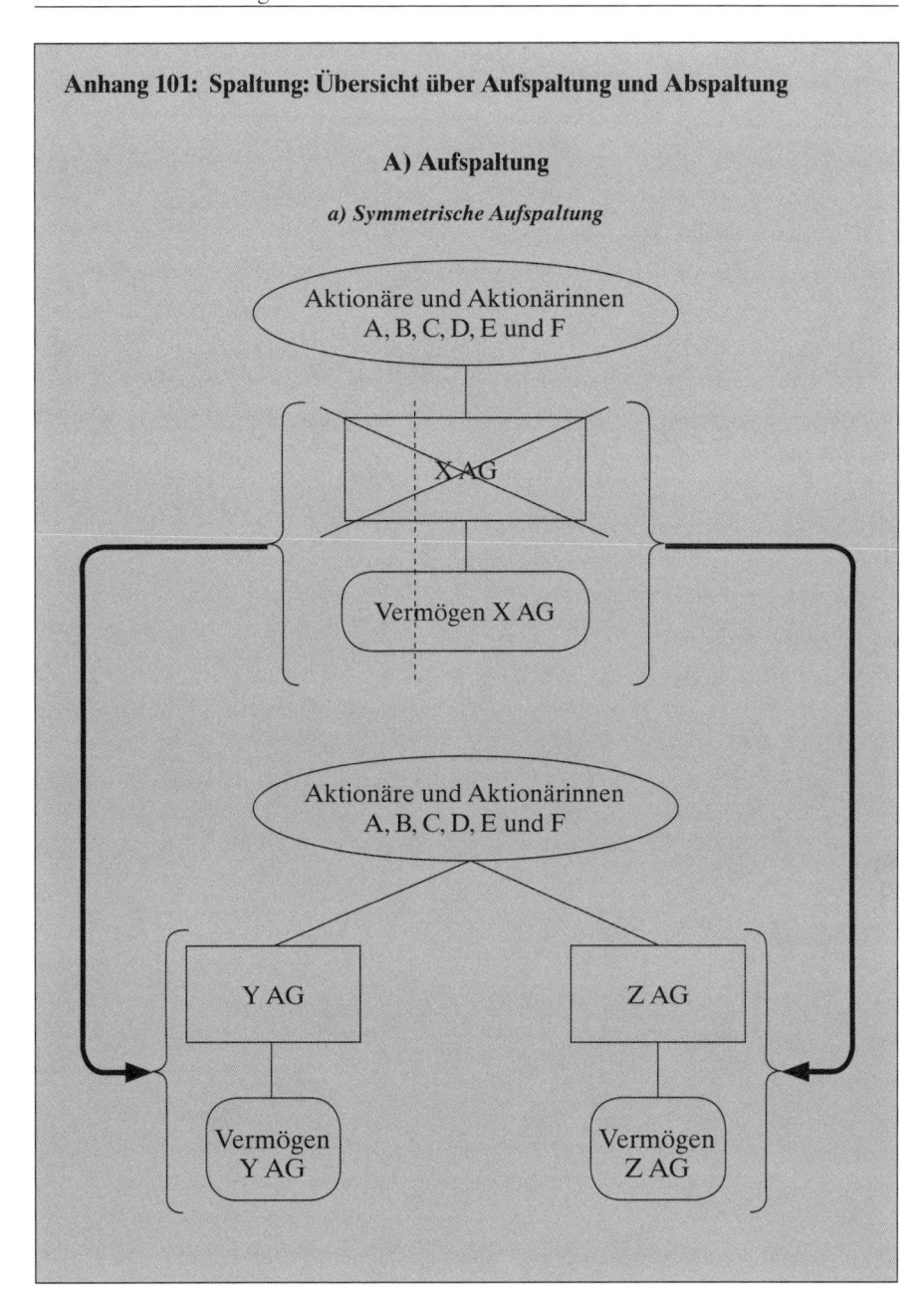

Anhang 101: Spaltung: Übersicht über Aufspaltung und Abspaltung

A) Aufspaltung

a) Symmetrische Aufspaltung

Aktionäre und Aktionärinnen A, B, C, D, E und F

~~X AG~~

Vermögen X AG

Aktionäre und Aktionärinnen A, B, C, D, E und F

Y AG — Z AG

Vermögen Y AG — Vermögen Z AG

b) Asymmetrische Aufspaltung

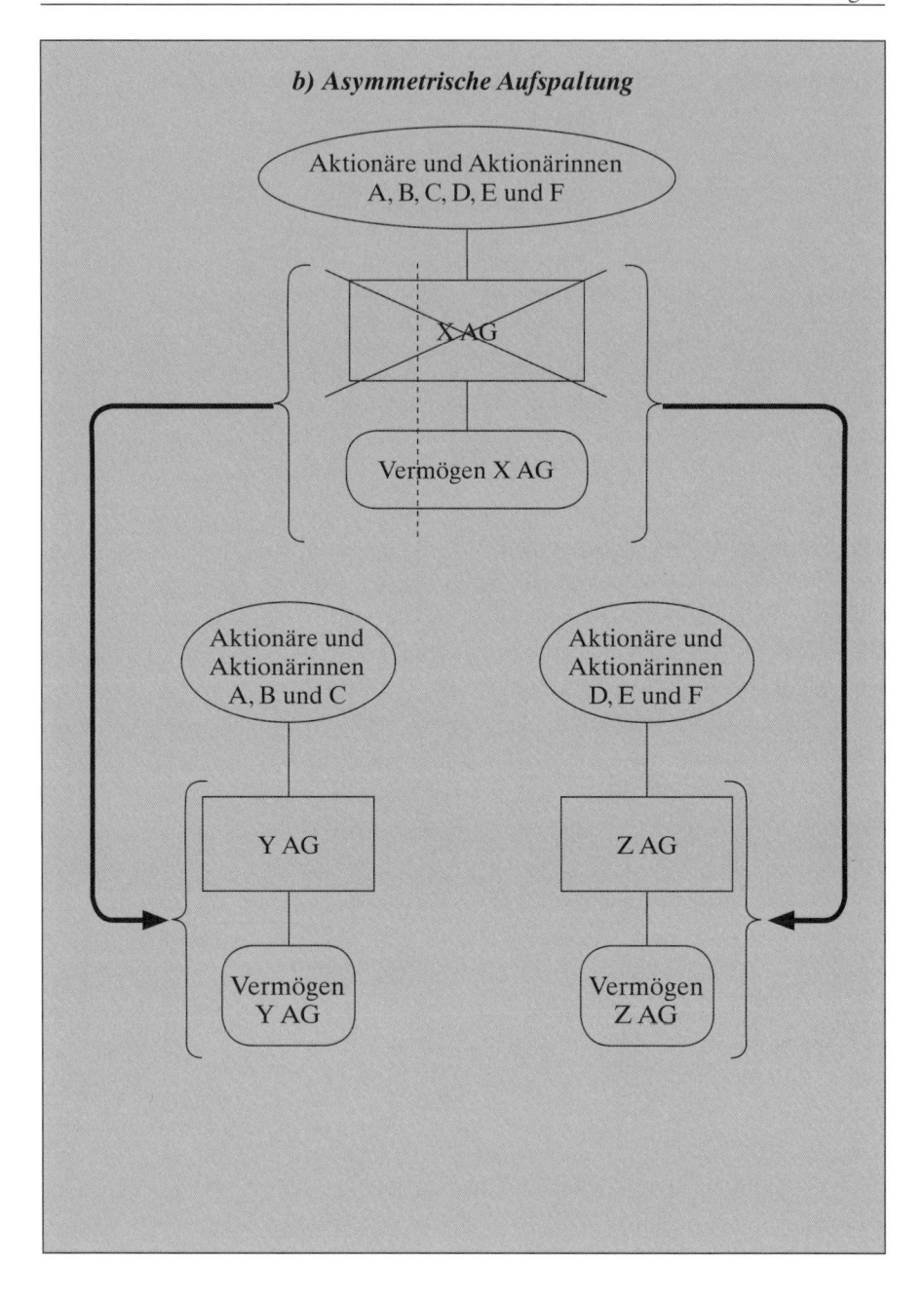

Aktionäre und Aktionärinnen A, B, C, D, E und F

X AG

Vermögen X AG

Aktionäre und Aktionärinnen A, B und C

Aktionäre und Aktionärinnen D, E und F

Y AG

Z AG

Vermögen Y AG

Vermögen Z AG

17. Umstrukturierungen

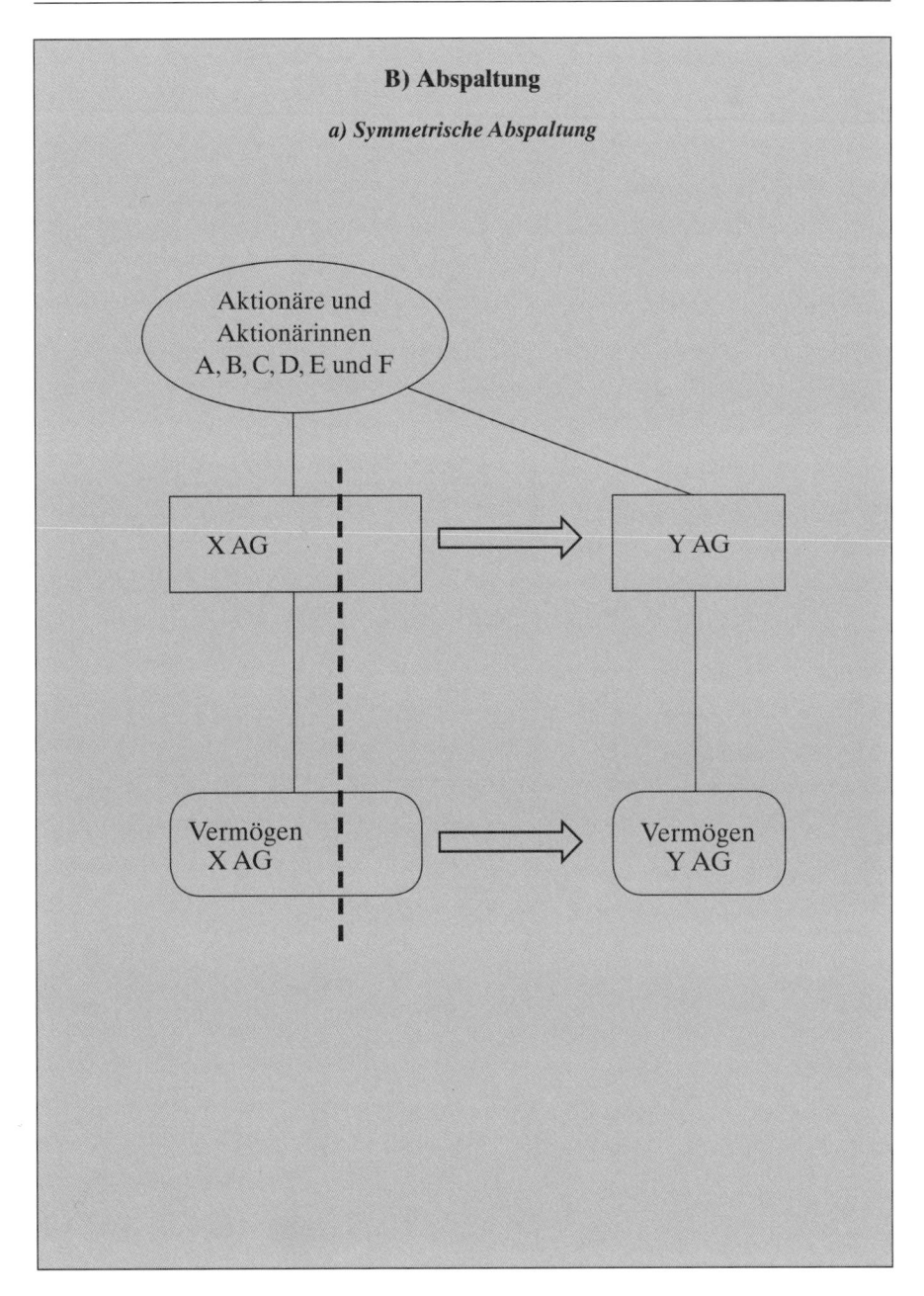

B) Abspaltung

a) Symmetrische Abspaltung

b) Asymmetrische Abspaltung

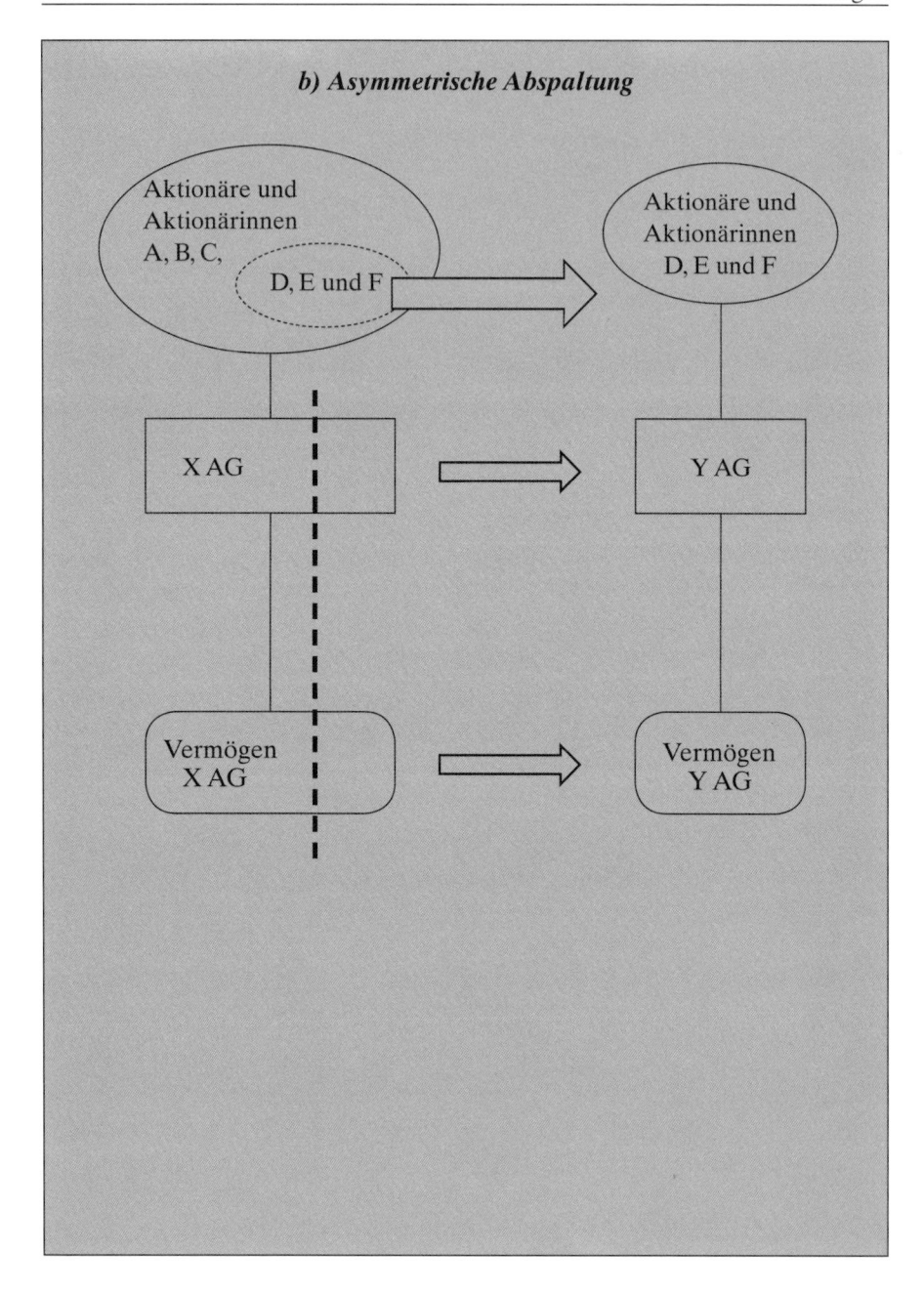

- Aktionäre und Aktionärinnen A, B, C, D, E und F
- Aktionäre und Aktionärinnen D, E und F
- X AG
- Y AG
- Vermögen X AG
- Vermögen Y AG

17. Umstrukturierungen

Anhang 102: Mindestinhalt des Spaltungsvertrags bzw. -plans (FusG 37)

Gemäss FusG 37 muss der Spaltungsvertrag oder Spaltungsplan enthalten:

a. die *Firma*, den *Sitz* und die *Rechtsform* der beteiligten Gesellschaften;
b. ein *Inventar* mit der eindeutigen Bezeichnung, der Aufteilung und der Zuordnung der Gegenstände des Aktiv- und des Passivvermögens sowie der Zuordnung der Betriebsteile; Grundstücke, Wertpapiere und immaterielle Werte sind einzeln aufzuführen;
c. das *Umtauschverhältnis* für Anteile und gegebenenfalls die Höhe der *Ausgleichszahlung* beziehungsweise Angaben über die Mitgliedschaft der Gesellschafterinnen und Gesellschafter der übertragenden Gesellschaft bei der übernehmenden Gesellschaft;
d. die Rechte, welche die übernehmende Gesellschaft den Inhaberinnen und Inhabern von *Sonderrechten*, von *Anteilen ohne Stimmrecht* oder von *Genussscheinen* gewährt;
e. die *Modalitäten für den Umtausch* der Anteile;
f. den *Zeitpunkt*, von dem an die Anteils- oder Mitgliedschaftsrechte Anspruch auf einen *Anteil am Bilanzgewinn* gewähren, sowie alle Besonderheiten dieses Anspruchs;
g. den *Zeitpunkt*, von dem an die *Handlungen der übertragenden Gesellschaft* als *für Rechnung der übernehmenden Gesellschaft* vorgenommen gelten;
h. jeden *besonderen Vorteil*, der Mitgliedern eines Leitungs- oder Verwaltungsorgans oder geschäftsführenden Gesellschafterinnen und Gesellschaftern gewährt wird;
i. eine *Liste der Arbeitsverhältnisse*, die mit der Spaltung übergehen.

Anhang 103: Spaltungsplan (FusG 36 f.)

SPALTUNGSPLAN

betreffend
Abspaltung eines Teilbereichs der

Hobel Möbel AG,
Bahnhofstrasse 2, 8600 Dübendorf,

übertragende Gesellschaft

auf eine noch zu gründende

Aktiengesellschaft,
mit Sitz in Kloten,

übernehmende Gesellschaft

Der Verwaltungsrat der Hobel Möbel AG legt folgenden Spaltungsplan vor:

I. Übertragende Gesellschaft

1. Übertragende Gesellschaft ist die Hobel Möbel AG, eine Aktiengesellschaft mit Sitz in Dübendorf (Firmennummer CH-[]). Sie bezweckt als Familiengesellschaft den Betrieb einer Schreinerei, namentlich die Herstellung und Montage von Wohn- und Geschäftsmöbeln, sowie den Handel mit Möbeln und anderen Schreinereiprodukten.

2. Ihr Aktienkapital beträgt Fr. 300 000.– und ist wie folgt verteilt:

Aktionär	*Namenaktien à Fr. 1'000.–* *der Hobel Möbel AG*	*Total*
Fritz Hobel	100	Fr. 100 000.–
Anna Hobel	40	Fr. 40 000.–
Max Hammer	30	Fr. 30 000.–
Marcel Marteau	30	Fr. 30 000.–
Xaver Mellinger-Hobel	<u>100</u>	<u>Fr. 100 000.–</u>
Total	300	Fr. 300 000.–

3. Der Verwaltungsrat besteht aus folgenden Personen: Fritz Hobel, Präsident; Anna Hobel, Mitglied und Sekretärin; Xaver Mellinger-Hobel, Delegierter.
4. Der Verwaltungsrat bestätigt, dass die Hobel Möbel AG ein kleines und mittleres Unternehmen im Sinne von FusG 2 lit. e ist. Er wird den Aktionären beantragen, auf die Erstellung des Spaltungsberichts und des Prüfungsberichts sowie auf die Durchführung des Einsichtsverfahrens zu verzichten.

II. Übernehmende Gesellschaft

5. Im Rahmen der Abspaltung wird die übernehmende Gesellschaft unter einer noch festzulegenden Firma mit Sitz in Kloten gegründet. Sie wird von der Hobel Möbel AG den Geschäftsbereich «Handel mit Büromöbeln» übernehmen und mit einem Aktienkapital von Fr. 150 000.– ausgestattet, eingeteilt in 150 Namenaktien zu je Fr. 1'000.–.
6. Die Aktionäre der Hobel Möbel AG erhalten Aktien der übernehmenden Gesellschaft im Verhältnis ihrer bisherigen Beteiligung an der Hobel Möbel AG, also:

Aktionär	*Namenaktien à Fr. 1'000.–* *übernehmenden Gesellschaft*	*Total*
Fritz Hobel	50	Fr. 50 000.–
Anna Hobel	20	Fr. 20 000.–
Max Hammer	15	Fr. 15 000.–
Marcel Marteau	15	Fr. 15 000.–
Xaver Mellinger-Hobel	<u>50</u>	<u>Fr. 50 000.–</u>
Total	150	Fr. 150 000.–

Alle Aktien sind durch den übertragenen Geschäftsbereich voll liberiert.

III. Symmetrische Abspaltung

7. Alle Aktionären der übernehmenden Gesellschaft erhalten Aktien im Verhältnis ihrer bisherigen Beteiligung an der Hobel Möbel AG, weshalb eine symmetrische Abspaltung i.S.v. FusG 31 II lit. a vorliegt.

IV. Inventar und Übergang des abzuspaltenden Vermögens

8. Gemäss der einen integrierenden Bestandteil des vorliegenden Spaltungsplans bildenden Zwischenbilanz der Hobel Möbel AG per [Datum] (<u>Anhang 1</u>) umfasst das abzuspaltende Vermögen des Geschäftsbereichs «Handel mit Büromöbeln» Aktiven von Fr. 200 000.– und Passiven von Fr. 20 000.–,

womit der Aktivenüberschuss Fr. 180 000.– beträgt. Das entsprechende Inventar des abzuspaltenden Vermögens (Anhang 2) bildet ebenfalls einen integrierenden Bestandteil des vorliegenden Spaltungsplans. Der Verwaltungsrat bestätigt, dass sich der Aktivenüberschuss ungeachtet der seit dem Bilanzstichtag infolge der Geschäftstätigkeit eingetretenen Veränderungen der Aktiven und Passiven heute auf mindestens Fr. 180 000.– beläuft.

9. Das abzuspaltende Vermögen geht durch partielle Universalsukzession auf die übernehmende Gesellschaft über. Gegenstände des Aktivvermögens und Verbindlichkeiten, die sich aufgrund des vorliegenden Spaltungsplans nicht zuordnen lassen, verbleiben bei der Hobel Möbel AG. Diese verpflichtet sich gegenüber der übernehmenden Gesellschaft, allfällige Vermögenswerte, welche zufolge ungenügender Bezeichnung im Inventar nicht von der Unversalsukzession erfasst worden sind, durch Singularsukzession auf die übernehmende Gesellschaft zu übertragen.

V. Umtauschverhältnis

10. Das Eigenkapital der Hobel Möbel AG beträgt:

a) Aktienkapital	Fr. 300 000.00
b) gesetzliche Reserven	Fr. 60 000.00
c) andere Reserven (einschliesslich Bilanzgewinn)	<u>Fr. 140 000.00</u>
Total	Fr. 500 000.00

11. Die übernehmende Gesellschaft wird mit folgendem Eigenkapital ausgestattet:

a) Aktienkapital	Fr. 150 000.00
b) Agio	Fr. 30 000.00
Total	Fr. 180 000.00

12. Gestützt auf die Unternehmensbewertung der QBND Burned & Old AG, Zürich, setzt der Verwaltungsrat das Umtauschverhältnis wie folgt fest: Für je zwei alte Namenaktien à Fr. 1000.– der Hobel Möbel AG wird eine Namenaktie à Fr. 1000.– zuzüglich Agio von Fr. 200.- der übernehmenden Gesellschaft ausgegeben.

13. Es wird keine Ausgleichszahlung ausgerichtet.

VI. Besondere Rechte und Vorteile

14. Bei der Hobel Möbel AG bestehen keine Sonderrechte, Anteile ohne Stimmrecht oder Genussscheine, und auch die übernehmende Gesellschaft wird keine solchen Rechte gewähren. Keine der beiden Gesellschaften gewährt Verwaltungsratsmitgliedern oder anderen Personen besondere Vorteile.

VII. Umtauschmodalitäten

15. Im Rahmen der Spaltung setzt die Hobel Möbel AG ihr Aktienkapital von Fr. 300 000.– im Umfang des Aktienkapitals der übernehmenden Gesellschaft von Fr. 150 000.– auf Fr. 150 000.– herab durch Vernichtung von je 50 Aktien von Fritz Hobel und Xaver Mellinger-Hobel, je 15 Aktien von Max Hammer und Marcel Marteau sowie 20 Aktien von Anna Hobel. Von den offenen Reserven der Hobel Möbel AG im Gesamtbetrag von Fr. 200 000.– werden Fr. 30 000.– auf die übernehmende Gesellschaft übertragen.

16. Nach den Eintragungen der Abspaltung im Handelsregister haben die Aktionäre der Hobel Möbel AG ihre Aktienzertifikate dem Verwaltungsrat zur Vernichtung einzuliefern, worauf sie vom Verwaltungsrat der Hobel Möbel AG neue Zertifikate über die entsprechend der Kapitalherabsetzung reduzierte Aktienzahl und vom Verwaltungsrat der übernehmenden Gesellschaft Zertifikate über deren Aktien erhalten werden.

VIII. Rückwirkung

17. Die Abspaltung tritt rückwirkend auf den [Datum] in Kraft. Ab diesem Datum sind die Aktien der übernehmenden Gesellschaft dividendenberechtigt und gelten die Handlungen der Hobel Möbel AG als für Rechnung der übernehmenden Gesellschaft vorgenommen.

IX. Arbeitsverhältnisse

18. Die «Liste der Arbeitsverhältnisse, die mit der Spaltung übergehen» (Anhang 3) bildet einen integrierenden Bestandteil des vorliegenden Spaltungsplans. Die darin aufgeführten Arbeitsverhältnisse gehen mit der Spaltung von der Hobel Möbel AG auf die übernehmende Gesellschaft über.

X. Kosten

19. Im Zusammenhang mit der Abspaltung anfallende Gebühren und Abgaben (Notariat, Handelsregisteramt etc.) werden von der Hobel Möbel AG und der übernehmenden Gesellschaft im Verhältnis der neuen Eigenkapitalien getragen. Die übrigen Kosten trägt die Gesellschaft, bei welcher sie anfallen.

Dübendorf, [Datum]

Der Verwaltungsrat:

_____	_____	_____
Fritz Hobel	Anna Hobel	Xaver Mellinger-Hobel

<u>Beilagen:</u> Anhang 1 Zwischenbilanz der Hobel Möbel AG per [Datum]
Anhang 2 Inventar der abzuspaltenden Aktiven und Passiven
Anhang 3 Liste der Arbeitsverhältnisse, die mit der Spaltung übergehen

Anhang 104: Aufforderung an die Gläubiger bei Spaltung im Schweizerischen Handelsamtsblatt (FusG 45)

Aufforderung an die Gläubiger infolge Spaltung
Art. 45 FusG

Erste Veröffentlichung

1. *Firma (Name) und Sitz der übertragenden Gesellschaft:*
   Hobel Möbel AG, Dübendorf
2. *Firma (Name) und Sitz der übernehmenden Gesellschaft:*
   Mellinger Büromöbel AG in Gründung, Kloten
3. *Spaltungsvertrag bzw. Spaltungsplan vom:* [Datum]
4. *Anmeldefrist für Forderungen:* [**Datum**]
5. *Anmeldestelle für Forderungen:*
   Hobel Möbel AG, Bahnhofstrasse 2, 8600 Dübendorf
6. *Hinweis: Die Gläubiger der übertragenden Gesellschaft können ihre Forderungen gemäss Art. 45 f. FusG anmelden und Sicherstellung verlangen.*

Rechtsanwalt Dr. Fritz Fröhlich
8000 Zürich

Anhang 105: Spaltungsbeschluss der Generalversammlung der übertragenden Gesellschaft (FusG 43 f.; symmetrische Abspaltung)

ÖFFENTLICHE URKUNDE

über die
Beschlüsse der Generalversammlung
– Abspaltung –
– Kapitalherabsetzung –

der

Hobel Möbel AG
mit Sitz in Dübendorf

Im Amtslokal des Notariates Dübendorf hat heute eine ausserordentliche Generalversammlung der oben erwähnten Gesellschaft stattgefunden. Über deren Beschlüsse errichtet die unterzeichnende Urkundsperson nach den Bestimmungen des Fusionsgesetzes (FusG) bzw. des Schweizerischen Obligationenrechts (OR) diese öffentliche Urkunde.

I.

Herr Fritz Hobel, Tischlerstrasse 8, 8600 Dübendorf, Verwaltungsratspräsident, eröffnet die Versammlung und übernimmt den Vorsitz. Als Protokollführerin und Stimmenzählerin amtet Frau Anna Hobel, Tischlerstrasse 8, 8600 Dübendorf, Mitglied und Sekretärin des Verwaltungsrats.

Der Vorsitzende stellt fest:
- Es sind weder Organvertreter noch andere abhängige Stimmrechtsvertreter im Sinne von Art. 689c OR vorgeschlagen, noch üben Depotvertreter im Sinne von Art. 689d OR Mitwirkungsrechte aus;
- das gesamte Aktienkapital der Gesellschaft von Fr. 300 000.– ist vertreten;
- die heutige Generalversammlung ist als Universalversammlung im Sinne von Art. 701 OR konstituiert und beschlussfähig;
- als besonders befähigter Revisor ist gestützt auf Art. 732 Abs. 2 OR Herr Iwan Chlestakow, Buchweg 13, 8000 Zürich, anwesend.

Gegen diese Feststellungen wird kein Widerspruch erhoben.

II.

Der Vorsitzende legt folgende Belege vor:

- Spaltungsplan gemäss Art. 36 und 37 FusG vom [Datum] samt Inventar der zu übertragenden Vermögensteile mit Aktiven und Passiven.
- Entwurf der Statuten der übernehmenden Gesellschaft.
- Erklärungen im Sinne von Art. 106a Abs. 2 HRegV des Verwaltungsrats, in denen nachgewiesen wird, dass
  a. die Gesellschaft als kleines und mittleres Unternehmen die Anforderungen nach Art. 2 Buchstabe e FusG erfüllt und
  b. sämtliche Aktionäre gestützt auf Art. 39 Abs. 2 und Art. 40 in Verbindung mit Art. 15 Abs. 2 FusG auf die Erstellung des Spaltungsberichts und auf die Prüfung verzichtet haben.
- Bescheinigung des Verwaltungsrats vom [Datum], wonach
  - die dreimalige Veröffentlichung der Spaltung (mit dem Hinweis, dass die Gläubiger aller an der Spaltung beteiligten Gesellschaften unter Anmeldung ihrer Forderungen Sicherstellung verlangen können) im Schweizerischen Handelsamtsblatt [Nummern und Daten der drei Ausgaben] gemäss Art. 45 FusG erfolgt ist und
  - kein Gläubiger innerhalb von zwei Monaten nach der Aufforderung Sicherstellung gemäss Art. 46 FusG verlangt hat.

Der Vorsitzende informiert namens des Verwaltungsrats die Generalversammlung, dass die Konsultation der Arbeitnehmervertretung gemäss Art. 50 in Verbindung mit Art. 28 FusG erfolgt ist, mit folgendem Ergebnis: Keine der betroffenen Arbeitnehmerinnen und Arbeitnehmer habe irgendwelche Einwände gegen die Abspaltung und den Wechsel der Arbeitgeberin erhoben.

III.

Aufgrund dieser Belege beschliesst die Generalversammlung einstimmig:

1. Dem vorliegenden Spaltungsplan wird zugestimmt.
2. Infolge des Spaltungsbeschlusses wird das bisherige Aktienkapital der Gesellschaft um Fr. 150 000.– auf Fr. 150 000.– herabgesetzt und aufgrund des vorliegenden besonderen Revisionsberichts gemäss Art. 732 Abs. 2 OR des anwesenden besonders befähigten Revisors Iwan Chlestakow, Buchweg 13, 8000 Zürich, Folgendes festgestellt:

a) Als Ergebnis des besonderen Revisionsberichts wird festgestellt, dass die Forderungen der Gläubiger trotz der Herabsetzung des Aktienkapitals voll gedeckt sind.

b) Die Kapitalherabsetzung wird in folgender Art und Weise durchgeführt:
– durch Vernichtung von 150 Namenaktien zu je Fr. 1000.– Nennwert.

c) Ein aus der Kapitalherabsetzung allfällig sich ergebender Buchgewinn ist im Sinn von Art. 732 Abs. 4 OR ausschliesslich zu Abschreibungen zu verwenden.

d) Art. 3 der Statuten wird wie folgt geändert:

«Artikel 3 Aktienkapital

Das Aktienkapital der Gesellschaft beträgt Fr. 150 000.– und ist eingeteilt in 150 Namenaktien mit einem Nennwert von je Fr. 1000.–. Die Aktien sind vollständig liberiert.»

Im Übrigen gelten die bisherigen Statuten unverändert weiter.

IV.

Der Vorsitzende legt ein Exemplar der Gesellschaftsstatuten vor und erklärt, dass es sich um die vollständigen, unter Berücksichtigung der vorstehenden Änderungen gültigen Statuten handelt. Diese Statuten liegen dieser Urkunde bei.

V.

Sobald der Spaltungsbeschluss vorliegt, muss der Verwaltungsrat dem zuständigen Handelsregisteramt die Spaltung zur Eintragung anmelden, welche bei allen beteiligten Gesellschaften am gleichen Tag ins Tagebuch einzutragen ist (Art. 51 Abs. 1 FusG sowie Art. 106d HRegV).

Muss die übertragende Gesellschaft infolge Abspaltung ihr Kapital herabsetzen, so sind dem Handelsregisteramt zusätzlich die geänderten Statuten und der Revisionsbericht des besonders befähigten Revisors (im Sinne von Art. 732 Abs. 2 OR) zu unterbreiten. Ferner sind dem Handelsregisteramt allfällige weitere Statutenänderungen gleichzeitig mit dem Spaltungsbeschluss zur Eintragung anzumelden (Art. 647 Abs. 2 OR).

Dübendorf, [Datum]

Notariat Dübendorf

[Unterschrift der Urkundsperson]

17. Umstrukturierungen

Anhang 106: Gründungsversammlung der übernehmenden Gesellschaft (FusG 43 f.; symmetrische Abspaltung)

ÖFFENTLICHE BEURKUNDUNG

*Gründung
der
Mellinger Büromöbel AG
mit Sitz in Kloten*

– infolge Spaltung der Hobel Möbel AG –

Im Amtslokal des Notariates Dübendorf sind heute erschienen:

1. Fritz Hobel, geb. 10.12.1975, von Wettingen AG, wohnhaft Tischlerstrasse 8, 8600 Dübendorf, handelnd für sich und als Bevollmächtigter für die Gründer
   - Max Hammer, geb. 9.11.1956, von Pfäffikon SZ, wohnhaft Ambossgasse 24, 8305 Dietlikon, gestützt auf die amtlich beglaubigte Vollmacht vom [Datum],
   - Marcel Marteau, geb. 2.7.1958, französischer Staatsangehöriger, rue des Enclumes 6, 1527 Villeneuve, gestützt auf die amtlich beglaubigte Vollmacht vom [Datum],
2. Anna Hobel, geb. 4.5.1978, von Wettingen AG, wohnhaft Tischlerstrasse 8, 8600 Dübendorf,
3. Xaver Mellinger-Hobel, geb. 8.8.1980, von Regensdorf ZH, wohnhaft Probsteigasse 2, 8604 Volketswil,

und erklären:

I.

Unter der Firma

Mellinger Büromöbel AG

gründen wir in Anwendung des Fusionsgesetzes (FusG) und gemäss den Bestimmungen des Schweizerischen Obligationenrechtes (OR) eine Aktiengesellschaft mit Sitz in Kloten.

II.

Diese Gründung stützt sich auf folgende, uns vorliegende Belege:

- Spaltungsplan gemäss Art. 36 und 37 FusG vom [Datum] der Hobel Möbel AG, Dübendorf, samt Inventar der zu übertragenden Vermögensteile mit Aktiven und Passiven.
- Öffentlich beurkundeter Spaltungsbeschluss der übertragenden Gesellschaft vom [Datum].
- Erklärungen im Sinne von Art. 106a Abs. 2 HRegV des Verwaltungsrats der beteiligten Gesellschaften, in denen nachgewiesen wird, dass
   a. die Gesellschaften als kleine und mittlere Unternehmen die Anforderungen nach Art. 2 Buchstabe e FusG erfüllen und
   b. sämtliche ihrer Aktionäre bzw. Gründer gestützt auf Art. 39 Abs. 2 und Art. 40 in Verbindung mit Art. 15 Abs. 2 FusG auf die Erstellung des Fusionsberichts und auf die Prüfung verzichtet haben.
- Gründungsbericht gemäss Art. 635 OR vom [Datum] über die Art und den Zustand der zu übertragenden Vermögensteile und die Angemessenheit der Bewertung, welcher von allen Gründern oder ihren Vertretern unterzeichnet worden ist.
- Prüfungsbestätigung gemäss Art. 635a OR vom [Datum] des Revisors Iwan Chlestakow, Buchweg 13, 8000 Zürich, wonach der Gründungsbericht vollständig und richtig ist.

III.

Das Aktienkapital der Gesellschaft beträgt Fr. 150 000.– und ist eingeteilt in 150 Namenaktien zu je Fr. 1000.–, welche zum Ausgabebetrag von Fr. 1200.– je Aktie gemäss Spaltungsplan wie folgt zugewiesen werden:

a)	50	Namenaktien	an Fritz Hobel
b)	15	Namenaktien	an Max Hammer
c)	15	Namenaktien	an Marcel Marteau
d)	20	Namenaktien	an Anna Hobel
e)	50	Namenaktien	an Xaver Mellinger-Hobel
	150	Namenaktien	total

Als Einlagen werden geleistet die im Inventar des Spaltungsplans der neu zu gründenden Gesellschaft zugeordneten Vermögensteile.

Dadurch sind die dem Ausgabebetrag aller Aktien entsprechenden Einlagen vollständig erbracht.

Der Spaltungsplan samt Inventar wird von uns ausdrücklich genehmigt.

IV.

Wir stellen fest, dass

1. sämtliche Aktien gültig zugewiesen sind;
2. die auf das Aktienkapital gemäss Spaltungsplan geleisteten Einlagen dem gesamten Ausgabebetrag entsprechen;
3. die gesetzlichen und statutarischen Anforderungen an die Leistung der Einlagen erfüllt sind.

V.

Den uns vorliegenden Statutenentwurf legen wir als gültige Statuten der in Gründung begriffenen Gesellschaft fest. Sie sind Bestandteil dieser Urkunde.

VI.

Wir bestellen als:

A. Verwaltungsrat

Xaver Mellinger-Hobel, geb. 8.8.1980, von Regensdorf ZH, wohnhaft Probsteigasse 2, 8604 Volketswil,

welcher hiermit die Annahme erklärt.

B. Revisionsstelle

Bilanzia Treuhand AG, Dunkelstrasse 7, 8000 Zürich.

Die Annahmeerklärung liegt vor.

VII.

Der soeben als Verwaltungsratsmitglied ernannte Gründer erklärt:

– Konstituierung und Zeichnungsberechtigung

Xaver Mellinger-Hobel ist einziges Mitglied des Verwaltungsrats mit Einzelunterschrift.

– Domizil

Das Domizil befindet sich an der Dorfstrasse 1 in 8302 Kloten (eigene Geschäftsräume).

VIII.

Abschliessend erklären wir die Gesellschaft den gesetzlichen Vorschriften entsprechend gegründet.

Der Verwaltungsrat muss die Gründung der Gesellschaft (gleichzeitig mit dem Spaltungsbeschluss der übertragenden Gesellschaft) selber dem zuständigen Handelsregisteramt zur Eintragung anmelden (vgl. Art. 51 Abs. 1 FusG sowie Art. 106 Abs. 1 und Art. 106d HRegV).

Dübendorf, [Datum]

....
Fritz Hobel   Anna Hobel   Xaver Mellinger-Hobel

Die unterzeichnende Urkundsperson bestätigt im Sinne von Art. 631 Abs. 1 OR, dass den erschienenen Personen alle in dieser Urkunde einzeln genannten Belege vorgelegen haben.

Diese Urkunde (mit Statuten) enthält den mir mitgeteilten Parteiwillen. Sie ist von den in der Urkunde genannten erschienenen Personen gelesen, als richtig anerkannt und unterzeichnet worden.

Dübendorf, [Datum]

[Beurkundung]

Anhang 107: Handelsregisterbelege (Spaltung; HRV 106a)

Liste der bei einer Spaltung dem Handelsregisteramt einzureichenden Belege (HRV 106a)

a) *Spaltungsvertrag* (FusG 36 I und 37) oder *Spaltungsplan* (FusG 36 II und 37);

b) öffentlich beurkundete *Spaltungsbeschlüsse* der beteiligten Gesellschaften (FusG 43 f.);

c) *Prüfungsberichte* der beteiligten Gesellschaften (FusG 40);

d) (soweit erforderlich:) Belege für die *Kapitalherabsetzung* bei der übertragenden Gesellschaft (FusG 32 i.V.m. 51 II);

e) (soweit erforderlich:) Belege für die *Kapitalerhöhung* bei der übernehmenden Gesellschaft (FusG 33);

f) (bei Neugründungen:) Belege für die *Neugründung* bei der neu eingetragenen übernehmenden Gesellschaft (FusG 34);

g) (bei einer KMU-Spaltung anstelle von lit. c:) von mindestens einem Mitglied des Verwaltungsrats unterschriebene Erklärung, dass sämtliche Gesellschafter auf die Erstellung des Spaltungsberichts oder die Prüfung verzichten und die Gesellschaft die Anforderungen gem. FusG 2 lit. e erfüllt (Formular «*KMU-Erklärung*» des Handelsregisteramts).

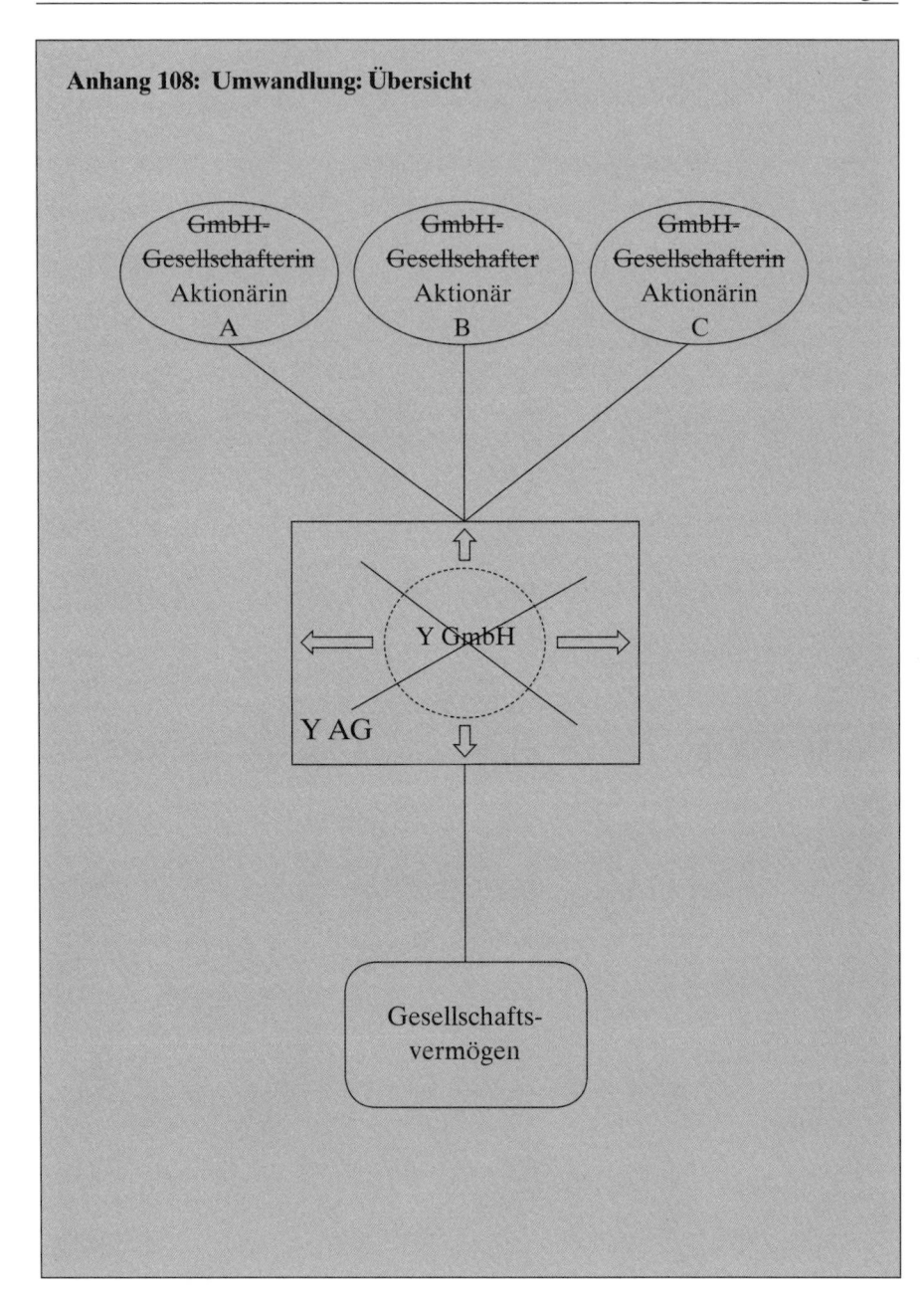

Anhang 108: Umwandlung: Übersicht

~~GmbH-Gesellschafterin~~
Aktionärin
A

~~GmbH-Gesellschafter~~
Aktionär
B

~~GmbH-Gesellschafterin~~
Aktionärin
C

~~Y GmbH~~
Y AG

Gesellschafts-
vermögen

17. Umstrukturierungen

Anhang 109: Mindestinhalt des Umwandlungsplans (FusG 60)

Gemäss FusG 60 lit. a–c muss der Umwandlungsplan enthalten:

a1. die *Firma*, den *Sitz* und die *Rechtsform vor* der Umwandlung;

a2. die *Firma*, den *Sitz* und die *Rechtsform nach* der Umwandlung;

b. die *neuen Statuten*;

c. die *Zahl, die Art und die Höhe der Anteile*, welche die Anteilsinhaber *nach* der Umwandlung erhalten, oder Angaben über die Mitgliedschaft der Gesellschafter nach der Umwandlung.

Anhang 110: Umwandlungsbeschluss (FusG 64 f.; Umwandlung AG in GmbH)

ÖFFENTLICHE URKUNDE

über die
Beschlüsse der Generalversammlung
- Umwandlung in GmbH (Rechtsformänderung) -

der

<u>Mellinger Büromöbel AG</u>

mit Sitz in Kloten

Im Amtslokal des Notariates Dübendorf hat heute eine ausserordentliche Generalversammlung der oben erwähnten Gesellschaft stattgefunden. Über deren Beschlüsse errichtet die unterzeichnende Urkundsperson nach den Bestimmungen des Fusionsgesetzes (FusG) bzw. des Schweizerischen Obligationenrechts (OR) diese öffentliche Urkunde.

I.

Herr Xaver Mellinger, Probsteigasse 2, 8604 Volketswil, einziges Mitglied des Verwaltungsrats, eröffnet die Versammlung, übernimmt den Vorsitz und amtet gleichzeitig als Protokollführer und Stimmenzähler.

Der Vorsitzende stellt fest:

– Es sind weder Organvertreter noch andere abhängige Stimmrechtsvertreter im Sinne von Art. 689c OR vorgeschlagen, noch üben Depotvertreter im Sinne von Art. 689d OR Mitwirkungsrechte aus;
– das gesamte Aktienkapital der Gesellschaft von Fr. 150 000.– ist vertreten;
– die heutige Generalversammlung ist als Universalversammlung im Sinne von Art. 701 OR konstituiert und beschlussfähig.

II.

Der Vorsitzende legt folgende Belege vor:
- Umwandlungsplan gemäss Art. 59 und 60 FusG vom [Datum] mit Umwandlungsbilanz.
- Statutenentwurf der umgewandelten Gesellschaft.
- Erklärung im Sinne von Art. 107 Abs. 2 HRegV des Verwaltungsrats der umzuwandelnden Gesellschaft, in welcher nachgewiesen wird, dass
  a. die Gesellschaft als kleines und mittleres Unternehmen die Anforderungen nach Art. 2 Buchstabe e FusG erfüllt und
  b. sämtliche Aktionäre gestützt auf Art. 61 Abs. 2 und Art. 62 Abs. 2 FusG auf die Erstellung des Umwandlungsberichts und auf die Prüfung verzichtet haben.

III.

Aufgrund dieser Belege beschliesst die Generalversammlung einstimmig:
1. Dem vorliegenden Umwandlungsplan wird zugestimmt.
2. Die bisherige Mellinger Büromöbel AG wird gestützt auf Art. 54 Abs. 1 lit. a Fus G durch Rechtsformänderung in eine Gesellschaft mit beschränkter Haftung gemäss Art. 772 ff. OR unter der Firma Mellinger Büromöbel GmbH umgewandelt.
3. In Anwendung der Bestimmungen von Art. 779 OR über die Gründung einer GmbH wird Folgendes festgesetzt und bestätigt:
   a) Der vorliegende Statutenentwurf wird, unter Verzicht auf artikelweise Beratung, als gültige Statuten der umgewandelten Gesellschaft festgelegt. Sie sind Bestandteil dieser Urkunde.
   b) Das Stammkapital beträgt Fr. 150 000.– und ist eingeteilt in 5 zu 100 % liberierte Stammeinlagen, welche die Aktionäre gemäss Umwandlungsplan anstelle ihrer bisherigen Beteiligungen wie folgt erhalten:
      - Fritz Hobel, geb. 10.12.1975, von Wettingen AG, wohnhaft Tischlerstrasse 8, 8600 Dübendorf, für seine 50 Namenaktien zu je Fr. 1'000.– eine Stammeinlage von Fr. 50 000.–,
      - Anna Hobel, geb. 4.5.1978, von Wettingen AG, wohnhaft Tischlerstrasse 8, 8600 Dübendorf, für ihre 20 Namenaktien zu je Fr. 1 000.– eine Stammeinlage von Fr. 20 000.–,
      - Max Hammer, geb. 9.11.1956, von Pfäffikon SZ, wohnhaft Ambossgasse 24, 8305 Dietlikon, für seine 15 Namenaktien zu je Fr. 1000.– eine Stammeinlage von Fr. 15 000.–,

- Marcel Marteau, geb. 2.7.1958, französischer Staatsangehöriger, rue des Enclumes 6, 1527 Villeneuve, für seine 15 Namenaktien zu je Fr. 1000.– eine Stammeinlage von Fr. 15 000.–,
- Xaver Mellinger, geb. 8.8.1980, von Regensdorf ZH, wohnhaft Probsteigasse 2, 8604 Volketswil, für seine 50 Namenaktien zu je Fr. 1000.– eine Stammeinlage von Fr. 50 000.–,

womit sämtliche Stammeinlagen zugeteilt sind.

c) Der gesetzliche bzw. der statutarisch festgesetzte höhere Betrag auf jede Stammeinlage ist entsprechend der vorliegenden Umwandlungsbilanz per [Datum] gedeckt.

d) Als Geschäftsführer wird bestimmt: Xaver Mellinger, geb. 8.8.1980, von Regensdorf ZH, wohnhaft Probsteigasse 2, 8604 Volketswil, mit Einzelunterschrift.

IV.

Der Geschäftsführer der umzuwandelnden Gesellschaft muss dem Handelsregisteramt diese Umwandlung zur Eintragung anmelden.

V.

Die unterzeichnende Urkundsperson bestätigt im Sinne von Art. 779 Abs. 3 OR, dass ihr und der Generalversammlung alle in dieser Urkunde einzeln genannten Belege vorgelegen haben.

Dübendorf, [Datum]

Notariat Dübendorf

[Unterschrift der Urkundsperson]

17. Umstrukturierungen

Anhang 111: Handelsregisterbelege (Umwandlung; HRV 107)

Liste der bei einer Umwandlung dem Handelsregisteramt einzureichenden Belege (HRV 107)

a) *Umwandlungsplan* (FusG 59 f.);
b) *Umwandlungsbilanz*, gegebenenfalls Zwischenbilanz (FusG 58);
c) öffentlich beurkundeter *Umwandlungsbeschluss* (FusG 64 f.);
d) *Prüfungsbericht* (FusG 62);
e) (soweit nach den Umständen erforderlich:) dieselben *Belege wie bei der Neugründung* der neuen Rechtsform (FusG 57);
f) (bei einer KMU-Umwandlung anstelle von lit. d:) von mindestens einem Mitglied des obersten Leitungsorgans unterschriebene Erklärung, dass sämtliche Gesellschafter auf die Erstellung des Umwandlungsberichts oder die Prüfung verzichten und die Gesellschaft die Anforderungen gem. FusG 2 lit. e erfüllt (Formular *«KMU-Erklärung»* des Handelsregisteramts).

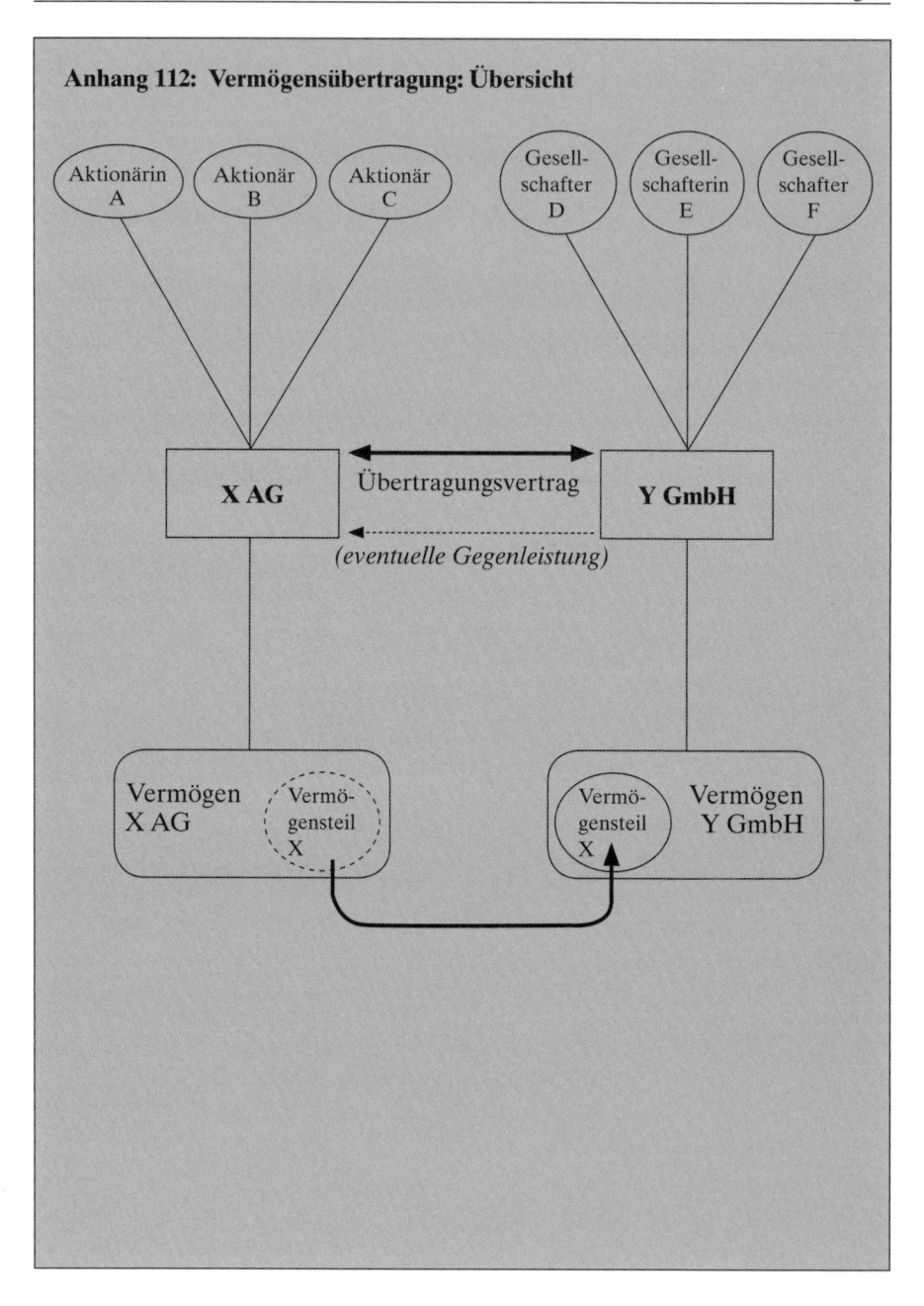

Anhang 112: Vermögensübertragung: Übersicht

- Aktionärin A
- Aktionär B
- Aktionär C
- Gesellschafter D
- Gesellschafterin E
- Gesellschafter F

X AG ←— Übertragungsvertrag —→ Y GmbH
(eventuelle Gegenleistung)

Vermögen X AG — Vermögensteil X

Vermögensteil X — Vermögen Y GmbH

17. Umstrukturierungen

Anhang 113: Mindestinhalt des Übertragungsvertrags (FusG 71)

Gemäss FusG 71 muss der Übertragungsvertrag enthalten:

a. die *Firma* oder den Namen, den *Sitz* und die *Rechtsform* der beteiligten Rechtsträger;

b. ein *Inventar* mit der eindeutigen Bezeichnung der zu übertragenden Gegenstände des Aktiv- und des Passivvermögens; Grundstücke, Wertpapiere und immaterielle Werte sind einzeln aufzuführen;

c. den *gesamten Wert* der zu übertragenden *Aktiven und Passiven* (wobei ein Aktivenüberschuss ausgewiesen werden muss; FusG 71 II);

d. die allfällige *Gegenleistung*;

e. eine *Liste der Arbeitsverhältnisse*, die mit der Vermögensübertragung übergehen.

Anhang 114: Handelsregisterbelege (Vermögensübertragung; HRV 108)

Liste der bei einer Fusion dem Handelsregisteramt einzureichenden Belege (HRV 108)

a) *Übertragungsvertrag* (FusG 70 f.);

b) (sofern der Übertragungsvertrag nicht von allen Mitgliedern der obersten Leitungsorgane der beteiligten Rechtsträger unterzeichnet worden ist:) Auszüge aus den *Protokollen der obersten Leitungsorgane* der beteiligten Rechtsträger über den Abschluss des Übertragungsvertrags (FusG 70 I).

18. Der Unternehmenskauf

A) Übersicht

Das Spektrum der Unternehmenskäufe reicht vom publizitätsträchtigen Übernahmekampf um eine Publikumsgesellschaft («Take-over») über den Kauf einer AG durch ihr eigenes Kader («Management-Buy-out», «MBO») bis zur Übertragung einer Einpersonen- oder Familien-AG auf einen Unternehmensnachfolger, wobei ein ganzes Unternehmen oder auch bloss Unternehmensteile übertragen werden können.

18.1 Wirtschaftliche Erscheinungsformen

Alle diese wirtschaftlichen Vorgänge können rechtlich sehr unterschiedlich ausgestaltet sein. Beim *Unternehmenskauf* steht die Unterscheidung im Vordergrund, ob die *Aktiven und Passiven* des Unternehmens gekauft werden («Purchase of Assets»; Vermögensübertragung gem. FusG 69 ff.; N 17.36 ff., 18.3; Anhang 115 lit. B) oder aber die *Aktien* der AG, welcher das Unternehmen gehört («Purchase of Shares»; N 18.4 ff.; Anhang 115 lit. A). Was dem Unternehmer hier als gehupft wie gesprungen erscheinen mag, weist rechtlich einschneidende Unterschiede mit entsprechenden Risiken auf und verlangt insbesondere auch völlig verschiedene Kaufverträge. Ein Unternehmen kann aber nicht nur auf dem Weg eines Kaufs (der Aktien oder des Geschäfts) übernommen werden: Die übertragende AG kann ihr *Unternehmen* z.B. auch als Sacheinlage (N 4.20 ff., 13.11) in die übernehmende AG einbringen, wofür sie von dieser Aktien erhält, die sie im Rahmen ihrer nachfolgenden Liquidation an ihre Aktionäre verteilt *(unechte Fusion);* oder die Aktionäre der übernommenen AG bringen ihre *Aktien* als Sacheinlage in die übernehmende AG ein und erhalten im Gegenzug Aktien von dieser *(Quasifusion).* Endlich – und vor allem – steht natürlich auch die Möglichkeit einer (echten) *Fusion* gem. FusG 3 ff. offen (N 17.4 ff.).

18.2 Rechtliche Erscheinungsformen

B) Der Kauf von Aktiven und Passiven («Purchase of Assets»)

18.3 Vor- und Nachteile

Verkauft eine AG alle ihre Aktiven und Passiven – ihr ganzes Unternehmen – oder zumindest einen eine betriebliche Einheit bildenden Teil davon, so geschieht dies auf dem Weg der *Vermögensübertragung gem. FusG 69 ff.* (N 17.36 ff.). Gegenüber einem Verkauf der Aktiengesamtheit («share deal») ist dies insofern aufwändiger, als alle zu übertragenden Aktiven und Passiven sowie die Arbeitsverhältnisse genau zu bezeichnen, die vom FusG vorgeschriebenen Verfahrensschritte (N 17.39 ff.) einzuhalten und allenfalls von Vertragspartnern Zustimmungen zum Vertragsübergang einzuholen sind, während bei einem Aktienkauf einzig und allein die Aktien übertragen werden müssen, wofür – theoretisch! – nicht einmal ein schriftlicher Kaufvertrag erforderlich wäre. Umgekehrt hat der Käufer bei einer Vermögensübertragung («asset deal») die Gewissheit, wirklich nur jene Verbindlichkeiten übernommen zu haben, welche einzeln aufgelistet wurden, während er beim «share deal» eine AG mit einem ihm unbekannten Vorleben – eine «Wundertüte» – erwirbt. In aller Regel wird daher ein externer Käufer einen «asset deal», der Verkäufer dagegen – um nicht auf einer ausgehöhlten AG mit «Restverbindlichkeiten» sitzen zu bleiben – einen «share deal» auszuhandeln versuchen.

C) Der Aktienkauf («Purchase of Shares»)

a) Der Kauf von Aktien einer privaten AG

18.4 Kaufobjekt und Gewährleistung

Wer ein Unternehmen erwerben will, indem er die AG kauft, muss sich bewusst sein, dass er «nur» Aktien kauft und sich die *Gewährleistungspflicht* des Verkäufers grundsätzlich auch nur auf diese bezieht. Alles, was für den Käufer darüber hinaus von Bedeutung ist – insbesondere natürlich der wirtschaftliche Wert des Unternehmens –, muss er sich deshalb vom Verkäufer ausdrücklich und im Einzelnen zusichern lassen. Allein schon dies führt dazu, dass Aktienkaufverträge, mit denen die Herrschaft über ein Unternehmen übertragen werden soll, oftmals sehr komplex und umfangreich ausfallen (Anhang 118).

18.5 Erforderliche Abklärungen

Sodann hat der Käufer eine Vielzahl von Unterlagen und Sachverhalten zu prüfen: Handelsregisterauszug, Statuten – insbesondere im Hinblick auf Vinkulierungsbestimmungen (N 5.49!) –, Reglemente,

Aktienbuch, Generalversammlungs- und Verwaltungsratsprotokolle, Organisation des Rechnungswesens und Controllings, revidierte Jahres- und aktuelle Zwischenabschlüsse, Buchungsbelege, langfristige Verträge, arbeitsrechtliche Verhältnisse (einschliesslich Erfüllung aller AHV- und BVG-Obliegenheiten), Versicherungen, Steuern, hängige Gerichtsverfahren, Lizenzen, Patente, Marken, Kontingente, Berechtigung an der Software, Liegenschaften (Mietverhältnisse, Sanierungsbedarf, Altlasten etc.), Einhaltung der Umweltschutz-Vorschriften usw.

18.6
Mehrstufiges Verfahren

Da der Verkäufer oftmals nicht geneigt ist, einem Kaufinteressenten schon vor Vertragsabschluss Einblick in alle diese Gesellschaftsinterna zu gewähren, werden Aktienkäufe häufig zweistufig abgewickelt: Zuerst wird ein Kaufvertrag mit allen – einstweilen nicht überprüfbaren – Zusicherungen des Verkäufers unterzeichnet («*Signing*»), dann wird dem Käufer Einblick gewährt, und erst nach dieser detaillierten Prüfung («*Due Diligence*») erfolgt die Aushändigung der Aktien gegen Bezahlung des – allenfalls angepassten – Kaufpreises («*Closing*»). Eine etwas vereinfachte Variante für weniger komplexe oder gewichtige Transaktionen besteht darin, dass die Parteien zunächst in einem *«Letter of Intent»* (Absichtserklärung; Anhang 116) unverbindlich ihre ungefähren gemeinsamen Vorstellungen über die Eckwerte des in Aussicht genommenen Unternehmenskaufs festhalten, der Käufer dann nach Unterzeichnung einer *Geheimhaltungserklärung* (Anhang 117) das Unternehmen prüft, wonach der *Kaufvertrag* (Anhang 118) abgeschlossen und vollzogen wird. Viel einfacher gestalten sich die Verhältnisse natürlich immer dann, wenn der Käufer die AG und deren Unternehmen in- und auswendig kennt und sein Risiko entsprechend zuverlässig abschätzen kann – etwa weil er während Jahren im Unternehmen mitgearbeitet und mitentschieden hat –; In solchen Fällen erübrigt sich nicht nur eine Prüfung des Unternehmens, sondern wird auch der Gewährleistungskatalog im Kaufvertrag auf ein paar wenige Klauseln reduziert. Der Vollständigkeit halber sei darauf hingewiesen, dass in komplexeren Verhältnissen oftmals auch noch eine *Sicherstellung des Vertragsvollzugs und der Gewährleistungsansprüche* vereinbart wird. Zu diesen Vorkehren gehört insbesondere das *Escrow Agreement*, in welchem sich ein Rechtsanwalt oder Treuhänder als Escrow Agent verpflichtet, den ihm vom Käufer überwiesenen Kaufpreis und die ihm vom Verkäufer übergebenen Aktien unter genau definierten Bedingungen je der Gegenpartei auszuhändigen. Einen ähnlichen Effekt können die Vertragsparteien auch durch Einrichtung eines gemeinsamen Bankkontos («joint account», «compte joint») oder -schrankfachs oder durch ein Dokumentenakkreditiv erzielen.

18.7
Beizug von Fachleuten

In aller Regel machen auch in kleinen Verhältnissen nur schon die Bestimmung des Unternehmenswerts, die Abklärung der Rechts- und Steuerfolgen der verschiedenen Übernahmevarianten, die Finanzierung, die Vertragsredaktion etc. den Beizug juristischer und betriebswirtschaftlicher Fachleute unumgänglich.

b)   Der Kauf von Aktien einer börsenkotierten AG

18.8
Übernahme einer Publikumsgesellschaft

Die Übernahme einer Publikumsgesellschaft kann entweder durch sukzessiven Aufkauf von deren Aktien erfolgen (N 18.9) oder aber «auf einen Schlag» durch Unterbreitung eines öffentlichen Kaufangebots an die Aktionäre der Zielgesellschaft («Tender Offer»; N 18.10). Ein solches öffentliches Kaufangebot erfolgt entweder in Absprache mit dem Verwaltungsrat der Zielgesellschaft («Friendly Take-over») oder aber gegen dessen Willen bzw. heimlich («Unfriendly Take-over», « Hostile Take-over»).

18.9
Sukzessiver Aufkauf

Das Börsengesetz schiebt der schleichenden Machtübernahme durch sukzessiven Aktienaufkauf einen Riegel, indem es den Erwerber börsenkotierter Aktien verpflichtet, (a) der Zielgesellschaft jeweils zu melden, wenn er die *Stimmrechtsschwellen* von 5, 10, 20 oder $33^1/_3$ % erreicht bzw. überschritten hat (BEHG 20; N 5.64, 7.7), und (b) bei Überschreitung der $33^1/_3$ %-Schwelle für alle kotierten Beteiligungspapiere ein *öffentliches Kaufangebot* (N 18.10) zu unterbreiten (BEHG 32; vorbehältlich eines Opting-out oder Opting-up der Zielgesellschaft, BEHG 22 II, 32 I; N 2.35, 5.66, 7.7, 8.18).

18.10
Öffentliches Kaufangebot

Wer ein öffentliches Kaufangebot lancieren will «für Beteiligungen an schweizerischen Gesellschaften, deren Beteiligungspapiere mindestens teilweise an einer Börse in der Schweiz kotiert sind» (BEHG 22 I), muss dies in einem vom Börsengesetz genau

18. Der Unternehmenskauf

festgelegten Verfahren (BEHG 22 ff., 52 f.) und unter der Aufsicht der *Übernahmekommission* (BEHG 23) tun, welche eine entsprechende Übernahmeverordnung (UEV-UEK) erlassen hat: Er ist insbesondere verpflichtet, einen *Angebotsprospekt* mit *wahren und vollständigen Informationen* zu veröffentlichen (BEHG 24 I; UEV-UEK 17 ff.) und *alle Aktionäre gleich zu behandeln* (BEHG 24 II; UEV-UEK 10). Das Angebot ist vor seiner Veröffentlichung einer von der Aufsichtsbehörde anerkannten Revisionsstelle oder einem Effektenhändler zur *Prüfung* zu unterbreiten (BEHG 25; UEV-UEK 25 ff.). Der *Verwaltungsrat der Zielgesellschaft* muss zuhanden von deren Aktionären eine *Stellungnahme zum Kaufangebot* veröffentlichen (BEHG 29 I; UEV-UEK 29 ff.) und darf bis zur Publikation des Angebots-Ergebnisses den *Aktiv- oder Passivbestand der Zielgesellschaft* nicht mehr erheblich verändern (BEHG 29 II; UEV-UEK 34 ff.; N 18.11). Während der Angebotsfrist gilt eine *verschärfte Meldepflicht*: Der Anbieter sowie alle Personen(gruppen), welche mindestens 5 % der Stimmrechte der Zielgesellschaft halten, müssen der Übernahmekommission und der Börse täglich alle von ihnen getätigten Transaktionen melden (BEHG 31; UEV-UEK 37 ff.). Nach *Ablauf der Angebotsfrist* muss der Anbieter das *Ergebnis seines Angebots veröffentlichen* (BEHG 27 I; UEV-UEK 43 ff.). Wurden die Angebotsbedingungen erfüllt, muss er die *Angebotsfrist* für jene Aktionäre *verlängern*, welche das Angebot noch nicht angenommen haben (BEHG 27 II; UEV-UEK 45). Hat er im Rahmen seines öffentlichen Kaufangebots mehr als *98 % der Stimmrechte* erworben, kann er innerhalb von drei Monaten die restlichen Aktien richterlich kraftlos erklären lassen und die betroffenen Aktionäre zum Angebotspreis entschädigen *(«squeeze-out»*; BEHG 33; N 6.64; Anhang 41).

In der Praxis entwickelte sich ein ganzes Arsenal von Abwehrmassnahmen, um unfreundliche Übernahmen abzuwehren: Dazu gehören etwa die Einführung von vinkulierten Namenaktien, Stimmrechtsaktien, Beschlussfassungsquoren oder Stimmrechts- und Vertretungsbeschränkungen, die zeitliche Staffelung der Amtsdauern im Verwaltungsrat («staggered board»; N 9.64), «Giftpillen» in Form von sehr vorteilhaften Optionen zugunsten der alten Aktionäre im Übernahmefall (bis hin zum Anspruch

18.11
Abwehrmassnahmen

auf Gratisaktien), eine Kapitalerhöhung zugunsten nahestehender Personen, der Aktienaufkauf durch solche Personen («white knight»), die Veräusserung der attraktiven «Kronjuwelen» der Gesellschaft, die Verpflichtung der AG, den Mitgliedern ihres Verwaltungsrats und ihrer Geschäftsleitung bei einem Kontrollwechsel hohe Abgangsentschädigungen zu bezahlen, («golden parachutes») etc. Die – nur bei öffentlichen Übernahmeangeboten für börsenkotierte Aktien zur Anwendung gelangende – *Übernahmeverordnung* (N 18.10) *verbietet* dem *Verwaltungsrat* einer Zielgesellschaft folgende dieser Abwehrmassnahmen: (a) den Verkauf oder Erwerb von Betriebsteilen mit einem Wert oder zu einem Preis von mehr als 10% der Bilanzsumme; (b) den Verkauf oder die Belastung von Betriebsteilen oder von immateriellen Werten, welche der Anbieter als Hauptgegenstand seiner Offerte bezeichnet hat («crown jewels»); (c) «golden parachutes», (d) Aktienausgabe aufgrund des genehmigten Kapitals ohne Bezugsrecht der Aktionäre und ohne entsprechende Ermächtigung für den Fall eines Übernahmeangebots im Kapitalerhöhungsbeschluss der Generalversammlung (UEV-UEK 35 II lit. a–d); (e) alle Abwehrmassnahmen, die das Gesellschaftsrecht offensichtlich verletzen (UEV-UEK 36). Zulässig bleiben sämtliche Massnahmen, welche die *Generalversammlung* beschliesst (Übertragungs-, Stimmrechts- und Vertretungsbeschränkungen; Beschlussfassungsquoren; «staggered board»; vorteilhafte Optionen und andere «poison pills»; BEHG 29 II). Dem Verwaltungsrat verbleibt als zulässige Abwehrmassnahme im Wesentlichen die Suche nach ihm genehmeren Kaufinteressenten («white knights» oder MBO; N 18.1).

18. Der Unternehmenskauf

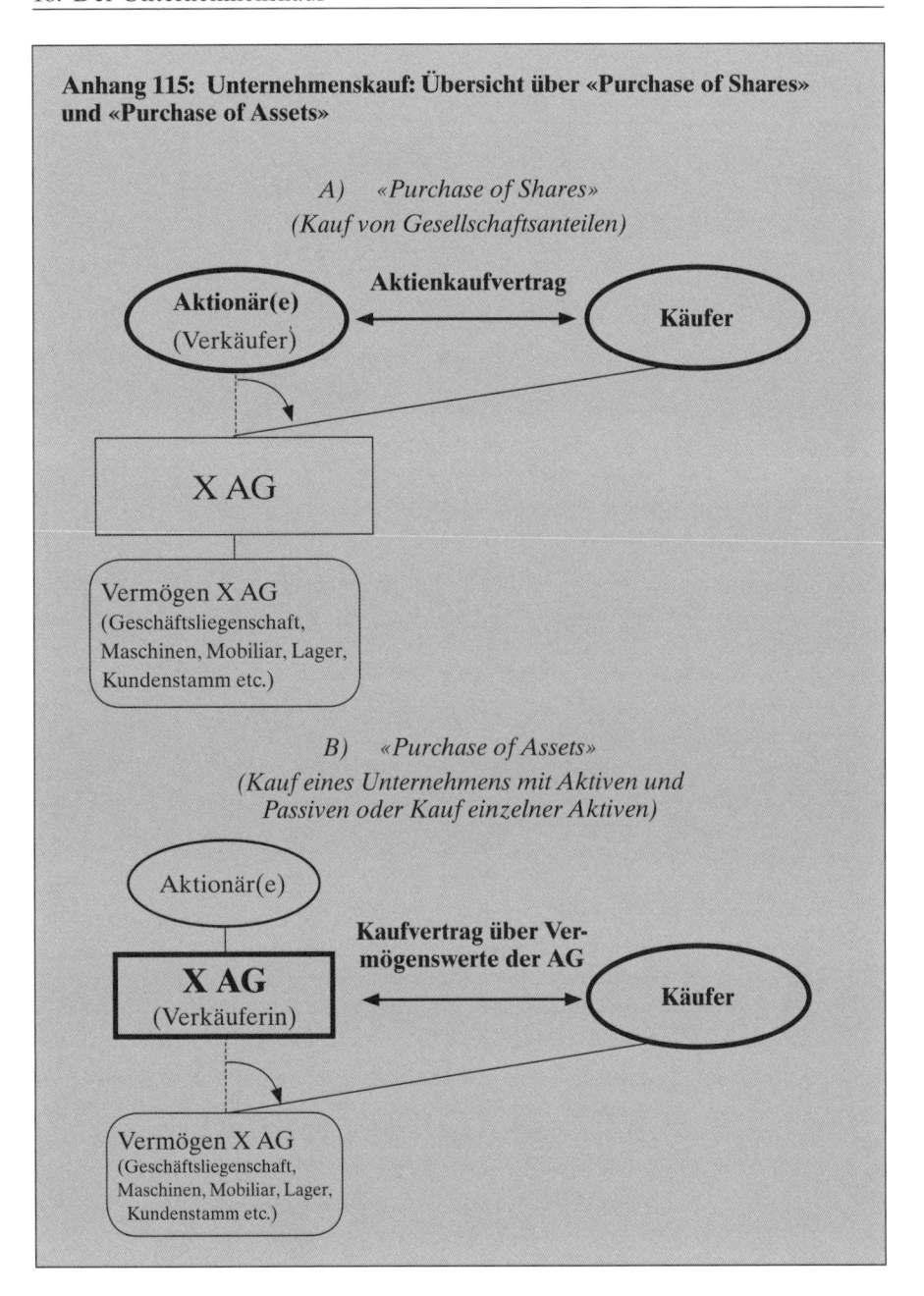

Anhang 115: Unternehmenskauf: Übersicht über «Purchase of Shares» und «Purchase of Assets»

A) *«Purchase of Shares»*
(Kauf von Gesellschaftsanteilen)

Aktionär(e) (Verkäufer) ←—Aktienkaufvertrag—→ Käufer

X AG

Vermögen X AG
(Geschäftsliegenschaft, Maschinen, Mobiliar, Lager, Kundenstamm etc.)

B) *«Purchase of Assets»*
(Kauf eines Unternehmens mit Aktiven und Passiven oder Kauf einzelner Aktiven)

Aktionär(e)

X AG (Verkäuferin) ←—Kaufvertrag über Vermögenswerte der AG—→ Käufer

Vermögen X AG
(Geschäftsliegenschaft, Maschinen, Mobiliar, Lager, Kundenstamm etc.)

Anhang 116: Letter of Intent (Aktienkauf)

LETTER OF INTENT

zwischen

Fritz Hobel,
Tischlerstrasse 8, 8600 Dübendorf,

und

Detlev Schreiber,
Buchhaldenstrasse 7, 8304 Wallisellen,

betreffend den Erwerb der Aktien der Hobel Möbel AG

Die Parteien stehen in Verhandlungen über einen allfälligen Verkauf der Aktiengesamtheit der Hobel Möbel AG durch Fritz Hobel an Detlev Schreiber. Ohne sich in irgendeiner Weise rechtlich binden zu wollen, halten sie ihre gegenwärtige Absicht freibleibend wie folgt fest:

A) *Kaufobjekt*
– sämtliche Aktien der Hobel Möbel AG.

B) *Kaufpreis*
– ca. Fr. 500 000.– bis Fr. 800 000.–

C) *Vorgehen*
– Nach Abgabe einer Vertraulichkeitserklärung (mit Konventionalstrafe) wird Detlev Schreiber unter Beizug seines Treuhänders eine Due Diligence in den Geschäftsräumlichkeiten der Hobel Möbel AG durchführen. Danach soll der Kaufvertrag fertig ausgehandelt und dann in einem Zug unterzeichnet und vollzogen werden.

D) *Gewährleistungen*
– Fritz Hobel wird alle üblichen Gewährleistungen abgeben.
– Eine Wandelung des Kaufvertrages soll ausgeschlossen sein.
– Für die beim Zürcher Handelsgericht pendente Klage der HHG Holzhandel Grünauer GmbH ist noch eine Lösung zu finden.

E) Gerichtsstand
- Dübendorf.

F) Vertragskosten
- Die Parteien vereinbaren hiermit für den Fall des Scheiterns der Vertragsverhandlungen, dass jede Partei ihre eigenen Kosten trägt. Vorbehalten bleibt eine Haftung für treuwidriges Verhalten nach den Regeln der culpa in contrahendo.

Lit. A bis E hievor sind unverbindliche Absichtserklärungen, bezüglich welchen den Parteien jeglicher rechtlicher Bindungswille fehlt.

Lit. F hievor stellt eine rechtsverbindliche vertragliche Vereinbarung dar.

Dübendorf, [Datum]

_____   _____
Fritz Hobel   Detlev Schreiber

Anhang 117: Geheimhaltungserklärung (Aktienkauf)

Detlev Schreiber
Buchhaldenstrasse 7
8304 Wallisellen

                                        Fritz Hobel
                                        Tischlerstrasse 8
                                        8600 Dübendorf

GEHEIMHALTUNGSERKLÄRUNG

Sehr geehrter Herr Hobel

Wir verhandeln über einen Verkauf der Aktiengesamtheit der Hobel Möbel AG an mich (nachfolgend: «Aktienkauf») und haben heute einen entsprechenden Letter of Intent unterzeichnet. In diesem Zusammenhang verpflichte ich mich Ihnen gegenüber wie folgt:

1. Ich werde sowohl die Tatsache, dass wir über einen Verkauf der Hobel Möbel AG verhandeln, als auch alle vertraulichen Informationen und Unterlagen, welche Sie mir über die Hobel Möbel AG zur Verfügung gestellt haben und noch zur Verfügung stellen werden, strikt geheim halten und – unter Vorbehalt von Ziff. 2 hiernach – an niemanden weitergeben. Keine «vertraulichen Informationen und Unterlagen» im Sinne dieser Erklärung bilden solche, die nachweisbar allgemein bekannt oder zugänglich sind.

2. Ich werde vertrauliche Informationen und Unterlagen nur an Hilfspersonen weitergeben, die ich im Zusammenhang mit dem Aktienkauf beiziehe (Wirtschaftsprüfer, Rechtsanwälte etc.), und von diesen eine ähnliche Geheimhaltungserklärung unterzeichnen lassen wie die vorliegende. Für durch diese Personen vorgenommene Geheimnisverletzungen hafte ich wie für eigene.

3. Ich werde die vertraulichen Informationen und Unterlagen ausschliesslich im Zusammenhang mit dem Aktienkauf verwenden. Sollte dieser nicht zustande kommen, händige ich Ihnen alle vertraulichen Unterlagen sowie Kopien von solchen unaufgefordert aus und lösche ich unaufgefordert alle entsprechenden elektronisch gespeicherten Daten.

4. Für jede Verletzung der mit dieser Erklärung eingegangenen Pflichten schulde ich Ihnen eine Konventionalstrafe in der Höhe von Fr. 10 000.–, wobei je zehn Tage einer fortgesetzten Zuwiderhandlung als unabhängige und selb-

ständige Zuwiderhandlung gelten. Die Bezahlung der Konventionalstrafe enthebt mich nicht von der Einhaltung meiner Verpflichtungen und vom Ersatz jeglichen aus der Pflichtverletzung entstandenen Schadens.

Wallisellen, [Datum]

_____
Detlev Schreiber

Anhang 118: Aktienkaufvertrag

KAUFVERTRAG

zwischen

Fritz Hobel,
Tischlerstrasse 8, 8600 Dübendorf,

Verkäufer

und

Detlev Schreiber,
Buchhaldenstrasse 7, 8304 Wallisellen,

Käufer

betreffend

Kauf/Verkauf sämtlicher Aktien
der
Hobel Möbel AG, Dübendorf

(nachfolgend «die Gesellschaft» genannt)

I. Grundlagen

1. Der Verkäufer ist Eigentümer sämtlicher 200 Namenaktien der Gesellschaft. Die Namenaktien haben einen Nennwert von Fr. 500.– und sind voll einbezahlt. Hauptzweck der Gesellschaft ist der Betrieb einer Schreinerei. Der Verkäufer beabsichtigt, sämtliche 200 Namenaktien der Gesellschaft zu verkaufen.

2. Der Käufer beabsichtigt, sämtliche 200 Namenaktien der Gesellschaft zu erwerben, um mit dieser die Schreinerei weiterbetreiben zu können.

II. Kaufgegenstand

3. Der Verkäufer verpflichtet sich, dem Käufer sämtliche 200 Namenaktien der Gesellschaft in einem Zug zu verkaufen und dem Käufer an diesen das unbeschränkte und unbeschwerte Eigentum zu verschaffen.

4. Der Käufer verpflichtet sich, vom Verkäufer sämtliche 200 Namenaktien der Gesellschaft zu kaufen und ihm den nachstehend festgelegten Kaufpreis zu bezahlen.

III. Kaufpreis

5. Der Kaufpreis für die Aktien beträgt insgesamt Fr. 600 000.–. Er beruht auf dem Zwischenabschluss der Gesellschaft per [Datum] (nachfolgend «Zwischenabschluss») und berücksichtigt auch Werte wie Goodwill, Kundenstamm etc. Der Zwischenabschluss wird diesem Vertrag als Bestandteil beigefügt (Anhang 1).

6. Die Bezahlung des Kaufpreises erfolgt mit Bankcheck einer schweizerischen Grossbank.

IV. Vollzug

7. Dieser Vertrag wird heute unmittelbar im Anschluss an seine Unterzeichnung vollzogen.

8. Der Verkäufer übergibt dem Käufer dabei Zug um Zug gegen den in Ziff. 6 genannten Bankcheck über Fr. 600 000.–:

   a) blankoindossierte, mit dem Genehmigungsvermerk des Verwaltungsrats versehene Einzeltitel oder Aktienzertifikate, welche sämtliche Aktien der Gesellschaft verkörpern;

   b) eine auf heute wirksame Rücktrittserklärung des einzigen Mitglieds des Verwaltungsrats der Gesellschaft;

   c) eine vom Verkäufer unterzeichnete Vereinbarung über die Auflösung seines Arbeitsverhältnisses mit der Gesellschaft per heute mit Saldoklausel;

   d) eine durch den Verwaltungsrat rechtsgültig unterzeichnete Genehmigung der Aktienübertragung;

   e) das Aktienbuch der Gesellschaft.

V. Rückwirkung

9. Nutzen und Gefahr gehen am [Datum] und unter Vorbehalt des vertragsgemässen Vollzugs auf den Käufer über.

VI. Gewährleistungen, Zusicherungen und Garantien des Verkäufers

10. In Bezug auf die Gesellschaft und den Wert von deren Aktien gibt der Verkäufer folgende Gewährleistung ab:

    a) Die Gesellschaft besteht als juristische Person, befindet sich nicht in Liquidation und ist auch sonst in keiner Weise in ihrem rechtlichen Bestand gefährdet.

    b) Der dem Käufer bekannte Handelsregisterauszug vom [Datum] sowie die dem Käufer ebenfalls bekannten Statuten vom [Datum] stimmen mit den heute gültigen Handelsregistereintragungen sowie den heute gültigen Statuten der Gesellschaft überein, und alle eintragungspflichtigen und -fähigen Tatsachen sind heute im Handelsregister des Kantons Zürich eingetragen.

c) Das Aktienkapital der Gesellschaft beträgt heute nominal Fr. 100 000.– und ist voll eingezahlt, voll gedeckt, nicht verpfändet und auch sonst in keiner Weise belastet.

d) Der Verkäufer ist in seiner Verfügungsbefugnis über die Aktien der Gesellschaft in keiner Weise beschränkt. Der Übertragung der Aktien auf den Käufer stehen weder Rechte Dritter entgegen, noch sind die Aktien der Gesellschaft mit Pfandrechten oder anderen Rechten belastet.

e) Weder durch den Abschluss dieses Vertrages noch durch die Übereignung der Aktien der Gesellschaft werden irgendwelche Dritte in irgendeiner Weise an diesen Aktien berechtigt, noch erhalten sie irgendwelche Ansprüche auf Zahlung von Entschädigungen, Vergütungen oder dergleichen gegenüber dem Käufer.

f) Der Käufer erwirbt mit dem Vollzug dieses Vertrages das uneingeschränkte und unbelastete Eigentum an sämtlichen Aktien der Gesellschaft mit allen dazugehörigen Mitgliedschaftsrechten.

g) Der Zwischenabschluss ist vollständig und richtig und gibt ein vollständiges und richtiges Bild der finanziellen Verhältnisse der Gesellschaft zum Abschlusstag und des Ergebnisses des Geschäftsbetriebes für die Rechnungsperiode. Der Abschluss ist unter Beachtung der gesetzlichen Vorschriften und im Einklang mit den allgemein anerkannten Grundsätzen ordnungsgemässer Buchführung und Bilanzierung aufgestellt. Die in der Bilanz aufgeführten Aktiven gehören der Gesellschaft zu unbeschwertem Eigentum. Alle erkennbaren Risiken, Wertminderungen und Verluste sind durch ausreichende Abschreibungen, Wertberichtigungen oder Rückstellungen berücksichtigt. Auch bestehen zum [Datum] keine in der Einbringlichkeit gefährdeten Debitoren, welche die in der Bilanz vorhandene Delkredere-Rückstellung übersteigen, noch bestehen zum [Datum] Verbindlichkeiten, welche nicht aufgeführt sind.

h) Veränderungen an sämtlichen Positionen des Umlauf- und Anlagevermögens, insbesondere solche an Kassa, Postcheck, Bankkonten und Debitoren, wurden in der Zeit zwischen dem massgebenden Bilanzstichtag vom [Datum] und heute nur insoweit vorgenommen, als sie sich aus der Fortführung der normalen Geschäftstätigkeit der Gesellschaft ergeben, und werden die geschäftliche oder finanzielle Situation der Gesellschaft in keiner Weise beeinträchtigen.

i) Die Gesellschaft hat zwischen dem massgebenden Bilanzstichtag vom [Datum] und heute keinerlei Gewinnausschüttungen vorgenommen. Ab heute werden solche nur noch an den Käufer erfolgen.

j) Heute bestehen keine weiteren Verpflichtungen der Gesellschaft – auch keine bedingten oder befristeten – als jene, welche im Zwischenabschluss ausgewiesen oder nach dem [Datum] im Rahmen der Fortführung der normalen Geschäftstätigkeit entstanden sind und keine erheblichen geschäftlich oder finanziell nachteiligen Folgen für die Gesellschaft haben.

k) Die Geschäfte der Gesellschaft wurden in Übereinstimmung mit allen privat- und öffentlichrechtlichen Bestimmungen geführt, und es wurden keine Rechte Dritter verletzt. Die Gesellschaft hat namentlich stets die anwendbaren Vorschriften des Umwelt-, Brand- und Arbeitsschutzes befolgt. Es sind keine Umstände bekannt, die in absehbarer Zeit eine Änderung der Betriebseinrichtungen notwendig machen würden. Es bestehen keine Altlasten, die zu öffentlichrechtlichen Sicherungs- oder Sanierungsansprüchen oder zu vertraglichen oder ausservertraglichen Schadenersatzansprüchen führen könnten.

l) Die Gesellschaft ist heute an keinerlei Rechtsstreitigkeiten, Straf-, Verwaltungs- oder anderen Verfahren beteiligt, und es sind auch keine Umstände bekannt oder erkennbar, welche die Einleitung solcher Verfahren erwarten oder als ratsam bzw. notwendig erscheinen lassen. Weiter liegen am Vollzugstermin keine Entscheide oder sonstige behördlichen Anordnungen vor, welche die Gesellschaft zu irgendwelchen Leistungen oder Unterlassungen verpflichten oder die Gesellschaft sonstwie betreffen. Von dieser Gewährleistung ausgenommen ist der in lit. u hiernach erwähnte Prozess.

m) Die Gesellschaft hat alle Steuererklärungen korrekt eingereicht und alle Steuern sowie alle gegen sie allenfalls festgesetzten Verzugszinsen, Gebühren und Strafen bezahlt. Die per [Datum] geschuldeten Steuern sind im Zwischenabschluss vollständig zurückgestellt. Es bestehen keine Umstände, die zu Steuernachforderungen oder Strafsteuern führen könnten; insbesondere hat die Gesellschaft keine steuerbaren geldwerten Leistungen ausgeschüttet.

n) Alle anderen staatlichen Abgaben und Versicherungen sind bis und mit [Datum] berücksichtigt, und es ist mit keinen Nachbelastungen irgendwelcher Art zu rechnen.

o) Die Gesellschaft hat ausser den dem Käufer bekannten Arbeitsverträgen mit den im *Anhang 2* aufgeführten Arbeitnehmern keine weiteren Arbeitsverträge abgeschlossen.

p) Die Gesellschaft hat neben den dem Käufer bekannten, für die in lit. o hiervor erwähnten Arbeitnehmer getroffenen keine weiteren Pensions-, Unterstützungs-, Krankenvorsorge-, Tantiemen-, Gewinnbeteiligungsvereinbarungen oder ähnliche Abmachungen getroffen, welche irgendwelche Ansprüche von gegenwärtigen oder früheren Arbeitnehmern der Gesellschaft begründen. Auch Ansprüche auf arbeitsrechtliche Abgangsentschädigungen sind bisher weder entstanden noch werden solche im Verlauf der auf den Vollzugstermin folgenden zwei Jahre entstehen.

q) Es bestehen keine Ansprüche Dritter und Verpflichtungen der Gesellschaft aus Sozialversicherungen (einschliesslich BVG), die im Zwischenabschluss nicht erwähnt sind oder vorhandene Rückstellungen übersteigen würden. Die Personalfürsorgestiftung ist, versicherungsmathematisch kalkuliert, genügend finanziert, um ihren Verpflichtungen nachkommen zu können.

r) Mit Ausnahme des dem Käufer bekannten Mietvertrags vom [Datum] über die Geschäftslokalität an der Bahnhofstrasse 2 in 8600 Dübendorf bestehen keinerlei langfristigen vertraglichen Verpflichtungen der Gesellschaft.

s) Der Mietvertrag gem. lit. r hiervor ist ungekündigt, und für den Verkäufer sind keinerlei Anhaltspunkte für eine Beendigung dieses Rechtsverhältnisses erkennbar.

t) Die Gesellschaft verfügt über sämtliche Rechte an aller in ihrem Unternehmen benutzten Software.

u) Die Gesellschaft hat für den beim Zürcher Handelsgericht hängigen Prozess über die Klage der HHG Holzhandel Grünauer GmbH im Zwischenabschluss Fr. 40 000.– zurückgestellt. Der Verkäufer haftet vollumfänglich für alle Zahlungen, welche die Gesellschaft aufgrund eines rechtskräftigen Urteils oder eines mit seiner Zustimmung abgeschlossenen Vergleichs über den Betrag von Fr. 40 000.– hinaus an die HHG Holzhandel Grünauer GmbH bezahlen muss. Der Käufer gibt dem Verkäufer Gelegenheit, sich am Gerichtsverfahren zu beteiligen, sofern dieser das wünscht. Die im Rahmen der gerichtlichen Auseinandersetzung mit der HHG Holzhandel Grünauer GmbH anfallenden externen Anwaltskosten der Gesellschaft sowie dieser allenfalls auferlegte Gerichtskosten und Prozessentschädigungen trägt der Verkäufer, soweit sie nicht durch die Rückstellung abgedeckt werden; er bezahlt sie den Berechtigten bzw. ersetzt sie der Gesellschaft auf erste Aufforderung durch die Gesellschaft hin.

11. Die vorstehenden Gewährleistungen, Zusicherungen und Garantien enden am [Datum]. Der Käufer ist von der Untersuchungspflicht gemäss Art. 201 OR befreit, doch soll er etwaige Mängel oder nicht zutreffende Gewährleistungen dem Verkäufer innerhalb von sechs Monaten nach deren Entdeckung schriftlich mitteilen, spätestens bis zum [Datum]. Die Gewährleistungsansprüche sind auf Minderung des Kaufpreises beschränkt. Wandelung ist ausgeschlossen. Die Höhe einer allfälligen Minderung des Kaufpreises entspricht dem der Gesellschaft oder dem Käufer aus dem Mangel entstehenden Aufwand. Lässt sich dieser nicht feststellen, ergibt sie sich aus der Differenz zwischen dem Unternehmenswert am [Datum] und dem Unternehmenswert, wie er sich unter Berücksichtigung nicht erfüllter Zusicherungen ergibt. Der Verkäufer hat das Recht, die Ermittlung des Unternehmenswerts auf eigene Kosten durch einen von ihm zu benennenden Wirtschaftsprüfer überprüfen zu lassen, welchem zu diesem Zweck Zugang zu den notwendigen Unterlagen gewährt wird. Der Unternehmenswert ist nach allgemein anerkannten betriebswirtschaftlichen Grundsätzen zu bestimmen. Allfällige weiter gehende Schadenersatzansprüche bleiben in jedem Fall vorbehalten.

VII. Konkurrenzverbot

12. Der Verkäufer wird sich für die Dauer von drei Jahren ab heute im gesamten Gebiet der Schweiz jeder Tätigkeit enthalten, welche für die Gesellschaft nachteilig sein könnte. Insbesondere wird er in der Schweiz weder eine Schreinerei noch ein Innenausstattungs-Geschäft betreiben und sich auch in keiner Weise am Betrieb solcher Unternehmen beteiligen oder solchen irgendwelche Leistungen erbringen oder der Gesellschaft Kunden abwerben. Die Abgeltung für dieses Konkurrenzverbot wurde bei der Festlegung des Kaufpreises berücksichtigt. Für jede Zuwiderhandlung gegen das Konkurrenzverbot schuldet der Verkäufer der Gesellschaft eine Konventionalstrafe in der Höhe von Fr. 100 000.–, wobei jeder volle oder angebrochene Kalendermonat einer fortgesetzten Zuwiderhandlung als unabhängige und selbständige Zuwiderhandlung gilt. Die Bezahlung der Konventionalstrafe enthebt den Verkäufer nicht von der Einhaltung des Konkurrenzverbots und vom Ersatz jeglichen aus dieser Vertragsverletzung entstandenen Schadens.

VIII. Firma der Gesellschaft

13. Der Verkäufer ist damit einverstanden, dass sein Familienname weiterhin Bestandteil der Firma der Gesellschaft bildet, wie auch immer diese lautet. Namentlich erklärt er sich mit der vom Käufer beabsichtigten Änderung der Firma in «Hobel Interieur AG» einverstanden.

IX. Rücktritt der bisherigen Organe
14. Der Verkäufer verpflichtet sich, per heute als einziges Verwaltungsratsmitglied der Gesellschaft zurückzutreten und die in Ziff. 8 lit. b erwähnte Rücktrittserklärung beizubringen. Er verpflichtet sich, sämtliche zum Vollzug dieses Vertrages erforderlichen oder geeigneten Organhandlungen vorzunehmen. Mit Vollzug dieses Vertrages erlöscht die Berechtigung des Verkäufers, für die Gesellschaft zu handeln.

X. Arbeitsverhältnis des Verkäufers
15. Der Verkäufer erklärt, dass er sein Arbeitsverhältnis wie auch ein allfälliges Mandatsverhältnis mit der Gesellschaft per heute aufgelöst hat und ihm daraus keinerlei Ansprüche gegenüber der Gesellschaft mehr zustehen.

XI. Gesellschaftsdokumente und Geschäftsakten
16. Der Verkäufer verpflichtet sich, dem Käufer sämtliche Gesellschaftsdokumente und Geschäftsakten (Generalversammlungs- und Verwaltungsratsprotokolle, Reglemente, Geschäftsbücher, Jahresabschlüsse und Geschäftsberichte, Verträge, Korrespondenz etc.) ohne weitere Aufforderung spätestens bis heute in sieben Tagen zu übergeben.

XII. Pflichten des Käufers
17. Der Käufer verpflichtet sich, heute eine Generalversammlung durchzuführen, dem Verkäufer für seine Tätigkeit als einziges Mitglied des Verwaltungsrats Entlastung zu erteilen und den Verwaltungsrat neu zu bestellen.
18. Der Käufer verpflichtet sich, beim Handelsregisteramt innerhalb von fünf Tagen ab heute die Löschung des Verkäufers und die neugewählten Verwaltungsratsmitglieder zur Eintragung anzumelden.

XIII. Bekanntmachungen
19. Eine Benachrichtigung des Personals, der Kunden und der Geschäftspartner der Gesellschaft sowie allfälliger weiterer Dritter erfolgt in gegenseitiger Absprache. Beide Parteien verpflichten sich, hierbei in guten Treuen zusammenzuwirken.

XIV. Allgemeine Bestimmungen
20. Die Nichtigkeit oder Unwirksamkeit einzelner Vertragsbestimmungen hat nicht die Nichtigkeit oder Unwirksamkeit der übrigen Bestimmungen dieses Vertrages zur Folge. Die Parteien sind gehalten, anstelle der nichtigen oder unwirksamen Bestimmungen eine Regelung zu

treffen, die Sinn und Zweck der nichtigen oder unwirksamen Bestimmungen am nächsten kommt.
21. Änderungen und Ergänzungen dieses Vertrages, einschliesslich dieser Bestimmung, bedürfen der Schriftform.
22. Eine allfällige Abtretung von Rechten aus diesem Vertrag bedarf der vorgängigen schriftlichen Zustimmung der andern Partei.
23. Jede Partei trägt die ihr im Zusammenhang mit diesem Vertrag entstandenen Anwalts- und Beratungskosten selber.
24. Dieser Vertrag wird in drei Exemplaren ausgefertigt, und zwar je eines für die Parteien und die Gesellschaft.
25. Ausschliesslicher Gerichtsstand für sämtliche Streitigkeiten aus oder im Zusammenhang mit diesem Vertrag (auch mit Bezug auf die Frage des Zustandekommens dieses Vertrages sowie dessen Gültigkeit) ist Dübendorf.

Dübendorf, [Datum]

Der Verkäufer: Der Käufer:

Fritz Hobel   Detlev Schreiber

Anhänge: 1   Zwischenabschluss der Gesellschaft per [Datum]
           2   Liste sämtlicher Arbeitnehmer der Gesellschaft mit Daten von deren Arbeitsverträgen

Sachregister

Die Verweisungen beziehen sich auf die Randnoten (N), «Anh.» bedeutet Anhang/Anhänge

A

Abberufung
- siehe Beauftragte; Liquidatoren; Revisionsstelle; Verwaltungsrat

Abschreibungen
- siehe Rechnungslegungs- und Bewertungsvorschriften

Absorption
- siehe Fusion

Abspaltung
- siehe Spaltung gem. FusG

Abtretung
- siehe Zession

Abwehr von Take-overs
- siehe Kaufangebot, öffentliches: Abwehrmassnahmen

Ad-hoc-Publizität 6.39

«AG in Gründung» 4.19, 4.36 ff.; Anh. 6

Agio 4.10, 12.33, 13.11

AHV 11.4, 11.33 f.; Anh. 68, 71

Aktie 2.16, 5.1 ff.; Anh. 25, 26
- Aktienarten 2.17, 5.1 ff.
- Begriff der Aktie 5.2
- börsenkotierte Aktien 5.45, 5.52 ff., 5.62
- siehe auch Agio; Aktienzertifikat; Beweisurkunde; Dividendencoupons; Einheitsaktie; Einwegaktien; Gratisaktien; Inhaberaktien; Interimsschein; Namenaktien; Nennwert; Rektaaktien; Split von Aktien; Stammaktien; Stimmrechtsaktien; Talon; Vinkulierung von Namenaktien; Vorzugsaktien; Zusammenlegung von Aktien

Aktienbuch 5.18 ff.; Anh. 29
- Sperrung 8.39

Aktiengesellschaft, Definition 1.5

Aktienkapital 1.8, 2.14 f., 12.26 ff.; Anh. 54, 73
- Kapitalschutz 12.27 ff.
- siehe auch Kapitalerhöhung; Kapitalherabsetzung

Aktienkauf
- siehe Unternehmenskauf

Aktienkaufvertrag
- siehe Unternehmenskauf: Purchase of Shares

Aktienliberierung
- siehe Liberierung des Aktienkapitals

Aktienmantel 16.1, 16.2, 16.15

Aktienrückkauf 12.29, 14.3, 14.14; Anh. 86

Aktiensplit
- siehe Split von Aktien

Aktienvinkulierung
- siehe Vinkulierung von Namenaktien

Aktienzeichnung
- siehe Zeichnung der Aktien

Aktienzertifikat 5.24 f.; Anh. 30

Aktionär
- ohne Stimmrecht 5.18, 5.55
- siehe auch Minderheitsaktionäre, Schutz der; Rechte des Aktionärs

Aktionärbindungsvertrag 1.26, 1.34, 1.38, 1.41, 7.1 ff.; Anh. 42

Aktionärsdarlehen 12.21

Anbietungspflicht
- siehe Vorhandrecht an Aktien

Änderung der Statuten
- siehe Statuten

Anfechtung
- von Generalversammlungsbeschlüssen

2.3, 2.12, 5.76, 6.7, 6.26, 6.32, 6.48, 8.4, 8.10, 8.25, 8.27 ff., 17.46
– von Verwaltungsratsbeschlüssen (keine) 6.48, 9.40, (ausser aufgrund FusG:) 17.46
Anhang (Jahresrechnung) 1.14, 5.65, 6.35, 12.24, 15.12, 17.42; Anh. 72, 75
Anleihensobligation 5.80, 5.87, 13.2
– siehe auch Wandel- und Optionsanleihen
Anmeldung beim Handelsregisteramt
– der Abberufung/des Rücktritts eines Organs 9.68, 10.8; Anh. 65
– der Auflösung 16.18
– der Fusion 17.17, Anh. 99
– der Gründung 4.16 ff., 4.25, 4.40; Anh. 14
– der Kapitalerhöhung 13.15, 13.25; Anh. 81
– der Kapitalherabsetzung 14.8, 14.9; Anh. 85
– der Liquidatoren 16.19
– der Löschung 16.27
– der nachträglichen Liberierung 6.11
– der Revisionsstelle 10.7 f.
– der Spaltung 17.28; Anh. 107
– von Statutenänderungen 2.37
– der Umwandlung 17.34; Anh. 111
– der Vermögensübertragung 17.40; Anh. 114
– der Verwaltungsratsmitglieder und andern Vertretungsberechtigten 9.51, 9.63; Anh. 62
– von Vinkulierungsbestimmungen 5.59
– einer Zweigniederlassung 15.4 f.; Anh. 88
– Selbstanmeldung 9.68, 10.8
Annahmeerklärung 4.8; Anh. 11 und 12
Annexion
– siehe Fusion: Absorptionsfusion
Anonymität des Aktionärs 5.22, 6.6
Antragsrecht des Aktionärs 6.28 f.
Anwesenheitsquoren
– siehe Quoren für die Beschlussfassung
Apportgründung, Apports
– siehe Gründung: Sacheinlage
Arbeitnehmerbeteiligung
– siehe Mitarbeiterbeteiligung
Aufbewahrungspflicht der Geschäftsbücher usw. 12.1, 16.28
Auflegung des Geschäfts- und Revisionsberichts 5.76, 6.35, 8.10, Anh. 44
Auflösung der AG 3.5, 9.54, 9.65, 16.1 ff.
– siehe auch Auflösungsbeschluss; Auflösungsgründe; Auflösungsklage; Liquidation; Anmeldung beim Handelsregisteramt
Auflösung stiller Reserven 12.42
Auflösungsbeschluss 1.42, 16.3 f.; Anh. 89
– Widerruf 16.4
Auflösungsgründe 1.42, 2.25, 9.54, 9.65, 16.3 ff.
Auflösungsklage 1.19, 1.26, 1.27, 1.42, 2.12, 5.76, 6.5, 6.51, 8.2, 14.14, 16.7 ff.
– bei Fehlen von Organen 8.2, 9.65, 16.12
– bei Gründungsmängeln 4.42, 16.11
– bei unsittlichem oder widerrechtlichem Zweck 2.13, 16.13
– bei Unterschreiten der Mindestzahl von Aktionären 1.19, 16.12
– «andere sachgemässe Lösung» 1.26, 1.27, 6.51, 14.14, 16.9
Aufsichtsratssystem 9.13
Aufspaltung
– siehe Spaltung gem. FusG
Aufwertungsreserve 12.19, 12.35, Anh. 73, 76
Aufwertung von Grundstücken und Beteiligungen 9.5, 10.12, 12.19
Ausgabepreis von Aktien 4.10
Auskunftsrecht
– des Aktionärs 6.36, 6.38
– des Partizipanten 5.76 f.
– des Verwaltungsratsmitglieds 9.73
Ausland
– siehe Sitzverlegung
Ausschluss von Aktionären 6.62 ff., 14.1, 14.11
Ausschuss des Verwaltungsrates
– siehe Verwaltungsrat: Ausschuss
Äusserungsrecht
– des Aktionärs 6.29
– des Partizipanten 5.77
Autorisiertes Kapital
– siehe Kapitalerhöhung: genehmigte

B

Bauzinsen 2.24
Beauftragte der Generalversammlung
  bzw. des Verwaltungsrates 9.66
Beirat 9.46
Beispiele 1.3
Beistandschaft für AG 9.65
Bekanntgabe bedeutender Aktienpakete
– siehe Offenlegung von Beteiligungen
Bekanntmachungen
– im Allgemeinen 2.21
– der Auflage von Geschäfts- und Revisionsbericht 5.76, 6.35; Anh. 44
– bei Kaduzierung 6.12
– siehe auch Schuldenruf
Benutzungsrechte 6.13
Berichte
– siehe Berichte der Revisionsstelle; Geschäftsbericht; Jahresbericht; Sonderprüfung
Berichte der Revisionsstelle 10.10 f.
– siehe auch Aufwertung von Grundstücken und Beteiligungen; Erläuterungsbericht; Gründung, Prüfungsbestätigung; Kapitalerhöhung, Prüfungsbestätigung; Kapitalherabsetzung, Revisionsbericht; Liquidationserlös, vorzeitige Verteilung; Revisionsbericht; Zwischenbilanz
Beschluss
– siehe Generalversammlungsbeschluss; Quoren für die Beschlussfassung; Stichentscheid; Verwaltungsrat
Beschränkung der Haftung
– siehe Haftungsbeschränkung
Beschränkung der Übertragbarkeit von Namenaktien
– siehe Vinkulierung von Namenaktien
Beschränkung des Stimmrechts
– siehe Stimmrechtsbeschränkungen
Besserungsschein 5.67
– siehe auch Genussschein
Best Practice 9.27 ff.
Beteiligungspapiere 5.1 ff.
Betreibungsfähigkeit der AG 1.7
Betreibungsort 2.8
– kein Betreibungsort der Zweignicder-

lassung 15.7
Beurkundung, öffentliche
– siehe öffentliche Urkunde
Bevollmächtigte
– siehe Beauftragte der Generalversammlung bzw. des Verwaltungsrates
Bezugsrecht 5.78, 6.20, 6.56 ff., 13.5
– Entzug 5.42, 6.58, 13.13
Beweisurkunde 5.4 f.
Bewertungsgrundsätze
– siehe Rechnungslegungs- und Bewertungsvorschriften
Bilanz 6.35, 9.5, 9.8, 12.20 ff.; Anh. 54, 72, 73
– siehe auch Liquidationsbilanz; Zwischenbilanz
Bilanzkennzahlen 12.22
Blankoindossament
– siehe Indossament
blind bids 1.28
Board-System 9.13
Börse 9.28, 18.8
– siehe auch Aktie, börsenkotierte
Briefkastengesellschaft 2.7
Bücher
– siehe Geschäftsbücher
Buchführungs- und Bewertungsvorschriften
– siehe Rechnungslegungs- und Bewertungsvorschriften
Buchführungspflicht 12.1
BVG 1.12, 9.79, 11.3, 18.5

C

Cadbury-Report 9.28
Call-Option 7.12
Closing
– siehe Unternehmenskauf: Purchase of Shares
Combined Code 9.28
Compliance 9.20, 9.45, 10.14
Corporate Governance 1.31, 9.27 ff.
Coupons
– siehe Dividendencoupons
crown jewels
– siehe Kaufangebot, öffentliches: Abwehrmassnahmen

D

Darlehen 13.2
- siehe auch Rangrücktritt; Aktionärsdarlehen
Dauer der AG 2.25. 16.1
Decharge
- siehe Entlastung des Verwaltungsrates
Definition der AG 1.5
Delegation der Geschäftsführung 2.2, 2.33, 9.2, 9.13 ff.
Delegierter des Verwaltungsrates
- siehe Verwaltungsrat, Delegierter
Delegiertenversammlung 8.13
Depotvertreter 8.21 f.; Anh. 44, 45
Direktoren
- siehe Geschäftsleitung
Dispo-Aktien 5.55
Dispositive Gesetzesbestimmungen 2.2, 2.4
Dividende 6.14 ff., 8.4, 8.6, 9.78, 12.33; Anh. 37, 38, 44
Dividendenausgleichsfonds 6.15, 12.37
Dividendencoupons 5.27
Domainnamen 3.2
Domizil 2.7, 2.10
Domizilbestätigung Anh. 7 und 13
Doppelbesteuerung 1.13, 2.23, 12.21
Doppelvertretung
- siehe Insichgeschäft
Due Diligence
- siehe Unternehmenskauf: Purchase of Shares
Durchgriff 1.21, 15.15
- umgekehrter Durchgriff 1.22

E

Eherecht
- siehe Güterrecht
Eigene Aktien 5.40, 5.47, 6.26, 12.29, 14.1, 15.12
- Reserve für eigene Aktien 12.29, 12.36; Anh. 73
Eigenkapital 12.21, 13.1; Anh. 73
- verdecktes 12.21
Einberufung der Generalversammlung
- siehe Generalversammlung, Einberufung

Einberufungsrecht der Aktionäre
- siehe Generalversammlung, Einberufungsrecht der Aktionäre
einfache Gesellschaft 1.6, 1.11, 4.37, 7.4
Einheitsaktie 5.62
Einmann-AG
- siehe Einpersonen-AG
Einpersonen-AG 1.19 ff., 8.2, 9.22
Einsichtsrecht
- des Aktionärs 5.22, 6.37 f., 8.4, 8.43
- des Partizipanten 5.76 f.
- des Verwaltungsratsmitglieds 9.74
Eintragung
- siehe Anmeldung beim Handelsregisteramt; Wiedereintragung der AG im Handelsregister
Einwegaktien (Einwegzertifikate) 5.10
Einzahlungsbestätigung
- siehe Kapitaleinzahlungsbestätigung
Einzahlungspflicht der Aktionäre
- siehe Liberierung
Einzelfirma 1.11, 1.12, 1.13, 1.14, 1.15, 1.17, 1.20, 1.29
- siehe auch Umwandlung: einer Einzelfirma in eine AG
Emissionsprospekt 4.43, 5.59, 5.80, 11.10, 13.10
Entlastung des Verwaltungsrates 6.26, 8.4, 11.27; Anh. 69
Erbenholding 1.43
- siehe auch Holdinggesellschaft
Erbrecht 1.14, 1.43, 5.45, 5.50, 5.54
Erfolgsrechnung 6.35, 12.23; Anh. 72, 74
Erforderlichkeitsgebot 6.8, 9.26
Erhöhung des Aktienkapitals
- siehe Kapitalerhöhung
Erläuterungsbericht der Revisionsstelle 9.20, 10.10; Anh. 43
Errichtung der AG
- siehe Gründung
Errichtungsakt
- siehe Gründung: Errichtungsakt
Erschwerung der Beschlussfassung
- siehe Quoren für die Beschlussfassung; Stimmrechtsbeschränkungen
Erwerb eigener Aktien

– siehe eigene Aktien
Erwerbsrechte 1.34, 7.11 ff.; Anh. 42
escape clause 5.47
Escrow Agreement
– siehe Unternehmenskauf: Purchase of Shares

F
Familien-AG 1.29 ff.
Fehlen von Organen 8.2, 9.65, 16.12
FER
– siehe Rechnungslegungs- und Bewertungsvorschriften: Swiss GAAP FER
Festübernahme 4.2, 13.7
Filiale
– siehe Zweigniederlassung
Filialleiter 15.4
Finanzkontrolle 9.19
Finanzplanung 9.19
Firma 1.12, 1.14, 2.6, 3.1 ff., 15.5, 16.17
Fonds
– siehe Reserven
Forderungsverzicht 9.5
Fortführungswert 9.8, 12.10
Fremdkapital 9.4, 9.7, 12.21; Anh. 54, 73
fringe benefits 9.79
Fusion 5.35, 5.50, 9.5, 17.4 ff., 18.2; Anh. 91-100
– Abfindung 17.9
– Absorptionsfusion 17.6
– Aktienumtausch 17.18
– Arbeitnehmerschutz 17.20
– Einsichtsverfahren 17.14
– Fusionsbeschluss 17.15; Anh. 96, 97
– Fusionsbericht 17.12
– Fusionsbilanz 17.11
– Fusionsvertrag 17.11; Anh. 92, 93
– Gläubigerschutz 17.19
– Kombinationsfusion 17.5
– Prüfungsbericht 10.12, 17.13
– Quasifusion 18.2
– Spitzenausgleich 17.8
– unechte Fusion 18.2
– siehe auch Anmeldung beim Handelsregisteramt; Schuldenruf
Fusionsgesetz 17.1 ff.

G
Geheimhaltungserklärung
– siehe Unternehmenskauf: Purchase of Shares
Gemeinschaftliches Eigentum an Aktien 8.26
Generalversammlung 8.1 ff.
– Abstimmungsverfahren 8.42
– ausserordentliche 6.28, 8.7; Anh. 43, 49
– Einberufung 2.18, 5.76, 8.6 ff., 10.13; Anh. 43, 44, 46,
– Einberufungsrecht der Aktionäre 6.30, 8.9
– konstituierende
  – siehe Gründung: Errichtungsakt
– Konstituierung 8.38
– ordentliche 8.6; Anh. 43, 44, 46
– Kompetenzen 8.3 ff.
– Leitung 8.37 ff.; Anh. 47
– Ordnungsgewalt des Vorsitzenden 8.41
– Protokoll 8.38, 8.43 f.; Anh. 5, 8, 18, 48, 49, 77, 82, 87, 89, 96, 97, 105, 106, 110
– Protokolleinsicht 6.39
– Redezeitbeschränkung 8.41
– Saalverweis 8.41
– Traktandenliste 6.28, 6.31, 8.10; Anh. 39, 44, 46
– Teilnahmeberechtigung, Prüfung der 8.39
– Unterbrechung 8.38, 8.41
– Vorbereitung 6.31, 8.35 f.; Anh. 43
– Zutrittskarten 8.39; Anh. 45
– siehe auch Depotvertreter; Generalversammlungsbeschluss; Organvertreter; Stellvertretung; Teilnahme; unabhängiger Stimmrechtsvertreter; Universalversammlung
Generalversammlungsbeschluss 1.35, 2.32, 2.37, 8.14 ff.
– siehe auch Anfechtung; Fusion: Fusionsbeschluss; nichtige Generalversammlungsbeschlüsse; Quoren für die Beschlussfassung; Stichentscheid; Stimmrechtsbeschränkungen; Zirkulationsbeschluss
Genossenschaft 1.6, 1.11, 17.1, 17.32
Genussschein 1.37, 2.30, 4.32, 5.67 ff.
Gerichtsstand

– für Anfechtungsklagen 8.30
– am Gesellschaftssitz 2.8
– für Verantwortlichkeitsklagen 2.8, 11.30
– am Ort der Zweigniederlassung 15.7
Gerichtsstandsklausel 7.18; Anh. 42, 117
Gesamteigentum an Aktien
– siehe Gemeinschaftliches Eigentum an Aktien
Geschäftsbericht 6.35, 12.1 ff.; Anh. 72
– Auflage 8.10
– Genehmigung 8.4
Geschäftsbücher 12.1
Geschäftsführung 1.41, 9.1, 9.13; Anh. 52
Geschäftskorrespondenz
– siehe Aufbewahrungspflicht
Geschäftsleitung 9.13, 9.20, 9.48
– Abberufung 9.20, 9.66
– Auswahl 9.15
– Oberaufsicht über Geschäftsleitung 9.15, 9.20
– Zeichnungsberechtigung 9.48
Geschäftsniederlassung
– siehe Zweigniederlassung
Geschäftsübernahme
– siehe Unternehmenskauf
Gesellschaft 1.6, 2.11
Gesellschaft mit beschränkter Haftung 1.6, 1.11, 1.12, 1.16, 1.17, 1.29, 17.1, 17.32; Anh. 110
– siehe auch Umwandlung einer AG in eine GmbH
Gesellschaftsvertrag 7.3
Gesellschaftszweck
– siehe Zweck
Gewinn
– siehe Dividenden; Gewinnverwendung; Reserven; Erfolgsrechnung
Gewinnausschüttung, verdeckte 6.7, 6.17
Gewinn– und Verlustrechnung
– siehe Erfolgsrechnung
Gewinnverwendung N 6.14 ff., 8.4, 8.6; 12.33; Anh. 37, 44, 46, 48
Giftpillen
– siehe Kaufangebot, öffentliches: Abwehrmassnahmen
Gleichbehandlung der Aktionäre 5.60, 6.7,
8.28, 8.40, 9.26, 14.3, 18.10
GmbH
– siehe Gesellschaft mit beschränkter Haftung
golden parachutes
– siehe Kaufangebot, öffentliches: Abwehrmassnahmen
Goodwill 12.13
Gratisaktien 5.39, 6.20, 13.11
Gratisoptionen 13.24
Gründer 4.5, 11.11
Gründerbericht
– siehe Gründung: Gründungsbericht
Gründergesellschaft
– siehe Gründungsgesellschaft
Gründerhaftung
– siehe Verantwortlichkeit: der Gründer
Gründervorteile
– siehe Vorteile, besondere
Grundkapital 5.73
– siehe auch Aktienkapital, Partizipationskapital
Gründung 4.1 ff.
– Bargründung 4.2, 94 ff.
– besondere Vorteile
 – siehe Vorteile, besondere
– Errichtungsakt 4.13 ff.; Anh. 8, 18
– Gründungsbericht 4.26, 4.30, 4.33, 4.35; Anh. 21
– Prüfungsbestätigung 4.27, 4.30, 4.33, 4.35, 10.12; Anh. 22
– Rechtsverhältnisse vor der Gründung 4.36 ff.
– Sacheinlage 4.2, 4.20 ff.; Anh. 18–22
– Sacheinlagevertrag 4.21; Anh. 20
– Sachübernahme 4.2, 4.29 f.
– bei Spaltung 17.27; Anh. 106
– Statutenklauseln betr. qualifizierte Gründung 2.34; Anh. 4
– Verrechnungsliberierung 4.2, 4.34 f.
– Zweistufiges Verfahren 4.2
– siehe auch Anmeldung beim Handelsregisteramt: der Gründung; Gründungsdokumente; Gründungsgesellschaft; Gründungsmängel; Verantwortlichkeit: der Gründer

Gründungsdokumente 4.12; Anh. 7
Gründungsgesellschaft 4.37
Gründungsmängel 4.40 ff., 16.11
Gründungsurkunde
– siehe Gründung: Errichtungsakt
Gründungsversammlung
– siehe Gründung: Errichtungsakt
Gruppenvertreter
– siehe Verwaltungsrat
Güterrecht 1.43, 5.45, 5.50, 5.54

H

Haftung der AG für unerlaubte Handlungen 1.7, 9.47, 15.15
Haftungsbeschränkung 1.7, 1.12, 15.11, 15.15
Handlungsbevollmächtigte 9.49
Handlungsfähigkeit der AG 1.7
Handelsregister
– siehe Anmeldung; heilende Wirkung
Handelsregistersperre 8.31
Heilende Wirkung des Handelsregistereintrages 4.41
Herabsetzung des Aktienkapitals
– siehe Kapitalherabsetzung
Hinterlegung von Aktien 7.15, 7.17; Anh. 42
Höchststimmklauseln
– siehe Stimmrechtsbeschränkungen
Holdinggesellschaft 7.17, 9.54, 12.33, 15.10
– Erbenholding 1.43
– siehe auch Konzern

I

IFRS/IAS
– siehe Rechnungslegungs- und Bewertungsvorschriften
Indossament 5.45 f.; Anh. 26
Inhaberaktien 5.11 ff.; Anh. 25
Insichgeschäft 9.25
Insolvenzerklärung 9.10
Institutionelle Stimmrechtsvertretung
– siehe Depotvertreter; Organvertreter
Interimsschein 5.26
Interlocking Directorates 15.9
Internes Kontrollsystem 9.19, 9.29, 9.45
Jahresbericht 6.35, 8.4, 13.16; Anh. 43

Jahresrechnung 6.35, 8.4, 10.9 f., 377 ff.; Anh. 43, 72 ff.
Joint Venture 1.27
Juristische Person 1.6 f., 4.5, 15.1 f., 16.16

K

Kaduzierung 6.12, 6.63
Kapital
– siehe Aktienkapital; Eigenkapital; Fremdkapital
Kapitalbeschaffung 1.14, 13.1 f.
Kapitaleinzahlungsbestätigung 4.11; Anh. 9
Kapitalerhöhung 6.56 ff., 9.5, 13.1 ff.
– bei Absorptionsfusion 17.6, 17.16
– bedingte 2.27, 5.42, 5.81, 6.59 ff., 13.4, 13.24 f., 15.12
– genehmigte 2.27, 6.58, 13.4, 13.18 ff.
– ordentliche 13.4, 13.8 ff.; Anh. 77, 78, 79, 80, 81
– Generalversammlungsbeschlüsse 13.9, 13.20, 13.25; Anh. 77
– Jahresbericht 13.16
– Kapitalerhöhungsbericht 6.58, 13.12, 13.22; Anh. 79
– Prüfungsbestätigung 10.4, 10.12, 13.13, 13.22, 13.25
– qualifizierte 13.13
– bei Spaltung 17.27
– Stellung der Aktionäre 13.5
– Stellung der Partizipanten 5.78
– Verwaltungsratsbeschlüsse 13.14, 13.21, 13.23, 13.25, 17.16; Anh. 80, 98
– siehe auch Anmeldung beim Handelsregisteramt; Bezugsrecht; Gratisaktien; Vorwegzeichnungsrecht; Zeichnung der Aktien; Zeichnungsschein
Kapitalgesellschaft 1.8, 1.42, 6.5, 6.55
Kapitalherabsetzung 14.1 ff.
– deklarative 5.83, 14.2, 14.9
– konstitutive 14.2, 14.7 f.
– mit gleichzeitiger Wiedererhöhung (Kapitalschnitt) 9.5, 14.2, 14.10 f.
– Feststellungsurkunde 14.8, 14.9; Anh. 84
– Kapitalherabsetzungsbeschluss der Generalversammlung 14.4, 14.8, 14.9, 14.10; Anh. 82, 87

- Revisionsbericht 10.12, 14.4, 14.8, 14.9, 14.10, 14.14
- bei Spaltung 17.27; Anh. 105
- siehe auch Anmeldung beim Handelsregisteramt; Schuldenruf

Kapitalherrschaft 6.3, 6.5
Kapitalmarktrecht 5.10, 5.14, 5.63 ff., 9.27 ff., 18.8 ff.
Kapitalrückzahlungsverbot 12.28, 14.2
Kapitalschnitt
- siehe Kapitalherabsetzung: mit gleichzeitiger Wiedererhöhung

Kapitalverlust 9.4 ff.; Anh. 54
Kartell 15.11
Kauf von Aktien
- siehe Unternehmenskauf: Purchase of Shares

Kaufangebot, öffentliches 5.66, 6.1, 6.26, 6.64, 7.7, 18.8 ff.
- Abwehrmassnahmen 18.11
- Angebotsprospekt 18.10
- Bericht des Verwaltungsrats 18.10
- Beschränkung der Kompetenzen des Verwaltungsrats 18.10 f.
- Prüfung 18.10
- Übernahmekommission 18.10
- siehe auch squeeze-out

Kaufspflicht 1.26, 7.12; Anh. 42
Kaufsrecht 1.34, 7.12, 9.79; Anh. 42
Kinderzulagen 1.12
Klagen des FusG 17.45 ff.
Klagerecht der Aktionäre
- siehe Aktionärbindungsvertrag; Auflösungsklage; Anfechtung von Generalversammlungsbeschlüssen; Sonderprüfung; Verantwortlichkeit; Klagen des FusG

Klagerecht der Gläubiger
- siehe Auflösungsklage; Verantwortlichkeit

Kollektivgesellschaft 1.6, 1.11, 1.12, 1.13, 1.14, 1.17, 1.29, 17.1, 17.32
Kollektivunterschrift
- siehe Zeichnungsberechtigung

Kombination
- siehe Fusion

Kommanditaktiengesellschaft 1.6, 1.11, 17.1, 17.32
Kommanditgesellschaft 1.6, 1.11, 1.12, 1.14, 1.29, 17.1, 17.32
Kompetenzdelegation
- siehe Delegation der Geschäftsführung

Konkurrenzverbot 1.21, 9.21, 9.69; Anh. 117
Konkurs
- Konkurs als Auflösungsgrund der AG 16.1, 16.6
- Eröffnung bzw. Aufschub des Konkurses bei Überschuldung 9.11
- Verantwortlichkeitsklagen im Konkurs 11.24

Kontrollrechte der Aktionäre 6.34 ff.
Kontrollstelle
- siehe Revisionsstelle

Konventionalstrafe 2.26, 7.17; Anh. 42
Konzern 1.20, 9.23, 9.25, 9.54, 12.21, 12.25, 15.2, 15.8 ff.
Konzernhaftung 15.15
Konzernprüfer
- siehe Revisionsstelle

Konzernrechnung 6.35, 10.4, 12.25, 15.12; Anh. 72
Kopfstimmprinzip 1.35
Körperschaften 1.6 f.
Kraftloserklärung von Aktien und andern Wertpapieren 5.6, 5.84 ff.; Anh. 35
Kupon
- siehe Dividendencoupon

L

Leitbild der AG 1.9
Letter of Intent
- siehe Unternehmenskauf: Purchase of Shares

Lex Friedrich 4.16, 5.53
- Lex-Friedrich-Erklärung 4.16; Anh. 16

Liberierung des Aktienkapitals 2.15, 2.26, 4.11, 5.12, 5.33, 5.44, 6.1, 6.10 ff., 13.11, 13.22, 13.25; Anh. 8, 9
- siehe auch Nachliberierung

Liquidation 6.21 f., 9.5, 9.11, 16.16 ff.
- faktische 9.48, 16.2
- stille 16.2
- siehe auch Schuldenruf

Liquidationswert 9.8, 12.10
Liquidationsbilanz 16.21
Liquidationserlös 5.68, 5.75, 6.21 f., 16.26
– vorzeitige Verteilung 10.12, 16.25
Liquidatoren 6.52, 16.19 ff.
– siehe auch Verantwortlichkeit
Literatur zum Aktienrecht 1.45 ff.
Lock-up-Klauseln
– siehe Quoren für die Beschlussfassung
Löschung der AG
– siehe Anmeldung der Löschung

M

Management
– siehe Geschäftsleitung
Management-Buy-out 1.44, 18.1, 18.11
Management Letter 9.20, 10.10; Anh. 43
Mantel
– siehe Aktienmantel
Marke 3.2
MBO
– siehe Management-Buy-out
Mehrheitsbeschlüsse
– siehe Beschluss; Quoren für die Beschlussfassung
Meldepflicht
– siehe Offenlegung von Beteiligungen
Minderheitenrechte 6.5
Minderheitsaktionäre, Schutz der 1.26, 6.5, 6.7 ff., 15.13
Minderheitsbeteiligung 1.26, 5.61, 6.18, 12.41, 13.1, 16.8
Mindesteinzahlung auf Aktien
– siehe Liberierung des Aktienkapitals
Mindestnennwert
– siehe Nennwert der Aktien
Mindestzahl von Aktionären
– siehe Zahl der Aktionäre
Mitarbeiteraktien
– siehe Mitarbeiterbeteiligung
Mitarbeiterbeteiligung 1.14, 5.42, 9.79, 13.1, 13.24 f.
– siehe auch Kapitalerhöhung: bedingte
Miteigentum an Aktien
– siehe Gemeinschaftliches Eigentum an Aktien

Mitgliedschaftsrechte der Aktionäre
– siehe Aktionär; Mitwirkungsrechte; Kontrollrechte; Schutzrechte
Mitteilungen
– siehe Bekanntmachungen
Mitverkaufsrecht 1.26
Mitwirkungsrechte der Aktionäre 6.23 ff.
Muttergesellschaft 15.8
– siehe auch Konzern

N

Nachfolgefragen
– siehe Unternehmensnachfolge
Nachlassstundung 9.12
Nachlassvertrag 3.5, 9.12, 14.13, 16.6
Nachlieferung 2.15, 4.34, 6.11, 8.4; Anh. 36a
Nachträgliche Vinkulierung oder Umwandlung der Aktienart 5.59 ff.
Namenaktien 5.15 ff.; Anh. 26
– mit aufgeschobenem Titeldruck 5.10; Anh. 27
– ohne Anspruch auf Titeldruck 5.10; Anh. 28
– siehe auch Vinkulierung von Namenaktien
Nationalität der Verwaltungsratsmitglieder
– siehe Verwaltungsrat
natürliche Person 1.6
Nennwert der Aktien 2.16, 5.83
– Herabsetzung 14.3, 14.11
Nichtige Generalversammlungsbeschlüsse 6.47, 8.4, 8.34
Nichtige Verwaltungsratsbeschlüsse 6.47, 9.40
Nominees 5.52
non-versé 2.15
Nutzniessung an Aktien 8.26

O

Obligation
– siehe Anleihensobligation
Offenlegung
– von Beteiligungen 1.14, 5.63 ff., 6.1, 6.39, 7.7, 15.12, 18.9

– von Bezügen der Unternehmensspitze 9.77
Öffentliche Urkunde
– siehe Auflösung; Fusion; Gründung; Kapitalerhöhung; Kapitalherabsetzung; Nachliberierung; Spaltung; Statuten; Umwandlung
Öffentliches Recht 11.2
Öffentliches Kaufangebot
– siehe Kaufangebot, öffentliches
opting out/up 2.35, 5.66, 18.9
– siehe auch Kaufangebot, öffentliches
Option
– siehe Kaufsrecht
Optionsanleihen
– siehe Wandel- und Optionsanleihen
Ordrepapiere 5.15
Organe der AG 8.1, 10.3
Organisation der Geschäftsführung 9.13
– Auskunft über die 6.39
Organisationsreglement 1.41, 2.2, 9.14, 9.18, 9.41, 9.44, 9.45, 9.46; Anh. 56 und 57
Organhaftung
– siehe Haftung der AG für unerlaubte Handlungen
Organvertreter 8.23 f.; Anh. 44, 45

P

papierlose AG 5.9 f.
pari, Aktienausgabe zu/über/unter 4.10, 12.33, 13.11
Paritätsprinzip 8.1
Partizipanten 2.34, 5.71 ff.; Anh. 34
Partizipationskapital 5.73, 12.26
– Erhöhung 13.6
– Herabsetzung 14.5
Partizipationsschein 1.14, 1.37, 2.30, 5.71 ff., 13.2
Patronatserklärung 9.5, 15.15
Patt-Situation 1.27 f., 7.3; Anh. 42
Personalistische AG
– siehe private AG
Personalfürsorge
– siehe BVG
Personengesellschaft 1.6

Pfandrecht an Aktien 5.5, 5.13, 5.16, 5.23, 5.25, 7.17, 8.26
poison pills
– siehe Kaufangebot, öffentliches: Abwehrmassnahmen
Poolverträge
– siehe Stimmpool
Präsenzquoren
– siehe Quoren für die Beschlussfassung
Präsident des Verwaltungsrates
– siehe Verwaltungsrat
Président-Directeur Général 9.13
Principal/Agent 9.27, 9.30, 9.77
Prioritätsaktien
– siehe Vorzugsaktien
Private AG 1.18
Privatrecht 11.1
Prokuristen 9.49
Prospekt
– siehe Emissionsprospekt; Kaufangebot, öffentliches: Angebotsprospekt
Prospekthaftung
– siehe Verantwortlichkeit
Protokoll
– siehe Verwaltungsrat: Protokoll; Generalversammlung: Protokoll
Prüfungsbestätigung
– siehe Berichte der Revisionsstelle
Publikationen
– siehe Bekanntmachungen
Publikumsgesellschaft 1.9, 4.2. 5.10, 5.62, 10.4
Purchase of Assets
– siehe Unternehmenskauf
Purchase of Shares
– siehe Unternehmenskauf
Put-Option 7.12

Q

Quasifusion
– siehe Fusion
Quoren für die Beschlussfassung
– der Generalversammlung 1.35, 2.32, 2.37, 5.34 f., 5.59, 6.5, 6.58, 8.14 ff., 13.9, 13.20, 13.25, 14.4, 16.3, 17.15, 17.27, 17.34
– des Verwaltungsrats 9.37 f.

R

Rangrücktritt von Gesellschaftsgläubigern 9.5, 9.9; Anh. 55
Rechnungslegungs- und Bewertungsvorschriften 1.15, 9.19, 9.28, 12.1 ff.
- IFRS/IAS 9.19, 12.4
- Swiss GAAP FER 9.19, 12.4
- US GAAP 12.4

Recht auf Anteil am Bilanzgewinn
- siehe Dividende

Rechtsfähigkeit der AG 1.7
Rechtsmissbrauch 1.21 f.
Rechte des Aktionärs 6.1 ff., Anh. 36
- unverzichtbare/unentziehbare 6.3, 14.3
- siehe auch Aktionär; Mitwirkungsrechte; Kontrollrechte; Schutzrechte; Bezugsrecht; Vorwegzeichnungsrecht

Recta-Aktien
- siehe Rektaaktien

Reglement 2.2, 2.36
- siehe auch Organisationsreglement

Reingewinn
- siehe Dividenden; Gewinnverwendung; Reserven; Erfolgsrechnung

Rektaaktien 5.23, 5.86
Reserven 6.16, 12.31 ff., 15.10, 15.12; Anh. 76
- allgemeine Reserve 12.33 f.
- Dividendenreserven 6.15
- freiwillige 12.37 ff.
- gesetzliche Reserven 6.16, 12.33 ff.
- statutarische Reserven 2.34, 6.16, 12.37
- durch Generalversammlungsbeschluss geschaffene Reserven 6.16, 12.38
- offene Reserven 8.4, 12.32
- stille Reserven 6.16, 6.18, 12.39 ff.
- siehe auch Aufwertungsreserve; Dividendenausgleichsfonds; Eigene Aktien

Revisionen des Aktienrechts, künftige 9.28, 9.56, 9.77, 10.1 f., 14.6, 14.11; Anh. 66
Revisionsaufsichtsgesetz 10.1
Revisionsbericht 6.35, 8.4, 9.20, 10.9 f.; Anh. 43, 67
Revisionsschlussbesprechung 10.11; Anh. 43
Revisionsstelle 2.20, 6.53, 10.1 ff.
- Abberufung 10.4, 10.8,
- Amtsdauer 10.7

- Anwesenheitspflicht bei ordentlicher Generalversammlung 6.53, 8.4, 8.17, 10.13; Anh. 43, 46, 48
- Anzeigepflicht 10.10
- Aufgaben 10.9 ff.
- Befähigung 4.8, 6.53, 10.4
  - besondere Befähigung 10.4, 10.12, 14.4, 16.25
- Benachrichtigung des Richters bei Überschuldung 9.8, 10.13
- Konzernprüfer 10.4, 15.12
- Prüfung der Jahresrechnung 10.9
- Rücktritt 10.8
- Schweigepflicht 10.15
- Sitz 10.6
- Unabhängigkeit 10.5, 15.12
- Wahl 10.7; Anh. 8, 12, 18, 19, 44, 46, 48
- Wohnsitz 10.6
- zusätzliche Aufgaben 10.14
- siehe auch Berichte der Revisionsstelle; Erläuterungsbericht; Revisionsbericht; Verantwortlichkeit

Richtlinie betr. Informationen zur Corporate Governance der SWX Swiss Exchange 9.28
Richtlinie zur Offenlegung von Management-Transaktionen der SWX Swiss Exchange 9.28
Rückerstattungspflicht 6.17, 6.50, 9.81, 15.15
Rückkauf von Aktien
- siehe Aktienrückkauf

Rückstellungen
- siehe Rechnungslegungs- und Bewertungsvorschriften

Rückzahlungsverbot
- siehe Kapitalrückzahlungsverbot

S

Sacheinlagen
- siehe Gründung: Sacheinlage; Kapitalerhöhung; Liberierung

Sacheinlagevertrag
- siehe Gründung: Sacheinlagevertrag

Sachlichkeitsgebot 6.8, 9.26
Sachübernahme

– siehe Gründung: Sachübernahme
Saläre
– siehe Entschädigung des Verwaltungsrates; stock option plan
Sanierung 5.67, 5.70, 5.73, 9.3 ff., 13.1, 13.11, 14.1 f., 14.9 ff.
– stille 14.12
Sanierungsaktien 14.11
Sarbanes-Oxley Act 9.28
Schiedsgerichtsklausel 7.18
schonenden Rechtsausübung, Prinzip der 6.9, 9.26
Schuldenruf
– bei Fusion 17.19; Anh. 100
– bei Kapitalherabsetzung 14.8; Anh. 83
– bei Liquidation 16.22; Anh. 90
– bei Sitzverlegung ins Ausland 2.9
– bei Spaltung 17.26; Anh. 104
Schuldvertrag 7.4
Schutz des Aktienkapitals
– siehe Aktienkapital: Kapitalschutz
Schutzrechte des Aktionärs 6.33 ff.
Sekretär des Verwaltungsrats
– siehe Verwaltungsrat: Sekretär
Selbstkontrahieren
– siehe Insichgeschäft
Sicherstellung
– bei Fusion 17.19
– bei Liquidation 16.23
– bei Spaltung 17.26
– bei Vermögensübertragung 17.43
Signing
– siehe Unternehmenskauf: Purchase of Shares
Singularsukzession 17.3, 17.36
Sitz 2.7 ff.
Sitzverlegung 2.9, 5.35, 8.4
– ins Ausland 2.9
– vom Ausland 10.12
Sitzverlust 2.10
Sonderprüfung 5.35, 5.73, 5.76, 6.28, 6.33, 6.40 ff., 11.31
Sozialversicherungsrecht 9.82, 11.4, 11.33 f., 18.5; Anh. 68, 71
Spaltung gem. FusG 17.21 ff.; Anh. 101–107
– Abspaltung 17.22; Anh. 101

– Arbeitnehmerschutz 17.30
– asymmetrische Spaltung 17.22; Anh. 101
– Aufspaltung 17.22; Anh. 101
– Einsichtsverfahren 17.25
– Gläubigerschutz 17.23, 17.26, 17.29
– Prüfungsbericht 10.12, 17.24
– Spaltungsbericht 17.24
– Spaltungsbeschluss 17.27; Anh. 105
– Spaltungsplan 17.23; Anh. 102, 103
– Spaltungsvertrag 17.23; Anh. 102
– symmetrische Spaltung 17.22; Anh. 101
– siehe auch Anmeldung beim Handelsregisteramt: der Spaltung; Gründung: bei Spaltung; Schuldenruf
Spaltung der Aktionärsrechte 5.50
Sperrjahr
– bei Liquidation 16.25
Split von Aktien 5.82 f.
squeeze-out 6.64, 18.10
Squeeze-out-Merger 6.65
Stammaktien 1.36, 5.7, 5.28, 5.32
Stammhaus 15.10
Stampa-Erklärung 4.16, 4.43; Anh. 15
Standortwahl
– siehe Sitz
Statuten 2.1 ff.; Anh. 4
– Änderung 2.37 f., 13.14, 13.20, 14.4; Anh. 5, 80, 82, 87
– Form 2.5
– Gründungsstatuten 4.6
– Inhalt 2.4, 2.6 ff.
– Verletzung 2.3
Stellvertretung
– in der Generalversammlung 1.40, 2.31, 8.19 ff.; Anh. 10, 44, 45
– im Verwaltungsrat 9.36, 9.70
Steuerrecht 1.12, 1.13, 5.39, 5.42, 9.82, 11.5, 12.21, 12.30, 15.10, 15.11
Stichentscheid
– in der Generalversammlung 2.34, 8.14
– im Verwaltungsrat 1.28, 2.34, 9.38
Stiftung 1.6, 17.1
Stille Gesellschaft 1.29
Stille Liquidation
– siehe Liquidation: stille
Stille Reserven

– siehe Reserven: stille Reserven
Stimmbindung 7.7 ff.
Stimmenquoren
– siehe Quoren für die Beschlussfassung
Stimmpool 7.7
Stimmrecht der Aktionäre 2.19, 6.24 ff.
Stimmrechtsaktien 1.14, 1.35, 1.38, 2.19, 2.30, 5.32 ff., 6.24, 18.11
Stimmrechtsausschluss 6.26
Stimmrechtsbeschränkungen 1.39, 2.31, 2.38, 6.25, 6.32, 8.15; Anh. 51
Stimmrechtslose Aktie
– siehe Partizipationsschein
Stimmrechtsquoren
– siehe Quoren für die Beschlussfassung
Stockdividende 6.20
stock option plan 5.42, 9.79
Strafrecht 11.3, 11.29
– Strafbarkeit der AG 1.7, 9.15
– Strafbarkeit des Alleinaktionärs 9.22
– Strafbarkeit der Gründer 4.44
– Strafbarkeit der Revisionsstelle 10.15
– Strafbarkeit der Verwaltungsratsmitglieder 9.21, 11.3
– Verletzung der Schweigepflicht / des Geschäftsgeheimnisses 10.15
Streichung aus dem Aktienbuch 5.21, 6.63
Strohmann
– siehe Treuhandverhältnisse
Stundung 9.9; Anh. 55
Subordinationserklärung
– siehe Rangrücktritt von Gesellschaftsgläubigern
Swiss Code of Best Practice for Corporate Governance 9.27 ff.
Swiss GAAP FER
– siehe Rechnungslegungs- und Bewertungsvorschriften

T

tag along
– siehe Mitverkaufsrecht
Take-over
– siehe Unternehmenskauf
Talon 5.27
Tantiemen 2.23, 6.16, 9.78; Anh. 37

– siehe auch Verwaltungsrat: Entschädigung
Teilliberierung
– siehe Liberierung des Aktienkapitals
Teilnahme an der Generalversammlung
– Recht auf 6.27
– unbefugte 6.32, 8.28, 8.44
Tochtergesellschaft 15.8
– siehe auch Konzern; Verwaltungsrat: einer Tochtergesellschaft
Tonband 8.44
Traktandenliste
– siehe Generalversammlung: Traktandenliste; Verwaltungsrat: Traktandenliste
Traktandierungsrecht der Aktionäre 5.77, 6.31; Anh. 39
Treuepflicht
– des Aktionärs (keine) 6.1, 6.10, 7.3
– des Verwaltungsratsmitglieds 7.9, 9.21
Treuhandgesellschaft
– siehe Revisionsstelle
Treuhandverhältnisse
– treuhänderische Aktionäre 1.19, 1.23, 5.51; Anh. 17
– fiduziarisches Verwaltungsratsmitglied 9.23, 9.60; Anh. 63
Treuhandvertrag Anh. 17, 63

Ü

Übermassverbot 6.9
Übernahme
– einer börsenkotierten AG 18.8 ff.
– siehe auch Kaufangebot, öffentliches
– eines Geschäfts mit Aktiven und Passiven
– siehe Unternehmenskauf: Purchase of Assets
– von Vermögenswerten
– siehe Sachübernahme
– von vor der Eintragung einer AG im Handelsregister eingegangenen Verpflichtungen durch die AG
– siehe Gründung: Rechtsverhältnisse vor der Gründung
Übernahmeangebot, öffentliches

– siehe Kaufangebot, öffentliches
Übernahmekommission
– siehe Kaufangebot, öffentliches
Über-pari-Emission
– siehe pari
Überschuldung 9.7 ff.; Anh. 54
Überschuldungsanzeige 9.8, 9.10
Übertragbarkeitsbeschränkung
– siehe Vinkulierung von Namenaktien
Übertragung
– von Aktienzertifikaten 5.25
– von Beweisurkunden 5.4
– von Dividendencoupons 5.27
– von Genussscheinen 5.69
– von Inhaberaktien 5.13
– von Namenaktien 5.16
-- siehe auch Vinkulierung
– von Rektaaktien 5.23
– unverbrieften Aktien 5.5; Anh. 24
Umstrukturierungen 17.1 ff.
Umwandlung gem. FusG 17.31 ff.;
  Anh. 108–111
– Arbeitnehmerschutz 17.35
– einer Einzelfirma in eine AG 1.13, 4.22;
  Anh. 29, 20
– einer Personengesellschaft in eine AG
  1.13, 4.22
– Einsichtsverfahren 17.34
– Gläubigerschutz 17.35
– Prüfungsbericht 10.12, 17.34
– Umwandlungsbericht 17.34
– Umwandlungsbeschluss 17.34
– Umwandlungsplan 17.33
– siehe auch Anmeldung beim Handelsregisteramt: der Umwandlung
Umwandlung von Inhaberaktien in Namenaktien und umgekehrt 2.28, 5.60
Unabhängiger Stimmrechtsvertreter 8.24;
  Anh. 44, 45
Unbefugte Teilnahme
– siehe Teilnahme an der Generalversammlung: unbefugte
unechte Fusion
– siehe Fusion
Universalsukzession 16.1, 17.3, 17.4, 17.20,
  17.21, 17.36

Universalversammlung 2.18, 8.11 ff.; Anh.
  5, 49, 77, 82, 87, 89, 96, 97, 105, 106, 110
unsittlicher Zweck
– siehe Zweck: widerrechtlicher oder
  unsittlicher
Unterbilanz 9.4, 14.1, 14.2, 14.9; Anh. 54
Unternehmensformen 1.6, 1.11
Unternehmenskauf 18.1 ff.; Anh. 114 ff.
– Purchase of Assets (Kauf der Aktiven
  und Passiven) 18.2, 18.3; Anh. 114
– Purchase of Shares (Aktienkauf) 18.2,
  18.4 ff.; Anh. 114, 115, 116, 117
  – Aktienkaufvertrag 18.4 ff.; Anh. 117
  – Closing 18.6
  – Due Diligence 18.6
  – Escrow Agreement 18.6
  – Geheimhaltungserklärung 18.6;
    Anh. 116
  – Gewährleistung 18.4, 18.6; Anh. 117
  – Letter of Intent 18.6; Anh. 115
  – Signing 18.6
– siehe auch Kaufangebot, öffentliches
Unternehmensnachfolge 1.14, 1.43 f.
Unternehmensübernahme
– siehe Unternehmenskauf
Unter-pari-Emission
– siehe pari
Urabstimmung (keine) 8.13
Urkunde
– siehe öffentliche Urkunde
Urkundsperson 4.13
US GAAP
– siehe Rechnungslegungs- und Bewertungsvorschriften

V

Verantwortlichkeit 6.49, 9.35, 11.1 ff.;
  Anh. 68, 70, 71
– der Gründer 4.43, 11.11
– der Revisionsstelle 11.13 f.
– der Liquidatoren 11.12, 16.29
– der Prospektverfasser 4.43, 11.10
– der Verwaltungsrats- und Geschäftsleitungsmitglieder 6.49, 7.9, 9.15,
  9.21, 9.60, 11.12
– von materiellen Organen 9.46, 11.12

- gem. Fusionsgesetz 11.14, 17.47
- Aktivlegitimation 11.22 ff.
- Gerichtsstand 11.30
- Generalversammlungsbeschluss über die Klageeinleitung 5.35, 11.22
- Haftung mehrerer Verantwortlicher 11.25 f.
- Kausalität 11.19
- Konzern 15.14, 15.15
- öffentlich-rechtliche Haftung 11.2 ff., 11.33 f.
- Pflichtverletzung 11.20
- Prozesskosten 11.31
- Regress 11.26, 11.32
- Schaden, unmittelbarer und mittelbarer 11.15 ff., 11.24
- Untergang des Klagerechts 11.27 ff.
- Verschulden 11.21
- Verjährung 11.29
- Verteilung des Prozessergebnisses 11.24

Veräusserungswert
- siehe Liquidationswert

Verdeckte Gewinnausschüttung
- siehe Gewinnausschüttung, verdeckte

Verdecktes Eigenkapital
- siehe Eigenkapital

Verein 1.6, 1.11, 17.1, 17.32

Vermögensrechte des Aktionärs 6.13 ff.

Vermögensübertragung gem. FusG 4.22, 17.36 ff., 18.3; Anh. 19, 112, 113
- Arbeitnehmerschutz 17.43
- Gläubigerschutz 17.44
- Information der Gesellschafter 17.42
- Inventar 17.39
- Übertragungsvertrag 4.22, 17.39; Anh. 20
- siehe auch Anmeldung beim Handelsregisteramt: der Vermögensübertragung

Veröffentlichungen
- siehe Bekanntmachungen; Schuldenruf

Verrechnungsliberierung
- siehe Gründung: Verrechnungsliberierung; Kapitalerhöhung; Liberierung

Versicherung
- Haftpflichtversicherung für Verantwortlichkeitsansprüche 11.7, 11.36

Vertretung
- der AG 1.41, 2.12, 9.1, 9.47 ff.; Anh. 52
- der Hauptniederlassung 9.50
- der Zweigniederlassung 9.50, 15.4, 15.6
- siehe auch Stellvertretung

Vertretungsbefugnisse
- siehe Verwaltungsrat; Beschränkung der Vertretungsbefugnis; Zeichnungsberechtigung

Verwaltungsrat 9.1 ff.
- Abberufung 9.66 ff.
- Aktionärseigenschaft 9.53
- Amtsdauer 2.34, 9.64, 18.11
- Aufgaben und Kompetenzen 9.1 ff., 16.17; Anh. 52
 - unübertragbare 9.2, 9.13, 9.16 ff., 15.14; Anh. 53
- Beschränkungen bei öffentlichem Kaufangebot
 - siehe Kaufangebot, öffentliches: Beschränkung der Kompetenzen des Verwaltungsrats
- Ausschuss 9.29, 9.45
- Ausstand 9.24
- Befähigung 9.57
- Benachrichtigung des Richters bei Überschuldung
 - siehe Überschuldungsanzeige
- Berichterstattung 9.14, 9.20, 9.72
 - bei öffentlichem Kaufangebot
 - siehe Kaufangebot, öffentliches: Bericht des Verwaltungsrats
- Beschlussfassung 9.37 ff.
- Bürgerrecht
 - siehe Nationalität
- Delegierter 9.13, 9.44; Anh. 52
- Einberufung 9.33
- Entschädigung 2.23, 6.16, 9.77 ff.
- Entscheid über die Mandatsannahme 9.58 ff.
- exekutive Mitglieder 9.13
- Geheimhaltungspflicht 9.21
- Gruppenvertreter 2.34, 5.29, 5.36, 6.5, 6.54, 8.4, 9.23, 9.55
- Insidergeschäfte 9.21
- Interessenkollision 9.23 ff., 9.79
- Konkurrenzverbot 7.3, 9.21; Anh. 42

- Konstituierung 9.41; Anh. 23, 58
- Kooptation (keine) 9.65
- Nationalität 9.54, 15.12, 16.14
- nicht exekutive Mitglieder 9.13, 9.57
- Opportunitätskosten 9.81
- Organisationsformen 9.13
- Partizipantenvertreter 5.77
- Präsident 2.34, 8.4, 9.41 f., 9.71
- Protokoll 9.35; Anh. 23, 58, 59, 60
- Rechtsstellung des Verwaltungsratsmitglieds 9.69 ff.
- Rücktritt 9.67; Anh. 64
- Schweigepflicht 9.21
- Sekretär 9.41, 9.43
- Sitzungen 9.33 ff.
- Sorgfaltspflicht 9.21
- Stimmbindung 7.9
- Tochtergesellschaft, Verwaltungsrat einer 9.23, 15.14
- Traktandenliste 9.34
- unabhängige Mitglieder 9.45, 9.57
- Vakanzen 9.65
- Verantwortlichkeit
  - siehe dort
- Vertretungsmacht 1.41, 2.3, 2.12, 9.48 ff.
- Wahl und Wählbarkeit 2.34, 4.8, 8.4, 9.62; Anh. 8, 11, 48, 49
- Weiterbildung 9.71
- Wissensvorsprung 9.21
- Wohnsitz 9.54, 15.12, 16.14
- Zahl der Mitglieder 2.20, 9.52
- Zusammensetzung 9.52 ff.,
- siehe auch Anfechtung; Anmeldung; Auskunftsrecht; Beirat; Delegation der Geschäftsführung; Einsichtsrecht; Entlastung des Verwaltungsrats; Erforderlichkeitsgebot; Geschäftsführung; Gleichbehandlung der Aktionäre; Insichgeschäft; nichtige Verwaltungsratsbeschlüsse; Quoren für die Beschlussfassung; Sachlichkeitsgebot; Sanierung; schonenden Rechtsausübung, Prinzip der; Stellvertretung; Stichentscheid; Treuepflicht; Treuhandverhältnisse; Zirkulationsbeschluss

Verwaltungsorgan: formelles, materielles, infolge Kundgabe 11.12
Verzugszinsen 6.12
Vinkulierung von Namenaktien 1.33, 2.11 f., 2.29, 5.17, 5.34, 5.43 ff.; Anh. 4 und 32
Vollmacht für die Gründungsversammlung Anh. 10
Vorgesellschaft
- siehe Gründungsgesellschaft
Vorhandrecht an Aktien 1.34, 7.14; Anh. 42
Vorkaufsrecht an Aktien 1.34, 7.13; Anh. 42
Vorprüfung der Statuten 4.7
Vorratsaktien 5.41, 13.7
Vorwegzeichnungsrecht 6.59 f., 13.5, 13.24
Vorteile, besondere 2.30, 4.2, 4.31 ff.
Vorzugsaktien 1.36, 2.30, 5.28 ff., 6.22

W

Wahl der Unternehmensform 1.11 ff.
Wahldividende 6.20
Wandel- und Optionsanleihen 5.59, 5.81, 6.59, 13.1, 13.24 f.
Wertpapier 5.6
white knight
- siehe Kaufangebot, öffentliches: Abwehrmassnahmen
widerrechtlicher Zweck
- siehe Zweck, widerrechtlicher oder unsittlicher
Wiedereintragung der AG im Handelsregister 16.27
Wohlerworbene Rechte des Aktionärs 6.3
Wohnsitz der Verwaltungsratsmitglieder
- siehe Verwaltungsrat

Z

Zahl der Aktionäre 1.19, 4.5
Zahl der Organmitglieder 2.20
Zeichnung der Aktien 4.9, 13.10, 13.22; Anh. 8
Zeichnungsberechtigung 9.48 ff.
Zeichnungsmuster 9.51, 9.63; Anh. 62
Zeichnungsschein 13.10; Anh. 78
Zertifikate
- siehe Aktienzertifikate
Zession 5.5, 5.23; Anh. 24

Zirkulationsbeschluss
- des Verwaltungsrats 9.39; Anh. 61
- der Generalversammlung (kein) 8.13
Zusammenlegung von Aktien 5.82 f., 14.3
Zuschüsse à fonds perdu 9.5, 13.2, 14.12
Zweck 2.11 ff., 5.48, 9.23, 16.1, 16.16
- widerrechtlicher oder unsittlicher 2.13, 16.13
Zweigniederlassung 3.5, 15.1, 15.3 ff.
- siehe auch Filialleiter; Vertretung: der Zweigniederlassung; Gerichtsstand: am Ort der Zweigniederlassung
Zweimann-AG
- siehe Zweipersonen-AG
Zweipersonen-AG 1.26 ff.
Zwingende Gesetzesbestimmungen 2.2
Zwischenbilanz 9.8, 9.10, 9.12, 13.13, 16.21
- Revision 9.8, 9.10, 10.12, 10.14